SONDERAUSGABE ZUM
FILM

J. R. R. TOLKIEN

DER HERR DER RINGE

ERSTER TEIL:

DIE GEFÄHRTEN

AUS DEM ENGLISCHEN ÜBERSETZT
VON WOLFGANG KREGE

KLETT-COTTA

INHALT

Vorwort 9
Prolog
1 Über Hobbits 15
2 Über Pfeifenkraut 23
3 Von der Ordnung im Auenland 25
4 Vom Ringfund 27
Anmerkung zu den auenländischen Geschichtsbüchern 31

ERSTES BUCH

Erstes Kapitel: Ein langerwartetes Fest 37
Zweites Kapitel: Der Schatten der Vergangenheit 65
Drittes Kapitel: Wanderung zu dritt 95
Viertes Kapitel: Querfeldein zu den Pilzen 121
Fünftes Kapitel: Eine aufgedeckte Verschwörung 137
Sechstes Kapitel: Der Alte Wald 151
Siebentes Kapitel: In Tom Bombadils Haus 169
Achtes Kapitel: Nebel auf den Hügelgräberhöhen 183
Neuntes Kapitel: Im Gasthaus Zum tänzelnden Pony 201
Zehntes Kapitel: Streicher 219
Elftes Kapitel: Ein Messer im Dunkeln 235
Zwölftes Kapitel: Flucht zur Furt 261

ZWEITES BUCH

Erstes Kapitel: Viele Begegnungen 287
Zweites Kapitel: Elronds Rat 313
Drittes Kapitel: Der Ring geht nach Süden 355
Viertes Kapitel: Auf dunklen Straßen 383
Fünftes Kapitel: Die Brücke von Khazad-dûm 415
Sechstes Kapitel: Lothlórien 431

Siebentes Kapitel: Galadriels Spiegel   457
Achtes Kapitel: Abschied von Lórien   475
Neuntes Kapitel: Der Große Strom   491
Zehntes Kapitel: Die Wege trennen sich   511

DER HERR DER RINGE

Drei Ringe den Elbenkönigen hoch im Licht,
Sieben den Zwergenherrschern in ihren Hallen aus Stein,
Den Sterblichen, ewig dem Tode verfallen, neun,
Einer dem Dunklen Herrn auf dunklem Thron
Im Lande Mordor, wo die Schatten drohn.
Ein Ring, sie zu knechten, sie alle zu finden,
Ins Dunkel zu treiben und ewig zu binden
Im Lande Mordor, wo die Schatten drohn.

VORWORT

Diese Geschichte wuchs sich, während ich sie schrieb, zu einer Chronik des Großen Ringkrieges aus, mitsamt vielerlei Ausblicken auf Ereignisse in noch älteren Zeiten. Sie wurde begonnen, bald nachdem *Der Hobbit* geschrieben und noch bevor er 1937 erschienen war; dann aber ließ ich diese Fortsetzung liegen, denn ich wollte zunächst die Sammlung von Mythen und Sagen der Ältesten Tage vervollständigen und zu Papier bringen, die damals schon seit Jahren Gestalt angenommen hatte. Das sollte zum eigenen Vergnügen geschehen, denn es bestand wenig Hoffnung, dass auch andere sich für ein solches Werk interessieren würden, das ja vor allem linguistisch inspiriert war und anfangs nur den Zweck hatte, den nötigen »historischen« Hintergrund für die Elbensprachen zu schaffen.

Als diejenigen, deren Rat und Urteil ich einholte, mich berichtigten, dass nicht *wenig,* sondern *keine* Hoffnung bestehe, nahm ich diese Fortsetzung wieder auf, ermutigt durch Anfragen von Lesern nach weiteren Auskünften über die Hobbits und ihre Abenteuer. Aber unwiderstehlich zog es die Erzählung zu der älteren Welt hin, und so wurde sie gewissermaßen zu einem Bericht von deren Ende und Vergehen, bevor noch der Anfang und die Zwischenzeit bekannt waren. Diese Entwicklung hatte begonnen, als ich den *Hobbit* schrieb, wo die älteren Stoffe auch schon einige Mal erwähnt wurden: Elrond, Gondolin, die Hochelben und die Orks, und wo ganz plötzlich Dinge ins Blickfeld kamen, mit denen es eine höhere, tiefere oder dunklere Bewandtnis hatte, als auf den ersten Blick zu erkennen war: Durin, Moria, Gandalf, der Nekromant, der Ring. Als ich herausfand, was dies alles zu bedeuten und was es mit den früheren Geschehnissen zu tun hatte, ergab sich ein Bild des Dritten Zeitalters mit seinem Gipfel im Ringkrieg.

Die Leser, die mehr über Hobbits hatten erfahren wollen, bekamen schließlich, was sie wollten, mussten aber lange warten; denn die Arbeit am *Herrn der Ringe* zog sich mit Unterbrechungen über die Jahre von 1936 bis 1949 hin, eine Zeit, in der ich viele andere Verpflichtungen zu erfüllen hatte und als Lehrender und Lernender vielerlei Interessen nachging, die mich oft ganz in Anspruch nahmen. Natürlich trug auch der Ausbruch des Krieges 1939 zur Verzögerung bei, und am Ende dieses Jahres war noch nicht einmal das Buch I fertig. Trotz der dunklen fünf Jahre, die nun folgten, mochte ich die Sache nicht ganz aufgeben und schleppte mich voran, meistens nachts, bis ich an Balins Grab in Moria stand. Dort gab es einen langen Aufenthalt. Erst nach fast einem Jahr ging es weiter, und Ende 1941 kam ich bis nach Lothlórien und zum Großen Strom. Im nächsten Jahr schrieb ich die ersten Fassungen der Teile, die jetzt das Buch III ausmachen, und die Anfänge der Kapitel 1 und 3 von Buch V; und dort, während in Anórien die Leuchtfeuer brannten und Théoden ins Hargtal geritten kam, blieb ich stecken. Ich wusste nicht weiter, und zum Nachdenken war keine Zeit.

1944 dann rang ich mich dazu durch, den Krieg, den ich noch zu führen oder wenigstens zu beschreiben hatte, mit all seinen Verwicklungen und losen Fäden zunächst auf sich beruhen zu lassen und erst einmal Frodo auf seinem Weg nach Mordor voranzubringen. Diese Kapitel, aus denen schließlich Buch IV wurde, schickte ich in Teillieferungen meinem Sohn Christopher, der damals bei der Royal Air Force in Südafrika diente. Dennoch vergingen weitere fünf Jahre, bis die Erzählung zu ihrem jetzigen Schluss gekommen war. In dieser Zeit zog ich in ein anderes Haus um, wechselte den Lehrstuhl und das College; und die Tage waren zwar nicht mehr so dunkel, aber nicht weniger arbeitsreich. Dann, als zu guter Letzt das »Ende« erreicht war, musste die ganze Geschichte neu durchgesehen und zu großen Teilen sogar von hinten nach vorn umgeschrieben werden. Und getippt werden musste sie auch noch, und zwar mehrfach: von mir selbst, denn die Kosten für eine professionelle zehnfingrige Schreibkraft gingen über meine Verhältnisse.

Seit *Der Herr der Ringe* nun gedruckt vorliegt, haben ihn viele gelesen; und ich möchte etwas zu den mancherlei Meinungen oder Vermutungen über die Motive und den Sinn der Geschichte sagen, die ich gehört oder gelesen habe. Das wichtigste Motiv war der Wunsch des Erzählers, sich an einer wirklich langen Geschichte zu versuchen, die die Aufmerksamkeit des Lesers wach halten, ihn belustigen und erfreuen und ihn vielleicht auch manchmal erregen oder tiefer berühren könnte. Leiten konnte mich nur das eigene Gefühl dafür, was reizvoll oder bewegend ist, und nach Ansicht vieler Beurteiler hat es mich unvermeidlich oft fehlgeleitet. Manche, die das Buch gelesen oder jedenfalls rezensiert haben, fanden es langweilig, abstrus oder verachtenswert, und ich habe keinen Grund, mich zu beklagen, denn ich denke ähnlich über ihre Werke oder über die Art

Bücher, die sie offenbar vorziehen. Aber auch aus der Sicht vieler Leser, denen die Geschichte gefallen hat, gibt es etliches zu bemängeln. Es ist wohl in einer langen Geschichte nicht möglich, es jedermann an allen Stellen recht zu machen oder jedermann an den gleichen Stellen zu missfallen; denn wie ich aus den Zuschriften der Leser ersehe, werden dieselben Passagen oder Kapitel, die für manche ein Ärgernis sind, von anderen besonders beifällig aufgenommen. Als kritischster von allen Lesern finde ich selbst darin nun vielerlei Mängel, größere und kleinere, doch weil ich zum Glück nicht verpflichtet bin, das Buch sei es zu rezensieren, sei es neu zu schreiben, will ich sie mit Stillschweigen übergehen – alle bis auf einen, den auch andere bemerkt haben: das Buch ist zu kurz.

Was die tiefere Bedeutung oder »Botschaft« des Buches angeht, so hat es nach Absicht des Autors keine. Es ist weder allegorisch, noch hat es irgendeinen aktuellen Bezug. Als die Geschichte wuchs, schlug sie Wurzeln (in die Vergangenheit) und verzweigte sich in unerwartete Richtungen, aber ihr Hauptthema stand von Anfang an fest, weil der Ring nun einmal das Bindeglied zum *Hobbit* sein musste. Das zentrale Kapitel »Der Schatten der Vergangenheit« ist eines der ältesten Stücke der Erzählung. Es wurde geschrieben, als aus den Vorzeichen für 1939 noch längst nicht die Gefahr einer unabwendbaren Katastrophe zu erkennen war; und von diesem Punkt aus hätte die Geschichte im wesentlichen den gleichen Fortgang genommen, auch wenn das Unglück abgewendet worden wäre. Ihre Quellen sind Dinge, die mich seit langem beschäftigten und zum Teil auch schon niedergeschrieben waren, und der Krieg, der 1939 begann, und seine Folgen änderten an ihr wenig oder nichts.

Der wirkliche Krieg hat weder in seinem Verlauf noch in seinem Ausgang eine Ähnlichkeit mit dem Krieg der Sage. Hätte er als Vorbild oder Leitfaden gedient, so hätte man sich des Rings sicherlich bemächtigt und ihn gegen Sauron verwendet; und Sauron wäre nicht vernichtet worden, sondern unterworfen, und Barad-dûr nicht zerstört, sondern besetzt. Saruman, wenn er schon nicht in den Besitz des Ringes gelangen konnte, hätte in den Wirren und Verrätereien jener Zeit Gelegenheit gefunden, sich in Mordor die fehlenden Zwischenglieder seiner eigenen Ringforschung zu verschaffen; und bald hätte er sich selbst einen großen Ring geschmiedet, um den selbsternannten Beherrscher von Mittelerde damit herauszufordern. Den Hobbits wäre in einem solchen Konflikt von beiden Seiten nur Hass und Verachtung begegnet; und nicht mal als Sklaven hätten sie lange überlebt.

Denkbar wären auch Deutungen gemäß den Vorlieben oder Ansichten derjenigen, die auf allegorische oder aktuelle Bezüge Wert legen. Doch die Allegorie in allen ihren Formen verabscheue ich von Herzen, und zwar schon immer, seit ich alt und argwöhnisch genug bin, ihr Vorhandensein zu bemerken. Geschichte, ob wahr oder erfunden, mit ihrer vielfältigen Anwendbarkeit im Denken und Erleben des Lesers ist mir viel lieber. Ich glaube, dass »Anwendbarkeit« mit »Allegorie« oft verwechselt wird; doch liegt die eine im freien Ermessen des Lesers, während die andere von der Absicht des Autors beherrscht wird.

Der Autor kann natürlich von der eigenen Erfahrung nicht völlig unberührt bleiben, aber der Vorgang, in dem der Keim einer Geschichte aus dem Boden der Erfahrung seine Nahrung zieht, ist äußerst verwickelt, und Versuche, ihn zu beschreiben, beruhen bestenfalls auf Mutmaßungen anhand unzureichender und mehrdeutiger Befunde. Falsch, obgleich naturgemäß verlockend, ist auch die Annahme, wenn das Leben eines Autors und das eines Kritikers sich überschneiden, müssten die Ereignisse und geistigen Bewegungen ihrer Zeit auf beide den stärksten Einfluss ausgeübt haben. Gewiss, wie bedrückend ein Krieg ist, kann nur der ganz empfinden, auf den dieser Schatten einmal gefallen ist; doch im Laufe der Jahre scheint man nun oft zu vergessen, dass es ebenso schrecklich war, als junger Mensch 1914 da hineinzugeraten wie 1939 und in den folgenden Jahren. 1918 waren alle meine guten Freunde tot, bis auf einen. Oder, um ein weniger trauriges Thema anzuschneiden: manche haben angenommen, das Kapitel über die »Säuberung des Auenlandes« spiegle die Situation in England zu der Zeit wider, als ich die Erzählung beendete. Das stimmt nicht. Das Kapitel war ein von Anfang an vorgesehener wesentlicher Teil des Handlungsplans. Allerdings veränderte es sich mit Rücksicht auf die Figur Sarumans, so wie sie sich im Fortgang der Geschichte entwickelte, ohne dass – muss ich es eigens sagen? – irgendeine allegorische Bedeutung oder ein aktueller politischer Bezug hinzukam. Dennoch ist es in gewissen Erfahrungen begründet, wenn auch nur entfernt ähnlichen (denn die wirtschaftliche Lage war eine ganz andere) und viel weiter zurückliegenden. Die Gegend, in der ich meine Kindheit verbracht hatte, wurde verwüstet, bevor ich zehn war, zu einer Zeit, als Automobile eine Seltenheit waren (ich hatte nie eines gesehen) und als man noch Vorortbahnen baute. Vor kurzem sah ich in einer Zeitung ein Bild, das die alte, einst florierende Mühle des Ortes im letzten Stadium der Baufälligkeit zeigte, neben dem Mühlteich, der mir vor langer Zeit so viel bedeutet hatte. Den jungen Müller hatte ich nie gemocht, aber sein Vater, der alte Müller, hatte einen schwarzen Bart, und er hieß nicht Sandigmann.

Diese neue Ausgabe des *Herrn der Ringe* enthält den vollständigen Text der neu durchgesehenen Auflage von 1966.

PROLOG

1
ÜBER HOBBITS

Dieses Buch handelt zum großen Teil von Hobbits, und der Leser erfährt daraus viel über ihre Wesensart und ein wenig auch über ihre Geschichte. Weitere Angaben sind in dem Auszug aus dem Roten Buch der Westmark zu finden, der schon unter dem Titel *Der Hobbit* veröffentlicht wurde. Diese Erzählung gab die ersten Kapitel des Roten Buches wieder, die Bilbo selbst verfasst hatte, der erste Hobbit, der in aller Welt berühmt wurde. Er nannte das Buch *Hin und Zurück*, weil es von seiner Fahrt in den Osten und seiner Rückkehr handelte, einem Abenteuer, durch das später alle Hobbits in die hier zu berichtenden großen Ereignisse jenes Zeitalters verwickelt wurden.

Viele Leser werden aber gleich zu Beginn noch mehr über dieses bemerkenswerte Volk wissen wollen, zumal manche vielleicht das frühere Buch gar nicht besitzen. Für sie seien hier einige wichtigere Erkenntnisse der Hobbitkunde zusammengestellt und das erste Abenteuer kurz wiedergegeben.

Die Hobbits sind ein unscheinbares, aber sehr altes Volk, das früher zahlreicher war als heute; denn sie schätzen Ruhe und Frieden und den wohlbestellten Boden: Sie wohnten am liebsten in kleinen Gemeinden zwischen Äckern und Weidegründen. Kompliziertere Maschinen als Blasebalg, Wassermühle oder Handwebstuhl verstehen und mögen sie auch heute noch nicht; doch mit Werkzeugen konnten sie geschickt umgehen. Schon in alten Zeiten waren sie im Allgemeinen scheu gegen die »Großen«, wie sie uns nennen, und heute gehen sie uns ängstlich aus dem Wege und sind immer schwerer zu finden. Sie haben ein feines Gehör und scharfe Augen, und obwohl sie zur Rundlichkeit neigen und nicht gern etwas übereilen, können sie sich, wenn nötig, sehr fix und flink bewegen. Von jeher beherrschen sie die Kunst, rasch und geräuschlos zu ver-

schwinden, wenn große Leute, denen sie nicht begegnen wollen, daher-
gepoltert kommen; und diese Fähigkeit haben sie so sehr verfeinert, dass
sie uns Menschen wie Hexerei erscheint. Tatsächlich aber haben sich die
Hobbits nie mit irgendeiner Art von Magie abgegeben, und dass sie sich
scheinbar in Luft auflösen können, beruht allein auf einer ererbten und auf
altvertrautem Gelände sorgfältig eingeübten Fertigkeit, die für größere
und plumpere Völker unnachahmlich ist.

Denn sie sind ein kleinwüchsiges Volk, kleiner noch als Zwerge, zumindest weniger stark und stämmig, wenn auch nahezu gleich groß, zwischen
zwei und vier Fuß nach unseren Maßen. Drei Fuß erreichen sie heute nur
noch selten; aber sie sagen, sie seien geschrumpft und in alten Zeiten
größer gewesen. Bandobras Tuk, genannt der Bullenrassler, der Sohn Isengrims des Zweiten, soll nach dem Roten Buch vier Fuß und fünf Zoll
gemessen haben; er konnte sogar ein Pferd reiten. In den Urkunden der
Hobbits sind nur zwei namhafte Gestalten der Vergangenheit vermerkt,
die ihn überragten; doch von dieser seltsamen Angelegenheit soll in diesem Buch noch die Rede sein.

Was die Hobbits aus dem Auenland angeht, mit denen wir es in diesen
Geschichten zu tun haben, so waren sie in Zeiten des Friedens und Wohl-
stands ein lebenslustiges Volk. Sie kleideten sich in leuchtende Farben,
besonders gern in Gelb und Grün. Schuhe trugen sie selten, denn ihre Füße
hatten feste, lederige Sohlen und waren mit einem dichten Pelz von krau-
sem Haar bedeckt, ähnlich ihrem Haupthaar, das bei den meisten braun
war. Das einzige Handwerk, in dem sie nicht viel leisteten, war daher die
Schuhmacherei; im übrigen konnten sie mit ihren langen und geschickten
Fingern vielerlei hübsche und nützliche Dinge machen. Ihre Gesichter
waren in der Regel eher breit und gutmütig als schön, mit blanken Augen,
geröteten Wangen und lachfaltigen, überaus schling- und schlucktüchti-
gen Mündern. Denn Lachen, ebenso wie Schlingen und Schlucken, und
zwar ebenso oft wie gründlich, war ihnen sehr wichtig; sie waren jederzeit
zu simplen Späßen aufgelegt und verzehrten gern sechs Mahlzeiten täglich
(wenn es sich einrichten ließ). Sie waren gastfreundlich, hatten Freude an
Festen und an Geschenken, die sie ebenso gern machten wie annahmen.

Klar ist wohl, dass die Hobbits trotz der später eingetretenen Entfrem-
dung mit uns verwandt sind, und zwar viel näher als die Elben, näher sogar
als die Zwerge. Früher sprachen sie die Sprachen der Menschen, doch mit
ihrer eigenen Mundart, und hatten auch so etwa dieselben Neigungen und
Abneigungen wie wir. Welcher Art unsere Verwandtschaft aber im Einzel-

nen war, lässt sich nicht mehr feststellen. Der Ursprung der Hobbits liegt weit in den Ältesten Tagen, einem längst entschwundenen und vergessenen Zeitalter. Nur die Elben bewahren noch Urkunden aus jenen Tagen, doch in ihren Überlieferungen geht es nahezu ausschließlich um ihre eigene Geschichte, in der die Menschen nur selten und die Hobbits überhaupt nicht erwähnt werden. Soviel immerhin wissen wir, dass die Hobbits schon lange Zeit in Mittelerde still vor sich hin gelebt hatten, ehe andere Völker sie auch nur bemerkten. Und da auf der Welt ohnehin an seltsamen Geschöpfen kein Mangel ist, mochte man diese kleinen Leutchen gut und gern übersehen. Doch in den Jahren, als Bilbo und sein Erbe Frodo lebten, wurden sie plötzlich, ganz gegen ihren Willen, weithin geachtet und berühmt und brachten die Pläne der Weisen und Großen dieser Welt durcheinander.

Jene Tage, das Dritte Zeitalter von Mittelerde, sind nun längst vergangen, und die Gestalt aller Länder ist seither eine andere; doch die Gegenden, in denen damals Hobbits lebten, waren sicherlich dieselben, aus denen sie auch heute noch nicht ganz verschwunden sind: der Nordwesten der Alten Welt östlich des Meeres. Wo sie ursprünglich herstammten, darüber hatte sich unter den Hobbits zu Bilbos Zeit keinerlei Kenntnis mehr erhalten. Neigung zur Wissenschaft (von der Ahnenkunde abgesehen) war unter ihnen nicht eben verbreitet, doch in den alten Familien gab es hier und da noch einen, der in den Chroniken der eigenen Vorfahren las oder sogar die Berichte der Elben, Zwerge und Menschen von alten Zeiten und fernen Ländern sammelte. Eigene Aufzeichnungen hatten die Hobbits erst seit ihrer Ansiedlung im Auenland, und ihre ältesten Sagen reichten kaum weiter zurück als in die Jahre ihrer Wanderungen. Dennoch ist aus diesen Sagen und aus manchen eigentümlichen Wörtern und Gebräuchen ersichtlich, dass sie wie viele andere Völker in ferner Vergangenheit westwärts gezogen sein müssen. Ihre ältesten Erzählungen scheinen auf eine Zeit hinzudeuten, als sie in den Tälern am oberen Anduin wohnten, zwischen den Ausläufern des Großen Grünwalds und dem Nebelgebirge. Warum sie sich von dort auf den harten und gefährlichen Weg über die Berge nach Eriador machten, ist nicht mehr bekannt. In ihren Berichten ist davon die Rede, dass sich die Menschen im Lande vermehrt hätten und dass ein Schatten den Wald verfinstert habe, der seither Düsterwald heißt.

Schon bevor sie das Gebirge überschritten, hatten sich unter den Hobbits drei voneinander ein wenig verschiedene Stämme gebildet: die Harfüße, die Starren und die Fahlhäute. Die Harfüße hatten eine bräunlichere Haut; sie waren kleiner, schmächtiger und bartlos, und sie trugen keine Schuhe. Ihre Hände und Füße waren zierlich und flink, und sie wohnten am liebsten auf Hochebenen und an Berghängen. Die Starren waren breiter und stämmiger, hatten größere Hände und Füße und zogen das flache Land und die Flussufer vor. Die Fahlhäute hatten hellere Haut und helleres Haar und waren größer und schlanker als die anderen; sie liebten Bäume und bewaldetes Land.

Die Harfüße hatten in alter Zeit viel Umgang mit den Zwergen und wohnten lange zwischen den Ausläufern des Gebirges. Sie zogen schon früh nach Westen und wanderten nach Eriador hinein, bis zur Wetterspitze, während die anderen noch in Wilderland blieben. Sie waren der normale und bekannteste Hobbitschlag und bei weitem der zahlreichste. Sie neigten am stärksten zur Sesshaftigkeit und hielten am längsten an der Sitte ihrer Vorfahren fest, in Stollen und Höhlen zu wohnen.

Die Starren blieben noch länger als die Harfüße an den Ufern des Großen Stroms, des Anduin; sie hatten weniger Scheu vor den Menschen. Als später auch sie westwärts wanderten, folgten sie dem Fluss Lautwasser nach Süden, und dort siedelten viele von ihnen lange in der Gegend zwischen Tharbad und den Grenzen von Dunland, ehe sie nach Norden zogen.

Die Fahlhäute, die am wenigsten zahlreichen, waren eine Sippe, die nördlich von den anderen gewohnt hatte. Sie verkehrten freundschaftlicher als die anderen Hobbits mit den Elben und verstanden sich besser auf Wörter und Lieder als auf Handwerke; und von alters her zogen sie die Jagd dem Ackerbau vor. Sie überschritten die Berge nördlich von Bruchtal und folgten dem Lauf des Weißquell. In Eriador vermischten sie sich bald mit den anderen Hobbits, die vor ihnen gekommen waren, aber da sie etwas wagemutiger und unternehmungslustiger waren, fand man sie oft als Führer oder Oberhäupter von Starren- oder Harfußsippen. Auch zu Bilbos Zeit war unter den größeren Familien wie den Tuks und den Herren von Bockland noch ein starker fahlhäutischer Einschlag zu bemerken.

In Eriador, dem Land im Westen von Mittelerde zwischen dem Nebelgebirge und den Bergen von Luhn, fanden die Hobbits sowohl Elben wie Menschen vor. Sogar ein Rest der Dúnedain hatte sich hier noch erhalten, des Volks der Menschenkönige, die von Westernis übers Meer gekommen waren; aber sie schwanden rasch dahin, und die Länder ihres Nördlichen Königreichs verödeten. Platz für Neuzugewanderte gab es also mehr als genug, und nicht lange, so begannen sich die Hobbits in richtigen Gemeinden niederzulassen. Ihre ersten Siedlungen waren zu Bilbos Zeit zumeist schon wieder verlassen und vergessen; aber eine der ersten, die Bedeutung erlangt hatte, war bestehen geblieben, wenn auch in kleinerem Umfang. Diese lag in Bree und seiner Umgebung, dem Chetwald, etwa vierzig Meilen östlich vom Auenland.

Es muss in jener frühen Zeit gewesen sein, dass die Hobbits die Schreibkunst erlernten, und zwar nach der Art der Dúnedain, die sie ihrerseits viel früher von den Elben erlernt hatten. Und in jener Zeit vergaßen sie auch die Sprachen, die sie vorher gesprochen haben mögen, und gebrauchten von nun an die Gemeinsprache, das sogenannte Westron, das in allen Ländern der Könige von Arnor und Gondor geläufig war und an allen Meeresküsten von Belfalas bis Lhun. Doch behielten sie einige eigene Wörter bei, auch die Monats- und Wochentagsnamen und eine Vielzahl alter Personennamen.

Etwa um diese Zeit beginnt die sagenhafte Vergangenheit der Hobbits in Geschichte mit einer Zeitrechnung überzugehen. Denn im Jahre eintausendsechshunderteins des Dritten Zeitalters zogen die Brüder Marcho und Blanco aus der Sippe der Fahlhäute von Bree nach Westen, und mit Erlaubnis des Hohen Königs in Fornost* überschritten sie an der Spitze einer großen Schar Hobbits den braunen Fluss Baranduin. Sie kamen über die Steinbogenbrücke, die in der Blütezeit des Nördlichen Königreichs erbaut worden war, und nahmen alles Land vom jenseitigen Flussufer bis zu den Fernen Höhen in Besitz. Auferlegt wurde ihnen nur, dass sie die große Brücke wie auch alle andern Brücken und Straßen in Stand hielten, dass sie die Boten des Königs achteten und seine Herrschaft anerkannten.

Damit begann im Auenland die Zählung der Jahre, denn das Jahr des Übergangs über den Brandywein (wie sich die Hobbits den Flussnamen zurechtlegten) wurde das Jahr eins der *Auenland-Zeitrechnung,* und alle späteren Daten wurden danach berechnet.** Die westlichen Hobbits gewannen ihr neues Land schnell lieb; sie blieben dort, und in der Geschichte der Menschen und Elben war von ihnen bald nicht mehr die Rede. Solange es noch einen König gab, waren sie dem Namen nach seine

---

* Nach den Chroniken von Gondor war dies Argeleb II., der zwanzigste Herrscher in der Erbfolge des Nördlichen Königreichs, die dreihundert Jahre später mit Arvedui erlosch.
** Die entsprechenden Jahreszahlen des Dritten Zeitalters nach der Rechnung der Elben und der Dúnedain ergeben sich also, wenn man zu den auenländischen Daten 1600 hinzufügt.

Untertanen, aber tatsächlich hatten sie ihre eigenen Oberhäupter und mischten sich ins Weltgeschehen außerhalb ihres Landes nicht ein. Zur Schlacht bei Fornost, der letzten im Krieg mit dem Hexenfürsten von Angmar, schickten sie dem König ein paar Bogenschützen zu Hilfe – oder behaupteten es jedenfalls, obwohl es in den Geschichtsbüchern der Menschen nirgends erwähnt wird. In diesem Krieg aber fand das Nördliche Königreich sein Ende, und nun betrachteten die Hobbits das Land als ihr Eigentum und wählten unter ihren Oberhäuptern einen Thain, der die Hoheitsrechte des Königs wahrnehmen sollte, den es nicht mehr gab. Über tausend Jahre lang wurden sie von Kriegen kaum behelligt, und nach der Schwarzen Pest im Jahre 37 A.Z. gediehen sie und vermehrten sich, bis der unheilvolle Lange Winter eintrat, auf den eine Hungersnot folgte. Viele Tausende kamen darin um, aber zur Zeit dieser Erzählung waren die Tage der Not (1158–60) lange vorüber, und die Hobbits hatten sich wieder an ein Leben im Überfluss gewöhnt. Das Land war reich und fruchtbar, und wenn es auch vor ihrer Ansiedlung lange brachgelegen hatte, war es doch einst gut bestellt gewesen, und der König hatte dort viele Gehöfte, Getreidefelder, Weinberge und Forsten gehabt.

Über vierzig Wegstunden erstreckte es sich von den Fernen Höhen bis zur Brandyweinbrücke, und fünfzig waren es von den Hochmooren im Norden bis zu den Flussniederungen im Süden. Die Hobbits nannten alles, was zum Hoheitsgebiet ihres Thains gehörte, das Auenland; und auf diesem behaglichen Fleckchen Erde richteten sie sich ein und gingen den achtbaren Geschäften ihres wohlgeregelten Lebens nach. Immer weniger kümmerten sie sich um die Welt ringsum, wo man dunklen Gestalten begegnen konnte, und schließlich meinten sie, dass Friede und Überfluss in Mittelerde die Regel seien und allen vernünftigen Leuten von Rechts wegen zustünden. Das wenige, was sie über die Wächter und die Mühen derer gehört hatten, die den langen Frieden für das Auenland möglich machten, vergaßen sie oder schenkten ihm keine Beachtung. In Wirklichkeit lebten sie in einem geschützten Bezirk, hatten aber aufgehört, daran zu denken.

Zu keiner Zeit waren die Hobbits, egal welchen Schlages, kriegerisch gewesen, und untereinander hatten sie sich nie bekämpft. In alten Zeiten hatten sie natürlich oft zu den Waffen greifen müssen, um sich in der rauen Wirklichkeit ihrer Haut zu wehren, aber zu Bilbos Zeit war das schon sehr lange her. Die letzte Schlacht vor Beginn unserer Geschichte – die einzige überhaupt, die je auf auenländischem Boden stattgefunden hatte – gehörte einer Vergangenheit vor jeder lebendigen Erinnerung an: die

Schlacht bei Grünfeld im Jahr 1147 A.Z., als Bandobras Tuk eine Bande eingedrungener Orks vertrieb. Sogar das Klima war in letzter Zeit milder geworden, und die hungrigen Wölfe, die einst in bitterkalten Wintern von Norden gekommen waren, kannte man nur noch aus den Erzählungen der Großväter. Zwar gab es im Auenland noch immer allerlei Waffen, doch hingen sie zumeist als Andenken über dem Kamin an der Wand oder wurden im Museum von Michelbinge verwahrt, dem Mathom-Haus, denn alles, wofür die Hobbits im Augenblick keine Verwendung hatten, das sie aber auch nicht wegwerfen mochten, nannten sie ein *Mathom*. Ihre Behausungen waren nicht selten übervoll von solchen Sachen, und auch viele Geschenke, die von Hand zu Hand gingen, waren von dieser Art.

Dennoch war dieses Völkchen in all dem Frieden und Wohlstand wehrhaft geblieben. Wenn es drauf ankam, waren sie nicht leicht klein- oder totzukriegen; und vielleicht hingen sie nicht zuletzt deshalb so unersättlich an den guten Dingen des Lebens, weil sie, wenn es sein musste, auf sie verzichten konnten; und dann hielten sie Schicksalsschlägen, Feinden und schlechtem Wetter mit einer Zähigkeit stand, die jeden verblüffte, der sie nicht genau kannte und der nur ihre Bäuche und runden Gesichter sah. Obwohl sie selten Streit suchten und nichts und niemanden rein zum Vergnügen töteten, wussten sie sich zu wehren, wenn man sie angriff; und notfalls konnten sie noch immer mit Waffen umgehen. Sie waren gute Bogenschützen, mit scharfem Auge und sicherer Hand. Und sie trafen nicht nur mit Pfeil und Bogen. Wenn ein Hobbit sich nach einem Stein bückte, wusste jedes unerlaubt durch seinen Garten streunende Tier, dass es ratsam war, schleunigst in Deckung zu gehen.

Ursprünglich hatten alle Hobbits in Höhlen gelebt, oder wenigstens glaubten sie das, und darin fühlten sie sich am besten aufgehoben; aber im Laufe der Zeit hatten sie sich auch mit anderen Arten von Behausungen abfinden müssen. In der Regel hielten zu Bilbos Zeit nur noch die reichsten und die ärmsten Leute an den alten Wohngebräuchen fest. Die ärmsten wohnten nach wie vor in Höhlen dürftigster Art, wahren Löchern mit nur einem oder gar keinem Fenster, während die reichsten die schlichten Höhlen von einst in luxuriöser Ausgestaltung beibehielten. Geeigneter Baugrund für diese weit verzweigten Stollen (oder *Smials,* wie man sie nannte) war aber nicht überall zu finden, und in den Ebenen und Niederungen begannen die Hobbits, als sie zahlreicher wurden, auch oberirdisch zu bauen. Selbst in den hügeligen Gegenden und in den älteren Siedlungen wie Hobbingen, Buckelstadt oder in Michelbinge auf den Weißen

Höhen, dem bedeutendsten Ort des Auenlandes, standen nun viele Häuser aus Holz, Stein oder Ziegeln. Diese waren besonders bei den Müllern, Schmieden, Seilern, Stellmachern und anderen Handwerkern beliebt, denn für ihre Werkstätten hatten die Hobbits schon immer Schuppen gebaut, auch als an Wohnhöhlen noch kein Mangel war.

Die Gewohnheit, Bauernhäuser und Scheunen zu bauen, soll zuerst unter den Bewohnern des Bruchs am Brandywein aufgekommen sein. Die Hobbits in dieser Gegend, dem Ostviertel, waren ziemlich dick und breitfüßig; bei schlechtem Wetter trugen sie Zwergenstiefel. Aber es war bekannt, dass sie ein gut Teil Starrenblut in den Adern hatten, wie man schon an dem Flaum sehen konnte, der vielen von ihnen ums Kinn spross. Kein Harfuß oder Fahlhäuter hatte die mindeste Spur von Bartwuchs. Die Leute aus dem Bruch und aus Bockland, dem Streifen auf dem Ostufer des Flusses, der erst später besiedelt worden war, waren erst nach den anderen Hobbits aus südlichen Gegenden gekommen, und sie hatten noch viele eigentümliche Namen und Wörter, die man anderswo im Auenland nicht kannte.

Es ist wahrscheinlich, dass die Baukunst wie so viele andere Fertigkeiten von den Dúnedain stammte. Aber die Hobbits könnten sie auch unmittelbar von den Elben erlernt haben, die in frühester Zeit die Lehrmeister der Menschen waren. Denn die Elben des Hohen Geschlechts hatten Mittelerde noch nicht verlassen und wohnten damals an den Grauen Anfurten im Westen und an anderen Orten, die vom Auenland aus zu erreichen waren. Drei Elbentürme aus unvordenklichen Zeiten waren noch immer auf den Turmbergen jenseits der Westmarken zu sehen; bei Mondschein sah man sie weit übers Land schimmern. Der höchste stand am fernsten, für sich allein auf einer grünen Hügelkuppe. Die Hobbits im Westviertel sagten, von der Spitze des Turms aus könne man das Meer sehen; doch weiß man von keinem Hobbit, der je hinaufgestiegen wäre. Überhaupt hatten nur wenige Hobbits je das Meer gesehen oder gar befahren, und noch weniger waren zurückgekehrt, um davon zu berichten. Die meisten Hobbits betrachteten schon Flüsse und kleine Boote mit tiefem Argwohn, und nicht viele konnten schwimmen. Und je länger sie im Auenland lebten, desto weniger sprachen sie mit den Elben; sie begannen sich vor ihnen zu fürchten und allen zu misstrauen, die mit ihnen Umgang hatten. Das Meer wurde ihnen zu einem Schreckenswort, einem Sinnbild des Todes; und von den Bergen im Westen wandten sie den Blick ab.

Aber mochten sie die Baukunst auch von den Elben oder den Menschen übernommen haben, die Hobbits verfuhren darin auf ihre eigene Weise.

Mit Türmen hatten sie nichts im Sinn. Ihre Häuser waren meistens lang, niedrig und wohnlich. Die ältesten waren eigentlich oberirdische Nachbildungen von Smials, mit trockenem Gras oder Stroh gedeckt, vielleicht auch mit Sodendächern, die Wände ein wenig ausgebaucht. Diese stammten jedoch aus der Frühzeit des Auenlandes, und seither hatte sich die Bauweise längst verändert und verbessert. Manche neuen Methoden hatten die Hobbits von den Zwergen gelernt, manche hatten sie selbst erfunden. Eine Vorliebe für runde Fenster und sogar runde Türen blieb die wichtigste Besonderheit der Hobbit-Architektur.

Die auenländischen Häuser und Höhlen waren oft sehr geräumig und wurden von Großfamilien bewohnt (Bilbo und Frodo Beutlin waren als Junggesellen in dieser wie auch in anderer Hinsicht, zum Beispiel ihrer Freundschaft mit Elben, die großen Ausnahmen.) Mancherorts, wie bei den Tuks in Groß-Smials oder den Brandybocks im Brandyschloss, lebten etliche Generationen von Verwandten mehr oder weniger friedlich in ein und demselben vielstolligen Stammwohnsitz zusammen. Überhaupt waren alle Hobbits sehr sippenbewußt und gaben sich über ihre Verwandtschaftsbeziehungen genauestens Rechenschaft. Sehr gründlich und ausführlich zeichneten sie die unzähligen Verzweigungen ihrer Familienstammbäume auf. Wer mit Hobbits zu tun hat, darf nie vergessen, wer mit wem in welchem Grade verwandt ist. Es würde den Rahmen dieses Buches sprengen, wollte man versuchen, einen Stammbaum aufzustellen, der auch nur die bedeutenderen Angehörigen der bedeutenderen Familien aus der Zeit umfasste, von der diese Geschichten handeln. Die Ahnentafeln am Ende des Roten Buchs der Westmark sind ein kleines Buch für sich, und jeder, der kein Hobbit ist, fände sie maßlos langweilig. Die Hobbits aber hatten viel Sinn für solche Dinge, in denen alles seine Richtigkeit haben musste: Bücher mochten sie, wenn vieles darin stand, was sie schon wussten – schlicht und klar und ohne Widersprüche.

2
ÜBER PFEIFENKRAUT

Noch etwas ist an den Hobbits von damals zu erwähnen, eine befremdliche Gewohnheit: durch Pfeifen von Ton oder Holz schlürften oder sogen sie den Rauch brennender Blätter von einer Pflanze in sich hinein, die sie *Pfeifenkraut* oder kurz *Kraut* nannten, vermutlich eine Art der *Nicotiana*. Die

Herkunft dieses seltsamen Brauches, oder, wie die Hobbits sagten, dieser »Kunst«, ist von Geheimnissen umwölkt. Alles, was die Alten darüber in Erfahrung bringen konnten, wurde von Meriadoc Brandybock zusammengestellt (dem späteren Herrn von Bockland), und weil er und der Tabak aus dem Südviertel im Folgenden eine Rolle spielen, sei hier seine Stellungnahme aus der Einleitung zu seiner *Kräuterkunde des Auenlandes* zitiert.

»Dies«, so sagt er, »ist die einzige Kunst, von der wir mit Gewissheit behaupten können, sie selbst entdeckt zu haben. Wann sich der erste Hobbit die erste Pfeife stopfte, wissen wir nicht; in allen Legenden und Familiengeschichten ist das Rauchen eine Selbstverständlichkeit; seit Hobbitgedenken rauchen die Auenländer allerlei Kräuter, bald mehr, bald weniger wohlriechende. Aber alle Quellen stimmen darin überein, dass Tobold Hornbläser aus Langgrund im Südviertel das erste echte Pfeifenkraut in seinen Gärten zog, in den Tagen Isengrims des Zweiten, um das Jahr 1070 auenländischer Zeitrechnung. Das beste einheimische Kraut kommt noch immer aus jenem Bezirk, besonders die heute unter den Namen Langgrundblatt, Alter Tobi und Südstern bekannten Sorten.

Wie der alte Tobi zu der Pflanze kam, ist nicht überliefert, denn noch auf dem Totenbett wollte er es nicht sagen. Er wusste viel über Kräuter, war aber nicht weit gereist. Es heißt, in seiner Jugend sei er oft nach Bree gekommen; doch weiter hat er sich mit Sicherheit nie vom Auenland entfernt. Es ist also sehr wohl möglich, dass er die Pflanze in Bree kennen gelernt hat, wo sie heute jedenfalls auf den Südhängen des Berges gut gedeiht. Die breeländischen Hobbits behaupten, die ersten richtigen Pfeifenkrautraucher gewesen zu sein. Sie behaupten zwar in allem, den Auenländern, die sie die ›Kolonisten‹ nennen, voraus gewesen zu sein, aber in diesem Falle halte ich ihren Anspruch für begründet. Und fest steht, dass Bree der Ort ist, von dem aus die Kunst, das echte Kraut zu rauchen, sich in den letzten Jahrhunderten unter Zwergen und anderem Volk wie Waldläufern, Zauberern und Fahrenden ausgebreitet hat, wie sie an der alten Straßenkreuzung dort immer noch hin und wieder vorüberkommen. Als Herd und Heimat der Rauchkunst ist also das alte Gasthaus von Bree anzusehen, Zum tänzelnden Pony, das sich seit vorgeschichtlicher Zeit im Besitz der Familie Butterblüm befindet.

Trotz alledem haben eigene Beobachtungen auf meinen vielen Reisen in den Süden mich davon überzeugt, dass das Kraut ursprünglich nicht in unserer Weltgegend heimisch war, sondern erst vom unteren Anduin nach Norden gelangt ist; und dorthin, so vermute ich, war es ursprünglich mit den Menschen von Westernis übers Meer gekommen. In Gondor findet man es überall, größer und kräftiger als im Norden, wo es nie wild wächst und nur an warmen und windgeschützten Plätzen wie dem Langgrund gedeiht. Die Menschen von Gondor nennen es süßes Galenas und schätzen es nur wegen des Dufts seiner Blüten. Aus jenem Land muss es in den vielen Jahrhunderten seit Elendils Ankunft über den Grünweg heraufgebracht worden sein. Aber selbst die Dúnedain von Gondor halten uns zugute: Hobbits haben es zuerst in Pfeifen gestopft. Nicht einmal die Zauberer sind vor uns auf die Idee gekommen! Allerdings kannte ich einen Zauberer, der die Kunst schon vor langer Zeit erlernt und so viel Geschick darin erworben hatte wie in allem, das er sich vornahm.«

3
VON DER ORDNUNG IM AUENLAND

Das Auenland war in vier Viertel eingeteilt, von denen schon die Rede war, das Nord-, Süd-, Ost- und Westviertel; und diese wiederum zerfielen in eine Anzahl Sippenländer, die noch immer die Namen mancher großer alteingesessener Familien trugen, obwohl zur Zeit dieser Geschichte die Träger dieser Namen nicht mehr nur auf ihrem Sippenland anzutreffen waren. Fast alle Tuks lebten zwar noch im Tukland, aber von vielen anderen Familien wie den Beutlins oder Boffins konnte man das nicht sagen. Außerhalb der Viertel lagen die Ost- und die Westmark: das Bockland (S. 137 f.) und das Gebiet im Westen, das im Jahre 1462 A.Z. zum Auenland hinzukam.

Von einer »Regierung« konnte im Auenland zu dieser Zeit kaum die Rede sein. Meistens regelten die Familien ihre Angelegenheiten unter sich. Das Anbauen und Verzehren der Nahrungsmittel nahm den Hauptteil ihrer Zeit in Anspruch. In anderen Belangen waren sie in der Regel freigebig und nicht habgierig, sondern bescheiden und genügsam, und darum blieben ihre Güter, Gehöfte, Werkstätten und kleinen Läden gewöhnlich über Generationen hin unverändert.

Im übrigen erkannten sie natürlich nach alter Tradition einen Hohen König in Fornost oder, wie sie es nannten, Norburg an, der alten Stadt nördlich des Auenlandes. Aber seit fast tausend Jahren gab es dort keinen König mehr, und selbst die Ruinen der Königsnorburg waren mit Gras überwachsen. Trotzdem sagten die Hobbits von wilden Burschen und üblem Gesindel (zum Beispiel Trollen) noch immer, die hätten wohl »noch nie was vom König gehört«. Denn auf den König von einst führten sie alle Gesetze zurück, die ihnen wichtig waren, und die Gesetze hielten sie für gewöhnlich freiwillig ein, weil sie »die Regeln« waren (wie sie sagten): sowohl althergebracht als auch gerecht.

Allerdings hatte die Familie Tuk lange eine Vorrangstellung eingenommen: Das Amt des Thains war vor einigen hundert Jahren von den Altbocks auf sie übergegangen, und seither hatte das Oberhaupt der Tuks immer diesen Titel innegehabt. Der Thain war Vorsitzender des Auenländischen Rats, Hauptmann der Auenland-Heerschau und der Hobbitwehr, aber weil die Heerschau und die Ratssitzungen nur in Notzeiten stattfanden, die es nicht mehr gab, war das Amt des Thains zu einem reinen Ehrentitel geworden. Besondere Achtung genoss die Familie Tuk indes weiterhin, denn sie blieb zahlreich und ungemein begütert; außerdem konnte man von ihr erwarten, dass sie in jeder Generation ein paar starke Charaktere mit merkwürdigen Gewohnheiten und vielleicht sogar abenteuerlustigem Temperament hervorbrachte. Diese Eigenschaften freilich wurden nun eher geduldet (bei reichen Leuten) als allgemein geschätzt. Immerhin hielt sich der Brauch, das Oberhaupt dieser Familie als *den Tuk* zu bezeichnen und seinen Namen, wenn nötig, mit einer Ordnungszahl zu versehen, wie zum Beispiel »Isengrim der Zweite«.

Der Einzige, der im Auenland zu dieser Zeit wirklich ein Amt innehatte, war der Bürgermeister von Michelbinge (oder des Auenlandes), der alle sieben Jahre zu Lithe, das heißt am Mittsommertag, auf dem Freimarkt auf den Weißen Höhen gewählt wurde. Nahezu seine einzige Pflicht als Bürgermeister bestand darin, die Begrüßungsworte bei den Banketten an den Feiertagen zu sprechen, die der auenländische Kalender in rascher Folge vorsah. Doch mit dem Bürgermeisteramt waren auch die Aufgaben des Postmeisters und des Ersten Landbüttels verbunden, und darum war er sowohl für den Kurierdienst als auch für die Wachen verantwortlich. Dies waren die einzigen öffentlichen Dienste, und die Kuriere waren bei weitem zahlreicher und hatten viel mehr zu tun. Zwar konnten keineswegs alle Hobbits schreiben, aber wer es konnte, schrieb immerzu an alle Freunde (und mit Ausnahmen auch an alle Verwandten), die weiter als einen Nachmittagsspaziergang entfernt wohnten.

Die Polizisten – oder was einem Polizisten bei den Hobbits am nächsten kam – hießen Landbüttel. Natürlich trugen sie keine Uniform (so etwas kannte man gar nicht), sondern nur eine Feder an der Mütze, und eigentlich waren sie eher eine Fluraufsicht als eine Polizei, denn sie kümmerten sich mehr um streunende oder entlaufene Tiere als um Personen. Im ganzen Auenland gab es von ihnen für den Inlanddienst nur zwölf, drei in jedem Viertel. Wesentlich zahlreicher waren die Grenzwachen, die außerdem nach Bedarf verstärkt werden konnten: Sie sorgten dafür, dass Fremde aller Art, ob groß oder klein, nicht zur Plage wurden.

Zu der Zeit, als diese Geschichte beginnt, waren die Grenzer, wie man sie nannte, stark vermehrt worden. Vielerlei Meldungen und Beschwerden über verdächtige Personen oder Kreaturen gingen ein, die sich an den Grenzen oder sogar im Hinterland herumtrieben: das erste Anzeichen, dass nicht alles so war, wie es sein sollte und immer gewesen war, außer in Geschichten und Sagen aus alter Zeit. Nur wenige schenkten dem Zeichen Beachtung, und auch Bilbo hatte noch keine Ahnung, was es zu bedeuten hatte. Sechzig Jahre waren vergangen, seit er zu seiner denkwürdigen Reise aufgebrochen war, und selbst unter Hobbits, die ja nicht selten die Hundert erreichen, war er nun ein alter Mann; doch von dem stattlichen Vermögen, das er damals mit heimgebracht hatte, war anscheinend noch immer einiges vorhanden. Wie viel oder wie wenig, das sagte er niemandem, nicht mal seinem Lieblingsneffen Frodo. Und noch immer verriet er nichts von dem Ring, den er gefunden hatte.

4

VOM RINGFUND

Wie im *Hobbit* erzählt wird, stand eines Tages der große Zauberer Gandalf der Graue vor Bilbos Tür und mit ihm dreizehn Zwerge, und zwar niemand anders als Thorin Eichenschild, Nachkomme der Zwergenkönige, und seine zwölf Gefährten im Exil. Zu seiner eigenen bleibenden Verwunderung brach Bilbo mit ihnen an einem Aprilmorgen im Jahr 1341 auenländischer Zeitrechnung zu einer großen Reise auf, einer Fahrt zu den Zwergenhorten der Könige unter dem Berge, unter dem Erebor bei Thal, weit im Osten. Das Unternehmen gelang, und der Drache, der den Hort bewachte, wurde getötet. Aber obwohl sie, bevor alles gewonnen war, erst die Schlacht der fünf Heere schlagen mussten, obwohl Thorin dabei fiel und viele Ruhmestaten vollbracht wurden, wäre die Sache ohne einen kleinen »Zwischenfall«, der sich unterwegs ereignete, für die spätere Geschichtsschreibung kaum von Interesse gewesen und hätte in den langen Annalen des Dritten

Zeitalters allenfalls eine Fußnote verdient. Auf einem hohen Pass im Nebelgebirge wurden die Reisenden beim Übergang nach Wilderland von Orks überfallen; und dabei wurde Bilbo von ihnen getrennt und musste eine Weile allein in den dunklen Orkstollen tief unter dem Gebirge umherirren. Als er dort hilflos im Dunkeln herumtastete, stieß seine Hand an einen Ring, der auf dem Boden eines Stollens lag. Er steckte ihn in die Tasche. Für den Augenblick schien es ein belangloser Zufall zu sein.

Auf der Suche nach einem Ausgang stieg Bilbo immer tiefer unter das Gebirge hinab, bis er nicht mehr weiter konnte. Auf dem Grund des Stollens lag ein kalter See, fern von allem Licht, und dort, auf einer Felseninsel im Wasser, lebte Gollum. Er war eine widerwärtige kleine Kreatur: mit seinen breiten Plattfüßen paddelte er ein kleines Boot, spähte mit fahl leuchtenden Augen durch die Dunkelheit und schnappte mit seinen langen Fingern nach blinden Fischen, die er dann roh verzehrte. Er fraß alles, sogar Orks, wenn er sie nur fangen und kampflos erwürgen konnte. Insgeheim besaß er ein Kleinod, das er vor langen Zeiten an sich gebracht hatte, als er noch nicht im Dunkeln lebte: einen goldenen Ring, der seinen Träger unsichtbar machte. Der Ring war das einzige, was ihm lieb und teuer war, sein »Schatz«, und er sprach mit ihm, sogar wenn er ihn nicht bei sich trug. Denn er hielt ihn meistens in einem Felsloch auf seiner Insel sicher verwahrt, wenn er nicht gerade auf Jagd ging oder den Orks in den Stollen nachschlich.

Vielleicht hätte er Bilbo bei ihrer Begegnung sofort angegriffen, hätte er den Ring bei sich gehabt; aber er hatte ihn nicht, und der Hobbit hielt ein Elbenmesser in der Hand, das für ihn so gut wie ein Schwert war. Um daher Zeit zu gewinnen, forderte er Bilbo zu dem Rätselspiel heraus, mit der Bedingung, dass er Bilbo töten und verspeisen werde, wenn der eines seiner Rätsel nicht lösen könne; wenn aber Bilbo ihn besiege, so werde er ihn wie gewünscht zu einem Ausgang aus den Stollen führen.

Weil er sich im Dunkeln hoffnungslos verirrt hatte und weder vor noch zurück konnte, ging Bilbo auf die Wette ein, und sie gaben einander mehrere Rätsel auf. Schließlich gewann Bilbo, mit mehr Glück (wie es schien) als Verstand, denn als ihm zuletzt kein Rätsel mehr einfallen wollte, berührte seine Hand den Ring, den er aufgehoben und seither vergessen hatte, und er rief: *Was hab ich da in meiner Tasche?* Das bekam Gollum nicht heraus, obwohl Bilbo ihn dreimal raten ließ.

Nun sind zwar die Gelehrten geteilter Meinung, ob dies letzte nach den strengen Regeln des Spiels nicht nur eine schlichte »Frage« und kein Rätsel war; doch stimmen alle darin überein, dass Gollum, nachdem er sich darauf eingelassen und die Antwort zu erraten versucht hatte, an sein Versprechen gebunden war. Und Bilbo drängte ihn, Wort zu halten; denn ihm kam der Gedanke, dass dieser schleimige Bursche ein falsches Spiel treiben könnte, obwohl doch solche Versprechen von alters her als heilig galten und alle bis auf die Verruchtesten sich scheuten, sie zu brechen. Nach all den Zeiten, die er allein im Dunkeln gehaust hatte, war Gollums Herz schwarz und voller Tücke. Er machte sich davon und kehrte auf seine Insel zurück, von der Bilbo nichts wusste und die nicht weit entfernt im dunklen Wasser lag. Dort, glaubte er, liege sein Ring. Er war nun hungrig und wütend, und wenn er seinen »Schatz« erst am Finger hätte, brauchte er keine Waffe mehr zu fürchten.

Aber der Ring war nicht auf der Insel; er hatte ihn verloren, er war weg! Er schrie, dass es Bilbo kalt den Rücken herunterlief, obwohl er noch nicht begriffen hatte, was geschehen war. Aber Gollum hatte mit einem Mal die Lösung des Rätsels gefunden – zu spät. *Wasss hat er in seinen Tasssschen?* schrie er. Seine Augen leuchteten wie eine grüne Flamme, als er zurückgehastet kam, um den Hobbit zu töten und sich seinen »Schatz« wieder zu holen. Eben noch rechtzeitig erkannte Bilbo die Gefahr und rannte blindlings den Gang hinauf, fort vom Wasser; und wieder rettete ihn sein Glück. Denn während er lief, steckte er die Hand in die Tasche, und unversehens glitt ihm der Ring auf den Finger. So kam es, dass Gollum an ihm vorüberrannte, ohne ihn zu sehen, und dann weiter zum Ausgang hin, um den »Dieb« nicht entkommen zu lassen. Vorsichtig schlich Bilbo ihm nach und hörte ihn fluchen und im Selbstgespräch über seinen »Schatz« reden; und aus dem Gehörten erriet Bilbo die Wahrheit und schöpfte im Dunkeln neue Hoffnung: Er selbst hatte den wunderbaren Ring gefunden und damit eine Chance, Gollum und den Orks zu entkommen.

Schließlich machten sie Halt vor der im Dunkeln kaum erkennbaren Öffnung eines Durchgangs zum unteren Tor der Minen, auf der Ostseite des Gebirges. Dort hockte Gollum sich hin, sprungbereit, schnüffelnd und horchend; und Bilbo fühlte sich versucht, ihn mit seinem Schwert zu erschlagen. Aber Mitleid hielt ihn davon ab. Den Ring, in dem seine einzige Hoffnung lag, wollte er zwar behalten, doch nicht um mit seiner Hilfe die elende Kreatur umzubringen, die gegen ihn nun ziemlich wehrlos war. Endlich nahm er all seinen Mut zusammen, sprang im Dunkeln über Gollum hinweg und flüchtete den Gang hinunter, verfolgt von den Hass- und Verzweiflungsschreien seines Feindes: *Dieb, Dieb, Beutlin! Wir hassen ihn auf immerdar!*

Merkwürdig ist nun, dass dies nicht die Geschichte ist, so wie Bilbo sie seinen Gefährten zuerst erzählte. Ihnen sagte er, Gollum habe versprochen, ihm ein Geschenk zu machen, wenn er das Spiel gewänne; aber als Gollum es von seiner Insel holen wollte, sei das Kleinod weg gewesen: ein Zauberring, den man ihm vor langer Zeit zum Geburtstag geschenkt hatte. Bilbo habe erraten, dass dies derselbe Ring war, den er gefunden hatte, und weil er das Spiel gewonnen hatte, habe er ihm nun auch von Rechts wegen gehört. In seiner schwierigen Lage habe er aber von seinem Fund nichts gesagt und sich von Gollum statt des Geschenks als Belohnung ausbedungen, dass er ihm den Ausweg zeigte. Diesen Bericht nahm Bilbo in seine Memoiren auf, und er selbst scheint nie etwas daran geändert zu haben, nicht einmal nach der Ratsversammlung bei Elrond. Offenbar stand er auch noch in der Erstfassung des Roten Buchs, ebenso wie in mehreren Abschriften und Kurzfassungen. Doch viele Abschriften enthalten (als Alternative) die richtige Darstellung, die sicherlich aus Aufzeichnungen von Frodo oder Samweis stammt, die beide die Wahrheit kannten, obwohl es ihnen widerstrebt zu haben scheint, irgendetwas von dem alten Hobbit selbst Geschriebenes zu streichen.

Gandalf jedoch glaubte Bilbos Geschichte gleich beim ersten Mal nicht, als er sie hörte, und wurde neugierig, was es mit dem Ring wirklich auf sich habe. Schließlich holte er aus Bilbo die Wahrheit heraus, nach vielem Fragen, das ihre Freundschaft auf eine harte Probe stellte; aber der Zauberer schien die Wahrheit nun mal für wichtig zu halten. Obwohl er zu Bilbo nichts davon sagte, fand er es auch merkwürdig und bedenklich, dass der gute Hobbit nicht gleich damit herausgerückt war – ganz gegen seine Gewohnheit. Die Ausrede von dem »Geschenk« war ja auch eine Erfindung, die einem Hobbit nicht ähnlich sah. Bilbo war erst darauf gekommen, wie er bekannte, als er Gollums Selbstgespräch belauschte; denn Gollum hatte den Ring ja mehrmals als sein »Geburtstagsgeschenk« bezeichnet. Auch das erschien Gandalf sonderbar und verdächtig; aber die Wahrheit in dieser Sache sollte ihm noch viele Jahre verborgen bleiben, wie wir in diesem Buch sehen werden.

Von Bilbos späteren Abenteuern ist hier nicht viel zu sagen. Dank dem Ring kam er durch die Orkwachen am Tor und stieß wieder zu seinen Gefährten. Während der Fahrt gebrauchte er den Ring viele Male, meistens, um seinen Freunden zu helfen; aber solange es ging, hielt er ihn vor ihnen verborgen. Nach seiner Heimkehr sprach er über ihn nur mit Gandalf und

Frodo; sonst wusste im Auenland niemand, dass es den Ring überhaupt gab – oder zumindest glaubte er das. Nur Frodo zeigte er den Bericht über seine Fahrt, an dem er schrieb.

Sein Schwert Stich hängte Bilbo über dem Kamin auf, und sein herrliches Kettenhemd aus dem Drachenhort, das ihm die Zwerge geschenkt hatten, überließ er als Leihgabe einem Museum, nämlich dem Mathom-Haus in Michelbinge. Den alten Kapuzenmantel aber, den er auf seinen Reisen getragen hatte, verwahrte er in Beutelsend in einer Schublade; und der Ring blieb, an einem Kettchen befestigt, in seiner Hosentasche.

Als er am 22. Juni (1342 A.Z.) nach Beutelsend heimkehrte, war er im zweiundfünfzigsten Lebensjahr, und dann geschah im Auenland nichts allzu Bemerkenswertes, bis Herr Beutlin sich an die Vorbereitungen zur Feier seines hundertundelften Geburtstags machte (1401 A.Z.). Und hier beginnt unsere Geschichte.

ANMERKUNG ZU DEN AUENLÄNDISCHEN GESCHICHTSBÜCHERN

Der Anteil der Hobbits an den großen Ereignissen am Ende des Dritten Zeitalters, die zur Aufnahme des Auenlands in das wieder vereinigte Königreich führten, weckten unter ihnen ein breiteres Interesse an der eigenen Geschichte; und vieles, was bis dahin in der Hauptsache mündlich überliefert worden war, wurde nun niedergeschrieben und gesammelt. In den bedeutenderen Familien interessierte man sich auch für die Ereignisse in anderen Ländern des Königreichs, und viele ihrer Angehörigen studierten die Sagen und Berichte aus alter Zeit. Als das erste Jahrhundert des Vierten Zeitalters zu Ende ging, gab es im Auenland schon mehrere Bibliotheken, die viele historische Werke und Urkunden besaßen.

Die größten Sammlungen dieser Art befanden sich wohl in Untertürmen, in den Groß-Smials und im Brandyschloß. Der folgende Bericht vom Ende des Dritten Zeitalters stützt sich in der Hauptsache auf das Rote Buch der Westmark. Es ist unsere wichtigste Quelle zur Geschichte des Ringkrieges und wurde so genannt, weil es lange in Untertürmen im Haus der Schönkinds, der Verweser der Westmark, aufbewahrt wurde.*

* Vgl. Anhang B: Annalen 1451, 1462 und 1482; außerdem die Anmerkung am Ende von Anhang C.

Ursprünglich war es Bilbos persönliches Tagebuch, das er nach Bruchtal mitnahm. Frodo brachte es wieder ins Auenland, zusammen mit vielen Notizen auf losen Blättern, und im Jahre 1420/21 A.Z. schrieb er seinen Bericht über den Krieg hinein, bis fast alle Seiten voll waren. Diesem Band angefügt und mit ihm zusammen aufbewahrt, vermutlich in einem roten Karton, wurden die drei großen, in rotes Leder gebundenen Bücher, die Bilbo ihm als Abschiedsgeschenk mit auf den Weg gab. Zu diesen vier Bänden kam in der Westmark noch ein fünfter mit Ahnentafeln, Erläuterungen und sonstigen Angaben hinzu, soweit sie die an der Fahrt mit dem Ring beteiligten Hobbits betraf.

Die Urhandschrift des Roten Buchs ist nicht erhalten, aber für die Nachkommen von Meister Samweis' Kindern wurden viele Abschriften angefertigt, besonders vom ersten Band. Die wichtigste Abschrift jedoch hat eine andere Geschichte. Sie wurde in den Groß-Smials aufbewahrt, war aber in Gondor geschrieben, wahrscheinlich im Auftrag eines Urenkels von Peregrin Tuk, und im Jahre 1592 A.Z. (Viertes Zeitalter 172) fertiggestellt worden. Der südländische Schreiber fügte den folgenden Vermerk bei: »Findegil, Schreiber des Königs, schloss diese Arbeit im Jahre IV 172 ab.« Es ist eine detailgetreue Abschrift des Thainsbuches, das in Minas Tirith aufbewahrt wurde; und dieses wiederum war auf König Elessars Wunsch vom Roten Buch der Periannath abgeschrieben worden und wurde ihm vom Thain Peregrin überbracht, als der sich im Jahre IV 64 nach Gondor zurückzog.

Das Thainsbuch war also die erste Abschrift des Roten Buchs und enthielt vieles, das später weggelassen wurde oder verloren ging. In Minas Tirith wurde es mit vielen Anmerkungen versehen, auch mit vielen Korrekturen, besonders im Hinblick auf Namen, Wörter und Zitate aus den Elbensprachen; und eine Kurzfassung derjenigen Teile der *Erzählung von Aragorn und Arwen* wurde hinzugefügt, die nicht mit dem Bericht über den Ringkrieg zusammenhängen. Die vollständige Fassung der Geschichte soll einige Zeit nach dem Tod des Königs von Barahir geschrieben worden sein, dem Enkel des Statthalters Faramir. Doch das Wichtigste an Findegils Abschrift ist, dass sie als Einzige auch Bilbos sämtliche »Übersetzungen aus dem Elbischen« enthielt. Diese drei Bände erwiesen sich als ein Werk von großer Meisterschaft und Gelehrsamkeit, in dem er von 1403 bis 1418 alle ihm in Bruchtal zugänglichen Quellen verarbeitet hatte, sowohl mündliche wie schriftliche. Weil sie jedoch fast ausschließlich von den Ältesten Tagen handelten und Frodo wenig auf sie einging, soll hier von ihnen nicht weiter die Rede sein.

Weil Meriadoc und Peregrin die Häupter ihrer großen Familien wurden und zugleich ihre Verbindungen zu Rohan und Gondor aufrechterhielten, gab es in den Bibliotheken von Bockenburg und Buckelstadt vieles, das im Roten Buch nicht erwähnt wird. Im Brandyschloß befanden sich viele Werke über Eriador und die Geschichte Rohans. Manche von ihnen waren von Meriadoc selbst verfasst oder begonnen worden; allerdings blieb er in seiner Heimat vornehmlich durch seine *Kräuterkunde des Auenlandes* in Erinnerung und durch die Schrift *Jahreszählung,* in der er das Verhältnis zwischen den auen- und breeländischen Kalendern und denen von Bruchtal, Gondor und Rohan behandelte. Außerdem schrieb er eine kurze Abhandlung über *Alte Wörter und Namen im Auenland,* in der er sich besonders bestrebt zeigte, in Auenlandwörtern wie *Mathom* und in alten Bestandteilen von Ortsnamen die Verwandtschaft mit der Sprache der Rohirrim nachzuweisen.

Die Bücher in den Groß-Smials waren für die Auenländer weniger interessant, aber um so wichtiger für die Kenntnis der weiteren geschichtlichen Zusammenhänge. Keines von ihnen war von Peregrin selbst geschrieben, doch er und seine Nachfolger sammelten viele Manuskripte von Schreibern aus Gondor, in der Hauptsache Abschriften oder Zusammenfassungen von Geschichtsbüchern oder Sagen über Elendil und seine Erben. Nur hier waren im Auenland umfangreiche Materialien zur Geschichte Númenors und zum Aufkommen Saurons zu finden. Vermutlich wurde in den Groß-Smials auch die *Aufzählung der Jahre** zusammengestellt, mit Hilfe des von Meriadoc gesammelten Materials. Obwohl die dort angegebenen Daten, besonders für das Zweite Zeitalter, oft nur auf Mutmaßungen gründen, verdienen sie doch Beachtung. Man darf annehmen, dass Meriadoc in Bruchtal, das er mehr als einmal besuchte, Hilfe und Auskunft erhielt. Obwohl Elrond selbst fortgezogen war, blieben seine Söhne noch lange dort, zusammen mit manchen anderen aus dem Hochelbenvolk. Es heißt, Celeborn sei nach Galadriels Fortgang dorthin gezogen; doch in keiner Chronik ist der Tag verzeichnet, an dem auch er sich schließlich zu den Grauen Anfurten begab, und mit ihm entschwand die letzte Erinnerung eines Lebenden an die Ältesten Tage von Mittelerde.

---

* In stark verkürzter Form bis zum Ende des Dritten Zeitalters wiedergegeben im Anhang B.

ERSTES BUCH

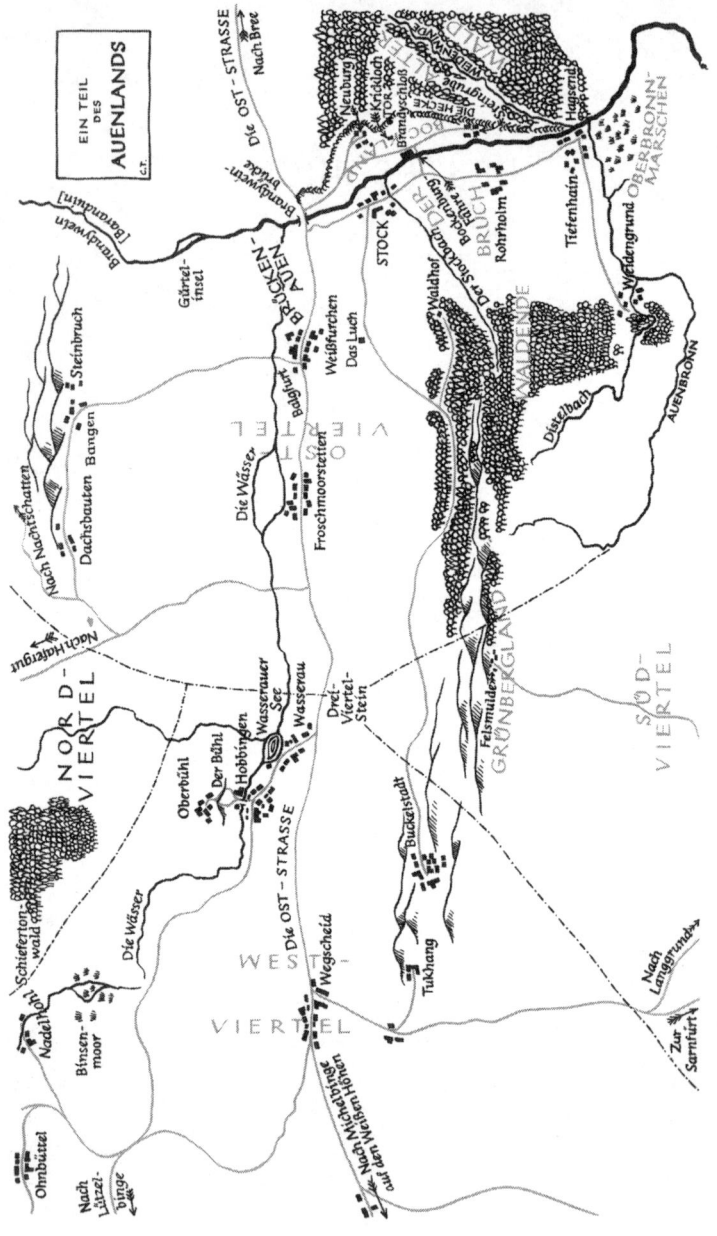

EIN TEIL
DES
AUENLANDS
c.t.

Nach Bree

Die OST-STRASSE

Brandyweinbrücke

Neuburg
Kriddloch
Brandyschloß
Hagerend

DIE HECKE

HOCHHOLZ

WALD

Brandywein [Baranduin]

Gürtel-insel

BRÜCKEN-AUEN

Balgfurt

Weißfurchen
Das Luch

STOCK

OSTVIERTEL

OBERBRONN-MARSCHEN

Tiefenhain

Rohrholm

Der Stockbach
Bockenborg

BRUCH

Waldhof

WALDENDE

Distelbach

AUENBRONN

Wiedengrund
Wieten

Steinbruch

Dachsbauten Bangen

Nach Nachtschatten

Nach Hügelgut

Die Wässer

Froschmoorstetten

Felsmulden
GRÜNBERGLAND

SÜD-VIERTEL

NORD-VIERTEL

Oberbühl

Der Bühl
Hobbingen

Wasserauer See
Wasserau

Drei-Viertel-Stein

Bockelstadt

Die OST-STRASSE

Die Wässer

Schieferton-wald

Nadelloh

Binsen-moor

Die Wässer

WEST-VIERTEL

Wegscheid

Tuckborn

Nach Langgrund

Ohmbüttel

Nach Lätzelbinge

Nach Michelbinge
auf dem Weißen Höhen

Zur Sarnfurt

ERSTES KAPITEL

EIN LANGERWARTETES FEST

Als Herr Bilbo Beutlin von Beutelsend ankündigte, dass er seinen bevorstehenden einundelfzigsten Geburtstag mit einem rauschenden Fest zu feiern gedenke, begann in Hobbingen ein erregtes Getuschel.

Bilbo war sehr reich und sehr eigensinnig, und seit seinem auffälligen Verschwinden und seiner unerwarteten Rückkehr vor sechzig Jahren hatte man im Auenland nicht aufgehört, sich über ihn zu wundern. Um die Reichtümer, die er von seinen Reisen mitgebracht hatte, war längst eine Ortslegende entstanden: Was auch die älteren Leute dazu sagen mochten, die Jüngeren glaubten zu wissen, dass der Bühl von Beutelsend voller Stollen war, in denen Schätze gespeichert lagen. Und als ob der Gerüchte noch nicht genug wären, gab auch seine gar nicht altersgemäße Jugendfrische einigen Grund zur Verwunderung. Die Jahre vergingen, aber Herrn Beutlin schienen sie nichts anhaben zu können. Als er neunundneunzig war, fing man an, davon zu reden, dass er sich »gut gehalten« habe; doch wäre die Feststellung, dass er sich überhaupt nicht verändert hatte, der Wahrheit näher gekommen. Manche meinten kopfschüttelnd, dies alles sei wohl ein bisschen zuviel des Guten; irgendwie war es ungerecht, dass jemand, der sich schon einer (dem Augenschein nach) ewigen Jugend erfreute, auch noch ein (dem Vernehmen nach) unerschöpfliches Vermögen besaß.

»Irgendwann wird er dafür bezahlen müssen«, sagten sie. »Das ist nicht natürlich und wird noch übel ausgehen!«

Aber einstweilen ging es nicht übel aus; und weil Herr Beutlin mit seinem Geld nicht knauserte, waren die meisten Leute geneigt, ihm seine Eigenheiten und sein unverdientes Glück nachzusehen. Der Verkehr mit seinen Verwandten (die Sackheim-Beutlins natürlich ausgenommen) riss nicht ganz ab, und unter den Hobbits aus den ärmeren und nicht so angesehenen Familien hatte er viele treue Bewunderer. Aber echte Freunde gewann er erst wieder, als manche von seinen jüngeren Vettern allmählich erwachsen wurden.

Von diesen der älteste und Bilbo der liebste war der junge Frodo Beutlin. Als Bilbo neunundneunzig war, adoptierte er Frodo, setzte ihn zum Erben ein und holte ihn zu sich nach Beutelsend; alle Hoffnungen der Sackheim-Beutlins wurden damit endgültig zunichte. Zufällig hatten Bilbo und Frodo beide am 22. September Geburtstag. »Frodo, mein Junge«, sagte Bilbo eines Tages, »komm doch lieber und wohne bei mir; dann können wir unseren Geburtstag immer schön zusammen feiern.« Damals war Frodo noch in den »Twiens«, wie die Hobbits das unreife Alter zwischen der Kindheit und dem Mündigwerden mit dreiunddreißig nannten.

Zwölf weitere Jahre waren vergangen. Jedes Mal hatten die beiden Beutlins am 22. September einen sehr munteren Doppelgeburtstag gefeiert; aber für diesen Herbst nun, so hörte man, bereiteten sie etwas ganz Außerordentliches vor. Bilbo wurde schließlich einundelfzig, 111, keine Zahl wie alle andern und ein sehr ansehnliches Alter für einen Hobbit (selbst der Alte Tuk war nur 130 geworden); und auch die dreiunddreißig, 33, die Frodo erreichte, war eine besondere Zahl, denn damit wurde er »jährig«.

In Hobbingen und Wasserau zerriss man sich die Mäuler, und das Gerücht von dem bevorstehenden Ereignis machte im ganzen Auenland die Runde. Herrn Bilbo Beutlins Lebensgeschichte und Charakter wurden wieder einmal zum Hauptgesprächsthema, und die Älteren fanden für ihre Erinnerungen dankbare Zuhörer.

Und niemand hatte dankbarere als der alte Ham Gamdschie, der bei den meisten nur der Ohm hieß. Ihm lauschte man im Efeubusch, einem kleinen Wirtshaus an der Straße nach Wasserau, und was er sagte, hatte Gewicht, denn seit vierzig Jahren war er der Gärtner in Beutelsend, und schon vorher hatte er dem alten Höhlenmann bei derselben Arbeit geholfen. Jetzt, wo er selbst alt wurde und schon ein bisschen steif in den Gelenken, erledigte das meiste sein jüngster Sohn Sam. Beide Gamdschies, Vater und Sohn, standen sich sehr gut mit Bilbo und Frodo. Sie wohnten auch auf dem Bühl, Beutelhaldenweg Nummer 3, etwas unterhalb von Beutelsend.

»Ein sehr feiner und vornehmer Hobbit ist der Herr Bilbo, wie ich schon immer gesagt hab«, versicherte der Ohm. Es stimmte vollkommen: Bilbo war sehr höflich zu ihm, redete ihn stets mit »Meister Hamfast« an und vergaß nie, in Fragen der Gemüsepflanzung seinen Rat einzuholen, denn in allem, was »Wurzeln«, besonders Kartoffeln, anging, wurde der Ohm von allen in der Nachbarschaft (ihn selbst nicht ausgenommen) als der maßgebliche Experte anerkannt.

»Aber was ist mit diesem Frodo, der bei ihm wohnt?« fragte der alte Eichler aus Wasserau. »Beutlin heißt er zwar auch, aber der soll doch mehr als zur Hälfte ein Brandybock sein. Ich kann nicht begreifen, wie ein Beutlin aus Hobbingen dazu kommt, sich eine Frau da im Bockland zu nehmen, wo die Leute so komisch sind.«

»Und kein Wunder, dass die komisch sind!« warf der Papa Zwiefuß ein (der Nachbar des Ohms). »Die leben ja auch auf dem falschen Brandyweinufer und gleich am Alten Wald. Das ist eine üble, finstere Gegend, wenn nur die Hälfte von dem wahr ist, was man da hört.«

»Da hast du recht, Papa!« sagte der Ohm. »Nicht dass die Bockländer Brandybocks nun direkt *im* Alten Wald leben; aber eine komische Sippschaft müssen sie schon sein. Auf so einen breiten Fluss, da machen die mit Booten drauf rum – das ist doch nicht natürlich! Kein Wunder, dass da was passieren musste, würd ich sagen. Aber egal! Der Herr Frodo ist trotzdem ein so netter junger Hobbit, wie man sich einen nur wünschen kann. Kommt ganz nach dem Herrn Bilbo, und nicht nur im Aussehn. Sein Vater war eben ein Beutlin. Und ein grundanständiger Hobbit war er, der Herr Drogo Beutlin; über den gab es nie viel zu reden, bis er dann ertrunken wurde.«

»Ertrunken wurde?« fragten mehrere zugleich. Natürlich waren ihnen diese und andere, noch dunklere Gerüchte schon zu Ohren gekommen; aber Hobbits haben eine Schwäche für Familiengeschichten und können sie nicht oft genug hören.

»Na ja, so heißt es«, sagte der Ohm. »Da seht ihr: Herr Drogo hat das Fräulein Primula Brandybock geheiratet, die Ärmste, und die war von unserm Herrn Bilbo die Kusine ersten Grades mütterlicherseits (ihre Mutter war die jüngste Tochter vom Alten Tuk), und Herr Drogo war sein Vetter zweiten Grades. Also ist Herr Frodo sein Vetter ersten *und* zweiten Grades, sozusagen um eine Generation verschoben, wenn ihr mir folgen könnt. Und Herr Drogo war im Brandyschloß zu Besuch bei seinem Schwiegervater, dem alten Herrn Gorbadoc, und nach seiner Heirat ist er da oft gewesen (hatte nämlich viel übrig für Speis und Trank, und beim alten Gorbadoc wurde fürstlich getafelt); und er ist auf dem Brandywein booten gegangen, und dabei wurden er und seine Frau dann ertrunken, wo der arme Herr Frodo doch noch ein Kind war, und überhaupt!«

»Ich hab gehört, sie sind nach dem Abendessen bei Mondschein aufs Wasser gegangen«, sagte der alte Eichler, »und was das Boot zum Sinken gebracht hat, war Drogos Gewicht.«

»Und ich hab gehört, sie hat ihn reingestoßen, und er hat sie nachgezogen«, sagte Sandigmann, der Müller von Hobbingen.

»Du musst nicht alles glauben, was du hörst, Sandigmann«, sagte der Ohm, der den Müller nicht allzu gut leiden konnte. »Es gibt keinen Grund, gleich von Stoßen und Ziehen daherzureden. Boote sind schon wackelig genug, auch wenn man ganz still sitzt; da braucht man gar nicht weiter nach einem Grund zu suchen, wenn etwas schief geht. Jedenfalls, da saß der Herr Frodo nun als Waise da, sozusagen gestrandet unter diesen komischen Bockländern, und ist im Brandyschloß aufgewachsen, man weiß nicht, wie. Ein richtiger Kaninchenbau, nach allem, was man so hört. Der alte Herr Gorbadoc hatte immer mindestens so an die zweihundert von seiner Sippschaft um sich. Herr Bilbo hat nie was Besseres getan, als den Jungen wieder hierher zu holen, wo er unter vernünftigen Leuten ist.

Aber für die Sackheim-Beutlins, denk' ich mir, muss das ein harter Schlag gewesen sein. Die haben doch gedacht, sie kriegen Beutelsend, schon damals, als er losgezogen ist und für tot gehalten wurde. Und dann kommt er zurück und wirft sie raus! Und nun lebt er Jahr um Jahr und scheint keinen Tag älter zu werden, der Gute! Und plötzlich hat er auch noch einen Erben und lässt alle Papiere aufsetzen. Jetzt werden die Sackheim-Beutlins Beutelsend nicht mehr von innen sehn, oder jedenfalls steht's zu hoffen.«

»Eine schöne Stange Geld soll da drin verstaut sein, hab ich gehört«, sagte ein Fremder, ein Geschäftsmann aus Michelbinge im Westviertel. »Die ganze Hügelkuppe soll ausgehöhlt sein: lauter Stollen voller Kisten mit Gold, Silber *und* Klunkern, hab ich gehört.«

»Dann haben Sie mehr gehört, als ich sagen kann«, antwortete der Ohm. »Und von *Klunkern* weiß ich überhaupt nichts. Herr Bilbo ist großzügig mit seinem Geld, und er scheint auch genug davon zu haben; aber dass er deswegen hätte Stollen graben müssen, davon weiß ich nichts. Ich hab ihn gesehen, als er wiederkam, sechzig Jahre ist das her, als ich ein junger Bursche war. Ich war noch nicht lange Lehrling beim alten Höhlenmann (der war ein Vetter von meinem Vater), aber er hat mich gleich mit rauf genommen nach Beutelsend: ich sollte aufpassen, dass die Leute während der Versteigerung nicht überall im Garten herumtrampelten. Und mitten in dem Trubel, da kommt der Herr Bilbo den Bühl rauf, mit einem Pony, ein paar mächtig großen Säcken und zwei Kisten. Sicher, da waren allerhand Schätze drin, die er sich im Ausland geholt hat, denn da soll das Gold ja bergeweise liegen; aber Stollen konnte er damit nicht füllen. Aber mein

Junge, der Sam, weiß wohl mehr darüber, der geht in Beutelsend ein und aus. Ist ganz wild nach lauter solchen Geschichten aus alten Zeiten und hört sich alles an, was der Herr Bilbo so erzählt. Herr Bilbo hat ihm auch das Schreiben beigebracht – meint er nicht bös, wohlgemerkt, und ich hoffe, da wird auch nichts Böses bei rauskommen.

›Elben und Drachen?‹ sag' ich zu ihm. ›Ach was, Kohl und Kartoffeln sind besser für dich und für mich. Misch dich bloß nicht in Angelegenheiten, von denen du nichts verstehst, sonst kriegst du mehr Ärger, als du vertragen kannst!‹ sag' ich zu ihm. Und zu andern könnt' ich dasselbe sagen«, setzte er mit einem Blick auf den Fremden und den Müller hinzu.

Aber der Ohm hatte seine Zuhörer nicht überzeugt. Bilbos sagenhafter Reichtum steckte schon zu fest in den Köpfen der jüngeren Hobbitgeneration.

»Na, aber der hat doch sicher inzwischen noch mehr bekommen, als er zuerst mitgebracht hat«, behauptete der Müller und sprach damit nur aus, was auch die anderen dachten. »Er ist oft verreist. Und seht euch doch bloß diese Fremdländer an, die ihn besuchen: Zwerge, die bei Nacht kommen, dieser alte Wandergaukler, der Gandalf, und wer nicht noch alles. Du kannst sagen, was du willst, Ohm, aber Beutelsend ist schon ein komisches Nest, und noch komischer sind die Leute dort.«

»Und du kannst auch sagen, was du willst, Herr Sandigmann, besonders über eine Sache, von der du genauso viel verstehst wie vom Booten«, sagte der Ohm und fand den Müller noch unleidlicher als sonst. »Wenn das komisch ist, dann könnten wir hier in der Gegend noch einige komische Leute mehr gebrauchen. Hier kenn' ich ja welche, die würden einem Freund nicht mal ein Bier ausgeben, und wenn ihre Höhle auch goldene Wände hätte. Aber in Beutelsend machen sie's schon recht. Unser Sam sagt, zu dem Fest werden *alle* eingeladen, und dann gibt es auch noch Geschenke, stellt euch vor, Geschenke für alle – und das noch in diesem Monat!«

Dieser Monat war der September, und das Wetter war so schön, wie man es sich nur wünschen konnte. Ein paar Tage später ging das Gerücht um (vermutlich von dem gut unterrichteten Sam ausgestreut), dass es ein Feuerwerk geben werde – und obendrein eines, wie man seit fast hundert Jahren, nämlich seit der Alte Tuk gestorben war, keines mehr gesehen hatte. Die Tage vergingen, und der große Tag rückte näher. Eines Abends fuhr ein wunderlich aussehender Wagen durch Hobbingen, mit wunderlich aussehenden Paketen beladen, und rumpelte den Bühl hinauf nach Beutelsend.

Die verdutzten Hobbits standen unter ihren Türlaternen und machten große Augen. Fremdländer lenkten ihn, die fremde Lieder sangen: Zwerge mit langen Bärten und tiefen Kapuzen. Ein paar von ihnen blieben in Beutelsend. Am Ende der zweiten Septemberwoche kam bei Tag ein Einspänner von Wasserau herein, aus der Richtung der Brandyweinbrücke. Nur ein alter Mann saß darin. Er trug einen spitzen blauen Hut, einen langen grauen Mantel und ein silberweißes Halstuch. Sein langer Bart war weiß, und die buschigen Brauen ragten unter der Hutkrempe vor. Kleine Hobbitkinder rannten dem Wagen durch ganz Hobbingen und bis auf den Bühl hinterher. Was er brachte, hatten sie richtig erraten. Vor Bilbos Tür begann der Alte mit dem Abladen: Es waren große Bündel mit Feuerwerkskörpern jeder Art und Form, und jedes war mit einem dicken roten G ᚷ und der Elbenrune ᚦ gezeichnet.

Natürlich, es war Gandalfs Zeichen, und der alte Mann war niemand anders als der Zauberer, dessen Ansehen im Auenland hauptsächlich auf seiner Meisterschaft im Umgang mit Feuer, Rauch und Licht beruhte. Sein wahres Geschäft war viel schwieriger und gefährlicher, aber davon wussten die Auenländer nichts. Für sie war er einfach eine »Attraktion« bei dem Fest: daher die Aufregung unter den Kindern. »G wie g…!« riefen sie, und der Alte grinste. Sie kannten ihn vom Sehen, obwohl er nur ab und zu nach Hobbingen kam und nie lange blieb. Aber weder sie noch irgendwer sonst außer den allerältesten Großeltern hatten je eines seiner Feuerwerke gesehen, die nun schon fast zur Legende geworden waren.

Als der Alte, unter Mithilfe Bilbos und einiger Zwerge, mit dem Abladen fertig geworden war, schenkte Bilbo den Kindern ein paar Pfennige; aber zu ihrer Enttäuschung wurde nicht ein einziger Kracher oder Knallfrosch losgelassen.

»Fort mit euch!« sagte Gandalf. »Ihr werdet noch genug erleben, wenn es soweit ist.« Dann verschwand er mit Bilbo nach drinnen, und die Tür wurde geschlossen. Die kleinen Hobbits starrten noch eine Weile vergebens die Tür an, ehe sie mit dem Gefühl abzogen, dass es bis zum Tag des Festes noch unendlich lange hin sei.

Drinnen saßen Bilbo und Gandalf am offenen Fenster eines kleinen Zimmers, das nach Westen auf den Garten hinausging. Es war ein heller, ruhiger Spätnachmittag. Die Blumen schimmerten rot und golden: Löwenmaul und Sonnenblumen; und an den rasenbedeckten Höhlenwänden kletterte Kapuzinerkresse empor und lugte durch die runden Fenster herein.

»Wie er strahlt, dein Garten!« sagte Gandalf.

»Ja«, sagte Bilbo, »Und ich hänge auch wirklich sehr daran, wie überhaupt an unserm lieben alten Auenland; aber ich glaube, ich brauche Urlaub davon!«

»Du willst deinen Plan also ausführen?«

»Ja. Ich habe mich vor Monaten dazu entschlossen, und es bleibt dabei.«

»Sehr gut! Dann sag' ich besser nichts mehr. Bleib bei deinem Plan – dem ganzen Plan, wohlgemerkt –, und ich hoffe, er wird zum Besten ausschlagen, für dich und für uns alle.«

»Hoff' ich auch! Jedenfalls will ich mich am Donnerstag amüsieren und mir meinen kleinen Scherz erlauben.«

»Ich frage mich nur, wer wohl drüber lachen wird«, sagte Gandalf kopfschüttelnd.

»Werden wir sehn!« sagte Bilbo.

Am nächsten Tag kamen noch mehr Karren den Bühl heraufgefahren, einer nach dem andern. Die einheimischen Händler hätten ein wenig über die auswärtige Konkurrenz murren können, aber noch in derselben Woche ergoss sich aus Beutelsend eine Flut von Bestellungen nach jederlei Speisen, Getränken, Gebrauchsgegenständen und Luxusartikeln, die in Hobbingen, Wasserau oder sonstwo in der Nachbarschaft irgend zu haben waren. Begeisterung kam auf, man begann die Tage bis zum Fest auf dem Kalender abzuhaken; und jeder wartete gespannt, ob der Briefträger die Einladung brachte.

Und nicht lange, so überschwemmte eine Welle von Einladungen das Postamt von Hobbingen und trieb die Kollegen in Wasserau zur Verzweiflung, so dass sogar Freiwillige als Hilfsbriefträger angeworben werden mussten. Und bald darauf marschierten sie den Bühl hinauf und brachten in Hunderten von höflichen Abwandlungen immer wieder dieselbe Antwort: *Danke, ich komme bestimmt.*

An der Pforte von Beutelsend hing plötzlich ein Schild: KEIN ZUTRITT AUSSER ZU FESTVORBEREITUNGEN. Selbst diejenigen, die vorgeblich oder tatsächlich an den Vorbereitungen beteiligt waren, wurden nur selten eingelassen. Bilbo hatte allerhand zu tun: die Einladungen schreiben, die Antworten abhaken, Geschenke verpacken; und außerdem traf er noch einige persönliche Vorbereitungen ganz eigener Art. Seit Gandalf da war, ließ er sich nicht mehr sehen.

Eines Morgens wachten die Hobbits auf und sahen die große Wiese, die nach Süden zu vor Bilbos Tür lag, voller Seile und Stangen für große und kleine Zelte. Durch die Böschung zur Straße hin wurde ein gesonderter Eingang gezogen, mit breiten Stufen und einem großen weißen Tor. Die drei Hobbitfamilien vom Beutelhaldenweg, an den die Wiese grenzte, schauten interessiert zu und wurden allgemein beneidet. Der alte Hamfast Gamdschie tat nicht mal mehr so, als arbeite er in seinem Garten.

Allmählich wuchsen die Zelte in die Höhe. Eines war so groß, dass sogar der Baum, der auf der Wiese stand, darin Platz hatte. Stolz stand er am einen Ende, beim Kopf des Ehrentisches, an allen Zweigen mit Laternen behangen. Noch vielversprechender (in Hobbitaugen) sah eine große Küche aus, die auf dem Nordzipfel der Wiese im Freien aufgestellt wurde. Aus allen Wirtshäusern und Imbissstuben auf Meilen im Umkreis kamen die Köche herbei, um den Zwergen und den anderen Wunderlingen, die in Beutelsend einquartiert waren, behilflich zu sein. Die Vorfreude war auf dem Höhepunkt.

Dann bewölkte sich der Himmel. Das war am Mittwoch, dem Tag vor dem Fest. Alle waren ängstlich besorgt. Endlich war der Tag heran, Donnerstag, der 22. September. Die Sonne ging auf, und die Wolken zerstreuten sich, Fahnen wurden entrollt, und das Fest begann.

Bilbo Beutlin nannte es *ein* Fest, aber in Wirklichkeit war es eine Vielzahl von Lustbarkeiten, die zu einer einzigen gebündelt wurden. So gut wie jeder, der in der Nähe wohnte, war eingeladen. Einige, sehr wenige, waren versehentlich übergangen worden, aber als sie dann trotzdem kamen, störte es niemand. Auch aus anderen Gegenden des Auenlands waren viele zu Gast, manche sogar von jenseits der Grenzen. Bilbo selbst begrüßte die Gäste (auch die nicht eingeladenen) an dem neuen weißen Tor. Er verteilte Geschenke an alle und etliche – und die etlichen waren diejenigen, die sich hinten herum wieder hinausschlichen und noch ein zweites Mal durchs Tor kamen. Hobbits machen anderen Leuten Geschenke, wenn sie selbst Geburtstag haben. In der Regel keine sehr teuren und nicht so verschwenderisch viele wie in diesem Falle; aber es ist kein schlechtes System. Da in Hobbingen und Wasserau eigentlich an jedem Tag im Jahr irgendwer Geburtstag hatte, konnte jeder Hobbit in dieser Gegend damit rechnen, wenigstens einmal in der Woche ein Geschenk zu bekommen. Trotzdem wurden sie des Beschenktwerdens nie müde.

Bei dieser Gelegenheit waren die Geschenke außergewöhnlich gut. Die Hobbitkinder waren so entzückt, dass sie für eine Weile beinah das Essen vergaßen. Es gab Spielzeug, wie sie es noch nie gesehen hatten, alles wunderschön und manches offenbar magisch. Vieles davon war schon ein Jahr zuvor bestellt und nun über den weiten Weg vom Einsamen Berg und von Thal angeliefert worden: echte zwergische Erzeugnisse.

Nachdem jeder Gast begrüßt und alle schließlich auf der Wiese versammelt waren, gab es Lieder, Tänze, Musik, Spiele und, natürlich, zu essen und zu trinken. Offiziell wurden drei Mahlzeiten gereicht, zu Mittag, zum Tee und zu Abend; aber das Besondere an der Mittags- und der Teemahlzeit war nur, dass zu diesen Zeiten *alle* Gäste sich hinsetzten und gemeinsam aßen, während in der übrigen Zeit die meisten nur essend und trinkend herumstanden. Und so ging es ohne Pause von elf bis halb sieben, als das Feuerwerk anfing.

Das Feuerwerk war Gandalfs Sache: er hatte alles, was er dazu brauchte, nicht nur herbeigeschafft, sondern auch ausgedacht und hergestellt; und alle Spezialeffekte, Panoramen und Raketen ließ er selbst los. Aber er verteilte auch freigebig allerlei Frösche, Schwärmer, Kracher, Sprühregen, Fackeln, Zwergenkerzen, Elbenkaskaden, Orkbrüller und Kanonenschläge. Alle verrieten die Hand des Meisters. Mit zunehmendem Alter war Gandalf immer besser geworden.

Raketen stiegen auf wie ein Schwarm bunt glitzernder Vögel mit lieblichen Singstimmen. Grüne Bäume wuchsen aus Stämmen von dunklem Rauch; ihre Knospen öffneten sich, wie wenn ein ganzer Frühling in einem Moment aufbräche, und von ihren schimmernden Zweigen regneten glimmende Blüten auf die erstaunten Hobbits herab und lösten sich in einen süßen Duft auf, kurz bevor sie die nach oben gewandten Gesichter berührten. Fontänen von glitzernden Schmetterlingen sprühten zu den Baumwipfeln empor; vielfarbige Feuersäulen schossen in die Höhe und wurden zu Adlern, Segelschiffen oder einer Phalanx fliegender Schwäne; ein rotes Gewitter tobte, und ein gelber Regenguß ging nieder; ein Wald von silbernen Speeren flog jäh in die Luft, vom Schlachtruf eines Heeres begleitet, sank nieder und tauchte, wie hundert feurige Schlangen zischend, ins Wasser. Und dann kam noch eine letzte Überraschung, Bilbo zu Ehren, und jagte den Hobbits einen gewaltigen Schreck ein, wie Gandalf durchaus beabsichtigt hatte. Die Lichter gingen aus. Eine dicke Rauchwolke stieg auf. Bald sah sie aus wie ein Berg in der Ferne, und der Gipfel begann zu glühen. Er spie grüne und scharlachrote Flammen. Hervor kam ein rotgoldener Drache, nicht in Lebensgröße, doch fürchterlich naturgetreu: Flammen loderten aus seinem Rachen, seine Augen warfen blendende Strahlen zur Erde, und mit einem tosenden Geräusch fegte er dreimal über die Köpfe der Menge hinweg. Alle duckten sich, und manche warfen sich flach auf den Bauch. Wie ein Expresszug brauste der Drache davon, schlug einen Purzelbaum und explodierte mit ohrenbetäubendem Krachen über Wasserau.

»Das war das Zeichen zum Abendessen«, sagte Bilbo. Sofort waren Angst und Schrecken wie weggeblasen, und die Hobbits, die am Boden Deckung gesucht hatten, kamen schleunigst wieder auf die Füße. Es gab eine Schlemmermahlzeit für alle – alle, bis auf diejenigen, die zur Feier im engsten Familienkreis in das große Zelt mit dem Baum gebeten wurden. Hier beschränkten sich die Einladungen auf zwölf Dutzend (eine Zahl, die auch bei den Hobbits ein Gros hieß, obwohl das Wort in Bezug auf Personen als ungehörig galt), ausgewählte Gäste aus allen Familien, mit denen Bilbo und Frodo verwandt waren, nebst einigen guten, aber nicht verwandten Freunden (wie Gandalf). Auch viele jugendliche Hobbits waren dabei, in Begleitung oder mit Erlaubnis ihrer Eltern; denn mit den Schlafenszeiten für die Kinder nahmen es die Hobbits nicht so genau, besonders wenn sich die Gelegenheit bot, ihnen eine kostenlose Mahlzeit zu verschaffen. Junge Hobbits satt zu kriegen, war nicht billig.

Da sah man nun viele Beutlins und Boffins, allerlei Tuks und Brandybocks, manche Spachtlers (Verwandte von Bilbo Beutlins Großmutter), verschiedene Pausbackens (Verwandte seines Großvaters Tuk) und vereinzelte Wühlers, Bolgers, Straffgürtels, Brockhäusers, Gutleibs, Hornbläsers und Stolzfußens. Manche von diesen waren mit Bilbo nur ganz entfernt verwandt, und einige waren kaum je zuvor in Hobbingen gewesen, weil sie in entlegenen Winkeln des Auenlands wohnten. Die Sackheim-Beutlins waren nicht vergessen worden. Otho und seine Frau Lobelia waren da. Sie hassten Bilbo und verabscheuten Frodo, aber sie hatten eine so prächtige, mit goldener Tinte geschriebene Einladungskarte bekommen, dass sie nicht nein sagen konnten. Außerdem hatte ihr Vetter Bilbo seit vielen Jahren den Freuden der Tafel die höchste Aufmerksamkeit zugewandt, und seine Küche hatte einen vorzüglichen Ruf.

Alle hundertvierundvierzig Gäste machten sich auf ein gediegenes Festessen gefasst, auch wenn sie der (unvermeidlichen) Nachtischrede ihres Gastgebers mit einigem Grauen entgegensahen. Er streute bei solchen Gelegenheiten gern Sachen ein, von denen er meinte, dass es Gedichte seien, und wenn er ein, zwei Glas getrunken hatte, kam er auf die verrückten Abenteuer seiner mysteriösen Reise zu sprechen. Die Gäste wurden nicht enttäuscht: Es gab ein *sehr* anständiges Essen – oder richtiger, ein rundum zufriedenstellendes Gelage, nahrhaft, reichlich, vielseitig und lang ausgedehnt. Der Lebensmittelabsatz ging während der folgenden Wochen im ganzen Bezirk auf nahezu Null zurück; aber weil Bilbos Einkäufe die Keller und Lagerhäuser der meisten Groß- und Einzelhändler auf Meilen im Umkreis geleert hatten, war das kein Unglück.

Nachdem das Essen (mehr oder weniger) vorüber war, kam die Rede. Die meisten Gäste nippten und naschten zwar noch von dem, was sie am liebsten mochten, aber sie waren nun in duldsamer Laune, in jenem wohligen Stadium, in dem sie, wie sie es nannten, nur noch ein paar »Ecken ausstopfen« mussten; und alle Befürchtungen waren vergessen. Sie waren nun bereit, jede beliebige Rede über sich ergehen zu lassen und nach jedem Satz Beifall zu spenden.

Meine lieben Leute! begann Bilbo, von seinem Stuhl aufstehend. »Hört! Hört! Hört!« riefen sie und wiederholten es im Chor so lange, bis man zweifeln konnte, ob sie bereit waren, den eigenen guten Rat zu befolgen. Bilbo verließ seinen Platz und stellte sich auf einen Stuhl zu Füßen des hell beleuchteten Baums. Das Licht der Laternen fiel auf sein strahlendes Gesicht; die goldenen Knöpfe glänzten an seiner bestickten Seidenweste. Alle konnten ihn sehen, wie er dort stand, mit der einen Hand in der Luft herumfuchtelnd, die andere Hand in der Hosentasche.

Meine lieben Beutlins und Boffins, begann er noch einmal, *meine lieben Tuks und Brandybocks, Spachtlers und Pausbackens, Wühlers, Hornbläsers, Bolgers, Straffgürtels, Gutleibs, Brockhäusers und Stolzfußens.* »StolzFÜSSER!« rief ein älterer Hobbit aus dem hinteren Teil des Zeltes dazwischen. Er hieß natürlich Stolzfuß, und zwar mit Recht, denn er hatte große Füße mit außerordentlich dichtem Pelz, und beide lagen auf dem Tisch.

Stolzfußens, wiederholte Bilbo. *Und auch meine lieben Sackheim-Beutlins, die ich endlich wieder einmal in Beutelsend begrüßen darf. Heute ist mein hundertundelfter Geburtstag: Ich bin heute einundelfzig geworden!* »Hurra! Hurra! Hoch soll er leben!« brüllten sie und trommelten begeistert auf die Tische. Bilbo war hervorragend. Solche Reden hörten sie gern: kurz und nichtssagend.

Ich hoffe, es gefällt euch allen ebenso wie mir. Ohrenbetäubender Beifall. Laute *Ja-* (und *Nein-*)Rufe. Trompeten, Hörner, Pfeifen, Flöten und noch andere Instrumente lärmten durcheinander. Wie schon gesagt, waren auch viele Jugendliche dabei. Hunderte von musikalischen Knallfröschen waren verteilt worden, die meisten mit dem Herkunftsstempel

MADE IN THAL, der vielen Hobbits nichts sagte; aber alle fanden, dass sie hervorragend funktionierten. Sie enthielten jeder ein Instrument, ein sehr kleines zwar, doch von perfekter Machart und bezauberndem Klang. Einige junge Tuks und Brandybocks, in der Annahme, der Onkel Bilbo sei fertig (denn er hatte doch schon alles Nötige gesagt), stellten sogar ein Orchester auf die Beine und fingen an, aus dem Stegreif zum Tanz aufzuspielen. Der junge Herr Everard Tuk und Fräulein Melilot Brandybock sprangen auf den Tisch und begannen mit Schellen in den Händen einen Springelring zu tanzen: ein hübscher, aber ziemlich wuchtiger Tanz.

Aber Bilbo war noch nicht fertig. Von einem Jungen, der neben ihm stand, griff er sich ein Horn und stieß dreimal laut hinein. Der Lärm ließ nach. *Ich will euch nicht lange aufhalten,* rief er. Beifall von allen Anwesenden. *Ich habe euch alle zu einem bestimmten Zweck hier zusammengerufen.* Irgendwas an der Art, wie er das sagte, machte Eindruck. Es wurde fast still, und der eine oder andere von den Tuks spitzte die Ohren.

Eigentlich zu drei Zwecken: zuerst mal, euch zu sagen, dass ich euch alle sehr, sehr gern habe und dass einundelfzig Jahre für ein Leben unter so vortrefflichen und bewundernswerten Hobbits eine zu kurze Zeit sind. Stürmischer Beifall.

Ich kenne nicht die Hälfte von euch halb so gut, wie ich euch gern kennen würde; und ich habe nicht die Hälfte von euch halb so gern, wie ihr es verdienen würdet. Das kam unerwartet und klang ein bisschen kompliziert. Hier und da klatschte jemand, aber die meisten überlegten und versuchten sich drüber klar zu werden, ob es wirklich ein Kompliment war.

Zweitens, um meinen Geburtstag zu feiern. Wieder Beifall. *Oder, sollte ich sagen,* UNSEREN *Geburtstag. Denn Geburtstag hat natürlich auch mein Erbe und Neffe Frodo. Er wird heute jährig und tritt sein Erbe an.* Flüchtiger Beifall von den Älteren, ein paar laute Zurufe von Jugendlichen: »Frodo! Frodo, alter Knabe!« Die Sackheim-Beutlins schnitten Grimassen und fragten sich, was »sein Erbe antreten« hier wohl bedeuten mochte.

Zusammen sind wir hundertvierundvierzig Jahre alt. Eure Zahl wurde so bemessen, dass sie dieser stattlichen Summe entspricht: ein Gros, wenn ich einmal so sagen darf. Nun klatschte niemand. Das war zu albern. Viele Gäste, besonders die Sackheim-Beutlins, waren gekränkt, in dem sicheren Gefühl, dass man sie nur eingeladen hatte, um die Zahl voll zu machen – wie man Eier in einen Karton steckt. »Ein Gros, das ist die Höhe! Wie ordinär!«

Heute ist außerdem, wenn ich eine alte Geschichte erwähnen darf, der Jahrestag meiner Ankunft per Fass in Esgaroth am Langen See; allerdings

ist mir die Tatsache, dass es mein Geburtstag war, damals entgangen. Ich war erst einundfünfzig und nahm die Geburtstage noch nicht so wichtig. Trotzdem war das Bankett auch damals sehr ansehnlich; nur erinnere ich mich, dass ich einen üblen Schnupfen hatte und bloß noch »dabke vielbals« sagen konnte. Das will ich heute in korrekterer Form wiederholen. Ich danke euch vielmals, dass ihr zu meinem kleinen Fest gekommen seid.
Betretenes Schweigen. Alle befürchteten, nun käme gleich ein Lied oder irgendwelche Lyrik. Allmählich fühlten sie sich angeödet. Warum konnte er nicht aufhören zu reden und sie auf sein Wohl trinken lassen? Aber Bilbo fing nicht an zu singen oder etwas aufzusagen. Er machte eine kurze Pause.

Drittens und zuletzt, sagte er, *möchte ich etwas BEKANNTGEBEN.* Das letzte Wort sagte er so laut und nachdrücklich, dass alle die Köpfe hoben, die noch dazu fähig waren. *Mit Bedauern gebe ich bekannt, dass dies – obwohl, wie schon gesagt, einundelfzig Jahre für ein Leben unter euch viel zu wenig sind – das ENDE ist. Ich gehe fort. Ich verlasse euch JETZT. AUF WIEDERSEHEN!*

Er stieg vom Stuhl herab und war verschwunden. Ein blendendes Licht blitzte auf, und alle Gäste mussten blinzeln. Als sie die Augen wieder aufbekamen, war Bilbo nirgendwo zu sehen. Hundertvierundvierzig entgeisterte Hobbits saßen da und waren sprachlos. Der alte Odo Stolzfuß nahm beide Füße vom Tisch und stampfte auf. Dann war es totenstill. Endlich, nachdem sie mehrere Mal tief durchgeatmet hatten, begannen sämtliche Beutlins, Boffins, Tuks, Brandybocks, Spachtlers, Pausbackens, Wühlers, Bolgers, Straffgürtels, Brockhäusers, Gutleibs, Hornbläsers und Stolzfußens auf einmal zu reden.

Man war sich einig, dass es ein Scherz von sehr schlechtem Geschmack war und dass man nun erst mal etwas zu sich nehmen musste, um den Schock und den Ärger zu lindern. »Er ist verrückt, hab ich doch schon immer gesagt«, war wohl die am häufigsten zu hörende Bemerkung. Sogar die Tuks (mit wenigen Ausnahmen) fanden Bilbos Betragen unsinnig. Die meisten hielten es einstweilen für selbstverständlich, dass sein Verschwinden nicht mehr war als ein alberner Streich.

Aber der alte Rorig Brandybock war nicht so sicher. Weder das Alter noch die gewaltige Mahlzeit hatten seinen Verstand getrübt, und er sagte zu seiner Schwiegertochter Esmeralda: »Da ist doch etwas faul, meine Liebe! Ich glaube, dieser verrückte Beutlin ist wieder auf und davon. Alter Narr! Aber was sollen wir uns grämen? Das Wichtigste hat er ja dagelassen.« Und er rief laut zu Frodo hinüber, dass die Weinflaschen noch mal herumgehen müssten.

Frodo war von allen der einzige, der nichts gesagt hatte. Eine Zeit lang blieb er stumm neben Bilbos leerem Stuhl sitzen und ging auf all die Fragen und das Gerede nicht ein. Ihm hatte Bilbos Streich gefallen, allerdings war er natürlich vorher eingeweiht worden. Es fiel ihm schwer, über die Entrüstung der verdutzten Gäste nicht laut zu lachen. Doch zugleich war er tief bewegt. Ihm wurde plötzlich klar, wie sehr er an dem alten Hobbit hing. Die meisten Gäste aßen und tranken weiter und erörterten Bilbo Beutlins frühere und derzeitige Schrullen; aber die Sackheim-Beutlins waren schon im Zorn geschieden. Frodo hatte von dem Fest genug. Er ließ noch mehr Wein auftragen; dann stand er auf, leerte stumm sein Glas auf Bilbos Wohl und huschte aus dem Zelt.

Und Bilbo Beutlin? Schon während er seine Rede hielt, hatte er mit dem goldenen Ring in seiner Tasche gespielt, dem Zauberring, dessen Geheimnis er so viele Jahre gewahrt hatte. Als er vom Stuhl stieg, schob er ihn sich auf den Finger und wurde von keinem Hobbit in Hobbingen je wieder gesehen.

Rasch ging er zu seiner Höhle. Dort blieb er einen Moment stehen und horchte lächelnd auf das Getöse aus dem Zelt und den Festtrubel von den anderen Teilen der Wiese. Dann ging er hinein. Er legte den Festtagsanzug ab, faltete die bestickte Seidenweste zusammen, wickelte sie in Seidenpapier und steckte sie weg. Schnell streifte er ein paar alte, geflickte Sachen über und schnallte einen abgewetzten Ledergürtel um. Daran hängte er ein kurzes Schwert in einer Scheide aus verwittertem schwarzem Leder. Aus einer verschlossenen Schublade, die nach Mottenkugeln roch, holte er einen alten Kapuzenmantel hervor. Er hatte ihn verwahrt wie eine Kostbarkeit, doch hatte er so viele Flicken und Flecken, dass die ursprüngliche Farbe kaum mehr zu erraten war; vielleicht war er einmal dunkelgrün gewesen. Obendrein war er ihm etwas zu groß. Dann ging er in sein Studierzimmer und nahm aus einer großen eisernen Truhe ein in Lappen gewickeltes Bündel und ein in Leder gebundenes Buch, außerdem einen großen, festen Briefumschlag. Buch und Bündel stopfte er zuoberst in einen bereitstehenden schweren Rucksack, der schon fast voll war. In den Umschlag steckte er seinen goldenen Ring mitsamt dem Kettchen; dann verschloss er ihn und schrieb Frodos Namen drauf. Zuerst legte er ihn auf den Kaminsims, aber plötzlich nahm er ihn wieder weg und steckte ihn sich in die Tasche. In diesem Augenblick ging die Tür auf, und Gandalf kam rasch herein.

»Hallo!« sagte Bilbo. »Ich fragte mich schon, ob du noch mal hereinschaust.«

»Ich bin froh, dich sichtbar vorzufinden«, antwortete der Zauberer und setzte sich auf einen Stuhl. »Ich wollte dich unbedingt noch mal erwischen und ein paar letzte Worte loswerden. Ich nehme an, du findest, dass alles bestens und nach Plan verlaufen ist?«

»Ja, finde ich«, sagte Bilbo. »Nur dieser Blitz kam unvorhergesehen; er hat sogar mich erschreckt, um so mehr die anderen. Eine kleine Zugabe von dir, nehm' ich an?«

»Allerdings. Du hast klugerweise diesen Ring all die Jahre über geheimgehalten, und ich fand es nötig, deinen Gästen etwas zu bieten, das dein plötzliches Verschwinden scheinbar erklären könnte.«

»Und das mir den Spaß verdirbt!« sagte Bilbo und lachte. »Musst du dich denn in alles einmischen? Aber wahrscheinlich weißt du es wieder mal am besten.«

»Freilich – alles, was ich weiß, weiß ich am besten. Aber in dieser Sache bin ich mir nicht so sicher. Sie wäre nun abgeschlossen. Deinen Spaß hast du gehabt, die meisten deiner Verwandten schockiert oder beleidigt und dem ganzen Auenland Gesprächsstoff für neun bis neunundneunzig Tage gegeben. Hast du noch mehr dergleichen vor?«

»In der Tat! Mir ist nach einem Urlaub zumute, einem sehr langen Urlaub, wie ich dir schon sagte. Wahrscheinlich wird es ein Dauerurlaub: Ich glaube nicht, dass ich wiederkomme. Jedenfalls habe ich nicht die Absicht, und ich habe alle Vorkehrungen getroffen.

Ich bin alt, Gandalf. Man sieht es mir nicht an, aber im Innersten spüre ich's nun. *Noch gut erhalten,* von wegen!« schnob er. »Nun, ich komme mir dünn vor, sozusagen *gestreckt,* versteh mich recht, wie zu dünn aufs Brot gestrichene Butter. Das kann doch nicht in Ordnung sein. Ich brauche eine Veränderung, irgend so etwas.«

Gandalf musterte ihn eindringlich. »Nein, das kann wohl nicht in Ordnung sein«, sagte er nachdenklich. »Nein, letzten Endes, glaube ich, ist dein Plan wahrscheinlich der beste.«

»Jedenfalls, ich bin fest entschlossen. Ich will wieder Berge sehn, Gandalf, *Berge,* und dann einen Ort finden, wo ich meine Ruhe habe. Wo man mich in Frieden lässt, wo diese Horde von neugierigen Verwandten mir nicht zusetzt, wo nicht dauernd irgendein lästiger Besuch vor der Tür steht. Vielleicht finde ich sogar einen Ort, wo ich mein Buch zu Ende schreiben kann. Ich habe mir schon einen hübschen Schluss ausgedacht: *Und er lebte glücklich und zufrieden bis ans Ende seiner Tage.*«

Gandalf lachte. »Das wünsche ich ihm. Aber niemand wird das Buch lesen, egal wie es endet.«

»Ach, vielleicht doch der eine oder andere, in späteren Jahren. Frodo hat schon einiges gelesen, so weit, wie ich gekommen bin. Du wirst doch ein Auge auf Frodo haben, ja?«

»Sogar zwei Augen, sooft ich sie entbehren kann.«

»Er würde mich selbstverständlich begleiten, wenn ich ihn darum bäte. Er hat es mir sogar schon angeboten, kurz vor dem Fest. Aber eigentlich möchte er nicht fort, noch nicht. Ich will, bevor ich sterbe, das wilde Land noch einmal sehn und das Gebirge; er aber hängt noch zu sehr am Auenland mit seinen Wiesen und Wäldern und den kleinen Flüssen. Hier müsste es ihm gut gehen. Natürlich hinterlasse ich ihm alles bis auf ein paar Kleinigkeiten. Ich hoffe, er wird glücklich, wenn er sich erst mal daran gewöhnt hat, auf eigenen Füßen zu stehn. Es wurde Zeit, dass er sein eigener Herr wird.«

»Alles?« sagte Gandalf. »Auch den Ring? Darin hattest du eingewilligt, erinnere dich!«

»Na, hm, ja, ich denke schon«, stammelte Bilbo.

»Wo ist er?«

»In einem Umschlag, wenn du's unbedingt wissen musst«, sagte Bilbo gereizt. »Da auf dem Kaminsims. Ach nein! Ich hab ihn ja noch in der Tasche!« Er zögerte. »Ist das nicht sonderbar?« sagte er leise zu sich selbst. »Aber warum denn auch nicht? Warum kann er nicht dort bleiben?«

Gandalf musterte ihn wieder, diesmal sehr scharf und mit einem Funkeln in den Augen. »Ich an deiner Stelle würde ihn hier lassen, Bilbo«, sagte er ruhig. »Willst du's nicht?«

»Na ja – und nein. Jetzt, wo es soweit ist, habe ich gar keine Lust, mich von ihm zu trennen, wenn ich das sagen darf. Und ich sehe nicht ein, warum ich es sollte. Warum verlangst du das von mir?« fragte er, und seine Stimme veränderte sich merkwürdig. Sie klang scharf vor Ärger und Argwohn. »Immer löcherst du mich wegen des Rings! Wegen der anderen Dinge, die ich von meiner Fahrt mitgebracht habe, hast du mir nie so zugesetzt.«

»Nein, aber ich musste dich löchern«, sagte Gandalf. »Ich wollte die Wahrheit wissen. Es war wichtig. Zauberringe sind – nun, eben Zauberringe; sie sind selten und sonderbar. Ich war sozusagen von Berufs wegen an deinem Ring interessiert und bin es noch. Ich will wissen, wo er sich befindet, wenn du wieder auf Wanderschaft gehst. Und ich denke auch, du hast ihn lange genug gehabt. Du wirst ihn nicht mehr brauchen, Bilbo, wenn ich mich nicht sehr irre.«

Bilbo lief rot an, und ein zorniges Glitzern trat in seine Augen. Sein freundliches Gesicht schien zu versteinern. »Warum nicht?« rief er. »Und was geht es überhaupt dich an; warum musst du unbedingt wissen, was ich mit meinen Sachen mache? Er gehört mir. Ich hab ihn gefunden. Er ist zu mir gekommen!«

»Ja, ja«, sagte Gandalf. »Kein Grund, gleich böse zu werden!«

»Und wenn ich böse werde, bist du schuld!« sagte Bilbo. »Mir gehört er, sag' ich dir. Er ist meiner. Mein Schatz. Ja, mein Schatz.«

Die Miene des Zauberers blieb ernst und gefasst, und nur ein Flackern in der Tiefe seiner Augen verriet, dass er besorgt und sogar erschrocken war. »So hat ihn doch schon mal jemand genannt«, sagte er, »aber das warst nicht du.«

»Aber jetzt sag' ich's. Und warum nicht? Auch wenn Gollum mal dasselbe gesagt hat. Jetzt gehört er nicht ihm, sondern mir. Und ich behalte ihn, sag' ich!«

Gandalf stand auf. Er schlug einen scharfen Ton an. »Du bist ein Narr, wenn du das tust, Bilbo«, sagte er. »Mit jedem Wort, das du sagst, machst du das deutlicher. Er hat dich schon viel zu fest in seiner Gewalt. Lass ihn los! Und dann kannst du selbst losgehen und bist von ihm frei.«

»Ich tu', was mir beliebt, und gehe, wenn es mir passt«, beharrte Bilbo.

»Komm', komm', mein lieber Hobbit!« sagte Gandalf. »Dein ganzes langes Leben lang waren wir Freunde, und du bist mir etwas schuldig. Also tu', was du versprochen hast: gib den Ring auf!«

»Aber wenn du den Ring für dich haben willst, dann sag's doch!« rief Bilbo. »Aber du kriegst ihn nicht. Ich sage dir, ich gebe meinen Schatz nicht her.« Seine Hand zuckte zum Heft seines kleinen Schwerts hin.

Gandalfs Augen blitzten. »Jetzt werde ich gleich böse«, sagte er, »wenn du das noch mal sagst. Dann lernst du Gandalf den Grauen einmal anders kennen.« Er trat dem Hobbit einen Schritt näher und schien dabei bedrohlich in die Höhe zu wachsen. Sein Schatten erfüllte das ganze kleine Zimmer.

Schwer atmend wich Bilbo zurück bis zur Wand, mit der Hand an der Tasche zerrend. Einen Moment lang standen sie sich gegenüber, und die

Luft im Zimmer schien zu knistern. Gandalf hielt den Blick auf den Hobbit geheftet. Langsam entkrampften sich Bilbos Hände, und er fing an zu zittern.

»Ich weiß nicht, was in dich gefahren ist, Gandalf«, sagte er. »So bist du noch nie gewesen. Was soll das alles? Er gehört mir doch, oder nicht? Ich habe ihn gefunden, und Gollum hätte mich getötet, wenn ich ihn nicht behalten hätte. Ich bin kein Dieb, wie er gesagt hat.«

»Ich habe nie gesagt, dass du einer bist«, antwortete Gandalf. »Und auch ich bin keiner. Ich will ihn dir nicht rauben, ich will dir helfen. Wenn du mir doch nur vertrauen würdest, wie früher!« Er wandte sich ab, und der Schatten verschwand. Gandalf schien wieder zu schrumpfen: ein grauer alter Mann, gebeugt und sorgenbeladen.

Bilbo strich sich mit der Hand über die Augen. »Tut mir leid«, sagte er. »Aber mir war so komisch. Und dabei wäre es doch eine gewisse Erleichterung, ihn nicht mehr herumschleppen zu müssen. In letzter Zeit hat er in meinem Kopf immer mehr Platz eingenommen. Manchmal kam es mir vor, als würde er mich ansehen wie ein Auge. Und, verstehst du, ich habe ständig den Wunsch, ihn auf den Finger zu stecken und zu verschwinden; oder ich mache mir Sorgen, ob er in Sicherheit ist, und hole ihn hervor, um mich zu vergewissern. Ich habe versucht, ihn wegzuschließen, merkte aber, ich hatte keine Ruhe, wenn er nicht in meiner Tasche war. Warum, weiß ich nicht. Und mir scheint, ich kann mich nicht entscheiden.«

»Dann überlass mir das«, sagte Gandalf. »Ich bin entschieden. Geh fort und lass den Ring hier! Du darfst ihn nicht länger besitzen. Gib ihn Frodo, und um Frodo werde ich mich kümmern.«

Bilbo stand einen Moment steif und unschlüssig da. Er seufzte. »Na schön«, sagte er, und es kostete ihn Überwindung. »Ich tu's.« Dann zuckte er die Achseln und lächelte, aber ein bisschen kläglich. »Schließlich ging es doch bei diesem ganzen Fest nur darum: haufenweise Geburtstagsgeschenke herzugeben, in der Hoffnung, dass es dadurch leichter würde, ihn auch herzugeben. Es ist zwar am Ende dadurch nicht leichter geworden, aber es wäre doch schade, wenn all die Vorbereitungen vergeblich gewesen sein sollten. Damit wäre der Spaß erst recht verdorben.«

»In der Tat, es würde der Sache den einzigen Sinn nehmen, den ich je darin sehen konnte«, sagte Gandalf.

»Also gut«, sagte Bilbo, »Frodo bekommt ihn mit allem übrigen.« Er holte tief Luft. »Und nun muss ich wirklich aufbrechen, sonst erwischt mich noch jemand anders. Ich habe schon auf Wiedersehn gesagt, und einen zweiten Abschied könnte ich nicht ertragen.« Er hob den Rucksack auf und ging zur Tür.

»Du hast den Ring immer noch in der Tasche«, sagte der Zauberer.

»Ach ja, stimmt!« rief Bilbo. »Und mein Testament und all die anderen Urkunden auch. Am besten, du nimmst es und übergibst es in meinem Namen. So ist es am sichersten.«

»Nein, gib den Ring nicht mir!« sagte Gandalf. »Leg ihn auf den Kaminsims. Da liegt er sicher genug, bis Frodo kommt. Ich werde auf ihn warten.«

Bilbo nahm den Umschlag aus der Tasche, aber gerade, als er ihn an die Uhr lehnen wollte, zuckte seine Hand zurück, und das Päckchen fiel zu Boden. Bevor er es aufheben konnte, hatte der Zauberer sich schon gebückt, es genommen und an seinen Platz gelegt. Das Gesicht des Hobbits wurde wieder starr vor Zorn, aber gleich darauf lockerte es sich in einem erleichterten Auflachen.

»Also, das wär's«, sagte er. »Ich geh' los.«

Sie traten hinaus auf die Diele. Bilbo nahm sich seinen Lieblingsstock aus dem Schirmständer; dann pfiff er. Drei Zwerge kamen aus drei verschiedenen Zimmern, in denen sie zu tun gehabt hatten.

»Alles fertig?« fragte Bilbo. »Alles eingepackt und mit Schildchen dran?«

»Alles«, antworteten sie.

»Na, dann los!« Er trat aus der Tür.

Es war eine schöne Nacht, und der schwarze Himmel war mit Sternen gesprenkelt. Er blickte hoch und prüfte schnuppernd die Luft. »Was bin ich froh! Was bin ich froh, wieder loszugehn, mit Zwergen unterwegs zu sein! Das hat mir gefehlt, seit Jahren schon! Auf Wiedersehn!« sagte er und blickte noch mal zu seiner Höhle zurück, mit einer Verbeugung vor der Tür. »Auf Wiedersehn, Gandalf!«

»Auf Wiedersehn, Bilbo, einstweilen! Gib auf dich Acht! Alt genug bist du, und gescheit genug vielleicht auch.«

»Auf mich Acht geben? Ich denk' nicht dran. Mach dir keine Sorgen um mich! Ich bin so glücklich wie nur je zuvor, und das will etwas heißen. Aber nun ist es Zeit. Nun endlich zieht es mich fort«, fügte er hinzu, und dann, mit leiser Stimme, sang er im Dunkeln vor sich hin:

Die Straße gleitet fort und fort,
Weg von der Tür, wo sie begann,
Weit überland, von Ort zu Ort,
Ich folge ihr, so gut ich kann.
Ihr lauf ich raschen Fußes nach
Bis sie sich groß und breit verflicht
Mit Weg und Wagnis tausendfach.
Und wohin dann? Ich weiß es nicht.

Er hielt einen Augenblick inne. Dann, ohne ein weiteres Wort, wandte er sich weg von den Lichtern und dem Stimmengewirr auf dem Festplatz und in den Zelten, ging von seinen drei Begleitern gefolgt durch den Garten und schritt den langen, abschüssigen Pfad hinab. Unten sprang er an einer niedrigen Stelle über die Hecke, schlug den Weg über die Wiesen ein und verschwand in der Nacht wie ein raschelnder Windhauch im Grase.

Gandalf blieb noch eine Weile stehen und sah ihm durch die Dunkelheit nach. »Lebe wohl, mein guter Bilbo – bis zu unserm nächsten Wiedersehen!« sagte er leise und ging nach drinnen.

Bald darauf kam Frodo und fand ihn im Dunkeln sitzend, tief in Gedanken. »Ist er fort?« fragte er.

»Ja«, antwortete Gandalf, »er ist schließlich doch gegangen.«

»Ich wünschte – ich meine, bis heute Abend hab ich gehofft, dass es nur ein Scherz war«, sagte Frodo. »Aber im Grunde wusste ich, dass er wirklich fort wollte. Er hat schon immer Witze gemacht über Dinge, die ihm ernst waren. Ich wünschte, ich wäre früher gekommen, um Abschied zu nehmen.«

»Ich glaube, ihm war es am Ende lieber, in aller Stille verschwinden zu können«, sagte Gandalf. »Mach dir nicht zu viel Sorgen. Er wird jetzt wohlauf sein. Er hat ein Päckchen für dich hinterlassen. Da liegt es!«

Frodo nahm den Umschlag vom Kaminsims und betrachtete ihn, ohne ihn zu öffnen.

»Darin findest du sein Testament und alle andern Urkunden, glaube ich«, sagte der Zauberer. »Du bist nun der Herr von Beutelsend. Und außerdem, denk' ich mir, wirst du einen goldenen Ring darin finden.«

»Den Ring!« rief Frodo aus. »Den hat er mir auch dagelassen? Warum nur? Immerhin, vielleicht ist er ja nützlich.«

»Vielleicht ist er das, vielleicht nicht«, sagte Gandalf. »Ich an deiner

Stelle würde ihn nicht benutzen. Aber halte ihn geheim und gut verwahrt. Ich gehe jetzt schlafen.«

Als Herr von Beutelsend hielt es Frodo für seine lästige Pflicht, die Gäste zu verabschieden. Gerüchte von seltsamen Vorfällen hatten sich inzwischen über die ganze Festwiese ausgebreitet, aber Frodo wollte dazu nichts weiter sagen, als dass sich am Morgen alles ohne Zweifel aufklären werde. Gegen Mitternacht kamen die Kutschen für die besseren Herrschaften. Eine nach der andern rollten sie davon, voller satter und dennoch unbefriedigter Hobbits. Dann, wie vorher verabredet, kamen Gärtner und entfernten die versehentlich Liegengelassenen mit Schubkarren.

Langsam verging die Nacht. Die Sonne stieg an den Himmel. Die Hobbits stiegen noch lange nicht aus den Betten. Der Morgen ging in den Vormittag über. Leute kamen (sie waren herbestellt) und fingen an, die Zelte, Tische und Stühle wegzuräumen, die Messer, Löffel, Flaschen und Teller, die Laternen und Blumentöpfe, die Krümel, die abgebrannten Knallfrösche, die vergessenen Handtaschen, Handschuhe und Taschentücher und die übrig gebliebenen Speisen (ein sehr kleiner Posten). Dann kam eine Anzahl anderer (nicht herbestellter) Leute: Beutlins, Boffins, Bolgers, Tuks und andere Gäste, die in der Nähe wohnten oder übernachtet hatten. Gegen Mittag, als auch die Bestabgefüllten wieder auf den Beinen waren, stand in Beutelsend ein großer Haufen uneingeladener, aber nicht unerwarteter Besucher vor der Tür.

Frodo empfing sie auf der Schwelle, lächelnd, aber ziemlich müd und besorgt dreinschauend. Er begrüßte alle, die kamen, hatte ihnen aber nicht viel mehr zu sagen als am Abend vorher. Seine Antwort auf alle Erkundigungen lautete einfach:»Herr Bilbo Beutlin ist fort; soviel ich weiß, für immer.« Manche Besucher bat er herein, weil Bilbo eine »Nachricht« für sie hinterlassen hatte.

In der Diele lag ein großer Stapel Pakete und Päckchen, auch einige kleinere Möbelstücke. An jedem war ein Kärtchen festgebunden. Auf einigen stand etwas von der Art:

Für ADELARD TUK zum Mitnehmen, von Bilbo; an einem Regenschirm. Adelard hatte schon viele mitgenommen, auch ohne dass ein Kärtchen ihn dazu aufforderte.

Für DORA BEUTLIN im Gedenken an eine LANGE Korrespondenz, schönen Gruß, Bilbo; an einem großen Papierkorb. Dora war Drogo Beutlins Schwester, Bilbos und Frodos älteste lebende Verwandte; sie war neunundneunzig und hatte Bilbo seit über einem halben Jahrhundert Bände voller guter Ratschläge geschrieben.

Für MILO WÜHLER, in der Hoffnung, dass es was nützt, von B. B.; an einem goldenen Federhalter mit Tintenfass. Milo blieb auf alle Briefe die Antwort schuldig.

Für ANGELIKA, zur geflissentlichen Verwendung, von Onkel Bilbo; an einem runden Zerrspiegel. Angelika war eine junge Beutlin und machte sich allzu offensichtlich gern selbst schöne Augen.

Für HUGO STRAFFGÜRTELS Sammlung, von einem Leihgeber; an einem (leeren) Bücherregal. Hugo war groß im Bücherentleihen und nicht so gut im Zurückgeben.

Für LOBELIA SACKHEIM-BEUTLIN, als GESCHENK; an einem Karton silberne Löffel. Bilbo glaubte, dass sie sich etliche von seinen Löffeln angeeignet hatte, als er auf seiner großen Fahrt war. Lobelia glaubte das nicht, sie wusste es, und als sie später am Tage kam, verstand sie sofort, wie es gemeint war. Die Löffel nahm sie trotzdem.

Dies waren nur einige von den Geschenken, die dort bereit lagen. In Bilbos Behausung hatte sich im Laufe seines langen Lebens allerhand Zeug angesammelt. Die meisten Hobbithöhlen wurden mit der Zeit vollgestopft, woran die Sitte, so viele Geburtstagsgeschenke zu verteilen nicht wenig Anteil hatte. Zwar schenkte man seinen Gästen natürlich nicht immer *neue* Sachen, und ein oder zwei alte *Mathoms,* deren Verwendungszweck niemand mehr kannte, waren schon in der ganzen Gegend reihum gegangen; doch Bilbo hatte gewöhnlich neue Geschenke gemacht und die seinerseits empfangenen Geschenke behalten. Nun wurde in der alten Höhle mal ein wenig Platz geschaffen.

An jedem dieser Abschiedsgeschenke hing also ein von Bilbo eigenhändig geschriebenes Kärtchen, in manchen Fällen mit einer kleinen Spitze oder einem Scherz. Aber natürlich gingen die meisten Dinge an jemanden, der sie gut gebrauchen konnte. Die ärmeren Hobbits und besonders die vom Beutelhaldenweg wurden reichlich bedacht. Der alte Ohm Gamdschie bekam zwei Sack Kartoffeln, einen ganz neuen Spaten, eine wollene Weste und eine Flasche mit einem Einreibmittel gegen knirschende Gelenke. Der alte Rorig Brandybock, zum Dank für oft erwiesene Gastfreundschaft, bekam ein Dutzend Flaschen Alter Wingert: ein starker Rotwein aus dem Südviertel, nun gut ausgereift, denn schon Bilbos Vater hatte ihn eingekellert. Rorig verzieh Bilbo nach der ersten Flasche so gut wie alles und sang ihm eine Hymne.

Für Frodo blieb von allem noch mehr als genug übrig. Und natürlich wurden ihm die wichtigsten Kostbarkeiten hinterlassen, ebenso wie die Bücher, die Bilder und mehr Möbel, als er brauchen konnte. Im Übrigen war von Geld oder Juwelen nichts zu sehen und nichts zu hören: nicht ein Pfennig und nicht eine Glasperle wurden verschenkt.

Der Nachmittag wurde für Frodo sehr unangenehm. Ein falsches Gerücht, dass der ganze Haushalt aufgelöst und kostenlos verteilt werde, breitete sich wie ein Lauffeuer aus, und binnen kurzem war die Höhle voller Leute, die dort nichts zu suchen hatten, sich aber nicht fernhalten ließen. Schildchen wurden abgerissen und durcheinander gemischt, und Streitereien brachen aus. Manche wollten in der Diele Tauschgeschäfte machen; andere versuchten, kleinere Gegenstände mitgehen zu lassen, die nicht für sie bestimmt waren oder so aussahen, als ob niemand auf sie Wert legte oder aufpasste. Der Weg zum Gartentor war von Schub- und Handkarren verstopft.

Mitten hinein in dieses Durcheinander platzten die Sackheim-Beutlins. Frodo hatte sich für eine Weile zurückgezogen, und sein Freund Merry Brandybock sah für ihn nach dem Rechten. Als Otho lauthals mit Frodo zu sprechen verlangte, machte Merry eine artige Verbeugung:

»Er ist indisponiert«, sagte er. »Er pflegt der Ruhe.«

»Er versteckt sich, wollen Sie sagen«, sagte Lobelia. »Jedenfalls, wir müssen ihn sprechen, und wir werden ihn sprechen! Gehn Sie und sagen Sie ihm das!«

Merry ließ sie eine ganze Weile in der Diele warten, sodass sie Zeit hatten, ihr Abschiedsgeschenk, die Löffel, zu entdecken. Ihre Laune besserte sich dadurch nicht. Schließlich wurden sie ins Studierzimmer gebeten. Frodo saß an einem Tisch voller Papiere. Man sah ihm an, dass er indisponiert war – zumindest für ein Gespräch mit den Sackheim-Beutlins; und als er aufstand, spielte er mit etwas in seiner Tasche herum. Aber er war sehr höflich.

Die Sackheim-Beutlins waren eher kampflustig. Zuerst boten sie ihm einen lächerlichen Freundschaftspreis für etliche nicht beschilderte Wertsachen. Als Frodo erwiderte, dass nur die von Bilbo speziell für jemanden vorgesehenen Dinge hergegeben würden, sagten sie, die ganze Affäre sei doch oberfaul.

»Nur eins ist mir klar«, sagte Otho, »nämlich dass Sie unerhört gut dabei wegkommen. Ich verlange das Testament zu sehen.«

Otho wäre Bilbos Erbe gewesen, wäre Frodos Adoption nicht dazwischengekommen. Er las das Testament genau durch und rümpfte die Nase. Zu seinem Unglück war es sehr klar und korrekt (gemäß den Rechtsbräuchen der Hobbits, die unter anderem sieben Zeugenunterschriften in roter Tinte erforderten).

»Wieder alles umsonst!« sagte er zu seiner Frau.» Und das, nachdem wir *sechzig* Jahre haben warten müssen! Löffel? Tinnef!« Und mit einer wegwerfenden Handbewegung gegen Frodo stapfte er hinaus. Aber Lobelia ließ sich nicht so leicht abwimmeln. Etwas später, als Frodo aus dem Studierzimmer kam, um zu sehen, wie es draußen stand, war sie immer noch da, stöberte in den Nischen und Winkeln herum und klopfte den Fußboden ab. Er geleitete sie energisch zur Tür, aber erst, nachdem er sie um etliche kleine, aber ziemlich wertvolle Gegenstände erleichtert hatte, die irgendwie in ihren Regenschirm gefallen waren. Ihre Miene verriet, dass sie innerlich nach den wahrhaft vernichtenden Worten rang, die sie ihm zum Abschied ins Gesicht schleudern könnte; aber als sie sich auf der Schwelle noch einmal umdrehte, fiel ihr nichts Besonderes ein:

»Das werden Sie noch bereuen, junger Mann! Warum sind Sie nicht auch verschwunden? Sie gehören hier nicht her, Sie sind kein Beutlin – Sie … Sie sind ein Brandybock!«

»Hast du das gehört, Merry? Das war eine Beleidigung, wenn man so will«, sagte Frodo, als er die Tür hinter ihr zumachte.

»Es war ein Kompliment«, sagte Merry Brandybock, »und darum stimmt es natürlich nicht.«

Dann machten sie die Runde durch die ganze Höhle und setzten drei junge Hobbits an die Luft (zwei Boffins und einen Bolger), die im Begriff waren, Löcher in die Wände eines Kellers zu meißeln. Frodo musste noch gegen den jungen Sancho Stolzfuß (Odos Enkel) handgreiflich werden, der in der größeren Speisekammer, wo er auf ein Echo gestoßen zu sein glaubte, mit Grabungsarbeiten begonnen hatte. Die Mär von Bilbos Gold erweckte sowohl Neugier als auch Hoffnung, denn märchenhaftes Gold (auf mysteriöse, wenn nicht geradezu unrechtmäßige Weise erlangt) gehört, wie jeder weiß, jedem, der es findet – es sei denn, er wird bei der Suche gestört.

Als Frodo mit Sancho fertig geworden war und ihn hinausgeworfen hatte, ließ er sich in der Diele auf einen Stuhl fallen. »Wird Zeit, dass wir die Bude dicht machen, Merry«, sagte er. »Schließ die Tür ab und lass

heute niemanden mehr rein, und wenn er mit einem Rammbock kommt!«
Dann ging er sich mit einer verspäteten Tasse Tee stärken.

Kaum hatte er sich hingesetzt, als es leise an die Höhlentür klopfte.
»Sicher noch mal Lobelia«, dachte er. »Inzwischen muss ihr ein richtig
gemeiner Spruch eingefallen sein, und um den loszuwerden, kommt sie
noch mal zurück. Das kann warten.«

Also ließ er sich bei seinem Tee nicht stören. Es klopfte noch mal, viel
lauter, aber er achtete nicht drauf. Plötzlich tauchte vor dem Fenster der
Kopf des Zauberers auf.

»Wenn du mich nicht reinlässt, Frodo, dann jag' ich dir die Tür durch
deine ganze Höhle, bis sie auf der andern Seite vom Bühl wieder raus-
kommt!« schrie er.

»Ach, mein lieber Gandalf! Sekunde!« rief Frodo und rannte aus dem
Zimmer und zur Tür. »Komm rein! Komm rein, ich dachte, es ist Lobelia.«

»Dann sei dir verziehen. Aber ich hab sie vor einem Weilchen gesehen,
wie sie in einem Pony-Gig nach Wasserau kutschiert ist, mit einem
Gesicht, das den Wein im Glas trüben könnte.«

»Mir hat sie schon den ganzen Tag getrübt. Ehrlich, fast hätte ich Bilbos
Ring ausprobiert. Ich wäre gern verschwunden.«

»Tu das bloß nicht!« sagte Gandalf und setzte sich. »Sei sehr vorsichtig
mit diesem Ring, Frodo! Überhaupt bin ich teilweise deshalb gekommen,
weil es dazu noch ein Wort zu sagen gibt.«

»Ja, und was ist damit?«

»Was weißt du denn schon?«

»Nur, was Onkel Bilbo mir gesagt hat. Ich habe seine Geschichte gehört:
wie er ihn gefunden und wie er ihn gebraucht hat – auf seiner Reise, meine
ich.«

»Ich frage mich nur, welche Geschichte?« sagte Gandalf.

»Ach, nicht so wie er sie den Zwergen erzählt und in sein Buch geschrieben hat«, sagte Frodo. »Er hat mir die Wahrheit erzählt, bald nachdem ich hierher gezogen war. Er sagte, du habest ihm so lange zugesetzt,
bis er sie dir erzählt hat, und darum sollte ich sie besser auch kennen. ›Wir
wollen keine Geheimnisse voreinander haben, Frodo‹, hat er gesagt, ›aber
die Sache darf sich nicht weiter herumsprechen. Jedenfalls gehört er
mir.‹«

»Interessant«, sagte Gandalf. »Na, und was hältst du von alledem?«

»Wenn du meinst, von dem, was er sich da mit dem ›Geschenk‹ ausgedacht hatte, na ja, da fand ich die wahre Geschichte doch viel glaubhafter

und konnte gar nicht verstehen, warum er sie abgeändert hat. Es sah Bilbo überhaupt nicht ähnlich, und ich fand es ganz eigenartig.«

»Das fand ich auch. Aber wer solche Dinge besitzt und von ihnen Gebrauch macht, dem kann schon Eigenartiges geschehen. Lass es dir eine Warnung sein, und geh sehr vorsichtig damit um! Es hat vielleicht noch andere Kräfte als die, dich auf Wunsch unsichtbar zu machen.«

»Ich verstehe nicht«, sagte Frodo.

»Ich auch nicht«, antwortete der Zauberer. »Ich fange erst an, mir über diesen Ring Gedanken zu machen, besonders seit gestern Abend. Kein Grund zur Besorgnis. Aber wenn du auf meinen Rat hörst, dann benutzt du ihn sehr selten oder nie. Zumindest, bitte ich dich, benutze ihn nie auf eine Weise, die dich ins Gerede bringt oder Verdacht weckt. Ich sag' dir noch einmal: Verwahre ihn sicher, und halte ihn geheim!«

»Das klingt sehr mysteriös. Was gibt es denn zu befürchten?«

»Ich bin mir nicht sicher, darum will ich nicht mehr sagen. Vielleicht kann ich dir etwas sagen, wenn ich wiederkomme. Ich muss jetzt gleich fort; also sag' ich dir einstweilen Lebewohl.« Er stand auf.

»Jetzt gleich!« rief Frodo. »Wie, ich dachte, du wolltest mindestens eine Woche bleiben. Ich habe auf deine Hilfe gerechnet.«

»Ich hatte auch vor, zu bleiben – aber ich musste es mir anders überlegen. Es kann sein, dass ich eine ganze Weile fort bin; aber ich besuche dich wieder, sobald ich kann. Erwarte mich nicht; wenn ich da bin, bin ich da. Ich komme in aller Stille. Ich darf mich im Auenland nicht mehr allzu oft sehen lassen. Ich merke, ich habe mich hier ziemlich unbeliebt gemacht. Es heißt, ich sei eine Landplage und ein Ruhestörer. Manche Leute behaupten sogar, ich hätte Bilbo irgendwie weggehext oder wer weiß, was noch. Wenn du's hören willst: Man munkelt, wir beide, du und ich, steckten unter einer Decke und hätten Bilbo um seinen Besitz gebracht.«

»Was es doch für Leute gibt!« rief Frodo. »Du meinst Otho und Lobelia. Wie abscheulich! Ich würde ihnen Beutelsend mitsamt allem anderen überlassen, wenn ich dafür Bilbo zurückbekäme und mit ihm durchs Land stromern könnte. Ich liebe unser Auenland. Aber allmählich kommt mir der Wunsch, ich wäre auch fortgegangen. Ich frage mich, ob ich ihn je wiedersehn werde.«

»Das frag' ich mich auch«, sagte Gandalf. »Aber ich habe noch viele andere Fragen. Aber nun leb wohl! Pass auf dich auf! Erwarte mich, besonders zu ungelegenen Zeiten. Auf Wiedersehn!«

Frodo brachte ihn zur Tür. Der Zauberer winkte ihm noch einmal zu und schritt erstaunlich schnell davon; dennoch fand Frodo, dass der Alte ungewöhnlich krumm ging, fast so, als trüge er eine schwere Last. Der Abend brach herein, und bald war der graue Mantel in der Dämmerung verschwunden. Frodo sah ihn lange nicht wieder.

ZWEITES KAPITEL

DER SCHATTEN DER VERGANGENHEIT

Des Geredes war nach neun und auch nach neunundneunzig Tagen kein Ende. Das zweite Verschwinden des Herrn Bilbo Beutlin blieb in Hobbingen und mehr oder weniger im ganzen Auenland über Jahr und Tag ein Gesprächsstoff, und in Erinnerung blieb es noch viel länger. Zuerst wurde daraus eine Gutenachtgeschichte für kleine Hobbits, und schließlich war der irre Beutlin, der immer mit Blitz und Donner verschwand und mit Säcken voll Gold und Edelsteinen wieder auftauchte, eine populäre Sagengestalt, die noch lange fortlebte, als die wirklichen Ereignisse schon vergessen waren.

Einstweilen aber ging die öffentliche Meinung in der Nachbarschaft dahin, dass Bilbo, der schon immer ein bisschen gesponnen habe, nun vollends durchgedreht und ins Blaue hinein davongerannt sei. Sicherlich war er irgendwo in einen Fluss oder Teich gefallen und hatte dort ein zwar tragisches, aber keineswegs unzeitiges Ende gefunden. Die Schuld suchten die meisten bei Gandalf.

»Wenn doch nur dieser verdammte Zauberer den jungen Frodo in Ruhe ließe – dann wird er vielleicht doch noch ein gestandener Hobbit und der gesunde Hobbitverstand siegt«, sagten sie. Und allem Anschein nach ließ der Zauberer Frodo tatsächlich in Ruhe, und dass Frodo inzwischen ein gestandener Hobbit war, konnte man kaum bezweifeln, aber vom Sieg des gesunden Hobbitverstandes war nicht viel zu bemerken. Den von Bilbo ererbten Ruf der Kauzigkeit begann er sofort zu pflegen. Er dachte nicht daran, in Trauer zu gehen, und im Jahr darauf gab er ein Fest zu Bilbos hundertzwölftem Geburtstag, das er eine Langzentnerfeier nannte. Doch die Zahl der Gäste blieb weit hinter einem solchen Anspruch zurück, denn nur zwanzig waren geladen, für die es freilich bei mehreren Mahlzeiten Futter schneite und Schoppen regnete, wie man bei den Hobbits sagt.

Manche nahmen Anstoß, aber Frodo hielt daran fest, Jahr für Jahr Bilbos Geburtstag zu feiern, bis man sich schließlich daran gewöhnte. Er sagte, er glaube nicht, dass Bilbo tot sei. Auf die Frage: »Wo ist er dann?« zuckte er die Achseln.

Wie Bilbo vor ihm, wohnte er für sich allein, hatte aber viele Freunde, besonders unter den jüngeren Hobbits (meist Nachkommen des Alten Tuk), die schon als Kinder sehr an Bilbo gehangen hatten und in Beutelsend aus und ein gegangen waren. Zu ihnen gehörten Folko Boffin und Fredegar Bolger; doch seine engsten Freunde waren Peregrin Tuk (gewöhnlich Pippin genannt) und Merry Brandybock (der in Wirklichkeit Meriadoc hieß, woran aber nur noch selten jemand dachte). Mit ihnen durchstreifte er das Auenland; öfter aber war er allein unterwegs, und zum Befremden vernünftiger Hobbits sah man ihn manchmal weit von zu Hause bei Sternenschein in den Hügeln und Wäldern herumlaufen. Merry und Pippin hatten ihn im Verdacht, dann und wann die Elben zu besuchen, wie es auch Bilbo getan hatte.

Mit der Zeit fiel den Leuten auf, dass auch Frodo sich »gut zu halten« schien: Sein Äußeres blieb, kaum verändert, das eines handfesten, energischen, eben erst den Twiens entwachsenen Hobbits. »Manche Leute haben aber auch alles Glück der Welt!« sagte man, aber erst als Frodo auf das gewöhnlich doch schon reifere Alter der fünfzig zuging, begann man die Sache nicht geheuer zu finden.

Frodo selbst fühlte sich nach dem ersten Schrecken sehr wohl dabei, nun sein eigener Herr und *der* Herr Beutlin von Beutelsend zu sein. Einige Jahre lang war er ganz zufrieden und dachte nicht viel an die Zukunft. Doch stetig wuchs in ihm, fast ohne dass er es merkte, das Bedauern, dass er nicht mit Bilbo gegangen war. Bisweilen ertappte er sich dabei, besonders im Herbst, wie er an die wilden Lande dachte; und im Traum erschienen ihm seltsame Bilder von Bergen, die er nie gesehen hatte. Er begann sich zu sagen: »Vielleicht gehe ich auch noch eines Tages über den Fluss.« Worauf die andere Hälfte seines Charakters immer die gleiche Antwort gab: »Noch nicht!«

So ging es weiter, bis er hoch in die Vierziger kam und sein fünfzigster Geburtstag näherrückte. Die Fünfzig war eine Zahl, die er als irgendwie bedeutsam (oder schicksalsträchtig) empfand; jedenfalls war dies das Alter, in dem Bilbo plötzlich von der Abenteuerlust gepackt worden war. Allmählich fand Frodo keine Ruhe mehr, und seine gewohnten Wege erschienen ihm allzu ausgetreten. Er studierte Landkarten und fragte sich, was wohl jenseits ihrer Ränder läge: Auenländische Karten zeigten außerhalb der heimischen Grenzen meistens nur weiße Flächen. Er streifte immer weiter umher, und immer öfter allein; Merry und seine anderen Freunde

sahen es mit Besorgnis. Oft ging und sprach er mit den fremden Fahrens-
leuten, die zu dieser Zeit immer öfter durchs Auenland zogen.

Gerüchte von seltsamen Dingen drangen herein, die draußen in der weiten Welt geschahen; und weil Gandalf seit Jahren nicht gekommen war
oder Nachricht gegeben hatte, versuchte Frodo selbst, so viel wie möglich
in Erfahrung zu bringen. Elben, die selten ins Auenland kamen, sah man
jetzt abends westwärts durch die Wälder ziehen, immer nur in der einen
Richtung: Sie verließen Mittelerde und kümmerten sich nicht mehr um
seine Nöte. Doch auch Zwerge waren in ungewöhnlicher Zahl unterwegs.
Die alte Ost-Weststraße führte durchs Auenland und endete bei den
Grauen Anfurten, und die Zwerge hatten sie immer auf dem Weg zu ihren
Minen in den Blauen Bergen benutzt. Sie waren die wichtigste Quelle, aus
der die Hobbits Neuigkeiten von fernen Ländern erfahren konnten – wenn
sie denn wollten: In der Regel sagten die Zwerge wenig, und die Hobbits
fragten noch weniger. Aber nun traf Frodo oft ganz besondere Zwerge aus
fernen Ländern, die im Westen Zuflucht suchten. Sie waren niedergeschlagen, und manche sprachen im Flüsterton von *dem* Feind und dem
Lande Mordor.

Dieser Name war den Hobbits nur aus Sagen einer dunklen Vergangenheit bekannt, wie ein Schatten im Hintergrund ihrer Erinnerungen;
zugleich aber weckte er unruhige Vorahnungen. Es schien, als sei die böse
Macht zwar vom Weißen Rat aus dem Düsterwald vertrieben worden, dafür
aber nur um so stärker in den alten Festungen von Mordor neu erstanden.
Der Dunkle Turm, hieß es, sei wieder aufgebaut worden. Von dort breitete
die Macht sich weithin aus; im fernen Osten und Süden tobten Kriege, und
Furcht griff um sich. Im Gebirge vermehrten sich wieder die Orks. Trolle
liefen herum; nicht mehr nur schwachköpfige Raufbolde, sondern geris-
sene Burschen mit gefährlichen Waffen. Und manchen leisen Andeutungen war zu entnehmen, dass es noch andere Kreaturen gab, schrecklicher
als all diese; doch hatten sie keinen Namen.

Wenig von alledem kam natürlich dem normalen Hobbit zu Ohren. Aber
selbst dem schwerhörigsten Stubenhocker konnten mit der Zeit manche
wilden Geschichten nicht unbekannt bleiben; und wen seine Geschäfte
manchmal bis zu den Grenzen führten, der sah allerlei Befremdliches. Das
Gespräch im *Grünen Drachen* zu Wasserau, an einem Abend im Frühling
des Jahres, in dem Frodo fünfzig wurde, zeigte, dass man selbst hier, im

behaglichen Herzen des Auenlandes, von manchen Gerüchten nicht verschont geblieben war, wenn auch die meisten Hobbits dergleichen nicht ernst nahmen.

Sam Gamdschie saß in einer Ecke beim Feuer, ihm gegenüber Timm Sandigmann, der Müllerssohn. Einige andere biedere Hobbits hörten ihrem Gespräch zu.

»Komische Sachen, was man heute so erzählt, kannst du mir glauben!« sagte Sam.

»Ach was!« sagte Timm, »nur wenn du hinhörst. Aber Räuberpistolen und Ammenmärchen kann ich zu Hause hören, wenn ich das will.«

»Klar, kannst du«, sagte Sam, »und ich sage dir, an manchen ist mehr Wahres dran, als du denkst. Wer soll denn die Geschichten alle erfunden haben? Zum Beispiel über Drachen?«

»Nöö danke!« sagte Timm. »Hör mir auf davon! So was hab ich gehört, als ich klein war, aber da muss ich doch jetzt nicht mehr dran glauben. In Wasserau gibt's nur einen Drachen, und das ist der grüne«, sagte er, und die Zuhörer lachten.

»Schön«, sagte Sam, ebenfalls lachend, »aber was sagst du zu diesen Baummännern oder Riesen, wenn du so willst? Man sagt, vor noch nicht langer Zeit ist einer, der größer war als ein Baum, oben hinter den Nordmooren gesehen worden.«

»Wer ist *man?*«

»Mein Vetter Hal zum Beispiel. Der arbeitet bei Herrn Boffin in Oberbühl und geht manchmal zur Jagd rauf ins Nordviertel. Der hat einen *gesehen.*«

»Sagt er! Dein Vetter Hal sagt vieles und sieht vieles, und vielleicht auch mal ein bisschen mehr, als da ist.«

»Aber dieser eine war groß wie eine Ulme und ist gelaufen – gelaufen, mit jedem Schritt sechs Ellen, wenn's wenig war.«

»Dann wett' ich, es war nicht wenig. Was er gesehn hat, war eben eine Ulme und nichts weiter!«

»Aber der ist gelaufen, sag' ich dir, und in den Nordmooren gibt es gar keine Ulmen.«

»Dann kann Hal auch keine gesehen haben«, sagte Timm, und wieder lachten einige und klatschten; sie schienen zu denken, dass Timm die erste Runde gewonnen hatte.

»Trotzdem«, sagte Sam, »du kannst nicht bestreiten, dass auch andere als unser Halfast schon sehr sonderbare Leute auf der Durchreise durchs

Auenland gesehn haben – auf der Durchreise, wohlgemerkt, denn an den Grenzen, da gibt's noch ganz andere, die man gar nicht erst reinlässt. Die Grenzer haben noch nie so viel zu tun gehabt.

Und dann hab ich auch gehört, dass die Elben nach Westen ziehen. Sie sagen, sie gehn zu den Häfen, da draußen hinter den Weißen Türmen.« Sam schwenkte den Arm ungefähr in die bezeichnete Richtung: Weder er noch irgendeiner der Anwesenden wusste, wie weit es von den alten Türmen hinter den westlichen Grenzen des Auenlands bis zum Meer war. Doch eine alte Überlieferung besagte, dass irgendwo dort die Grauen Anfurten seien, von denen zuweilen die Elbenschiffe ausliefen, um nie wiederzukehren.

»Und die segeln, segeln, segeln übers Meer, fahren in den Westen und verlassen uns«, sagte Sam, fast wie wenn er ein Lied sänge; und er schüttelte betrübt und bedächtig den Kopf. Aber Timm lachte.

»Na, das ist nichts Neues, wenn du solche alten Mären glauben willst. Aber ich seh' nicht ein, was es mich oder dich angeht. Lass die nur segeln! Aber ich wette, du hast es nicht gesehn, wie sie das machen, und auch sonst niemand aus dem Auenland.«

»Na, ich weiß nicht«, sagte Sam nachdenklich. Er glaubte, im Wald einmal einen Elben gesehen zu haben, und hoffte, irgendwann noch mehr von ihnen zu sehen. Von all den Sagen, die er als Kind gehört hatte, waren es immer die wenigen bei den Hobbits noch bekannten Bruchstücke von Märchen und fast vergessenen Geschichten von den Elben gewesen, die ihn am tiefsten berührten. »Es gibt schon noch ein paar Leute, sogar hier in der Gegend, die das Schöne Volk kennen und von ihm Neuigkeiten erfahren«, sagte er. »Zum Beispiel der Herr Beutlin, bei dem ich arbeite. Er hat mir erzählt, dass sie fortsegeln, und er weiß so einiges von den Elben. Und noch mehr wusste der alte Herr Bilbo, und der hat oft mit mir geredet, als ich noch ein kleiner Junge war.«

»Na, die spinnen ja beide!« sagte Timm. »Wenigstens der alte Bilbo, der war ganz übergeschnappt, und bei Frodo fängt es auch schon an. Wenn du deine Neuigkeiten von daher hast, dann kannst du uns viel Stuss erzählen. So, Freunde, ich segle nach Hause. Zum Wohl!« Er leerte seinen Krug und stapfte geräuschvoll hinaus.

Sam saß still und sagte nichts mehr. Er musste über einiges nachdenken. Zunächst mal gab es im Garten von Beutelsend allerhand zu tun, und wenn sich das Wetter morgen besserte, würde es ein schwerer Tag. Das Gras spross rasch. Aber Sam hatte mehr im Sinn als nur die Gartenarbeit. Nach einer Weile stand er seufzend auf und ging hinaus.

Es war Anfang April, und nach einem starken Regen klarte der Himmel auf. Die Sonne war untergegangen, und ein kühler, blasser Abend dämmerte langsam in die Nacht hinüber. Unter den ersten Sternen am Himmel ging er heim, durch Hobbingen und den Bühl hinauf, nachdenklich und leise vor sich hin pfeifend.

Es war gerade zu dieser Zeit, dass Gandalf nach langer Abwesenheit wieder auftauchte. Drei Jahre lang war er nach dem Fest fortgeblieben. Dann kam er einmal kurz zu Besuch, schaute sich Frodo sehr genau an und ging wieder fort. Während der nächsten ein, zwei Jahre war er dann öfter gekommen, immer unerwartet nach Einbruch der Dunkelheit, und ohne Vorankündigung bei Sonnenaufgang wieder verschwunden. Über seine eigenen Reisen und Angelegenheiten mochte er nicht sprechen; dafür erkundigte er sich in allen Einzelheiten nach Frodos Gesundheit und seinen Beschäftigungen.

Dann plötzlich war er nicht mehr gekommen. Seit über neun Jahren hatte Frodo nichts mehr von ihm gesehen oder gehört. Allmählich dachte er, der Zauberer werde wohl nie mehr auftauchen und habe längst jedes Interesse an den Hobbits verloren. Aber an diesem Abend, als Sam in der Dämmerung heimging, hörte Frodo das einst so vertraute Klopfen am Fenster seines Studierzimmers.

Freudig überrascht begrüßte er den alten Freund. Sie musterten einander gründlich.

»Na, alles klar?« sagte Gandalf. »Du hast dich überhaupt nicht verändert, Frodo!«

»Du auch nicht«, antwortete Frodo, aber im Stillen fand er, dass Gandalf doch um einiges älter und ein bisschen mitgenommen aussah. Er setzte ihm mit Fragen zu, wie es ihm gehe und was in der weiten Welt los sei, und bald waren sie tief im Gespräch und gingen noch lange nicht schlafen.

Am nächsten Vormittag, nach einem späten Frühstück, saß der Zauberer mit Frodo im Studierzimmer am offenen Fenster. Ein Feuer brannte hell im Kamin, aber die Sonne schien warm, und der Wind kam von Süden. Alles sah frisch aus, und die Felder und die Zweigspitzen der Bäume schimmerten in jungem Grün.

Gandalf dachte an den Frühling vor fast achtzig Jahren, als Bilbo aus Beutelsend fortgerannt war, ohne auch nur ein Taschentuch mitzunehmen. Der Zauberer hatte nun vielleicht mehr weiße Haare als damals, Bart und Brauen waren vielleicht länger, und sein Gesicht hatte mehr Sorgen- und Weisheitsfalten, aber seine Augen leuchteten wie eh und je, und er zog noch mit ebenso vollem Behagen an seiner Pfeife und blies Rauchringe in die Luft.

Jetzt rauchte er schweigend, denn auch Frodo war still und tief in Gedanken versunken. Noch am hellen Vormittag spürte er, wie ein dunkler Schatten auf ihn fiel: ein Schatten dessen, wovon ihm Gandalf berichtet hatte. Endlich brach er das Schweigen.

»Letzte Nacht hast du angefangen, mir allerlei Seltsames über meinen Ring zu erzählen, Gandalf«, sagte er. »Dann hast du aufgehört, weil solche Dinge, sagtest du, am besten nur bei Tageslicht zu besprechen seien. Meinst du nicht, du solltest nun fortfahren? Du sagtest, der Ring sei gefährlich, viel gefährlicher, als ich ahne. In welcher Hinsicht?«

»In vieler Hinsicht«, antwortete der Zauberer. »Er ist viel mächtiger, als ich zuerst zu denken wagte, so mächtig, dass er am Ende jeden Sterblichen, der ihn besäße, ganz und gar beherrschen würde. Der Ring würde dann ihn besitzen.

In Eregion wurden vor langer Zeit viele Elbenringe geschmiedet, Zauberringe, wie ihr sie nennt, und sie waren natürlich von verschiedener Art, manche stärker und manche schwächer. Die minderen Ringe waren nur Übungen in der noch nicht voll entfalteten Kunst, für die Elbenschmiede kaum mehr als Spielzeug – und dennoch, wie mir scheint, für Sterbliche immer noch gefährlich genug. Die großen Ringe aber, die Ringe der Macht, die trugen ein Verhängnis.

Ein Sterblicher, Frodo, der einen der großen Ringe bei sich trägt, stirbt nicht, aber ihm wächst kein neues Leben zu, er schleppt nur das alte hin, müder und müder mit jeder Minute. Und gebraucht er den Ring oft, um sich unsichtbar zu machen, so *schwindet* er: Er wird für immer unsichtbar und lebt in einem Dämmerlicht unter dem Auge der dunklen Macht, welche die Ringe beherrscht. Ja, früher oder später – später, wenn er zu Anfang stark oder gutwillig ist, doch weder Stärke noch guter Wille werden von Dauer sein –, früher oder später wird die dunkle Macht ihn aufzehren.«

»Furchtbar!« sagte Frodo. Wieder schwiegen sie lange. Im Garten hörte man Sam Gamdschie den Rasen mähen.

»Wie lange weißt du das schon?« fragte Frodo endlich. »Und wie viel hat Bilbo davon gewusst?«

»Bilbo wusste bestimmt nicht mehr, als er dir gesagt hat«, sagte Gandalf. »Er hätte jedenfalls nie etwas, das er für gefährlich hielt, an dich weitergegeben, auch nicht, als ich versprochen hatte, ein Auge auf dich zu haben. Er fand den Ring wunderschön und in Notlagen sehr nützlich; wenn irgendwas daran nicht geheuer war, dann musste es an ihm selbst liegen. Er sagte zwar, der Ring habe in seinem Kopf ›immer mehr Platz eingenommen‹, und war ständig um ihn besorgt; aber dass daran der Ring schuld sein könnte, ahnte er nicht. Dabei hatte er doch gemerkt, dass man auf das Ding aufpassen musste; es schien nicht immer gleich groß oder gleich schwer zu sein; es konnte sich sonderbarerweise ausdehnen oder schrumpfen oder einem plötzlich vom Finger rutschen, auch wenn es ganz fest steckte.«

»Ja, darauf hat er mich in seinem letzten Brief vorbereitet«, sagte Frodo, »darum habe ich es immer am Kettchen.«

»Sehr ratsam«, sagte Gandalf. »Aber sein langes Leben hat Bilbo nie mit dem Ring in Zusammenhang gebracht. Das hielt er allein sich selbst zugute und war sehr stolz darauf. Dennoch wurde ihm immer unbehaglicher zumute. *Dünn und gestreckt,* sagte er, kam er sich vor. Ein Zeichen, dass der Ring Gewalt über ihn gewann.«

»Wie lange weißt du das alles schon?« fragte Frodo noch einmal.

»Wissen?« sagte Gandalf. »Ich weiß einiges, das nur die Weisen wissen, Frodo. Aber wenn du ›wissen von *diesem* Ring‹ meinst, nun, da *weiß* ich noch immer nicht recht, könnte man sagen. Eine letzte Probe steht noch aus. Aber ich habe keinen Zweifel mehr, dass es so ist, wie ich vermute.

Wann war das, als ich zuerst daran dachte?« besann er sich und stöberte in seinen Erinnerungen. »Lass mich nachdenken – das war in dem Jahr, als der Weiße Rat die dunkle Macht aus dem Düsterwald vertrieb, kurz vor der Schlacht der fünf Heere, als Bilbo den Ring fand. Damals fiel mir ein Schatten aufs Herz, ohne dass ich wusste, was es zu befürchten gab. Ich habe mich oft gefragt, wie Gollum zu einem großen Ring gekommen war – denn dass es nur einer von den großen sein konnte, war von Anfang an klar. Dann hörte ich Bilbos komische Geschichte, wie er ihn ›gewonnen‹ haben wollte, und das konnte ich nicht glauben. Als ich endlich die Wahrheit aus ihm herausbekam, begriff ich gleich, dass er versucht hatte, seinen Anspruch auf den Ring für jeden Zweifel unanfechtbar zu machen. Ganz wie Gollum mit seinem *Geburtstagsgeschenk.* Dass ihre Lügen sich so ähnlich waren, fand ich bedenklich. Offenbar steckte in dem Ring eine nicht geheure Macht, die sofort auf den Träger einwirkte. Das war für mich das erste echte Warnzeichen, dass nicht alles in Ordnung war. Ich habe Bilbo oft gesagt, dass man solche Ringe besser unbenutzt lässt; aber das wollte er nicht hören und wurde wütend. Viel mehr konnte ich nicht tun. Ich konnte ihm den Ring nicht wegnehmen, ohne noch mehr Schaden anzurichten; und ein Recht dazu hatte ich schon gar nicht. Ich konnte nur abwarten und die Augen offen halten. Vielleicht hätte ich Saruman den Weißen um Rat fragen können, aber irgendwas hielt mich immer davon ab.«

»Wer ist das?« fragte Frodo. »Ich habe noch nie von ihm gehört.«

»Mag sein«, antwortete Gandalf. »Hobbits sind – oder waren – für ihn kein Thema. Aber er ist ein Großer unter den Weisen. Er ist der Oberste meines Ordens und der Vorsitzende des Rats. Seine Kenntnisse sind gewaltig, aber sein Stolz ebenso, und jede Einmischung nimmt er übel. Die Wissenschaft von den Elbenringen, den großen wie den kleinen, ist sein Fach. Den verschollenen Geheimnissen der Ringschmiedekunst hat er lange nachgeforscht; aber als wir im Rat über die Ringe debattierten, sprach alles, was er uns dazu anvertrauen wollte, gegen meine Befürchtungen. Also ließ ich meine Zweifel auf sich beruhen – aber schlafen wollten sie nicht. Ich wartete weiter ab und hielt die Augen offen.

Und mit Bilbo schien alles in Ordnung zu sein. Und die Jahre vergingen. Ja, sie gingen an ihm vorüber und schienen ihn nicht zu berühren. Kein Zeichen von Alter war zu erkennen. Abermals spürte ich den Schatten. Doch ich sagte mir: ›Schließlich kommt er ja aus einer langlebigen Familie, mütterlicherseits. Es ist noch Zeit, warte ab!‹

Und ich wartete. Bis zu der Nacht, als er aus diesem Hause fortging. Was er damals sagte und tat, erfüllte mich mit einer Furcht, die alle Reden Sarumans nicht mehr beschwichtigen konnten. Nun endlich wusste ich, dass etwas Dunkles und Tödliches am Werk war. Und die Jahre seither habe ich zumeist darauf verwendet, die Wahrheit in Erfahrung zu bringen.«

»Er hatte doch noch keinen bleibenden Schaden genommen, oder?« fragte Frodo besorgt. »Er wird schon mit der Zeit wieder der Alte werden, nicht? Ruhe und Frieden haben, meine ich?«

»Er fühlte sich gleich besser«, sagte Gandalf. »Aber es gibt nur eine Macht auf dieser Welt, die alles über die Ringe und ihre Wirkungen weiß; und soviel ich weiß, gibt es keine Macht auf der Welt, die alles über Hobbits weiß. Unter den Weisen bin ich der Einzige, der sich mit der Hobbitkunde befasst: ein abseitiges Fachgebiet, aber voller Überraschungen. Butterweich können sie sein, dann aber auch wieder zäh wie alte Baumwurzeln.

Wahrscheinlich könnten manche von ihnen den Ringen viel länger widerstehen, als die meisten Weisen für möglich halten. Ich glaube, du brauchst dir um Bilbo keine Sorgen zu machen.

Gewiss, er hat den Ring viele Jahre lang in Besitz gehabt und ihn auch benutzt; daher könnte es lange dauern, bis sich der Einfluss erschöpft hat – und es für ihn zum Beispiel unbedenklich wäre, den Ring wieder zu Gesicht zu bekommen. Davon abgesehen, könnte er noch jahrelang ganz zufrieden weiterleben, einfach so bleiben, wie er war, als er sich davon trennte. Denn schließlich hat er ihn aus freien Stücken hergegeben: ein wichtiger Umstand. Nein, um den guten Bilbo hatte ich keine Angst mehr, sobald er auf das Ding verzichtet hatte. Jetzt bist du es, für den ich mich verantwortlich fühle.

Die ganze Zeit, seit Bilbo fort ist, war ich in tiefer Sorge um dich und um all diese netten, albernen, hilflosen Hobbits. Es wäre ein harter Schlag für die ganze Welt, wenn der Dunkle Herrscher das Auenland unterwerfen und all diese lieben, ulkigen, dussligen Bolgers, Hornbläsers, Boffins, Straffgürtels und wie sie alle heißen, um von den lächerlichen Beutlins ganz zu schweigen, versklaven würde.«

Frodo lief es kalt über den Rücken. »Aber warum sollte das so kommen?« fragte er. »Und warum sollte er solche Sklaven haben wollen?«

»Um dir die Wahrheit zu sagen«, antwortete Gandalf, »ich glaube, dass ihm bisher – *bisher*, wohlgemerkt – die Existenz des Hobbitvölkchens vollkommen entgangen ist. Dafür solltet ihr dankbar sein. Aber mit eurer Sicherheit ist es vorbei. Er braucht euch nicht – er hat viele weit nützlichere Diener –, aber er wird euch nicht mehr vergessen. Und an jämmerlich versklavten Hobbits hätte er mehr Freude als an freien und fidelen. Es gibt so was wie Bosheit und Rache.«

»Rache?« sagte Frodo. »Rache wofür? Ich verstehe noch immer nicht, was dies alles mit Bilbo, mit mir und unserem Ring zu tun hat.«

»Es hat einiges damit zu tun«, sagte Gandalf. »Du kennst das volle Maß der Gefahr noch nicht; aber du sollst es kennen lernen. Ich selbst war mir dessen noch nicht sicher, als ich zuletzt hier war; doch nun ist es an der Zeit, davon zu sprechen. Gib mir einen Augenblick den Ring!«

Frodo zog ihn aus der Hosentasche, wo er an einem am Gürtel befestigten Kettchen hing. Er machte ihn los und reichte ihn mit langsamer Bewegung dem Zauberer. Er wog plötzlich schwer in der Hand, als ob entweder er oder Frodo etwas dagegen hätten, dass Gandalf ihn berührte.

Gandalf hielt ihn hoch. Er schien aus purem, massivem Gold zu sein. »Kannst du irgendwelche Zeichen auf ihm erkennen?« fragte Gandalf.

»Nein«, sagte Frodo. »Da sind keine. Er ist ganz glatt und weist nie einen Kratzer oder ein Zeichen von Abgegriffenheit auf.«

»Nun denn, sieh!« Und zu Frodos Erstaunen und Bestürzung warf der Zauberer den Ring mitten ins heißeste Feuer des Kamins. Frodo schrie auf und griff nach der Feuerzange, aber Gandalf hielt ihn zurück.

»Warte!« sagte er in gebieterischem Ton und sah Frodo unter seinen stacheligen Brauen hervor scharf an.

An dem Ring war keine Veränderung zu bemerken. Nach einer Weile stand Gandalf auf, schloss die Läden vor dem Fenster und zog die Vorhänge zu. Im Zimmer wurde es dunkel und still, obwohl aus dem Garten, nun näher beim Fenster, immer noch ein leises Klappern von Sams Grasschere zu hören war. Der Zauberer blieb einen Moment vor dem Kamin stehen und blickte ins Feuer; dann bückte er sich, holte den Ring mit der Zange heraus und nahm ihn sofort in die Hand. Frodo staunte.

»Er ist ganz kühl«, sagte Gandalf. »Nimm ihn!« Frodo ließ ihn sich auf die Handfläche legen und zuckte ein wenig zurück: Er schien dicker und schwerer denn je geworden zu sein.

»Halt ihn hoch!« sagte Gandalf. »Und sieh ihn dir genau an!«

Frodo tat es, und nun sah er feine Linien, feiner als der feinste Federstrich, um den Ring laufen, außen und innen: glühende Linien, die Buchstaben einer verbundenen Schrift darzustellen schienen. Sie leuchteten gestochen scharf und doch wie von fern aus einer großen Tiefe.

»Ich kann diese feurigen Buchstaben nicht lesen«, sagte Frodo mit bebender Stimme.

»Nein«, sagte Gandalf, »aber ich kann es. Es sind elbische Buchstaben, aus einer alten Schreibart, aber die Sprache ist die von Mordor, die ich hier nicht in den Mund nehmen will. Aber in der gemeinsamen Sprache besagt es etwa dies:

> *Ein Ring, sie zu knechten, sie alle zu finden,*
> *Ins Dunkel zu treiben und ewig zu binden.*

Das sind nur zwei Zeilen eines alten, aus elbischer Überlieferung seit langem bekannten Gedichts:

> *Drei Ringe den Elbenkönigen hoch im Licht,*
> *Sieben den Zwergenherrschern in ihren Hallen aus Stein,*
> *Den Sterblichen, ewig dem Tode verfallen, neun,*
> *Einer dem Dunklen Herrn auf dunklem Thron*
> *Im Lande Mordor, wo die Schatten drohn.*
> *Ein Ring, sie zu knechten, sie alle zu finden,*
> *Ins Dunkel zu treiben und ewig zu binden*
> *Im Lande Mordor, wo die Schatten drohn.*

Er hielt inne. Dann sagte er langsam und leise: »Dies ist der Herrscherring, der Eine Ring, sie alle zu knechten. Dies ist der Eine Ring, den er vor Zeiten eingebüßt hat, sehr zum Schaden seiner Macht. Er verlangt nach ihm – aber er *darf* ihn nicht in die Hand bekommen.«

Frodo saß stumm und regungslos da. Furcht schien mit einer Riesenfaust nach ihm zu greifen, wie wenn sich von Osten her eine dunkle Wolke auftürmte, um ihn zu umschlingen. »Was für ein Ring!« stammelte er. »Wie in allen Auen ist er bloß an mich gekommen?«

»Ach!« sagte Gandalf, »das ist eine sehr lange Geschichte. Sie beginnt in den Dunklen Jahren, an die sich heute nur noch die Gelehrten erinnern. Wenn ich dir alles erzählen sollte, säßen wir nächsten Winter noch hier.

Aber gestern Abend hab ich dir von Sauron dem Großen, dem Dunklen Herrscher erzählt. Die Gerüchte, die du gehört hast, sind wahr: Er ist wieder erstanden, hat seinen Sitz im Düsterwald verlassen und ist in seine alte Festung zurückgekehrt, den Dunklen Turm von Mordor. Den Namen habt selbst ihr Hobbits schon gehört; er taucht wie ein Schatten am Rand alter Erzählungen auf. Immer wieder nimmt der Schatten nach einer Niederlage und einer Ruhepause eine andere Gestalt an und wächst von neuem.«

»Ich wünschte, das wäre nicht zu meinen Lebzeiten!« sagte Frodo.

»Das wünschte ich auch«, sagte Gandalf, »und das wünscht sich jeder, der in solchen Zeiten lebt. Aber darüber haben wir nicht zu befinden. Entscheiden können wir nur, was wir mit der Zeit, die uns gegeben ist, anfangen. Und für uns, Frodo, hat eine finstere Zeit schon begonnen. Der Feind kommt schnell zu Riesenkräften. Seine Pläne sind noch bei weitem nicht reif, denke ich, aber sie werden reifen. Wir werden es schwer haben. Wir würden es selbst dann schon sehr schwer haben, wenn nicht auch noch diese eine furchtbare Aussicht bestünde.

Dem Feind fehlt noch eines zu dem Wissen und der Macht, jeden Widerstand zu brechen, die letzten Festungen zu erobern und alle Lande zum zweiten Mal in Finsternis zu hüllen. Ihm fehlt der Eine Ring.

Die Drei, die schönsten von allen Ringen, halten die Elbenfürsten vor ihm verborgen, und seine Hand hat sie nie berührt oder besudelt. Die Sieben besaßen die Zwergenkönige, aber davon hat er drei zurückgewonnen, und die anderen wurden von Drachen verschlungen. Die Neun gab er sterblichen Menschen, den Hochmütigen und Hochmögenden unter ihnen, die er damit betörte. Einstmals fielen sie unter die Herrschaft des Einen und wurden zu den Ringgeistern, Schatten unter seinem großen Schatten, seinen schrecklichsten Dienern. Das war vor Zeiten. Nun sind die Neun schon seit vielen Jahren nicht mehr umgegangen. Aber wer weiß? Wenn der Schatten von neuem wächst, kann es sein, dass auch sie wieder auftreten. Aber lassen wir das! Von solchen Dingen sprechen wir selbst am hellen Vormittag im Auenland besser nicht.

So steht es nun: Die Neun hat er an sich gezogen, die Sieben ebenfalls, soweit sie nicht zunichte geworden sind. Die Drei sind noch verborgen. Doch das kümmert ihn nicht mehr. Er braucht nur den Einen, denn den hat er selbst geschmiedet; es ist sein Ring, und einen großen Teil seiner früheren Macht hat er darin eingeschmolzen, damit er alle anderen regieren konnte. Wenn er ihn wiedergewinnt, gebietet er wieder über sie alle, wo immer sie sich befinden, auch über die Drei, und alles, was mit ihrer Hilfe geschaffen wurde, wird ihm bloßgelegt. Dann wird er stärker sein denn je.

Und dies nun ist die furchtbare Aussicht, Frodo. Bisher glaubte er, den Einen gebe es nicht mehr, weil die Elben ihn vernichtet hätten – und das hätten sie auch tun sollen. Aber nun weiß er, der Eine ist *nicht* aus der Welt, er ist gefunden worden«. Darum sucht und fahndet er nach ihm, und alle seine Gedanken zielen auf ihn. Dass er ihn findet, ist seine größte Hoffnung und unsere schlimmste Befürchtung.«

»Warum, warum nur wurde der Ring nicht vernichtet?« rief Frodo. »Und wie konnte der Feind ihn überhaupt verlieren, wenn er so stark und der Ring ihm so teuer war?« Er umklammerte den Ring in der Hand, als sähe er schon schwarze Finger nach ihm ausgestreckt.

»Er wurde ihm genommen«, sagte Gandalf. »Die Kraft der Elben, ihm zu widerstehen, war einst größer; und noch nicht alle Menschen waren ihnen fremd geworden. Die Menschen von Westernis kamen ihnen zu Hilfe. Das ist ein Kapitel alter Geschichte, das in Erinnerung zu rufen nützlich wäre; denn auch damals herrschten Leid und eine geballte Finsternis, aber sie wurden tapfer bekämpft, und große Taten wurden vollbracht, die nicht ganz vergebens waren. Vielleicht erzähle ich dir eines Tages die ganze Geschichte, oder du hörst sie in aller Ausführlichkeit von einem, der sie am besten kennt.

Aber einstweilen, da du vor allem wissen musst, wie das Ding an dich gekommen ist, und auch da gibt es schon genug zu berichten, will ich nur soviel sagen: Es waren Gil-galad, der Elbenkönig, und Elendil von Westernis, die Sauron niederwarfen, obwohl sie selbst dabei den Tod fanden; und Isildur, Elendils Sohn, schnitt Sauron den Ring von der Hand und nahm ihn zu Eigen. Sauron war bezwungen, und sein Geist suchte das Weite und musste sich viele Jahre verstecken, bis sein Schatten im Düsterwald wieder Gestalt annahm.

Doch der Ring ging verloren. Er fiel in den großen Strom, den Anduin, und war verschwunden. Denn Isildur marschierte am östlichen Ufer entlang nach Norden, und bei den Schwertelfeldern lauerten ihm die Orks aus dem Gebirge auf, und fast alle in seinem Gefolge fielen. Er sprang ins Wasser, aber beim Schwimmen glitt ihm der Ring vom Finger. Da sahen ihn die Orks und erschossen ihn mit Pfeilen.«

Gandalf hielt inne. »Und dort, in den dunklen Tümpeln auf den Schwertelfeldern, verschwand der Ring aus der Geschichte und aus den Sagen; und selbst das wenige, das ich dir erzähle, ist nur wenigen bekannt. Mehr konnte der Rat der Weisen nicht herausfinden. Aber ich kann nun wohl fortfahren.

Viel später, aber immer noch vor langer Zeit, lebte an den Ufern des großen Stroms und am Rande von Wilderland ein Volk von kleinen Leuten mit geschickten Händen und leisen Füßen. Ich nehme an, sie waren vom Hobbitschlag, vielleicht verwandt mit den Stammvätern der Starren, denn sie liebten das Wasser und schwammen oft im Strom oder bauten sich kleine Boote aus Schilf. Unter ihnen gab es eine Familie von hohem Ansehen, größer und reicher als die meisten anderen, und das ganze Völkchen gehorchte einer Großmutter, einer gestrengen Frau, bewandert in den Überlieferungen, die sich bei ihnen erhalten hatten. Der unruhigste und wissbegierigste Geist in dieser Familie hieß Sméagol. Er interessierte sich für die Wurzeln und Anfangsgründe der Dinge. Er tauchte in tiefe Teiche, wühlte unter Bäumen und Pflanzen, grub Stollen in grüne Anhöhen hinein; er kümmerte sich nicht mehr um die Hügelkuppen, das Laub an den Bäumen oder die Blüten, wenn sie sich im Licht öffneten: Sein Kopf war vorgebeugt, sein Blick abwärts gerichtet.

Er hatte einen Freund namens Déagol, von ähnlicher Geistesart, scharfsinniger, doch weniger flink und stark. Einmal fuhren sie mit einem Boot in die Schwertelfelder hinaus, wo große Flächen mit Schwertlilien und blühenden Riedgräsern bewachsen waren. Dort stieg Sméagol aus und stöberte an den Ufern herum, während Déagol im Boot sitzen blieb und angelte. Plötzlich biss ein großer Fisch an, und ehe er wusste, wie ihm geschah, wurde er ins Wasser gerissen und bis auf den Grund hinabgezogen. Dort ließ er die Leine los, denn er glaubte, etwas glänzen zu sehen, hielt die Luft an und griff danach.

Er kam prustend wieder hoch, mit Wasserpflanzen im Haar und mit einer Hand voll Schlamm, und er schwamm ans Ufer. Und siehe da, als er den Schlamm weggespült hatte, lag ein schöner goldener Ring in seiner Hand, und der glänzte und glitzerte in der Sonne, dass Déagol das Herz lachte. Aber hinter einem Baum stand Sméagol, der ihn beobachtet hatte, und als Déagol sich über den Anblick des Rings freute, trat er leise von hinten heran.

›Schenk uns den, Déagol, mein Guter!‹ sagte er über Déagols Schulter.

›Warum?‹ sagte Déagol.

›Weil heute mein Geburtstag ist, mein Guter, und weil ich ihn haben will‹, sagte Sméagol.

›Ich denke nicht dran‹, sagte Déagol. ›Ich hab dir schon etwas geschenkt, mehr als ich mir leisten kann. Ich hab ihn gefunden, und ich behalte ihn.‹

›Ach, das denkst du, mein Guter!‹ sagte Sméagol; und er ging Déagol an die Kehle und erwürgte ihn, weil das Gold so schön in der Sonne glänzte. Dann steckte er sich den Ring an den Finger.

Niemand fand je heraus, was aus Déagol geworden war; er war weit von seiner Höhle ermordet worden, und die Leiche wurde gut versteckt. Sméagol allein kehrte zurück, und er merkte, dass niemand von seinen Verwandten ihn sehen konnte, wenn er den Ring am Finger trug. Das gefiel ihm nicht schlecht. Er zeigte den Ring niemandem und benutzte ihn, um anderer Leute Geheimnisse auszuspionieren, woraus er dann auf krumme und tückische Weise seinen Nutzen zog. Er wurde scharfsinnig und hellhörig für alles, was andere verletzen konnte. Im Rahmen seiner Verhältnisse hatte der Ring ihm Macht verliehen. Es wundert nicht, dass er sich bei allen seinen Verwandten bald sehr unbeliebt gemacht hatte und von ihnen (wenn er sichtbar war) gemieden wurde. Sie stießen ihn herum, und er zahlte es ihnen heim. Er verlegte sich aufs Stehlen, irrte allein durch die Gegend und brabbelte dabei in Glucks- und Schmatzlauten vor sich hin. Darum nannten die andern ihn bald *Gollum* und verwünschten ihn; sie rieten ihm, hinzugehn, wo der Pfeffer wächst, und um des lieben Friedens willen verstieß ihn seine Großmutter aus der Familie und aus der gemeinsamen Höhle.

Einsam zog er davon und vergoss ein paar Tränen über die Schlechtigkeit der Welt. Auf seinem Weg stromaufwärts kam er an einen Bach, der vom Gebirge herabfloss, und dem folgte er nun. In tiefen Teichen fing er mit seinen unsichtbaren Händen Fische und verzehrte sie roh. Eines Tages war es sehr heiß, und als er sich über einen Teich beugte, spürte er ein Brennen am Hinterkopf, und das blendende Licht vom Wasserspiegel stach ihm in die tränenden Augen. Das wunderte ihn, denn die Sonne hatte er fast schon vergessen. Dann blickte er zum letzten Mal hoch und drohte ihr mit der Faust.

Doch als er den Blick wieder senkte, sah er weit voraus die Gipfel der Nebelberge, von denen der Bach herabfloss. Und gleich kam ihm der Gedanke: ›Es muss kühl und schattig sein unter diesen Bergen. Da könnte die Sonne mich nicht mehr anglotzen. Die Wurzeln dieser Berge müssen tatsächlich Wurzeln sein, und sicher liegen große Geheimnisse dort begraben, die seit allem Anbeginn niemand entdeckt hat.‹

Also stieg er bei Nacht ins Hochland hinauf, und dort fand er eine kleine Höhle, woraus der dunkle Bach hervorkam; und wie eine Made wühlte er sich bis ins Herz des Gebirges und war wie vom Erdboden verschwunden. Der Ring ging mit ihm in die Dunkelheit, und selbst der Schmied, dessen Macht nun wieder zunahm, konnte nichts über ihn in Erfahrung bringen.«

»Gollum«, rief Frodo, »Gollum! Meinst du, dies ist dieselbe Gollumkreatur, der Bilbo begegnet ist? Wie abscheulich!«

»Ich glaube, es ist eine traurige Geschichte«, sagte der Zauberer, »und es hätte auch anderen so ergehen können, sogar manchen Hobbits, die ich kenne.«

»Ich kann es nicht glauben, dass Gollum mit Hobbits verwandt war, wenn auch noch so entfernt«, sagte Frodo einigermaßen hitzig. »Was für eine grässliche Vorstellung!«

»Trotzdem ist sie richtig«, antwortete Gandalf. »Zumindest über eure Herkunft weiß ich mehr als ihr Hobbits selbst. Und auch in Bilbos Geschichte spricht einiges für eine solche Verwandtschaft. Ihre Denkweise und ihre Erinnerungen waren sich in vielem sehr ähnlich. Sie verstanden einer den andern erstaunlich gut, viel besser als ein Hobbit sich zum Beispiel mit einem Zwerg, einem Ork oder sogar mit einem Elben verstehen würde. Denk nur an die Rätsel, die sie beide kannten.«

»Ja«, sagte Frodo. »Aber auch bei anderen Völkern werden Rätsel geraten, und die Rätsel sind überall mehr oder weniger von der gleichen Art. Und Hobbits betrügen nicht. Gollum ging die ganze Zeit auf Betrug aus. Er wollte den armen Bilbo einfach nur unvorsichtig machen. Und ich getraue mich zu sagen, in seiner Tücke fand er es lustig, ein Spiel anzufangen, bei dem es leichte Beute zu gewinnen gab, ohne dass es ihm schaden konnte, wenn er verlor.«

»Nur zu wahr, leider«, sagte Gandalf. »Aber es kam noch etwas anderes hinzu, das du, glaube ich, noch nicht siehst. Auch Gollum war nicht ganz und gar verdorben. Er hatte sich als zäher erwiesen, als es selbst ein Weiser vermutet hätte – und wie es ein Hobbit eben sein kann. In einem kleinen Winkel seines Herzens war er noch er selbst, und dort fiel ein Licht ein wie durch eine Ritze in einer Verdunkelung: ein Lichtstrahl aus der Vergangenheit. Er wird sich einfach gefreut haben, glaube ich, mal wieder eine freundliche Stimme zu hören, an Wind und Bäume erinnert zu werden, an Gras im Sonnenschein und lauter Dinge, die er schon vergessen hatte.

Aber natürlich würde deshalb das Böse in ihm am Ende nur um so heftiger toben – es sei denn, es würde besiegt. Es sei denn, er würde davon geheilt.« Gandalf seufzte. »Leider besteht darauf für ihn wenig Hoffnung. Immerhin mehr als gar keine, immerhin etwas Hoffnung, obwohl er den Ring so lange besessen hatte, fast immer, soweit er sich erinnern konnte. Dass er ihn oft benutzt hatte, war lange her; in der Stockfinsternis brauchte er ihn nur selten. Jedenfalls war Gollum nie ›geschwunden‹. Dünn und zäh ist er noch immer. Aber innerlich zehrte das Ding an ihm, und die Qual war fast unerträglich geworden.

Alle ›großen Geheimnisse‹ unter den Bergen hatten sich als dunkle Leere erwiesen; es gab nichts mehr zu entdecken, nichts zu tun, das der

Mühe wert gewesen wäre; nur widerlicher, verstohlener Fraß und wehleidiges Sicherinnern. Er war übel dran: Er hasste die Finsternis, und mehr noch hasste er das Licht. Er hasste alles und jedes, und am meisten hasste er den Ring.«

»Wie meinst du das?« sagte Frodo. »Der Ring war doch sein ›Schatz‹, das Einzige, woran ihm etwas lag? Wenn er ihn aber hasste, warum warf er ihn dann nicht weg oder ging fort und ließ ihn liegen?«

»Allmählich solltest du verstehen, Frodo, nach alldem, was du schon gehört hast«, sagte Gandalf. »Er hasste und liebte ihn ebenso wie er sich selbst hasste und liebte. Er konnte ihn nicht loswerden. Darin hatte er keinen eigenen Willen mehr.

Ein Ring der Macht, Frodo, weiß, was er tut. Er kann dem Träger tückisch vom Finger schlüpfen, aber der Träger gibt ihn niemals auf. Allenfalls spielt er mit dem Gedanken, ihn jemand anderem in Obhut zu geben – und auch das nur im frühen Stadium, wenn ihn der Ring noch nicht fest im Griff hat. Soviel ich weiß, ist Bilbo in der ganzen Geschichte von Mittelerde der Einzige, der nicht nur mit dem Gedanken gespielt, sondern den Ring tatsächlich hergegeben hat. Dazu bedurfte es all meiner Hilfe, und selbst unter diesen Umständen hätte er ihn niemals einfach aufgeben oder wegwerfen können. Es war nicht Gollum, Frodo, sondern der Ring selbst, der sich entschieden hatte. Der Ring hat *ihn* verlassen.«

»Wie, und eben zur rechten Zeit, um von Bilbo gefunden zu werden?« sagte Frodo. »Wäre ihm ein Ork da nicht genehmer gewesen?«

»Da gibt es nichts zu lachen«, sagte Gandalf. »Für dich schon gar nicht. Das war bisher der seltsamste Zwischenfall in der ganzen Geschichte des Ringes: dass Bilbo genau zu der Zeit dort hinkam und im Dunkeln blindlings mit der Hand darauf stieß.

Mehr als eine Macht war da am Werk, Frodo. Der Ring war bestrebt, zu seinem Herrn zurückzukehren. Er war Isildur von der Hand geglitten und hatte ihn verraten; dann, als sich die Gelegenheit bot, fing er sich den armen Déagol ein, und der wurde gleich ermordet; und danach kam Gollum an die Reihe, und den hatte er nun aufgezehrt. Mit Gollum konnte er nichts mehr anfangen: Der war zu klein und nichtig, wenn er bei dem bliebe, käme er nie fort von diesem Teich tief unter der Erde. Und darum verließ er nun Gollum, in dem Augenblick als sein Herr wieder rührig wurde und vom Düsterwald seine dunklen Gedanken in die Ferne schickte. Nur um an den unwahrscheinlichsten Finder zu geraten, den man sich denken kann, Bilbo aus dem Auenland!

Dahinter war noch etwas anderes am Werk, unabhängig von allen Plänen des Ringschmieds. Ich kann es nur so ausdrücken, dass es Bilbo *beschieden* war, den Ring zu finden – und zwar *nicht* von dem Schmied. Und dann war es auch dir *beschieden,* ihn zu bekommen. Vielleicht ermutigt dich dieser Gedanke.«

»Nicht im Mindesten!« sagte Frodo. »Allerdings bin ich nicht sicher, ob ich dich recht verstehe. Aber wie hast du all dies über den Ring erfahren und über Gollum? Weißt du das wirklich alles, oder sind es noch Vermutungen?«

Mit funkelnden Augen sah ihn der Zauberer an. »Ich wusste schon viel und habe noch mehr dazugelernt«, antwortete er. »Aber ich denke nicht dran, *dir* von allem Rechenschaft zu geben, was ich tue. Die Geschichte Elendils und Isildurs und des Einen Rings ist allen Weisen bekannt. Dass dein Ring der Eine ist, zeigt allein schon die Flammenschrift, von allen anderen Beweisen ganz abgesehen.«

»Und wann hast du das herausgefunden?« unterbrach ihn Frodo.

»Jetzt eben natürlich, in diesem Zimmer«, antwortete der Zauberer scharf. »Aber ich hatte erwartet, die Schrift vorzufinden. Ich bin von finsteren Orten und einer langen Suche zurückgekehrt, um diese letzte Probe zu machen. Sie hat den endgültigen Beweis erbracht, und nun ist alles nur allzu deutlich. Sich über Gollums Anteil an der Sache klar zu werden und die Lücke in der Geschichte damit auszufüllen, erforderte einiges Nachdenken. Zuerst hatte ich nur Vermutungen über Gollum. Jetzt aber vermute ich nicht mehr, ich weiß. Ich habe ihn gesehen.«

»Du hast Gollum gesehen?« rief Frodo erstaunt.

»Ja. Es lag natürlich auf der Hand, dass ich mit ihm sprechen müsste, wenn es ginge. Ich habe lange nach ihm gesucht und ihn endlich auch gefunden.«

»Was ist also geschehen, nachdem Bilbo ihm entwischt war? Weißt du's?«

»Nicht so deutlich. Was ich dir erzählt habe, ist nur, was Gollum mir zu sagen bereit war – selbstverständlich nicht so, wie ich es dir berichtet habe. Gollum ist ein Lügner, und seine Worte muss man sieben. Zum Beispiel sagte er, der Ring sei sein ›Geburtstagsgeschenk‹, und dabei blieb er. Er habe ihn von seiner Großmutter bekommen, die noch viel Schönes dergleichen besessen habe – eine lächerliche Geschichte. Ich will nicht bezweifeln, dass Sméagols Großmutter eine Matriarchin gewesen ist, eine großartige alte Dame auf ihre Weise, aber dass sie viele Elbenringe besessen haben könnte, ist Unsinn, und dass sie die verschenkt haben soll, war eine Lüge. Aber eine Lüge mit einem Körnchen Wahrheit.

Der Mord an Déagol lag Gollum schwer auf der Seele, und er hatte sich eine Entschuldigung zurechtgelegt, die er seinem ›Schatz‹ immer von neuem wiederholte, während er im Finstern seine Fischgräten abnagte, so lange, bis er beinahe selbst daran glaubte. Es *war* sein Geburtstag gewesen, und Déagol hätte ihm den Ring schenken müssen. Offenbar sei der Ring nur aufgetaucht, um ihm zum Geschenk gemacht zu werden. Darum sei er sein Geburtstagsgeschenk, und so weiter.

Ich hörte mir das alles an, solange ich konnte, aber die Wahrheit war ungeheuer wichtig, und zuletzt musste ich andere Saiten aufziehn. Ich machte ihm mit Feuer Angst und presste tröpfchenweise, unter viel Gewimmer und Zähnefletschen, die Wahrheit aus ihm heraus. Er fühlte sich missverstanden und misshandelt. Aber als er mir schließlich seine Geschichte bis zum Ende des Rätselwettstreits und Bilbos Flucht erzählt hatte, da sagte er weiter nichts mehr, bis auf ein paar dunkle Andeutungen. Vor irgendetwas anderem hatte er noch mehr Angst als vor mir. Er brabbelte etwas davon, dass er sich sein Eigentum schon zurückholen werde. Man werde ja noch sehen, ob er es sich gefallen ließe, herumgestoßen, in ein Loch gejagt und dann *ausgeraubt* zu werden. Er habe jetzt gute Freunde, gute und sehr starke, und die würden ihm helfen. Dem Beutlin werde er's noch heimzahlen! Das war sein alles beherrschender Gedanke. Gollum hasste Bilbo und verfluchte seinen Namen. Und obendrein wusste er, wo Bilbo herkam.«

»Aber wie hat er das herausgefunden?« fragte Frodo.

»Nun, seinen Namen hatte Bilbo selbst dummerweise schon verraten, und dann kann es nicht mehr schwer gewesen sein, nachdem er wieder herausgekommen war, in Erfahrung zu bringen, welches Land Bilbos Heimat war. Denn ja, er kam heraus. Sein Verlangen nach dem Ring erwies sich als stärker als seine Furcht vor den Orks, stärker sogar als die Furcht vor dem Licht. Nach ein, zwei Jahren ging er fort aus den Bergen. Du siehst, an den Ring war er zwar noch immer durch das Verlangen nach ihm gebunden, aber er wurde nicht mehr davon verzehrt; er lebte wieder ein bisschen auf. Er fühlte sich alt, furchtbar alt, aber er war nicht mehr so scheu, und er hatte einen Bärenhunger.

Licht, ob von Sonne oder Mond, scheute und hasste er noch immer, und ich glaube, das wird wohl so bleiben; aber er war gerissen. Er lernte, sich vor dem Tageslicht und vor dem Mondschein versteckt zu halten; und in dunkler Nacht konnte er sich mit seinen fahlen kalten Augen rasch und lautlos zurechtfinden und kleine, ängstliche oder unvorsichtige Geschöpfe überwältigen. Von dem frischen Fleisch und der frischen Luft wurde er stärker und mutiger. Wie nicht anders zu erwarten, fand er den Weg in den Düsterwald.«

»Hast du ihn dort erwischt?« fragte Frodo.

»Ich habe ihn dort gesehen«, antwortete Gandalf, »aber vorher war er schon weit herumgezogen, immer auf Bilbos Fährte. Es war schwer, etwas Bestimmtes aus ihm herauszuholen, denn er unterbrach sich in seinem Gerede immer wieder mit Flüchen und Drohungen. ›Was hatte er in seinen Taschen?‹ sagte er. ›Wollte's nicht sagen, nein, mein Schatz! Der kleine Schwindler! Keine faire Frage. Er hat zuerst betrogen. War gegen die Regeln! Wir hätten ihn erwürgen sollen, ja, mein Schatz! Und das machen wir noch, mein Schatz!‹

Das nur als Probe für seine Art zu reden. Ich denke, mehr wirst du davon nicht hören wollen. Tagelang hatte ich meine liebe Not damit. Aber aus Andeutungen in all dem Gebrabbel konnte ich entnehmen, dass seine Patschfüße ihn bis nach Esgaroth und sogar bis Thal getragen hatten, wo er in den Straßen herumschlich und horchte und guckte. Nun hatte die Nachricht von den großen Ereignissen überall in Wilderland die Runde gemacht, und viele hatten Bilbos Namen gehört und wussten, wo er herkam. Dass wir in seine Heimat im Westen zurückkehrten, daraus hatten wir kein Geheimnis gemacht. Mit seinen spitzen Ohren wird Gollum bald alles gehört haben, was er wissen wollte.«

»Warum ist er Bilbo dann nicht weiter auf der Spur geblieben?« fragte Frodo. »Warum kam er nicht ins Auenland?«

»Aha!« sagte Gandalf. »Darauf kommen wir jetzt. Ich denke, Gollum hat es versucht. Er machte sich auf und zog wieder nach Westen, bis zum großen Strom. Dann aber bog er zur Seite ab. Die Entfernung schreckte ihn sicherlich nicht. Nein, etwas anderes muss ihn abgelenkt haben. So glauben meine Freunde, die ihn in meinem Auftrag gejagt haben.

Zuerst spürten die Waldelben ihm nach, was ihnen nicht schwer fiel, denn da war seine Fährte noch frisch. Sie folgten ihr durch den Düsterwald und wieder zurück; allerdings erwischten sie ihn nie. Der Wald war voller Gerüchte über ihn, furchtbare Geschichten, die man sich sogar unter den Tieren und Vögeln erzählte. Die Waldmenschen sagten, ein neues Schreckgespenst gehe um, ein Blutsäufer, der auf die Bäume kletterte, um Nester auszunehmen, in Erdlöcher kroch, um sich die jungen

Tiere zu holen, und durch Fenster in die Häuser huschte, um die Kinder aus der Wiege zu stehlen.

Doch am Westrand des Düsterwalds bog die Spur nach Süden ab und verlor sich aus dem Gesichtskreis der Waldelben. Und nun machte ich einen schweren Fehler. Jawohl, Frodo, und nicht den ersten, auch wenn ich befürchte, dass er sich als der schlimmste erweisen könnte. Ich ließ die Sache auf sich beruhen. Ich ließ ihn laufen, denn ich hatte damals noch vieles andere zu bedenken und vertraute noch immer auf Sarumans Wissen.

Nun, das war vor Jahren. Seither habe ich mit manch einem schlimmen und gefahrvollen Tag dafür büßen müssen. Die Spur war längst nicht mehr frisch, als ich sie, nachdem Bilbo von hier fortgegangen war, wieder aufnahm. Und ich hätte vergeblich gesucht, wäre mir nicht ein Freund zu Hilfe gekommen: Aragorn, der größte Jäger und Fahrensmann dieses Weltzeitalters. Zusammen suchten wir ganz Wilderland der Länge nach ab, ohne Hoffnung und ohne Erfolg. Aber zuletzt, als ich die Fahndung schon aufgegeben hatte und mich anderen Gegenden zuwandte, wurde Gollum doch noch gefunden. Mein Freund hatte große Gefahren auf sich genommen und brachte die erbärmliche Kreatur mit.

Was er inzwischen getrieben hatte, wollte er nicht sagen. Er heulte nur und schimpfte, wie grausam wir seien, und würgte ein *gollum* nach dem andern aus der Kehle. Als wir ihn härter anfassten, winselte und katzbuckelte er, rieb sich die langen Hände und leckte sich die Finger, als ob sie ihn schmerzten in Erinnerung an eine früher erlittene Folter. Doch ich befürchte, es kann kein Zweifel sein: er hatte sich langsam immer weiter nach Süden geschlichen, Schritt für Schritt und Meile für Meile, bis er schließlich nach Mordor kam.«

Ein drückendes Schweigen erfüllte das Zimmer. Frodo konnte den eigenen Herzschlag hören. Auch draußen war alles still. Kein Geräusch mehr von Sams Schere.

»Ja, nach Mordor«, sagte Gandalf. »O weh! Mordor zieht alle bösen Wichte an, und die dunkle Macht legte sich gerade mit aller Willenskraft ins Zeug, um sie dort zusammenzurufen. Der Ring des Feindes muss in Gollum auch Spuren hinterlassen haben, so dass er für den Aufruf empfänglich wurde. Und überall munkelte man damals von dem neuen Schatten im Süden und seinem Hass auf den Westen. Da hatte er seine neuen guten Freunde, die ihm bei seiner Rache zur Hand gehen würden!

Der erbärmliche Narr! In jenem Land wird er allzu viel erfahren haben, mehr als für ihn gut ist. Und früher oder später, als er an den Grenzen herumschlich, muss er erwischt und vorgeführt worden sein – zum Verhör. So, fürchte ich, ist es zugegangen. Als wir ihn fanden, war er lange dort gewesen und nun auf dem Rückweg. Mit irgendeinem tückischen Auftrag. Aber das ist jetzt nicht wichtig. Das schlimmste Unheil hatte er schon angerichtet.

Jawohl, durch ihn hat der Feind leider erfahren, dass der Eine wieder gefunden wurde. Der Feind weiß, wo Isildur gefallen ist. Er weiß nun, wo Gollum seinen Ring gefunden hat. Er weiß, dass es ein großer Ring ist, denn er hat Gollum ein langes Leben verliehen. Er weiß, dass es nicht einer von den Dreien ist, denn die sind nie verloren gegangen, und sie dulden nichts Böses. Er weiß, dass es nicht einer von den Sieben oder von den Neun ist, denn deren Verbleib kennt er. Er weiß, dass es der Eine ist. Und zumindest vom Hörensagen, denke ich, weiß er nun auch etwas von *Hobbits* und vom *Auenland*.

Das Auenland – danach forscht er jetzt vielleicht, wenn er nicht schon herausgefunden hat, wo es liegt. Ja, Frodo, ich befürchte sogar, dass er sich den so lange unberührt gebliebenen Namen *Beutlin* nun eingeprägt hat.«

»Aber das ist ja entsetzlich!« rief Frodo. »Viel schlimmer als meine schlimmsten Befürchtungen nach all deinen Andeutungen und Warnungen. O Gandalf, mein bester Freund, was soll ich nur machen? Denn nun hab ich wirklich Angst. Was soll ich tun? Welch ein Jammer, dass Bilbo diese üble Kreatur nicht abgestochen hat, als er die Gelegenheit hatte!«

»Jammer? Es war der Jammer, der ihm zu Herzen ging. Mitleid und Erbarmen geboten ihm Einhalt; ohne Not wollte er nicht töten. Und er ist reich belohnt worden, Frodo. Und soviel ist gewiss: Er hat durch den Ring so wenig Schaden gelitten und konnte ihm am Ende entkommen, weil er seinen Besitz auf diese Weise angetreten hat. Voll Mitleid.«

»Es tut mir Leid«, sagte Frodo. »Aber ich habe Angst, und für Gollum empfinde ich kein Mitleid.«

»Du hast ihn nicht gesehen«, warf Gandalf ein.

»Nein, und ich will ihn nicht sehen«, sagte Frodo. »Ich verstehe dich nicht. Soll das heißen, du und die Elben, ihr habt ihn am Leben gelassen, nach all diesen Greueltaten? Jedenfalls ist er jetzt ebenso schlimm wie nur irgendein Ork. Er ist schlicht ein Feind. Er hat den Tod verdient.«

»Verdient hat er ihn, und ob! Viele, die noch leben, haben den Tod verdient. Und manche, die sterben, hätten das Leben verdient. Kannst du es ihnen wiedergeben? Also sei auch nicht zu schnell fertig mit dem Todes-urteil! Denn selbst die Weisesten können nicht sehen, wie alles ausgehen wird. Ich habe nicht viel Hoffnung, dass Gollum, bevor er stirbt, noch geheilt werden kann, doch eine geringe Aussicht besteht noch. Und sein Schicksal ist mit dem Schicksal des Ringes verknüpft. Mein Herz sagt mir, dass er, ob zum Guten oder zum Bösen, am Ende noch eine Rolle zu spie-len hat; und dann könnte von Bilbos Mitleid das Schicksal vieler anderer abhängen – nicht zuletzt deines. Jedenfalls, wir haben ihn nicht getötet; er ist sehr alt und sehr elend. Die Waldelben halten ihn eingekerkert, behan-deln ihn aber mit aller Freundlichkeit, die sie ihren klugen Herzen für ihn abgewinnen können.«

»Trotzdem!« sagte Frodo. »Auch wenn Bilbo nicht imstande war, Gol-lum zu töten, dann wünschte ich doch, er hätte den Ring nicht behalten. Ich wünschte, er hätte ihn nie gefunden und ich hätte ihn nie bekommen! Warum hast du zugelassen, dass ich ihn behielt? Warum hast du mich nicht dazu gebracht, ihn wegzuwerfen oder zu vernichten?«

»Ich etwas zulassen oder dich zu etwas bringen?« sagte der Zauberer. »Hast du mir nicht zugehört? Du weißt nicht, was du redest. Aber was das Wegwerfen angeht, das wäre natürlich falsch gewesen. Diese Ringe haben es so an sich, gefunden zu werden. In den falschen Händen hätte er vielleicht großes Unheil angerichtet. Und das Schlimmste wäre, er wäre vielleicht dem Feind in die Hände gefallen, sogar mit Sicherheit, denn dies ist der Eine, und er strengt alle Kräfte an, ihn zu suchen oder an sich zu ziehen.

Natürlich war es gefährlich für dich, mein lieber Frodo, und das hat mir große Sorgen gemacht. Aber es stand so viel auf dem Spiel, dass ich etwas wagen musste – doch auch wenn ich fern war, ist kein Tag vergangen, an dem nicht wachsame Augen das Auenland behütet hätten. Solange du den Ring nicht benutztest, dachte ich, würde er keinen nachhaltigen Einfluss auf dich gewinnen oder wenigstens für sehr lange Zeit noch nichts Schlim-mes bewirken. Und dann bedenke auch, dass ich vor neun Jahren, als ich dich zuletzt sah, noch sehr wenig Gewissheit hatte.«

»Aber warum ihn nicht vernichten, wenn du doch sagst, das hätte schon längst geschehen sollen?« rief Frodo. »Hättest du mich gewarnt oder mir nur einen Hinweis geschickt, so hätte ich ihn beseitigt.«

»Beseitigt? Wie stellst du dir das vor? Hast du's versucht?«

»Nein, aber ich denke, mit einem Hammer müsste es gehen oder durch Einschmelzen.«

»Versuch es!« sagte Gandalf. »Gleich jetzt!«

Frodo zog den Ring wieder aus der Tasche und betrachtete ihn. Er schien jetzt vollkommen glatt und ebenmäßig zu sein, ohne irgendein erkennbares Zeichen oder Muster. Das Gold sah sehr hell und rein aus. Wie satt und edel die Farbe, dachte Frodo, wie vollkommen die Rundung! Ein durch und durch herrliches, kostbares Stück. Als er ihn hervorholte, hatte er beabsichtigt, ihn an die heißeste Stelle des Feuers zu werfen. Aber nun merkte er, dass er's nicht vermochte, nicht ohne eine gewaltige Anstrengung. Zögernd wog er den Ring in der Hand und zwang sich, an all das zu denken, was Gandalf ihm gesagt hatte; dann raffte er all seinen Willen zusammen und holte aus, als ob er ihn weit wegwerfen wollte – und merkte gleich darauf, dass er ihn wieder in die Tasche gesteckt hatte.

Gandalf lachte grimmig. »Siehst du? Auch du, Frodo, kannst schon nicht mehr ohne weiteres von ihm lassen oder ihn willentlich beschädigen. Und ich könnte dich nicht ›dazu bringen‹, es sei denn durch Gewalt, die deinen Willen brechen würde. Doch der Ring ist mit Gewalt nicht zu brechen. Selbst wenn du mit einem schweren Schmiedehammer draufschlügest, sähest du nachher nicht die kleinste Delle. Von deiner oder meiner Hand kann er nicht zerstört werden.

In deinem kleinen Kaminfeuer würde natürlich nicht mal gewöhnliches Gold schmelzen. Der Ring ist schon darin gelegen, ohne Schaden zu nehmen oder auch nur heiß zu werden. Im ganzen Auenland gibt es keine Esse, die ihn irgend verändern könnte. Selbst die Hochöfen und Ambosse in den Werkstätten der Zwerge könnten es nicht. Es heißt, Drachenfeuer sei imstande, die Ringe der Macht zu schmelzen und zu verzehren, doch gibt es heute auf Erden keinen Drachen mehr, in dem das alte Feuer noch heiß genug loderte; und kein Drache, den es je gab, nicht einmal Ancalagon der Schwarze, hätte den Einen Ring, den Herrscherring, beschädigen können, denn den hat Sauron selbst geschmiedet.

Es gibt nur eines, wenn du ihn wirklich vernichten und dem Zugriff des Feindes für immer entziehen willst: die Schicksalsklüfte am Orodruin, dem Flammenberg, aufzusuchen und den Ring in die Tiefe zu werfen.«

»Ich will ihn wirklich vernichten!« rief Frodo. »Oder, nun ja, ihn vernichten lassen. Für ein so gefährliches Unternehmen bin ich nicht der Richtige. Ich wollte, ich hätte den Ring nie gesehen! Warum ist er bloß an mich gekommen? Warum wurde ich ausersehen?«

»Solche Fragen lassen sich nicht beantworten«, sagte Gandalf. »Gewiss nicht wegen irgendwelcher Verdienste, die du anderen voraus hättest, jedenfalls nicht wegen deiner Macht oder Weisheit. Aber du bist nun mal ausersehen worden und musst daher alles aufbieten, was du an Kraft, Mut und Verstand aufzuweisen hast.«

»Aber von alledem hab ich leider so wenig! Du bist doch weise und mächtig! Willst du nicht den Ring nehmen?«

»Nein!« rief Gandalf und fuhr hoch. »Damit würde meine Macht zu groß und fürchterlich. Und noch entsetzlicher wäre die Macht, die der Ring über mich gewänne.« Seine Augen blitzten, und sein Gesicht wurde wie von einer inneren Glut erhellt. »Versuche mich nicht! Denn ich will nicht selbst so werden wie der Dunkle Herrscher. Doch was dem Ring den Weg zu meinem Herzen öffnen könnte, ist das Mitleid, das Mitleid mit den Schwachen und das Verlangen nach der Kraft, Gutes zu tun. Darum versuche mich nicht! Ich wage nicht, ihn zu nehmen, nicht einmal, um ihn unbenutzt zu verwahren. Ich könnte dem Wunsch, ihn zu gebrauchen, nicht widerstehen. Und ich hätte ihn so nötig! Große Gefahren erwarten mich.«

Er trat ans Fenster, zog die Vorhänge beiseite und öffnete die Läden. Sonnenlicht floss wieder ins Zimmer. Draußen ging Sam pfeifend auf dem Gartenweg vorüber. »Und nun«, sagte der Zauberer, sich wieder zu Frodo hinwendend, »liegt die Entscheidung bei dir. Aber ich werde dir immer beistehen.« Er legte Frodo die Hand auf die Schulter. »Ich werde dir helfen, diese Bürde zu tragen, solange du sie tragen musst. Aber wir müssen etwas tun, bald. Der Feind schläft nicht.«

Sie schwiegen lange. Gandalf setzte sich wieder und sog an seiner Pfeife, wie in Gedanken versunken. Er schien die Augen geschlossen zu haben, doch unter den Lidern hervor beobachtete er Frodo gespannt. Frodo heftete den Blick auf die rot glühenden Scheite im Kamin, bis sie sein ganzes Gesichtsfeld ausfüllten. Ihm war, als blicke er in tiefe, feurige Brunnen hinab. Er dachte an die sagenhaften Schicksalsklüfte und den entsetzlichen Flammenberg.

»Nun!« sagte Gandalf endlich. »An was denkst du? Hast du einen Entschluss gefasst?«

»Nein«, sagte Frodo. Wie aus einer Umnachtung kam er wieder zu sich und stellte mit Erstaunen fest, dass es gar nicht dunkel war und dass draußen vor dem Fenster die Sonne in den Garten schien. »Oder vielleicht doch. Wenn ich dich recht verstehe, muss ich den Ring wohl zumindest einstweilen behalten und verwahren, was immer er mir antut.«

»Was immer er dir antut, wird nur langsam, sehr langsam Unheil bewirken, wenn du ihn mit diesem Vorsatz behältst«, sagte Gandalf.

»Das hoffe ich«, sagte Frodo. »Aber ich hoffe auch, du findest bald einen besseren Hüter. Doch einstweilen, scheint mir, bin ich eine Gefahr, eine Gefahr für alle, die in meiner Nähe sind. Ich kann den Ring nicht behalten und hier bleiben. Ich müsste fort aus Beutelsend, fort aus dem Auenland und fort von allem.« Er seufzte.

»Ich würde gern das Auenland retten, wenn ich könnte – obwohl mir seine Bewohner bisweilen dümmer und dumpfer vorgekommen sind, als mit Worten zu sagen ist, und ich fand, ein Erdbeben oder eine Dracheninvasion könnte ihnen nur gut tun. Aber jetzt seh' ich das anders. Ich glaube, solange ich weiß, dass hinter mir das Auenland Ruhe und Frieden hat, werde ich das Herumirren erträglicher finden; ich weiß dann, irgendwo ist noch fester Boden, auch wenn ich selbst nicht mehr den Fuß darauf setzen werde.

Natürlich habe ich schon manchmal daran gedacht fortzugehen; aber das habe ich mir als eine Art Ferienreise vorgestellt, mit einer Reihe von Abenteuern, wie sie Bilbo erlebt hat, oder noch schöneren, und wo am Ende wieder Frieden herrscht. Aber dies nun hieße ins Exil gehen, vor einer Gefahr in die andere flüchten, die Gefahr hinter mir herziehen. Und ich werde wohl allein gehen müssen, wenn ich wirklich das Auenland retten soll. Aber ich komme mir so klein vor, so entwurzelt, so – na ja, verloren. Der Feind ist so stark und schrecklich.«

Er sagte es Gandalf nicht, aber während er sprach, überkam ihn ein glühender Wunsch, Bilbo zu folgen – ihm zu folgen und ihn vielleicht sogar wiederzusehen. Der Wunsch war so stark, dass er ihn sogar über die Furcht hinwegtrug. Am liebsten wäre er gleich losgerannt, ohne Hut und Mantel die Straße hinunter, wie Bilbo an einem ähnlichen Vormittag vor langer Zeit.

»Mein lieber Frodo!« rief Gandalf aus. »Hobbits sind doch erstaunliche Leutchen, wie ich schon öfter sagte. Da denkt man nach einem Monat schon, man kennt sie in- und auswendig, aber wenn Not am Mann ist, erlebt man nach hundert Jahren mit ihnen noch seine Überraschungen. Auf solch eine Antwort war ich nicht gefasst, nicht mal von dir. Bilbo hat wohl gewusst, wen er zum Erben einsetzt, obwohl er kaum bedacht haben kann, wie wichtig das noch sein würde. Du hast leider Recht. Im Auenland kann der Ring nicht mehr sehr lange verborgen bleiben, und zu deinem eigenen und vieler anderen Besten wirst du fortgehen müssen. Auch den

Namen Beutlin musst du hinter dir lassen. Außerhalb des Auenlands, in den unwirtlichen Gegenden, könnte der Name sehr unvorteilhaft sein. Ich sage dir jetzt, unter welchem Namen du reisen wirst: Sowie du fort bist, heißt du Herr Unterberg.

Aber ich denke nicht, dass du allein gehen musst. Nicht, wenn du jemanden weißt, zu dem du Vertrauen hast und der bereit wäre, mit dir zu gehen – und den du bereit wärest, in unbekannte Gefahren mit hineinzuziehen. Doch Vorsicht bei der Auswahl eines Begleiters! Und Vorsicht in allem, was du sagst, auch zu deinen besten Freunden! Der Feind hat viele Späher und Lauscher und bekommt auf vielen Wegen Nachricht.«

Er unterbrach sich plötzlich, als ob er auf etwas horchte. Frodo merkte, dass es sehr still war, sowohl im Zimmer wie draußen. Gandalf schlich zur einen Seite des Fensters. Dann sprang er vor und steckte einen langen Arm abwärts durch die Öffnung. Ein Schmerzensschrei, und Sam Gamdschies Krauskopf tauchte auf, an einem Ohr emporgezogen.

»Na, scher mir einer den Bart!« sagte Gandalf. »Sam Gamdschie! Was machen wir denn da?«

»Ihren Bart gehorsamst in Ehren, Herr Gandalf!« sagte Sam. »Gar nichts! Hab nur eben die Rasenkante unterm Fenster beschnitten, wenn Sie mir bitte glauben wollen.« Er hob die Schere auf und zeigte sie vor zum Beweis.

»Glaub' ich nicht!« sagte Gandalf finster. »Es ist eine ganze Weile her, dass die Schere zum letzten Mal geklappert hat. Wie lange hast du schon gehorcht?«

»Gehorcht? Herr Gandalf? Bitte gehorsamst um Verzeihung, aber ich gehorche immer, aufs Wort, Herr Gandalf!«

»Lass das Geblödel! Was hast du gehört, und warum hast du uns belauscht?« Gandalfs Augen funkelten, und die Brauen stachen vor wie gesträubte Borsten.

»Herr Frodo, Chef!« rief Sam bebend. »Bitte, lass ihn mir nichts tun! Er soll mich nicht in irgendwas Ungetümes verzaubern! Mein alter Ohm würde sich so aufregen! Ich hab's nicht bös gemeint, Ehrenwort, Herr Gandalf!«

»Er tut dir nichts«, sagte Frodo und konnte sich kaum das Lachen verbeißen, obwohl er selbst erschrocken und ziemlich verwirrt war. »Gandalf weiß so gut wie ich, dass du's nicht bös gemeint hast. Aber nun raff dich mal auf und antworte ehrlich auf seine Fragen!«

»Na ja, die Herren«, sagte Sam ein bisschen verlegen, »ich hab so aller-lei gehört, was ich nicht ganz kapiert hab, von einem Feind und irgend-welchen Ringen, von Herrn Bilbo, von Drachen und einem feuerspeienden Berg – und von Elben. Ich hab zugehört, weil ich einfach nicht anders konnte, wenn Sie mich recht verstehn. Meine Güte, was hör' ich solche Geschichten gern! Und ich glaub' auch dran, egal was der Timm dazu sagt. Elben, Chef! Ich würde die so gerne mal sehn! Könntest du mich nicht mit-nehmen, wenn du weggehst, Herr Frodo, dass ich auch mal die Elben sehe?«

Gandalf lachte auf einmal, hob Sam mitsamt Schere, Grasschnipseln und allem übrigen durchs Fenster herein und stellte ihn auf die Füße. »Dich mitnehmen zu den Elben, so so?« sagte er und guckte Sam scharf an, doch mit einem Lachfältchen im Gesicht. »Du hast also gehört, dass Herr Frodo fortgeht?«

»Ja, Herr Gandalf. Und darum hab ich nach Luft geschnappt, was Sie wohl gehört haben. Ich wollte's mir verhalten, aber da blieb mir einfach die Luft weg, so hat mich das getroffen.«

»Es ist nicht zu ändern, Sam«, sagte Frodo traurig. Ihm war plötzlich klar, dass die Flucht aus dem Auenland einige Trennungen erfordern würde, die noch schmerzlicher wären als der Abschied von den gewohnten Annehmlichkeiten von Beutelsend. »Ich werde gehen müssen. Aber« – und er sah Sam scharf ins Gesicht – »wenn dir wirklich etwas an mir liegt, dann sagst du davon zu niemand ein Sterbenswort. Verstanden? Wenn nicht, wenn du irgendwo auch nur eine Andeutung von dem machst, was du gehört hast, dann wird Gandalf dich hoffentlich in eine fette Nackt-schnecke in einem Garten voller hungriger Igel verwandeln.«

Zitternd fiel Sam auf die Knie. »Steh auf, Sam!« sagte Gandalf. »Mir ist noch etwas Schöneres eingefallen als das. Es wird dir den Mund ver-schließen und ist die gerechte Strafe fürs Horchen. Du gehst mit dem Herrn Frodo!«

»Ich, Herr Gandalf!« rief Sam und sprang auf wie ein Hund, wenn er auf die Gasse geführt werden soll. »Ich darf mit, die Elben sehn und was nicht noch alles? Hurra!« brüllte er. Dann kamen ihm Tränen.

DRITTES KAPITEL

WANDERUNG ZU DRITT

»Du solltest in aller Stille gehn, und zwar bald«, sagte Gandalf. Zwei, drei Wochen waren vorüber, und Frodo hatte noch immer nicht mit den Reisevorbereitungen begonnen.

»Ich weiß. Aber beides zugleich ist schwierig«, wandte Frodo ein. »Wenn ich einfach verschwinde wie Bilbo, gibt es sofort im ganzen Auenland Gerede.«

»Natürlich darfst du nicht verschwinden«, sagte Gandalf. »Das wäre nicht gut. Ich habe gesagt *bald,* nicht sofort. Wenn dir etwas einfällt, wie du dich aus dem Land davonmachen kannst, ohne dass es allgemein bekannt wird, wäre das eine kleine Verzögerung wert. Aber du darfst es nicht zu lange hinausschieben.«

»Und wenn wir im Herbst aufbrechen, an unserem Geburtstag oder am Tag darauf?« sagte Frodo. »Ich denke, bis dahin könnte ich ein paar Vorkehrungen getroffen haben.«

Um der Wahrheit die Ehre zu geben, nun, wo es soweit war, hatte er überhaupt keine Lust, schon aufzubrechen. Seit Jahren hatte er sich in Beutelsend nicht mehr so wohl gefühlt wie jetzt, und seinen letzten Auenlandsommer wollte er nach Kräften auskosten. Im Herbst, so wusste er, würden zumindest manche Seiten seines Gemüts, wie immer zu dieser Jahreszeit, dem Gedanken an eine Reise weniger abgeneigt sein. Im Stillen war er fest entschlossen, an seinem fünfzigsten Geburtstag aufzubrechen, Bilbos hundertachtundzwanzigstem. Irgendwie schien ihm dies der richtige Tag zu sein, um auf Bilbos Spuren fortzugehen. Bilbo zu folgen, lag ihm am Herzen; es war das Einzige, was ihm den Gedanken, Beutelsend zu verlassen, erträglich machte. An den Ring und daran, wo er ihn am Ende hinführen mochte, dachte er so wenig wie möglich. Aber nicht alle seine Gedanken teilte er Gandalf mit. Was der Zauberer erriet, war schwer zu sagen.

Nun sah er Frodo an und lächelte. »Na schön«, sagte er. »Ich denke, das wird früh genug sein – aber bitte keinen Tag später! Ich werde immer nervöser. Inzwischen sei vorsichtig und lass ja nicht bekannt werden, wo du hingehst! Und pass auf, dass Sam Gamdschie den Mund hält! Wenn er schwätzt, mach' ich ihn doch noch zur Schnecke.«

»Zu verraten, wo ich hingehe«, sagte Frodo, »wäre schwierig, denn ich weiß es selbst nicht so recht.«

»Sei nicht albern!« sagte Gandalf. »Ich rate dir nicht ab, eine Adresse beim Postamt zu hinterlassen. Aber dass du aus dem Auenland fortgehst, das sollte nicht bekannt werden, bevor du nicht sehr weit weg bist. Unvermeidlich musst du entweder nach Norden, Süden, Westen oder Osten gehen oder wenigstens aufbrechen – und die Richtung darf auf keinen Fall bekannt werden.«

»Dass ich von Beutelsend fortgehen und allem Lebewohl sagen soll, hat mich so sehr beschäftigt, dass ich mir über die Richtung noch gar keine Gedanken gemacht habe«, sagte Frodo. »Denn wohin soll ich gehen? Und wonach mich richten? Was ist das Ziel der Fahrt? Bilbo ging auf Schatzsuche, hin und zurück; ich aber soll einen Schatz verlieren gehn, und soweit ich es absehen kann, werde ich nicht zurückkehren.«

»Aber du kannst es nicht sehr weit absehen«, sagte Gandalf. »Ich kann's auch nicht. Vielleicht wird es dein Auftrag sein, den Weg zu den Schicksalsklüften zu finden, vielleicht wird dies anderen aufgetragen: Ich weiß es nicht. Jedenfalls bist du für diesen langen Weg jetzt noch nicht gerüstet.«

»Gewiss nicht!« sagte Frodo. »Aber einstweilen, wohin soll ich mich wenden?«

»Der Gefahr entgegen, aber nicht zu stürmisch und nicht zu geradewegs«, antwortete der Zauberer. »Wenn du auf meinen Rat hörst, wendest du dich nach Bruchtal. Die Reise dorthin sollte nicht allzu gefährlich sein, obwohl die Straße nicht mehr so sicher ist wie früher und noch schlimmer werden wird, wenn das Jahr zur Neige geht.«

»Bruchtal!« sagte Frodo. »Sehr gut, ich gehe nach Osten, mit Bruchtal als Ziel. Ich nehme Sam mit, und wir besuchen die Elben. Da wird er sich freuen.« Er sagte es leichthin, aber auch in ihm regte sich auf einmal der Herzenswunsch, das Haus Elronds, des Halbelben, zu sehen und die Lüfte jenes tiefen Tales zu atmen, wo viele vom Schönen Volk noch in Frieden lebten.

Eines Sommerabends erreichte eine staunenerregende Neuigkeit den *Efeubusch* und den *Grünen Drachen*. Die Riesen und die anderen Unwesen an den Grenzen des Auenlands waren vergessen, und man sprach nur noch über ein Thema: Herr Frodo Beutlin verkaufte Beutelsend – ja, er hatte es schon verkauft, und an wen? An die Sackheim-Beutlins!

»Für 'ne schöne Stange Geld!« sagten manche. »Ach was, für ein Butterbrot!« sagten andere, »das ist viel wahrscheinlicher, wenn Frau Lobelia die Käuferin ist.« (Otho war vor einigen Jahren gestorben, im reifen Alter von 102 Jahren, ohne die Erfüllung seiner Wünsche noch erlebt zu haben.)

Noch strittiger als der Preis war der Grund, warum Herr Beutlin seine herrliche Höhle verkaufte. Einige vertraten die Theorie, die auf Andeutungen von Herrn Beutlin selbst beruhte, dass ihm das Geld ausgehe: Er wolle aus Hobbingen fortziehen und von dem Verkaufserlös still und bescheiden bei seinen Verwandten in Bockland, den Brandybocks, leben. »Möglichst weit weg von den Sackheim-Beutlins«, fügten manche hinzu. Aber die Vorstellung vom unermesslichen Reichtum der Beutlins von Beutelsend war in den Köpfen so festgewachsen, dass die meisten daran nicht glauben mochten, weniger noch als an jeden anderen vernünftigen oder unvernünftigen Grund, der sich irgend ausdenken ließ. Die meisten vermuteten dunkle und in ihren Folgen noch nicht absehbare Machenschaften des Zauberers Gandalf. Von dem wusste man wohl, dass er sich »oben in Beutelsend versteckt hielt«, obgleich er jedes Aufsehen vermied und sich bei Tage nicht blicken ließ. Aber wie auch immer dieser Umzug dem Zauberer in den magischen Kram passen mochte, an einem bestand kein Zweifel: Frodo Beutlin kehrte zurück nach Bockland.

»Ja, diesen Herbst zieh' ich dahin«, sagte er. »Merry Brandybock schaut sich nach einer hübschen kleinen Höhle für mich um, oder vielleicht einem Häuschen.«

Tatsächlich hatte er mit Merrys Hilfe ein Häuschen auf dem Lande schon ausgesucht und gekauft, in Krickloch hinter Bockenburg. Allen außer Sam machte er weis, dort werde er seinen ständigen Wohnsitz nehmen. Weil er nach Osten aufbrechen wollte, war er auf die Idee gekommen, zuerst nach Bockland zu ziehen, denn es lag an der Ostgrenze des Auenlands, und weil er schon als Kind dort gelebt hatte, würde es zumindest plausibel wirken, dass er dorthin zurückkehrte.

Gandalf blieb über zwei Monate im Land. Dann eines Abends Ende Juni, bald nachdem Frodos Plan feste Formen angenommen hatte, kündigte er plötzlich an, dass er am nächsten Morgen fort müsse. »Hoffentlich nur für ein Weilchen«, sagte er. »Aber ich muss über die Südgrenze, um ein paar

Nachrichten einzuholen, wenn es geht. Ich hab hier schon länger getrödelt, als gut ist.«

Er sprach leichthin, aber Frodo fand, dass er ziemlich beunruhigt aussah. »Ist etwas passiert?« fragte er.

»Ach wo, aber ich hab etwas gehört, das mich nervös macht; das muss ich mir näher ansehen. Sollte ich es schließlich doch nötig finden, dass du sofort aufbrichst, komme ich gleich wieder zurück oder gebe dir wenigstens Nachricht. In der Zwischenzeit hältst du dich fest an deinen Plan, aber sei bitte vorsichtiger denn je, besonders mit dem Ring. Schreib dir's noch mal hinter die Ohren: *Benutze ihn nicht!*«

Im Morgengrauen ging er los. »Ich kann jeden Tag wieder da sein«, sagte er, »spätestens zum Abschiedsfest. Nach alledem denke ich, du wirst mich unterwegs brauchen.«

Zuerst war Frodo einigermaßen bestürzt und fragte sich oft, was Gandalf wohl gehört haben mochte, doch dann legte sich seine Unruhe, und bei dem schönen Wetter vergaß er für eine Weile alle Sorgen. Selten hatte das Auenland einen so herrlichen Sommer und einen so satten Herbst gesehen. Die Bäume waren schwer von Äpfeln, der Honig tropfte aus den Waben, und das Korn stand hoch und dicht.

Erst als der Herbst nicht mehr fern war, machte Frodo sich wieder Gedanken über Gandalf. Es wurde September, und noch immer keine Nachricht von ihm. Der Geburtstag und der Umzug rückten näher, und er kam und kam nicht und ließ auch nichts von sich hören. In Beutelsend begann es zu rumoren. Ein paar von Frodos Freunden kamen für einige Tage, um ihm packen zu helfen: Fredegar Bolger und Folko Boffin und natürlich auch Frodos beste Freunde, Pippin Tuk und Merry Brandybock. Zusammen räumten sie die Höhle aus.

Am 20. September schickten sie zwei Planwagen, voll beladen mit allen Möbeln und Sachen, die Frodo nicht verkauft hatte, auf den Weg über die Brandyweinbrücke nach Bockland und zu seinem neuen Haus. Am nächsten Tag wurde Frodo nun wirklich nervös und hielt beständig Ausschau nach Gandalf. Der Donnerstag brach an, sein Geburtstag, ein Morgen so schön und klar wie vor Jahren bei Bilbos großem Fest. Immer noch nichts von Gandalf. Am Abend gab Frodo sein Abschiedsfest, im engsten Kreis, nur ein Essen für seine vier Helfer und ihn; aber er war unruhig und zum Feiern nicht aufgelegt. Der Gedanke, sich so bald schon von seinen jungen Freunden trennen zu müssen, lag ihm schwer auf der Seele. Er wusste nicht, wie er es ihnen beibringen sollte.

Die vier jungen Hobbits jedoch waren in gehobener Stimmung, und bald wurde es auch ohne Gandalf ein sehr ausgelassenes Fest. Das Esszimmer war bis auf einen Tisch und Stühle leer geräumt, aber das Essen war gut und der Wein auch: Den Inhalt seines Kellers hatte Frodo nicht an die Sackheim-Beutlins verkauft.

»Egal, was aus meinen restlichen Sachen wird, wenn die Sackheim-Beutlins sie in die Klauen kriegen: wo das hier bleibt, weiß ich!« sagte er, als er sein Glas leerte. Es war der letzte Tropfen »Alter Wingert«.

Nach vielen Liedern und langen Gesprächen über vieles, das sie zusammen angestellt hatten, tranken sie auf Bilbos Geburtstag und dann, nach Frodos Sitte, auf sein und Bilbos gemeinsames Wohl. Dann gingen sie hinaus, um Luft zu schnappen und nach den Sternen zu gucken, und dann zu Bett. Frodos Fest war vorüber, und Gandalf war nicht gekommen.

Am nächsten Morgen luden sie das restliche Gepäck auf einen kleinen Wagen. Merry nahm die Zügel und fuhr mit dem Dicken (so nannten sie Fredegar Bolger) davon. »Jemand muss da sein und das Haus anwärmen, ehe du kommst«, sagte Merry. »Auf bald denn – übermorgen, wenn ihr unterwegs nicht einschlaft!«

Folko ging nach dem Mittagessen heim, aber Pippin blieb noch da. Frodo war nervös und angespannt; vergebens horchte er auf einen Laut von Gandalf. Er beschloss zu warten, bis es dunkel wurde. Wenn Gandalf noch später käme und ihn dringend sehen wollte, würde er nach Krickloch gehen und wäre vielleicht sogar schon vor ihm dort. Denn Frodo wollte den Weg zu Fuß machen. Hauptsächlich zum eigenen Vergnügen und um noch ein letztes Mal etwas vom Auenland zu sehen, gedachte er von Hobbingen in aller Ruhe zur Bockenburger Fähre zu laufen.

»Dabei kann ich mich auch gleich ein bisschen in Form bringen«, sagte er sich und betrachtete sich in einem staubigen Spiegel auf der halb leeren Diele. Er hatte schon lange keine größeren Fußmärsche mehr gemacht, und sein Spiegelbild, fand er, sah alles andere als durchtrainiert aus.

Sehr zu Frodos Ärger tauchten gleich nach dem Mittagessen die Sackheim-Beutlins auf, Lobelia und ihr sandblonder Sohn Lotho. »Endlich gehört es uns!« sagte Lobelia beim Eintreten. Es war nicht eben höflich und genau genommen auch nicht richtig, denn ihr Kaufvertrag galt erst ab Mitternacht. Aber Lobelias Ungeduld ist wohl verzeihlich: Etwa siebenundsiebzig Jahre länger hatte sie auf den Besitz von Beutelsend warten müssen, als sie einst gehofft hatte, und nun war sie hundert Jahre alt.

Jedenfalls wollte sie prüfen, ob auch nichts, das sie bezahlt hatte, weggeschafft würde; und sie forderte die Schlüssel. Es dauerte lange, bis sie zufrieden gestellt war, denn sie hatte eine komplette Inventarliste mitgebracht und ging sie von Anfang bis Ende durch. Schließlich zog sie mit Lotho ab, nachdem Frodo ihr den Zweitschlüssel gegeben und versprochen hatte, den anderen Schlüssel bei den Gamdschies am Beutelhaldenweg zu hinterlegen. Sie rümpfte die Nase und zeigte überdeutlich, dass sie Leute wie die Gamdschies für fähig hielt, während der Nacht die Höhle auszuplündern. Frodo bot ihr keinen Tee an.

Er selbst trank seinen Tee mit Pippin und Sam Gamdschie in der Küche. Offiziell hatten sie bekannt gemacht, dass Sam ihn nach Bockland begleiten werde, »um für Herrn Frodo zu arbeiten und sich um sein Gärtchen zu kümmern« – eine Absprache, die der Ohm Gamdschie billigte, obwohl sie ihn nicht über die Aussicht hinwegtrösten konnte, künftig Lobelia zur Nachbarin zu haben.

»Unsere letzte Mahlzeit in Beutelsend«, sagte Frodo und schob seinen Stuhl zurück. Den Abwasch ließen sie für Lobelia stehen. Dann schnürten Pippin und Sam die drei Rucksäcke und stellten sie in die Vorhalle. Pippin ging hinaus, um ein letztes Mal durch den Garten zu schlendern. Sam verschwand.

Die Sonne ging unter. Beutelsend sah trüb, düster und verlassen aus. Frodo machte noch eine Runde durch die vertrauten Zimmer. Die letzten Sonnenstrahlen erblassten an den Wänden, und aus den Ecken krochen die Schatten hervor. Langsam wurde es dunkel in der Höhle. Er ging hinaus und den Gartenweg entlang bis zur Pforte, dann ein kleines Stück weit die Bühlstraße hinunter. Halb erwartete er, Gandalf in der Dämmerung die Straße heraufkommen zu sehen.

Der Himmel war klar, und die Sterne wurden heller. »Das wird eine schöne Nacht«, sagte er laut. »Fängt ja gut an. Jetzt ist mir danach zumute, loszugehn. Dieses Herumhängen hier halt' ich nicht mehr aus. Ich gehe jetzt, und Gandalf muss mir dann eben nachkommen.« Er wandte sich zurück, blieb aber stehen, denn er hörte Stimmen vom Ende des Beutelhaldenwegs, grad um die Ecke. Die eine Stimme kannte er, der alte Ohm Gamdschie, die andere klang fremd und irgendwie unangenehm. Was der Fremde sagte, konnte er nicht verstehen, aber er hörte die Antworten des Ohms, die ein wenig schrill klangen. Der Alte schien etwas aus der Fassung zu sein.

»Nein, Herr Beutlin ist fort. Seit heute morgen, und mein Sam ist mitgegangen; jedenfalls sind alle seine Sachen schon weg. Ja, alles verkauft und fort, sag' ich Ihnen doch! Warum? Warum, geht mich nichts an und Sie auch nicht. Wohin? Ist kein Geheimnis. Zieht nach Bockenburg oder nach irgendwo da drüben. Ja, ist 'n Stück weit weg. Bin selbst nie so weit gekommen, sind so komische Leute da in Bockland. Nein, Nachricht kann ich nicht geben, guten Abend!«

Schritte entfernten sich, den Bühl hinunter. Frodo wusste nicht recht, warum es ihn so erleichterte, dass sie nicht den Bühl heraufkamen. »Wahrscheinlich, weil ich es so satt habe, von allen Seiten ausgefragt und beschnüffelt zu werden«, dachte er. »Was für eine Meute von Klatschmäulern!« Einen Moment lang dachte er daran, hinzugehen und den Ohm zu fragen, wer sich da nach ihm erkundigt hatte, aber dann besann er sich eines Besseren (oder Schlechteren), machte kehrt und ging rasch zur Höhle zurück.

Pippin saß in der Vorhalle auf seinem Rucksack. Sam war nicht da. Durch die dunkle Türöffnung ging Frodo hinein. »Sam!« rief er. »Sam! Wird Zeit!«

»Komme gleich, Chef!« kam die Antwort von weit drinnen, und schon kam Sam selbst, sich den Mund wischend. Er hatte vom Bierfass im Keller Abschied genommen.

»Alles klar, Sam?« sagte Frodo.

»Ja, Chef. Jetzt halt' ich's eine Weile aus.«

Frodo schloss die runde Tür ab und gab Sam den Schlüssel. »Jetzt lauf und bring ihn zu dir nach Hause!« sagte er. »Dann nimmst du die Abkürzung über den Haldenweg und kommst so schnell du kannst zur Pforte auf dem Feldweg durch die Wiesen. Heute Abend gehn wir nicht durchs Dorf. Da horchen und glotzen zu viele.« Sam rannte in scharfem Trab davon.

»So, endlich kann's losgehn!« sagte Frodo. Sie schulterten die Rucksäcke, nahmen ihre Stöcke und gingen ums Eck zur Westseite von Beutelsend. »Auf Wiedersehn!« sagte Frodo und blickte zu den leeren dunklen Fenstern hin. Er winkte ihnen zu, dann wandte er sich weg und eilte (genau wie einst Bilbo, was er aber nicht wusste) hinter Peregrin den Gartenweg hinab. Unten sprangen sie an der niedrigen Stelle über die Hecke, schlugen den Weg über die Wiesen ein und verschwanden in der Dunkelheit wie ein Windhauch im Grase.

Am Fuß des Bühls auf der Westseite kamen sie zu der Pforte, durch die man auf einen schmalen Feldweg gelangte. Dort hielten sie an und stellten die Riemen ihrer Rucksäcke richtig ein. Gleich darauf kam Sam keuchend angetrabt. Sein schwerer Rucksack saß hoch auf dem Rücken, und auf dem Kopf trug er einen formlosen Filzlappen, von dem er behauptete, es sei ein Hut. In der Dunkelheit sah er ganz wie ein Zwerg aus.

»Natürlich habt ihr die schwersten Sachen mir aufgeladen«, sagte Frodo. »Mir tun die Schnecken leid und alle, die ihr Haus auf dem Rücken tragen.«

»Ich könnte dir noch eine Menge abnehmen, Herr Frodo. Mein Packen ist noch ganz leicht«, sagte Sam tapfer und wahrheitswidrig.

»Nein, das machst du nicht, Sam!« sagte Pippin. »So wird es ihm gut tun. Er trägt nur, wovon er selbst gesagt hat, dass wir es einpacken sollen. Er ist ein bisschen behäbig geworden in letzter Zeit. Er wird das Gewicht nicht mehr so spüren, wenn er erst mal was von seinem Eigengewicht abgelaufen hat.«

»Sei nicht so gemein zu einem armen alten Hobbit!« sagte Frodo. »Bis wir nach Bockland kommen, bin ich bestimmt gertenschlank. Aber ich rede Unsinn. Ich vermute, du hast dir mehr aufgeladen, als dir zukommt, Sam, und beim nächsten Umpacken pass' ich mal besser auf.« Er nahm seinen Stock wieder zur Hand. »Also, Nachtspaziergänge machen wir doch alle gern«, sagte er. »Dann bringen wir jetzt bis zum Schlafengehn noch ein paar Meilen hinter uns!«

Ein kurzes Stück weit folgten sie dem Feldweg nach Westen. Dann bogen sie links ab und tauchten wieder in die Wiesen ein. Im Gänsemarsch gingen sie an Hecken und Gebüschen entlang, und um sie senkte sich die Nacht. In ihren dunklen Mänteln waren sie so unsichtbar, als trügen sie jeder einen Zauberring. Weil sie alle Hobbits waren und jedes Geräusch vermieden, gingen sie so leise, dass selbst ein Hobbit sie nicht hätte hören können. Auch die Tiere in Wald und Feld bemerkten sie kaum.

Nach einer Weile überschritten sie die Wässer, auf einer schmalen Holzbrücke westlich von Hobbingen. Das Flüsschen war dort nur ein gewundener schwarzer Streifen, an den Ufern mit überhängenden Erlen bestanden. Ein paar Meilen weiter südlich überquerten sie hastig die große Straße, die von der Brandyweinbrücke herkam. Sie befanden sich nun im Tukland und hielten, nach Südosten abbiegend, auf die Grünberge zu. Als sie die ersten Hänge hinaufstiegen, schauten sie sich um und sahen, nun schon aus einiger Entfernung, im lieblichen Tal der Wässer die Lichter von Hobbingen schimmern. Bald verschwanden sie hinter den Falten des nächtlichen Landes, und dann kamen die Lichter von Wasserau neben dem grauen See. Als auch die Fenster des letzten Gehöfts nur noch weit hinter ihnen durch die Bäume blinkten, drehte Frodo sich um und winkte zum Abschied.

»Wer weiß, ob ich noch mal in dieses Tal hinabschauen werde?« sagte er leise.

Nach etwa drei Stunden machten sie Rast. Die Nacht war kühl und sternklar, aber von den Bächen und Wiesen in den Niederungen krochen Nebelstreifen wie Rauchkringel die Hänge hinauf. Dünn belaubte Birken schwankten über ihnen im leichten Wind und zogen ein schwarzes Netz vor den fahlen Himmel. Sie verzehrten ein (nach Hobbitmaßstäben) karges Abendbrot; dann gingen sie weiter. Bald stießen sie auf eine schmale Straße, ein graues Band, das bergauf, bergab in die Dunkelheit vor ihnen eintauchte: die Straße nach Waldhof, Stock und zur Bockenburger Fähre. Sie zweigte von der großen Straße im Wässertal ab und wand sich über die Ausläufer der Grünberge zum Waldende hin, einem unbesiedelten Winkel im Ostviertel.

Nach einer Weile stiegen sie in einen tiefen Hohlweg zwischen hohen Bäumen hinab, deren dürres Laub im Nachtwind raschelte. Zuerst sprachen sie noch oder summten leise zusammen ein Lied vor sich hin, denn nun waren sie fern von allen neugierigen Ohren. Aber bald marschierten sie schweigend, und Pippin begann zurückzubleiben. Schließlich, als es einen steilen Hang hinaufging, blieb er stehen und gähnte.

»Ich bin zum Umfallen müde«, sagte er. »Wollt ihr denn im Gehen schlafen? Es ist beinah Mitternacht.«

»Ich dachte, du gehst gern nachts spazieren«, sagte Frodo. »Aber wir haben keine Eile. Merry erwartet uns erst irgendwann übermorgen; da haben wir fast noch zwei Tage. An der nächsten günstigen Stelle machen wir Halt.«

»Der Wind kommt von Westen«, sagte Sam. »Wenn wir über diesen Hügel sind, finden wir ein halbwegs geschütztes Fleckchen, Herr Frodo, wo es sich aushalten lässt. Da vorn kommt ein Tann mit trockenem Boden, wenn ich mich recht erinnere.« Sam kannte das Land gut auf zwanzig Meilen im Umkreis um Hobbingen, aber da hörte seine Geographie auf.

Gleich hinter der Hügelkuppe kam das Stück Tann. Sie gingen abseits der Straße in die tiefe, harzduftende Dunkelheit zwischen den Bäumen und sammelten trockene Äste und Tannenzapfen für das Lagerfeuer. Bald prasselte es zu Füßen einer großen Tanne, und sie blieben noch ein Weilchen davor sitzen, bis sie die Augen nicht mehr offen halten konnten. Dann rollten sie sich in ihre Mäntel und Decken ein, jeder in einem anderen Winkel an der Seite der dicken Baumwurzeln, und waren bald tief im Schlaf. Eine Wache hielten sie nicht für nötig; selbst Frodo befürchtete keine Gefahr, denn sie waren ja noch mitten im Auenland. Nur ein paar Tierchen kamen und beäugten sie, als das Feuer niedergebrannt war. Ein Fuchs, der in eigener Sache durch den Wald streifte, blieb ein paar Minuten da und beschnüffelte sie.

»Hobbits!« sagte er. »So was! In diesem Land wundert mich ja nichts mehr, aber dass ein Hobbit draußen unter einem Baum schläft, das gibt es selten. Und auch noch zu dritt! Da steckt doch was ganz Komisches dahinter!« Wie recht er hatte, erfuhr er wohl nie.

Der Morgen kam, bleich und feuchtkalt. Frodo erwachte als erster, mit steifem Hals und einem Gefühl, als ob sich die Baumwurzel über Nacht in seinen Rücken gebohrt hätte. »Wandern, o welche Lust! Warum bin ich nicht lieber gefahren?« dachte er, wie gewöhnlich zu Beginn eines Fußmarschs. »Und alle meine weichen Federbetten gehören jetzt den Sackheim-Beutlins. Denen würde ich diese Baumwurzeln wünschen.« Er reckte sich. »Hobbits erwachet!« rief er. »Ein schöner Morgen.«

»Was soll daran schön sein?« sagte Pippin, mit einem Auge über den Rand seiner Decke lugend. »Sam, Frühstück bitte um halb zehn! Ist das Badewasser schon heiß?«

Sam sprang auf, aber auch er sah noch nicht ganz wach aus. »Nein, werter Herr, noch nicht«, sagte er.

Frodo zog Pippin die Decken weg und rollte ihn beiseite, dann ging er zum Waldrand. Im Osten stieg die Sonne rot aus den Nebeln, die dick über dem Land lagen. Die gold- und rotfleckigen Herbstbäume schienen wurzellos auf einem schattenhaften Meer zu schwimmen. Ein wenig unterhalb von ihm führte die Straße links in eine steile Mulde hinab und verschwand.

Als er zurückkam, hatten Sam und Pippin ein ordentliches Feuer gemacht. »Wasser!« brüllte Pippin. »Wo bleibt das Wasser?«

»Ich hab keins in der Tasche«, sagte Frodo.

»Wir dachten, du bist welches holen gegangen«, sagte Pippin, der schon die Becher und das Frühstück hinstellte. »Dann geh wenigstens jetzt!«

»Ihr solltet mitkommen«, sagte Frodo, »mit allen Wasserflaschen.« Am Fuß des Hügels floss ein Bach. Sie füllten die Flaschen und den kleinen Kochkessel an einer Stelle, wo das Wasser ein paar Fuß tief über einen grauen Felsen herabfiel. Es war eiskalt, und sie stöhnten und prusteten, als sie Gesicht und Hände hineintauchten.

Als sie mit dem Frühstück fertig waren und die Rucksäcke wieder zugeschnürt hatten, war es nach zehn Uhr, und allmählich wurde es ein schöner, warmer Tag. Sie gingen den Hang hinunter und über den Bach, der unter der Straße hindurchfloss, dann den nächsten Hang hinauf und so weiter, bergauf, bergab über einen neuen Höhenzug; und allmählich wurden ihnen die Mäntel, Decken, Wasserflaschen, Verpflegung und was sie sonst noch mitschleppten zu einer drückenden Last.

Der Tagesmarsch schien eine schweißtreibende Strapaze zu werden. Nach einigen Meilen jedoch war es mit dem ewigen Auf und Ab vorbei; die Straße klomm nun in ermüdenden Zickzackwindungen eine steile Bergflanke hinauf und ging dann in einen letzten Abstieg über. Vor ihnen lag jetzt das flache Land, gefleckt von kleinen Baumgruppen, die in der Ferne zu einem bräunlichen Waldesdunst verschwammen. Sie blickten über das Waldende zum Ufer des Brandywein. Die Straße wand sich vor ihnen dahin wie eine lange Schnur.

»Die Straße kann immer so weiter und weiter gehn«, sagte Pippin; »aber ich kann das nicht, ohne mal Rast zu machen. Es wird höchste Zeit für die Mittagspause.« Er setzte sich auf die Böschung neben der Straße und schaute nach Osten in den Dunst, hinter dem der Fluss lag und die Grenze des Auenlands, in dem er sein ganzes Leben zugebracht hatte. Sam blieb neben ihm stehen. Er riss die runden Augen weit auf, denn er blickte über Gegenden hin, die er noch nie gesehen hatte, zu einem fremden Horizont.

»Leben in den Wäldern dort Elben?« fragte er.

»Nicht, dass ich je davon gehört hätte«, sagte Pippin. Frodo blieb stumm. Auch er schaute die Straße entlang nach Osten, als ob er das Land hier noch nie gesehen hätte. Mit einem Mal begann er zu sprechen, langsam und mit lauter Stimme, aber wie zu sich selbst:

> *Die Straße gleitet fort und fort,*
> *Weg von der Tür, wo sie begann,*
> *Weit überland, von Ort zu Ort,*
> *Ich folge ihr, so gut ich kann.*
> *Ihr lauf ich müden Fußes nach,*
> *Bis sie sich groß und breit verflicht*
> *Mit Weg und Wagnis tausendfach.*
> *Und wohin dann? Ich weiß es nicht.*

»Hört sich an wie ein Gedicht von unserem alten Bilbo«, sagte Pippin. »Oder hast du es in seinem Stil gemacht? Geradezu ermutigend klingt es ja nicht.«

»Ich weiß nicht«, sagte Frodo. »Es kam mir so in den Sinn, als ob mir's gerade einfiele, aber vielleicht hab ich es auch vor langer Zeit mal gehört. Jedenfalls erinnert es mich sehr an Bilbo in den letzten Jahren, bevor er fortging. Er hat oft gesagt, es gebe nur eine Straße, und die sei wie ein großer Strom: er entspringt an allen Türschwellen, und jeder Feldweg ist ein Nebenfluss. ›Den Fuß vor die Tür zu setzen, ist eine gefährliche Sache, Frodo‹, hat er immer gesagt. ›Du trittst auf die Straße, und wenn du deine Füße nicht streng im Zaum hältst, kannst du nicht wissen, wohin sie dich tragen. Ist dir klar, dass dieser Weg hier derselbe ist, der durch den Düsterwald führt und der dich fortzieht, wenn du ihn nur lässt, bis zum Einsamen Berg oder noch weiter zu schlimmeren Orten?‹ Das sagte er oft auf dem Weg vor der Tür von Beutelsend, besonders wenn er von einem langen Spaziergang heimkam.«

»Na, mich zieht die Straße jetzt nirgendwohin, wenigstens in der nächsten Stunde nicht«, sagte Pippin und nahm seinen Rucksack ab. Die anderen taten es ihm gleich, lehnten ihre Rucksäcke an die Böschung und streckten die Beine auf die Straße aus. Nach einer Verschnaufpause gönnten sie sich eine gute Mittagsmahlzeit und ruhten noch eine Weile.

Die Sonne war schon ein wenig gesunken, und Nachmittagslicht lag über dem Land, als sie sich an den Abstieg machten. Noch keine Seele war ihnen bisher auf der Straße begegnet. Sie wurde kaum benutzt, denn sie war mit Wagen schlecht zu befahren, und viel Verkehr zum Waldende gab es ohnehin nicht. Etwas über eine Stunde waren die drei schon dahingestapft, als Sam einen Moment stehen blieb, wie um zu horchen. Sie waren nun in ebenem Gelände, und die Straße führte nach den vielen Biegungen geradeaus durch Wiesenland mit vereinzelten hohen Bäumen, Vorposten der nahen Wälder.

»Ich höre ein Pony oder ein Pferd hinter uns die Straße langkommen«, sagte Sam.

Sie blickten zurück, aber wegen der letzten Biegung konnten sie nicht weit sehen. »Ob das Gandalf ist, der uns nachkommt?« sagte Frodo, aber noch während er es sagte, hatte er das Gefühl, dass es nicht Gandalf sei, und der heftige Wunsch überkam ihn, sich vor den Blicken des Reiters zu verbergen.

»Es ist vielleicht nicht wichtig«, entschuldigte er sich, »aber ich möchte lieber nicht auf der Straße gesehen werden – von niemandem. Ich habe es satt, auf Schritt und Tritt beobachtet und durchgehechelt zu werden. Und wenn es Gandalf ist«, fügte er hinzu, »dann bereiten wir ihm eine kleine Überraschung, um es ihm heimzuzahlen, dass er so spät kommt. Gehn wir in Deckung!«

Die andern beiden rannten schnell nach links in eine kleine Mulde unweit der Straße hinab. Dort legten sie sich flach hin. Frodo zögerte eine Sekunde: Neugier oder ein anderes Gefühl widerstritt seinem Wunsch, sich zu verstecken. Das Hufgetrappel kam näher. Eben noch rechtzeitig warf er sich in einen Streifen hohen Grases hinter einem Baum, der die Straße überschattete. Dann hob er den Kopf und lugte vorsichtig über eine der dicken Baumwurzeln hinweg.

Um die Biegung kam ein schwarzes Pferd, kein Hobbitpony, sondern ein richtiger Gaul in voller Größe, und auf ihm saß ein großer Mensch, der sich im Sattel zu ducken schien, ganz eingehüllt in einen langen schwarzen Mantel mit Kapuze, sodass nur unten die Stiefel in den hohen Steigbügeln hervorschauten, während das Gesicht verhangen und nicht zu sehen war.

Als er bis zu dem Baum gekommen und mit Frodo auf gleicher Höhe war, blieb das Pferd stehen. Der Reiter saß ganz still, den Kopf vorgebeugt, als ob er lauschte. Unter der Kapuze vor kam ein Geräusch, wie wenn der Mann schnüffelte, um eine feine Geruchsspur aufzufangen, und der Kopf drehte sich zu beiden Seiten der Straße hin und her.

Eine heftige, unerklärliche Angst, entdeckt zu werden, ergriff Frodo, und er dachte an seinen Ring. Er wagte kaum zu atmen, und doch wurde das Verlangen, ihn aus der Tasche zu ziehen, so mächtig, dass er langsam die Hand danach auszustrecken begann. Er hatte das Gefühl, er müsste ihn nur aufstecken, und er wäre in Sicherheit. Gandalfs Rat erschien ihm lächerlich; Bilbo hatte den Ring ja auch benutzt. »Und ich bin doch immer noch im Auenland!« dachte er, als er mit der Hand die Kette berührte, an der der Ring befestigt war. In diesem Moment richtete der Reiter sich im Sattel auf und lockerte den Zügel. Das Pferd ging voran, zuerst im Schritt, dann in einem flotten Trab.

Frodo kroch bis zum Straßenrand und sah dem Reiter nach, bis er in der Ferne verschwand. Er war nicht ganz sicher, aber ihm schien, dass das Pferd, kurz bevor es außer Sicht kam, plötzlich nach rechts zwischen die Bäume abgebogen war.

»Na, wenn das nicht eigenartig und bedenklich war!« sagte sich Frodo, als er zu seinen Gefährten hinüberging. Pippin und Sam hatten flach im Gras gelegen und nichts sehen können; darum beschrieb Frodo ihnen den Reiter und sein eigenartiges Gebaren.

»Ich weiß nicht, warum, aber mir war ganz klar, der suchte oder schnüffelte nach mir; und ebenso klar war mir, dass ich von dem nicht entdeckt werden wollte. So etwas hab ich im Auenland noch nie gesehen oder erlebt.«

»Aber was hat einer von den Großen mit uns zu tun?« sagte Pippin. »Und was macht der hier in unserm Land?«

»Ein paar Menschen gibt es auch hier«, sagte Frodo. »Ich glaube, unten im Südviertel hat es mit den Großen Ärger gegeben. Aber von so einem wie diesem Reiter hab ich noch nie gehört. Ich möchte bloß wissen, wo der herkommt.«

»Verzeihung«, warf Sam plötzlich ein, »ich weiß, wo der herkommt. Von Hobbingen kommt dieser schwarze Reiter her, es sei denn, es gibt davon mehr als einen. Und ich weiß auch, wo er hin will.«

»Wie meinst du das?« sagte Frodo barsch und sah ihn erstaunt an. »Warum hast du nicht gleich was davon gesagt?«

»Es ist mir eben erst wieder eingefallen, Herr Frodo. Das war so: Als ich gestern den Schlüssel zu unserer Höhle gebracht hab, da sagt doch mein Papa zu mir: ›Hallo Sam!‹ sagt er. ›Ich hab gedacht, du bist mit dem Herrn Frodo schon heute Morgen abgefahren. Da hat so ein komischer Kunde nach Herrn Beutlin von Beutelsend gefragt, der ist eben erst weg. Ich hab ihn nach Bockenburg weitergeschickt. Aber der Ton von dem, der hat mir gar nicht gefallen. Das schien ihn mächtig aufzuregen, als ich ihm gesagt hab, dass Herr Beutlin für immer weggezogen ist. Angefaucht hat der mich! Ist mir ganz kalt übern Rücken gelaufen‹. ›Ja, was war denn das für einer?‹ sag' ich zum Ohm. ›Weiß nicht‹, sagt er, ›aber 'n Hobbit war das nicht. Der war so groß und irgendwie schwarz und hat sich so zu mir runtergebeugt. Ich denk mal, das war einer von den Großen Leuten, ein Ausländer. Er sprach so komisch.‹

Ich konnte nicht dableiben, um noch mehr zu erfahren, Chef, denn ihr habt ja auf mich gewartet, und ich hab es auch nicht so wichtig genommen. Der Ohm wird alt und sieht nicht mehr gut, und es muss schon fast dunkel gewesen sein, als dieser Kerl den Bühl heraufgekommen ist und ihn getroffen hat, als er am Ende unserer Straße ein bisschen Luft schnappte. Hoffentlich hat er keinen Schaden angerichtet, Chef, und ich auch nicht.«

»Dem Ohm kann man jedenfalls nichts vorwerfen«, sagte Frodo. »Tatsächlich hab ich selbst gehört, wie er mit einem Fremden geredet hat, der sich anscheinend nach mir erkundigte, und beinah wäre ich hingegangen und hätte ihn gefragt, wer das war. Hätte ich's nur getan, oder hättest du mir nur früher davon erzählt! Vielleicht wäre ich dann auf der Straße vorsichtiger gewesen.«

»Aber es kann doch sein, dass dieser Reiter mit dem Fremden, der beim Ohm war, gar nichts zu tun hat«, sagte Pippin. »Wir haben uns doch in aller Heimlichkeit aus Hobbingen davongemacht, und ich sehe nicht, wie er uns hätte folgen können.«

»Und was hältst du von dem Geschnüffel, Chef?« sagte Sam. »Außerdem hat der Ohm gesagt, dass es so ein schwarzer Bursche war.«

»Hätt' ich nur auf Gandalf gewartet!« murmelte Frodo. »Aber vielleicht hätte das alles noch schlimmer gemacht.«

»Also weißt du oder denkst dir etwas über diesen Reiter?« fragte Pippin, dem die hingemurmelten Worte nicht entgangen waren.

»Ich weiß nichts, und denken will ich mir lieber auch nichts«, sagte Frodo.

»Na schön, Vetter Frodo! Wenn dir die Geheimniskrämerei Spaß macht, dann behalt es einstweilen für dich, was du weißt! Aber was tun wir jetzt mal fürs Erste? Ich würde zwar gern einen Happen essen und etwas trinken, aber irgendwie kommt es mir so vor, dass wir hier lieber erst mal weitergehn sollten. Bei deinem Gerede von schnüffelnden Reitern mit unsichtbaren Nasen wird mir ganz anders!«

»Ja, ich denke, wir gehn jetzt lieber weiter«, sagte Frodo, »aber nicht auf der Straße – für den Fall, dass der Reiter zurückkommt oder ein anderer ihm folgt. Wir müssen heute etliche Meilen hinter uns bringen. Bis Bockland ist es noch weit.«

Die Schatten der Bäume lagen lang und dünn auf dem Gras, als sie sich wieder aufmachten. Sie hielten sich nun einen Steinwurf weit links von der Straße und versuchten, so gut es ging, außer Sicht zu bleiben. Aber so kamen sie nicht schnell voran, denn das Gras war dicht und büschelig, der Boden uneben, und die Bäume rückten mehr und mehr zu Dickichten zusammen.

In ihrem Rücken war die Sonne schon rot hinter den Bergen versunken, und der Abend brach an, als sie wieder auf die Straße kamen. Sie hatten die mehrere Meilen lange Ebene durchquert, auf der die Straße schnurgerade verlief; hier aber bog sie nach links ab und führte in die Niederungen des Luchs hinunter und weiter nach Stock. Rechts aber zweigte ein Weg ab, der sich durch einen Wald von alten Eichen nach Waldhof hinschlängelte. »Diesen Weg nehmen wir«, sagte Frodo.

Nicht weit von der Abzweigung fanden sie einen riesigen Baumstamm. Er hatte noch Leben, und die kleinen Zweige um die Stümpfe seiner längst niedergebrochenen Äste waren belaubt; doch war er hohl, und auf der vom Weg abgewandten Seite stand eine große Spalte offen. Dort krochen die Hobbits hinein und setzten sich auf den Boden, der mit altem Laub und morschem Holz bedeckt war. Sie ruhten sich aus und aßen ein paar Bissen, sprachen leise miteinander und horchten von Zeit zu Zeit nach draußen.

Als sie wieder ins Freie krochen, war das Abendlicht blasser geworden. Der Westwind stöhnte leise in den Zweigen; das Laub wisperte. Bald begann der Weg in der Dämmerung sachte, aber stetig bergab zu führen. Im schon dunkleren Osten vor ihnen trat über den Bäumen ein Stern hervor. Sie gingen im Gleichschritt nebeneinander, um sich bei Laune zu halten. Nach einer Weile, als die Sterne dichter und heller am Himmel standen, verflog ihre Unruhe, und sie horchten nicht mehr, ob Hufgetrappel sich näherte. Sie begannen ein Lied zu summen, wie es Hobbits auf Wanderungen gern tun, besonders nachts, wenn es nicht mehr weit ist bis zur eigenen Höhle. Von den meisten Hobbits wird man dann ein Lied hören, in dem das sie erwartende Abendbrot oder das weiche Bett besungen wird; diese Hobbits aber summten ein Wanderlied (obgleich natürlich auch darin Bett und Abendbrot nicht unerwähnt blieben). Bilbo Beutlin hatte den Text geschrieben, zu einer Melodie, die so alt war wie die Berge, und ihn Frodo beigebracht, als sie zusammen durchs Wässertal streiften und von Abenteuern sprachen.

Im Herd das Feuer leuchtet rot,
Im Hause warten Bett und Brot;
Die Füße sind noch nicht so wund,
Dass nicht ums Eck ein seltner Fund
Noch lockt, ein Baum, ein schroffer Stein,
Den niemand sah als wir allein.
  Baum und Blüte, Laub und Gras,
  War es das? War es das?
  Unterm Himmel Berg und See,
  Geh nur, geh! Geh nur, geh!

Hinter der nächsten Biegung gleich
Ein Tor führt ins geheime Reich,
Und gehn wir heute dran vorbei,
Steht morgen dieser Weg uns frei:
Der fremde, der verborgne Pfad,
Der bald der Sonn', dem Mond bald naht.
Apfel, Dorn und Nuss und Schlehn,
Wiedersehn! Wiedersehn!
Tal und Teich und Sumpf und Wüst',
Seid gegrüßt! Seid gegrüßt!

Die Heimat schrumpft, die Welt wird groß,
Mit tausend Pfaden schrankenlos,
Durch Dämmerung zum Rand der Nacht,
Bis alle Sterne sind entfacht.
Dann umgekehrt, und geradeaus
Geht's heim ins warme Bett und Haus.
Nebel, Schatten, Wolkenwand,
Seid verbannt! Seid verbannt!
Herd und Lampe, Brot und Fett,
Und dann zu Bett! Und dann zu Bett!

Das Lied war zu Ende. »Und nun zu Bett! Und nun zu Bett!« wiederholte Pippin noch mal mit lauter Stimme.

»Pssst!« machte Frodo. »Ich glaube, ich höre wieder Hufe!«

Sie blieben wie angewurzelt stehen, stumm wie Baumschatten, und horchten. Ein Hufgeräusch kam den Weg entlang, ein ganzes Stück weit hinter ihnen, aber langsam und deutlich vom Wind herangetragen. Schnell und leise huschten sie vom Weg in den tieferen Schatten unter den Eichen.

»Nicht zu weit!« sagte Frodo. »Ich möchte nicht gesehen werden, will aber sehen, ob es wieder ein schwarzer Reiter ist.«

»Schön«, sagte Pippin. »Aber vergiss nicht das Geschnüffel!«

Die Hufe kamen näher. Sie hatten keine Zeit mehr, ein besseres Versteck zu suchen als die Dunkelheit überall unter den Bäumen. Sam und Pippin hockten sich hinter einen großen Stumpf, während Frodo ein paar Schritte weit zum Weg zurückkroch. Der Weg war grau und fahl zu sehen, ein Streifen schwindenden Lichts durch den Wald. Über ihm war der dunkle Himmel voller Sterne, aber der Mond schien nicht.

Das Hufgetrappel hörte auf. Frodo sah etwas Dunkles über die hellere Fläche zwischen zwei Bäumen gehen und dann anhalten. Es sah aus wie der schwarze Schatten eines Pferdes, geführt von einem kleineren schwarzen Schatten. Der Schatten stand dicht an der Stelle, wo sie den Weg verlassen hatten, und bog sich von einer Seite zur andern. Frodo glaubte wieder das Schnüffelgeräusch zu hören. Der Schatten beugte sich tief auf den Boden herab und begann auf ihn zuzukriechen.

Wieder überkam Frodo der Wunsch, den Ring aufzustecken, doch nun stärker als beim vorigen Mal. So stark, dass er, fast ehe er wusste, was er tat, die Hand in der Tasche hatte. Doch in diesem Augenblick wurden Töne laut, wie von Gesang und Gelächter. Helle Stimmen stiegen gen Himmel und schwebten im Sternenlicht. Der schwarze Schatten richtete sich auf und zog sich zurück. Er schwang sich auf das Schattenpferd und verschwand in der Dunkelheit auf der andern Seite. Frodo atmete auf.

»Elben!« rief Sam in einem heiseren Flüsterton. »Elben, Herr Frodo!« Sie mussten ihn zurückhalten, sonst wäre er gleich aus seiner Deckung hervorgestürzt und den Stimmen entgegengerannt.

»Ja, es sind Elben«, sagte Frodo. »Am Waldende trifft man sie noch manchmal. Sie leben nicht im Auenland, aber im Frühjahr und im Herbst ziehen sie hier vorüber, wenn sie aus ihrem Land hinter den Turmbergen kommen. Und dafür bin ich ihnen dankbar. Ihr habt es nicht gesehen, aber dieser schwarze Reiter hat genau hier angehalten und kroch schon auf uns zu, als der Gesang einsetzte. Sowie er die Stimmen hörte, hat er sich davongemacht.«

»Und was ist nun?« sagte Sam, den die Aussicht auf eine Begegnung mit Elben so sehr erregte, dass ihn der Reiter nicht mehr kümmerte. »Können wir nicht hingehen und die Elben sehen?«

»Hör doch, sie kommen hier entlang«, sagte Frodo. »Wir brauchen nur zu warten.«

Der Gesang kam näher. Eine helle Stimme erhob sich nun über die anderen. Sie sang in der schönen Sprache der Elben, die Frodo nur ein wenig kannte, während sie Pippin und Sam ganz fremd war. Doch die Laute verbanden sich mit der Melodie in solcher Weise, dass sie Worte zu hören meinten, die sie teilweise verstanden. Dies war das Lied, wie Frodo es hörte:

O Königin, schneeweiß und fern
Jenseits des Westmeers, hohe Frau!
Hell leuchtest du uns Wanderern
In unsre Wälder wirr und grau.

O Elbereth! Gilthoniel!
O reiner Hauch, o lichter Quell!
Schneeweiße, unser Lied erhör'
Aus fernem Lande übers Meer!

O Sterne sonnenloser Zeit,
Von deiner Hand einst ausgestreut,
In hohen Lüften sie noch stehn
Und silbern durch die Wolken wehn.

O Elbereth! Gilthoniel!
In fernem Land, in dunklem Hain
Bleibt noch Erinnerung uns hell
Ans Westmeer unterm Sternenschein.

Der Gesang hörte auf. »Das sind Hochelben, sie haben die Sternenkönigin Elbereth angerufen!« sagte Frodo staunend. »Nur wenige von diesem edelsten Volk hat man je im Auenland gesehen, und in ganz Mittelerde, östlich des Großen Meeres, gibt es nicht mehr viele. Wahrhaftig, ein seltsamer Zufall!«

Die Hobbits setzten sich in den Schatten am Wegesrand. Nicht lange, so kamen die Elben den Weg entlang, der ins Tal hinabführte. Langsam schritten sie vorüber, und die Hobbits sahen das Sternenlicht auf ihrem Haar und in ihren Augen schimmern. Sie trugen keine Laternen, doch während sie gingen, schien ein Licht wie das des Mondes, kurz bevor er über die Hügelkämme aufsteigt, vor ihre Füße zu fallen. Sie waren verstummt, und als der letzte von ihnen vorüberkam, wandte er sich zu den Hobbits hin, sah sie an und lachte.

»Gegrüßt seist du, Frodo!« rief er. »So spät noch unterwegs? Hast du dich verlaufen?« Dann rief er laut die anderen herbei, und alle hielten an und versammelten sich um die Hobbits.

»Ein Wunder!« sagten sie. »Drei Hobbits bei Nacht im Walde! Desgleichen ward nicht mehr gesehen, seit Bilbo fortging. Was hat es zu bedeuten?«

»Es hat nur zu bedeuten, ihr Schönen«, sagte Frodo, »dass wir anscheinend den gleichen Weg haben wie ihr. Ich wandere gern unter den Sternen. Doch eure Gesellschaft wäre mir willkommen.«

»Aber wir brauchen keine Gesellschaft, und Hobbits sind nicht eben lustig«, alberten sie. »Und woher willst du wissen, dass ihr den gleichen Weg habt wie wir, denn wohin wir gehen, weißt du doch nicht?«

»Und woher wisst ihr meinen Namen?« fragte Frodo seinerseits.

»So manches wissen wir«, sagten sie. »Oft haben wir dich schon mit Bilbo gesehen, auch wenn du uns wohl noch nicht gesehen hast.«

»Wer seid ihr, und wer ist euer Fürst?« fragte Frodo.

»Ich bin Gildor«, antwortete ihr Anführer, der Elb, der Frodo zuerst begrüßt hatte. »Gildor Inglorion aus dem Hause Finrod. Im Exil sind wir, und die meisten von unserer Art sind schon vor langer Zeit von hinnen geschieden, und auch wir säumen hier nur noch ein wenig, bevor wir heimkehren übers Große Meer. Doch manche der Unseren leben noch im friedlichen Bruchtal. Sag, Frodo, was bewegt dich? Denn wir können sehen, dass Furcht dich umschattet.«

»O ihr Weisen!« mischte Pippin sich ein, »was wisst ihr über die schwarzen Reiter?«

»Die schwarzen Reiter?« sagten die Elben mit gedämpfter Stimme. »Warum fragst du nach den schwarzen Reitern?«

»Weil zwei schwarze Reiter uns heute überholt haben, oder vielleicht war es auch beide Mal derselbe«, sagte Pippin. »Er hat sich eben erst davongemacht, als man euch kommen hörte.«

Die Elben antworteten nicht gleich, sondern redeten in ihrer Sprache leise miteinander. Endlich wandte Gildor sich wieder den Hobbits zu. »Davon wollen wir hier nicht sprechen«, sagte er. »Wir meinen, dass ihr am besten jetzt mit uns kommen solltet. Es ist nicht unser Brauch, doch diesmal wollen wir euch als Weggenossen mitnehmen, und wenn es euch beliebt, könnt ihr heute Nacht bei uns lagern.«

»O ihr Schönen, das ist ein Glück, auf das ich nicht zu hoffen wagte!« sagte Pippin. Sam war sprachlos. »Ich danke dir von Herzen, Gildor Inglorion!« sagte Frodo und verneigte sich. »*Elen síla lúmenn' omentielvo*, ein Stern scheint auf die Stunde unserer Begegnung«, fügte er auf Hochelbisch hinzu.

»Vorsicht, Freunde!« rief Gildor lachend. »Hütet unsere Geheimnisse! Hier ist ein Kenner der alten Sprache. Bilbo war dir ein guter Lehrer. Gegrüßt seist du, Elbenfreund!« sagte er und verneigte sich vor Frodo.

»Komm nun mit deinen Freunden und schließe dich uns an! Am besten, ihr geht in der Mitte, damit ihr nicht zurückbleibt. Ihr könntet müde werden, bevor wir Halt machen.«

»Warum? Wohin geht ihr?« fragte Frodo.

»Heute Nacht bis zu den Wäldern in den Hügeln über Waldhof. Es sind noch einige Meilen, doch dann könnt ihr ruhen, und um so kürzer wird euer Weg morgen sein.«

Schweigend gingen sie nun weiter, wie Schatten und blasse Lichter; denn Elben konnten (besser noch als Hobbits), wenn sie wollten, völlig lautlos die Füße setzen. Pippin wurde bald schläfrig, und ein oder zwei Mal taumelte er; aber jedes Mal streckte ein großer Elb an seiner Seite den Arm aus und hielt ihn, sodass er nicht hinfiel. Sam ging neben Frodo wie im Traum, mit einem Gesicht, das Furcht und freudiges Erstaunen zugleich anzeigte.

Die Wälder zu beiden Seiten wurden dichter; die Bäume waren nun jünger und standen enger beisammen, und als der Weg in eine Senke zwischen den Hügeln hinabführte, waren die Hänge zur Rechten und zur Linken dick mit Haselsträuchern bewachsen. Schließlich bogen die Elben vom Weg ab. Ein Fußpfad führte fast unsichtbar in das grüne Dickicht zur Rechten hinein und schlängelte sich die bewaldeten Hänge wieder hinauf bis zum Kamm einer Felsschulter, die aus den Bergen ins Flachland des Flusstales vorragte. Plötzlich traten sie aus dem Schatten der Bäume heraus, und vor ihnen lag, grau im Nachtlicht, eine weite grasbewachsene Fläche. Von drei Seiten drängten die Wälder herein, doch nach Osten hin fiel der Boden steil ab, und die Wipfel der dunklen Bäume, die auf dem Grund des Hanges wuchsen, reichten nicht bis zu ihnen herauf. Dahinter waren im Sternenschein undeutlich die flachen Niederungen zu erkennen. Nicht so weit weg schimmerten aus dem Dörfchen Waldhof ein paar Lichter herüber.

Die Elben setzten sich ins Gras und sprachen leise miteinander; von den Hobbits schienen sie nicht weiter Notiz zu nehmen. Frodo und seine beiden Gefährten wickelten sich in ihre Mäntel und Decken und wurden schläfrig. Die Nacht schritt fort und die Lichter im Tal erloschen. Pippin schlief ein, den Kopf auf eine grüne Bodenwelle gebettet.

Hoch im Osten hingen die Remmirath, das Siebengestirn, am Himmel, und über die Nebel stieg langsam der rote Borgil auf, glühend wie ein feuriger Edelstein. Dann, wie wenn ein Schleier weggezogen würde, wischte ein umspringender Wind alle Nebel fort, und über den Rand der Welt erhob sich Menelvagor, der Schwertkämpfer, mit seinem schimmernden Gürtel. Die Elben stimmten ein Lied an. Unter den Bäumen flammte plötzlich ein Feuer auf, das einen roten Schein warf.

»Kommt her!« riefen die Elben den Hobbits zu. »Jetzt ist die Zeit, zu reden und zu singen!«

Pippin setzte sich auf und rieb sich die Augen. Ihn fror. »Ein Feuer brennt in der Halle, und ein Mahl harrt der hungrigen Gäste«, sagte ein Elb, der vor ihm stand.

Am südlichen Ende der Lichtung öffnete sich zwischen den Bäumen tatsächlich so etwas wie eine Halle: ein großes Stück von Ästen überdachten Rasens. Wie Säulen standen die dicken Baumstämme zu beiden Seiten. In der Mitte flackerte ein Holzfeuer, und an den Baumsäulen steckten Fackeln und verbreiteten ein stetiges, goldenes oder silbernes Licht. Die Elben saßen im Gras oder auf abgesägten Scheiben von alten Baumstümpfen ums Feuer. Manche liefen mit Bechern hin und her und schenkten Getränke ein; andere brachten randvolle Teller und Schüsseln mit Speisen.

»Karge Kost ist dies«, erklärten sie den Hobbits, »mit der wir unterwegs im grünen Wald vorlieb nehmen müssen. Wenn ihr je in unseren Hallen zu Gast seid, werdet ihr besser bewirtet.«

»Ich finde, es ist ein Festessen«, sagte Frodo.

Pippin wusste später kaum mehr, was er gegessen und getrunken hatte, denn das Licht auf den Gesichtern der Elben und der Wohlklang ihrer wechselvollen und geschmeidigen Stimmen nahmen ihn so sehr gefangen, dass er wachen Sinnes zu träumen glaubte. Aber er erinnerte sich noch an das Brot, das köstlicher war als ein frischer weißer Laib unter den Zähnen eines halb Verhungerten, und an Früchte, die süß wie wilde Beeren und würziger schmeckten als Gartenobst; und er leerte einen Becher mit einem duftenden Trank, kühl wie ein Bergquell und golden wie ein Sommernachmittag.

Sam vermochte nie in Worte zu fassen oder auch nur sich selbst ein klares Bild davon zu machen, was er in dieser Nacht dachte oder empfand; dennoch blieb sie ihm in Erinnerung als eines der wichtigsten Geschehnisse seines Lebens. Am nächsten kam er der Sache noch, wenn er sagte: »Ja, Herr Frodo, wenn ich solche Äpfel ziehen könnte, dann dürfte ich sagen, ich bin ein Gärtner. Aber was mir zu Herzen ging, versteh mich recht, das war der Gesang.«

Frodo saß am Feuer, aß, trank und schwätzte aufgeräumt mit den Elben; doch achtete er vor allem auf die Wörter. Er kannte ein wenig die Elbensprache und hörte aufmerksam zu. Hin und wieder sagte er selbst etwas zu denen, die ihn bedienten, und dankte ihnen in ihrer Sprache. Sie nahmen es freundlich auf und lachten. »Hier haben wir ein Juwel von einem Hobbit!« sagten sie.

Pippin schlief nach einer Weile fest ein. Er wurde aufgehoben und zu einem geschützten Fleckchen unter den Bäumen getragen, wo er, auf ein weiches Lager gebettet, den Rest der Nacht verschlief. Sam mochte seinen Herrn nicht allein lassen, und als Pippin fort war, hockte er sich zu Frodos Füßen hin, wo er schließlich einnickte. Frodo blieb noch lange wach und sprach mit Gildor.

Sie sprachen von vielen Dingen, von alten und neuen, und Frodo wollte von Gildor vor allem wissen, was in der weiten Welt jenseits der auenländischen Grenzen vorging. Was er erfuhr, war zumeist traurig und verhieß nichts Gutes: die Dunkelheit ballte sich, die Menschen führten Kriege, und die Elben flohen. Endlich stellte Frodo die Frage, die ihm am Herzen lag:

»Sag, Gildor, hast du Bilbo gesehen, seit er uns verlassen hat?«

Gildor lächelte. »Ja«, antwortete er. »Zweimal. An diesem Platz hier hat er uns Lebewohl gesagt. Aber später habe ich ihn weit von hier noch einmal gesehen.« Mehr wollte er über Bilbo nicht sagen, und Frodo schwieg still.

»Über alles, was dich selbst angeht, Frodo, fragst oder sprichst du nicht viel«, sagte Gildor. »Doch ein wenig weiß ich schon, und noch einiges mehr kann ich dir vom Gesicht und aus den Gedanken hinter deinen Fragen ablesen. Du gehst fort aus dem Auenland und hast doch Zweifel, ob du finden wirst, was du suchst, ob du vollbringen kannst, was du vorhast, oder ob du je wiederkehren wirst. Ist es nicht so?«

»Ja«, sagte Frodo, »aber ich dachte, mein Fortgang sei ein Geheimnis, das nur Gandalf und meinem getreuen Sam bekannt ist.« Er blickte auf Sam hinab, der leise schnarchte.

»Das Geheimnis wird der Feind von uns nicht erfahren«, sagte Gildor.

»Der Feind?« sagte Frodo. »Du weißt also, warum ich fortgehe?«

»Ich weiß nicht, aus welchem Grund der Feind dich verfolgt«, antwortete Gildor, »aber *dass* er dich verfolgt, kann ich erkennen – so seltsam es mir auch erscheint. Und warnen kann ich dich, dass Gefahr nun sowohl vor dir liegt als auch hinter dir und von beiden Seiten auf dich eindringt.«

»Du meinst die Reiter? Ich befürchte, sie sind Diener des Feindes. Was sind sie, die schwarzen Reiter?«

»Hat Gandalf dir nichts gesagt?«

»Nichts über solche Kreaturen.«

»Dann ist es wohl nicht an mir, dir mehr zu sagen – damit nicht Schrecken dich von deiner Reise abhält. Denn mir scheint, eben noch rechtzeitig bist du aufgebrochen, wenn nicht schon zu spät. Darum eile nun! Säume nicht und kehre nicht um, denn das Auenland bietet dir keinen Schutz mehr.«

»Ich wüsste nicht, welche klare Auskunft schrecklicher sein könnte als deine Warnungen und dunklen Andeutungen!« rief Frodo. »Natürlich wusste ich, dass Gefahr vor mir liegt; doch glaubte ich nicht, ihr schon hier in unserem Auenland zu begegnen. Kann ein Hobbit denn nicht mehr in Frieden von der Wässer zum Brandywein gehen?«

»Aber nicht *euer* Auenland ist dies«, sagte Gildor. »Andere haben hier gewohnt, bevor es überhaupt Hobbits gab; und andere werden wieder hier wohnen, wenn die Hobbits nicht mehr sind. Rings um euch liegt die weite Welt: Ihr mögt euch einzäunen, aber euer Zaun wird sie nicht fern halten.«

»Ich weiß – und doch erschien mir unser Land immer so sicher und vertraut. Was kann ich jetzt tun? Mein Plan war, das Land heimlich zu verlassen, doch nun sind die Verfolger schon auf meiner Spur, ehe ich auch nur Bockland erreicht habe.«

»Ich denke, du solltest dennoch bei deinem Plan bleiben«, sagte Gildor. »Ich glaube nicht, dass die Gefahren der Straße deinen Mut brechen werden. Doch willst du deutlicheren Rat, so frage Gandalf. Ich kenne den Grund deiner Flucht nicht und daher auch nicht die Mittel, die deine Verfolger gegen dich aufbieten werden. Gandalf muss dies alles wissen. Ich denke, mit ihm wirst du sprechen, bevor du das Land verlässt?«

»Hoffentlich. Aber auch dies macht mir Sorgen: Ich habe seit vielen Tagen auf Gandalf gewartet. Vor zwei Nächten spätestens hätte er nach Hobbingen kommen sollen, aber ich wartete vergebens. Nun frage ich mich, was geschehen sein mag. Soll ich auf ihn warten?«

Gildor schwieg einen Augenblick. »Diese Nachricht gefällt mir gar nicht«, sagte er schließlich. »Dass Gandalf sich verspätet, bedeutet nichts Gutes. Aber es heißt: *Misch dich nicht in der Zauberer Angelegenheiten, denn sie sind spitzfindig und schnell erzürnt!* Die Entscheidung liegt bei dir: Geh oder warte!«

»Und es heißt auch«, sagte Frodo: »*Hole nie der Elben Rat ein, denn sie werden sowohl ja wie nein sagen!*«

»Heißt es so?« lachte Gildor. »Freilich, selten geben die Elben unberufenen Rat, denn Rat ist eine gefährliche Gabe, selbst wenn der Weise einem Weisen rät, und alle Wege können in die Irre führen. Doch was verlangst du? Du hast mir nicht alles über deine Lage erzählt; wie soll ich da eine bessere Wahl treffen als du? Aber wenn du meinen Rat hören willst, dann gebe ich ihn dir als Freund. Ich denke, sofort und ohne Säumen solltest du aufbrechen, und wenn Gandalf vorher nicht kommt, dann rate ich dir noch dies: Geh nicht allein! Nimm Freunde mit, denen du vertraust und die bereit sind, mit dir zu gehen. Nun solltest du dankbar sein, denn ich gebe dir diesen Rat nicht gern. Die Elben haben selbst Sorgen genug und kümmern sich wenig um das Treiben der Hobbits oder anderer Geschöpfe auf der Erde. Ob Zufall oder Absicht, unsere Wege kreuzen sich selten. Unsere Begegnung jetzt mag wohl mehr als ein Zufall sein, doch eine Absicht ist mir nicht deutlich, und ich befürchte, zu viel zu sagen.«

»Ich danke dir von Herzen«, sagte Frodo, »doch ich wünschte, du könntest mir frei heraus sagen, wer die schwarzen Reiter sind. Wenn ich deinen Rat befolge, werde ich Gandalf vielleicht lange nicht sehen, und ich muss die Gefahr kennen, die mich verfolgt.«

»Genügt es dir denn nicht, zu wissen, dass sie des Feindes Diener sind?« antwortete Gildor. »Fliehe vor ihnen! Sprich mit ihnen kein Wort! Sie sind entsetzlich. Frag mich nicht weiter. Aber mein Herz sagt mir, dass du, Frodo, Drogos Sohn, von diesen Schreckensmännern, bevor alles vorüber ist, mehr wissen wirst als ich, Gildor Inglorion. Elbereth schütze dich!«

»Aber wo soll ich den Mut hernehmen?« sagte Frodo. »Denn daran fehlt es mir vor allem.«

»Mut findest du, wo du ihn am wenigsten erwartest«, sagte Gildor. »Sei getrost und geh nun schlafen! Morgen früh werden wir schon fort sein, aber wir werden Botschaften durch die Lande senden. Die Bünde der Fahrenden sollen von deiner Reise unterrichtet werden, und alle, die guter Taten mächtig sind, werden auf der Hut sein. Ich heiße dich Elbenfreund: Sternenschein sei auf dem Ziel deines Weges! Selten hat uns ein Fremder so erfreut, und wohl tut es, der alten Sprache Worte aus dem Munde anderer Reisender in dieser Welt zu vernehmen.«

Frodo wurde es ganz dösig, während Gildor noch redete. »Ich gehe schlafen«, sagte er. Der Elb führte ihn zu einem Plätzchen neben Pippin, und er warf sich auf das Lager und fiel sogleich in einen traumlosen Schlaf.

VIERTES KAPITEL

QUERFELDEIN ZU DEN PILZEN

Am Morgen wachte Frodo erfrischt auf. Er lag in einer Art Laube, die aus dem Stamm eines Baumes und seinen ineinander verflochtenen, bis zum Boden herabhängenden Zweigen bestand, und gebettet war er auf eine dicke, weiche Schicht von seltsam duftenden Farnen und Gräsern. Die Sonne schien durch das raschelnde Laub, das noch grün am Baum hing. Er stand auf und trat ins Freie.

Sam saß im Grase nah am Waldrand. Ein Stück weiter stand Pippin und erforschte den Himmel und das Wetter. Von den Elben war nichts zu sehen.

»Obst, Brot und zu trinken haben sie uns dagelassen«, sagte Pippin. »Komm frühstücken! Das Brot schmeckt fast noch so gut wie heute Nacht. Ich hätte dir nichts übrig gelassen, aber Sam hat ein gutes Wort für dich eingelegt.«

Frodo setzte sich neben Sam und fing an zu essen. »Was ist dein Plan für heute?« fragte Pippin.

»So schnell wie möglich nach Bockenburg zu gehen«, antwortete Frodo, bedächtig kauend.

»Meinst du, wir kriegen wieder etwas von diesen Reitern zu sehen?« fragte Pippin leichthin. In der hellen Morgensonne hätte ihn die Aussicht, einer ganzen Schwadron von ihnen zu begegnen, nicht weiter beunruhigt.

»Doch, wahrscheinlich«, sagte Frodo. Daran erinnert zu werden, passte ihm gar nicht. »Aber ich hoffe, wir kommen über den Fluss, ohne dass sie uns sehen.«

»Hast du aus Gildor etwas über sie herausbekommen?«

»Viel nicht – nur Rätsel und Andeutungen«, sagte Frodo ausweichend.

»Hast du ihn nach dem Geschnüffel gefragt?«

»Haben wir nicht drüber gesprochen«, sagte Frodo mit vollem Mund.

»Hättest du aber tun sollen. Das ist doch ganz wichtig, da bin ich mir sicher!«

»Und ich bin mir sicher, in dem Fall hätte Gildor sich geweigert, es mir zu erklären«, sagte Frodo scharf. »Und nun lass mich mal ein Weilchen in

Frieden! Ich mag es nicht, wenn man mich beim Essen mit Fragen löchert. Ich muss nachdenken!«

»Meine Güte!« sagte Pippin, »schon beim Frühstück!« Er ging fort zum Rand der Wiese.

Aus Frodos Sinn hatte der helle Morgen – trügerisch hell, dachte er – die Furcht vor den Verfolgern nicht verscheuchen können; und er dachte über Gildors Worte nach. Er hörte Pippin, der auf dem Rasen herumlief, mit munterer Stimme singen.

»Nein, das geht nicht!« sagte er sich. »Es ist schön und gut, mit meinen jungen Freunden durchs Auenland zu stromern, bis wir hungrig und müde sind und uns um so mehr aufs Bett und Abendessen freuen. Aber sie ins Exil mitzunehmen, wo es gegen Hunger und Müdigkeit vielleicht keine Abhilfe gibt, ist etwas ganz anderes – selbst wenn sie gewillt sind, mitzukommen. Schließlich bin ich der Alleinerbe! Ich denke, nicht mal Sam sollte ich mitnehmen.« Er sah Sam Gamdschie an, und merkte, dass Sam seinerseits ihn beobachtete.

»Also, Sam«, sagte er, »was hältst du davon? Ich gehe so bald wie möglich außer Landes – ja, ich bin sogar entschlossen, in Krickloch keinen Tag zu warten, wenn es sich vermeiden lässt.«

»Sehr gut, Chef!«

»Willst du immer noch mitkommen?«

»Ja.«

»Es wird sehr gefährlich werden, Sam. Es ist jetzt schon gefährlich. Höchstwahrscheinlich kommt keiner von uns zurück.«

»Wenn du nicht zurückkommst, Chef, dann ich auch nicht, soviel steht fest«, sagte Sam. *Verlass ihn bloß nicht!* haben sie zu mir gesagt. *Ihn verlassen?* sag' ich. *Nie! Ich geh' mit ihm, und wenn er auf den Mond klettert; und wenn einer von diesen schwarzen Reitern ihm in die Quere kommt, dann kriegt er's mit Sam Gamdschie zu tun,* hab ich gesagt, und sie haben gelacht.«

»Wer sind *sie,* und wovon redest du?«

»Die Elben, Herr Frodo. Wir haben noch ein bisschen geredet, heute Nacht, und sie wussten anscheinend, dass du fortgehst, darum fand ich es sinnlos, es zu bestreiten. Wundervolle Leute, diese Elben, wundervoll!«

»Stimmt«, sagte Frodo. »Also gefallen sie dir immer noch, auch wo du sie jetzt näher kennst?«

»Sie stehn wohl sozusagen ein bisschen drüber, ob sie mir gefallen oder nicht«, antwortete Sam langsam. »Es kommt wohl nicht drauf an, was ich über sie denke. Sie sind so ganz anders, als ich gedacht hatte – so alt und so jung, so lustig und traurig, könnte man sagen.«

Frodo schaute Sam etwas verdutzt an, als suchte er nach einem äußeren Zeichen der merkwürdigen Veränderung, die anscheinend mit ihm vorgegangen war. Er hörte sich nicht an wie der Sam Gamdschie, den er zu kennen glaubte. Aber so, wie Sam dasaß, schien er ganz der Alte zu sein, nur dass sein Gesicht eine ungewohnte Nachdenklichkeit zeigte.

»Findest du es denn jetzt immer noch nötig, das Auenland zu verlassen – jetzt, wo dein Wunsch, sie zu sehen, doch schon erfüllt worden ist?«

»Ja, Chef. Ich weiß nicht, wie ich das sagen soll, aber seit heute Nacht ist mir ganz anders. Als ob ich irgendwie vorausschauen könnte. Ich weiß, wir haben einen sehr weiten Weg ins Ungewisse vor uns; aber ich weiß, ich kann nicht mehr umkehren. Was ich jetzt will, ist nicht Elben sehn oder Drachen oder Berge – ich weiß selbst nicht recht, was ich will; aber ich hab irgendwas zu tun, bevor alles vorüber ist, und das liegt vor mir und nicht im Auenland. Ich muss das erledigen, Herr Frodo, wenn du verstehst, was ich meine.«

»Ich versteh' überhaupt nichts. Aber so viel versteh' ich, dass Gandalf gewusst hat, warum er dich als meinen Begleiter ausgesucht hat. Ich bin einverstanden. Wir gehen zusammen.«

Schweigend beendete Frodo sein Frühstück. Dann stand er auf, schaute ins Land hinaus und rief Pippin.

»Alles fertig zum Aufbruch?« fragte er, als Pippin herbeigerannt kam. »Wir müssen gleich losgehen. Wir haben lange geschlafen, und es sind noch etliche Meilen.«

»*Du* hast lange geschlafen, meinst du!« sagte Pippin. »Ich war schon lange vor dir auf. Wir warten bloß noch darauf, dass du mit Essen und Denken fertig wirst.«

»Jetzt bin ich mit beidem fertig. Und ich will so schnell wie möglich zur Bockenburger Fähre. Ich mache keinen Umweg zurück zur Straße, von der wir heute Nacht gekommen sind, sondern gehe von hier geradeaus querfeldein.«

»Dann wirst du fliegen müssen«, sagte Pippin. »Geradeaus gehen kannst du in diesem Landstrich nirgends.«

»Auf jeden Fall können wir einen kürzeren Weg finden als über die Straße«, antwortete Frodo. »Die Fähre ist östlich von Waldhof, aber die Straße biegt links ab – da hinten im Norden siehst du ein Stück von der Biegung. Sie führt ums Nordende des Bruchs herum und trifft oberhalb von Stock auf die Uferstraße von der Brücke. Aber das ist ein meilenweiter Umweg. Wir könnten den Weg um ein Viertel abkürzen, wenn wir von hier in Luftlinie auf die Fähre zugehen.«

»Abkürzungen halten lange auf«, widersprach Pippin. »Das Land hier ist uneben, und unten im Bruch stoßen wir auf Sümpfe und allerlei Hindernisse – ich kenne mich aus in dieser Gegend. Und wenn du an die schwarzen Reiter denkst, so seh' ich nicht ein, wieso es schlimmer sein soll, ihnen auf einer Straße als in Wald und Feld zu begegnen.«

»In Wald und Feld ist man aber schwerer zu finden«, sagte Frodo. »Und wenn du auf einer Straße vermutet wirst, dann besteht Aussicht, dass man dich auch auf der Straße und nicht in Wald und Feld suchen wird.«

»Also gut!« sagte Pippin. »Ich gehe mit dir durch jeden Sumpf und Graben. Aber es ist hart! Ich hatte mich darauf gefreut, vor Sonnenuntergang im *Goldenen Barsch* zu Stock einzukehren: das beste Bier im Ostviertel – jedenfalls früher, denn ich habe es schon lange nicht mehr gekostet.«

»Dann ist alles klar!« sagte Frodo. »Abkürzungen halten lange auf, Wirtshäuser noch länger. Vom *Goldenen Barsch* müssen wir dich um jeden Preis fernhalten. Wir wollen, bevor es dunkel wird, in Bockenburg sein. Was sagst du dazu, Sam?«

»Ich geh mit dir, Herr Frodo«, sagte Sam (trotz unguter Vorahnungen und in wehmütigem Verzicht auf das beste Bier im Ostviertel).

»Na, dann los!« sagte Pippin, »auf durch Morast und Dorngestrüpp!«

Es war schon fast so warm wie am Tag zuvor, doch von Westen zogen Wolken auf. Es sah nach Regen aus. Die Hobbits stiegen eine steile grüne Böschung hinunter und tauchten dann in den dichten Wald ein. Sie hatten ihren Kurs so abgeschätzt, dass sie Waldhof links liegen lassen und sich schräg durch den Wald um den Osthang des Berges bis in die dahinter liegenden Niederungen durchschlagen würden. Dann würden sie über offenes Land, in dem nur ein paar Gräben und Zäune zu überwinden wären, geradewegs zur Fähre marschieren. Frodo schätzte die Entfernung in der Luftlinie auf achtzehn Meilen.

Bald merkte er, dass das Dickicht sperriger und verfilzter war, als es von oben ausgesehen hatte. Es gab keine Pfade durchs Unterholz, und sie kamen nicht sehr schnell voran. Auf dem Grund des Hanges kamen sie zu einem Bach, der in einem tief eingegrabenen Bett von den Bergen herabfloss, an den steilen, schlüpfrigen Ufern mit Brombeerbüschen überhangen. Höchst ungelegenerweise durchkreuzte er die Marschrichtung, die sie einhalten wollten. Sie konnten ihn weder überspringen noch irgendwie hinübergelangen, ohne nass, dreckig und zerkratzt zu werden. Sie blieben stehen und wussten nicht weiter. »Erster unfreiwilliger Aufenthalt!« sagte Pippin, ingrimmig lächelnd.

Sam Gamdschie blickte zurück. Durch eine Lücke zwischen den Baumwipfeln konnte er den Kamm der grünen Böschung sehen, die sie herabgestiegen waren.

»Da, sieh!« sagte er und packte Frodo beim Arm. Alle blickten sie hinauf. Am Rand der Böschung, hoch über ihnen, zeichnete sich ein Pferd gegen den Himmel ab. Daneben eine gebückte schwarze Gestalt.

Jeder Gedanke ans Umkehren wurde sofort fallen gelassen. Frodo ging voran und drang rasch in die dichten Büsche neben dem Bach ein. »Uff!« sagte er zu Pippin, »wir hatten beide Recht. Der gerade Weg ist schon etwas verbogen, aber dafür sind wir eben noch rechtzeitig in Deckung gegangen. Du hast doch scharfe Ohren, Sam: Kannst du etwas näher kommen hören?«

Sie blieben stehen und hielten fast den Atem an, während sie horchten; aber von einem Verfolger war nichts zu hören. »Ich kann mir nicht vorstellen, dass er mit seinem Gaul diese Böschung runterzusteigen versucht«, sagte Sam. »Aber ich würde meinen, er weiß, dass wir runtergestiegen sind. Gehn wir lieber weiter!«

Weiterzugehn war nicht ganz einfach. Sie hatten ihre Rucksäcke zu tragen, und die Büsche und Brombeerranken ließen sie nur widerstrebend durch. Die Bergschulter hinter ihnen hielt den Wind ab, und die Luft war dumpf und stickig. Als sie sich endlich in offeneres Gelände durchgekämpft hatten, waren sie müde, verschwitzt und zerkratzt; und außerdem waren sie sich über die Richtung, in die sie gingen, nicht mehr im Klaren. Die Ufer des Baches wurden niedriger, als er die Ebene erreichte, und er floss nun breiter und flacher zum Bruch und zum Fluss hin.

»Na, das ist doch der Stockbach!« sagte Pippin. »Wenn wir wieder auf den richtigen Kurs kommen wollen, müssen wir gleich hinüber und uns nach rechts halten.«

Sie durchwateten den Bach und beeilten sich, über die breite offene Fläche am andern Ufer hinwegzukommen, wo nur Binsen und keine Bäume wuchsen. Dahinter kam wieder ein Waldgürtel: zumeist hohe Eichen, hier und da eine Ulme oder Esche. Der Boden war einigermaßen eben und wenig mit Unterholz bewachsen; aber die Bäume standen so dicht, dass sie nicht weit voraussehen konnten. Windstöße wirbelten altes

Laub auf, und vom bedeckten Himmel begannen Regentropfen zu fallen. Dann erstarb der Wind, und der Regen rauschte in Strömen herab. Sie stapften vorwärts, so schnell sie konnten, über Grasflecken und dicke Haufen alten Laubs; und ringsum pladderte und prasselte der Regen. Sie redeten lange nicht, schauten aber immer wieder hinter sich und nach beiden Seiten.

Nach einer halben Stunde sagte Pippin: »Hoffentlich haben wir uns nicht zu weit nach Süden gehalten und laufen der ganzen Länge nach durch diesen Wald. Es ist kein sehr breiter Streifen, ich würde sagen, höchstens eine Meile an der breitesten Stelle, und da müssten wir inzwischen durch sein.«

»Wir sollten jetzt nicht anfangen, im Zickzack zu gehen«, sagte Frodo. »Das macht die Sache nicht besser. Gehn wir so weiter wie bis jetzt! Ich bin mir auch nicht sicher, ob es gut wäre, schon wieder ins offene Gelände zu kommen.«

So gingen sie ungefähr noch zwei Meilen weiter. Dann kam die Sonne zwischen Wolkenfetzen wieder zum Vorschein, und der Regen ließ nach. Mittag war schon vorüber, und es wurde höchste Zeit für einen Imbiss. Unter einer Ulme rasteten sie: Ihr Laub, obschon vergilbt, war noch dicht und der Boden zu ihren Füßen einigermaßen trocken und geschützt. Als sie sich über ihre Vorräte hermachten, stellten sie fest, dass die Elben ihre Wasserflaschen mit einem klaren, blass goldenen Trank gefüllt hatten, der roch wie ein von vielen Blüten abgeweideter Honig und wunderbar erfrischte. Sehr bald waren sie in ausgelassener Stimmung, verlachten den Regen und pfiffen auf alle schwarzen Reiter. Die letzten paar Meilen, glaubten sie, würden sie bald hinter sich gebracht haben.

Frodo lehnte sich mit dem Rücken an den Baumstamm und machte ein wenig die Augen zu. Sam und Pippin saßen daneben und fingen an, erst zu summen und dann leise zu singen:

> *He! He! He! An die Buddel geh,*
> *Heil dein Herz, ertränk dein Weh!*
> *Falle Regen oder Schnee,*
> *Meilen, Meilen, Meilen geh!*
> *Doch unterm Baume, da werd ich ruhn,*
> *Wolken zählen und nichts mehr tun.*

He! He! He! fingen sie, nun lauter, noch mal an. Dann plötzlich verstummten sie. Frodo sprang auf. Der Wind trug einen lang gedehnten Schrei heran, wie das Wehklagen eines vereinsamten Bösewichts. Der Schrei schwoll an, fiel ab und endete auf einen schrillen durchdringenden Ton. Während sie noch wie erstarrt waren, antwortete ein zweiter Schrei, schwächer und aus größerer Entfernung, aber nicht weniger markerschütternd. Dann trat Stille ein, durchbrochen nur vom Rascheln der Blätter im Winde.

»Was meinst du wohl, was das war?« fragte Pippin schließlich, um einen beiläufigen Ton bemüht, aber mit leicht flatternder Stimme. »Wenn das ein Vogel war, dann einer, den ich im Auenland noch nie gehört habe.«

»Das war weder Vogel noch Tier«, sagte Frodo. »Es war ein Ruf oder Signal; der Schrei trug Worte, auch wenn ich sie nicht verstehen konnte. Jedenfalls war es kein Hobbit.«

Mehr sagten sie dazu nicht. Alle dachten sie an die Reiter, aber keiner sprach von ihnen. Nun wussten sie nicht, ob sie bleiben sollten, wo sie waren, oder weitergehen; aber früher oder später mussten sie doch durchs offene Gelände, um zur Fähre zu kommen, und darum am besten früher und bei Tageslicht. Schnell hatten sie die Rucksäcke wieder geschultert und machten sich auf den Weg.

Nicht lange, und der Wald war plötzlich zu Ende. Weithin vor ihnen erstreckten sich Wiesen. Sie sahen, dass sie tatsächlich zu weit nach Süden abgekommen waren. Über das flache Land hin konnten sie in der Ferne den niedrigen Hügel von Bockenburg auf dem andern Flussufer erkennen, aber er lag nun weit zur Linken. Vorsichtig schlichen sie aus dem Wald hervor und gingen dann, so schnell sie konnten, ins Freie hinaus.

Zuerst hatten sie Angst, weil der Wald sie nun nicht mehr schützte. Weit hinter ihnen ragte der Berg auf, wo sie gefrühstückt hatten. Fast erwartete Frodo, dort oben den kleinen dunklen Umriss eines Reiters gegen den Himmel abstechen zu sehen, doch da war keiner. Die Sonne, die nun schon zu den Bergen hin sank, von denen die Hobbits gekommen waren, zerriss die Wolkendecke und schien wieder hell. Ihre Angst legte sich; aber ganz wohl war ihnen nicht. Doch nun kamen sie immer weiter in bebautes und abgeteiltes Land, und bald gingen sie durch wohlbestellte Felder und Wiesen, mit Hecken, Pforten und Abzugsgräben. Alles wirkte still und friedlich, wie nur irgendein Fleckchen im Auenland. Ihre Stimmung besserte sich mit jedem Schritt. Die Uferlinie des Flusses war schon zu sehen, und allmählich erschienen ihnen die schwarzen Reiter wie Waldgespenster, die sie nun weit hinter sich gelassen hätten.

Sie gingen am Rand eines großen Rübenackers entlang und kamen an ein solides Hoftor. Dahinter führte ein ausgefahrener Weg zwischen niedrigen, sauber gestutzten Hecken zu einer Baumgruppe in einiger Entfernung. Pippin blieb stehen.

»Ich kenne doch diese Felder und dieses Tor!« sagte er. »Das ist Langfurch, der Besitz des alten Bauern Maggot. Da hinten zwischen den Bäumen steht sein Haus.«

»Das hat mir gerade noch gefehlt!« sagte Frodo und machte ein Gesicht, als hätte Pippin ihm erklärt, der Feldweg führe zu einer Drachenhöhle. Die andern beiden sahen ihn erstaunt an.

»Was hast du gegen den alten Maggot?« fragte Pippin. »Er ist ein guter Freund aller Brandybocks. Freilich, wenn man unbefugt sein Land betritt, versteht er keinen Spaß; und er hat bissige Hunde – aber schließlich müssen die Leute hier so nah an der Grenze etwas schärfer aufpassen.«

»Ich weiß«, sagte Frodo, »aber trotzdem« – und er lachte verlegen –, »ihm und seinen Hunden möchte ich um jeden Preis aus dem Weg gehen. Jahrelang habe ich um sein Gehöft einen Bogen gemacht. Er hat mich einige Mal beim unbefugten Pilzsammeln erwischt, als ich noch ein Junge war und im Brandyschloß wohnte. Das letzte Mal hat er mich verdroschen und mich dann seinen Hunden vorgeführt. ›Da, seht mal, ihr Kerlchen!‹ hat er zu ihnen gesagt, ›das nächste Mal, wenn dieser Lausebengel den Fuß auf meinen Grund und Boden setzt, dürft ihr ihn fressen. Und jetzt macht ihm Beine!‹ Sie haben mich den ganzen Weg bis zur Fähre gehetzt. Über den Schrecken bin ich nie weggekommen – obwohl ich zugeben muss, dass die Biester ihr Handwerk wohl verstanden, denn sie haben mir letztlich nichts getan.«

Pippin lachte. »Na, dann wird es Zeit, das zu bereinigen. Besonders wenn du nun wieder in Bockland wohnst. Der alte Maggot ist eigentlich ein netter Kerl – wenn du seinen Pilzen nicht zu nahe kommst. Wenn wir jetzt den Weg entlanggehn, betreten wir sein Land ja nicht unbefugt. Lass mich mit ihm reden, wenn wir ihn treffen. Er ist ein Freund von Merry, und mit ihm bin ich früher oft hier gewesen.«

Sie gingen den Feldweg entlang, bis sie zwischen den Bäumen vor sich die Strohdächer eines großen Hauses und mehrerer Scheunen und Schuppen sahen. Die Maggots und Platschfußens von Stock und die meisten Bewohner des Bruchs wohnten in Häusern; und Maggots Haus war ein solider Ziegelbau und mit einer hohen Mauer umgeben. Ein breites Holztor in der Mauer führte auf den Weg heraus.

Auf einmal brach, als sie näher kamen, ein fürchterliches Gebell und Gekläff los, und eine laute Stimme rief: »Greif! Fang! Wolf! Los, ihr Kerlchen!«

Frodo und Sam blieben auf der Stelle stehen, aber Pippin ging noch ein paar Schritte weiter. Das Tor öffnete sich, drei riesige Hunde schossen heraus und rasten mit wildem Gebell auf die Reisenden los. Pippin beachteten sie nicht, aber Sam wurde von zwei wolfsähnlichen Tieren gegen die Mauer gedrängt, wo sie ihn argwöhnisch beschnupperten und die Zähne fletschten, sobald er sich rührte. Der größte und grimmigste von den dreien blieb knurrend und mit gesträubten Haaren vor Frodo stehen.

Durchs Tor heraus kam nun ein stämmiger, breitschultriger Hobbit mit rundem rotem Gesicht. »Hallo! Hallo! Wer sind Sie wohl, bitte, und was wollen Sie?« fragte er.

»Guten Tag, Herr Maggot!« sagte Pippin. Der Bauer musterte ihn. »Na, wenn das nicht der junge Herr Pippin ist – Herr Peregrin Tuk, muss ich wohl sagen!« rief er, und seine finstere Miene löste sich in einem Grinsen auf. »Lange her, seit ich dich zuletzt hier gesehen habe. Ein Glück für dich, dass ich dich kenne. Ich wollte gerade rausgehen und meine Hunde auf alle Fremden loslassen. Komische Sachen passieren heutzutage. Natürlich, in unserer Gegend kommt immer mal wieder schräges Gesindel vorüber. Ist eben zu nah am Fluss«, sagte er kopfschüttelnd. »Aber dieser Bursche, das war der fremdeste Fremdländer, den ich je gesehn habe! Der kommt mir kein zweites Mal durch mein Land – nicht, wenn ich was dagegen tun kann!«

»Was für einen Burschen meinst du?« fragte Pippin.

»Na, habt ihr den nicht gesehn?« sagte der Bauer. »Ist noch gar nicht lange her, da ist er den Feldweg rauf zur Uferstraße geritten. Ein komischer Kunde war das und hat so komische Fragen gestellt. Aber kommt doch erst mal rein, da lässt es sich besser reden. Ich hab ein gutes Fass Bier im Anstich, wenn du und deine Freunde mögen, Herr Tuk.«

Es war deutlich, dass sie von dem Bauern mehr erfahren würden, wenn sie ihn erzählen ließen, wann, wo und wie er es für richtig hielt; darum nahmen sie die Einladung an. »Was ist mit den Hunden?« fragte Frodo ängstlich.

Der Bauer lachte. »Die tun Ihnen nichts – es sei denn auf mein Kommando. Hierher, Greif! Fang! Platz!« rief er. »Wolf, Platz!« Zu Frodos und Sams Erleichterung trotteten die Hunde beiseite und ließen sie frei.

Pippin stellte dem Bauern seine beiden Begleiter vor. »Herr Frodo Beutlin«, sagte er. »Du erinnerst dich vielleicht nicht mehr, aber er hat früher mal im Brandyschloß gewohnt.« Bei der Nennung des Namens Beutlin stutzte der Bauer und sah Frodo bohrend an. Für einen Moment dachte Frodo, die Erinnerung an die Pilzdiebstähle sei wieder aufgelebt, und gleich würden die Hunde losgejagt, um ihm Beine zu machen. Aber der Bauer Maggot nahm ihn beim Arm.

»Na, wenn das nicht noch komischer ist als alles andere!« rief er. »Das ist Herr Beutlin! Kommt rein, wir haben zu reden.«

Sie traten in die Küche und setzten sich an den breiten Kamin. Frau Maggot brachte eine riesige Kanne Bier und schenkte vier große Krüge voll. Es war ein gutes Gebräu, und Pippin fand sich für den Verzicht auf die Einkehr im *Goldenen Barsch* mehr als entschädigt. Sam nippte argwöhnisch. Das Misstrauen gegen die Bewohner anderer Teile des Auenlandes war ihm angeboren, und außerdem war ihm nicht nach schneller Verbrüderung mit jemandem zumute, der einmal seinen Chef verdroschen hatte, mochte es auch noch so lange her sein.

Nach ein paar Worten über das Wetter und die allgemeinen Aussichten der Landwirtschaft (die nicht schlechter waren als üblich) stellte der Bauer Maggot seinen Krug hin und sah sie alle der Reihe nach an.

»Also, Herr Peregrin«, sagte er, »wo kommst du denn heute her, und wohin willst du? Wolltest du mich besuchen? Denn, wenn ja, dann wärst du an meinem Tor vorbeigegangen, ohne dass ich dich gesehen habe.«

»Nein«, antwortete Pippin, »um die Wahrheit zu sagen, die du sowieso schon erraten hast, wir sind von der anderen Seite her auf den Feldweg gestoßen; wir sind über deine Felder gekommen. Aber das war rein zufällig. Wir haben uns im Wald bei Waldhof verlaufen, als wir versuchten, eine Abkürzung zur Fähre zu finden.«

»Wenn ihr es eilig hattet, wärt ihr auf der Straße schneller hingekommen«, sagte der Bauer. »Aber darüber hab ich mir keine Gedanken gemacht. Du kannst ruhig über mein Land gehen, wenn du Lust hast, Herr Peregrin. Und du auch, Herr Beutlin – obwohl ich vermute, dass du immer noch Pilze magst.« Er lachte. »Ach ja, an den Namen hab ich mich gleich erinnert. Ich weiß noch, damals war der kleine Frodo Beutlin eine der schlimmsten Rotznasen von ganz Bockland. Aber ich hab jetzt nicht an die

Pilze gedacht. Eben hatte ich den Namen Beutlin schon mal gehört, kurz bevor ihr auftauchtet. Was denkt ihr wohl, was dieser komische Kerl mich gefragt hat?«

Nervös warteten sie, dass er weiter erzählte. »Nun«, sagte der Bauer, die Pointe genüsslich hinauszögernd, »also, der kam auf einem großen schwarzen Gaul zum Tor reingeritten, das gerade offen stand, und bis an meine Tür. Er selbst auch ganz schwarz, so eingepackt und vermummt, als ob er nicht erkannt werden wollte. ›Was zum Henker kann der hier im Auenland wollen?‹ hab' ich mir gedacht. Von den Großen Leuten kommen nicht viele über die Grenze, und von so einem wie diesem schwarzen Kunden hatte ich überhaupt noch nie gehört.

›Guten Tag, der Herr!‹ sag' ich und geh' ihm entgegen. ›Dieser Weg führt nirgendwohin, und egal, wo Sie hin wollen, der kürzeste Weg für Sie ist der zurück zur Straße.‹ Wie der schon aussah, gefiel mir gar nicht, und als Greif rauskam, hat er nur einmal geschnüffelt und kurz gejault, wie wenn ihn was gestochen hätte; dann hat er den Schwanz eingekniffen und ist heulend weggerannt. Der schwarze Kerl ist ganz still dagesessen.

›Von dorten komme ich‹, sagt der, so langsam und irgendwie steif, und zeigt mit dem Daumen hinter sich nach Westen – über *meine* Felder, bittschön! ›Hast du gesehn *Beutlin?*‹ fragt er mich mit so einer ganz komischen Stimme und beugt sich zu mir runter. Sein Gesicht konnt' ich nicht sehen, weil ihm die Kapuze bis zum Hals hing, und irgendwie lief mir's kalt übern Rücken. Trotzdem, ich seh' nicht ein, wie der die Frechheit haben kann, über mein Land dahergeritten zu kommen!

›Verschwinden Sie!‹ sag' ich. ›Hier gibt's keine Beutlins. Sie sind im falschen Teil des Auenlands. Da müssen Sie westwärts nach Hobbingen – aber diesmal bitte über die Straße!‹

›Beutlin ist fort‹, krächzt er. ›Er naht. Er ist unfern. Ich wünsche ihn zu finden. Du sagst mir, wenn er des Weges kommt. Ich kehre wieder mit Gold.‹

›Nein, Sie kehren nicht wieder!‹ sag' ich. ›Sie verschwinden jetzt dahin, wo Sie hingehören, und zwar schleunigst! Sie haben eine Minute Zeit, dann ruf' ich alle meine Hunde.‹

Er hat irgendwie so gezischt – vielleicht war das seine Art zu lachen, vielleicht auch nicht. Dann hat er seinem großen Gaul die Sporen gegeben, direkt auf mich los; gerade noch konnte ich zur Seite springen. Ich hab die Hunde gerufen, aber er hat kehrtgemacht und ist durchs Tor raus und den Feldweg zur Straße lang geritten wie Blitz und Donner. Was hältst du davon?«

Frodo saß einen Moment still und blickte ins Feuer, aber sein einziger Gedanke war, wie in aller Welt er nur zur Fähre durchkommen sollte. »Ich weiß nicht, was ich davon halten soll«, sagte er endlich.

»Dann sag' ich dir, was davon zu halten ist«, sagte Maggot. »Du hättest dich nie mit den Leuten in Hobbingen einlassen sollen, Herr Frodo. Das sind ganz komische Leute, da oben.« Sam rührte sich auf seinem Stuhl und schaute den Bauern sehr unfreundlich an. »Aber du warst immer ein leichtsinniger Bursche. Als ich gehört hab, dass du von den Brandybocks fort und zu dem alten Herrn Bilbo gezogen bist, da hab ich gleich gesagt, der kriegt noch Ärger! Denk an meine Worte, das kommt jetzt alles von Herrn Bilbos sonderbarem Treiben! Der ist irgendwie auf undurchsichtige Weise im Fremdland zu seinem Vermögen gekommen, heißt es. Vielleicht gibt es da Leute, die gern wüssten, was aus dem Gold und den Juwelen geworden ist, die er auf dem Bühl in Hobbingen vergraben haben soll?«

Frodo sagte nichts; die gar nicht so dummen Mutmaßungen des Bauern besserten seine Laune nicht gerade.

»Na, Herr Frodo«, fuhr Maggot fort, »nun bin ich aber froh, dass du doch genug Verstand hast, nach Bockland zurückzukommen. Mein Rat ist, bleib da! Und lass dich nicht mit solchem fremdländischen Gesindel ein! Hier hast du Freunde. Und wenn noch mal so ein Schwarzer nach dir fragt, dann werd' ich dem was erzählen! Ich sag' dem, du bist tot oder außer Landes oder was du willst. Und das wäre vielleicht noch nicht mal gelogen, denn höchstwahrscheinlich ist es doch der alte Herr Bilbo, von dem diese Leute was wissen wollen.«

»Vielleicht hast du recht«, sagte Frodo. Um dem Blick des Bauern auszuweichen, starrte er ins Feuer.

Maggot sah ihn nachdenklich an. »Na, ich sehe, du hast deinen Kopf für dich«, sagte er. »Für mich liegt auf der Hand, dass du hier nicht zufällig am gleichen Nachmittag aufgetaucht bist wie dieser Reiter; und was ich dir zu erzählen hatte, war dir vielleicht gar nicht mehr so neu. Du musst mir auch nicht alles erzählen, was du lieber für dich behalten willst; nur sehe ich, dass du irgendwie in der Klemme bist. Vielleicht denkst du jetzt daran, dass es nicht ganz leicht sein wird, zur Fähre zu kommen, ohne erwischt zu werden?«

»Genau daran hab ich gedacht«, sagte Frodo. »Aber wir müssen es versuchen; indem wir hier sitzen und grübeln, schaffen wir's nicht. Darum müssen wir leider nun gehn. Trotzdem vielen Dank für deine Freundlichkeit! Du wirst lachen, Herr Maggot, aber dreißig Jahre lang habe ich in

Angst vor dir und deinen Hunden gelebt. Jammerschade, denn dadurch ist mir entgangen, dass ich einen guten Freund habe. Und jetzt tut es mir Leid, so schnell aufbrechen zu müssen. Doch ich komme wieder, vielleicht, eines Tages – wenn ich Glück habe.«

»Du bist mir immer willkommen«, antwortete Maggot. »Aber nun habe ich eine Idee. Es wird schon Abend, und wir wollen gleich essen, denn meistens gehen wir bald nach der Sonne schlafen. Wenn du und Herr Peregrin und ihr alle noch dableiben und mit uns einen Happen zwischen die Zähne nehmen könntet, würde uns das sehr freuen.«

»Auch wir würden uns freuen«, sagte Frodo. »Aber, es tut mir Leid, wir müssen gleich fort. Es wird sowieso schon dunkel sein, bevor wir zur Fähre kommen.«

»Ja, aber Moment mal! Ich wollte noch sagen: Nach so einem kurzen Abendbrot hole ich einen kleinen Wagen raus und fahre euch zur Fähre. Das erspart euch ein gutes Stück Wegs und womöglich noch anderen Ärger.«

Nun nahm Frodo die Einladung dankbar an, sehr zu Pippins und Sams Erleichterung. Die Sonne stand schon hinter den Bergen im Westen, und das Licht wurde blasser. Zwei von Maggots Söhnen und seine drei Töchter kamen herein, und der große Küchentisch wurde reich und nahrhaft gedeckt. Kerzen wurden angezündet und das Herdfeuer geschürt. Frau Maggot wuselte rein und raus. Noch ein paar Hobbits, die zum Hof gehörten, kamen dazu, und bald saßen sie zu vierzehnt bei Tisch. Bier gab es in großen Krügen, dazu eine Riesenpfanne Pilze mit Schinken und noch so allerlei an handfester ländlicher Kost. Die Hunde lagen am Herd und benagten die Schwarten und Knochen.

Als sie gegessen hatten, gingen der Bauer und seine Söhne mit einer Laterne hinaus und spannten den Wagen an. Im Hof war es schon dunkel, als die Gäste herauskamen. Sie warfen ihre Rucksäcke auf den Wagen und kletterten selbst hinein. Der Bauer saß auf dem Kutschbock und brachte mit der Peitsche die beiden kräftigen Ponys auf Trab. Seine Frau stand im Lichtschein der offenen Tür.

»Pass auf dich auf, Maggot!« rief sie. »Fang keinen Streit mit Fremdländern an und komm gleich wieder zurück!«

»Mach ich!« sagte er, als er durchs Tor fuhr. Kein Windhauch regte sich; die Nacht war still und friedlich, und ein Vorgeschmack von Kälte lag in der Luft. Sie fuhren ohne Lichter und darum langsam. Nach ein, zwei Meilen war der Feldweg zu Ende; er durchquerte einen tiefen Graben und führte dann über einen kleinen Hang zu der hoch aufgeschütteten Uferstraße hinauf.

Maggot stieg ab und spähte lange in beide Richtungen, nach Norden und Süden, aber in der Dunkelheit war nichts zu sehen; und in der unbewegten Luft hörte man kein Geräusch. Dünne Strähnen von Flussnebel hingen über den Gräben und krochen über die Felder.

»Das gibt eine dicke Suppe«, sagte Maggot, »aber die Laternen zünd' ich erst auf der Heimfahrt an. Auf der Straße werden wir heute alles viel eher hören, als wir es sehen.«

Es waren etwas mehr als fünf Meilen von Maggots Feldweg bis zur Fähre. Die Hobbits wickelten sich warm ein, horchten aber angespannt auf jedes Geräusch außer dem Knirschen der Räder und dem langsamen Klappklapp der Ponyhufe. Frodo kam der Wagen langsam wie eine Schnecke vor. Neben ihm war Pippin am Eindösen; aber Sam starrte voraus in den aufsteigenden Nebel.

Endlich erreichten sie den Zugang zur Fähre. Die Abzweigung war durch zwei hohe weiße Pfosten gekennzeichnet, die plötzlich an der rechten Straßenseite auftauchten. Maggot zügelte die Ponys, und der Wagen kam knarrend zum Stehen. Sie wollten schon hinausklettern, als sie auf einmal hörten, wovor ihnen die ganze Zeit gegraut hatte: Hufgeräusche auf der Straße vor ihnen. Die Geräusche kamen auf sie zu.

Maggot sprang ab, hielt die Ponys am Zaumzeug und spähte in die Dunkelheit. Klipp-klapp, klipp-klapp, kam der Reiter näher. Die Hufschläge hallten laut in der stillen, nebligen Luft.

»Halte du dich lieber versteckt, Herr Frodo!« sagte Sam besorgt. »Runter in den Wagen und Decken drüber! Diesem Reiter werden wir heimleuchten!« Er stieg vom Wagen und stellte sich neben den Bauern. Um an den Wagen heranzukommen, würden die schwarzen Reiter erst mal Sam Gamdschie niederreiten müssen!

Klapp-klapp, klapp-klapp. Der Reiter war fast bei ihnen.

»Hallo, wer da?« rief der Bauer Maggot. Die Hufschläge hörten jäh auf. Wenige Meter entfernt glaubten sie im Nebel eine dunkle vermummte Gestalt zu erkennen.

»Na, was denn?« rief der Bauer Maggot, warf Sam die Zügel hin und trat vor. »Kommen Sie keinen Schritt näher! Was wollen Sie und wohin?«

»Ich suche Herrn Beutlin. Haben Sie ihn gesehen?« sagte eine gedämpfte Stimme – aber es war die Stimme von Merry Brandybock. Eine verdunkelte Laterne wurde abgedeckt und beleuchtete das erstaunte Gesicht des Bauern.

»Herr Merry!« rief er.

»Gewiss, was dachtest du, wer ich bin?« sagte Merry, nah heranreitend. Als er aus dem Nebel auftauchte und ihre Befürchtungen sich auflösten, schien er mit einem Mal aufs gewöhnliche Hobbitmaß zu schrumpfen. Er saß auf einem Pony und hatte sich gegen den Nebel einen Schal um den Hals und übers Kinn geschlungen.

Frodo sprang aus dem Wagen, um ihn zu begrüßen. »Da bist du ja endlich!« sagte Merry. »Ich fragte mich allmählich, ob du heute überhaupt noch kommen würdest, und war schon auf dem Heimweg zum Abendessen. Als es neblig wurde, habe ich übergesetzt und bin gegen Stock zu geritten, um zu sehen, ob du nicht in irgendeinen Graben geplumpst bist. Aber ich kann nicht begreifen, auf welchem Weg du gekommen bist. Wo hast du die drei denn aufgelesen, Herr Maggot, in deinem Ententeich?«

»Nein, ich hab sie bei unbefugtem Betreten meines Landes erwischt«, sagte der Bauer, »und beinah die Hunde auf sie losgelassen; aber sie werden dir die ganze Geschichte sicher erzählen. Wenn ihr mich aber entschuldigt, Herr Merry und Herr Frodo und die andern Herren, dann fahr' ich jetzt heim. Meine Frau wird sich schon Sorgen machen, weil es so neblig ist.«

Er fuhr den Wagen rückwärts in den Fährweg hinein und wendete. »Na, dann gute Nacht, die Herren!« sagte er. »War ein verrückter Tag, kann man wohl sagen! Aber Ende gut, alles gut; sollte man aber wohl erst sagen, wenn man wieder hinter der eigenen Tür ist. Ich jedenfalls werde froh sein, wenn ich wieder daheim bin.« Er zündete seine Laternen an und stieg auf den Bock. Plötzlich zog er unter der Sitzbank einen großen Korb vor. »Hätt' ich beinah vergessen«, sagte er. »Frau Maggot hat das hier für Herrn Beutlin eingepackt, mit schönen Grüßen.« Er reichte ihn herunter und fuhr los, unter einem Chor von Danksagungen und Gutenachtwünschen.

Sie sahen ihm nach, bis die matten Lichthöfe um seine Laternen in der Nebelnacht verschwanden. Frodo musste lachen: Aus dem abgedeckten Korb, den er in der Hand hielt, duftete es nach Pilzen.

FÜNFTES KAPITEL

EINE AUFGEDECKTE VERSCHWÖRUNG

»So, nun sehn wir auch lieber, dass wir heimkommen«, sagte Merry. »Da ist ja wohl irgendwas komisch an der ganzen Geschichte, aber das kann jetzt warten, bis wir da sind.«

Sie gingen den geraden, gepflegten Fährweg hinunter, dessen Ränder mit großen weiß gestrichenen Steinen markiert waren. Nach etwa hundert Schritten kamen sie zu dem breiten hölzernen Landesteg am Ufer. Ein großes, flaches Fährboot lag dort vertäut. Die weißen Poller dicht am Wasser schimmerten im Licht zweier Lampen, die auf hohen Pfählen standen. Hinter ihnen reichte der Nebel in den flachen Feldern nun bis über die Hecken hinauf; doch vor ihnen war das Wasser dunkel, und nur wenige Nebelschwaden zogen sich wie Rauchkringel durchs Schilf am Ufer. Auf dem andern Ufer schien es weniger neblig zu sein.

Merry führte das Pony über eine Planke in das Boot, und die anderen folgten. Dann stieß Merry mit einer langen Stake vom Ufer ab. Breit und geruhsam floss der Brandywein dahin. Auf der anderen Seite war das Ufer steil, und von der Anlegestelle führte ein Serpentinenweg aufwärts. Lampen schimmerten herüber. Dahinter erhob sich der Bockberg, und aus ihm sah man durch die vereinzelten Nebelschwaden viele runde Fenster rot oder gelb hervorleuchten. Dies waren die Fenster des Brandyschlosses, der alten Höhle der Brandybocks.

Vor vielen, vielen Jahren hatte Gorhendad Altbock, das Oberhaupt der Altbocks, die eine der ältesten Familien im Bruch und im ganzen Auenland waren, den Fluss überquert, der einst die Ostgrenze des Landes gewesen war. Er erbaute (oder besser: grub) das Brandyschloß, änderte seinen Namen zu Brandybock und ließ sich dort nieder als Herr eines kleinen, so gut wie unabhängigen Landes. Seine Familie wuchs und vermehrte sich weit über seine Lebzeiten hinaus, bis das Brandyschloss den ganzen unteren Teil des niedrigen Berges einnahm, mit drei Haupt- und vielen Nebeneingängen und etwa hundert Fenstern. Dann begannen die Brandybocks und ihre zahlreichen Angeheirateten und Abhängigen, ringsum die

Hügel auszuhöhlen und später auch Häuser zu bauen. So war Bockland entstanden, der dicht besiedelte Landstreifen zwischen dem Fluss und dem Alten Wald, eine Art auenländische Kolonie. Der Hauptort Bockenburg lag am Fluss und erstreckte sich über die Hänge hinter dem Brandyschloß.

Mit den Bewohnern des Bruchs standen sich die Bockländer gut, und die Obrigkeit des »Schloßherrn« (so nannte man das Familienoberhaupt der Brandybocks) wurde auch von den Bauern zwischen Stock und Rohrholm anerkannt. Aber die meisten altauenländischen Hobbits betrachteten die Bockländer als, gelinde gesagt, eigenartig, fast schon als Ausländer. Und das, obwohl sie in Wahrheit von den Bewohnern der vier Auenlandviertel nicht allzu verschieden waren. Außer in einem Punkt: Sie fuhren gern Kahn, und manche konnten sogar schwimmen.

Ihr Land war anfangs nach Osten hin ungeschützt gewesen, doch an dieser Seite hatten sie eine Hecke, den Hohen Hag, angelegt. Er war vor vielen Generationen gepflanzt worden und war nun hoch und dicht, denn er wurde beständig gepflegt. In weitem Bogen vom Flussufer zurücktretend, verlief er von der Brandyweinbrücke bis nach Hagsend (wo die Weidenwinde aus dem Alten Wald herausfloss und in den Brandywein mündete): vom einen Ende zum andern mehr als zwanzig Meilen. Doch natürlich bot der Hag keinen unbedingt zuverlässigen Schutz. Der Wald rückte an vielen Stellen dicht an die Hecke heran. Die Bockländer hielten nach Einbruch der Dunkelheit die Türen verschlossen, und auch das war im Auenland sonst nicht üblich.

Das Fährboot glitt langsam übers Wasser. Das Bockländer Ufer kam näher. Von den Reisenden war Sam als einziger noch nie über den Fluss gefahren. Angesichts der langsam dahinziehenden, leise glucksenden Strömung wurde ihm ganz seltsam zumute: Hinter ihm im Nebel lag sein gewohntes Leben, vor ihm ein dunkles Abenteuer. Er kratzte sich den Kopf, und für einen Moment wünschte er sich, Herr Frodo könnte weiter geruhsam in Beutelsend leben.

Die vier Hobbits stiegen aus dem Boot. Merry band es fest, und Pippin führte schon das Pony den Weg hinauf, als Sam (der sich, wie zum Abschied vom Auenland, noch einmal umgeschaut hatte) mit gepresster Flüsterstimme sagte:

»Schau mal zurück, Herr Frodo! Siehst du nichts?«

Am Landesteg gegenüber konnten sie aus der Entfernung im Lampenlicht undeutlich eine Gestalt erkennen; sie sah aus wie ein schwarzes Bündel, das jemand dort zurückgelassen hatte. Doch dann schien das Bündel sich zu bewegen und hin- und herzuschwanken, wie wenn es den Boden absuchte. Dann kroch es oder ging in geduckter Haltung in die Dunkelheit hinter den Lampen davon.

»Was in allen Auen ist das?« rief Merry.

»Etwas, das uns verfolgt«, sagte Frodo. »Aber bitte frage jetzt nicht weiter! Nichts wie weg von hier!« Sie hasteten den Weg zum Kamm des Steilufers hinauf; doch als sie noch einmal über den Fluss blickten, war das andere Ufer in Nebel gehüllt, und nichts war zu sehen.

»Ein Glück, dass ihr am Westufer keine Boote liegen lasst!« sagte Frodo. »Können Pferde über den Fluss kommen?«

»Sie könnten es zwanzig Meilen weiter nördlich bei der Brandyweinbrücke – oder sie könnten schwimmen«, antwortete Merry. »Allerdings hab ich noch nie gehört, dass ein Pferd über den Brandywein geschwommen ist. Aber was haben Pferde damit zu tun?«

»Ich erzähle dir's später. Wenn wir im Haus sind, können wir reden.«

»Na schön! Du und Pippin, ihr kennt den Weg; und ich reite voraus und sage dem Dicken, dass ihr bald da seid. Wir kümmern uns ums Abendessen und so weiter.«

»Wir haben zwar schon beim Bauern Maggot gegessen«, sagte Frodo; »aber ein zweites Abendessen können wir auch vertragen.«

»Ihr sollt es bekommen! Gib mir den Korb!« sagte Merry und trabte voraus in die Dunkelheit.

Vom Brandywein bis zu Frodos neuem Haus in Krickloch war es noch ein gutes Stück weit. Sie gingen rechts am Bockberg und am Brandyschloß vorbei bis zur Hauptstraße am Rande von Bockenburg, die von der Brücke her kam und weiter nach Süden führte. Nach einer halben Meile nordwärts auf dieser Straße zweigte zur Rechten ein Feldweg ab. Auf diesem gingen sie zwei Meilen weit ins hügelige Land hinein.

Schließlich kamen sie zu einer schmalen Pforte in einer dichten Hecke. Von dem Haus war im Dunkeln nichts zu sehen: Es stand abseits vom Weg inmitten einer großen runden Wiese, umgeben von einem Gürtel niedriger Bäume innerhalb der Hecke. Frodo hatte es sich ausgesucht, weil es in einem entlegenen Winkel des Landes und abseits von allen anderen Behausungen stand. Man konnte aus und ein gehen, ohne dass einen jemand bemerkte. Die Brandybocks hatten es vor langer Zeit erbaut, für Gäste oder Familienangehörige, die der Enge und dem Trubel im Brandyschloß für eine Weile entkommen wollten. Es war ein altväterisches Landhaus, einer Hobbithöhle so ähnlich wie nur möglich: lang und niedrig, ohne Obergeschoß, mit einem Dach aus Rasensoden, runden Fenstern und einer großen runden Tür.

Als sie über den Rasenweg von der Pforte herankamen, war kein Licht zu sehen; jedenfalls drang keines durch die geschlossenen Fensterläden. Frodo klopfte an die Tür, und Fredegar Bolger machte auf. Ein freundlicher Lichtschein fiel nach draußen. Rasch traten sie über die Schwelle und schlossen sich und das Licht ein. Sie standen in einer geräumigen Diele mit Türen zu beiden Seiten. Vor ihnen führte ein Gang durch die Mitte des Hauses.

»Nun, wie findest du's?« fragte Merry, der den Gang heraufkam. »Wir haben uns alle Mühe gegeben, es dir in der kurzen Zeit so heimisch wie möglich zu machen. Schließlich sind der Dicke und ich auch erst gestern mit der letzten Fuhre hier angekommen.«

Frodo schaute sich um. Es sah wirklich heimisch aus. Viele von den Möbeln, die er gern um sich hatte, waren da – doch eigentlich waren es Bilbos Möbel (an ihn erinnerten sie in der neuen Umgebung um so mehr) –, alle nach Möglichkeit so gestellt, wie sie in Beutelsend gestanden hatten. Es war ein hübsches, komfortables und einladendes Haus, und er musste sich eingestehen, dass er wünschte, er wäre wirklich hergekommen, um sich in stiller Zurückgezogenheit hier niederzulassen. Es schien ihm unredlich, dass er seinen Freunden all die Mühe gemacht hatte; und zum wiederholten Male fragte er sich, wie er ihnen nur die Neuigkeit beibringen solle, dass er sie so bald, ja, im Grunde sofort, verlassen müsste. Jedenfalls musste er es ihnen am selben Abend noch sagen, bevor sie zu Bett gingen.

»Es ist herrlich!« sagte er, aber es kostete ihn Überwindung. »Ich merke kaum, dass ich umgezogen bin.«

Die Reisenden hängten ihre Mäntel auf und stellten die Rucksäcke auf den Boden. Merry führte sie durch den Flur und stieß am äußersten Ende eine Tür auf. Feuerschein drang heraus und eine Dampfwolke.

»Ein Bad!« rief Pippin. »O unvergleichlicher Meriadoc!«

»In welcher Reihenfolge gehn wir rein?« sagte Frodo. »Der Älteste zuerst, oder der Schnellste? Du bist in jedem Fall der Letzte, Herr Pippin.«

»Du traust mir doch hoffentlich zu, dass ich so etwas besser organisiere«, sagte Merry. »Wir können doch das Leben in Krickloch nicht mit

Zank ums Badewasser anfangen! In dem Raum hier stehen drei Wannen und ein großer Kessel kochendes Wasser. Handtücher, Matten und Seife liegen auch bereit. Rein mit euch, und macht schnell!«

Merry und der Dicke gingen in die Küche auf der andern Seite des Flurs und trafen die letzten Vorbereitungen für ein spätes Abendessen. Fetzen von mehreren einander widerstreitenden Gesängen kamen aus dem Badezimmer, vermischt mit Spritz- und Planschgeräuschen. Pippins Stimme erhob sich über die der beiden anderen. Er sang eines von Bilbos liebsten Badeliedern.

> *Ein Lob dem Bade, dem warmen Guss,*
> *Der abspült den Staub und des Tages Verdruss!*
> *Ein Lümmel ist er, der triel und stinkt,*
> *Wer heißes Wasser nicht laut besingt.*
>
> *O zärtlich klingt des Regens Laut*
> *Und das Rieseln des Baches im Wiesenkraut,*
> *Doch nimmer tut Regen und Bach so gut,*
> *Wie heißes Wasser im Zuber tut.*
>
> *Auch kaltes Wasser, allenfalls*
> *Netzt, wenn man durstig ist, den Hals;*
> *Doch geht's ans Trinken, raten wir:*
> *Das bessre Kehlenbad ist Bier.*
>
> *O Wasser, das dem Springquell gleich*
> *Gen Himmel steigt, ist wonnereich;*
> *Doch niemals rauscht ein Quell so süß,*
> *Wie heißes Wasser mir – platsch! – auf die Füß!*

Man hörte ein gewaltiges *Platsch!*, auf das ein *Buhuuh!* von Frodo folgte. Anscheinend hatte sich ein großer Teil von Pippins Badewasser in einen Springquell verwandelt.

Merry trat an die Tür. »Wie wär's, wenn ihr jetzt zum Essen und zum Kehlenbad kämt?« Frodo kam heraus und trocknete sich das Haar.

»Die Luft ist so feucht da drin, dass ich mich lieber hier fertig mache«, sagte er.

»Gerechtigkeit!« sagte Merry und schaute hinein. Der Steinfußboden schwamm. »Das wischst du auf, Peregrin, sonst kriegst du nichts zu essen«, sagte er. »Beeil dich, oder wir warten nicht auf dich!«

Das Essen gab es in der Küche auf einem Tisch nah am Herd. »Ich nehme an, ihr drei wollt nicht schon wieder Pilze?« sagte Fredegar ohne viel Hoffnung.

»Doch, wollen wir!« rief Pippin.

»Mir gehören sie!« sagte Frodo. *»Mir* hat Frau Maggot sie gegeben, die Königin aller Bauersfrauen. Nimm deine gierigen Pfoten weg, dann teile ich aus!«

Der Pilzhunger der Hobbits übersteigt alles, was selbst vom Großen Volk an Süchten und Begierden bekannt ist, eine Tatsache, die wenigstens teilweise die langen Expeditionen des jungen Frodo zu den berühmten Pilzwiesen des Bruchlands und den Zorn des geschädigten Bauern Maggot erklärt. Bei dieser Gelegenheit nun gab es, selbst nach Hobbitmaßstäben, mehr als genug für alle, und nach den Pilzen kamen noch etliche andere Gänge. Als sie mit allem fertig waren, stieß selbst der unersättliche Fredegar Bolger einen Seufzer der Zufriedenheit aus. Sie schoben den Tisch beiseite und rückten mit den Stühlen ums Feuer.

»Aufräumen können wir später«, sagte Merry. »Nun erzählt mir aber bitte alles! Ich kann mir denken, dass ihr Abenteuer erlebt habt, unfairerweise nicht in meinem Beisein. Ich wünsche einen vollständigen Bericht. Vor allem möchte ich wissen, was mit dem alten Maggot los war und warum er so komisch mit mir geredet hat. Es hörte sich fast so an, als ob er *Angst* hätte – wenn das bei ihm überhaupt möglich ist.«

»Wir haben alle Angst gehabt«, sagte Pippin, nachdem Frodo eine Weile ins Feuer geblickt hatte, ohne etwas zu sagen. »Du hättest auch Angst gehabt, wenn zwei Tage lang die schwarzen Reiter hinter dir her gewesen wären.«

»Und was sind das für welche?«

»Schwarze Gestalten auf schwarzen Pferden«, antwortete Pippin. »Wenn Frodo nicht reden will, werde eben ich euch alles von Anfang an erzählen.« Dann berichtete er ausführlich über ihren Fußmarsch, vom Aufbruch aus Hobbingen an. Sam steuerte manche bestätigenden Gesten und Ausrufe bei; Frodo blieb stumm.

»Ich würde meinen, das hast du alles zusammenphantasiert«, sagte Merry, »wenn ich nicht dieses schwarze Ding auf dem Landesteg gesehen – und diesen komischen Beiklang in Maggots Stimme gehört hätte. Was hältst du denn von alledem, Frodo?«

»Vetter Frodo ist bisher sehr zugeknöpft gewesen«, sagte Pippin, »aber nun wird es Zeit, dass er auspackt. Bisher haben wir nichts erfahren, woran wir uns halten könnten, außer Maggots Vermutung, das Ganze habe etwas mit dem Schatz des alten Bilbo zu tun.«

»Das war einfach so geraten«, sagte Frodo hastig. »Maggot *weiß* überhaupt nichts.«

»Der alte Knabe ist nicht blöd«, sagte Merry. »Seinem runden Gesicht sieht man nicht an, was er sich alles denkt, aber nicht sagt. Ich habe gehört, dass er früher öfters in den Alten Wald gegangen ist, und er steht in dem Ruf, über allerlei seltsame Dinge Bescheid zu wissen. Aber wenigstens könntest du uns sagen, Frodo, ob du denkst, dass er gut oder schlecht geraten hat.«

»Ich *denke*«, antwortete Frodo langsam, »dass er nach allem, was er wissen kann, gut geraten hat. Ein Zusammenhang mit Bilbos alten Abenteuern besteht tatsächlich, und die Reiter suchen, oder vielleicht sollte man sagen, *fahnden* nach ihm oder nach mir. Ich befürchte auch, wenn ihr's denn wissen wollt, dass die Sache überhaupt nicht lustig ist und dass ich weder hier noch irgendwo sonst in Sicherheit bin.« Er blickte nach den Fenstern und Wänden, als befürchtete er, dass sie plötzlich aufgehen könnten. Die andern sahen ihn stumm an und wechselten miteinander vielsagende Blicke.

»Jetzt kommt's, jede Sekunde!« sagte Pippin flüsternd zu Merry.

»Nun denn!« sagte Frodo endlich, richtete sich auf und straffte den Rücken, als habe er einen Entschluss gefasst. »Ich kann's nicht länger verheimlichen. Ich muss euch allen etwas sagen. Aber ich weiß nicht recht, wie ich anfangen soll.«

»Ich glaube, ich kann dir helfen«, sagte Merry ruhig, »indem ich dir einen Teil davon meinerseits sage.«

»Was meinst du damit?« sagte Frodo und schaute ihn besorgt an.

»Mein guter alter Frodo, nur so viel: Du bist unglücklich, weil du nicht weißt, wie du Abschied nehmen sollst. Natürlich hast du schon länger vorgehabt, aus dem Auenland fortzugehen. Aber nun ist die Gefahr rascher über dich hereingebrochen, als du erwartet hast, und du willst dich entschließen, sofort aufzubrechen. Aber du willst doch nicht fort. Du tust uns sehr Leid.«

Frodo machte den Mund auf und klappte ihn gleich wieder zu. Seine überraschte Miene war so komisch, dass sie lachen mussten. »Mein lieber alter Frodo!« sagte Pippin. »Hast du wirklich geglaubt, du könntest uns allen Sand in die Augen streuen? Dazu warst du bei weitem nicht gerissen und umsichtig genug. Offenbar hast du schon das ganze letzte Jahr seit April daran gedacht, fortzugehen und vorher noch all deinen Schlupfwinkeln Lebwohl zu sagen. Immer wieder haben wir gehört, wie du Sachen vor dich hingebrabbelt hast: ›Ob ich wohl dieses Tal noch mal wiedersehn werde?‹ und dergleichen. Und was sollten wir davon halten, wenn du so tust, als ob dir das Geld ausgeht, und dann tatsächlich dein schönes Beutelsend an diese Sackheim-Beutlins verkaufst? Und von all diesen Gesprächen unter vier Augen mit Gandalf?«

»Du lieber Himmel«, sagte Frodo, »und ich hab gedacht, ich hätte alles sehr schlau eingefädelt! Ich weiß nicht, was Gandalf dazu sagen würde. Redet denn nun schon das ganze Auenland von meinem Fortgang?«

»O nein!« sagte Merry. »Darüber mach dir keine Sorge! Lange wird es sich natürlich nicht geheimhalten lassen, aber bis jetzt, meine ich, wissen davon nur wir Verschwörer. Du musst doch bedenken, dass wir dich gut kennen und oft mit dir zusammen sind. Gewöhnlich können wir erraten, was dir durch den Kopf geht. Und Bilbo habe ich auch gekannt. Um dir die Wahrheit zu sagen, ich habe dich immer ziemlich genau beobachtet, seit er fort ist. Ich dachte, früher oder später würdest du ihm folgen, eher früher, dachte ich sogar; und in letzter Zeit waren wir sehr besorgt. Uns graute vor dem Gedanken, du könntest uns entwischen und ganz allein plötzlich losgehen, so wie er. Seit diesem Frühjahr haben wir die Augen offen gehalten und auch unsererseits allerlei geplant und vorbereitet. So leicht kommst du uns nicht davon!«

»Aber ich muss doch fort, Freunde!« sagte Frodo. »Es ist nicht zu ändern. Es ist bitter für uns alle, aber es hat keinen Zweck, dass ihr versucht mich zurückzuhalten. Wenn ihr schon so viel erraten habt, dann, bitte, helft mir und hindert mich nicht!«

»Du verstehst nicht«, sagte Pippin. »Du musst gehn – und darum müssen wir's auch. Merry und ich kommen mit. Dass Sam mitkommt, ist gut und schön; er würde jedem Drachen in den Schlund springen, um dich rauszuziehen, wenn er nicht über die eigenen Füße stolpern würde; aber bei einem so gefährlichen Abenteuer wirst du mehr als einen Begleiter nötig haben.«

»Meine teuren und heiß geliebten Hobbits!« sagte Frodo tief gerührt. »Aber das kann ich nicht zulassen, das habe ich schon lange beschlossen. Ihr sprecht von einem gefährlichen Abenteuer, aber ihr begreift nicht. Das wird keine Schatzsuche, keine Fahrt hin und zurück. Ich flüchte vor einer Lebensgefahr in die andere.«

»Natürlich begreifen wir«, sagte Merry mit Entschiedenheit. »Und eben deshalb haben wir beschlossen mitzukommen. Wir wissen, dass der Ring kein Scherzartikel ist, aber wir werden unser Bestes tun, um dir gegen den Feind beizustehen.«

»Der Ring?« sagte Frodo, nun völlig entgeistert.

»Ja, der Ring«, sagte Merry. »Mein guter alter Hobbit, du weißt nicht, wie neugierig Freunde sein können. Von dem Ring weiß ich seit Jahren – ich wusste sogar schon davon, bevor Bilbo fortging; aber weil er ihn offenbar als Geheimnis betrachtete, behielt ich mein Wissen für mich, bis wir die Verschwörung angezettelt haben. Ich kannte Bilbo natürlich nicht so gut, wie ich dich kenne; dazu war ich noch zu jung, und er war auch vorsichtiger – aber nicht vorsichtig genug. Wenn du wissen willst, wie ich das herausbekommen habe, erzähl' ich dir's.«

»Erzähle!« sagte Frodo matt.

»Sein Verhängnis, wie du dir ja denken kannst, waren die Sackheim-Beutlins. Eines Tages, etwa ein Jahr vor dem Abschiedsfest, sah ich auf der Straße Bilbo vor mir hergehen. Plötzlich tauchten von fern die S.-B.s auf und kamen uns entgegen. Bilbo wurde langsamer und auf einmal, hast du nicht gesehn, war er verschwunden. Ich bin so erschrocken, dass ich kaum mehr klar genug im Kopf war, um auf herkömmlichere Weise in Deckung zu gehn; aber ich flitzte durch die Hecke und ging dahinter auf der Wiese weiter. Ich guckte raus auf die Straße, als die Sackheim-Beutlins vorbei waren, und sehe Bilbo unmittelbar vor mir, wie er gerade wieder auftaucht. Für einen Moment sah ich Gold schimmern, als er etwas in die Hosentasche steckte.

Danach habe ich die Augen offen gehalten. Ich habe sogar spioniert, muss ich zugeben. Aber du wirst verstehen, es war sehr spannend, und ich war ja noch nicht mal in den Twiens. Ich muss wohl im ganzen Auenland der einzige sein, abgesehen von dir, Frodo, der je in das Geheimbuch des alten Knaben geschaut hat.«

»Du hast sein Buch gelesen!« rief Frodo. »Du meine Güte, ist denn nichts vor euch sicher?«

»Nicht allzu sicher, würde ich meinen«, sagte Merry. »Aber ich konnte nur einmal rasch einen Blick hineinwerfen, und das war schon schwierig genug. Er ließ das Buch nie herumliegen. Was wohl daraus geworden ist? Ich würde gern noch mal hineinschauen. Hast du es, Frodo?«

»Nein. Es war nicht in Beutelsend. Er muss es mitgenommen haben.«

»Jedenfalls, wie schon gesagt«, fuhr Merry fort, »ich behielt für mich, was ich wusste, bis zu diesem Frühjahr, als die Sache ernst wurde. Dann haben wir unsere Verschwörung organisiert, und weil wir seriöse Verschwörer waren und ebenfalls Ernst machen wollten, konnten wir in unseren Mitteln nicht zu wählerisch sein. Du bist schon eine ziemlich harte Nuss, und Gandalf ist noch schlimmer. Aber wenn du unseren wichtigsten Spion kennen lernen willst, kann ich ihn dir vorstellen.«

»Wo ist er?« sagte Frodo und schaute umher, als erwartete er, einen vermummten Bösewicht aus einem Schrank hervorkommen zu sehen.

»Tritt vor, Sam!« sagte Merry, und Sam stand auf, das Gesicht scharlachrot bis zu den Ohren. »Hier ist unser verdeckter Ermittler! Und er hat eine Menge ermittelt, kann ich dir versichern, bis er schließlich ertappt wurde. Danach schien er sich sozusagen durch Ehrenwort gebunden zu fühlen und gab nichts mehr preis.«

»Sam!« rief Frodo, mit einem Gefühl, sich fortan über gar nichts mehr wundern zu können, und außer Stande, sich klar zu werden, ob er nun wütend, belustigt oder erleichtert sein oder sich einfach dumm vorkommen sollte.

»Jawohl, Chef!« sagte Sam. »Bitte gehorsamst um Verzeihung, Chef! Aber ich hab es nicht bös gegen dich gemeint, Herr Frodo, und auch nicht gegen Herrn Gandalf. *Der* hat genug Grips, wie du weißt, und als du gesagt hast, du gehst *allein* fort, da hat er gesagt, *nein, nimm jemand mit, dem du vertrauen kannst!*«

»Aber es sieht nicht so aus, als ob ich jemandem trauen kann«, sagte Frodo.

Sam sah ihn bekümmert an. »Es kommt ganz drauf an, was du willst«, warf Merry ein. »Du kannst darauf vertrauen, dass wir mit dir durch dick und dünn gehen, bis zum bitteren Ende. Und du kannst darauf vertrauen, dass deine Geheimnisse bei uns gut aufgehoben sind, besser als bei dir selbst. Aber du kannst nicht darauf vertrauen, dass wir dich ohne ein Wort verschwinden und der Gefahr allein entgegengehn lassen. Wir sind deine Freunde, Frodo. Jedenfalls, so steht es: Wir wissen zum größten Teil, was Gandalf dir gesagt hat. Wir wissen allerhand über den Ring. Wir haben eine entsetzliche Angst – aber wir kommen mit, oder wir verfolgen dich wie eine Hundemeute.«

»Und schließlich, Herr Frodo«, ergänzte Sam, »solltest du auch auf die Elben hören. Gildor hat gesagt, du sollst Freunde mitnehmen, die bereit sind, dir zu folgen – das kannst du nicht bestreiten.«

»Ich bestreite es nicht«, sagte Frodo und schaute Sam an, der nun grinste. »Ich bestreite es nicht, aber ich werde nie wieder glauben, dass du schläfst, ob du nun schnarchst oder nicht. Ich werde dir immer erst einen kräftigen Tritt geben, um mich zu vergewissern.

Ihr seid mir eine ganz hinterlistige Bande!« sagte er zu den anderen. »Aber ich danke euch.« Lachend stand er auf und hob beide Hände. »Ich ergebe mich. Ich will auf Gildors Rat hören. Ich würde jetzt vor Freude tanzen, wenn die Aussichten nicht so finster wären. Trotzdem, ich kann mir nicht helfen, ich bin froh, so froh, wie ich es schon lange nicht mehr gewesen bin. Vor diesem Abend hatte mir's gegraut.«

»Gut, alles klar! Ein dreifach Hoch auf Hauptmann Frodo & Co.!« brüllten sie und tanzten um ihn herum. Merry und Pippin stimmten ein Lied an, das sie offenbar für diese Gelegenheit geschrieben hatten.

Es war in Zwergenstrophen gedichtet, wie das Lied, von dem sich Bilbo einst in sein Abenteuer hatte hineinlocken lassen, und ging nach derselben Melodie:

> *Ach, Haus und Herd, auf Wiedersehn!*
> *Ob's stürmt, ob's schneit, wir müssen gehn,*
> *Vom Bett gejagt, bevor es tagt,*
> *Zu Feld und Wald und Bergeshöhn.*
>
> *Nach Bruchtal, wo man elbisch spricht,*
> *Zum tiefen Tal im Nebellicht,*
> *Dahin, dahin, durch dick und dünn!*
> *Doch wohin dann? Wir wissen's nicht.*
>
> *Ringsum Gefahr, die uns beschleicht,*
> *Das Bett im Freien kalt und feucht;*
> *Doch geht's voran, ist irgendwann*
> *Die Fahrt zu End, das Ziel erreicht.*
>
> *Ob's stürmen oder schneien mag,*
> *Wir müssen fort vor Tau und Tag!*

»Sehr schön!« sagte Frodo. »Aber wenn das so ist, haben wir noch einiges zu tun, bevor wir zu Bett gehn – wenigstens heute Nacht noch mit einem Dach überm Kopf.«

»Ach, das war doch nur das Gedicht« sagte Pippin. »Oder willst du wirklich vor Tau und Tag aufbrechen?«

»Ich weiß nicht«, sagte Frodo. »Ich fürchte mich vor diesen schwarzen Reitern und bin sicher, dass es gefährlich wäre, lange an einem Ort zu bleiben, besonders an einem, von dem bekannt ist, dass ich ihn aufsuchen wollte. Außerdem hat Gildor mir geraten, nicht zu warten. Aber ich würde sehr gern Gandalf treffen. Ich habe gemerkt, dass sogar Gildor besorgt war, als er hörte, dass er nicht gekommen ist. Eigentlich hängt alles von zwei Fragen ab. Wie schnell können die Reiter nach Bockenburg kommen? Und wie schnell können wir aufbrechen? Es wird noch einiges vorzubereiten sein.«

»Die Antwort auf die zweite Frage«, sagte Merry, »lautet, dass wir in einer Stunde aufbrechen könnten. Ich habe so gut wie alles vorbereitet. In einem Stall hinter den Wiesen stehen sechs Ponys, Vorräte und Marschausrüstung sind eingepackt; fehlen nur noch ein bisschen Kleidung zum Wechseln und die verderblichen Nahrungsmittel.«

»Ihr scheint eure Verschwörung ganz professionell organisiert zu haben«, sagte Frodo. »Aber was sagst du zu den schwarzen Reitern? Könnten wir's riskieren, noch einen Tag auf Gandalf zu warten?«

»Kommt ganz drauf an, was du denkst, was die Reiter tun würden, wenn sie dich hier fänden«, antwortete Merry. »Sie *könnten* natürlich jetzt schon hier sein, wenn sie am Nordtor nicht aufgehalten würden, wo der Hag bis ans Flussufer herabreicht, grad diesseits der Brücke. Die Torwächter würden sie bei Nacht nicht durchlassen, aber sie könnten durchbrechen. Selbst bei Tag, denke ich, würde man wohl versuchen, sie nicht einzulassen, oder würde zumindest erst Anweisungen des Schloßherrn einholen wollen – denn die Reiter machen sicher keinen Vertrauen erweckenden Eindruck, und die Wächter werden es mit der Angst kriegen. Aber einem entschlossenen Angriff könnte ganz Bockland natürlich nicht lange widerstehen. Und es ist möglich, dass man sogar einen schwarzen Reiter einlässt, wenn er morgens kommt und ganz manierlich sagt, dass er zu Herrn Beutlin möchte. Es ist ja allgemein bekannt, dass du nach Krickloch ziehst.«

Frodo setzte sich und überlegte eine Weile. »Ich habe mich entschieden«, sagte er schließlich. »Ich breche morgen auf, sobald es hell ist. Aber ich gehe nicht über die Straße, denn das wäre noch gefährlicher, als hier zu warten. Wenn ich durchs Nordtor gehe, wird meine Abreise aus Bockland sofort bekannt, statt wenigstens noch ein paar Tage geheim zu bleiben. Außerdem werden die Brücke und die Oststraße in Grenznähe mit Sicherheit beobachtet, ob nun ein Reiter nach Bockland hereinkommt oder nicht. Wir wissen nicht, wie viele Reiter es sind, mindestens aber zwei, womöglich mehr. Das einzig Richtige ist also, in einen völlig unvorhergesehenen Weg einzuschlagen.«

»Aber das kann nur heißen, durch den Alten Wald«, sagte Fredegar erschrocken. »Das kannst du doch nicht vorhaben. Der Alte Wald ist ebenso gefährlich wie diese schwarzen Reiter.«

»Nicht ganz«, sagte Merry. »Es klingt zwar tollkühn, aber ich glaube, Frodo hat Recht. Es ist der einzige Weg, auf dem wir nicht sofort die Verfolger hinter uns hätten. Mit etwas Glück könnten wir einen beträchtlichen Vorsprung gewinnen.«

»Aber im Alten Wald könnt ihr nicht viel Glück haben«, wandte Fredegar ein. »Niemand hat dort Glück. Ihr werdet euch verirren. Niemand geht da rein.«

»O doch, ich kenne manche!« sagte Merry. »Die Brandybocks gehen rein – manchmal, wenn ihnen danach zumute ist. Wir kennen einen geheimen Eingang. Frodo ist schon einmal drin gewesen, vor langer Zeit. Ich bin mehrere Mal drin gewesen, allerdings meistens bei Tageslicht, wenn die Bäume einigermaßen friedlich vor sich hindösen.«

»Na, tut, was ihr für richtig haltet!« sagte Fredegar. »Ich wüsste nicht, wovor ich mehr Angst habe als vor dem Alten Wald; die Geschichten über ihn sind ein Albtraum. Aber meine Stimme zählt ja wohl nicht, weil ich nicht mitgehe. Immerhin muss ja auch jemand dableiben, der Gandalf sagen kann, wo ihr seid, denn er wird sicherlich bald kommen.«

Bei aller Freundschaft mit Frodo hatte der dicke Fredegar doch keine Lust, das Auenland zu verlassen und die weite Welt jenseits der Grenzen kennen zu lernen. Seine Familie kam sogar aus Balgfurt in den Brückenauen, aber er war noch nie über die Brandyweinbrücke gegangen. Nach dem ursprünglichen Plan der Verschwörer sollte er zurückbleiben, Neugierige abwimmeln und so lange wie möglich den Anschein aufrechterhalten, dass Herr Beutlin noch in Krickloch wohne. Er hatte sogar ein paar abgelegte Kleider von Frodo mitgebracht, um dessen Rolle besser spielen zu können. Sie hatten nicht bedacht, wie gefährlich das werden mochte.

»Vortrefflich!« sagte Frodo, als man ihm den Plan erklärt hatte. »Anders könnten wir Gandalf keine Nachricht hinterlassen. Ich weiß nicht, ob diese Reiter lesen können, aber einen Brief dazulassen, würde ich nicht wagen, denn vielleicht dringen sie ein und durchsuchen das Haus. Aber wenn der Dicke bereit ist, die Stellung zu halten, und ich sicher sein kann, dass

Gandalf erfährt, welchen Weg wir genommen haben, dann ist mein Entschluss gefasst. Morgen vor Tau und Tag geh' ich in den Alten Wald.«

»Gut, das wär's«, sagte Pippin. »Alles in allem möchte ich mit dem Dicken nicht tauschen: Er muss hier auf die schwarzen Reiter warten!«

»Warte nur ab, bis du in dem Wald drin bist!« sagte Fredegar. »Morgen um diese Zeit wirst du dir wünschen, du wärest wieder hier bei mir.«

»Hat keinen Sinn, weiter darüber zu streiten«, sagte Merry. »Wir müssen noch aufräumen und die letzten Sachen einpacken, bevor wir zu Bett gehn. Ich wecke euch morgen vor Tau und Tag.«

Als Frodo endlich im Bett lag, konnte er eine Weile nicht einschlafen. Die Beine schmerzten. Er war froh, morgen reiten zu können. Endlich fiel er in Schlaf und hatte einen wirren Traum, in dem es ihm schien, dass er von einem hohen Ausguck auf ein dunkles Meer verfilzter Wälder hinabsah. Von tief unten zwischen den Wurzeln kamen Geräusche von kriechenden und schnüffelnden Kreaturen. Er hatte das Gefühl, dass sie ihn früher oder später wittern mussten.

Dann hörte er ein fernes Brausen. Zuerst dachte er, es sei ein Sturm, der durch die Wipfel der Bäume fegte; doch dann erkannte er, dass es kein Waldesrauschen war, sondern das Brausen des weit entfernten Meeres, ein Geräusch, das er im Wachen noch nie, zu seiner Beunruhigung aber schon oft im Traum gehört hatte. Plötzlich merkte er, er war in offenem Gelände. Nirgendwo waren Bäume. Er stand auf einer düsteren Heide, und ein ungewohnter Salzgeruch hing in der Luft. Als er aufblickte, sah er vor sich einen großen weißen Turm, der ganz allein auf einem hohen Bergrücken stand. Ein starkes Verlangen überkam ihn, den Turm zu besteigen und das Meer zu sehen. Er begann den Berg hinaufzugehen, aber mit einem Mal leuchtete der Himmel auf, und ein Donnern war zu hören.

SECHSTES KAPITEL

DER ALTE WALD

Frodo wurde jäh wach. Es war noch dunkel im Zimmer. Merry stand da, in der einen Hand eine Kerze, mit der andern an die Tür hämmernd. »Schon gut! Was ist denn?« sagte Frodo, immer noch traumbefangen.

»Was ist?« rief Merry. »Zeit aufzustehn ist es. Halb fünf, draußen sehr neblig. Sam macht schon das Frühstück. Sogar Pippin ist schon auf. Ich gehe jetzt die Ponys satteln und das eine holen, das den Gepäckträger macht. Weck den Dicken, die Schlafmütze! Wenigstens aufstehn muss er und uns ein Stück begleiten.«

Kurz nach sechs Uhr waren die fünf Hobbits bereit zum Aufbruch. Fredegar Bolger gähnte noch. Leise stahlen sie sich aus dem Haus. Merry ging voran, mit dem Lastpony am Zaum. Er schlug einen Weg ein, der zuerst durch ein Gebüsch hinterm Haus und dann über Wiesen führte. Die Blätter glänzten an den Bäumen, und von allen Zweigen tropfte es; Tau lag auf dem Gras wie eine graue Decke. Es war sehr still. Geräusche aus einiger Entfernung schienen nah und deutlich heranzurücken: Federvieh gackerte in einem Hof; in einem Nachbarhaus schlug jemand eine Tür zu.

Im Schuppen standen die Ponys, stämmige kleine Tiere, wie sie bei den Hobbits beliebt waren, nicht schnell, aber gut für einen langen Tagesritt. Sie saßen auf, und bald ritten sie in den Nebel hinein, der sich nur widerstrebend vor ihnen zu öffnen und abweisend hinter ihnen wieder zu schließen schien. So ritten sie etwa eine Stunde lang dahin, langsam und ohne zu reden. Dann ragte plötzlich der Hag vor ihnen auf, hoch und mit silbrigen Spinnweben überzogen.

»Wie wollt ihr da durchkommen?« fragte Fredegar.

»Komm nur, und du wirst es sehen«, sagte Merry. Er bog links ab, am Hag entlang, und bald kamen sie zu einer Stelle, wo die Hecke um den Rand einer Mulde ins Land hinein vorsprang. In einigem Abstand war ein Graben ausgehoben, der mit leichtem Gefälle in den Boden hineinführte. Die mit Ziegeln ausgemauerten Seitenwände stiegen stetig an, bis sie sich nach oben wölbten und einen Tunnel bildeten, der tief unter dem Hag hinwegtauchte und auf der andern Seite in der Mulde wieder emporkam.

Hier machte Fredegar Bolger halt. »Lebe wohl, Frodo!« sagte er. »Ich wollte, du gingest nicht in diesen Wald. Ich kann nur hoffen, ihr braucht keine Rettung, ehe der Tag um ist. Aber viel Glück euch allen – heute und jeden Tag!«

»Wenn nichts Schlimmeres mich erwartet als der Alte Wald, kann ich froh sein«, sagte Frodo. »Sage Gandalf, er soll sich beeilen, uns auf der Oststraße zu folgen: Wir kehren bald auf sie zurück und reiten, so schnell wir können.« Dann riefen sie alle Fredegar ihr »Lebewohl!« zu und verschwanden in den Tunnel und aus seinen Augen.

Im Tunnel war es dunkel und feucht. Am anderen Ende war er durch eine Tür aus dicht aneinander gefügten Eisenstäben versperrt. Merry stieg ab und schloss auf, und als sie alle hindurch waren, stieß er die Tür wieder zu. Scheppernd und mit einem lauten Klicken fiel sie ins Schloss. Es klang nicht sehr ermutigend.

»Da wären wir!« sagte Merry. »Ihr befindet euch nicht mehr auf auenländischem Boden, am Rand des Alten Waldes.«

»Sind die Geschichten über den Wald denn nun wahr?« fragte Pippin.

»Ich weiß nicht, was für Geschichten du meinst«, antwortete Merry. »Wenn du die alten Butzemanngeschichten meinst, die der Dicke früher von seinen Kindermädchen gehört hat, von Kobolden und Wölfen und solchem Zeug, dann würde ich sagen, nein. Jedenfalls glaube ich daran nicht. Aber der Wald ist tatsächlich komisch. Alles darin ist sehr viel rühriger, viel achtsamer sozusagen, auf das, was vorgeht, als in den auenländischen Wäldern. Und die Bäume haben etwas gegen Fremde. Sie beobachten dich. Meistens tun sie nichts weiter, solange noch Tageslicht ist; es genügt ihnen, dich zu beobachten. Die unfreundlichsten werden ab und zu mal einen Ast runterwerfen, dir eine Wurzel zwischen die Beine stellen oder mit einer Ranke nach dir greifen. Aber nachts, hat man mir erzählt, da kann es kritisch werden. Ich bin erst ein- oder zweimal nach Einbruch der Dunkelheit hier gewesen, und auch das nur in der Nähe der Hecke. Es kam mir vor, als ob die Bäume miteinander tuschelten, als ob sie in einer mir unverständlichen Sprache Nachrichten weitergäben und Verabredungen träfen; und die Äste bogen sich und tasteten umher, ohne dass ein Wind ging. Es heißt, die Bäume könnten sich vom Fleck bewegen, Fremde umzingeln und einschließen. Tatsächlich haben sie vor vielen Jahren einmal die Hecke zu stürmen versucht: Sie kamen und pflanzten sich dicht neben ihr auf, und dann beugten sie sich hinüber. Aber die Hobbits haben dagegengehalten und sie zu Hunderten abgehauen, im Wald ein großes Feuer gemacht und einen langen Streifen östlich der Hecke niedergebrannt. Danach gaben die Bäume den Ansturm auf, aber sie wurden äußerst unfreundlich. Nicht weit drinnen, wo das Feuer entzündet wurde, ist noch immer eine große kahle Fläche.«

»Geht die Gefahr nur von den Bäumen aus?« fragte Pippin.

»Es gibt noch mehr Eigenartiges, das tief im Wald und auf der anderen Seite haust«, sagte Merry, »oder wenigstens habe ich das gehört, allerdings nie etwas davon gesehen. Aber irgendetwas bahnt Wege durch den Wald. Sobald man hineinkommt, findet man sie; nur scheinen sie sich von Zeit zu Zeit auf sonderbare Weise zu verschieben und zu ändern. Nicht weit von diesem Tunnel ist – oder war lange Zeit – der Anfang eines ziemlich breiten Wegs, der zu der Brandlichtung und dann mehr oder weniger in unsere Richtung führt, nach Osten und ein wenig nach Norden. Das ist der Weg, den ich jetzt suche.«

Die Hobbits ritten von der Tunnelpforte durch die breite Mulde. Von der anderen Seite, etwa hundert Schritt hinter der Hecke, führte ein undeutlich erkennbarer Pfad in den Wald hinein, verlor sich aber, sobald sie unter den Bäumen waren. Als sie zurückblickten, konnten sie zwischen den Baumstämmen, die schon dicht um sie standen, die Hecke eben noch als eine dunkle Linie erkennen. Vor sich sahen sie nur noch Baumstämme in allen Größen und Formen: gerade und krumme, dicke und dünne, schiefe, verrenkte, verzweigte und verwachsene, glatte und knorrige; und alle waren grün oder grau mit Moos und schleimigen, zottigen Flechten bewachsen.

Merry schien als Einziger noch bei halbwegs guter Laune zu sein. »Du reitest am besten voran und suchst diesen Weg«, sagte Frodo zu ihm. »Passt auf, dass wir uns nicht aus den Augen verlieren oder vergessen, in welcher Richtung die Hecke liegt!«

Sie schlängelten sich zwischen den Bäumen hindurch, und die Ponys stapften vorwärts, behutsam den vielen gewundenen und ineinander verschlungenen Wurzeln ausweichend. Unterholz gab es nicht. Der Boden stieg stetig an, und je weiter sie kamen, desto höher, dunkler und dichter schienen die Bäume um sie zu stehen. Kein Laut war zu hören, nur dann und wann ein Tröpfeln von Feuchtigkeit durchs unbewegte Laub. Von Getuschel oder Bewegungen der Zweige war einstweilen nichts zu bemerken; aber alle hatten sie das unbehagliche Gefühl, mit einer Missbilligung beobachtet zu werden, die sich bis zu Abneigung und Feindschaft verdichten konnte. Das Gefühl wurde immer stärker, bis sie sich dabei ertappten, wie sie rasche Blicke ins Laub hinauf oder über die Schulter hinter sich warfen, als befürchteten sie, dass man plötzlich auf sie einschlagen werde.

Noch immer war kein Weg zu erkennen, und die Bäume schienen ihnen beharrlich den Durchgang versperren zu wollen. Pippin glaubte plötzlich, es nicht länger ertragen zu können, und stieß einen Schrei aus. »He! He!« rief er. »Ich tu' euch doch nichts! Lasst mich doch durch, bitte!«

Die andern hielten erschrocken an, aber der Schrei erstickte, wie wenn er auf einen schweren Vorhang prallte. Es kam kein Echo und keine Antwort; der Wald schien nur noch dichter zu werden und sie noch aufmerksamer zu beobachten.

»An deiner Stelle würde ich nicht schreien«, sagte Merry. »Das schadet mehr, als es nützt.«

Frodo kamen Zweifel, ob es überhaupt möglich wäre, da hindurchzufinden, und ob er Recht getan hatte, die anderen in diesen grässlichen Wald mitzunehmen. Merry schaute hin und schaute her; er schien sich jetzt schon über die Richtung nicht mehr im Klaren zu sein. Pippin bemerkte es. »Du hast nicht lange gebraucht, um uns in die Irre zu führen«, sagte er. Aber im gleichen Moment stieß Merry erleichtert einen Pfiff aus und deutete nach vorn.

»So, so!« sagte er. »Diese Bäume wechseln tatsächlich die Plätze. Dort vor uns liegt die Brandlichtung (hoffe ich jedenfalls), aber der Weg dorthin hat sich offenbar verschoben.«

Es wurde heller, als sie weitergingen. Plötzlich kamen sie aus den Bäumen heraus und auf eine große, kreisrunde Lichtung. Der Himmel war blau und heiter, sehr zu ihrer Überraschung, denn unter dem Waldesdach hatten sie nicht sehen können, wie der steigende Tag die Nebel zerstreute. Noch stand die Sonne nicht hoch genug, um in die Lichtung hineinzuscheinen; sie streifte nur erst die Baumwipfel. Das dichtere und grünere Laub an den Rändern umschloss die Lichtung wie eine Mauer. Kein Baum wuchs hier, nur struppiges Gras und allerlei schnell aufschießende Pflanzen: hochstängeliger, verblühter Schierling, Eberwurz und wilde Petersilie, deren Samen zu flaumiger Asche zerfielen, wuchernde Nesseln und Disteln. Ein trübseliger Ort, doch nach dem dichten Wald kam er ihnen wie ein freundlicher Garten vor.

Sie fassten neuen Mut und schauten zuversichtlich zum heller werdenden Himmel auf. Auf der gegenüberliegenden Seite der Lichtung war eine Lücke in der Baumwand, und ein deutlich erkennbarer Weg führte hinein. Sie konnten sehen, dass er an manchen Stellen so breit wurde, dass er den Blick zum Himmel freigab, während anderswo die Bäume dicht herantraten und ihn mit ihrem dunklen Gezweig überschatteten. Diesen Weg nahmen sie. Es ging immer noch sachte bergauf, aber sie kamen nun viel schneller vorwärts und waren besserer Laune, denn es schien, dass der Wald sich schließlich beruhigt hatte und sie ungehindert durchlassen würde.

Aber nach einer Weile wurde es heiß und stickig. Zu beiden Seiten rückten die Bäume wieder näher heran, und die Hobbits konnten nicht mehr weit vorausblicken. Stärker als zuvor spürten sie nun das drückende Übelwollen des Waldes. So still war es, dass ihnen die Huftritte der Ponys, ihr Rascheln im trockenen Laub oder manchmal das Stolpern an einer versteckten Wurzel laut im Ohr dröhnten. Frodo versuchte zu ihrer Aufmunterung ein Lied zu singen, aber bald schlaffte seine Stimme zu einem leisen Gemurmel ab.

> *O Wanderer im Schattenland,*
> *Verliert den Mut nicht vor der Wand*
> *Des Waldes schwarz von Ost nach West,*
> *Denn bald bricht Sonne durchs Geäst,*
> *Die Sonne, wie sie kommt und geht,*
> *Des Morgens früh, des Abends spät,*
> *Und jeder Wald kommt an sein End …*

End – bei diesem Wort versagte ihm die Stimme. Die dicke Luft schien die Worte nicht aufnehmen zu wollen. Dicht hinter ihnen stürzte ein großer Ast von einem alten, überhängenden Baum krachend auf den Pfad. Vor ihnen schienen sich die Bäume zusammenzudrängen.

»Das vom Durchbrechen durchs Geäst und vom Ende hören sie gar nicht gern«, sagte Merry. »Ich würde einstweilen lieber nicht mehr singen. Warte, bis wir am Waldrand sind, dann drehen wir uns um und bringen ihnen ein Ständchen.«

Es hörte sich gut gelaunt an, wie er das sagte, und sofern auch er Angst hatte, ließ er sie sich nicht anmerken. Die anderen gaben keine Antwort. Sie waren niedergeschlagen. Frodo lag sein Lied wie Blei auf dem Herzen, und mit jedem Schritt vorwärts bedauerte er mehr, dass er gewagt hatte, die drohenden Bäume auch noch herauszufordern. Er wollte schon anhalten und die Umkehr vorschlagen (wenn sie überhaupt noch möglich wäre), als die Dinge eine neue Wendung nahmen. Der Weg stieg nicht mehr an und führte eine Weile durch nahezu ebenes Gelände. Die dunklen Bäume wichen beiseite, und eine fast gerade Wegstrecke lag vor ihnen. In einiger Entfernung sahen sie einen grünen Hügel, dessen baumlose Kuppe wie ein Kahlkopf aus dem Wald aufragte. Der Weg schien direkt dorthin zu führen.

Vor Freude bei dem Gedanken, für eine Weile über das Waldesdach hinauszukommen, trieben sie die Ponys zur Eile an. Der Weg führte erst ein Stück bergab, dann wieder bergauf bis an den Fuß des steilen Hügels. Dort trat er aus den Bäumen heraus und verlor sich im Gras. Rings um den Hügel stand der Wald wie ein Kranz von dichtem Haar um einen ausrasierten Schädel.

Die Hobbits führten ihre Ponys in großen Schleifen um den Hügel bis auf den Gipfel. Dort blieben sie stehen und schauten umher. Es war hell und sonnig, aber ein Dunst lag in der Luft, und sie konnten nicht sehr weit sehen. In ihrer Nähe war der Nebel nun fast verschwunden, doch da und dort lag er noch in den Mulden, und südlich von ihnen stieg er wie in weißen Rauchfähnchen aus einer tiefen Bodenfalte auf, die sich quer durch den Wald zog.

»Da fließt die Weidenwinde«, sagte Merry, mit der Hand hindeutend. »Sie kommt von den Höhen und fließt nach Südwesten mitten durch den Wald. Unterhalb von Hagsend mündet sie in den Brandywein. Von ihr halten wir uns lieber fern. Das Tal der Weidenwinde soll der komischste Teil des ganzen Waldes sein – das Zentrum, sozusagen, von dem all die Verrücktheiten ausgehen.«

Die anderen schauten in die Richtung, die Merry anzeigte, konnten aber außer dem Nebel über dem feuchten und tief eingeschnittenen Tal nicht viel erkennen; und dahinter verschwamm die Sicht auf die südliche Hälfte des Waldes.

Auf der sonnenbeschienenen Hügelkuppe wurde es nun heiß. Es musste etwa elf Uhr sein, doch in der diesigen Herbstluft konnten sie in den anderen Richtungen noch immer nicht viel sehen. Nach Westen zu konnten sie weder die Linie des Hags noch das Brandyweintal dahinter ausmachen. Im Norden, wohin sie mit den größten Hoffnungen ausschauten, war nichts zu erkennen, das etwa die Linie der Großen Oststraße hätte sein können, die sie erreichen wollten. Sie standen auf einer Insel in einem Baummeer, und der Horizont war verschleiert.

Nach Südosten fiel das Gelände steil ab, als ob sich die Hänge des Hügels unter den Bäumen fortsetzten, wie Inselküsten, die eigentlich Flanken eines aus tiefem Wasser aufragenden Berges sind. Sie setzten sich an den Rand des grünen Hanges und blickten auf die Wälder hinab, während sie ihre Mittagsmahlzeit verzehrten. Als die Sonne den Scheitelpunkt schon überschritten hatte, sahen sie weit im Osten die graugrünen Umrisse der Höhen, die dort hinter dem Alten Wald lagen. Das hob ihre Stimmung beträchtlich, denn es tat gut, etwas zu sehen, das sich jenseits der Grenzen dieses Waldes befand; allerdings gedachten sie, wenn irgend möglich, nicht dort entlangzureiten: die Hügelgräberhöhen waren bei den Hobbits ebenso verrufen wie der Wald selbst.

Endlich entschlossen sie sich, wieder aufzubrechen. Der Weg, der sie zu dem Hügel geführt hatte, fand auf der Nordseite eine Fortsetzung; aber sie waren ihm noch nicht lange gefolgt, als sie merkten, dass er stetig nach rechts abbog. Bald wurde er abschüssig, und sie mussten annehmen, dass er ins Weidenwindental führte, die Richtung, die sie keinesfalls einschlagen wollten. Nach kurzer Beratung kamen sie zu dem Entschluss, diesen irreführenden Weg zu verlassen und sich nach Norden zu halten, denn in dieser Richtung musste die Straße liegen, auch wenn sie von dem Hügel nicht zu sehen gewesen war, und sie konnte nicht viele Meilen entfernt sein. Auch schien das Gelände nach Norden hin links vom Wege trockener und offener zu werden; es stieg zu Hängen an, wo die Bäume nicht so dicht standen und Fichten und Tannen an die Stelle der Eichen, Eschen und der anderen seltsamen und namenlosen Bäume des dichteren Waldes traten.

Zuerst schien es, dass sie die richtige Wahl getroffen hatten. Sie kamen leidlich schnell voran; doch jedes Mal, wenn sie auf einer Lichtung nach dem Sonnenstand sahen, fanden sie, dass sie auf unerklärliche Weise nach Westen abgeirrt waren. Und nach einiger Zeit begannen die Bäume, sich wieder dichter heranzudrängen, gerade da, wo es von weitem so ausgesehen hatte, als stünden sie hier dünner und lichter. Dann stießen sie unversehens auf tiefe Bodenfalten, wie Radspuren von Riesenfahrzeugen, wie breite Burggräben oder tief eingesunkene Straßen, die seit langem nicht mehr benutzt und mit Dorngestrüpp zugewachsen waren. Meistens kreuzten sie die Marschrichtung und ließen sich nur überqueren, indem man erst runter- und dann an der andern Seite wieder raufkletterte – eine mühsame und nicht ungefährliche Angelegenheit mit den Ponys. Jedes Mal, wenn sie hinabstiegen, fanden sie den Grund der Senke mit verfilztem Unterholz und dichten Büschen bewachsen, zwischen denen aus irgendeinem Grund nach links kein Durchkommen war und die den Weg erst freigaben, wenn sie sich nach rechts wandten; und immer mussten sie unten erst ein Stück weit gehen, ehe sie auf der andern Seite einen Aufstieg fanden. Wieder oben fanden sie jedes Mal den Wald dunkler und dichter und den Weg nach links bergauf ungangbar; und sahen sich in die Richtung nach rechts und bergab gedrängt.

Nach einigen Stunden wussten sie kaum mehr, in welche Richtung sie gingen, nur dass es schon lange nicht mehr nach Norden war. Sie wurden abgelenkt und nahmen notgedrungen einen Kurs, den sie nicht gewählt hatten – nach Osten und Süden, mitten hinein ins Herz des Waldes.

Der Nachmittag neigte sich schon dem Ende zu, als sie in eine Senke hinabstolperten, die breiter und tiefer war als alle, mit denen sie es bisher zu tun gehabt hatten. Ihre Seiten waren auch so steil und überhängend, dass es sich als unmöglich erwies, vorwärts oder rückwärts wieder hinauszuklettern, wenn sie die Ponys und das Gepäck nicht zurücklassen wollten. Es blieb nichts anderes übrig, als dem Verlauf der Senke zu folgen – abwärts. Der Boden wurde weich und an manchen Stellen sumpfig; Quellen traten aus den Böschungen, und bald gingen sie an einem Bach entlang, der plätschernd durch ein krautiges Bett rieselte. Dann nahm das Gefälle zu, der Bach wurde stärker und lauter und rauschte strudelnd und springend bergab. Sie befanden sich in einer tiefen, dämmerigen Schlucht, mit einem Gewölbe von Baumwipfeln an den Rändern hoch über ihnen.

Nachdem sie ein Stück weit am Bach entlanggestapft waren, traten sie ganz plötzlich aus dem Dämmerlicht heraus. Wie durch ein Tor sahen sie Sonnenschein vor sich. Als sie ins Freie kamen, stellten sie fest, dass ihr Weg sie durch eine Spalte in einem hohen, steilen Hang, fast einer Felswand, herabgeführt hatte. Zu Füßen des Hangs lag eine weite, mit Gras und Binsen bewachsene Fläche, auf der anderen Seite begrenzt von einem fast ebenso steilen Hang. Eine goldene Spätnachmittagssonne schien warm und einschläfernd auf das verborgene Land dazwischen. Durch die Mitte wand sich träge ein dunkles braunes Gewässer, am Rande mit alten Weidenbäumen bestanden, von Weiden überwölbt, versperrt von umgestürzten Weidenstämmen und mit Tausenden von vergilbten Weidenblättern übersät. Überall flatterten sie gelb von den Ästen herab, denn ein warmer, sanfter Wind wehte durchs Tal, das Schilf raschelte, und die Weidenäste knarrten.

»Wenigstens hab ich nun eine Ahnung, wo wir sind!« sagte Merry. »Wir sind fast entgegen der beabsichtigten Richtung gegangen. Dieser Fluss ist die Weidenwinde. Ich gehe mich mal umsehen.«

Er ging in den Sonnenschein hinaus und verschwand bald hinter den hohen Gräsern. Nach einer Weile kam er wieder und berichtete, dass der Boden zwischen dem Abhang und dem Flussufer einigermaßen trocken sei; an manchen Stellen reiche die feste Grasnarbe bis ans Wasser hinunter. »Und was noch besser ist«, sagte er, »eine Art Fußpfad scheint auf dieser Seite am Fluss entlangzuführen. Wenn wir ihm nach links folgen, müssen wir schließlich an der Ostseite des Waldes herauskommen.«

»Vermutlich!« sagte Pippin. »Das heißt, wenn der Pfad so weit geht und uns nicht einfach in einen Sumpf führt und uns da stecken lässt. Wer, meinst du, hat den Pfad ausgetreten, und warum? Doch sicher nicht uns zuliebe. Allmählich trau' ich diesem Wald mitsamt allem, was darin ist, nicht mehr übern Weg, und alle Geschichten, die ich über ihn gehört habe, kommen mir glaubhaft vor. Hast du denn eine Ahnung, wie weit wir nach Osten gehen müssten?«

»Nein«, sagte Merry, »ich habe nicht die leiseste Ahnung, wie weit wir von der Mündung der Weidenwinde entfernt sein könnten oder wer oft genug hier herumläuft, um einen Pfad auszutreten. Aber einen anderen Ausweg, den ich sehen oder mir denken könnte, gibt es nicht.«

Weil ihnen nichts anderes übrig blieb, gingen sie einer hinter dem andern los, und Merry führte sie zu dem Pfad, den er entdeckt hatte. Die Binsen und Gräser standen überall dicht und hoch, stellenweise bis über die Köpfe der Hobbits; doch der Pfad war gut begehbar, wenn man ihn einmal gefunden hatte, weil er sich in vielen Kehren und Kurven über die trockeneren Stellen zwischen den Pfützen und Morastlöchern hinzog. Hin und wieder kreuzte er eine Rinne, in der ein kleiner Bach aus dem höher gelegenen Waldland der Weidenwinde zuströmte, und an den Übergangsstellen waren Baumstämme oder Reisigbündel sorgfältig über die Vertiefungen gelegt.

Allmählich wurde es sehr heiß. Schwärme von Fliegen jeder Art summten ihnen um die Ohren, und die Nachmittagssonne brannte ihnen auf den Rücken. Endlich kamen sie in dünnen Schatten: große graue Äste streckten sich über den Weg. Mit jedem Schritt wurden die Füße schwerer.

Schläfrigkeit schien aus dem Boden die Beine hinaufzukriechen und aus der Luft in ihre Augen und Köpfe zu träufeln.

Frodo spürte, wie ihm das Kinn auf die Brust sank und die Augen zufallen wollten. Dicht vor ihm ließ Pippin sich auf die Knie nieder. Frodo blieb stehen. »Hat keinen Sinn«, hörte er Merry sagen. »Krieg' keinen Fuß mehr vor den andern. Erst ein Nickerchen machen. Unter den Weiden ist es kühl. Weniger Fliegen.«

Etwas an dem Ton, wie Merry das sagte, gefiel Frodo gar nicht. »Komm weiter!« rief er. »Für ein Nickerchen ist es noch zu früh. Wir müssen erst aus diesem Wald heraus.« Aber die andern waren schon zu müd, um auf ihn zu hören. Sam stand bei ihnen, gähnte und rieb sich die Augen.

Nun spürte Frodo selbst, wie ihn der Schlaf übermannte. Sein Kopf schwamm in Nebeln. Fast kein Ton war zu hören. Die Fliegen summten nicht mehr. Nur ein leises, kaum hörbares Murmeln wie ein halb gesungenes, halb geflüstertes Lied schien aus den Zweigen über ihm zu kommen. Er hob die schweren Lider und sah einen riesigen Weidenbaum über sich gebeugt, uralt und grau. Gewaltig sah er aus, die emporgestreckten Äste wie Greifarme mit vielen langfingrigen Händen, der krumme und knorrige Stamm voller klaffender Risse, die leise knarrten, wenn sich die Zweige bewegten. Das Flimmern der Blätter vor dem hellen Himmel betäubte ihn, er kippte um und blieb im Gras liegen, wie er gefallen war.

Merry und Pippin schleppten sich noch ein paar Schritte vorwärts und warfen sich hin, mit dem Rücken gegen den Weidenstamm. Hinter ihnen öffneten die Spalten in der Rinde sich weit, um sie aufzunehmen, während der Baum schwankte und knarrte. Sie sahen hoch zu den graugelben Blättern, die sich sacht gegen das Licht bewegten und zu singen schienen. Sie schlossen die Augen und glaubten fast, Worte zu hören, kalte Worte eines Liedes von Wasser und Schlaf. Sie ergaben sich dem Zauber, und bald waren sie am Fuß der großen grauen Weide fest eingeschlafen.

Frodo kämpfte noch eine Weile gegen den Schlaf an, der ihn zu überwältigen drohte; dann raffte er sich auf und kam wieder auf die Füße. Er spürte ein übermächtiges Verlangen nach kaltem Wasser. »Warte hier, Sam!« stammelte er. »Muss kurz ein Fußbad nehmen.«

Wie im Traum ging er zur ufernahen Seite des Baumes, wo die dicken, krummen Wurzeln ins Wasser hinausreichten wie knotige kleine Drachen, die sich hinabbogen, um zu trinken. Auf eine der Wurzeln setzte er sich rittlings und plätscherte mit den brennenden Füßen im kalten braunen

Wasser; und dort fiel auch er plötzlich in Schlaf, mit dem Rücken an den Baum gelehnt.

Sam setzte sich hin, kratzte sich am Kopf und gähnte wie ein Scheunentor. Er war unruhig. Es war schon spät am Nachmittag, und diese jähe Schläfrigkeit war ihm nicht geheuer. »Da steckt mehr dahinter«, brummte er in sich hinein, »das kommt nicht nur von der Sonne und der warmen Luft. Dieser große, dicke Baum gefällt mir gar nicht. Dem trau' ich nicht. Hör nur, jetzt singt der wahrhaftig ein Schlaflied! So geht das doch nicht!«

Er riss sich zusammen und stand auf, dann ging er los, um nach den Ponys zu sehen. Zwei waren ein ganzes Stück auf dem Weg weitergelaufen, und kaum hatte er sie eingefangen und zu den anderen zurückgebracht, da hörte er zwei Geräusche, das eine laut, das andere leise, aber sehr deutlich: das Aufplatschen von etwas Schwerem, das ins Wasser fiel, und ein Klicken, wie wenn eine Tür still, aber bestimmt ins Schloss fällt.

Er rannte zum Wasser. Frodo lag darin, dicht am Ufer, und eine dicke Baumwurzel über ihm schien ihn hinunterzudrücken, aber er wehrte sich nicht. Sam packte ihn bei der Jacke und zog ihn unter der Wurzel vor, dann schleppte er ihn mit einiger Mühe aufs Trockene. Fast augenblicklich kam Frodo hustend und spuckend wieder zu sich.

»Stell dir vor, Sam«, sagte er, als er sich beruhigt hatte, »dieser brutale Baum hat mich *reingeworfen!* Ich hab es gemerkt. Die dicke Wurzel hat sich einfach gedreht und mich reingekippt.«

»Ich denke, du wirst geträumt haben, Herr Frodo«, sagte Sam. »An solch einen Platz sollte man sich eben nicht setzen, wenn einem schläfrig ist.«

»Was ist mit den andern?« fragte Frodo. »Was die wohl jetzt für Träume haben?«

Sie gingen um den Baum herum, und als sie auf die andere Seite kamen, verstand Sam, was das Klicken bedeutete, das er vorhin gehört hatte. Pippin war verschwunden. Die Spalte, in die er sich gelehnt hatte, war zugeschnappt, so fest, dass keine Ritze mehr zu sehen war. Auch Merry war gefangen: Eine andere Spalte hatte sich um seinen Leib geschlossen. Die Beine schauten heraus; alles Übrige steckte in einer dunklen Höhlung, deren Kanten ihn wie eine Zange gepackt hielten.

Frodo und Sam droschen zuerst auf die Stelle ein, wo Pippin gelehnt hatte. Dann zerrten sie verzweifelt an den Rändern der Spalte, die den armen Merry gefangen hielt: vergebens.

»Was für eine Gemeinheit!« brüllte Frodo. »Warum mussten wir auch in diesen widerlichen Wald kommen! Ich wollte, wir säßen alle wieder in Krickloch!« Mit aller Kraft gab er dem Baum einen Tritt, ohne Rücksicht auf den eigenen Fuß. Ein kaum wahrnehmbares Beben lief durch den Stamm, bis ins Geäst hinauf; die Blätter raschelten und tuschelten, aber das Geräusch hörte sich nun wie leises, fernes Gelächter an.

»Ich meine, eine Axt haben wir wohl nicht im Gepäck, Herr Frodo?« fragte Sam.

»Ein kleines Beil zum Brennholzhacken hab ich mitgenommen«, sagte Frodo. »Das wird uns nicht viel nützen.«

»Moment mal!« rief Sam. Bei dem Wort »Brennholz« war ihm ein Gedanke gekommen. »Mit Feuer könnten wir was anfangen.«

»Vielleicht«, meinte Frodo voll Zweifel. »Mit dem Erfolg, dass Pippin da drin lebendig gebraten wird.«

»Wir könnten ja versuchen, diesem Baum erst mal ein bisschen wehzutun oder ihm Angst zu machen«, sagte Sam grimmig. »Wenn er sie nicht loslässt, leg' ich ihn um, und wenn ich ihn mit den Zähnen durchbeißen müsste.« Er rannte zu den Ponys und kam bald darauf mit zwei Zunderbüchsen und dem Beil wieder.

Schnell suchten sie trockenes Gras, Laub und Rindenstückchen zusammen; darauf schichteten sie klein gebrochene Zweige und zerhackte Äste. Den ganzen Stoß legten sie an den Stamm auf der von den Gefangenen abgewandten Seite des Baumes. Sobald Sam aus dem Zunder einen Funken gerieben hatte, entzündete sich das trockene Gras, und ein Gestöber von Rauch und Flämmchen stieg auf. Das Kleinholz knackte. Kleine Feuerzungen leckten an der trockenen, runzligen Rinde des alten Baums und sengten sie an. Ein heftiges Zittern lief durch die ganze Weide. Über den Köpfen der Hobbits schienen die Blätter vor Wut und Schmerz zu zischen. Merry stieß einen lauten Schrei aus, und tief aus dem Innern des Stamms kam ein ersticktes Wimmern von Pippin.

»Löschen! Löschen!« schrie Merry. »Er drückt mich entzwei, wenn ihr's nicht löscht. Sagt er.«

»Wer sagt das? Was?« brüllte Frodo und rannte zur andern Seite des Baums.

»Löschen! Löschen!« bettelte Merry. Die Weidenäste begannen sich heftig zu biegen und zu schwanken, wie wenn ein Wind hineingefahren wäre, und mit einem Rauschen, das sich durchs Geäst aller andern Bäume ringsum ausbreitete, als hätte man einen Stein in das schläfrige Flusstal geworfen und eine Welle des Zorns erweckt, die nun durch den ganzen Wald liefe. Sam trat in das kleine Feuer und stampfte die Funken aus. Frodo jedoch, ohne jede klare Vorstellung, was es sollte oder was davon zu hoffen wäre, rannte den Weg entlang und schrie *Hilfe! Hilfe! Hilfe!* Er konnte die eigene schrille Stimme kaum hören, so schnell wurden ihm die Worte, kaum dass er sie über die Lippen gebracht hatte, von dem Wind aus den Weiden davongeweht und im Getöse der Blätter erstickt. Er war am Verzweifeln: nirgends Hilfe oder Rat.

Auf einmal blieb er stehen. Ihm war, als hörte er eine Antwort, aber sie schien hinter ihm herzukommen, von einer tiefer im Wald gelegenen Stelle des Pfades. Er drehte sich um und horchte. Bald konnte kein Zweifel mehr sein: jemand sang. Eine tiefe, muntere Stimme sang vergnügt drauflos, und das Lied, das sie sang, schien reines Geblödel zu sein:

> *Dong – long! Dongelong! Läute laute lillo!*
> *Wenn – wann, Weidenmann! Dollidallidillo!*
> *Tom Bom! Toller Tom! Tom Bombadillo!*

Halb in Hoffnung, halb in Befürchtung einer neuen Gefahr standen Frodo und Sam still. Dann, nach einer langen Folge trällernder und trillernder Wörter, denen sie keinen Sinn entnehmen konnten, wurde die Stimme mit einem Mal laut und deutlich und ging zu einem Lied über:

> *Dong – long! Dongelong! Dongelong, mein Schätzchen!*
> *Leicht geht der Wetterwind, fliegt das Federspätzchen,*
> *Dort am Fuß des Berges, dort im hellen Sonnenlicht*
> *Wartet meine Holde auf das kalte Sternenlicht,*
> *Steht das Kind der Wasserfrau auf des Hauses Schwelle,*
> *Schlank wie der Weidenzweig, klarer als die Quelle.*
> *Bringt der alte Bombadil Seerosen ihr wieder,*
> *Hüpft vor Freude heim zu ihr! Hört ihr seine Lieder?*
> *Dong – long! Dongelong! Dongelonge – lerio!*
> *Goldbeere! Goldenbeer – honiggelbe Beer-io!*
> *Armer alter Weidenmann, zieh doch ein die Wurzeln,*
> *Tom hat Eile, dunkel wird's, mag nicht drüber purzeln,*
> *Seerosen hab ich gepflückt, um sie dir zu bringen,*
> *Dong – long! Dongelong! Hörst du mich schon singen?*

Frodo und Sam standen da wie verhext. Der Wind verrauschte. Die Blätter hingen wieder still an den reglosen Zweigen. Noch ein Schwall Trällergesang brach los, und dann tauchte über den Riedgräsern am Wegrand wippend und hüpfend ein alter, schäbiger Hut auf mit hoher Spitze und einer langen blauen Feder im Band. Nach dem nächsten Hüpfer kam ein Mensch in Sicht – oder wenigstens konnte man ihn für einen solchen halten. Für einen Hobbit war er zu groß und zu dick, doch nicht groß genug für einen vom Großen Volk, obwohl er nicht weniger Lärm machte. In hohen gelben Schaftstiefeln an den dicken Beinen kam er durch Ried und Rohr gepoltert wie ein durstiger Stier auf dem Weg zur Tränke. Er trug eine blaue Jacke, vor der ein langer brauner Bart herabhing; seine Augen waren blau und strahlend, das Gesicht rot wie ein reifer Apfel, doch in hundert Lachfältchen verknittert. Auf einem großen Blatt in seinen Händen trug er wie auf einem Tablett einen kleinen Strauß weiße Seerosen vor sich her.

»Hilfe!« riefen Frodo und Sam und rannten ihm mit ausgestreckten Händen entgegen.

»Brrr! Halt! Sachte, sachte!« rief der Alte, hob eine Hand hoch, und sie blieben stehen wie vom Blitz getroffen. »Na, ihr Kerlchen, wo geht's hin? Schnauft ja wie ein Blasebalg! Was ist denn nur los hier? Wisst ihr gar nicht, wer ich bin? Tom Bombadil, der bin ich. Sagt mir, was ist eure Not? Tom, der hat es eilig. Drückt mir meine Seerosen nicht!«

»Meine Freunde sind in dem Weidenbaum gefangen«, rief Frodo atemlos.

»Herr Merry ist in einer Spalte eingeklemmt!« rief Sam.

»Was?« brüllte Tom Bombadil und machte einen Luftsprung. »Der alte Weidenmann? Na, wenn's nichts Schlimmeres ist? Das werden wir gleich haben. Dem werd' ich ein Lied singen! Alter grauer Weidenmann! Ich sing' ihm ein Lied, dass ihm das Mark in den Zweigen gefriert, wenn er nicht weiß, was sich gehört. Ich sing' ihm die Wurzeln weg. Ich sing' einen Wind herauf, dass ihm Laub und Zweige davonfliegen. Alter Weidenmann!«

Er legte die Seerosen sorgsam ins Gras und lief zu dem Baum hin. Dort sah er Merrys Füße, die noch hervorschauten – alles Übrige war schon tiefer hineingezogen worden. Tom legte den Mund an die Spalte und begann mit leiser Stimme hineinzusingen. Die Worte konnten sie nicht verstehen, aber offenbar hatten sie eine Wirkung auf Merry. Seine Beine fingen an zu strampeln. Tom sprang zurück, brach einen herabhängenden Zweig ab und hieb ihn an die Seite des Baums. »Du lässt sie wieder raus, alter Weidenmann!« sagte er. »Was fällt dir ein? Du darfst gar nicht wach sein. Iss

Erdreich! Grabe tief! Trink Wasser! Geh schlafen! Hier spricht Bombadil.«
Dann packte er Merry bei den Füßen und zog ihn aus der sich plötzlich
erweiternden Spalte.

Knackend und knarrend ging die andere Spalte auf, und Pippin schoss
heraus, als hätte er von hinten einen Fußtritt bekommen. Mit einem lauten Ton schnappten beide Spalten wieder fest zu. Ein Beben von den Wurzeln bis zum Wipfel lief durch den Baum, und dann wurde es vollkommen
still.

»Vielen Dank!« sagten die Hobbits einer nach dem andern.

Tom Bombadil lachte laut auf. »So, ihr Kerlchen«, sagte er und bückte
sich, damit er ihnen ins Gesicht sehen konnte, »ihr kommt jetzt mit mir
nach Hause! Der Tisch ist gedeckt, und es reicht für alle: gelber Rahm,
Honigwaffeln, Weißbrot und Butter. Goldbeere wartet schon. Zeit genug
für Fragen am Abendbrottisch. Mir nach, so schnell ihr könnt!« Damit hob
er seine Seerosen auf, winkte ihnen einladend, ihm zu folgen, und hüpfte
voraus auf dem Pfad nach Osten, nun wieder aus voller Kehle trällernd.

Zu überrascht und erleichtert, um etwas zu sagen, schritten die Hobbits
ihm nach, so schnell sie konnten. Aber das war nicht schnell genug. Bald
verloren sie Tom aus den Augen, und sein lärmender Gesang wurde immer
leiser und ferner. Plötzlich kam seine Stimme mit einem lauten Hallo! zu
ihnen zurückgeweht.

Hopplahopp! Lauft mir nach längs der Weidenwinde,
Tom geleitet euch nach Haus, folget ihm geschwinde,
Westwärts sinkt die Sonne schon, bald, da stolpern alle,
Wenn die Nacht herniedersinkt, lockt die warme Halle:
Aus den Fenstern dringt das Licht freundlich gelb und gelber,
Fürchtet keine Finsternis noch die Weide selber,
Weder Wurzel noch Gestrüpp! Tom wird euch geleiten,
Und wir wollen gleich das Fest – dongelong – bereiten.

Dann hörten sie nichts mehr. Fast im gleichen Moment schien die Sonne
in den Bäumen hinter ihnen zu versinken. Sie dachten ans Glitzern des
schräg einfallenden Abendlichts auf dem Wasser des Brandywein und an
die Hunderte von Fenstern in Bockenburg, wenn die ersten Lichter angingen. Große Schatten fielen auf sie herab; Stämme und Äste von Bäumen
hingen düster und drohend über den Weg. Weiße Nebel kringelten sich
über den Fluss und streunten um die Wurzeln der Bäume am Ufer. Vor

ihren Füßen stieg ein trüber Dunst vom Boden auf und vermischte sich mit der rasch niedersinkenden Dunkelheit.

Immer schwieriger wurde es, sich auf dem Weg zu halten, und sie waren sehr müde. Die Beine waren bleischwer. Seltsame, verstohlene Geräusche kamen aus den Büschen und Binsen zu beiden Seiten, und wenn sie zum fahlen Himmel aufblickten, sahen sie sonderbar verzerrte knorrige Fratzen, die dunkel vom Zwielicht abstachen und vom hohen Abhang und den Waldrändern auf sie herabschielten. Ein Gefühl erwachte in ihnen, als sei dies ganze Land unwirklich und als irrten sie durch einen unheilträchtigen Traum, aus dem es kein Erwachen gäbe.

Eben als sie meinten, dass die Füße sie nicht weitertragen könnten, merkten sie, dass der Pfad sachte anstieg. Das Wasser begann zu plätschern. Im Dunkeln sahen sie es weiß aufschäumen, wo der Fluss einen kleinen Wasserfall überwand. Dann waren plötzlich die Bäume zu Ende, und der Nebel blieb hinter ihnen zurück. Sie traten aus dem Wald heraus und kamen auf eine weite, sacht ansteigende Wiese. Der Fluss, nun schmal und schnell fließend, hüpfte ihnen quirlig entgegen, hier und da mit einem Schimmer von den Sternen, die schon am Himmel standen.

Das Gras unter ihren Füßen war weich und kurz, als sei es eben erst gemäht worden. Der Waldrand dahinter war säuberlich beschnitten wie eine Gartenhecke. Der Weg vor ihnen war nun glatt und eben, an den Rändern mit Steinen begrenzt. Er wand sich zur Kuppe einer grasbewachsenen Anhöhe hinauf, die nun grau in der fahlen Sternennacht lag; und von dort, noch etwas darüber auf einem zweiten Hang, blinkten ihnen die Fenster eines Hauses entgegen. Der Weg führte ein Stück weit abwärts, dann wieder einen langen, sanft ansteigenden grasigen Hang hinauf zu den Lichtern hin. Plötzlich fiel ein breiter gelber Lichtschein aus einer Tür, die geöffnet wurde. Vor ihnen stand Tom Bombadils Haus, im Auf und Ab des Landes unterhalb der Berge. Dahinter erhob sich grau und kahl ein steiler Rücken, und noch weiter hinten zogen sich die dunklen Umrisse der Hügelgräberhöhen in die östliche Nacht hinein.

Alle hatten sie es nun eilig, die Hobbits wie die Ponys. Ihre Müdigkeit war schon zur Hälfte verflogen, ihre Furcht zur Gänze. *He, dongelong, hopplahopp, ihr Kerlchen!* schallte es ihnen zur Begrüßung entgegen.

Dong-long! Dongelong! Springt, ihr kleinen Leute!
Hobbits! Ponys! Kommt heran, ja die ganze Meute!
Jetzt beginnt der große Spaß, lasst uns alle singen!

Dann fiel eine zweite Stimme ein, silberhell, jung und uralt wie der Frühling, munter wie ein vom strahlenden Morgen im Gebirge der Nacht entgegeneilender Bach:

> *Jetzt beginnt unser Lied! Lasst uns alle singen*
> *Von Regen, Sonne, Mond und Stern, Tau auf Vogelschwingen,*
> *Wind über freiem Land, trübem Nebelwetter,*
> *Glockenheide, lichtem Grün zarter junger Blätter,*
> *Schilfrohr am dunklen Teich, Rosen auf dem Weiher,*
> *Singt vom Kind der Wasserfrau und Tom, dem treuen Freier!*

Und als das Lied zu Ende war, standen die Hobbits vor der Tür in einem goldgelben Lichtschein.

SIEBENTES KAPITEL

IN TOM BOMBADILS HAUS

Die vier Hobbits traten über die breite steinerne Schwelle und sahen sich blinzelnd um. Sie standen in einem langen, niedrigen Raum. Von den Dachbalken hingen Lampen herab, und auf einem Tisch von dunklem, geglättetem Holz brannten etliche schlanke gelbe Kerzen.

Auf einem Stuhl an der Rückwand, mit dem Gesicht zum Eingang, saß eine Frau. Das lange gelbblonde Haar fiel ihr bis über die Schultern herab; ihr Kleid war grün wie junges Schilf, mit Silberfäden wie von Tautröpfchen durchwirkt, der Gürtel golden, in der Form einer Kette von Schwertlilien und mit blassblauen Vergissmeinnichtknospen besetzt. Zu ihren Füßen schwammen weiße Seerosen in breiten Schalen aus grünem und braunem Ton, sodass sie inmitten eines Teiches zu sitzen schien.

»Tretet nur näher, ihr lieben Gäste!« sagte sie, und die Hobbits erkannten die Stimme, die sie eben singen gehört hatten. Sie gingen ein paar zaghafte Schritte weiter in den Raum hinein, wunderbar überrascht und verlegen, wie Leute, die an die Tür einer Hütte klopfen, um einen Schluck Wasser zu erbitten, und denen eine schöne junge Elbenkönigin in einem Kleid ganz aus frischen Blumen öffnet. Doch ehe sie etwas sagen konnten, sprang die Frau auf, setzte über die Seerosenbecken hinweg und kam ihnen lachend entgegengerannt, wobei ihr Kleid leise raschelte wie der Wind in den blühenden Flussufern.

»Kommt, ihr Kerlchen!« sagte sie und nahm Frodo bei der Hand. »Das wird ein lustiger Abend! Seid guter Dinge! Ich bin Goldbeere, Tochter des Flusses.« Dann huschte sie an ihnen vorbei, machte die Tür zu und kehrte ihr den Rücken, die weißen Arme davor ausgebreitet. »Sperren wir die Nacht aus!« sagte sie. »Denn vielleicht seid ihr noch in Furcht vor Nebel, Baumschatten, tiefem Wasser und unzahmen Geschöpfen. Keine Angst! Denn heute nacht seid ihr unter Tom Bombadils Dach.«

Die Hobbits schauten sie bewundernd an, und sie erwiderte jeden Blick einzeln und lächelte. »Schönste Frau Goldbeere!« sagte Frodo endlich, von einer Herzensfreude bewegt, die er selbst nicht verstand. Er stand da und war bezaubert. So hatten ihn bisweilen auch schon die reinen Stimmen der Elben bewegt; doch der Bann, der nun auf ihn gefallen war, war von anderer Art: keine so jähe und hochfliegende Verzückung, sondern tiefer und näher ans sterbliche Herz greifend, wundersam und doch nicht fremd. »Schönste Frau Goldbeere!« sagte er zum zweiten Mal. »Nun ist mir deutlich, welche Freude aus manchen Liedern sprach, die wir gehört haben:«

O schlank wie der Weidenzweig! O klarer als die Quelle!
O Schilfrohr am Wassersaum! O Tochter des Flusses!
O Frühling und Sommerzeit und danach wieder Frühling!
O Wind auf dem Wasserfall und Lachen des Laubes!

Plötzlich brach er ab und konnte nur noch stammeln vor Erstaunen über die Worte, die er sich sagen hörte. Goldbeere aber lachte.

»Willkommen!« sagte sie. »Doch wusste ich nicht, dass die Auenländer so beredsam sind. Aber ein Elbenfreund bist du, wie ich sehe; das Leuchten deiner Augen und der Hall deiner Stimme verrät es. Dies ist ein frohes Treffen! Nun setzt euch und wartet noch ein wenig auf den Hausherrn! Er wird bald da sein. Er versorgt noch eure müden Ponys.«

Gern ließen sich die Hobbits auf den niedrigen, mit Binsengeflecht bezogenen Stühlen nieder, während Goldbeere den Tisch deckte; und sie konnten die Augen nicht von ihr lassen, denn die schlanke Anmut ihrer Bewegungen erfüllte sie mit stiller Freude. Von irgendwo hinter dem Haus kam wieder Gesang. Zwischen mancherlei *dongelong* und *holdrio* hörten sie immer wieder die Worte:

Bombadil, der alte Tom, daran kennt ihn jeder:
Gelbe Stiefel, blaue Jacke, Hut mit blauer Feder.

»Schönste Frau«, sagte Frodo wieder nach einer Weile, »sage mir, wenn meine Frage nicht zu dumm ist, wer ist Tom Bombadil?«

»Er ist«, sagte Goldbeere, hielt in ihren flinken Bewegungen inne und lächelte.

Frodo blickte sie fragend an. »Er ist, wie du ihn gesehen hast«, gab sie zur Antwort auf seinen Blick. »Er ist der Meister des Waldes, des Wassers und der Hügel.«

»Also gehört ihm dieses ganze seltsame Land?«

»Nicht im mindesten!« antwortete sie, und ihr Lächeln verlor sich. »Das wäre doch nur eine Last«, fügte sie mit leiser Stimme, wie zu sich selbst, hinzu. »Die Bäume, das Gras und alles, was im Lande lebt und wächst, gehören sich selbst. Tom Bombadil ist der Meister. Niemand hat den alten Tom je gehindert, durch den Wald zu laufen, durchs Wasser zu waten oder auf den Hügeln zu tanzen, ob bei Tag oder bei Nacht. Er kennt keine Furcht. Tom Bombadil ist der Meister.«

Eine Tür ging auf, und Tom Bombadil kam herein. Er trug nun keinen Hut, dafür aber einen Kranz von Herbstlaub auf dem dichten braunen Haar. Lachend trat er an Goldbeere heran und nahm sie bei der Hand.

»Hier ist meine schöne Herrin!« sagte er mit einer Verbeugung vor den Hobbits. »Hier ist meine Goldbeere, ganz in Grün und Silber und mit Blumen am Gürtel. Ist der Tisch gedeckt? Ich sehe gelben Rahm und Honigwaffeln, weißes Brot und Butter, Milch und Käse, grüne Kräuter und reife Beeren. Genügt das für uns alle? Ist das Essen fertig?«

»Das Essen schon«, sagte Goldbeere, »aber die Gäste vielleicht noch nicht.«

Tom klatschte in die Hände und rief: »Ach, Tom, Tom, deine Gäste sind müde, und du hättest es fast vergessen! Kommt, ihr müden Kerlchen, und lasst euch erfrischen! Wascht euch den Schmutz von den Fingern und den Schweiß aus den Gesichtern, legt die dreckigen Mäntel ab und kämmt euch die Zotteln!«

Er machte eine Tür auf und führte sie über einen kurzen Flur und um eine Ecke. Sie kamen in ein niedriges Zimmer mit Schrägdach (anscheinend ein Anbau an der Nordseite des Hauses). Die Wände waren von nacktem Stein, aber zumeist mit grünen Matten und gelben Vorhängen bedeckt, die Steinplatten auf dem Boden mit frischen grünen Binsen bestreut. Vier dicke Matratzen, jede mit einem Stapel weißer Decken darauf, lagen längs der einen Wand. An der Wand gegenüber stand eine lange Bank mit breiten irdenen Schüsseln, daneben große braune Kannen, manche mit kaltem, manche mit dampfend heißem Wasser. An jedem Bett stand ein Paar grüne Filzpantoffeln bereit.

Bald saßen die Hobbits erfrischt und gesäubert bei Tisch, zwei an jeder Seite, während Goldbeere und der Meister die beiden Kopfenden einnahmen. Es wurde eine lange und vergnügte Mahlzeit. Obwohl die Hobbits zulangten, wie nur hungrige Hobbits zulangen können, mangelte es an nichts. Der Trank in ihren Bechern schien kaltes klares Wasser zu sein, doch stieg er zu Kopf wie Wein und löste die Zungen. Die Gäste merkten plötzlich, dass sie dazu übergegangen waren, munter zu singen, was ihnen leichter und natürlicher vorkam, als zu reden.

Schließlich standen Tom und Goldbeere auf und räumten rasch den Tisch ab. Den Gästen wurde befohlen, ruhig sitzen zu bleiben, doch nun in bequemen Sesseln, jeder mit einem Schemel für die müden Füße. Vor ihnen in dem breiten Kamin brannte ein Feuer, das einen lieblichen Duft wie von Apfelholz verströmte. Als alles gerichtet war, wurden sämtliche Lichter im Raum gelöscht, bis auf eine Lampe und zwei Kerzen, eine an jedem Ende des Kaminsimses. Dann trat Goldbeere mit einer Kerze in der Hand zu jedem von ihnen und wünschte ihm eine gute Nacht und einen tiefen Schlaf.

»Ruhet nun in Frieden«, sagte sie, »bis zum Morgen! Achtet keiner nächtlichen Laute! Denn nichts dringt hier zur Tür und zum Fenster herein als das Licht von Mond und Sternen und der Wind, der vom Hügel herabfällt. Gute Nacht!« Schimmernd und raschelnd ging sie aus dem Zimmer. Ihre Schritte klangen wie das leise Plätschern eines Baches, wenn er in der Stille der Nacht über kühle Steine gemächlich bergab fließt.

Tom blieb eine Weile schweigend bei ihnen sitzen, während sie ihren Mut zusammenzunehmen versuchten, um endlich eine von den vielen Fragen auszusprechen, die sie schon beim Abendessen gern gestellt hätten. Mehr und mehr kroch ihnen der Schlaf unter die Lider. Endlich nahm Frodo das Wort:

»Hast du mich rufen gehört, Meister, oder war es nur Zufall, dass du grad in jenem Augenblick zur Stelle warst?«

Tom fuhr auf wie jemand, den man aus einem schönen Traum reißt. »Eh, was?« sagte er. »Ob ich dich rufen gehört habe? Nein, gehört hab ich nichts; ich sang doch gerade. Nur durch Zufall war ich also zur Stelle, wenn du es Zufall nennen willst. Jedenfalls war es nicht meine Absicht, obwohl ich dich erwartet habe. Wir haben Nachricht über dich erhalten und erfahren, dass du auf Wanderschaft bist. Wir hatten erraten, dass du bald dort zum Wasser herunterkommen würdest: alle Wege führen dorthin, hinab ans Ufer der Weidenwinde. Und der alte graue Weidenmann – das ist ein mächtiger Sänger! Nicht leicht für kleine Leute, aus seinen wohl durchdachten Irrgärten zu entkommen. Doch Tom hatte dort etwas zu tun, das er nicht zu hindern wagte.« Tom ließ den Kopf sinken, als ob er gleich einschlafen wollte, aber in einem leisen Singsang fuhr er fort:

Etwas hatt' ich dort zu tun: Seerosen zu pflücken,
Blätter grün und Rosen weiß für die schöne Herrin.
Goldbeere bring ich sie, Goldbeere freut sich,
Wenn sie ihr zu Füßen blühn, bis es taut im Frühling,
Hol sie ihr in jedem Herbst, eh die Flocken fallen,
Aus dem tiefen Wasserloch an der Weidenwinde;
Denn die ersten blühen dort und spät im Jahr die letzten.
Fand ich doch vor langer Zeit am Weiher dort sie selber,
Holdes Kind der Wasserfrau, saß sie tief im Röhricht,
Klang ihr Singen mir so süß, schlug ihr Herz voll Leben!

Er hob den Kopf und ließ seine Augen plötzlich blau aufleuchten:

Nun! Zum Glücke fiel's euch aus – wäre nämlich nimmer
In den Wald zurückgekehrt an die Weidenwinde,
Denn das Jahr ist alt; so spät wär ich nicht gekommen
Bis zum Windelpfad hinab, eh' des Stromes Tochter,
Kehrt der Frühling erst zurück, froh hinuntertänzelt,
Um im silberhellen Fluss voller Lust zu baden.

Er verstummte wieder, doch Frodo konnte nicht umhin, noch eine Frage zu stellen, die er vor allem beantwortet wissen wollte: »Erzähle uns von dem Weidenmann, Meister! Wer oder was ist er? Noch nie hab ich von ihm gehört.«

»Nein, sag' davon nichts!« sagten Merry und Pippin zugleich, die beide mit einem Mal aufrecht dasaßen. »Nicht jetzt! Nicht vor morgen früh!«

»Recht habt ihr!« sagte der Alte. »Jetzt ist es Zeit zu ruhen. Manches ist nicht gut anzuhören, wenn die Welt im Schatten liegt. Schlaft bis zum Morgen, ruhet in Frieden! Achtet keiner nächtlichen Laute! Keine Angst vor der grauen Weide!« Und mit diesen Worten löschte er die Lampe, nahm eine Kerze in jede Hand und führte sie zu ihrem Schlafzimmer.

Ihre Matratzen und Kissen waren flaumweich und die Decken von weißer Wolle. Kaum hatten sie sich hingelegt und die Laken über sich gezogen, sie schliefen auch schon.

Mitten in der Nacht lag Frodo in einem lichtlosen Traum. Dann sah er den jungen Mond aufgehen. In seinem dünnen Schein ragte eine schwarze Felswand vor ihm auf; und darin war eine dunkle Öffnung, wie ein großer Torbogen. Ihm war, als werde er emporgehoben, und als er darüber aufstieg, sah er, dass die Felswand Teil eines Kreises von Bergen war, und dazwischen lag eine Ebene, und inmitten der Ebene ragte eine steinerne Zinne auf, wie ein riesiger Turm, doch nicht von Händen erbaut. Auf der Spitze des Turms sah er die Gestalt eines Menschen. Der Mond schien für einen Augenblick über seinem Kopf zu hängen und schimmerte in seinem weißen Haar, als der Wind es bewegte. Von der dunklen Ebene herauf drang wüstes Gebrüll und das Geheul vieler Wölfe. Plötzlich strich ein großer schwingenförmiger Schatten über den Mond. Der Mann hob die Arme, und von einem Stab, den er in der Hand hielt, blitzte ein Licht auf. Ein mächtiger Adler stieß herab und trug ihn davon. Das Gebrüll von unten wurde kläglich; die Wölfe winselten. Ein Rauschen wie von einem Sturmwind erhob sich, und mit ihm kam das Donnern von Hufen, die im Galopp, im Galopp, im Galopp von Osten heransprengten. »Schwarze Reiter!« dachte Frodo im Erwachen, während das Trommeln der Hufe in seinem Kopf noch nachhallte. Er war sich nicht sicher, ob er je den Mut finden würde, die Sicherheit zwischen diesen steinernen vier Wänden wieder zu verlassen. Regungslos lag er da und horchte noch immer; doch nun war alles still, und schließlich drehte er sich auf die andere Seite herum und schlief wieder ein oder verlief sich in einen anderen Traum, der ihm nicht in Erinnerung blieb.

Pippin neben ihm hatte angenehme Träume; aber dann kam etwas anderes dazwischen, und er drehte sich herum und stöhnte. Mit einem Mal wachte er auf oder glaubte, schon wach gewesen zu sein und im Dunkeln immer dasselbe Geräusch gehört zu haben, das seinen Traum gestört hatte: ein *Tipp-tapp-quiek,* wie wenn Äste sich im Wind aneinander reiben oder an Mauern und Fenstern scharren: *krrrtsch, krrrtsch, krrrtsch!* Er fragte sich, ob wohl Weiden am Haus stünden, und plötzlich hatte er das entsetzliche Gefühl, überhaupt nicht in einem gewöhnlichen Haus zu sein, sondern im Innern der Weide, und jene grässliche, trocken knarrende Stimme zu hören, wie sie ihn verhöhnte. Er setzte sich auf, spürte die weichen Kissen unter seinen Händen nachgeben und streckte sich erleichtert wieder aus. Ihm schien, er hatte noch den Nachhall der Worte im Ohr: »Habt keine Furcht! Ruhet in Frieden bis zum Morgen! Achtet keiner nächtlichen Laute!« Dann fiel er wieder in Schlaf.

Was in Merrys ruhigen Schlaf einbrach, war das Geräusch von Wasser: Wasser rieselte leise herab und breitete sich aus, weiter und weiter, zu einem dunklen, uferlosen Teich rings ums ganze Haus. Es gluckste schon hinter den Wänden und stieg langsam, aber sicher an. »Ich werde ertrinken«, dachte er. »Es wird eindringen, und dann ertrinke ich.« Er glaubte, in einem weichen, schleimigen Morast zu liegen, doch als er aufsprang, spürte er die Kante einer harten, kalten Steinfliese unter seinem Fuß. Da wusste er, wo er war, und legte sich wieder hin. Er glaubte zu hören oder erinnerte sich, gehört zu haben: »Nichts dringt hier zur Tür und zum Fenster herein als das Licht von Mond und Sternen und der Wind, der vom Hügel herabfällt.« Ein sanfter Luftzug bewegte den Vorhang. Er atmete tief und schlief wieder ein.

Sam, soweit er sich erinnern konnte, schlief die ganze Nacht fest wie ein Brett, sofern Bretter fest schlafen können.

Sie erwachten alle vier zugleich, als das Morgenlicht hereinfiel. Tom lief im Zimmer herum, pfeifend wie ein Vogel. Als er ihre ersten morgendlichen Lebenszeichen hörte, klatschte er in die Hände und rief »he, dingdongelong, auf ihr Kerlchen!« Er zog die gelben Vorhänge auf, und die Hobbits sahen nun, dass diese die Fenster an beiden Enden des Zimmers bedeckt hatten, das eine nach Westen, das andere nach Osten.

Gut ausgeschlafen kamen sie auf die Beine. Frodo lief ans Fenster nach Osten und blickte auf einen taueperlten Gemüsegarten hinaus. Halb und halb hatte er erwartet, den Rasen bis ans Haus heranreichen und von Hufen zerstampft zu sehen; tatsächlich aber sah er nur eine Reihe hoher Stangenbohnen, die ihm die Aussicht nahmen, und darüber und weiter hinten ragte die graue Bergkuppe ins Sonnenlicht auf. Es war ein blasser Morgen; im Osten, hinter langen Wolkenbändern, die wie schmutzige, rotgeränderte Wollfetzen aussahen, schimmerten dicke gelbe Schichten hervor. Der Himmel versprach Regen, aber das Licht breitete sich schnell aus, und die roten Bohnenblüten begannen vor den nassen grünen Blättern zu leuchten.

Pippin sah zum anderen Fenster nach Westen auf ein Nebelfeld hinaus, hinter dem der Wald verborgen lag. Es war, wie wenn er von oben auf ein abschüssiges Wolkendach hinabblickte. Eine Falte oder Rinne, wo der Nebel in viele Fähnchen und Schwaden zerriss, verriet das Tal der Weidenwinde. Der Fluss kam zur Linken den Berghang heruntergeströmt und verschwand in den weißen Schatten. Nahebei waren ein Blumengarten und eine gestutzte, silbern beperlte Hecke, dahinter graues, kurzgemähtes Gras, fahl schimmernd von Tautropfen. Ein Weidenbaum war nirgendwo zu sehen.

»Guten Morgen, meine munteren Freunde!« rief Tom und riss das Fenster nach Osten weit auf. Kühle Luft strömte herein; es roch nach Regen.

»Von der Sonne wird heute nicht viel zu sehen sein, denke ich. Seit der Morgen graut, bin ich schon ein Stück gelaufen, auf den Bergen herumgesprungen, habe Wind und Wetter beschnüffelt, nasses Gras unter den Füßen, nassen Himmel überm Kopf. Unter Goldbeeres Fenster habe ich gesungen und sie geweckt, aber Hobbitvolk bekommt man früh am Morgen so leicht nicht wach. Nachts, da wachen sie im Dunkeln auf, die kleinen Leute, und wenn es hell ist, schlafen sie. Dongelongerillo! Aufgewacht, meine munteren Freunde! Vergesst der nächtlichen Laute! Dollidall, Dallidoll, ihr Kerlchen! Wenn ihr euch beeilt, steht das Frühstück auf dem Tisch. Wenn ihr trödelt, gibt es nur Gras und Regenwasser!«

Unnötig, zu sagen, dass die Hobbits, obwohl Toms Drohung nicht allzu ernst klang, sehr bald bei Tisch saßen und erst nach einer ganzen Weile, als er ziemlich leergeräumt aussah, wieder aufstanden. Weder Tom noch Goldbeere leisteten ihnen Gesellschaft. Tom hörte man im ganzen Haus rumoren, mit dem Küchengeschirr klappernd, die Treppen rauf und runter rennend, trällernd, bald drinnen, bald draußen. Das Zimmer lag nach Westen, mit dem Blick auf das nebelverhangene Tal, und das Fenster stand offen. Vom überhängenden Strohdach tropfte Wasser. Bevor sie mit dem Frühstück fertig waren, hatten die Wolken sich zu einer lückenlosen Decke geschlossen, und ein weicher grauer Landregen schnürte stetig herab, ein dicker Vorhang, hinter dem der Wald völlig verschwand.

Als sie hinausschauten, kam von oben sachte herabrieselnd, wie wenn er mit dem Regen vom Himmel fiele, ein Gesang von Goldbeeres reiner Stimme. Sie konnten nur wenige Worte verstehen, aber es schien ein Regenlied zu sein, mild wie ein Schauer auf trockenen Hügeln, und die Geschichte eines Flusses zu erzählen, von der Quelle im Hochland bis zur fernen Mündung ins Meer. Die Hobbits hörten andächtig zu, und Frodo war von Herzen froh und segnete das schlechte Wetter, weil es ihren Aufbruch verzögerte. Der Gedanke, gleich wieder fortzumüssen, hatte ihn seit dem Erwachen bedrückt; aber nun konnte er sich denken, dass sie an diesem Tag nicht mehr weiterwandern würden.

Der Höhenwind blies stetig von Westen und trieb dickere und schwerere Wolken heran, die ihre Regenlast auf den kahlen Gipfeln der Höhen abluden. Rings ums Haus war nichts zu sehen als herabströmendes Wasser. Frodo stand in der offenen Tür und schaute zu, wie sich der kreidig weiße Pfad in einen Milchbach verwandelte und plätschernd zu Tal lief. Tom Bombadil kam um die Ecke des Hauses getrabt und schwenkte die Arme, als ob er den Regen damit abwehren wollte – und tatsächlich schien er, als er über die Schwelle hüpfte, ganz trocken zu sein, bis auf die Stiefel. Die zog er aus und stellte sie in die Kaminecke. Dann setzte er sich in den breitesten Sessel und rief die Hobbits zusammen.

»Heute ist Goldbeeres Waschtag«, sagte er, »und ihr Herbstgroßreinemachen. Kein Wetter für Hobbitleute – sollen lieber ausruhen, solange es noch geht! Ein guter Tag für lange Geschichten, zum Fragen und Antworten. Also wird Tom anfangen.«

Und dann erzählte er ihnen viel Erstaunliches, manchmal, als spräche er mehr zu sich selbst, manchmal, indem er sie unter seinen dichten Brauen hervor mit seinen leuchtenden blauen Augen anschaute. Oft ging seine Rede in Gesang über, und er stand vom Sessel auf und tanzte umher. Er erzählte ihnen Geschichten von Bienen und Blumen, von den seltsamen Kreaturen des Waldes, guten und bösen, freundlichen und gehässigen, rohen und sanftmütigen, und von Geheimnissen unterm Dornengestrüpp.

Während sie ihm zuhörten, begannen sie zu verstehen, wie die Geschöpfe des Waldes leben konnten, ohne sich irgend um Hobbits zu kümmern, ja, wie sie selbst hier Fremde, alle andern aber einheimisch waren. Immer wieder kam Tom auf den Alten Weidenmann zu sprechen, und Frodo erfuhr nun alles, was er wissen wollte, und noch einiges mehr, denn es war keine frohe Kunde. Toms Worte legten die Herzen der Bäume bloß und ihre Gedanken, die oft fremd und dunkel waren, voller Hass auf die nicht bodenständigen Geschöpfe, die frei auf der Erde herumlaufen und beißen und nagen, brechen, hacken und sengen: Baummörder und Landräuber! Nicht ohne Grund trug der Alte Wald seinen Namen, denn alt war er, uralt, ein überlebender Rest der riesigen, nun vergessenen Wälder von einst; und darin lebten noch die Vorväter der ersten Bäume, die nicht schneller alterten als die Berge und noch der Zeiten gedachten, als sie die Herren waren. Unzählige Jahre hatten sie mit Stolz und Wurzelweisheit erfüllt – und mit Tücke. Und keiner von ihnen war gefährlicher als der große Weidenmann: Sein Herz war verdorben, doch seine Kraft war grün; und er war listig und ein Lenker der Winde, und sein Singen und Denken durchströmte den Wald zu beiden Seiten des Flusses. Sein grauer, durstiger Geist sog Kraft aus der Erde und breitete sich wie mit feinen Wurzelfasern im Boden und wie mit unsichtbaren Zweigfingern durch die Luft aus, und schließlich hatte er Macht über fast alle Bäume des Waldes von der Hecke bis zu den Höhen.

Dann wandten sich Toms Erzählungen von den Wäldern fort und folgten dem Lauf des jungen Baches aufwärts, wie er über brausende Wasserfälle, über Kiesel und ausgewaschene Felsen herabkam, an kleinen Blumen im dichten Gras und an feuchten Spalten vorüber bis hinauf zu den Höhen, wo er entsprang. Er erzählte von den großen Hügelgräbern, den grünen Grabhügeln mit den Steinkreisen auf den Kuppen und in den Mulden dazwischen. Schafherden blökten, grüne und weiße Mauern ragten auf, Burgen standen auf den Höhen. Die Könige kleiner Reiche kämpften miteinander, und die junge Sonne schien wie Feuer auf das blutige Metall ihrer neuen und gefräßigen Schwerter. Sieg folgte auf Niederlage, Türme stürzten ein, Festungen wurden geschleift, und Flammen schlugen gen Himmel empor. Auf die Bahren toter Könige und Königinnen wurde Gold gehäuft; Erdhügel bedeckten sie, die steinernen Türen wurden verschlossen; und Gras wuchs über alles. Schafe weideten dort eine Zeit lang, aber bald waren die Hügel wieder verlassen. Von dunklen Orten in der Ferne kam ein Schatten, und die alten Knochen klapperten in ihren Gräbern. Grabwichte gingen in den Kammern um, Ringe klirrten an kalten Fingern, und goldene Ketten rasselten im Wind. Steinkreise grinsten aus dem Boden hervor wie zersplitterte Zähne im Mondschein.

Die Hobbits hörten es mit Schaudern. Sogar im Auenland kannte man das Gerücht von den Grabwichten auf den Hügelgräberhöhen jenseits des Waldes. Doch solche Geschichten hörte kein Hobbit gern, nicht mal an einem behaglichen Kaminfeuer in sicherem Abstand von der verrufenen Gegend. Diesen vier Hobbits fiel ganz schnell wieder ein, wovon die Annehmlichkeiten des Hauses sie abgelenkt hatten: Tom Bombadils Haus stand genau zu Füßen dieser unheimlichen Höhen. Sie verloren den Faden seiner Geschichte, rutschten auf ihren Plätzen hin und her und tauschten Seitenblicke.

Als sie ihm wieder folgen konnten, merkten sie, dass er inzwischen zu fremden Zonen jenseits allen Hobbitgedenkens und jenseits ihres wachen Denkens geschweift war, in Zeiten, als die Welt noch weiter war und das Meer bis ans Gestade im Westen spülte; und von immer noch früheren Zeitenfernen unter dem ältesten Sternenlicht sang er, als nur erst die Väter der Elben erwacht waren. Dann hielt er plötzlich inne, und sie sahen, dass er mit dem Kopf wackelte, als wollte er einnicken. Still und wie verzaubert saßen die Hobbits vor ihm; und seine Worte schienen den Wind gebannt und die Wolken getrocknet zu haben. Der Tag hatte sich verflüchtigt, und von Osten und Westen zugleich war die Dunkelheit heraufgezogen, und der ganze Himmel glänzte im Licht der weißen Sterne.

Frodo konnte nicht sagen, ob der Vor- und Nachmittag eines Tages oder vieler Tage vergangen war. Er spürte weder Hunger noch Müdigkeit, nur Verwunderung. Die Sterne schienen zum Fenster herein, und ringsum schien alles still wie der Himmel zu sein. Schließlich, vor Erstaunen und aus einer Furcht vor dieser Stille, die ihn jäh überkam, fragte er:

»Wer bist du, Meister?«

»Äh, was?« sagte Tom auffahrend, und seine Augen glitzerten im Dämmerlicht. »Kennst du meinen Namen noch nicht? Das ist die einzige Antwort. Sag mir, wer bist du, du allein, du selbst ohne Namen? Doch du bist jung, und ich bin alt. Der Älteste, der bin ich. Denkt an meine Worte, Freunde: Tom war früher hier als der Fluss und die Bäume; Tom hat den ersten Regentropfen fallen sehn und die erste Eichel. Tom hat Pfade ausgetreten, ehe die Großen Leute da waren, und die Kleinen Leute hat er kommen gesehn. Er war da vor den Königen, den Gräbern und den Grabwichten. Als die Elben gen Westen fuhren, bevor die Meere gekrümmt wurden, war Tom schon da. Er war schon da in der gestirnten Dunkelheit, die noch ohne Schrecken war – bevor der Dunkle Herrscher von außen kam.«

Ein Schatten schien übers Fenster zu ziehen, und die Hobbits blickten nervös durch die Scheiben. Als sie sich wieder umwandten, stand Goldbeere in der Tür, hell angeleuchtet. Sie trug eine Kerze, deren Flamme sie mit der Hand gegen den Luftzug abschirmte, und das Licht schimmerte hindurch wie Sonnenstrahlen durch eine weiße Muschel.

»Der Regen hat aufgehört«, sagte sie, »und frisches Wasser läuft zu Tal unter den Sternen. Es ist Zeit, zu scherzen und zu feiern.«

»Und Zeit, zu essen und zu trinken!« rief Tom Bombadil. »Langes Erzählen macht durstig, langes Zuhören hungrig, ob morgens, mittags oder abends.« Damit sprang er aus seinem Sessel auf und zum Kaminsims, schnappte sich eine Kerze und entzündete sie an der, die Goldbeere in der Hand hielt. Dann tanzte er um den Tisch herum. Plötzlich war er mit einem Satz zur Tür hinaus und verschwunden.

Gleich war er wieder da, mit einem großen, schwer beladenen Tablett. Dann deckten Tom und Goldbeere den Tisch. Die Hobbits wussten nicht, ob sie staunen oder lachen sollten: staunen über Goldbeeres Anmut und Lieblichkeit oder lachen über Toms wilde Kapriolen. Doch irgendwie schienen die beiden einen gemeinsamen Tanz aufzuführen, rein ins Zimmer, raus aus dem Zimmer und rings um den Tisch, ohne dass einer den andern behinderte; und in kürzester Zeit standen Speisen, Geschirr, Gefäße und Lichter an ihren Plätzen. Der Tisch strahlte im Schein der weißen und gelben Kerzen. »Das Abendbrot ist fertig«, sagte Goldbeere, und nun erst sahen die Hobbits, dass sie ganz in Silber gekleidet war, mit einem weißen Gürtel, und ihre Schuhe waren wie von Fischschuppen. Tom aber war ganz in Blau, Hellblau wie vom Regen erfrischte Vergissmeinnichtblüten; nur die Strümpfe waren grün.

Sie aßen noch besser als am vorigen Abend. Unter dem Bann von Toms Erzählungen hatten die Hobbits gar nicht gemerkt, dass sie eine Mahlzeit oder mehrere versäumten, aber als die vollen Schüsseln nun vor ihnen standen, kam es ihnen vor, als hätten sie seit mindestens einer Woche nichts mehr gegessen. Eine ganze Weile gingen sie eifrig zur Sache, ohne zu singen oder viel zu reden. Nach einiger Zeit aber waren Leib und Seele wieder auf der alten Höhe, und man hörte sie laut lachen und trällern.

Nun sang Goldbeere ihnen viele Lieder vor, Lieder, die mit lustigen Geschichten aus den Hügeln begannen und dann sacht in Stille verklangen; und während des Verklingens sahen sie im Geiste Seen und Flüsse, die größer waren als alle, die sie kannten; und auf ihr Wasser hinabblickend, sahen sie den Himmel unter sich und die Sterne wie Juwelen in der Tiefe. Dann wünschte Goldbeere wieder jedem von ihnen eine gute Nacht und ging, während sie am Kamin sitzen blieben. Tom aber schien nun hellwach zu sein und bedrängte sie auf einmal mit Fragen.

Er schien vieles über sie und ihre Familien schon zu wissen, auch über alles Leben und Treiben im Auenland seit den frühesten Tagen, an die sich die Hobbits selbst kaum mehr erinnerten. Es überraschte sie nicht mehr, aber er machte kein Geheimnis daraus, dass er seine jüngst erlangten Kenntnisse hauptsächlich dem Bauern Maggot verdankte, einem Mann, dem er offenbar mehr Bedeutung beimaß, als sie erwartet hätten. »Er hat Erde unter seinen alten Füßen und Lehm an den Fingern; der Verstand steckt ihm in den Knochen, und er hält beide Augen offen«, sagte Tom. Ebenso wurde klar, dass Tom mit den Elben in Verbindung stand; und auf irgendeine Weise schien er über Frodos Flucht von Gildor Nachricht erhalten zu haben.

So viel wusste er schon, und so geschickt verstand er zu fragen, dass Frodo ins Erzählen kam und ihm mehr über Bilbo und seine eigenen Sorgen und Hoffnungen sagte, als er selbst Gandalf gesagt hatte. Tom wiegte bedächtig den Kopf, und in seine Augen trat ein Funkeln, als er von den Reitern hörte.

»Zeig mir deinen kostbaren Ring!« sagte er plötzlich mitten in Frodos Bericht hinein; und Frodo, zu seinem eigenen Erstaunen, zog gleich die

Kette aus der Tasche, machte den Ring los und gab ihn Tom, ohne zu zögern.

Der Ring schien größer zu werden, als er für einen Moment in Toms breiter brauner Hand lag. Auf einmal hielt Tom ihn sich ans Auge und lachte. Eine Sekunde lang bot er den Hobbits einen komischen und zugleich bedrohlichen Anblick, als sie sein strahlend blaues Auge von einem goldenen Kreis eingefasst sahen. Dann steckte er sich den Ring auf die Spitze des kleinen Fingers und hielt ihn dicht ans Kerzenlicht. Zuerst fanden die Hobbits das nicht weiter bemerkenswert, aber dann schnappten sie nach Luft: Tom machte keinerlei Anstalten zu verschwinden!

Tom lachte wieder, dann ließ er den Ring um die Fingerspitze kreiseln – und mit einem Aufblitzen war das kostbare Stück verschwunden! Frodo stieß einen Schrei aus – und Tom beugte sich zu ihm und gab ihn lächelnd zurück.

Frodo betrachtete ihn genau und ein wenig misstrauisch (wie jemand, der einem Gaukler ein Schmuckstück geliehen hat). Es war noch derselbe Ring, jedenfalls dem Aussehen und dem Gewicht nach zu urteilen; denn Frodo hatte schon immer gefunden, dass er sonderbar schwer in der Hand wog. Aber irgendetwas trieb ihn, sich zu vergewissern. Er war wohl ein bisschen beleidigt, dass Tom eine Sache so leicht zu nehmen schien, die selbst Gandalf so todernst gefährlich fand. Er wartete, bis das Gespräch wieder in Gang gekommen war, und als Tom gerade eine verrückte Geschichte über Dachse und ihre Schrullen erzählte, steckte er den Ring auf.

Merry wandte sich zu ihm hin, um etwas zu sagen, fuhr zusammen und konnte einen Aufschrei eben noch unterdrücken. Frodo war (in gewisser Hinsicht) zufrieden: Also gut, es war sein Ring, denn Merry glotzte dumm auf seinen Sessel und konnte ihn offenbar nicht sehen. Er stand auf und schlich lautlos vom Kamin fort in Richtung der Haustür.

»Heda!« rief Tom und blickte ihm unbeirrt genau ins Auge. »He, komm zurück, Frodo! Wo willst du denn hin? So blind ist der alte Tom Bombadil noch nicht. Nimm deinen goldenen Ring ab, deine Hand gefällt mir ohne ihn besser! Komm, lass den Unsinn und setz dich neben mich! Wir haben für morgen noch einiges zu bereden und zu bedenken. Tom muss euch den richtigen Weg erklären, damit ihr euch nicht verirrt.«

Frodo lachte (und versuchte sich zu freuen), nahm den Ring ab und setzte sich wieder hin. Tom sagte ihnen nun, dass er für den kommenden Tag Sonnenschein und einen schönen Morgen erwarte, ein günstiges

Vorzeichen für ihren Aufbruch. Doch täten sie gut daran, sich früh auf den Weg zu machen, denn das Wetter in dieser Gegend sei so launisch, dass auch er es nicht für lange Zeit zuverlässig voraussagen könne; manchmal wechsle es schneller, als er die Jacke wechseln könne. »Des Wetters Meister bin ich nicht«, sagte er, »und niemand ist es, der auf zwei Beinen geht.«

Auf seinen Rat hin beschlossen sie, von seinem Haus fast genau nach Norden zu reiten, durch den flacheren westlichen Teil der Höhen; so konnten sie hoffen, in einem Tagesritt die Oststraße zu erreichen, ohne den Hügelgräbern allzu nahe zu kommen. Im Übrigen sollten sie keine Angst haben – sich aber um keinen Preis auf Dinge einlassen, die sie nichts angingen.

»Haltet euch immer dahin, wo das Gras grün ist! Gebt euch nicht mit alten Steinen und kalten Wichten ab, und schnüffelt nicht in deren Behausungen herum, es sei denn, ihr wäret starke Männer, deren Herz vor nichts zurückschreckt!« Dies sagte er ihnen mehr als einmal; und an den Gräbern, wenn sie zufällig doch eines sehen würden, müssten sie immer auf der Westseite vorbeigehen. Dann brachte er ihnen noch ein Lied bei, das sie singen sollten, wenn sie am nächsten Tag durch irgendein Missgeschick in Gefahr oder Schwierigkeiten gerieten.

He, Tom Bombadil, komm zu unsrer Freude,
Komm, bei Wasser, Wald und Berg, komm bei Schilf und Weide,
Komm, bei Feuer, Sonn' und Mond, eilends angetreten,
Komm, Tom Bombadil, denn wir sind in Nöten!

Als sie ihm dies genau nachgesungen hatten, klopfte er ihnen allen lachend auf die Schultern; dann brachte er sie mit Kerzen zu ihrem Schlafzimmer.

ACHTES KAPITEL

NEBEL AUF DEN HÜGELGRÄBERHÖHEN

Nächtliche Laute hörten sie diesmal nicht. Aber Frodo, ohne dass er wusste, ob er träumte oder wachlag, ging ein lieblicher Gesang durch den Sinn: ein Gesang, der wie ein Licht durch einen grauen Regenschleier zu dringen schien, zuerst blass, dann heller werdend und den Schleier ganz in Glas und Silber verwandelnd, bis er schließlich weggezogen wurde und den Blick auf ein grünes Land freigab, das sich im Schein einer beschleunigt aufgehenden Sonne weit in die Ferne erstreckte.

Das Traumgesicht schmolz im Erwachen, und da war Tom, pfeifend wie ein ganzer Baum voller Vögel, und die Sonne stand schon über dem Berg und schien durchs offene Fenster herein. Draußen war alles grün und blassgolden.

Nach dem Frühstück, bei dem sie wieder allein gelassen wurden, machten sie sich bereit zum Abschied, nahezu schweren Herzens, obgleich das an einem solchen kühlen und klaren Morgen unter dem reinen blassblauen Herbsthimmel kaum möglich war. Der Wind wehte frisch von Nordwesten. Ihre braven Ponys waren fast übermütig, sie schnoben und stampften unruhig. Tom kam aus dem Haus, schwenkte seinen Hut und tanzte auf der Türschwelle herum. Er redete den Hobbits zu, endlich aufzusitzen und sich schleunigst auf den Weg zu machen.

Sie ritten davon auf einem Weg, der sich hinter dem Haus zum Nordende des Bergkamms hinaufschlängelte, unter dem das Haus stand. Eben waren sie abgesessen, um die Ponys den letzten steilen Hang hinaufzuführen, als Frodo plötzlich anhielt.

»Goldbeere«, rief er. »Die hohe Frau in Silber und Grün, wir haben ihr nicht Lebewohl gesagt und sie auch seit gestern Abend nicht mehr gesehen.« Er war so betrübt, dass er noch einmal umkehren wollte, doch im gleichen Augenblick drang ein heller, lang gezogener Ruf zu ihnen herunter. Dort auf dem Bergkamm stand sie und winkte ihnen. Sie ließ ihr Haar lose im Wind flattern, und wenn die Sonne es traf, strahlte und schimmerte es; und das Gras unter ihren Füßen funkelte von Tauperlen, als sie tanzte.

Sie eilten das letzte Stück des Hangs hinauf und blieben atemlos bei ihr stehen. Sie verneigten sich, doch Goldbeere gebot ihnen mit einer Armbewegung, in die Ferne zu blicken; und vom Berg sahen sie auf die Lande im Morgenlicht herab. Die Sicht war nun klar und weit, nicht dunstverschleiert, wie sie es auf der Hügelkuppe im Wald gewesen war, die nun blass und grün über den dunklen Wäldern zu sehen war. In dieser Richtung stieg das Land in bewaldeten Schwellen an, grün, gelb und rostrot in der Sonne; und dahinter lag, ihrem Blick entzogen, das Tal des Brandywein. Von Süden, weit hinter dem Lauf der Weidenwinde, schimmerte es von fern wie mattes Glas, wo der Brandywein im Flachland eine große Biegung machte, ehe er in Gegenden davonfloss, von denen die Hobbits nichts wussten. Nach Norden zu erstreckte sich das Land hinter den Ausläufern der Höhen in Wellen und Niederungen, grau, grün oder sandfarben, bis es in einer schattenhaften, dunstigen Ferne verschwamm. Nach Osten stiegen die Kämme der Hügelgräberhöhen an, einer hinter dem andern, und lösten sich, wo sie dem Blick entschwanden, in etwas auf, das eher zu erraten als zu sehen war: eine Andeutung von blauen Umrissen und einem weißen Schimmer, die mit dem äußersten Saum des Himmels verschmolzen, wo, wie sie aus alten Überlieferungen wussten, das hohe Gebirge sein musste.

Sie atmeten tief durch und hatten nun das Gefühl, dass es überallhin nur ein Katzensprung sei. Es kam ihnen kleinmütig vor, sich seitlich durch die verworrenen Ausläufer der Höhen zur Straße durchzuarbeiten, statt leichtfüßig wie der alte Tom die Hügel als Trittsteine zu nehmen und geradewegs bis zum Gebirge zu hüpfen.

Goldbeere rief ihre Blicke und Gedanken in die Gegenwart zurück. »Lebt nun wohl, ihr lieben Gäste!« sagte sie. »Und haltet an eurem Plan fest! Nach Norden mit dem Wind im linken Auge, und gesegnet seien eure Schritte! Eilt euch, solange die Sonne scheint!« Und zu Frodo sagte sie: »Lebe wohl, Elbenfreund, es war eine glückliche Begegnung!«

Doch Frodo fand keine Worte, er verneigte sich nur tief, bestieg sein Pony und ritt, gefolgt von seinen Freunden, langsam den sanften Hang auf der Rückseite des Bergkamms hinab. Tom Bombadils Haus, das Tal und der Wald entschwanden den Blicken. Zwischen den grünen Hängen wurde die Luft wärmer, und der Duft des Grases stieg ihnen stark und lieblich in die Nasen. Auf dem Grund der grünen Senke angelangt, drehten sie sich um und sahen Goldbeere, die noch immer oben stand und ihnen nachsah: klein und zierlich wie eine sonnenbeschienene Blume hob ihre Gestalt sich nun vom Himmel ab, und sie hielt die Hände nach ihnen ausgestreckt. Während sie zu ihr hinblickten, stieß sie einen hellen Ruf aus, hob die eine Hand, wandte sich fort und verschwand hinter dem Hügel.

Ihr Weg zog sich zuerst auf dem Grund der Senke dahin, um den grünen Fuß eines steilen Hangs, dann in ein anderes, tieferes und breiteres Tal, weiter über den nächsten Bergrücken, seinen langen Ausläufer hinab, gelinde Hänge hinauf zu neuen Gipfeln und wieder hinab in neue Täler. Kein Baum war zu sehen, kein Wasserlauf; es war ein Grasland, mit kurzen, federnden Stoppeln bewachsen, und zu hören waren nur das Zischeln des Windes über den Hügelkämmen und die einsamen Rufe fremder, hochfliegender Vögel. Als die Sonne höher stieg, wurde es heiß. Jedes Mal, wenn sie einen Gipfel erreichten, schien der Luftzug schwächer geworden zu sein. Als einmal der Blick nach Westen frei wurde, schien der Wald in der Ferne zu rauchen, als ob der gefallene Regen aus dem Laub, den Wurzeln und dem Erdreich nun wieder als Dampf aufstiege. Um den Rand des Gesichtsfelds lag nun ein Schatten, ein dunkler Dunst, mit dem oberen Himmel wie eine blaue Kappe heiß und schwer darüber.

Gegen Mittag kamen sie auf einen Hügel, dessen Gipfel abgeplattet war, wie ein flacher Teller mit aufgebogenem grünem Rand. In der Mulde regte sich kein Lüftchen, und der Himmel schien fast bis auf ihre Köpfe herabzuhängen. Sie ritten hindurch bis zum Rand und hielten Ausschau nach Norden. Erleichtert sahen sie, dass sie offenbar schon weiter als erwartet vorangekommen waren. Zwar konnte man sich bei der dunstigen Sicht über Entfernungen leicht täuschen, doch kein Zweifel, sie näherten sich den letzten Ausläufern der Höhen. Unter ihnen zog sich ein langes Tal in Windungen nordwärts, bis zu einer Öffnung zwischen zwei steilen Rücken. Dahinter schienen keine Hügel mehr zu kommen. Genau nördlich konnten sie undeutlich eine lange dunkle Linie erkennen. »Das ist eine Baumreihe«, sagte Merry. »Das muss die Straße sein. Sie ist östlich der Brücke über viele Wegstunden hin mit Bäumen gesäumt. Man sagt, die sollen in alten Zeiten gepflanzt worden sein.«

»Vortrefflich!« sagte Frodo. »Wenn wir am Nachmittag so gut vorwärts kommen wie am Vormittag, haben wir bis Sonnenuntergang die Höhen hinter uns und zuckeln weiter auf der Suche nach einem Lagerplatz.« Doch während er das sagte, wandte er sich nach Osten und sah, dass die

Hügel auf dieser Seite höher waren und auf sie herabblickten; und auf allen Kuppen waren grün überwachsene Grabhügel, und auf manchen standen aufrecht gen Himmel zeigende Steine, wie schartige Zähne aus grünen Mäulern.

Dieser Anblick war irgendwie beunruhigend, also wandten sie sich ab und gingen in die kreisrunde Mulde hinunter. In deren Mitte stand ein einzelner Stein, der hoch zur Sonne hin aufragte und zu dieser Stunde keinen Schatten warf. Er war formlos und unbehauen, schien aber doch etwas zu bedeuten, vielleicht eine Landmarke, ein mahnender Finger oder eine Art Warnzeichen. Aber sie hatten nun Hunger, und in der hellen Mittagssonne kannten sie keine Furcht; also setzten sie sich auf der Ostseite mit dem Rücken gegen den Stein. Er war kühl, als hätte die Sonne nicht die Kraft, ihn zu erwärmen, aber zu dieser Zeit fanden sie das nur angenehm. Dort machten sie sich über die mitgebrachten Speisen und Getränke her und hielten eine Mittagsmahlzeit, wie man sie sich unter freiem Himmel nicht besser wünschen konnte, denn alles stammte von »unterm Berg«: Tom hatte sie mit allem, was sie an einem Tag verdrücken konnten, reichlich versorgt. Die Ponys, denen sie ihre Traglasten abgenommen hatten, streunten frei übers Gras.

Der lange Ritt durch die Hügel und die anschließende wohlige Sättigung, die warme Sonne und der Duft des Grases, die Tatsache, dass sie ein bisschen zu lange liegen blieben, um die Beine auszustrecken und den Himmel über ihren Nasenspitzen zu betrachten: all dies erklärt wohl zur Genüge, was geschah. Jedenfalls, es gab ein plötzliches und unbehagliches Erwachen aus einem Schläfchen, das sie sich eigentlich nicht hatten gönnen wollen. Der Stein an ihrem Rücken war kalt und warf einen langen, bleichen Schatten, der nach Osten über sie hinausgriff. Die Sonne, blass und wässrig gelb hinter einem Dunst, schien eben noch über den westlichen Rand der Mulde, in der sie lagen; von Norden, Süden und Osten drängte von unten ein dicker, kalter weißer Nebel heran. Die Luft war klamm, still und drückend. Ihre Ponys standen dicht beisammen und ließen die Köpfe hängen.

Erschrocken sprangen die Hobbits auf und liefen zum westlichen Rand. Sie sahen, dass sie auf einer Insel in einem Nebelmeer standen. Während sie noch in die tief stehende Sonne blickten, versank sie vor ihren Augen in den weißen Schwaden, und im Osten hinter ihnen stieg ein kalter grauer Schatten empor. Der Nebel wogte bis an die Ränder der Mulde heran und über sie hinaus; dann wölbte er sich über ihren Köpfen wie zu einem Kuppeldach. Sie waren eingeschlossen in einer Nebelhalle, deren Mittelsäule der aufrecht stehende Stein war.

Es kam ihnen vor, als säßen sie in einer Falle, die gleich zuschnappen würde; aber noch verloren sie nicht den Mut. Sie erinnerten sich daran, wie erfreulich nahe die Straße gewesen zu sein schien, und auch an die Richtung, in der sie lag. Jedenfalls war ihnen der Aufenthalt in der Mulde um den Stein nun so sehr verleidet, dass sie keine Sekunde lang daran dachten, dort zu bleiben. So schnell es die klammen Finger erlaubten, packten sie ihre Sachen zusammen.

Bald führten sie ihre Ponys über den Rand der Mulde und den langen Nordhang des Hügels in das Nebelmeer hinab. Je tiefer sie kamen, desto kälter und feuchter wurde es; und die Haare klebten ihnen bald triefend an der Stirn. Auf der Talsohle war es so kalt, dass sie anhalten und die Mäntel und Kapuzen hervorholen mussten, die bald mit grauen Tröpfchen bedeckt waren. Dann saßen sie auf und ritten langsam weiter, immer dem Gefälle des Bodens folgend. Sie hielten, so gut es ging, auf die torähnliche Öffnung am Nordende des lang gestreckten Tals zu, die sie mittags gesehen hatten. Wenn sie dort erst hindurch wären, müssten sie, wenn sie nur einigermaßen geradeaus weiterritten, am Ende unvermeidlich auf die Straße treffen. Weiter voraus dachten sie nicht, in der vagen Hoffnung, dass der Nebel irgendwo hinter den Höhen aufhören würde.

Sie kamen sehr langsam voran. Um sich nicht aus den Augen zu verlieren und verschiedene Richtungen einzuschlagen, ritten sie dicht hintereinander, mit Frodo an der Spitze. Hinter ihm kam Sam, dann Pippin und dann Merry. Das Tal schien kein Ende nehmen zu wollen. Da sah Frodo ein Hoffnungszeichen. Zu beiden Seiten vor ihnen im Nebel ragte etwas Dunkles auf, und er vermutete, dass dies nun die Lücke zwischen den Hügeln war, das Nordtor der Hügelgräberhöhen. Wenn sie da hindurchkämen, wären sie im Freien.

»Kommt, mir nach!« rief er über die Schulter den andern zu und ritt schneller voran. Aber seine Hoffnung löste sich bald in Ratlosigkeit und Bestürzung auf. Die dunklen Flecken wurden noch dunkler, aber auch kleiner, und gleich darauf sah er vor sich zwei hohe, aufrechte Steine, leicht zueinander hingeneigt, drohend wie die Pfosten einer Unheilstür, der nur die Oberleiste fehlte. Er konnte sich nicht erinnern, etwas von ihnen gesehen zu haben, als er mittags vom Hügel über das Tal hinblickte.

Nun war das Pony zwischen ihnen hindurchgetrabt, kaum dass er sie bemerkt hatte, und im gleichen Moment schien Dunkelheit ihn zu umfangen. Das Pony schnob und bäumte sich auf; er wurde abgeworfen. Als er sich umsah, merkte er, dass er allein war. Die anderen waren nicht nachgekommen.

»Sam!« rief er. »Pippin! Merry! Nun macht schon! Warum haltet ihr nicht Schritt?«

Keine Antwort. Er bekam es mit der Angst, rannte zwischen den Steinen durch zurück, aufgeregt brüllend. Das Pony ging durch und verschwand im Nebel. Aus einiger Entfernung, wie es ihm vorkam, glaubte er einen Ruf zu hören: »He! Frodo! He!« Er stand unter den großen Steinen, spähte und horchte in den Nebel hinaus. Der Ruf kam von links, von Osten. In die Richtung rannte er los. Es ging steil bergauf.

Im Laufen rief er und rief, immer lauter und hektischer; aber eine ganze Weile hörte er keine Antwort, und dann kam eine, aber sehr schwach, anscheinend von weit voraus und hoch über ihm. »Frodo! He!« drangen dünne Stimmen durch den Nebel, und dann kam ein Schrei, der sich wie *Hilfe!* anhörte, *Hilfe!,* mit vielen Wiederholungen bis zu einer letzten, die in einen lang gedehnten Schmerzenslaut überging und dann jäh abbrach. Er stolperte so schnell er konnte in die Richtung, aus der die Schreie kamen, aber das Licht war nun geschwunden, und die Dunkelheit schien ihn umklammert zu halten, sodass es unmöglich war, sich über die Richtung im Klaren zu bleiben. Die ganze Zeit kam es ihm vor, als ginge es bergauf.

Nur daran, dass der Boden unter seinen Füßen ebener wurde, erkannte er schließlich, dass er einen Gipfel oder Kamm erreicht haben musste. Er war müde, schwitzte und fror zugleich. Es war nun völlig dunkel.

»Wo seid ihr nur?« rief er jämmerlich.

Wieder keine Antwort. Er stand still und horchte. Plötzlich wurde es sehr kalt, und ein eisiger Höhenwind kam auf. Ein Wetterumschwung bahnte sich an. Der Nebel flog in Klumpen und Fetzen an ihm vorüber. Sein Atem dampfte, und die Dunkelheit war nicht mehr so eng und dicht. Er blickte hoch und sah zu seiner Überraschung zwischen den dahinfliegenden Wolken- und Nebelhaufen ein paar blasse Sterne durchschimmern. Der Wind begann übers Gras zu pfeifen.

Plötzlich glaubte er einen erstickten Schrei zu hören und ging darauf zu, und im gleichen Moment rissen die letzten Nebelschleier auf, wurden weggefegt und gaben den Sternhimmel frei. Mit einem Blick erkannte er, dass er mit dem Gesicht nach Süden auf einer Hügelkuppe stand, die er von Norden her erstiegen haben musste. Der beißende Wind kam von Osten. Rechts von ihm ragte eine tiefschwarze Form gegen den westlichen Sternhimmel auf: ein großes Hügelgrab.

»Wo seid ihr?« rief er noch einmal, in Wut und Angst zugleich.

»Hier!« sagte eine tiefe, kalte Stimme, die aus dem Boden zu kommen schien. »Ich warte schon auf dich.«

»Nein!« sagte Frodo; aber er rannte nicht weg. Die Knie wurden ihm weich, und er fiel zu Boden. Nichts geschah, nichts war zu hören. Zitternd blickte er auf und sah eben noch eine große dunkle Gestalt, wie ein Schatten vor den Sternen. Sie beugte sich über ihn. Er glaubte noch zwei Augen zu erkennen, sehr kalte Augen, obgleich ein fahles, wie aus weiter Ferne kommendes Licht daraus schien. Dann packte ihn eine Hand, fester und kälter als Stahl. Die eisige Berührung ließ ihn bis auf die Knochen erstarren, und er wusste von nichts mehr.

Als er wieder zu sich kam, konnte er sich zuerst an nichts als an ein unbestimmtes Grauen erinnern. Dann begriff er plötzlich, dass er gefangen war, hoffnungslos eingekerkert in einem Hügelgrab. Ein Grabwicht hatte ihn geschnappt, und wahrscheinlich war er nun schon mit einem der entsetzlichen Grabwichtsprüche behext, von denen in den Geschichten immer nur flüsternd die Rede war. Er wagte sich nicht zu rühren, sondern blieb in der Haltung liegen, in der er erwacht war: flach auf dem Rücken auf einer kalten Steinplatte, die Hände vor der Brust.

Doch obwohl die Angst so schwer und dicht auf ihn drückte wie die Dunkelheit ringsumher, fielen ihm, während er dort lag, Bilbo Beutlin und seine Geschichten ein, ihre gemeinsamen Streifzüge durchs Auenland und ihre Gespräche über Straßen und Abenteuer. Ein Körnchen Mut steckt (zugegebenermaßen oft tief verschlossen) auch noch im Herzen des feigsten und fettesten Hobbits und wartet nur darauf, in verzweifelter Lage aufzubrechen und zu keimen. Frodo war weder besonders fett noch feige; vielmehr, doch davon wusste er nichts, hatten ihn Bilbo und Gandalf für den besten Hobbit im ganzen Auenland gehalten. Der Gedanke, dass das Ende seines Abenteuers, und zwar kein gutes, nun wohl absehbar war, machte ihn merkwürdigerweise trotzig. Er spürte, wie er sich spannte und sprungbereit wurde; er war nicht mehr das schlaffe, wehrlose Opfer.

Während er sich so besann und sich wieder in den Griff bekam, merkte er, dass die Dunkelheit langsam wich. Ein fahles grünliches Licht breitete sich um ihn aus. Zuerst konnte er nicht recht erkennen, an was für einem Ort er sich befand, denn das Licht schien von ihm selbst und von dem Boden neben ihm auszugehen und reichte noch nicht bis zu den Wänden oder zum Dach hinauf. Er wandte den Kopf zur Seite, und in dem kalten Schein sah er Sam, Pippin und Merry neben sich liegen. Sie lagen auf dem Rücken, alle mit totenblassem Gesicht und in weißen Hemden. Um sie her lagen allerlei Wertsachen, möglicherweise aus Gold, das freilich in dem grünen Licht frostig und nicht sonderlich begehrenswert aussah. Auf dem Kopf hatten sie jeder einen Stirnreif, um den Leib eine goldene Kette und an den Fingern etliche Ringe. Schwerter lagen neben ihnen, zu ihren Füßen Schilde. Über ihren drei Hälsen aber lag ein langes nacktes Schwert.

Plötzlich setzte ein Singsang ein, kaltes Genöhl, steigend und fallend. Die Stimme, maßlos trübsinnig, schien von weither zu kommen, bald dünn wie von hoch oben, bald wie ein leises Stöhnen aus dem Boden. Aus dem formlosen Gerinnsel trauriger, doch abscheulicher Laute waren dann und wann ein paar aneinander gereihte Wörter herauszuhören: finstere, harte und kalte Wörter, herzlos, aber wehleidig. Die Nacht beschimpfte den Morgen, der sie im Stich gelassen hatte, und die Kälte verfluchte die Wärme, nach der es sie hungerte. Frodo wurde es kalt bis ins Mark hinein. Nach einer Weile wurde der Singsang deutlicher, und voll Grauen erkannte Frodo, dass es sich um einen Bannspruch handelte:

Kalt sei Hand, Herz und Gebein,
Kalt der Schlaf unterm Stein:
Nimmer steh vom Bette auf,
Eh' nicht endet der Sonn' und des Mondes Lauf,
Die Sterne zersplittern im schwarzen Wind,
Und fallen herab und liegen hier blind,
Bis der dunkle Herrscher hebt seine Hand
Über tote See und verdorrtes Land.

Hinter seinem Kopf hörte er ein knarrendes und scharrendes Geräusch. Sich mit einem Arm aufstützend, blickte er hin und sah nun in dem fahlen Licht, dass sie sich in einer Art Gang befanden, der hinter ihnen um eine Ecke bog. Um die Ecke kam ein langer tastender Arm, der auf seinen Fingern zu laufen schien, zu Sam hin, der ihm am nächsten war, und zu dem Schwertheft, das auf ihm lag.

Zuerst war es Frodo, als hätte ihn die Beschwörung tatsächlich in Stein verwandelt. Dann überkam ihn der heftige Wunsch zu fliehen. Wenn er den Ring aufsteckte, würde ihn der Grabwicht vielleicht verfehlen, und er könnte irgendwie einen Ausweg finden. Er stellte sich vor, wie es wäre, durchs Gras zu laufen und um Merry, Sam und Pippin zu trauern, selbst aber frei und am Leben zu sein. Gandalf würde zugeben müssen, dass er nichts anderes hätte tun können.

Aber sein eben erst erwachter Mut war nun schon zu stark geworden, als dass er seine Freunde so einfach hätte im Stich lassen können. Er schwankte, tastete nach dem Ring in der Tasche und wurde sich mit sich selbst nicht einig; und währenddessen kroch der Arm immer näher. Da verfestigte sich sein Entschluss: Er ergriff ein kurzes Schwert, das neben ihm lag, und beugte sich kniend tief über die Leiber seiner Freunde. Mit aller Kraft, die er aufbieten konnte, hieb er auf den kriechenden Arm, dicht beim Handgelenk. Die Hand brach ab, und im gleichen Augenblick zersplitterte das Schwert bis ans Heft. Ein schriller Schrei, und das Licht erlosch. Aus dem Dunkeln kam ein fauchendes Geräusch.

Frodo fiel vornüber auf Merry. Merrys Gesicht war kalt. Mit einem Mal fiel ihm wieder ein, was er seit dem ersten Anblick des Nebels völlig vergessen hatte: das Haus unterm Berg und Toms Gesang. Er erinnerte sich des Reims, den Tom ihnen beigebracht hatte. Mit schwacher, flatternder Stimme begann er: *He! Tom Bombadil!* Doch mit diesem Namen schien seine Stimme zu erstarken; sie gewann Fülle und Leben, und in der dunklen Kammer hallte es wider wie von Pauken und Trompeten.

He, Tom Bombadil, komm zu unsrer Freude,
Komm, bei Wasser, Wald und Berg, komm bei Schilf und Weide,
Komm, bei Feuer, Sonn und Mond, eilends angetreten,
Komm, Tom Bombadil, denn wir sind in Nöten!

Tiefe Stille trat ein, in der Frodo sein Herz klopfen hörte. Nach einem lang gedehnten Moment hörte er deutlich, aber von fern, wie aus dem Boden oder durch dicke Mauern dringend, den Gesang der antwortenden Stimme:

Bombadil, der alte Tom, daran kennt ihn jeder:
Gelbe Stiefel, blaue Jacke, Hut mit blauer Feder.
Fing ihn niemals niemand ein, denn er ist der Meister,
Seine Lieder haben Macht über böse Geister.

Dann gab es ein lautes Gepolter wie von übereinander rollenden und fallenden Steinen, und plötzlich fiel Licht herein, echtes, helles Tageslicht. Eine niedrige, türähnliche Öffnung zeigte sich am einen Ende der Kammer hinter Frodos Füßen, und da war Toms Kopf (mitsamt Hut und Feder), scharf abgehoben von der Sonne, die rot hinter ihm aufging. Ihr Licht fiel auf den Boden und auf die Gesichter der drei Hobbits, die neben Frodo lagen. Sie rührten sich nicht, aber die Leichenblässe war verschwunden. Es sah nun so aus, als ob sie nur sehr fest schliefen.

Tom bückte sich, nahm den Hut ab und kam herein. Er sang:

Raus hier, übler Wicht! In die helle Sonne!
Schwinde wie der Nebelhauch, heule mit dem Winde,
In die wüsten Lande zieh über alle Berge!
Lass die Grube leer zurück, niemals kehre wieder!
Sei vergessen und verloren, dunkler als das Dunkel,
Wo das Tor verschlossen steht, bis die Welt geheilt wird.

Auf diese Worte folgte ein Schrei, und ein Teil der Kammer an der Innenseite stürzte krachend ein. Dann hörte man ein lang gedehntes Kreischen, das allmählich in eine unvorstellbare Ferne entschwand. Alles war still.

»Komm, mein Freund!« sagte Tom. »Gehn wir nach draußen, aufs reine Gras. Hilf mir, sie hinauszutragen.«

Zusammen schafften sie Merry, Pippin und Sam ins Freie. Als Frodo zum letzten Mal aus der Grabkammer hinausging, glaubte er, in einem Haufen herabgefallener Erde eine abgetrennte Hand zu sehen, die noch zuckte wie eine verwundete Spinne. Tom ging noch mal hinein, und Frodo hörte lautes Poltern und Stampfen. Die Arme voller Schätze kam Tom wieder heraus: Dinge aus Gold, Silber, Kupfer und Bronze, viele Ketten mit Perlen und Juwelenschmuck. Er stieg auf den grünen Grabhügel und legte alles oben in die Sonne.

Dort blieb er stehen, mit dem Hut in der Hand und dem Wind im Haar und blickte herab auf die drei Hobbits, die nun an der Westseite des Hügels

auf dem Rücken im Gras lagen. Er hob die rechte Hand und sagte mit klarer, gebieterischer Stimme:

> *Auf nun, ihr lieben Leut! Auf und hört mich rufen!*
> *Herz und Glieder wieder warm, kalter Stein geborsten;*
> *Dunkle Tür ist aufgetan, Totenhand gebrochen.*
> *Nacht floh zu Nacht hinab, Tor steht weit und offen.*

Zu Frodos großer Freude rührten sich die drei, streckten die Arme, rieben
sich die Augen und sprangen plötzlich auf. Erstaunt blickten sie um sich,
sahen zuerst Frodo, dann Tom, wie er in voller Lebensgröße über ihnen auf
dem Grabhügel stand, und zuletzt sich selbst in ihren dünnen weißen Lappen, mit bleichem Gold gekrönt und umgürtet und mit klimperndem
Schmuck behangen.

»Was bei allem Spuk …?« setzte Merry an und betastete den Goldreif,
der ihm über ein Auge gerutscht war. Dann unterbrach er sich, ein Schatten zog über sein Gesicht, und er schloss die Augen. »Ja doch, ich erinnere
mich«, sagte er. »Die Männer von Carn Dûm kamen über uns bei Nacht,
und wir wurden überwältigt. Ah, der Speer in meinem Herzen!« Er griff
sich an die Brust. »Nein, nein!« sagte er und öffnete wieder die Augen.
»Was rede ich da? Ich habe geträumt. Wo bist du denn gewesen, Frodo?«

»Ich dachte, ich hätte mich verirrt«, sagte Frodo. »Aber ich möchte
nicht davon sprechen. Überlegen wir lieber, was wir jetzt machen! Sehn
wir zu, dass wir weiterkommen!«

»In diesem Aufzug, Herr Frodo?« sagte Sam. »Wo sind bloß meine
Sachen?« Er schmiss Goldreif, Gürtel und Ringe ins Gras und schaute sich
ratlos um, als erwartete er, dass sein Mantel, Jacke, Kniehosen und alles,
was ein Hobbit sonst noch trägt, irgendwo für ihn bereitliegen müssten.

»Eure Sachen werdet ihr nicht wiederfinden«, sagte Tom, sprang grinsend vom Hügel herunter und tanzte im Sonnenschein um sie herum.
Man hätte nicht denken sollen, dass eben allerlei Schlimmes und Schreck-
liches passiert war; und tatsächlich verging ihnen alles Gruseln, als sie ihn
ansahen und das vergnügte Glitzern in seinen Augen bemerkten.

»Wie meinst du das?« fragte Pippin und schaute ihn halb fragend, halb
belustigt an. »Warum sollten wir sie nicht wiederfinden?«

Tom schüttelte den Kopf. »Seid froh, dass ihr euch selbst wiedergefunden habt«, sagte er. »Ihr seid in tiefes Wasser geraten. Kleider zu verlieren,
ist nicht schlimm, wenn man ums Ertrinken herumkommt. Jetzt grämt

euch nicht, ihr drolligen Kerlchen, sondern lasst euch von der warmen Sonne Herz und Glieder wärmen! Werft diese kalten Lappen weg und lauft ein Weilchen nackt im Gras herum, während Tom auf Jagd geht!«

Er hüpfte davon, den Hügel hinunter, pfeifend und rufend. Frodo sah ihn nach Süden die grasige Senke zwischen ihrem Hügel und dem nächsten entlangrennen, immer noch pfeifend und laut schreiend:

Heda! Heda! He! Wohin wollt ihr pilgern?
Auf, ab, nah und fern – hierhin, dorthin, nirgends?
Löffelohr, Schnüffelschnauz, Wedelschwanz und Humpel,
Kleiner Schelm im weißen Strumpf und mein alter Plumpel!

Singend rannte er dahin, warf seinen Hut in die Luft und fing ihn wieder auf. Schließlich verschwand er hinter einer Bodenwelle; doch eine ganze Weile noch wurde sein *Heda! Heda! He!* vom Wind herangetragen, der gedreht hatte und von Süden wehte.

Es wurde wieder sehr warm. Wie Tom ihnen empfohlen hatte, liefen die Hobbits eine Weile im Gras herum; dann legten sie sich hin und aalten sich in der Sonne, wie jemand, der aus hartem Winter plötzlich in ein milderes Klima davongetragen wurde oder, nachdem er lange krank und bettlägerig gewesen ist, eines Tages erwacht und feststellt, dass er sich unverhofft wohl fühlt und dass der Tag viel zu versprechen scheint.

Als Tom zurückkam, waren sie schon wieder gut bei Kräften (und hungrig). Zuerst tauchte sein Hut über dem Rand der Hügelkuppe auf, dann er, und hinter ihm, folgsam in einer Reihe, kamen *sechs* Ponys: ihre fünf und noch eines. Das letzte war anscheinend der dicke alte Plumpel, größer, stärker, dicker (und älter) als ihre eigenen. Merry, dem die anderen gehörten, hatte sie eigentlich nie mit dergleichen Namen angeredet, aber auf die Namen, die Tom ihnen nun gegeben hatte, hörten sie für den Rest ihres Lebens. Tom rief sie nacheinander herbei, und sie kamen über den Rand gestiegen und stellten sich hintereinander auf.

»So, da sind eure Ponys!« sagte er und verbeugte sich vor den Hobbits. »Sie haben mehr Verstand (in mancher Hinsicht) als fahrende Hobbits – mehr Verstand in ihren Nasen nämlich. Denn sie wittern die Gefahr im voraus, in die ihr blindlings hineinlauft; und wenn sie davonlaufen, um sich in Sicherheit zu bringen, dann laufen sie in die richtige Richtung. Ihr müsst ihnen verzeihen. Es sind treuherzige Tiere, aber Furchtlosigkeit angesichts eines Grabwichts ist ihre Sache nicht. Also, da wären sie wieder, mitsamt ihren Traglasten.«

Merry, Sam und Pippin zogen nun an, was sie in ihrem Gepäck noch an Kleidung fanden, und bald wurde es ihnen darin zu warm, denn es waren dickere Sachen, die sie für den Winter mitgenommen hatten.

»Wo kommt das andere Pony her, der dicke Plumpel?« fragte Frodo.

»Der gehört mir«, sagte Tom. »Mein vierbeiniger Freund, den ich nur selten reite. Meistens läuft er frei in den Hügeln herum. Als eure Ponys bei mir waren, haben sie ihn kennen gelernt; und später dann haben sie ihn in der Nacht gerochen und sind schleunigst zu ihm hingerannt. Ich hatte mir's gedacht, dass er nach ihnen suchen würde. Er kann allerlei kluge Sprüche, und damit hat er ihnen alle Furcht genommen. Aber jetzt, mein guter Plumpel, darf der alte Tom mal ein Stück reiten. He! Er kommt mit und bringt euch bis zur Straße, und darum braucht er ein Pony. Mit berittenen Hobbits kann man nicht gut reden, wenn man auf den eigenen zwei Beinen mit ihnen Schritt halten muss.«

Das hörten die Hobbits mit Freuden, und sie dankten Tom etliche Mal; aber er lachte nur und sagte, sie seien so schusselig, dass sie sich doch wieder verirren würden, und er habe keine Ruhe, bis er sie nicht sicher über die Grenze seines Landes gebracht hätte. »Ich hab ja auch noch was anderes zu tun«, sagte er: »schaffen und singen, reden, herumlaufen und das Land im Auge behalten. Tom kann nicht immer zur Stelle sein, um Grabwichte oder Weidenbäume zur Räson zu bringen. Tom muss sich um sein Haus kümmern, und Goldbeere wartet.«

Nach dem Sonnenstand zu urteilen war es noch ziemlich früh, zwischen neun und zehn, und um diese Zeit denkt kein Hobbit gern an etwas anderes als ans Frühstück. Ihre letzte Mahlzeit hatten sie gestern Mittag bei dem aufrechten Stein verzehrt. Nun machten sie sich über den Rest der Wegzehrung her, die ihnen Tom fürs Abendbrot mitgegeben hatte, plus einigem, das er jetzt noch hinzubrachte. Es war kein Festmahl (für Hobbits), doch unter diesen Umständen konnte man zufrieden sein, und sie fühlten sich danach gleich viel besser. Während sie aßen, stieg Tom auf den Grabhügel, um die dort abgelegten Schätze zu sichten. Die meisten legte er zu einem Haufen zusammen, der im Gras funkelte und glitzerte. Er befahl ihnen, dort liegen zu bleiben, bis jemand sie fände, »jedwedem Finder zugedacht, allen Tieren und Vögeln, Elben oder Menschen und allen freundlichen Geschöpfen«, denn so würde der Bann auf dem Hügelgrab gebrochen, und kein Wicht würde je wieder hierher zurückkehren. Für sich selbst suchte er eine Brosche heraus, die mit blauen Steinen in vielen Schattierungen besetzt war, wie Flachsblüten oder Flügel von blauen Schmetterlingen. Er betrachtete sie lange, wie wenn sie ihn an etwas erinnerte; dann schüttelte er den Kopf und sagte:

»Ein hübsches Spielzeug für Tom und seine Gattin! Schön war die Dame, deren Schulter es einst geziert hat. Und nicht vergessen soll sie sein, wenn es nun Goldbeere trägt!«

Für jeden der Hobbits wählte er einen Dolch aus: lange Klingen, blattförmig und scharf, von herrlicher Arbeit, mit roten und goldenen Schlangenformen damasziert. Sie schimmerten, als er sie aus ihren schwarzen Scheiden zog, die aus einem unbekannten, leichten und festen Metall geschmiedet und mit vielen feurigen Steinen besetzt waren. Ob nun dank einer Kraft, die in den Scheiden wirkte, oder wegen des Zaubers, der auf dem Grabhügel lag, jedenfalls schienen die Klingen von der Zeit unberührt geblieben zu sein und gleißten rostfrei in der Sonne.

»Diese alten Messer sind für Hobbits lang genug als Schwerter«, sagte Tom. »Scharfe Klingen sind bitter nötig, wenn Auenländer gen Osten oder Süden auf Fahrt gehn oder in ferne dunkle Lande voller Gefahren.« Dann erklärte er ihnen, dass diese Waffen vor vielen, vielen Jahren von den Menschen aus Westernis geschmiedet worden seien: Feinden des dunklen Herrschers, die der Schurkenkönig von Carn Dûm aus dem Lande Angmar besiegt hatte.

»Ihrer erinnern sich heute nur wenige«, murmelte Tom, »doch manche von ihnen, Söhne von vergessenen Königen, ziehen noch immer einsam durchs Land und bewahren sorglose Leute vor Bösem.«

Die Hobbits verstanden kaum, wovon er redete, doch bei seinen Worten trat ihnen ein Bild vor Augen: eine lange Strecke von Jahren, die hinter ihnen lagen, wie eine weite schattenhafte Ebene, über die Menschen dahinschritten, große und grimmige Gestalten mit blanken Schwertern, und als Letzter kam einer mit einem Stern an der Stirn. Dann verblasste das Bild, und sie waren wieder in ihrer sonnigen Welt. Es wurde Zeit aufzubrechen. Sie machten sich bereit, packten ihre Sachen zusammen und beluden die Ponys. Die neuen Waffen hängten sie sich an die Ledergürtel unter ihren Jacken. Sie fanden sie überaus lästig und bezweifelten, ob sie zu irgendwas taugen würden. Keiner von ihnen hatte bisher daran gedacht, dass sie bei all den Abenteuern, die sie auf der Flucht zu bestehen hätten, auch einmal in die Lage kommen könnten, sich ihrer Haut wehren zu müssen.

Schließlich machten sie sich auf. Sie führten die Ponys den Hügel herab; dann saßen sie auf und ritten in flottem Trab das Tal entlang. Sie schauten zurück und sahen oben auf dem alten Grabhügel das Gold in der Sonne blitzen: ein Lichtschein wie eine gelbe Flamme stieg davon auf. Dann ritten sie um einen Höhenrücken, und es verschwand aus ihrem Blickfeld.

Obwohl Frodo sich nach allen Seiten umschaute, sah er nichts von den beiden hohen Steinen, die wie ein Tor in seinem Weg gestanden waren; und bald kamen sie zu dem nördlichen Talausgang und ritten rasch hindurch; und weiterhin fiel das Land vor ihnen ab. Es wurde ein vergnüglicher Ritt, weil Tom Bombadil neben oder vor ihnen hertrabte; denn Plumpel konnte eine viel schärfere Gangart einschlagen, als man ihm bei seiner Leibesfülle zugetraut hätte. Tom sang meistens, hauptsächlich allerlei Unsinn; aber vielleicht war manches auch aus einer alten, den Hobbits unbekannten Sprache, deren Worte vor allem Ausrufe des Erstaunens und Entzückens waren.

Sie kamen stetig voran, aber bald sahen sie, dass es bis zur Straße doch weiter war, als sie es sich vorgestellt hatten. Selbst ohne den Nebel wäre sie gestern nach ihrem Mittagsschlaf nicht mehr vor Einbruch der Dunkelheit zu erreichen gewesen. Die dunkle Linie, die sie gesehen hatten, war keine Baumreihe, sondern eine Reihe von Büschen am Rand eines tiefen Grabens, mit einem steilen Wall auf der anderen Seite. Tom sagte, dies sei einst die Grenze eines Königreichs gewesen, aber das sei schon sehr lange her. Traurige Erinnerungen schienen ihm zu kommen, und er wollte nicht mehr dazu sagen.

Sie durchstiegen den Graben und kamen auf der anderen Seite durch eine Lücke im Wall. Nun wandte sich Tom genau nach Norden, denn bisher waren sie ein wenig nach Westen abgewichen. Das Gelände war offen und einigermaßen eben, und sie beschleunigten das Tempo; aber die Sonne stand schon tief am Himmel, als sie eine Reihe hoher Bäume vor sich sahen und wussten, dass sie nach so vielen unerwarteten Abenteuern endlich die Straße erreicht hatten. Die letzten paar hundert Schritt nahmen sie im Galopp; dann hielten sie im langen Schatten der Bäume. Sie standen am Rand eines Abhangs, und unter ihnen, im Abendlicht nur noch trüb zu erkennen, zog sich die Straße dahin. An dieser Stelle verlief sie ungefähr von Südwest nach Nordost, und rechts von ihnen fiel sie tief ab in eine weite Mulde. Sie war ausgefahren, mit Pfützen und Schlaglöchern voller Wasser, die verrieten, dass es in den letzten Tagen viel geregnet hatte.

Sie ritten den Abhang hinunter und schauten in beide Richtungen. Nichts war zu sehen. »Na, da wären wir endlich wieder!« sagte Frodo. »Ich denke, bei meiner Abkürzung durch den Wald haben wir nicht mehr als zwei Tage verloren. Aber die Verzögerung könnte nützlich gewesen sein. Vielleicht haben sie dadurch unsere Fährte verloren.«

Die anderen sahen ihn an. Plötzlich dachten sie wieder an die schwarzen Reiter. Seit ihrem Eintritt in den Wald waren sie hauptsächlich damit beschäftigt gewesen, den Weg zur Straße zu finden; und erst jetzt, wo sie unter ihren Füßen lag, erinnerten sie sich an die Gefahr, die ihnen, mehr als wahrscheinlich, an ebendieser Straße auflauerte. Ängstlich blickten sie zurück in die untergehende Sonne, doch die Straße war braun und leer.

»Meint ihr«, fragte Pippin stockend, »meint ihr, dass wir vielleicht verfolgt werden, heute Abend noch?«

»Nein, heute Abend hoffentlich nicht«, antwortete Tom Bombadil, »und vielleicht auch morgen noch nicht. Aber verlasst euch nicht drauf, denn mit Sicherheit kann ich es nicht sagen. Nach Osten zu versagt mein Wissen. Tom ist nicht Meister der Reiter aus dem Schwarzen Land, weit jenseits seines Reiches.«

Trotzdem wäre es den Hobbits mehr als recht gewesen, wenn er sie begleitete. Wenn irgendwer wüsste, wie man mit schwarzen Reitern fertig wird, dachten sie, dann er. Bald würden sie nun in Gegenden kommen, deren sie völlig unkundig waren, weil sie im Auenland allenfalls sagenhaft verschwommene Gerüchte über sie gehört hatten; und in der zunehmenden Dämmerung sehnten sie sich nach Hause. Sie fühlten sich zutiefst einsam und verlassen. Stumm standen sie da, mochten noch nicht endgültig Abschied nehmen und merkten erst langsam, dass Tom schon dabei war, ihnen Lebewohl zu sagen. Guten Mutes sollten sie sein, sagte er, und ohne Aufenthalt zureiten, bis es dunkel werde.

»Tom weiß euch guten Rat, doch nur bis dieser Tag um ist (danach muss euer Glück euch geleiten): Nach vier Meilen auf dieser Straße kommt ihr zu einem Dorf, Bree unter dem Breeberg, mit den Türen nach Westen. Dort findet ihr das alte Gasthaus *Zum tänzelnden Pony;* Gerstenmann Butterblüm heißt der ehrenwerte Inhaber. Dort könnt ihr über Nacht bleiben, und morgen dann macht ihr, dass ihr weiterkommt. Seid mutig, aber vorsichtig! Lasst die Köpfe nicht hängen und reitet eurem Glück entgegen!«

Sie baten ihn, doch wenigstens bis zum Gasthaus mitzukommen und noch einen mit ihnen zu trinken, aber er lachte nur und lehnte ab, mit den Worten:

Toms Reich endet hier, er wird es nicht verlassen.
Tom hütet Haus und Hof, und Goldbeere wartet.

Dann drehte er sich um, warf den Hut hoch, sprang auf Plumpels Rücken, ritt die Böschung hinauf und dann singend in die Dämmerung davon.

Auch die Hobbits stiegen die Böschung hinauf; sie schauten ihm nach, bis er außer Sicht war.

»Von Meister Bombadil Abschied zu nehmen, fällt mir schwer«, sagte Sam. »Was für ein Kauz! Ich meine, auch wenn wir noch viel weiter herumkommen, einen besseren Mann werden wir nicht finden – und einen verrückteren auch nicht. Aber ich kann nicht bestreiten, dass ich mich jetzt auf dieses *Tänzelnde Pony* freue, von dem er gesprochen hat. Hoffentlich ist es so gut wie unser *Grüner Drachen* zu Hause. Was wohnen denn für Leute in Bree?«

»In Bree wohnen Hobbits«, sagte Merry, »aber auch Große Leute. Ich denke mir, es wird so ähnlich wie zu Hause sein. Das *Pony* ist ein gutes Gasthaus, nach allem, was ich gehört habe. Ich habe Verwandte, die ab und zu dort hinreiten.«

»Es kann so gut sein, wie du willst«, sagte Frodo, »und trotzdem, es liegt nicht im Auenland. Fühlt euch nicht allzu heimisch! Bitte denkt dran – ihr alle! –, dass der Name Beutlin auf keinen Fall erwähnt werden darf. Ich bin Herr Unterberg, wenn schon ein Name genannt werden muss.«

Sie stiegen auf die Ponys und ritten still in den Abend hinein. Es wurde rasch dunkel, während es zuerst sachte bergab und dann wieder bergauf ging. Schließlich sahen sie Lichter schimmern, ein Stück weit voraus.

Vor ihnen erhob sich der Breeberg und schien ihnen den Weg zu versperren, eine dunkle Masse vor den dunstverschleierten Sternen, und an seiner Westseite lag ein großes Dorf eingeschmiegt. Sie ritten nun eilig drauf zu und wünschten sich nur noch, ein Herdfeuer zu finden und eine Tür zwischen sich und die Nacht zu bringen.

NEUNTES KAPITEL

IM GASTHAUS ZUM TÄNZELNDEN PONY

Bree war der größte Ort des Breelandes, einer kleinen bewohnten Region, gleichsam einer Insel in den verödeten Landen ringsum. Außer Bree gab es noch die Dörfer Stadel, auf der andern Seite des Berges, Schlucht, in einem tiefen Tal etwas weiter östlich, und Archet am Rande des Chetwaldes. Rings um Bree und die anderen Dörfer erstreckte sich ein Gebiet mit Äckern, Wiesen und Forsten, das nur wenige Meilen breit war.

Die Menschen von Bree waren braunhaarig, stämmig und eher klein, unbefangen und von heiterem Gemüt. Sie waren niemandem untertan; doch mit den Hobbits, Zwergen, Elben und anderen Bewohnern der umliegenden Länder verkehrten sie freundschaftlicher und vertrauter, als unter dem Großen Volk üblich war (oder ist). Nach ihrer eigenen Überlieferung waren sie die Ureinwohner des Landes und Nachkommen der ersten Menschen, die in den Westen der Mittelwelt eingewandert waren. Wenige nur hatten die Erschütterungen der Ältesten Tage überlebt, doch als die Könige übers Große Meer wiederkehrten, fanden sie die Breeländer immer noch vor, und auch jetzt waren sie noch da, lange nachdem über alles, was an die alten Könige erinnerte, Gras gewachsen war.

Auf hundert Wegstunden von den Grenzen des Auenlands gab es zu dieser Zeit so weit westlich keine anderen festen Wohnsitze von Menschen. Doch in den wilden Landen östlich von Bree konnte man sehr sonderbaren Reisenden begegnen. Die Breeländer nannten sie die Waldläufer, wussten aber nichts über ihre Herkunft. Sie waren größer und dunkelhaariger als die Breeländer, und man glaubte, sie besäßen ungewöhnliche Seh- und Hörkräfte und verstünden die Sprachen der Vögel und anderer Tiere. Sie schweiften nach Belieben im Süden umher, und nach Osten kamen sie bis zum Nebelgebirge; aber sie waren nun nicht mehr zahlreich, und man sah sie nur selten. Wenn sie kamen, brachten sie Nachrichten aus fernen Ländern mit oder erzählten seltsame Geschichten von längst vergessenen Dingen, die man sich gern anhörte; aber mit ihnen befreunden konnten die Breeländer sich nicht.

Außerdem wohnten im Breeland auch viele Hobbitfamilien, die von sich behaupteten, die älteste Hobbitsiedlung der Welt zu sein, die schon begründet wurde, lange bevor man den Brandywein überschritten und das Auenland in Besitz genommen hatte. Die meisten Hobbits wohnten in Stadel, manche aber auch in Bree selbst, besonders in den oberen Berghängen, über den Häusern der Menschen. Das Große und das Kleine Volk (wie sie einander nannten) kamen gut miteinander aus, indem das eine sich in die Angelegenheiten des anderen nicht einmischte, doch jedes das andere als rechtmäßigen und notwendigen Teil des Breelandvolkes anerkannte. Nirgendwo sonst auf der Welt bestand diese eigentümliche (aber vortreffliche) Ordnung des Zusammenlebens.

Die Breeländer, ob nun von den Großen oder von den Kleinen, reisten nicht viel und kümmerten sich wenig um anderes als die Angelegenheiten ihrer vier Dörfer. Manchmal kamen Hobbits aus Bree bis nach Bockland oder ins Ostviertel; doch die Auenländer kamen in letzter Zeit nur noch selten nach Bree, obwohl das kleine Land nicht viel weiter als einen Tagesritt östlich der Brandyweinbrücke lag. Hin und wieder stieg mal ein Bockländer oder ein abenteuerlustiger Tuk für ein paar Nächte im Gasthaus ab, aber selbst das kam nun immer seltener vor. Die Auenländer bezeichneten die Breeländer ebenso wie alle andern, die nicht innerhalb der Landesgrenzen lebten, als »Auswärtige«, nahmen wenig Anteil an ihnen und betrachteten sie als stumpfsinnig und ungehobelt. Wahrscheinlich waren zu dieser Zeit im Westen der Welt viel mehr Auswärtige verstreut, als die Auenländer ahnten. Gewiss, manche waren nicht viel mehr als Landstreicher, die sich irgendwo ein Loch in einen Hang gruben und nur so lange dort blieben, wie es ihnen passte. Doch zumindest die breeländischen Hobbits waren ehrbare und wohlhabende Leute und nicht einfältiger als die meisten ihrer entfernten Verwandten im Inland. Die Zeit war noch nicht vergessen, als zwischen Bree und dem Auenland ein reges Kommen und Gehen geherrscht hatte. Und soviel man wusste, floss in den Adern der Brandybocks breeländisches Blut.

Das Dorf Bree bestand aus etwas über hundert Steinhäusern der Großen Leute, die meisten oberhalb der Straße an den Berghang geschmiegt, mit den Fenstern nach Westen. Auf dieser Seite zog sich ein tiefer Graben mit einer dichten Hecke dahinter um den Ort, in einem mehr als halben Kreis, der vom Berghang fort und dann wieder zu ihm zurückführte. Die Straße überquerte den Graben auf einem Damm, doch wo sie die Hecke durchschnitt, wurde sie von einem großen Tor versperrt. Ein zweites Tor befand sich an der Südseite, wo die Straße aus dem Ort hinausführte. Bei Einbruch der Dunkelheit wurden die Tore geschlossen, aber gleich dahinter standen Pförtnerhäuschen für die Torwachen.

Ein Stück weiter an der Straße, wo sie nach rechts um den Fuß des Berges herumbog, stand ein großes Gasthaus. Es war vor langer Zeit erbaut worden, als der Verkehr auf den Straßen weitaus lebhafter war. Denn Bree lag an einer Wegscheide: Eine zweite uralte Straße kreuzte die Oststraße kurz vor dem Graben auf der Westseite des Dorfes, und in früherer Zeit war sie von Menschen und mancherlei anderem Volk viel benutzt worden. *Wunderlich wie Neuigkeiten aus Bree,* lautete im Ostviertel noch immer eine Redensart, die aus der Zeit stammte, als man im Gasthaus Neues aus dem Norden, Süden und Osten hören konnte und als die Auenländer deshalb noch öfter dorthin kamen. Doch die Nordlande waren nun seit langem verödet, und auf der Nordstraße gab es wenig Verkehr. Sie war mit Gras überwachsen, und die Breeländer nannten sie den Grünweg.

Das Gasthaus von Bree aber stand noch immer, und der Wirt war ein wichtiger Mann. Sein Haus war ein Treffpunkt der Müßiggänger, der Geschwätzigen und Neugierigen unter den großen und kleinen Einwohnern der vier Dörfer; und außerdem kehrten dort die Waldläufer ein und anderes fahrendes Volk, zumeist Zwerge, die noch immer auf der Oststraße zum Gebirge wanderten oder von dort kamen.

Es war schon dunkel, und die Sterne standen weiß am Himmel, als Frodo und seine Gefährten endlich die Grünwegkreuzung passierten und ans Westtor gelangten. Es war verschlossen, aber in der Tür des Pförtnerhäuschens dahinter saß ein Mensch. Er sprang auf, holte eine Laterne und sah die Hobbits über das Tor hinweg erstaunt an.

»Was wollen Sie, und wo kommen Sie her?« fragte er barsch.

»Wir wollen zu dem Gasthaus hier«, antwortete Frodo. »Wir sind auf einer Reise nach Osten und können heute Nacht nicht weiter.«

»Hobbits, vier Stück, und obendrein Auenländer, danach, wie sie reden«, sagte der Torwächter leise, wie wenn er mit sich selbst spräche. Er schaute sie einen Moment lang finster an, dann machte er langsam das Tor auf und ließ sie hindurchreiten.

»Das sehn wir hier nicht oft, dass Auenländer nachts auf der Straße angeritten kommen«, sagte er, als sie vor seiner Tür anhielten. »Sie werden verstehen, dass ich wissen muss, in welcher Angelegenheit Sie über

Bree hinaus nach Osten reisen wollen! Und wie sind Ihre Namen bitte, wenn ich fragen darf?«

»Unsere Namen und unsere Angelegenheiten sind unsere und nicht Ihre, und dies scheint mir nicht der richtige Ort zu sein, um darüber zu reden«, sagte Frodo, dem das Gesicht des Mannes und der Ton, in dem er mit ihnen sprach, überhaupt nicht gefielen.

»Ihre Angelegenheiten sind Ihre Angelegenheiten, klar«, sagte der Mann, »aber ich bin befugt, Fragen zu stellen, wenn jemand hier bei Dunkelheit ankommt.«

»Wir sind Hobbits aus Bockland«, sagte Merry, »und haben es uns in den Kopf gesetzt, auf Reisen zu gehn und hier im Gasthaus zu übernachten. Ich bin der Herr Brandybock, genügt Ihnen das? Früher, habe ich gehört, wurden Reisende in Bree höflich behandelt.«

»Schon gut, schon gut«, sagte der Mann, »seien Sie doch nicht gleich beleidigt! Aber Sie werden ja sehn, dass noch mehr Leute als nur der alte Heinric>h am Tor Ihnen Fragen stellen. Komische Leute kommen hier vorbei. Wenn Sie ins *Pony* gehn, werden Sie sehn, dass Sie nicht die einzigen Gäste sind.«

Er wünschte ihnen eine gute Nacht, und sie sagten nichts mehr; aber im Laternenschein konnte Frodo sehen, dass der Mann ihnen immer noch neugierig nachglotzte. Er war froh, das Tor hinter ihnen zufallen zu hören, als sie weiterritten. Warum war der Kerl so misstrauisch gewesen? Hatte sich vielleicht jemand bei ihm nach einer Gruppe Hobbits erkundigt? Vielleicht Gandalf? Er könnte inzwischen hier eingetroffen sein, während sie im Wald und auf den Höhen aufgehalten wurden. Aber irgendwas im Gesicht und in der Stimme des Torwächters machte ihn unruhig.

Der Mann schaute den Hobbits noch ein Weilchen nach, dann ging er wieder in sein Häuschen. Sobald er dem Tor den Rücken kehrte, kam eine schattenhafte Gestalt rasch herübergeklettert und tauchte ins Dunkel der Dorfstraße ein.

Die Hobbits ritten eine sanfte Steigung hinauf, vorüber an ein paar vereinzelten Häusern, und hielten vor dem Gasthaus. Die Häuser erschienen ihnen fremd und klotzig. Sam schaute an dem dreistöckigen Gasthaus mit den vielen Fenstern hoch, und der Mut sank ihm. Dass er es irgendwann im Verlauf dieser Reise mit baumlangen Riesen zu tun bekäme und mit anderen, womöglich noch schlimmeren Unholden, darauf war er gefasst gewesen; aber fürs erste fand er, dass ihm der Anblick der Menschen und ihrer Hochbauten vollkommen genügte, ja, für das dicke Ende eines anstrengenden Tages sogar ein bisschen zuviel war. Er stellte sich vor, dass im dunklen Hof des Gasthauses lauter schwarze Gäule gesattelt bereitstünden, während die schwarzen Reiter von oben aus den dunklen Fenstern herabspähten.

»Wir werden doch nicht etwa hier übernachten, Herr Frodo?« rief er. »Wenn es Hobbits gibt in dieser Gegend, warum suchen wir uns dann nicht welche, die uns aufnehmen. Das wäre doch heimischer.«

»Was hast du gegen das Gasthaus?« sagte Frodo. »Tom Bombadil hat es empfohlen. Ich denke mir, drinnen wird es schon halbwegs heimisch sein.«

Selbst von draußen sah das Gasthaus nicht übel aus, wenn man den Anblick solcher Häuser gewohnt war. Es hatte eine Front zur Straße und zwei Seitenflügel, die nach hinten ein Stück weit in den unteren Berghang hineingebaut waren, so dass die Fenster im zweiten Stock auf der Rückseite ebenerdig waren. Durch einen breiten Torbogen gelangte man in den Hof zwischen den beiden Seitenflügeln, und links unter dem Torbogen war der Haupteingang, zu dem einige breite Stufen hinaufführten. Durch die offene Tür fiel Licht heraus. Über dem Torbogen hing eine Lampe, darunter ein großes Wirtshausschild: ein dickes weißes sich aufbäumendes Pony. Über der Tür stand in weißen Buchstaben: ZUM TÄNZELNDEN PONY, INHABER: GERSTENMANN BUTTERBLÜM. Viele der unteren Fenster zeigten Licht hinter dicken Vorhängen.

Als sie noch zögernd draußen im Halbdunkel hielten, stimmte drinnen jemand ein fideles Lied an, und viele kräftige Stimmen sangen begeistert im Chor mit. Sie lauschten einen Moment den ermutigenden Klängen; dann stiegen sie von ihren Ponys. Als das Lied zu Ende war, gab es stürmisches Gelächter und Beifallklatschen.

Sie führten die Ponys durch den Torbogen in den Hof, ließen sie dort stehen und stiegen dann die Stufen zur Tür hinauf. Frodo ging voran und wäre fast mit einem kleinen dicken rotbäckigen Glatzkopf zusammengeprallt. Der Mann mit weißer Schürze, ein Tablett mit vollen Bierkrügen in den Händen, stürzte aus einer Tür heraus und in eine andere hinein.

»Können wir ...«, wollte Frodo anfangen.

»Sekunde bitte!« rief der Mann über die Schulter und verschwand in einem Stimmengewirr und einer Rauchwolke. Aber gleich war er wieder da und wischte sich die Hände an der Schürze ab.

»Guten Abend, die kleinen Herrschaften!« sagte er und beugte sich zu Frodo herab. »Was haben wir denn für Wünsche?«

»Betten für vier Personen und Stallplätze für fünf Ponys, wenn sich's machen lässt. Sind Sie Herr Butterblüm?«

»Der bin ich, Gerstenmann heiß' ich, Gerstenmann Butterblüm, sehr zu Diensten! Und Sie kommen aus dem Auenland, wie?« sagte er, und dann, wie wenn er sich an etwas zu erinnern versuchte, schlug er sich mit der Hand vor die Stirn. »Hobbits!« rief er, »da war doch was? Dürfte ich Ihre Namen wissen, mein Herr?«

»Das sind Herr Tuk und Herr Brandybock«, sagte Frodo, »und das hier ist Sam Gamdschie. Mein Name ist Unterberg.«

»So was!« sagte Herr Butterblüm und schnalzte mit den Fingern. »Jetzt ist es wieder weg. Aber wird mir schon wieder einfallen, wenn ich Zeit hab, dran zu denken. Weiß nicht mehr, wo mir der Kopf steht; will aber mal sehn, was ich für Sie tun kann. Gäste aus dem Auenland haben wir heutzutage nicht oft, tät' mir doch leid, wenn wir Sie nicht richtig aufnehmen könnten. Aber heute Abend ist das Haus so voll, wie schon lange nicht mehr. Wenn's einmal regnet, dann gießt es, sagen wir in Bree. He, Nob!« rief er. »Wo steckst du, Nob, du flaumfüßiger Penner?«

»Komm schon, Chef, komm schon!« Ein aufgeweckt aussehender Hobbit kam aus einer Tür hervorgeschossen, blieb abrupt stehen, als er die Reisenden sah, und betrachtete sie voll Interesse.

»Wo's Bob?« fragte der Wirt. »Was, weißt du nicht? Dann such' ihn! Dalli, dalli! Ich hab doch nicht sechs Beine und auch keine sechs Augen! Sag Bob, wir haben fünf Ponys zum Einstallen. Er muss irgendwie Platz machen.« Nob trabte davon, grinsend und den Gästen zublinzelnd.

»Also, na, was wollt' ich doch gleich sagen?« sagte Herr Butterblüm und tippte sich an die Stirn. »Ein Fuß jagt den andern, sozusagen. So viel um die Ohren heut Abend, dass mir der Kopf schwirrt. Da ist eine Gruppe, die ist gestern Abend angekommen, über den Grünweg von Süden rauf – schon mal eigenartig genug! Dann noch ein Trupp Zwerge, die nach Westen wollen, heute Abend angekommen. Und jetzt noch Sie! Bezweifle, dass wir Sie unterbringen könnten, wenn Sie keine Hobbits wären. Aber im Nordflügel haben wir ein paar Zimmer, die wurden speziell für Hobbits angelegt, als der Laden hier gebaut wurde. Ebenerdig, wie sie's am liebsten haben, runde Fenster und alles nach ihrem Geschmack. Ich hoffe, Sie werden sich wohl fühlen. Sie wollen zu Abend essen, na sicher! Bald wie möglich. Hier lang, bitte!«

Er führte sie über einen Gang und machte eine Tür auf. »Hier haben wir ein nettes kleines Klubzimmer«, sagte er. »Hoffe, es ist Ihnen recht. Entschuldigen Sie mich jetzt, so viel zu tun! Keine Zeit zu reden, immer auf Trab. Harte Arbeit, wenn man bloß zwei Beine hat, und trotzdem werd' ich nicht schlanker. Ich schau' später noch mal rein. Wenn Sie was wünschen, bimmeln Sie mit der Handglocke, und Nob kommt und bedient Sie. Wenn er nicht kommt, noch mal lauter bimmeln und brüllen!«

Als er schließlich ging, waren sie ganz außer Atem. Sein Redeschwall schien unaufhaltsam, egal wie viel er zu tun haben mochte. Das Zimmer, in das er sie gebracht hatte, war klein und gemütlich. Ein helles Feuerchen brannte im Kamin, und davor standen einige niedrige, bequeme Stühle. Auf einem runden, schon mit einem weißen Tuch bedeckten Tisch stand die große Handglocke. Aber Nob, der Hobbitkellner, kam schon hereingewuselt, ehe sie auch nur daran gedacht hatten zu läuten. Er brachte Kerzen und ein Tablett mit Tellern.

»Wünschen die Herrschaften etwas zu trinken?« fragte er. »Und soll ich Ihnen die Schlafzimmer zeigen, bevor das Essen fertig ist?«

Sie hatten sich gewaschen und die hohen Bierkrüge schon zur Hälfte geleert, als Herr Butterblüm mit Nob wiederkam; und im Handumdrehen war der Tisch gedeckt. Es gab heiße Suppe und kalten Braten, Brombeertorte, frisches Brot, Butter und einen halben Laib reifen Käse: gute, handfeste Kost, wie es auch im Auenland keine bessere gab, und heimisch genug, um auch Sams letzte Bedenken zu zerstreuen (die durch das ausgezeichnete Bier ohnehin schon halbwegs entkräftet waren).

Der Wirt blieb noch ein Weilchen bei ihnen, und als er sie allein lassen wollte und schon an der Tür stand, sagte er: »Ich weiß nicht, ob Sie nach dem Essen noch zu den Gästen in der großen Schankstube kommen wollen. Vielleicht möchten Sie lieber zu Bett gehn. Aber unsere Gäste würden sich freuen, Sie zu sehen, wenn Sie Lust haben. Auswärtige – Verzeihung, Reisende aus dem Auenland, sollte ich sagen – sehen wir hier nicht oft; und wir hören gern mal Klatsch und Neuigkeiten oder ein Lied, das Sie kennen. Aber ganz, wie Sie wollen! Bimmeln Sie, wenn Sie irgendwas brauchen!«

Nach der Mahlzeit (drei Viertelstunden beharrliches Kauen, ohne Behinderung durch unnötiges Gerede) fühlten sie sich soweit erfrischt und gestärkt, dass Frodo, Pippin und Sam beschlossen, noch in die Schankstube zu gehen. Merry sagte, da sei es ihm zu stickig. »Ich bleibe lieber noch ein Weilchen hier am Feuer sitzen. Vielleicht geh' ich dann später noch mal ein bisschen an die frische Luft. Macht keine Dummheiten und vergesst nicht, dass wir uns in aller Stille davonmachen wollen. Wir sind noch immer dicht an der großen Straße und nicht weit vom Auenland.«

»Ganz richtig!« sagte Pippin. »Mach du nur keine Dummheiten! Verlauf dich nicht und vergiss nicht, dass du im Haus sicherer bist!«

In der großen Schankstube des Gasthauses war eine zahlreiche und buntgemischte Gesellschaft versammelt, wie Frodo erkannte, sobald seine Augen sich an das Licht gewöhnt hatten. Es kam hauptsächlich von dem lodernden Kaminfeuer, denn die drei Lampen, die an den Deckenbalken hingen, waren trüb und rauchumwölkt. Am Kamin stand Gerstenmann Butterblüm und sprach mit zwei Zwergen und ein paar fremdländisch aussehenden Menschen. Auf Bänken um die Tische saßen Menschen aus Bree, ein Klüngel einheimischer Hobbits (die schwätzend die Köpfe zusammensteckten), noch einige Zwerge und, in den hinteren dunklen Winkeln des Raumes, etliche undeutlich erkennbare Gestalten.

Als die Gäste aus dem Auenland eintraten, wurden sie von den Breeländern mit lautem Hallo begrüßt. Die Fremden, besonders diejenigen, die den Grünweg heraufgekommen waren, musterten sie neugierig. Der Wirt stellte die Neuankömmlinge und die Breeländer einander vor, aber das ging so schnell, dass man meistens nicht genau wusste, welcher von den vielen Namen zu wem gehörte. Die Menschen von Bree schienen alle irgendwie botanische Namen zu haben (die den Auenländern ulkig vorkamen), wie Binsenlicht, Geißblatt, Heidezeh, Ackerkratz, Distelwoll und Farnrich (und natürlich Butterblüm). Ähnliche Namen hatten auch manche Hobbits; so schien etwa die Familie Beifuß besonders zahlreich zu sein. Aber die meisten von ihnen hatten seriös klingende Namen wie Steilhang, Brockhäuser, Langhöhl, Sandhäufler und Stollen – Namen, wie es sie auch im Auenland gab. Aus Stadel waren mehrere Unterbergs da, und weil sie sich eine bloße Namensgleichheit ohne Verwandtschaft nicht vorstellen konnten, schlossen sie Frodo als endlich wiedergefundenen Vetter ins Herz.

Überhaupt waren die breeländischen Hobbits sehr freundlich, aber auch neugierig, und Frodo merkte schnell, dass er irgendwie erklären müsste, was er hier trieb. Er ließ verlauten, er sei mit historischen und geografischen Studien beschäftigt – was mit bedächtigem Kopfwackeln aufgenommen wurde, obwohl keines von diesen Wörtern im breeländischen Dialekt so recht geläufig zu sein schien. Er gedenke, ein Buch zu schreiben, sagte er (worauf ein verblüfftes Schweigen eintrat), und dafür wolle er nun mit seinen Freunden Informationen über die Hobbits sammeln, die außerhalb des Auenlandes wohnten, besonders in den östlichen Ländern.

Auf diese Ankündigung hin brach ein Gewirr von Stimmen los. Hätte Frodo wirklich ein Buch schreiben wollen und hätte er viele Ohren gehabt, so wäre ihm nun in wenigen Minuten genug Material für etliche Kapitel zugeflogen. Und als ob das noch nicht reichte, bekam er eine ganze Namensliste von Leuten, angefangen bei »unserm alten Gerstenmann hier«, die ihm weitere Auskünfte geben könnten. Aber nach einer Weile, als Frodo keine Anstalten machte, sein Buch an Ort und Stelle zu schreiben, kamen die Hobbits auf ihre Fragen nach allem, was es aus dem Auenland Neues gab, zurück. Frodo zeigte sich darin nicht sehr mitteilsam, und bald saß er allein in einer Ecke, schaute und hörte sich um.

Die Menschen und Zwerge sprachen zumeist von Ereignissen in fernen Gegenden, und was sie zu berichten hatten, betraf Dinge, von denen man in letzter Zeit nur allzu viel hörte. Im Süden ging es drunter und drüber, und die Menschen, die den Grünweg heraufgekommen waren, schienen auf Wanderschaft gegangen zu sein, um nach Ländern zu suchen, wo man sie mehr oder weniger in Frieden ließe. Die Breeländer zeigten Verständnis, aber keine Bereitschaft, in ihrem kleinen Ländchen Scharen von Fremden aufzunehmen. Einer dieser Wanderer, ein schielender, abstoßender Kerl, sagte voraus, dass in naher Zukunft noch mehr Menschen nach Norden kommen würden. »Und wenn kein Platz für sie ist, werden sie sich Platz schaffen. Sie haben auch ein Recht zu leben, genau wie andere Leute«, sagte er laut. Die Einheimischen schienen sich für diese Aussicht nicht begeistern zu können.

Die Hobbits schenkten alldem nicht viel Beachtung, und fürs Erste schien es sie auch gar nichts anzugehen. Dass große Leute um Quartier in Hobbithöhlen bitten würden, war kaum denkbar. Für die Breeländer Hobbits waren Pippin und Sam viel interessanter, die sich nun schon ganz heimisch fühlten und, munter drauflosplaudernd, ihre Zuhörer mit den letzten auenländischen Sensationen unterhielten. Pippin erntete schallendes Gelächter mit seinem Bericht vom Einsturz des Dachs der Rathöhle zu Michelbinge: Willi Weißfuß, der Bürgermeister und der dickste Hobbit im Westviertel, war ganz unter Kreide begraben worden, und als er wieder hervorkam, sah er aus wie ein bemehlter Kloß. Aber es wurden auch Fragen gestellt, die Frodo ein wenig nervös machten. Einer der Breeländer, der anscheinend schon öfter im Auenland gewesen war, wollte wissen, wo die Unterbergs wohnten und mit wem sie verwandt seien.

Plötzlich bemerkte Frodo einen fremdländisch und wetterfest aussehenden Menschen, der im schummrigen Licht an der Wand saß und den Hobbitgesprächen ebenso aufmerksam zuhörte wie er selbst. Der Mann hatte einen hohen Deckelkrug vor sich stehen und rauchte eine langstielige, eigenartig geschnitzte Pfeife. Die Beine, die er von sich gestreckt hatte, steckten in gut sitzenden Schaftstiefeln aus weichem Leder, die schon viel durchgemacht haben mussten und jetzt mit Schlamm verkrustet waren. Eng um den Leib gezogen trug er einen ebenfalls nicht sehr reinlichen Mantel aus dickem dunkelgrünem Tuch; und trotz der Hitze im Raum hatte er die Kapuze tief in die Stirn gezogen, sodass Frodo nur noch die Augen funkeln sah, mit denen er die Hobbits beobachtete.

»Wer ist denn der da?« flüsterte Frodo, als er Gelegenheit fand, mit Herrn Butterblüm ein paar Worte zu wechseln. »Ich glaube, den haben Sie uns nicht vorgestellt?«

»Der?« antwortete der Wirt, gleichfalls flüsternd und zwinkerte warnend, ohne den Kopf hinzuwenden. »Ich weiß nicht so recht. Er ist einer von den Fahrenden – Waldläufer nennen wir sie. Er redet nicht viel; nur ab und zu mal, wenn ihm danach zumute ist, erzählt er irgend so eine verrückte Geschichte. Manchmal sieht man ihn einen ganzen Monat oder ein Jahr nicht, und dann taucht er plötzlich wieder auf. Im Frühjahr war er ziemlich oft hier, aber in letzter Zeit nicht mehr. Seinen richtigen Namen hab ich nie gehört, aber hier heißt er überall nur Streicher. Stiefelt auf seinen langen Beinen rasend schnell in der Gegend herum, sagt aber niemandem, warum er's so eilig hat. Na ja, Ost und West kann man nicht erklären, wie wir in Bree sagen, womit die Waldläufer und, Verzeihung, die Auenländer gemeint sind. Komisch, dass Sie grad nach dem fragen …« Doch in diesem Augenblick musste Herr Butterblüm fort, weil Leute nach dem nächsten Krug Bier schrien, und seine letzte Bemerkung blieb unerläutert.

Frodo merkte, dass Streicher nun ihn ansah, als hätte er alles mitgehört oder erraten, was sie gesagt hatten. Gleich darauf, mit einer Handbewegung und einem Nicken, lud er Frodo ein, sich zu ihm zu setzen. Als Frodo herankam, warf er die Kapuze zurück, und man sah dunkles, grausträhniges Zottelhaar und blanke graue Augen in einem bleichen, strengen Gesicht.

»Man nennt mich Streicher«, sagte er mit leiser Stimme. »Sehr erfreut, Sie kennen zu lernen, Herr … Herr Unterberg, wenn der alte Butterblüm Ihren Namen richtig verstanden hat.«

»Hat er!« sagte Frodo steif. Unter dem bohrenden Blick des Mannes war ihm alles andere als behaglich zumute.

»Nun, Herr Unterberg«, sagte Streicher, »ich an Ihrer Stelle würde dafür sorgen, dass Ihre jungen Freunde nicht zu viel reden. Bier trinken, am Feuer sitzen und Leute kennen lernen – alles schön und gut, aber, na ja, wir sind hier nicht im Auenland. Komische Leute gibt's hier. Allerdings, das muss ausgerechnet ich sagen, werden Sie denken«, fügte er spöttisch grinsend hinzu, als er merkte, wie Frodo die Flecken an seinem Mantel studierte. »Und in letzter Zeit sind manche noch komischeren Reisenden durch Bree gekommen«, fuhr er fort, wobei er Frodos Gesicht beobachtete.

Frodo erwiderte den Blick, sagte aber nichts, und Streicher machte keine weitere Andeutung. Seine Aufmerksamkeit schien sich mit einem Mal auf Pippin gerichtet zu haben. Zu seinem Schrecken merkte Frodo, dass dieser alberne Lümmel von einem Tuk, beflügelt vom Beifall für seine Geschichte über den dicken Bürgermeister, nun im Begriff war, einen ebenso schnurrigen Bericht über Bilbos Abschiedsfest zu geben. Er war schon mitten in einer Imitation von Bilbos Rede und steuerte langsam, aber sicher auf den Knalleffekt zu, Bilbos Verschwinden unter Blitz und Donner.

Frodo ärgerte sich. Gewiss, die meisten der einheimischen Hobbits würden sich nicht viel dabei denken: einfach so eine drollige Geschichte über diese drolligen Leutchen jenseits des Flusses; doch manche (der alte Butterblüm zum Beispiel) wussten das eine oder andere, und wahrscheinlich waren ihnen auch schon längst Gerüchte über Bilbos Verschwinden zu Ohren gekommen. Ihnen würde sicherlich der Name Beutlin dabei in Erinnerung gerufen, besonders wenn sich in letzter Zeit in Bree jemand nach diesem Namen erkundigt haben sollte.

Frodo wurde zappelig, wusste nicht, was er tun sollte. Pippin genoss offenbar die Aufmerksamkeit, mit der man ihm zuhörte, und dachte überhaupt nicht mehr an irgendeine Gefahr. In dieser Hochstimmung, befürchtete Frodo, würde er womöglich sogar den Ring erwähnen, und das konnte schlimme Folgen haben.

»Sie sollten lieber schnell etwas tun!« flüsterte ihm Streicher ins Ohr.

Frodo sprang auf, stieg auf einen Tisch und fing an zu reden. Die Aufmerksamkeit der Zuhörer wurde von Pippin abgelenkt. Manche Hobbits schauten nun lachend und Beifall klatschend zu Frodo hin, in der Annahme, der Herr Unterberg habe einen über den Durst getrunken.

Frodo kam sich plötzlich überaus blöd vor und merkte, dass er (wie gewöhnlich, wenn er eine Rede halten musste) eine Hand in der Hosentasche hatte und mit den Dingen darin herumspielte. Er betastete den Ring an seiner Kette und spürte einen unerklärlichen Wunsch, ihn aufzustecken und aus dieser albernen Situation zu verschwinden. Irgendwie schien es ihm, als ginge diese Regung nicht von ihm selbst aus, sondern von irgendwem oder irgendwas in der Schankstube. Um der Versuchung zu widerstehen, schloss er die Hand um den Ring, als müsste er ihn festhalten, damit er sich nicht davonschliche oder Unfug anstellte. Zumindest gewährte ihm der Ring keinerlei Anregungen, denn was er nun hervorbrachte, waren die gewöhnlichen »passenden Worte«, wie man so was im Auenland nannte: *Wir sind alle ganz begeistert von Ihrem freundlichen Empfang, und ich bin der festen Überzeugung, dass mein ach so kurzer Aufenthalt geeignet sein wird, die alten Freundschaftsbande zwischen Bree und dem Auenland neu zu knüpfen;* und dann begann er zu hüsteln und wusste nicht weiter.

Alle im Raum blickten nun auf ihn. »Ein Lied soll er singen!« rief einer der Hobbits. »Ein Lied, ein Lied!« riefen auch alle andern. »Los, Meister, singen Sie was, das wir noch nicht kennen!«

Für einen Augenblick stand Frodo mit offenem Mund da. Dann, in seiner Ratlosigkeit, stimmte er ein albernes Lied an, das Bilbo gern gesungen hatte (und auf das er sogar noch stolz gewesen war, denn den Text hatte er selber gedichtet). Es handelte von einem Wirtshaus, und das war wohl der Grund, warum es Frodo gerade jetzt einfiel. Hier ist der vollständige Text. Nur wenige Verse daraus sind heute noch allgemein bekannt.

Ein alter Krug, ein fröhlicher Krug
Lehnt grau am grauen Hang.
Dort brauen sie ein Bier so braun,
Dass selbst der Mann im Mond kam schaun
Und lag im Rausche lang.

Der Stallknecht hat einen Kater – miau! –
Der streicht im Suff die Fiedel.
Sein Bogen sägt die Saiten quer,
Mal quietscht es laut, mal brummt es sehr
Von seinem grausigen Liedel.

Der Schankwirt hält sich einen Hund,
  Der hat viel Sinn für Spaß.
Geht's in der Stube lustig her,
Spitzt er das Ohr und freut sich sehr
  Und lacht und lacht sich was!

Auch haben sie eine Hörnerkuh,
  Stolz wie ein Königskind,
Der steigt Musik wie Bier zu Kopf,
Sie schwenkt den Schwanz bis hin zum Schopf
  Und tanzt, das gute Rind.

Und erst das silberne Geschirr
  Und Löffel haufenweis!
Am Sonntag kommt das Beste dran,
Das fangen sie schon am Samstag an
  Zu putzen voller Fleiß.

Der Mann im Mond trank noch eine Maß,
  Der Kater jaulte laut,
Es tanzten Teller und Besteck,
Die Kuh schlug hinten aus vor Schreck,
  Der Hund war nicht erbaut.

Der Mann im Mond trank noch eine Maß,
  Und rollte sanft vom Fass;
Dann schlief er und träumte von braunem Bier
Am Himmel standen nur noch vier,
  Vier Sterne morgenblass.

Da rief der Knecht seiner blauen Katz:
  »Die Mondschimmel schäumen schon
Und beißen auf den Trensen herum,
Der Mondmann aber, der liegt krumm,
  Und bald geht auf die Sonn'!«

Da spielte der Kater hei-didel-dum-didel,
  Als rief er die Toten herbei;

Er sägte ganz jämmerlich schneller und schneller,
Der Wirt rief: »He, Mann! Es wird heller und heller,
  Schon längst schlug die Glocke drei!«

Sie rollten ihn mühsam den Hang hinan
  Und plumps! in den Mond hinein,
Die Mondschimmel – hui! – gingen durch vor Schreck,
Die Kuh wurde toll, und das Silberbesteck,
  Das tanzte Ringelreihn.

Beim Didel-dum-didel der Jammerfiedel
  Jaulte das Hündlein sehr,
Da standen die Kuh und die Rösser kopf,
Die Gäste soffen aus Tasse und Topf
  Und ließen die Betten leer.

Da riss die Saite und plötzlich sprang
  Die Kuh übern Mond ins Gras,
Das Hündlein lachte und freute sich schon,
Doch das Samstagsgeschirr klirrte schamlos davon
  Mit Sonntagslöffel und -glas.

Der Vollmond rollte hinter den Hang,
  Die Sonne erhob ihr Haupt.
Da gingen die Leute am hellichten Tag
Zu Bett – welch verrückter Menschenschlag!
  Das hätte sie nie geglaubt!

Es gab lauten, lang anhaltenden Applaus. Frodo hatte eine gute Stimme, und das Lied ging den Zuhörern ein. »Wo steckt der alte Gerstenmann?« riefen einige. »Das muss er hören! Bob soll seiner Katze das Fiedeln beibringen, und dann machen wir ein Tänzchen!« Die Bierkrüge konnten nicht schnell genug nachgefüllt werden, und die Leute riefen: »Noch mal, Meister! Mach schon! Noch mal!«

Sie drückten Frodo noch ein Bier in die Hand, und dann musste er sein Lied wiederholen. Viele sangen mit, denn die Melodie war allgemein bekannt, und den Text schnappten sie rasch auf. Nun war Frodo derjenige, auf den alle Augen gerichtet waren und der mit sich selbst sehr zufrieden war. Er tanzte auf dem Tisch, und als er wieder an die Stelle kam, wo es hieß, dass die Kuh übern Mond ins Gras sprang, machte er einen Luftsprung: viel zu schwungvoll, denn er landete mit Geschepper auf einem Tablett voller Bierkrüge, rutschte aus und purzelte bäng, klirr, wumms vom Tisch herab. Die zum Lachen aufgerissenen Münder der Zuhörer erstarrten in fassungsloser Stille: Der Sänger war verschwunden. Er war schlicht und einfach verschwunden, als wäre er knallbumms durch den Fußboden gestürzt, ohne ein Loch zu hinterlassen.

Die einheimischen Hobbits schauten sehr befremdet drein. Sie sprangen auf und riefen nach Gerstenmann. Alle rückten von Sam und Pippin ab, die man in ihrer Ecke allein ließ, um sie aus einigem Abstand finster und skeptisch zu beobachten. Es war klar, dass viele sie nun für Kumpane eines reisenden Zauberers mit unbekannten Kräften und Absichten hielten. Ein Breeländer aber, ein dunkelhäutiger Mensch, stellte sich vor sie hin und glotzte sie mit so höhnisch-verständnisvoller Miene an, dass ihnen sehr unbehaglich wurde. Dann huschte er zur Tür hinaus, gefolgt von dem schieläugigen Südländer. Diese beiden hatten schon vorher am Abend viel miteinander zu tuscheln gehabt. Gleich nach ihnen ging auch Heinric>h, der Torwächter, hinaus.

Frodo kam sich vor wie ein Trottel. Weil er nicht wusste, was er sonst tun könnte, kroch er unter den Tischen durch in die dunkle Ecke, wo Streicher von allem unberührt sitzen geblieben war und durch kein Zeichen verriet, was er von der Sache hielt. Frodo lehnte sich gegen die Wand und nahm den Ring ab. Wie er auf seinen Finger gekommen war, konnte er nicht sagen. Er konnte nur vermuten, dass er, während er sang, in der Tasche mit dem Ding gespielt hatte und dass es irgendwie draufgerutscht war, als er im Fallen unwillkürlich die Hand ausstreckte, um sich abzufangen. Einen Moment lang fragte er sich, ob nicht das Ding selbst ihm einen Streich gespielt hatte; vielleicht hatte es, auf einen im Raum spürbaren Wunsch oder Befehl hin, seine Kraft zu zeigen versucht. Die Gesichter der Männer, die hinausgegangen waren, gefielen ihm gar nicht.

»Nun?« sagte Streicher, als Frodo wieder aufgetaucht war. »Warum mussten Sie das tun? Das ist schlimmer als alles, was Ihre Freunde hätten sagen können. Sie sind mit dem Fuß voll ins Fettnäpfchen getappt. Oder, besser gesagt, mit dem Finger.«

»Ich weiß nicht, wovon Sie reden«, sagte Frodo gereizt und erschrocken.

»O doch, Sie wissen's«, antwortete Streicher. »Aber warten wir lieber, bis sich die Aufregung gelegt hat. Dann, wenn es Ihnen recht ist, Herr *Beutlin,* möchte ich gern in aller Stille ein Wort mit Ihnen reden.«

»Worüber?« fragte Frodo, die plötzliche Nennung seines richtigen Namens nicht beachtend.

»Über eine Sache von einiger Bedeutung – für uns beide«, antwortete Streicher und sah Frodo in die Augen. »Sie erfahren etwas, das für Sie von Vorteil sein könnte.«

»Na schön«, sagte Frodo, bemüht, sich unbekümmert zu geben. »Dann sprechen wir uns später noch.«

Am Kamin wurde inzwischen lebhaft gestritten. Herr Butterblüm war herbeigeeilt und musste nun mehrere einander widersprechende Schilderungen des Vorfalls gleichzeitig anhören.

»Ich hab ihn doch gesehen, Herr Butterblüm«, sagte ein Hobbit; »oder wenigstens hab ich ihn nicht gesehen, das aber mit eigenen Augen, wenn du mich recht verstehst. Er hat sich einfach in Luft aufgelöst, sozusagen!«

»Was du nicht sagst, Herr Beifuß!« sagte der Wirt und schaute ungläubig drein.

»Doch, das sag' ich!« versicherte Herr Beifuß. »Und obendrein meine ich's auch!«

»Irgendwo muss da ein Irrtum sein«, sagte Butterblüm kopfschüttelnd. »Dieser Herr Unterberg sah mir doch zu solid aus, dass er sich so einfach in Luft auflösen könnte. Höchstens in Rauch, was ja in diesem Raum so unmöglich nicht wäre.«

»Na, aber wo ist er denn jetzt?« riefen mehrere.

»Wie soll ich das wissen? Er kann doch gehen, wohin er will, vorausgesetzt, er bezahlt am Morgen seine Rechnung. Seht ihr, da ist der Herr Tuk: Der ist ja auch nicht verschwunden!«

»Na, ich hab gesehn, was ich gesehn hab und was ich nicht gesehn hab«, sagte Herr Beifuß unbeirrbar.

»Und ich sage, das muss ein Irrtum sein«, wiederholte Butterblüm, nahm das Tablett und begann die Scherben aufzusammeln.

»Natürlich ist es ein Irrtum«, sagte Frodo. »Ich bin nicht verschwunden, hier sehn Sie mich! Ich hab nur eben ein bisschen mit Streicher in der Ecke geredet.«

Er trat vor in den Feuerschein, aber die meisten Gäste wichen vor ihm zurück, noch aufgeregter als zuvor. Seine Erklärung, dass er nach seinem Sturz rasch unter den Tischen davongekrochen sei, befriedigte sie nicht im

Mindesten. Die meisten Einheimischen, Hobbits wie Menschen, machten sich gleich verärgert auf den Heimweg; die Lust auf weitere Unterhaltung war ihnen für diesen Abend vergangen. Manche warfen Frodo im Hinausgehen einen bösen Blick zu und flüsterten miteinander. Die Zwerge und die zwei, drei Fremdländer, die noch geblieben waren, standen auch auf und wünschten dem Wirt eine gute Nacht, aber nicht Frodo und seinen Freunden. Es dauerte nicht lange, und niemand war mehr da außer Streicher, der noch immer unbeachtet an der Wand saß.

Herr Butterblüm schien nicht sonderlich aufgebracht zu sein. Sehr wahrscheinlich rechnete er sich aus, an wie vielen Abenden das Bedürfnis, den rätselhaften Vorfall gründlich zu erörtern, noch für ein volles Haus sorgen würde. »Was haben Sie denn bloß gemacht, Herr Unterberg?« fragte er. »Mit Ihrer Akrobatik haben Sie meine Gäste erschreckt und auch ein paar Krüge zerschlagen.«

»Es tut mir sehr Leid, Ihnen Ärger gemacht zu haben«, sagte Frodo. »Ich kann Ihnen versichern, es war unbeabsichtigt. Ein sehr unangenehmer Zufall.«

»Schon gut, Herr Unterberg! Aber wenn Sie wieder mal irgendwelche Kunststücke oder Gaukeleien oder was auch immer vorführen wollen, dann sagen Sie den Leuten lieber vorher Bescheid – und mir auch. Wir sind ein bisschen misstrauisch hier gegen alles, was irgendwie abseitig ist – sozusagen nicht geheuer, verstehn Sie mich recht, und müssen uns an so was immer erst gewöhnen.«

»Ich verspreche Ihnen, Herr Butterblüm, ich werde nichts dergleichen mehr tun. Und nun geh' ich wohl lieber schlafen. Wir müssen morgen früh aufbrechen. Können Sie's so einrichten, dass unsere Ponys um acht Uhr bereitstehen?«

»In Ordnung. Aber bevor Sie schlafen gehn, würd' ich gern noch ein Wort im Vertrauen mit Ihnen reden, Herr Unterberg. Mir ist gerade etwas wieder eingefallen, was ich Ihnen sagen muss. Sie nehmen's mir hoffentlich nicht übel. Ich hab noch ein, zwei Sachen zu erledigen und komme dann in Ihr Zimmer, wenn es Ihnen recht ist.«

»Gut«, sagte Frodo, aber seine Stimmung wurde immer bedrückter. Wie viele vertrauliche Gespräche standen ihm denn noch bevor, ehe er zu Bett gehen konnte, und was würde dabei wohl herauskommen? Waren diese Leute alle gegen ihn im Bunde? Allmählich kam ihm der Verdacht, dass sich sogar hinter Butterblüms rundem Gesicht finstere Absichten verbargen.

ZEHNTES KAPITEL

STREICHER

Frodo, Sam und Pippin gingen zurück ins Hinterzimmer. Es brannte kein Licht dort. Merry war nicht da, und das Kaminfeuer schwelte nur noch. Erst, als sie die Glut angeblasen und Kleinholz nachgelegt hatten, merkten sie, dass Streicher mitgekommen war. Er saß still auf einem Stuhl an der Tür.

»Hallo!« sagte Pippin. »Wer sind Sie denn, und was wollen Sie?«

»Man nennt mich Streicher«, antwortete er, »und Ihr Freund hat mir versprochen, es aber vielleicht vergessen, dass wir noch in aller Stille miteinander reden könnten.«

»Sie sagten, ich könnte etwas erfahren, das für mich von Vorteil wäre, glaube ich«, sagte Frodo. »Was haben Sie mir zu sagen?«

»Verschiedenes«, antwortete Streicher. »Aber natürlich hat alles seinen Preis.«

»Wie meinen Sie das?« fragte Frodo scharf.

»Erschrecken Sie nicht! Ich meine es so: Ich sage Ihnen, was ich weiß, und einiges an gutem Rat dazu – doch dafür erwarte ich eine Belohnung.«

»Und was soll das bitte sein?« sagte Frodo. Er vermutete nun, es mit einem Gauner zu tun zu haben, und dachte besorgt daran, dass er nur wenig Geld mitgenommen hatte. Die ganze Summe würde kaum ausreichen, sich den Schuft vom Halse zu schaffen, und er konnte nichts davon entbehren.

»Nichts, das Sie sich nicht leisten können«, antwortete Streicher mit einem bedächtigen Lächeln, als hätte er Frodos Gedanken gelesen. »Nur so viel: Sie müssen mich auf Ihre Reise mitnehmen, bis ich mich freiwillig von Ihnen trenne.«

»Ach was!« sagte Frodo, überrascht, aber kaum erleichtert. »Selbst wenn ich noch einen Begleiter brauchte, würde ich mich auf dergleichen nicht einlassen, bevor ich nicht sehr viel mehr über Sie und Ihre Absichten wüsste.«

»Ausgezeichnet!« rief Streicher, schlug die Beine übereinander und lehnte sich behaglich zurück. »Es scheint, Sie kommen wieder zur Besinnung, und das ist nur gut so. Bisher waren Sie viel zu leichtsinnig. Sehr gut! Also sage ich Ihnen, was ich weiß, und überlasse es Ihnen, über meine Belohnung zu befinden. Sie werden Sie mir mit Freuden gewähren, wenn Sie mich erst angehört haben.«

»Also fangen Sie an!« sagte Frodo. »Was wissen Sie?«

»Zu viel über zu viele dunkle Geschichten«, sagte Streicher grimmig. »Aber was Ihre Sache angeht ...« Er stand auf, ging zur Tür, öffnete sie rasch und sah hinaus. Dann schloss er sie leise und setzte sich wieder. »Ich habe scharfe Ohren«, sagte er mit gedämpfter Stimme, »und wenn ich mich auch nicht unsichtbar machen kann, so habe ich es doch schon mit vielen wilden und wachsamen Kreaturen zu tun gehabt und kann es meistens vermeiden, gesehen zu werden, wenn ich nicht gesehen werden will. Heute Abend nun steckte ich hinter den Bäumen an der Straße westlich von Bree, als vier Hobbits von den Höhen kamen. Ich muss wohl nicht alles wiederholen, was Sie mit dem alten Bombadil oder miteinander geredet haben; aber eines hat mich interessiert. *Bitte denkt dran,* hat einer von Ihnen gesagt, *dass der Name Beutlin auf keinen Fall erwähnt werden darf. Ich bin Herr Unterberg, wenn schon ein Name genannt werden muss.* So sehr hat mich das interessiert, dass ich Ihnen bis hierher gefolgt bin. Dicht hinter Ihnen bin ich unbemerkt übers Tor geklettert. Herr Beutlin mag einen achtbaren Grund haben, seinen Namen hinter sich zu lassen, doch dann würde ich ihm und seinen Freunden raten, vorsichtiger zu sein.«

»Ich wüsste nicht«, sagte Frodo gereizt, »warum mein Name irgendwen in Bree etwas angehen sollte, und ich müsste erst noch erfahren, was er *Sie* angeht. Herr Streicher mag einen achtbaren Grund haben, zu horchen und zu spionieren, doch dann würde ich ihm raten, ihn mir zu erklären.«

»Gute Antwort!« sagte Streicher lachend. »Aber die Erklärung ist einfach. Ich hielt Ausschau nach einem Hobbit namens Frodo Beutlin. Ich wollte ihn schnell finden. Ich hatte erfahren, dass er ein ... nun, sagen wir, ein Geheimnis aus dem Auenland fortträgt, das mich und meine Freunde angeht.«

»Nun, missverstehn Sie mich nicht!« rief er, als Frodo aufstand und Sam von seinem Stuhl hochsprang und ihm drohende Blicke zuwarf. »Ich werde Ihr Geheimnis besser hüten als Sie selbst. Und gehütet muss es werden.« Er beugte sich vor und sah sie an. »Achtet auf jeden Schatten!« sagte er mit leiser Stimme. »Schwarze Reiter sind durch Bree gekommen. Am Montag soll einer den Grünweg von Norden heruntergekommen sein und etwas später einer, auch auf dem Grünweg, von Süden.«

Eine Weile schwiegen sie. Dann sagte Frodo zu Pippin und Sam: »Ich hätte es mir denken können, nach dem Empfang, den uns der Torwächter bereitet hat. Und der Wirt scheint auch etwas gehört zu haben. Warum hat er uns zugeredet, zu den Gästen in der Schankstube zu gehen? Und warum in allen Auen haben wir solche Dummheiten gemacht? Wir hätten doch ganz ruhig hier sitzen bleiben können.«

»Das wäre besser gewesen«, sagte Streicher. »Ich hätte Sie von der Schankstube fern gehalten, aber der Wirt ließ mich nicht zu Ihnen herein und wollte Ihnen auch keine Nachricht von mir bringen.«

»Glauben Sie, er …?« fragte Frodo.

»Nein, dem alten Butterblüm traue ich nichts Schlimmes zu. Er hat nur etwas gegen geheimnisvolle Landstreicher wie mich.« Frodo schaute ihn zweifelnd an. »Nun ja, ich sehe nicht gerade Vertrauen erweckend aus, oder?« sagte er mit einem verkniffenen Grinsen und einem seltsamen Glanz in den Augen. »Aber ich denke, wir werden uns noch näher kennen lernen. Und dann werden Sie mir hoffentlich erklären, was da am Ende Ihres Lieds passiert ist. Denn dieser kleine Scherz …«

»Das war reiner Zufall«, unterbrach ihn Frodo.

»Ich weiß nicht«, sagte Streicher. »Meinetwegen Zufall. Dieser Zufall hat Sie in eine gefährliche Lage gebracht.«

»Kaum gefährlicher, als sie schon war«, sagte Frodo. »Ich wusste ja, dass diese Reiter hinter mir her waren. Aber nun scheint es jedenfalls, dass sie mich verpasst haben und fortgeritten sind.«

»Darauf dürfen Sie nicht zählen«, sagte Streicher heftig. »Die kommen wieder. Und noch mehr werden kommen. Es gibt noch weitere. Ich kenne ihre Zahl. Ich kenne diese Reiter.« Er schwieg, und sein Blick wurde hart und kalt. »Und es gibt auch Leute in Bree, denen nicht zu trauen ist«, fuhr er fort. »Lutz Farnrich zum Beispiel. Er hat einen schlechten Ruf im Breeland, und sehr komische Leute gehen bei ihm aus und ein. Sie müssen ihn unter den Gästen bemerkt haben: ein dunkelhäutiger Kerl, das Gesicht eine höhnische Grimasse. Er hat immerzu mit einem Fremden aus dem Süden die Köpfe zusammengesteckt, und gleich nach Ihrem ›Zufall‹ haben sie sich zusammen davongemacht. Manche von diesen Südländern führen nichts Gutes im Schilde; und was diesen Farnrich angeht, der würde für Geld alles tun – oder vielleicht sogar aus purer Schadenfreude.«

»Was sollte Farnrich tun, und was könnte der Zufall von vorhin ihn angehen?« sagte Frodo, immer noch entschlossen, Streichers Andeutungen nicht verstehen zu wollen.

»Über Sie Auskunft geben, natürlich«, antwortete Streicher. »Ein Bericht über Ihren Auftritt in der Schankstube wäre für gewisse Leute höchst interessant. Danach hätten die es kaum mehr nötig, Ihren wirklichen Namen zu erfahren. Nur allzu wahrscheinlich werden diese Herren davon hören, ehe die Nacht um ist. Genügt das? Mit meiner Belohnung halten Sie es, wie Sie wollen: Nehmen Sie mich als Reiseführer an oder nicht! Doch ich darf sagen, dass ich alle Lande zwischen dem Auenland und dem Nebelgebirge kenne, denn ich habe sie viele Jahre lang durchstreift. Ich bin älter, als ich aussehe. Ich kann Ihnen nützlich sein. Nach dem Vorfall heute Abend werden Sie die offene Straße verlassen müssen, denn da werden die Reiter Tag und Nacht wachen. Vielleicht kommen Sie aus Bree heraus, und man lässt sie unbehelligt ziehen, solange die Sonne am Himmel steht; aber weit würden Sie nicht kommen. Irgendwann haben sie euch, an einem finstern Ort in der Wildnis, wo es keine Hilfe gibt. Wollt ihr, dass sie euch finden? Sie sind entsetzlich.«

Die Hobbits schauten ihn an und sahen mit Erstaunen, dass sein Gesicht wie von Schmerz verzerrt war und dass er mit den Händen die Armlehnen des Stuhls umklammert hielt. Im Zimmer war es nun ganz still, und das Licht schien trüb geworden zu sein. Eine Weile saß er mit blicklosen Augen da, als hinge er einer alten Erinnerung nach oder horche auf nächtliche Laute aus weiter Ferne.

»Also!« rief er dann und strich sich mit der Hand über die Stirn. »Ich weiß vielleicht mehr über diese Verfolger als ihr. Ihr fürchtet euch vor ihnen, aber ihr fürchtet euch nicht genug. Morgen werdet ihr ihnen entkommen müssen. Streicher kann euch Wege führen, die selten begangen werden. Wollt ihr ihn als Führer?«

Ein lastendes Schweigen trat ein. Frodo gab keine Antwort; Furcht und Zweifel verwirrten ihm den Sinn. Sam sah stirnrunzelnd seinen Chef an, und schließlich platzte es aus ihm heraus:

»Wenn du gestattest, Herr Frodo, ich würde nein sagen. Dieser Streicher hier warnt uns und sagt, seid bloß vorsichtig! – und ich würde sagen, ja, richtig, und da machen wir mit ihm gleich den Anfang! Er kommt aus der Wildnis, und dass von da was Gutes kommt, hab ich noch nie gehört. Er weiß allerhand, mehr, als mir lieb ist, so viel ist klar, aber das ist kein Grund, uns von ihm an irgendeinen finstern Ort führen zu lassen, wo es keine Hilfe gibt, wie er ja selbst sagt.«

Pippin rutschte auf seinem Stuhl herum und schien nicht zu wissen, was er sagen sollte. Streicher gab Sam keine Antwort, sondern richtete seinen bohrenden Blick auf Frodo. Frodo wandte die Augen ab. »Nein«, sagte er langsam. »Nein, ich bin nicht einverstanden. Ich finde, ich finde, Sie sind nicht wirklich, wofür Sie gehalten werden möchten. Zuerst haben Sie mit mir geredet wie einer von den Breeländern, aber nun hat sich Ihr Ton geändert. Jedenfalls scheint mir, dass Sam so weit Recht hat: Ich verstehe nicht, warum Sie uns zur Vorsicht raten und zugleich verlangen, dass wir Ihnen blindlings vertrauen. Sie kommen mir verkleidet vor – warum? Wer sind Sie? Was wissen Sie wirklich über… über meine Sache, und woher wissen Sie es?«

»Die Lektion in Vorsicht haben Sie gut gelernt«, sagte Streicher mit grimmigem Lächeln. »Aber Vorsicht ist eines und Unentschlossenheit etwas anderes. Auf eigene Faust kommen Sie jetzt nie nach Bruchtal; eine Chance haben Sie nur, wenn Sie mir vertrauen. Sie müssen sich entschließen. Manche Fragen kann ich beantworten, wenn Ihnen das dabei hilft. Aber warum sollten Sie meiner Erzählung Glauben schenken, wenn Sie mir noch nicht vertrauen? Trotzdem, hier ist sie …«

In diesem Augenblick klopfte es an die Tür. Herr Butterblüm kam und brachte Kerzen mit, gefolgt von Nob mit Kannen voll heißem Wasser. Streicher zog sich in eine dunkle Ecke zurück.

»Ich wollte Ihnen noch eine gute Nacht wünschen«, sagte der Wirt und stellte die Kerzen auf den Tisch. »Nob, bring das Wasser auf die Zimmer!« sagte er zu dem Diener, der draußen geblieben war. Dann machte er die Tür zu.

»Also, das ist so«, begann er zögernd und mit besorgter Miene. »Wenn ich was verbockt habe, das täte mir ehrlich leid. Aber eins jagt immer das andere, wie Sie ja wissen, und ich hab so viel um die Ohren! Aber diese Woche, da kam eins zum andern, und das hat meinem Gedächtnis dann doch auf die Sprünge geholfen, und hoffentlich nicht zu spät! Man hat mich nämlich gebeten, nach Hobbits aus dem Auenland Ausschau zu halten, und besonders nach einem namens Beutlin.«

»Und was soll das mit mir zu tun haben?« fragte Frodo.

»Ach, das werden Sie schon am besten wissen«, sagte der Wirt verständnisinnig. »Ich werde Sie nicht verraten; aber man hat mir gesagt, dieser Herr Beutlin würde unter dem Namen Unterberg reisen, und die Beschreibung, die man mir gegeben hat, passt ziemlich genau auf Sie, wenn ich das sagen darf.«

»Na so was! Dann lassen Sie uns die mal hören!« sagte Frodo, ihn unklugerweise unterbrechend.

»*Ein rundliches kleines Kerlchen mit roten Backen*«, sagte Herr Butterblüm feierlich. Pippin kicherte, aber Sam schaute entrüstet drein. »*Das wird dir nicht viel nützen, Gerstel, denn das trifft auf die meisten Hobbits zu*, sagt er zu mir«, fuhr Herr Butterblüm mit einem Blick auf Pippin fort, »*aber dieser eine ist größer als manche andern, blonder als die meisten und mit Kinnfurche, ein aufgewecktes Kerlchen mit blanken Augen* – bitte um Verzeihung, sagt er, nicht ich.«

»*Er* hat das gesagt? Und wer war er?« sagte Frodo gespannt.

»Ach, das war Gandalf, wenn Sie den auch kennen. Zauberer soll er sein, heißt es, aber er ist ein guter Freund von mir, kann man nicht anders sagen. Nur weiß ich nicht, was er jetzt mit mir anstellen wird, wenn ich ihn das nächste Mal sehe; könnte mir alles Bier sauer werden lassen oder mich in einen Holzklotz verwandeln, würde mich nicht wundern! Er kann sehr heftig werden! Trotzdem, was geschehen ist, ist nun mal geschehen.«

»Und was ist denn nun geschehen?« sagte Frodo, der bei der langsamen Aufdröselung von Butterblüms Gedanken allmählich die Geduld verlor.

»Wo war ich doch gleich?« sagte der Wirt und haschte fingerschnalzend nach seiner Erinnerung. »Ach so, der alte Gandalf! Drei Monate ist's her, da kommt er ohne anzuklopfen in mein Zimmer reinspaziert. *Gerstel*, sagt er, *ich muss morgen früh fort. Tust du mir einen Gefallen? Musst nur sagen, welchen,* sag' ich. *Ich bin in Eile,* sagt er, *und hab keine Zeit, hinzugehn, aber ich möchte eine Nachricht ins Auenland schicken. Weißt du jemanden, der sie hinbringen kann und auf den Verlass ist? Ich werde schon jemanden finden,* sag' ich, *vielleicht morgen oder übermorgen. Bitte morgen!* sagt er, und dann hat er mir einen Brief gegeben.

Die Adresse steht ganz deutlich drauf«, sagte Herr Butterblüm und zog den Brief aus der Tasche. Langsam und genüsslich las er die Adresse vor (er legte viel Wert auf seinen Ruf als lesekundiger Mensch):

HERRN FRODO BEUTLIN
BEUTELSEND
HOBBINGEN/AUENLAND

»Ein Brief von Gandalf an mich!« rief Frodo.

»Aha!« sagte Herr Butterblüm. »Also ist Beutlin Ihr richtiger Name?«

»Jawohl«, sagte Frodo, »und nun geben Sie den Brief aber sofort her, und erklären Sie mir, warum Sie ihn nicht abgeschickt haben! Das ist es doch wohl, was Sie mir sagen wollten – obwohl es elend lange gedauert hat, bis Sie zur Sache kamen.«

Der arme Herr Butterblüm schaute sehr betrübt drein. »Sie haben ganz Recht«, sagte er, »und ich bitte um Verzeihung. Und ich habe eine Sterbensangst, was Gandalf wohl sagen wird, wenn ein Schaden daraus entsteht. Aber ich hab den Brief nicht mit Absicht zurückgehalten. Ich hab ihn erst mal sicher verwahrt, und dann fand ich niemanden, der bereit war, gleich am nächsten Tag ins Auenland zu gehn, am übernächsten auch nicht, und von meinen Leuten konnte ich niemand entbehren, und so kam eins ums andere dazwischen, bis ich's ganz vergessen hatte. Ich hab ja so viel um die Ohren! Ich will tun, was ich kann, um es wieder gutzumachen, und wenn ich Ihnen mit irgendwas behilflich sein kann, müssen Sie's nur sagen.

Das hatte ich Gandalf sowieso versprochen, ganz abgesehen von dem Brief. *Gerstel,* hat er zu mir gesagt, *dieser Freund von mir aus dem Auenland, der kommt vielleicht schon bald hier vorbei, er und noch einer. Er wird sagen, er heißt Unterberg, denk daran! Aber du brauchst keine Fragen zu stellen. Und wenn ich nicht bei ihm bin, kann es sein, dass er Probleme hat und Hilfe braucht. Tu für ihn, was du kannst, und ich werde dir's danken,* hat er gesagt. Und da seid ihr nun, und die Probleme scheinen auch nicht weit weg zu sein.«

»Wie meinen Sie das?« fragte Frodo.

»Diese schwarzen Männer«, sagte der Wirt und senkte die Stimme. »Die suchen nach *Beutlin,* und wenn die was Gutes im Schilde führen, dann will ich ein Hobbit sein. Das war am Montag, da fingen plötzlich die Hunde alle zu winseln an, und die Gänse haben gezischt. Unheimlich! hab ich gesagt. Nob, der kommt rein und sagt mir, da sind zwei schwarze Menschen an der Tür und fragen nach einem Hobbit namens Beutlin. Nob standen die Haare zu Berge. Ich hab zu den schwarzen Kerlen gesagt, macht, dass ihr fortkommt! und ihnen die Tür vor der Nase zugeknallt; aber dann, hab ich gehört, haben sie auf dem ganzen Weg bis Archet immer wieder nach Beutlin gefragt. Und der Streicher, dieser Waldläufer, der ist mir auch schon mit solchen Fragen gekommen. Wollte hier rein und mit Ihnen reden, bevor Sie auch nur einen Happen gegessen hatten, Tatsache!«

»Tatsache!« sagte Streicher und trat unversehens ins Licht vor. »Und viel Ärger wäre uns erspart geblieben, wenn du ihn eingelassen hättest, Gerstenmann.«

Der Wirt zuckte vor Schreck zusammen. »Du!« rief er. »Überall musst du deine Nase reinstecken! Was willst du denn hier?«

»Herr Streicher ist mit meiner Erlaubnis hier«, sagte Frodo. »Er ist gekommen, um mir seine Hilfe anzubieten.«

»Na, Sie müssen ja wissen, was Sie wollen«, sagte Herr Butterblüm und sah Streicher misstrauisch an. »Aber ich an Ihrer Stelle, wenn ich solche Probleme am Hals hätte, da würde ich mich nicht mit so einem Waldläufer einlassen.«

»Mit wem würdest du dich denn einlassen?« fragte Streicher. »Mit einem dicken Gastwirt, der seinen eigenen Namen vergessen würde, wenn ihn die Leute nicht den ganzen Tag riefen? Sie können doch nicht für immer hier im *Pony* bleiben, und nach Hause gehn können sie auch nicht. Sie haben noch einen langen Weg vor sich. Willst du mit ihnen gehn und ihnen die schwarzen Kerle vom Leib halten?«

»Ich aus Bree fortgehn? Nicht für alles Geld!« sagte Herr Butterblüm, dem der Schreck nun wirklich in die Glieder fuhr. »Aber warum können Sie nicht einfach in aller Ruhe eine Weile hier bleiben, Herr Unterberg? Was sind das alles für komische Geschichten? Was wollen diese schwarzen Brüder von Ihnen, und wo kommen die her, möcht' ich mal wissen?«

»Leider kann ich Ihnen das nicht alles erklären«, sagte Frodo. »Ich bin müde und sehr in Sorge, und es wäre eine lange Geschichte. Aber wenn Sie mir helfen wollen, muss ich Sie drauf hinweisen, dass auch Sie in Gefahr sind, solange ich in Ihrem Haus bin. Diese schwarzen Reiter: ich weiß es nicht genau, aber ich denke, ich befürchte, sie kommen aus ...«

»Sie kommen aus Mordor«, sagte Streicher mit leiser Stimme. »Aus Mordor, Gerstenmann, wenn dir das etwas sagt.«

»Bewahr' uns!« rief Herr Butterblüm und wurde ganz bleich; der Name war ihm offenbar bekannt. »Das ist die schlimmste Nachricht, die man in Bree je gehört hat, seit ich lebe.«

»Ja, freilich!« sagte Frodo. »Sind Sie immer noch bereit, mir zu helfen?«

»Und ob!« sagte Herr Butterblüm. »Nun erst recht! Nur weiß ich nicht, was einer wie ich machen kann gegen, gegen ...«, stammelte er.

»Gegen den Schatten im Osten«, sagte Streicher ruhig. »Viel nicht, Gerstenmann, aber jedes bisschen kann uns helfen. Du kannst Herrn Unterberg heute Nacht als Herrn Unterberg Quartier geben und den Namen Beutlin vergessen, bis er weit fort ist.«

»Mach' ich«, sagte Butterblüm. »Aber ich befürchte, die finden auch ohne mein Zutun heraus, dass er hier ist. Schade, dass Herr Beutlin heute Abend so viel Aufsehen erregt hat, um es gelinde auszudrücken. Die Geschichte, wie dieser Herr Bilbo verschwunden ist, hat man in Bree schon früher gehört. Sogar unser Nob, der kein allzu heller Kopf ist, hat sich sein Teil gedacht; und es gibt Leute in Bree, die schneller begreifen als er.«

»Da können wir nur hoffen, dass die Reiter nicht so bald wiederkommen«, sagte Frodo.

»Das hoff' ich auch«, sagte Butterblüm. »Aber wenn sie auch hier herumspuken mögen, ins *Pony* kommen sie so schnell nicht rein. Nob wird kein Wort sagen. Bis zum Morgen habt ihr nichts zu befürchten. Keiner von den schwarzen Brüdern kommt mir über die Schwelle, solange ich noch auf den Beinen stehn kann! Ich und meine Leute, wir stehn heute Nacht Wache; ihr aber solltet noch ein Auge zutun, wenn ihr könnt.«

»Auf jeden Fall müssen wir beim Morgengrauen geweckt werden«, sagte Frodo. »Wir müssen so früh wie möglich aufbrechen. Frühstück bitte sechs Uhr dreißig.«

»Gut, ich lasse alles so richten«, sagte der Wirt. »Gute Nacht, Herr Beutlin – Unterberg, vielmehr! Gute Nacht – nanu, meine Güte, wo ist denn der Herr Brandybock?«

»Ich weiß nicht«, sagte Frodo, auf einmal sehr beunruhigt. Merry hatten sie ganz vergessen, und es wurde schon spät. »Ich fürchte, er ist noch draußen. Er sagte, er wollte noch Luft schnappen gehn.«

»Na, auf euch muss man schon aufpassen, kann man wohl sagen! Als ob ihr auf einer Vergnügungsreise seid!« sagte Butterblüm. »Ich muss jetzt gehn und schnell die Türen verriegeln, sorge aber dafür, dass Ihr Freund eingelassen wird, wenn er kommt. Ich schicke mal lieber Nob los, ihn suchen. Gute Nacht Ihnen allen!« Endlich ging Herr Butterblüm hinaus, kopfschüttelnd und mit einem letzten skeptischen Blick auf Streicher. Seine Schritte entfernten sich auf dem Flur.

»Nun?« sagte Streicher. »Wann gedenken Sie den Brief aufzumachen?« Frodo sah sich das Siegel genau an, bevor er es aufbrach; es war unverkennbar Gandalfs. Drinnen stand in des Zauberers schwungvoller, doch zierlicher Handschrift die folgende Nachricht:

ZUM TÄNZELNDEN PONY, BREE. Am Mittjahrstag 1418 auenländischer Zeitrechnung

Lieber Frodo,
schlechte Nachrichten haben mich hier erreicht. Ich muss sofort weg. Geh
lieber bald aus Beutelsend fort und sieh zu, dass du spätestens Ende Juli
außer Landes bist. Ich komme zurück, sobald ich kann, und folge dir,
wenn du dann schon fort bist. Hinterlasse Nachricht für mich, wenn du
durch Bree kommst. Dem Wirt (Butterblüm) kannst du trauen. Vielleicht
triffst du unterwegs einen Freund von mir: ein Mensch, schlank, groß,
dunkelhaarig, von manchen Leuten Streicher genannt. Er kennt unsere
Sache und wird dir helfen. Geh nach Bruchtal. Dort sehen wir uns hof-
fentlich wieder. Wenn ich nicht komme, wird Elrond dir Rat geben.

In aller Eile Dein
GANDALF ᚼ

PS. Benutze das Ding NICHT wieder, um keinen Preis! Reise nicht bei
Nacht! ᚼ
PPS. Vergewissere dich, dass es der richtige Streicher ist. Es gibt viele eigen-
artige Menschen auf den Straßen. Sein richtiger Name ist Aragorn. ᚼ

> *Nicht jeder Verirrte verliert sich,*
> *Nicht alles, was Gold ist, glänzt;*
> *Die tiefe Wurzel erfriert nicht,*
> *Was alt ist, wird nicht zum Gespenst.*
> *Aus Schatten ein Licht entspringe!*
> *Aus Asche soll Feuer loh'n!*
> *Heil wird die zerbrochene Klinge,*
> *Der Kronlose steigt auf den Thron.*

PPPS. Ich hoffe, Butterblüm schickt dies prompt ab. Ein braver Mann,
aber mit einem Gedächtnis wie eine Rumpelkammer: was man
sucht, ist immer ver-
schüttet. Wenn er's ᚼ
vergisst, wasch' ich
ihm den Kopf.
Lebe wohl!

Frodo las den Brief erst für sich, dann gab er ihn Pippin und Sam. »Da hat der alte Butterblüm etwas angerichtet!« sagte er. »Die Kopfwäsche hat er verdient. Hätte ich dies gleich bekommen, säßen wir inzwischen alle sicher in Bruchtal. Aber was ist nur mit Gandalf? Er schreibt so, als müsste er sich in eine große Gefahr begeben.«

»Das tut er seit vielen Jahren«, sagte Streicher.

Frodo wandte sich zu ihm hin und schaute ihn fragend an, im Gedanken an Gandalfs zweiten Nachtrag. »Warum haben Sie mir nicht gleich gesagt, dass Sie ein Freund von Gandalf sind?« sagte er. »Es hätte uns viel Zeit erspart.«

»Wirklich? Hätte denn einer von euch mir geglaubt?« sagte Streicher. »Ich wusste nichts von diesem Brief. Ich wusste nur, wenn ich euch helfen wollte, musste ich versuchen, euer Vertrauen zu gewinnen, ohne irgendetwas beweisen zu können. Jedenfalls hatte ich nicht vor, euch gleich alles über mich zu sagen, ehe ich mir über *euch* im Klaren war. Der Feind hat mir schon öfter Fallen gestellt. Erst musste ich wissen, woran ich mit euch bin; dann hätte ich euch jede Frage beantwortet. Aber ich muss gestehen«, fügte er mit bitterem Lachen hinzu, »ich hatte gehofft, ihr würdet mir um meiner selbst willen vertrauen. Der Verfolgte wird manchmal des Argwohns müde und sehnt sich nach Freundschaft. Doch da spricht mein Äußeres wohl gegen mich.«

»In der Tat – auf den ersten Blick zumindest«, sagte Pippin, erleichtert auflachend, nachdem er Gandalfs Brief gelesen hatte. »Aber man sieht nichts Gutes, außer man tut es, wie wir im Auenland sagen; und ich denke, wir werden alle nicht sehr viel anders aussehn, wenn wir erst tagelang in Hecken und Gräben herumgelegen sind.«

»Ihr müsstet schon länger als ein paar Tage, Wochen oder Jahre durch die Wildnis streifen, ehe ihr aussähet wie Streicher«, antwortete er. »Und vorher kämt ihr um, wenn ihr nicht aus härterem Holz geschnitzt seid, als man euch ansieht.«

Pippin schwieg still, aber Sam war nicht eingeschüchtert und sah Streicher immer noch misstrauisch an. »Woher wissen wir, ob Sie der Streicher sind, von dem Gandalf spricht?« wandte er ein. »Sie haben Gandalf nie erwähnt, ehe dieser Brief zum Vorschein kam. Soviel ich weiß, könnten Sie ebenso gut ein Spion sein, der uns etwas vormacht, um uns zum Mitkommen zu bewegen. Sie könnten den richtigen Streicher umgebracht und seine Kleidung angelegt haben. Was haben Sie dazu zu sagen?«

»Du bist mit allen Wassern gewaschen, Sam Gamdschie«, sagte Streicher, »aber darauf weiß ich leider nur eine Antwort: Wenn ich den echten Streicher umgebracht hätte, könnte ich auch dich umbringen. Und dann hätte ich es längst getan, ohne viel Gerede. Wenn ich hinter dem Ring her wäre, könnte ich ihn mir nehmen, gleich JETZT!«

Er stand auf und schien plötzlich immer größer zu werden. Seine Augen leuchteten, bohrend und gebieterisch. Er warf den Mantel zurück und legte die Hand ans Heft eines Schwertes, das er verdeckt an der Seite getragen hatte. Sie wagten sich nicht zu rühren. Sam saß mit offenem Mund da und starrte ihn ratlos an.

»Aber zum Glück bin ich der echte Streicher«, sagte er, und plötzlich hatte er ein besänftigtes Lächeln im Gesicht und sah auf sie herab. »Ich bin Aragorn, Arathorns Sohn, und will mein Leben daran setzen, euch zu retten.«

Lange schwiegen sie alle. Dann nahm Frodo zögernd das Wort. »Dass du ein Freund bist, glaubte ich schon, bevor ich den Brief bekam«, sagte er, »oder wenigstens wollte ich, dass du es seist. Du hast mich heute Abend mehrere Male erschreckt, aber niemals so, wie ich mir denke, dass die Knechte des Feindes es tun würden. Ich glaube, wenn du einer seiner Spione wärst – nun ja, deine Kleider wären dann reinlicher und deine Worte schmieriger, wenn du mich recht verstehst.«

»Ich verstehe«, sagte Streicher und lachte. »Ich sehe übel aus, komme dir aber nicht so schlimm vor. Nicht alles, was Gold ist, glänzt.«

»Geht es in diesen Versen denn um dich?« fragte Frodo. »Ich hatte nicht begriffen, wovon darin die Rede war. Aber woher wusstest du, dass sie in Gandalfs Brief stehen, wenn du den nie gesehen hast?«

»Das wusste ich nicht«, antwortete er. »Aber ich bin Aragorn, und die Verse gehören zu meinem Namen.« Er zog sein Schwert aus der Scheide, und nun sahen sie, dass die Klinge wirklich einen Fuß unterm Heft abgebrochen war. »Nicht viel damit anzufangen, nicht wahr, Sam?« sagte er. »Aber die Zeit ist nah, wo es neu geschmiedet wird.«

Sam sagte nichts.

»Nun«, sagte Streicher, »wenn Sam einverstanden ist, können wir die Sache als abgemacht ansehen. Streicher wird euch führen. Morgen haben wir ein hartes Stück Weges vor uns. Selbst wenn wir aus Bree ungehindert hinauskommen, unbemerkt wird es kaum bleiben. Aber dann werde ich zusehen, dass wir so schnell wie möglich verschwinden. Ich kenne außer der Hauptstraße noch ein paar andere Wege, die aus dem Breeland hinausführen. Wenn wir die Verfolger einmal abgeschüttelt haben, halten wir auf die Wetterspitze zu.«

»Wetterspitze?« sagte Sam. »Was ist das?«

»Ein Berg, gleich nördlich der Straße, etwa auf halbem Weg zwischen Bree und Bruchtal. Von dort hat man eine weite Aussicht nach allen Seiten, und wir können uns umsehen. Gandalf wird auch dorthin kommen, wenn er uns folgt. Hinter der Wetterspitze wird unsere Fahrt schwieriger, und wir werden zwischen mehreren Gefahren die Wahl haben.«

»Wann hast du Gandalf zuletzt gesehen?« fragte Frodo. »Weißt du, wo er ist und was er gerade tut?«

Streicher sah besorgt aus. »Ich weiß es nicht«, sagte er. »Ich bin im Frühjahr mit ihm nach Westen gekommen. Ich habe in den letzten Jahren oft an den Grenzen des Auenlands Wache gehalten, wenn er anderswo zu tun hatte. Er hat euer Land selten unbewacht gelassen. Zuletzt trafen wir uns am ersten Mai bei der Sarnfurt am unteren Brandywein. Er hat mir erzählt, dass mit dir alles besprochen sei und dass du dich in der letzten Septemberwoche nach Bruchtal aufmachen würdest. Soviel ich wusste, war er bei dir; darum ging ich meinerseits anderswohin auf Fahrt. Und das war nicht gut, wie sich herausstellte, denn offenbar hat er dann irgendeine Nachricht bekommen, und ich war nicht da, um ihm zu helfen.

Ich bin unruhig, zum ersten Mal, seit ich ihn kenne. Er hätte Nachricht geben müssen, wenn er selbst nicht kommen kann. Als ich zurückkehrte, vor vielen Tagen schon, hörte ich Schlimmes. Weit und breit sprach man davon, dass Gandalf vermisst wurde und dass die Reiter gesehen worden waren. Das erfuhr ich von Gildors Elbenvolk; und später berichteten mir die Elben auch, dass ihr aus Beutelsend fortgegangen seid; aber dass ihr Bockland verlassen hattet, davon erfuhr ich nichts. Ich habe die Oststraße genau beobachtet.«

»Ob die schwarzen Reiter etwas damit zu tun haben – mit Gandalfs Ausbleiben, meine ich?« fragte Frodo.

»Ich wüsste nicht, was ihn sonst abgehalten haben könnte, wenn nicht der Feind selbst«, sagte Streicher. »Aber gebt die Hoffnung nicht auf! Gandalf ist ein Größerer, als ihr Auenländer ahnt – ihr kennt ja in der Regel nur seine Späße und Feuerwerke. Aber unsere Sache jetzt wird seine schwierigste Aufgabe sein.«

Pippin gähnte. »Entschuldigt«, sagte er, »aber ich bin todmüde. Egal, in was für Gefahren und Sorgen wir stecken, ich muss jetzt zu Bett gehn, oder ich schlafe hier ein, wo ich sitze. Wo bleibt nur dieser dämliche Merry.

Das hätte gerad noch gefehlt, dass wir jetzt im Dunkeln raus müssten und ihn suchen!«

Im gleichen Augenblick hörten sie eine Tür zuknallen; dann kamen Schritte über den Flur gerannt. Merry stürzte herein, gefolgt von Nob. Hastig machte er die Tür zu und lehnte sich dagegen. Er war außer Atem. Erschrocken starrten sie ihn einen Moment an, dann keuchte er: »Ich hab sie gesehn, Frodo! Ich hab sie gesehn! Schwarze Reiter!«

»Schwarze Reiter, wo?« rief Frodo.

»Hier. Im Dorf. Ich bin noch eine Stunde im Haus geblieben. Dann, als ihr nicht wiederkamt, ging ich ein bisschen vor die Tür. Ich war schon wieder zurück und stand noch draußen, grad außerhalb des Laternenscheins, um nach den Sternen zu sehn. Auf einmal läuft mir's kalt über den Rücken und ich spüre, wie etwas Entsetzliches heranschleicht, eine Art dichterer Schatten zwischen den Schatten auf der andern Seite der Straße, dicht hinter dem Rand des Lichtkreises. Er huschte sofort weg in die Dunkelheit, lautlos. Ein Pferd war nicht dabei.«

»In welche Richtung ist er gegangen?« fragte Streicher plötzlich und in barschem Ton.

Merry zuckte zusammen; er bemerkte den Fremden erst jetzt. »Sprich weiter!« sagte Frodo. »Dies ist ein Freund von Gandalf. Ich erkläre dir's später.«

»Er schien sich auf der Straße davonzumachen, nach Osten«, fuhr Merry fort. »Ich habe versucht, ihm zu folgen. Natürlich ist er fast sofort verschwunden, aber ich ging ihm nach, um die Ecke und weiter bis zum letzten Haus an der Straße.«

Streicher sah Merry erstaunt an. »Sehr mutig«, sagte er, »aber Wahnsinn!«

»Ich weiß nicht«, sagte Merry. »Weder Mut noch Dummheit, glaube ich. Mir schien, ich wurde irgendwie gezogen, ich konnte kaum dagegen an. Jedenfalls, ich ging bis dahin, und plötzlich höre ich Stimmen an der Hecke. Die eine murmelnd, die andere flüsternd oder zischend. Verstehen konnte ich kein Wort. Ich schlich mich nicht näher an, denn auf einmal zitterte ich am ganzen Leib. Da bekam ich es mit der Angst, machte kehrt und wollte schon nach Hause flitzen, als etwas hinter mir herkam und ich … ich bin umgefallen.«

»Ich hab ihn gefunden, Herr«, ergänzte Nob. »Herr Butterblüm hat mich mit einer Laterne losgeschickt. Ich bin erst zum Westtor gegangen und dann zurück zum Südtor. Grad bei Lutz Farnrichs Haus, da ist mir, als seh' ich was auf der Straße. Ich kann's nicht beschwören, aber mir sah es so aus, als ob zwei Männer sich über etwas bückten und es aufhoben. Ich rief sie an, aber als ich zu der Stelle kam, war nichts mehr von ihnen zu sehen, und nur der Herr Brandybock ist da am Straßenrand gelegen. Er schien zu schlafen. ›Ich dachte, ich bin in tiefes Wasser gefallen‹, sagt er zu mir, als ich ihn geschüttelt hab. So ganz komisch ist er gewesen, und als ich ihn dann wachgekriegt hatte, ist er aufgesprungen und wie ein gehetzter Hase hierher zurückgerannt.«

»Stimmt leider«, sagte Merry; »allerdings weiß ich nicht mehr, was ich gesagt habe. Ich hatte einen üblen Traum, an den ich mich aber nicht mehr erinnern kann. Ich war völlig von Sinnen. Ich weiß nicht, was da über mich gekommen ist.«

»Ich weiß es«, sagte Streicher. »Der Schwarze Anhauch. Die Reiter müssen ihre Pferde draußen gelassen haben und heimlich durchs Südtor wieder hereingekommen sein. Inzwischen werden sie alle Neuigkeiten erfahren haben, denn sie sind bei Lutz Farnrich gewesen, und wahrscheinlich war dieser Südländer auch ein Spitzel. Es kann sein, dass heute Nacht noch etwas geschieht, ehe wir Bree verlassen haben.«

»Was wird geschehen?« sagte Merry. »Ob sie das Gasthaus stürmen werden?«

»Das glaube ich nicht«, sagte Streicher. »Sie sind noch nicht alle hier. Außerdem ist das nicht ihre Art. Sie sind am stärksten im Dunkeln und in der Einsamkeit. Ein Haus, in dem Lichter brennen und wo viele Leute sind, werden sie nicht offen angreifen – nicht, solange sie noch andere Mittel wissen; nicht, solange die Weiten von Eriador noch vor uns liegen. Doch ihre Macht kommt aus dem Schrecken; und hier in Bree sind ihnen manche schon gefügig. Sie werden diese armen Schufte zu irgendeiner Gemeinheit antreiben: Farnrich, manche von den Fremden und vielleicht auch den Torwächter. Mit Heinric>h haben sie Montag am Westtor geredet; ich habe sie beobachtet. Nachher war er ganz bleich und zitterte.«

»Anscheinend haben wir Feinde ringsum«, sagte Frodo. »Was sollen wir tun?«

»Hier bleiben und nicht auf eure Zimmer gehen! Bestimmt haben sie herausgefunden, welche das sind. Die Hobbitzimmer haben die Fenster nach Norden und dicht überm Boden. Wir bleiben alle zusammen und verbarrikadieren dieses Fenster und die Tür. Aber zuerst geh' ich mit Nob euer Gepäck holen.«

Während Streicher fort war, wurde Merry rasch von Frodo über alles unterrichtet, was seit dem Abendessen passiert war. Merry las Gandalfs Brief und dachte noch darüber nach, als Streicher und Nob wiederkamen.

»So, meine Herren«, sagte Nob, »ich habe die Decken zerwühlt und die Mitte jedes Betts mit Kissen ausgelegt. Und mit einer braunen Wolldecke ist mir eine schöne Nachbildung Ihres Kopfes gelungen, Herr Beut… Herr Unterberg«, verbesserte er sich mit einem Grinsen.

Pippin lachte. »Sicher sehr lebensecht!« sagte er. »Aber was werden sie tun, wenn sie merken, dass es eine Attrappe ist?«

»Werden wir sehn«, sagte Streicher. »Hoffen wir, dass wir die Festung bis morgen früh halten können!«

»Gute Nacht«, sagte Nob und ging hinaus, um die Türen bewachen zu helfen.

Ihre Rucksäcke und alles übrige Gepäck stapelten sie auf dem Fußboden des Hinterzimmers. Sie schoben einen niedrigen Sessel gegen die Tür und verschlossen das Fenster. Frodo schaute noch einmal hinaus und sah, dass der Nachthimmel sternklar war. Die Sichel* stand hell über den Hängen des Breebergs. Dann schloss und verriegelte er die schweren Innenläden und zog die Vorhänge zu. Streicher kümmerte sich ums Feuer und legte Holz nach; er blies alle Kerzen aus.

Die Hobbits legten sich auf ihre Decken, mit den Füßen zum Kamin; doch Streicher setzte sich in den Sessel an der Tür. Sie redeten noch ein Weilchen, denn Merry hatte noch mehrere Fragen.

»Sprang über den Mond!« kicherte er, als er sich in seine Decke wickelte. »Wie kannst du so albern sein, Frodo! Aber ich wünschte, ich wäre dabei gewesen. Darüber ereifern sich die würdigen Herren in Bree sicher noch in hundert Jahren.«

»Hoffentlich!« sagte Streicher. Dann wurde es still, und einer nach dem andern schliefen die Hobbits ein.

* Der Hobbitname für den Wagen oder Großen Bären.

ELFTES KAPITEL

EIN MESSER IM DUNKELN

Als sie im Gasthaus von Bree schlafen gingen, lag Bockland schon im Dunkeln, und Nebelschwaden krochen in die Bodensenken und am Flussufer entlang. In Krickloch war es still. Der dicke Fredegar Bolger öffnete die Tür einen Spalt weit und spähte hinaus. Ein Gefühl der Furcht war den ganzen Tag über in ihm angewachsen; er fand keine Ruhe und konnte nicht zu Bett gehen. Eine verhaltene Drohung schien in der unbewegten Nachtluft zu hängen. Als er in die Dunkelheit hinausstarrte, regte sich ein schwarzer Schatten unter den Bäumen; die Gartenpforte schien sich von selbst zu öffnen und lautlos wieder zu schließen. Entsetzen packte ihn. Er trat zurück und blieb einen Moment zitternd in der Diele stehen. Dann machte er die Tür zu und schob den Riegel vor.

Tiefer in der Nacht waren leise Hufgeräusche zu hören. Pferde wurden in aller Stille auf dem Fußweg herangeführt. Vor der Pforte blieben sie stehen, und drei schwarze Gestalten kamen herein, wie Nachtschatten, die über den Boden krochen. Die eine trat an die Tür, die andern zu beiden Seiten an die Ecken des Hauses; und dort blieben sie stehen, reglos wie Schatten von Steinen, während die Nacht langsam hinging. Das Haus und die stillen Bäume schienen atemlos auf etwas zu warten.

Ein schwaches Lüftchen ging durchs Laub, und ein Hahn krähte in der Ferne. Die kalte Stunde vor Morgengrauen war angebrochen. Der Schatten an der Tür regte sich. Durch die mond- und sternlose Finsternis schimmerte kalt eine gezogene Klinge. Ein dumpfer, wuchtiger Schlag ließ die Tür erzittern.

»Machet auf, in Mordors Namen, machet auf!« sagte eine schrille, drohende Stimme.

Ein zweiter Schlag, und die Tür gab nach und fiel mit splitternden Brettern und zerbrochenem Riegel nach innen. Rasch huschten die schwarzen Gestalten hinein.

Im gleichen Augenblick erschallte zwischen den nahen Bäumen ein Horn. Es zerriss die Nacht wie Feuerschein von einem Berggipfel.

Fredegar Bolger war nicht untätig geblieben. Sobald er die Gestalten im Garten heranschleichen sah, wurde ihm klar, dass er die Beine in die Hand nehmen musste, wenn ihm sein Leben lieb war. Er rannte los: zur Hintertür raus, durch den Garten, über die Felder. Am nächsten Haus, über eine Meile entfernt, brach er auf der Türschwelle zusammen. »Nein, nein, nein!« schrie er. »Nein, nicht ich! Ich hab ihn nicht!« Es dauerte eine Weile, bis jemand aus seinem Gestammel klug wurde. Aber endlich begriffen die Nachbarn, dass Feinde in Bockland zu sein schienen, irgendwelche fremdartigen Eindringlinge aus dem Alten Wald. Und dann verloren sie keine Zeit.

GEFAHR! FEURIO! FEINDE!

Die Brandybocks bliesen das bockländische Hornsignal, das man seit hundert Jahren nicht mehr gehört hatte, seit dem harten Winter, als die weißen Wölfe über den zugefrorenen Brandywein kamen.

WACHET AUF! WACHET AUF!

Von fern hörte man andere Hörner antworten. Der Alarm wurde weitergegeben.

Die Schattenmänner ergriffen die Flucht. Einer ließ, als er aus dem Haus rannte, auf der Schwelle einen Hobbitmantel fallen. Auf dem Feldweg brach Hufgetrappel los und schwoll an zu einer hämmernden Galoppade durch die Dunkelheit. Überall um Krickloch hörte man nun die Hornstöße, überall Geschrei und Getrappel rennender Füße. Doch die schwarzen Reiter ritten wie ein Sturmwind zum Nordtor. Sollten die kleinen Leute nur blasen, so viel sie wollten! Die würde Sauron sich später noch vornehmen. Einstweilen hatten sie Wichtigeres zu tun: Sie wussten nun, dass das Haus leer und der Ring fort war. Sie ritten die Wachen am Tor nieder und verschwanden aus dem Auenland.

Früh in der Nacht erwachte Frodo plötzlich aus tiefem Schlaf, als hätte ein Ton oder eine Erscheinung ihn aufgeschreckt. Er sah, dass Streicher in seinem Sessel saß: Seine Augen schimmerten im Schein des Feuers, das er unterhielt und das hell brannte; er war wach, verriet es aber durch kein Zeichen und keine Bewegung.

Bald war Frodo wieder eingeschlafen, doch wieder wurden seine Träume beunruhigt, diesmal durch Windesbrausen und Pferdehufe in donnerndem Galopp. Der Wind schien das Haus zu umschlingen und daran zu rütteln, und von fern kamen heftige Hornstöße. Er machte die Augen auf und hörte einen Hahn auf dem Hof übermütig krähen. Streicher hatte die Vorhänge aufgezogen und die Läden mit einem Knall beiseite gestoßen. Das erste graue Tageslicht erhellte das Zimmer, und durchs offene Fenster strömte kalte Luft herein.

Sobald Streicher sie alle geweckt hatte, führte er sie zu den Schlafzimmern. Als sie hinkamen, sahen sie, dass sie froh sein konnten, seinen Rat befolgt zu haben: Die Fenster waren aufgebrochen worden und hingen lose in den Angeln, die Vorhänge flatterten im Wind, die Betten waren um und um gewühlt, die Kissen aufgeschlitzt am Boden, und die braune Decke war in Fetzen gerissen.

Sofort ging Streicher den Wirt holen. Der arme Herr Butterblüm, unausgeschlafen, war entsetzt. Die ganze Nacht hatte er kaum ein Auge zugetan, sagte er, aber gehört hatte er nichts.

»So was ist mir ja im Leben noch nicht passiert!« rief er händeringend. »Können denn die Gäste nicht mehr unbehelligt in ihren Betten schlafen! Und die guten Kissen sind auch hin, und was nicht noch alles! Was kommt denn da noch auf uns zu?«

»Finstere Zeiten!« sagte Streicher. »Aber einstweilen wird man dich wohl in Ruhe lassen, wenn du uns erst los bist. Wir brechen gleich auf. Vergiss das Frühstück; ein Schluck und ein Häppchen im Stehen müssen genügen. In ein paar Minuten haben wir gepackt.«

Herr Butterblüm rannte los, um ihre Ponys bereitmachen zu lassen und das »Häppchen« herbeizuschaffen. Aber gleich kam er verzweifelt wieder: die Ponys waren verschwunden! Alle Stalltüren waren in der Nacht geöffnet worden, und die Tiere waren fort, nicht nur Merrys Ponys, sondern sämtliche Ponys und Pferde, die dort gestanden hatten.

Frodo war niedergeschmettert. Wie sollten sie jetzt nach Bruchtal gelangen, zu Fuß, gejagt von berittenen Feinden? Der Mond wäre nicht schwerer erreichbar. Streicher saß eine Weile da und schwieg; er sah die Hobbits an, als wollte er ihre Kraft und ihren Mut abschätzen.

»Mit Ponys könnten wir den Reitern auf ihren Pferden ohnehin nicht entkommen«, sagte er schließlich in Gedanken, als hätte er erraten, was Frodo im Kopf herumging. »Wir dürften zu Fuß nicht sehr viel langsamer vorankommen, nicht auf den Wegen, die ich einzuschlagen gedenke. Ich wäre ohnehin gelaufen. Nur mit den Vorräten und dem Gepäck wird es schwierig. Wir können für den ganzen Weg bis Bruchtal nicht darauf zählen, irgendetwas Essbares zu finden, sondern müssen alles mitnehmen, und zwar reichlich, denn es kann sein, dass wir aufgehalten werden oder weite Umwege machen müssen. Wie viel könntet ihr euch denn jeder auf den Rücken laden?«

»So viel, wie nötig«, sagte Pippin, Böses ahnend, aber bestrebt zu zeigen, dass er handfester war, als man ihm ansah (und er selbst es sich zutraute).

»Ich kann für zwei tragen«, sagte Sam herausfordernd.

»Kann man da nichts machen, Herr Butterblüm?« fragte Frodo. »Könnten wir im Dorf nicht ein paar Ponys bekommen, oder wenigstens eines für das Gepäck? Mieten könnten wir sie nicht, glaube ich, aber vielleicht kaufen«, fügte er hinzu, doch im Zweifel, ob er sie bezahlen könnte.

»Ich fürchte, nein«, sagte der Wirt bekümmert. »Die zwei, drei Reitponys, die es in Bree gab, standen bei mir im Stall und sind fort. Und andere Tiere, Zugpferde, Lastponys und dergleichen, davon gibt es hier in Bree sehr wenige, und die werden nicht verkäuflich sein. Aber ich will sehn, was man tun kann. Ich scheuche gleich mal Bob aus dem Bett. Er soll schleunigst losgehn und herumfragen.«

»Ja«, sagte Streicher zögernd, »das wäre nicht schlecht. Ich fürchte, wir müssen versuchen, wenigstens ein Pony zu bekommen. Aber damit entfällt jede Hoffnung, früh aufzubrechen und unbemerkt zu verschwinden. Ebenso gut könnten wir mit Blasmusik abmarschieren. Das gehört sicher mit zum Plan unserer Verfolger.«

»Ein Gutes hat die Sache immerhin«, sagte Merry. »Nicht viel, aber doch etwas: Während wir warten müssen, können wir frühstücken – und nicht im Stehen! Nob soll sich gleich darum kümmern.«

Am Ende verloren sie über drei Stunden. Bob kam zurück und meldete, in der Nachbarschaft sei kein Pony aufzutreiben, weder für Geld noch für gute Worte – bis auf eines, das Lutz Farnrich gehöre, der es unter Umständen verkaufen würde. »Ein elendes Tier«, sagte Bob, »alt und halb verhungert, aber wie ich den Farnrich kenne, gibt er es nicht unter dem Dreifachen seines Wertes her, weil er ja weiß, in welcher Lage ihr seid.«

»Lutz Farnrich?« sagte Frodo. »Steckt da nicht etwas dahinter? Ob uns das Tier nicht ausreißt und mit allen unseren Sachen zu ihm zurückrennt? Oder es könnte irgendwie helfen, uns aufzuspüren oder so etwas?«

»Frag' ich mich auch«, sagte Streicher. »Aber ich kann mir kein Tier vorstellen, das freiwillig zu dem zurückkehren würde, wenn es einmal weg ist. Ich denke mir, dem lieben Herrn Farnrich geht es nur um die Nebeneinnahme: Er will bei der Sache einfach noch ein bisschen Extraprofit machen. Mein größtes Bedenken ist, dass das arme Vieh womöglich dem Tode nah ist. Aber es scheint, wir haben keine Wahl. Wie viel verlangt er denn?«

Der Preis war zwölf Silberpfennige: tatsächlich mindestens dreimal so viel, wie das Pony in dieser Gegend wert war. Es erwies sich als ein knochiges, unterernährtes und verdrossenes Tier, sah aber nicht so aus, als stünde sein Ende unmittelbar bevor. Herr Butterblüm bezahlte es aus seiner Tasche und gab Merry weitere achtzehn Pfennige als Entschädigung für die verschwundenen Ponys. Er war ein Ehrenmann und nach breeländischen Maßstäben wohlhabend; dennoch waren dreißig Silberpfennige ein schwerer Verlust für ihn, und ausgerechnet von Lutz Farnrich darum geprellt zu werden, machte alles noch schwerer erträglich.

Tatsächlich kam er am Ende gar nicht so schlecht weg. Wie sich später herausstellte, war nur ein Pferd wirklich gestohlen worden. Die anderen waren nur weggetrieben oder so erschreckt worden, dass sie durchgingen; sie wurden in allerlei Winkeln des Breelandes wiedergefunden. Merrys Ponys waren alle zusammen entkommen und fanden (dank ihrem gesunden Ponyverstand) den Weg zu den Höhen, auf der Suche nach dem dicken Plumpel. So kamen sie für einige Zeit in Tom Bombadils Obhut, wo sie gut dran waren. Doch als Tom von den Ereignissen in Bree hörte, schickte er sie zu Herrn Butterblüm, der letztlich also für fünf gute Tiere einen sehr mäßigen Preis bezahlt hatte. In Bree mussten sie schwerer arbeiten, aber Bob behandelte sie anständig. Alles in allem hatten sie Glück gehabt: Sie versäumten eine unheimliche und gefährliche Reise. Aber sie kamen nie nach Bruchtal.

Einstweilen aber musste Herr Butterblüm annehmen, dass er sein Geld in den Rauch schreiben konnte. Und er bekam noch mehr Probleme. Denn es gab einen großen Aufruhr, als die anderen Gäste morgens von dem nächtlichen Überfall auf das Gasthaus erfuhren. Die Reisenden aus dem Süden hatten mehrere Pferde eingebüßt und gaben lauthals dem Wirt die Schuld, bis bekannt wurde, dass einer der ihren ebenfalls in der Nacht verschwunden war, und zwar niemand anders als Lutz Farnrichs schieläugiger Kumpan. Sogleich fiel der Verdacht auf ihn.

»Wenn ihr euch mit einem Pferdedieb zusammentut und ihn in mein Haus mitbringt«, sagte Herr Butterblüm wütend, »dann solltet ihr auch für den Schaden selbst geradestehen und nicht kommen und mir etwas vorzetern. Geht doch zu Farnrich und fragt ihn, wo euer schöner Freund ist!« Aber anscheinend war der Mann niemandes Freund, und niemand konnte sich erinnern, wann und wie er zu der Reisegesellschaft gestoßen war.

Nach dem Frühstück mussten die Hobbits umpacken und ihre Vorräte für die längere Reise ergänzen, auf die sie sich nun einrichten mussten. Erst kurz vor zehn Uhr waren sie fertig. Inzwischen war ganz Bree in heller Aufregung. Frodos fabelhaftes Verschwinden beim Tanz auf einem Biertisch, das Auftauchen der schwarzen Reiter, die Plünderung der Ställe und nicht zuletzt die Neuigkeit, dass sich der Waldläufer Streicher den unheimlichen vier Hobbits angeschlossen hatte: All dies ergab eine Geschichte, mit der man sich über viele ereignislose Jahre hinwegtrösten könnte. Die meisten Bewohner von Bree und Stadel und sogar noch viele aus Schlucht und Archet drängten sich an der Straße, um den Aufbruch der Reisenden mit anzusehen. Die anderen Gäste des *Tänzelnden Ponys* standen an den Türen oder lehnten sich aus den Fenstern.

Streicher hatte es sich anders überlegt; er wollte Bree nun auf der Hauptstraße verlassen. Jeder Versuch, sofort querfeldein zu gehen, würde ihre Lage nur verschlimmern: Halb Bree würde ihnen nachlaufen, um zu sehen, was sie vorhätten, und um sie am unbefugten Betreten der Felder zu hindern.

Sie sagten Nob und Bob auf Wiedersehn und sprachen Herrn Butterblüm zum Abschied ihren herzlichen Dank aus. »Hoffentlich sehen wir uns eines Tages unter freundlicheren Umständen wieder«, sagte Frodo. »Nichts wäre mir lieber als eine ruhige Zeit als Gast in Ihrem vortrefflichen Haus.«

Besorgt und bedrückt marschierten sie los, unter den Blicken der Menge. Nicht alle Gesichter waren freundlich und auch nicht alle Worte, die man ihnen zurief. Aber mit Streicher schienen die meisten Breeländer sich nicht anlegen zu wollen; und alle, die er scharf ansah, hielten den Mund und wichen zurück. Er ging mit Frodo voran, dann kamen Merry und Pippin und zuletzt Sam mit dem Pony, dem sie so viel von ihrem Gepäck aufgeladen hatten, wie sie irgend übers Herz brachten; trotzdem schaute es schon nicht mehr ganz so missmutig drein und schien sich mit seinem veränderten Los abgefunden zu haben. Sam kaute nachdenklich an einem Apfel. Er hatte die Tasche voller Äpfel, ein Abschiedsgeschenk von

Nob und Bob. »Äpfel im Gehen und eine Pfeife im Sitzen«, sagte er. »Aber ich schätze, beides werd' ich bald sehr vermissen.«

Die Hobbits achteten nicht auf die Köpfe, die neugierig aus den halb offenen Türen lugten oder über den Mauern und Zäunen auftauchten, als sie vorübergingen. Doch als sie sich dem Südtor näherten, sah Frodo ein düsteres, verwahrlostes Gemäuer hinter einer dichten Hecke: das letzte Haus des Dorfes. In einem der Fenster erkannte er ein fahles, schlitzäugiges Gesicht, das sofort wieder verschwand.

»Hier also hält sich dieser Südländer versteckt«, dachte er. »Der sieht doch beinah wie ein Ork aus.«

Über die Hecke hinweg glotzte ein anderer Mensch sie frech an. Er hatte dichte schwarze Brauen und dunkle, verächtlich dreinblickende Augen; der breite Mund verzog sich zu einem hämischen Grinsen. Er rauchte eine kurze schwarze Pfeife. Als sie herankamen, nahm er sie aus dem Mund und spuckte aus.

»Morgen, Langstelz!« sagte er. »So früh auf den Beinen? Endlich doch noch Freunde gefunden, was?« Streicher nickte nur und gab keine Antwort.

»Morgen, meine kleinen Freunde!« sagte er zu den Hobbits. »Ich denke, ihr wisst ja wohl, mit wem ihr euch da einlasst? Das ist Streicher der Unerschrockene, weil er nämlich vor nichts zurückschreckt. Aber ich hab auch schon andere Namen für ihn gehört, nicht so freundliche. Passt bloß auf heute Nacht! Und du, Sammi, behandle mein armes altes Pony nicht schlecht! Pöh!« Er spuckte noch einmal aus.

Rasch drehte Sam sich zu ihm um. »Und du, Farnrich«, sagte er, »versteck deine widerliche Fratze, sonst kriegt sie was ab!« Eine blitzschnelle Handbewegung, und ein Apfel traf Farnrich voll auf die Nase. Zu spät duckte er sich, und seine Flüche kamen hinter der Hecke vor. »Schade um den guten Apfel!« sagte Sam bedauernd und ging weiter.

Endlich ließen sie das Dorf hinter sich. Der Schwarm von Kindern und Neugierigen, die ihnen nachgelaufen waren, wurde es müde und machte am Südtor kehrt. Nachdem sie das Tor passiert hatten, gingen sie noch ein paar Meilen weiter auf der Straße. Sie bog nach links um den Fuß des Breebergs, bis sie ihre östliche Richtung wieder gefunden hatte, und führte dann, rasch abfallend, in Waldland hinein. An den flacheren südöstlichen Berghängen zur Linken konnten sie manche der Häuser und Hobbithöhlen von Stadel sehen. Aus einer tiefen Mulde etwas nördlich von der Straße stiegen Rauchsträhnen auf, die anzeigten, wo das Dorf Schlucht lag. Archet dagegen, weiter hinten in den Wäldern, war nicht zu sehen.

Nach einem Stück bergab, als der Breeberg schon hoch und braun hinter ihnen zurückblieb, kamen sie zu einem schmalen Seitenweg, der nach Norden abzweigte. »Hier verlassen wir das offene Gelände und gehen in Deckung«, sagte Streicher.

»Hoffentlich keine Abkürzung«, sagte Pippin. »Neulich hätte uns eine Abkürzung durch den Wald beinah auf kürzestem Weg in die Katastrophe geführt.«

»Nicht, wenn ich dabei bin«, sagte Streicher lächelnd. »Ob Abkürzung oder Umweg, ich komme gewöhnlich da an, wo ich hin will.« Er blickte in beiden Richtungen die Straße entlang. Niemand zu sehen. Schnell ging er voran in das bewaldete Tal.

Soweit sie seinen Plan verstehen konnten, ohne die Gegend zu kennen, hatte er vor, zuerst in Richtung Archet zu gehen, aber etwas weiter rechts und östlich daran vorüber, und dann so geradezu, wie in dem unwegsamen Gelände möglich, auf die Wetterspitze zuzuhalten. Auf diese Weise würden sie, wenn alles gut ging, den großen Bogen abschneiden, in dem die Straße bald nach Süden um die Mückenwassermoore herumführte. Allerdings mussten sie dann das Sumpfland durchqueren, was nach allem, was Streicher dazu sagte, kein reines Vergnügen zu werden versprach.

Einstweilen aber war der Fußmarsch nicht unangenehm. Wären die störenden Vorfälle der letzten Nacht nicht gewesen, so hätten sie an diesem Teil ihrer Reise sogar mehr Freude gehabt als an allen anderen bisher. Die Sonne schien freundlich, nicht sengend. Der Wald im Tal war noch farbenfroh belaubt; er wirkte friedlich und unverdorben. Streicher führte sie sicheren Schritts über viele sich kreuzende Pfade, auf denen sie sich ohne ihn in kürzester Zeit verlaufen hätten. Er hielt einen Kurs mit vielen Haken und Kehrtwendungen, und wer sie etwa verfolgte, würde es schwer haben, ihnen auf der Spur zu bleiben.

»Farnrich hat sicherlich beobachtet, wo wir von der Straße abgewichen sind«, sagte er, »aber ich glaube nicht, dass er selbst uns folgen wird. Er kennt zwar die Umgegend recht gut, wird aber wissen, dass er es im Walde mit mir nicht aufnehmen kann. Nur was er anderen berichten könnte, macht mir Sorgen. Ich vermute, sie sind nicht weit von hier. Wenn sie denken, wir gehen nach Archet, dann um so besser.«

Ob es nun an Streichers kundiger Führung lag oder woran immer, jeden-falls sahen und hörten sie den ganzen Tag nichts von einem anderen lebenden Geschöpf, weder einem zweibeinigen (außer Vögeln) oder einem vierbeinigen (außer einem Fuchs und ein paar Eichhörnchen). Am nächs-ten Tag änderten sie den Kurs und gingen nun geradezu nach Osten; und noch immer war alles still und friedlich. Am dritten Tag nach dem Ab-marsch aus Bree ließen sie den Chetwald hinter sich. Seit sie die Straße verlassen hatten, war das Gelände stetig abgefallen, und nun traten sie in ein weites Stück Flachland hinaus, in dem das Vorankommen sehr viel schwieriger wurde. Sie waren nun schon weit außerhalb der Grenzen des Breelandes, in der weglosen Wildnis, und sie näherten sich den Mücken-wassermooren.

Der Boden wurde feucht, stellenweise sumpfig, und hier und da kamen sie an Tümpeln und großen Schilf- und Binsenfeldern vorüber, die vom Gezwitscher kleiner, unsichtbarer Vögel erfüllt waren. Den Weg zu finden, erforderte viel Umsicht, wenn die Füße trocken bleiben und der richtige Kurs gehalten werden sollte. Zuerst ging es noch zügig vorwärts, bald aber langsamer, und der Weg wurde gefährlicher. Die Moore waren verwirrend und tückisch, und selbst für einen Waldläufer gab es zwischen den sich verschiebenden Sumpflöchern keinen dauerhaft zuverlässigen Pfad. Flie-gen begannen sie zu plagen, und in der Luft hingen Wolken von winzigen Mücken, die ihnen in die Ärmel, Hosenbeine und ins Haar krochen.

»Ich werde bei lebendigem Leibe aufgefressen!« jammerte Pippin. »Von wegen Mückenwasser! Es gibt ja mehr Mücken als Wasser hier!«

»Wovon leben die bloß, wenn sie kein Hobbitblut kriegen?« sagte Sam und kratzte sich am Hals.

In dieser öden und unwirtlichen Gegend brachten sie einen ganzen Tag zu. An einem feuchten, kalten und äußerst ungemütlichen Platz mussten sie ihr Nachtlager aufschlagen; und das blutgierige Geziefer ließ sie nicht schlafen. Außerdem steckten im Schilf und Riedgras abscheuliche Krea-turen, die dem Lärm nach, den sie machten, bösartige Verwandte der Grillen sein mussten. Zu Tausenden kreischten sie ringsum, *niiik-zriiik,* *zriiik-niiik,* unaufhörlich, die ganze Nacht durch, bis die Hobbits schier verrückt wurden.

Am nächsten, dem vierten Tag, erging es ihnen nicht viel besser, und die Nacht war fast ebenso unruhig. Zwar waren sie den Niiikerzriiikern (wie Sam sie nannte) nun entkommen, doch die Mücken verfolgten sie immer noch.

Müde, aber ohne ein Auge zutun zu können, lag Frodo auf dem Boden. Weit im Osten, so schien ihm, sah er einen Lichtschein am Himmel, der viele Mal aufblitzte und wieder erlosch. Die Morgendämmerung konnte es nicht sein, denn bis dahin waren es noch mehrere Stunden.

»Was ist das für ein Licht?« sagte er zu Streicher, der aufgestanden war und in die Nacht hinausspähte.

»Ich weiß es nicht«, sagte Streicher. »Auf die Entfernung kann man nichts erkennen. Es sieht aus, wie wenn Blitze von den Berggipfeln aufzuckten.«

Frodo legte sich wieder hin, aber noch eine ganze Weile sah er die weißen Blitze und davor, als großen dunklen Umriss, Streicher, wie er stumm dastand und nach Osten spähte. Dann endlich fiel er in einen unruhigen Schlaf.

Am fünften Tag waren sie noch nicht weit gegangen, als die letzten vereinzelten Tümpel und Röhrichte des Moorlandes hinter ihnen zurückblieben. Das Gelände vor ihnen stieg langsam wieder an. Weit im Osten konnten sie nun eine Bergkette erkennen. Der höchste Gipfel lag am rechten Ende, ein Stück abseits von den anderen. Er war kegelförmig und oben etwas abgeflacht.

»Das ist die Wetterspitze«, sagte Streicher. »Die alte Straße, die wir weit rechts von uns haben liegen lassen, verläuft südlich an ihr vorbei, nicht weit von ihrem Fuß. Morgen Mittag könnten wir da sein, wenn wir gerade draufzugehen. Aber ob wir das tun sollten?«

»Was meinst du?« fragte Frodo.

»Ich meine, wenn wir dort hinkommen, wissen wir nicht, was uns erwartet. Es ist nah an der Straße.«

»Aber wir hoffen doch, Gandalf dort zu treffen?«

»Ja, aber das ist nur eine schwache Hoffnung. Wenn er überhaupt diesen Weg nimmt, kommt er doch vielleicht nicht durch Bree und erfährt nicht, wo wir sein könnten. Und wenn wir nicht durch schieres Glück fast gleichzeitig mit ihm dort ankommen, verpassen wir ihn ohnehin. Ebenso wenig wie wir wird er es riskieren können, dort lange zu warten. Wenn die Reiter uns in der Wildnis nicht finden können, werden sie wahrscheinlich auch zur Wetterspitze kommen. Von dort kann man das Land rundum weit überblicken. Es gibt Vögel und anderes Getier in diesem Land, die uns jetzt, wo wir hier stehen, von dem Berggipfel aus sehen könnten. Nicht allen Vögeln ist zu trauen, und es gibt noch andere Späher, noch schlimmere.«

Besorgt schauten die Hobbits zu den fernen Bergen hin. Sam blickte zum blassblauen Himmel auf, um zu sehen, ob keine Falken oder Adler mit scharfen Späheraugen über ihnen kreisten. »Wenn man dir zuhört, kommt man sich ganz hilflos und verlassen vor, Streicher!« sagte er.

»Was rätst du uns?« fragte Frodo.

»Ich denke«, antwortete Streicher zögernd, als ob er es selbst noch nicht recht wüsste, »ich denke, das Beste wird sein, von hier so geradewegs wie möglich nach Osten zu gehen, auf die Bergkette zu, nicht zur Wetterspitze. Dort kenne ich einen Pfad, der am Fuß der Berge entlangführt; auf dem kommen wir von Norden und nicht so weithin sichtbar zur Wetterspitze. Und dann werden wir sehen.«

Den ganzen Tag lang stapften sie dahin, bis in den kalten und frühen Abend hinein. Das Land wurde kahler und trockener; doch über den Mooren hinter ihnen lagen Dünste und Nebel. Ein paar trübsinnige Vögel piepsten und wimmerten, bis die runde rote Sonne langsam in den Schatten im Westen versank; dann breitete eine leere Stille sich über das Land. Die Hobbits dachten an die milde Abendsonne, wie sie im fernen Beutelsend durch die freundlichen Fenster hereinschien.

Gegen Abend kamen sie an einen Bach, der von den Bergen herabfloss und sich in den stehenden Wassern des Sumpflandes verlor; und seinem Lauf folgten sie aufwärts, solange noch Licht war. Es wurde schon Nacht, als sie endlich Halt machten und am Ufer des Baches unter verkrüppelten Erlen ihr Lager aufschlugen. Vor ihnen ragten nun die kahlen Bergrücken in den düsteren Himmel. In dieser Nacht stellten sie eine Wache auf, und Streicher schien überhaupt nicht zu schlafen. Es war zunehmender Mond, und in den frühen Nachtstunden lag ein kaltes graues Licht über dem Land.

Am nächsten Morgen machten sie sich bald nach Sonnenaufgang wieder auf den Weg. Frost lag in der Luft, und der Himmel war blassblau. Die Hobbits fühlten sich munter, als hätten sie die Nacht ungestört durchgeschlafen. Allmählich gewöhnten sie sich an die langen Märsche bei knappen Rationen – so knappen, dass sie nach auenländischer Ansicht eigentlich nicht ausreichen konnten, einen Hobbit auf den Beinen zu halten. Pippin behauptete, Frodo sehe nun schon doppelt so hobbitmässig aus wie zuvor.

»Eigenartig«, sagte Frodo und schnallte den Gürtel enger, »wenn man bedenkt, dass doch tatsächlich nun einiges weniger an mir dran ist. Hoffentlich geht diese Abmagerungskur nicht endlos so weiter, sonst bin ich bald ein Gespenst.«

»Sprich nicht von so etwas!« sagte Streicher hastig und überraschend ernst.

Die Berge kamen näher. Die wellenförmige Kammlinie stieg an vielen Stellen fast tausend Fuß hoch an und fiel anderswo zu tiefen Schluchten und Pässen ab, die ins östliche Land auf der andern Seite führten. Auf den Kammhöhen konnten die Hobbits Formen erkennen, die wie grün überwachsene Reste von Mauern und Dämmen aussahen, und in den Schluchten standen noch die Ruinen alter steinerner Bauten. Gegen Abend erreichten sie den Fuß der Westhänge und schlugen dort ihr Lager auf. Es war die Nacht des fünften Oktober und die sechste seit ihrem Aufbruch aus Bree.

Am Morgen fanden sie zum ersten Mal, seit sie den Chetwald verlassen hatten, wieder einen deutlich sichtbaren Pfad. Sie bogen rechts ab und folgten ihm in südlicher Richtung. Er war klug angelegt und nahm einen Verlauf, der darauf berechnet schien, ihn soweit wie möglich dem Einblick sowohl von den Hügelkuppen als auch vom Flachland im Westen zu entziehen. Er tauchte in Senken hinab, schmiegte sich an steile Hänge, und wo er durch flacheres und offeneres Gelände führte, war er zu beiden Seiten mit je einer Reihe großer Felsbrocken und behauener Steine eingefasst, die die Reisenden fast wie eine Hecke abschirmten.

»Ich frage mich, wer diesen Weg angelegt hat und zu welchem Zweck«, sagte Merry, als sie einen dieser Gänge entlangschritten, an dem die Steine ungewöhnlich hoch und dicht beieinander standen. »Ich kann nicht behaupten, dass mir das gefällt. Es sieht irgendwie – na, sagen wir, nach Grabwichten aus. Gibt es ein Hügelgrab auf der Wetterspitze?«

»Nein, weder auf der Wetterspitze noch auf einem der andern Berge gibt es ein Hügelgrab«, antwortete Streicher. »Die Menschen aus dem Westen lebten nicht hier; allerdings haben sie in ihrer letzten Zeit die Hügel eine Weile gegen das Böse, das aus Angmar kam, verteidigt. Dieser Weg diente einst zur Versorgung der Festungen hinter den Schutzwällen. Doch vor langer Zeit, in den frühen Tagen des Nördlichen Königreichs, wurde auf der Wetterspitze oder dem Amon Sûl, wie man den Berg nannte, ein großer Wachtturm erbaut. Er brannte aus und wurde geschleift, und heute ist nichts mehr davon zu sehen als ein Ring von Steintrümmern, ungefähr wie eine Krone auf dem Haupt des alten Berges. Doch einst war er hoch und schön. Es heißt, Elendil soll in den Tagen des Letzten Bündnisses von dort oben nach Gil-galad Ausschau gehalten haben, der von Westen kam.«

Die Hobbits sahen Streicher erstaunt an. Anscheinend kannte er sich in alten Überlieferungen ebenso gut aus wie in allem, was das Leben in der Wildnis betraf. »Wer war denn Gil-galad?« fragte Merry, aber Streicher, in Gedanken versunken, antwortete nicht. Plötzlich murmelte eine leise Stimme:

> *Gil-galad hieß er, der die Kron*
> *Der Elben trug, vor Zeiten schon*
> *Als letzter Herr auf freiem Land*
> *Zwischen Gebirg und Meeresstrand.*

> *Sein Schwert war scharf und spitz sein Speer,*
> *Sein Helm erglänzte von weither;*
> *Des Himmels Sterne, Bild an Bild,*
> *Strahlten von seinem Silberschild.*

> *Seit langem klagt um ihn das Lied,*
> *Doch niemand weiß, wohin er schied.*
> *Sein Glanz erlosch, sein Stern ward blind*
> *In Mordor, wo die Schatten sind.*

Verblüfft wandten sich die anderen zu dem Sprecher hin, denn es war Sam.

»Weiter!« sagte Merry.

»Weiter kann ich's nicht«, stammelte Sam und wurde rot. »Das hab ich als Junge von Herrn Bilbo gelernt. Er hat mir viele solche Geschichten erzählt, weil er wusste, wie gern ich von den Elben hörte. Von Herrn Bilbo hab ich auch lesen und schreiben gelernt. Er kannte unglaublich viele Bücher, der gute alte Herr Bilbo. Und *Gedichte* hat er auch geschrieben. Was ich eben aufgesagt habe, ist von ihm.«

»Aber er hat es nicht frei erfunden«, sagte Streicher. »Es ist ein Stück aus einem Heldenlied, das *Gil-galads Ende* heißt und in einer alten Sprache geschrieben ist. Bilbo muss es übersetzt haben. Das wusste ich nicht.«

»Es war noch viel länger«, sagte Sam, »lauter Sachen über Mordor. Die hab ich nicht gelernt, sie waren mir zu gruselig. Hätte nie gedacht, dass ich mal selbst dorthin müsste.«

»Nach Mordor!« rief Pippin. »So weit kommt es doch hoffentlich nicht!«

»Sprecht den Namen nicht so laut aus!« sagte Streicher.

Es war schon Mittag, als sie sich dem südlichen Ende des Pfades näherten. Im blassen, klaren Licht der Oktobersonne lag eine graugrüne Böschung vor ihnen, die sich wie eine Brücke zum Nordhang des Berges hinaufzog. Sie beschlossen, gleich auf den Gipfel zu steigen, solange es noch hell genug war. Sich zu verbergen, war hier nicht mehr möglich; sie konnten nur hoffen, dass kein Feind oder Späher sie beobachtete. Auf dem Berg schien sich nichts zu bewegen. Wenn Gandalf irgendwo in der Nähe war, gab er es durch kein Zeichen zu erkennen.

An der Westflanke des Berges fanden sie eine windgeschützte Senke und auf deren Grund eine schalenförmige Mulde mit grasbewachsenen Seiten. Dort ließen sie Sam und Pippin mit dem Pony und ihrem Gepäck zurück. Die anderen drei gingen weiter. Nach einer halben Stunde mühsamen Aufstiegs kam Streicher oben an, Frodo und Merry hinterdrein, müde und außer Atem. Der letzte Hang war steil und steinig gewesen.

Auf dem Gipfel fanden sie, wie Streicher gesagt hatte, ein weites Rund alten Mauerwerks, das nun zerfallen oder seit Jahrhunderten mit Gras überwachsen war. Doch in der Mitte war eine kleine Pyramide aus Steintrümmern aufgehäuft. Die Steine waren geschwärzt wie von Feuer. Um sie her war der Rasen bis in die Wurzeln verbrannt, und überall innerhalb des Rings war das Gras versengt und verdorrt, als seien Flammen über die Bergkuppe gefegt. Nichts Lebendes war zu sehen.

Auf dem Rand des Trümmerkreises stehend, hatten sie einen weiten Blick über das Land, das zumeist leer und nichtssagend aussah, abgesehen von einigen Waldstreifen im Süden, hinter denen hier und da ein fernes Gewässer schimmerte. Unter ihnen, auf der Südseite, verlief die alte Straße, wie ein Band von Westen kommend und sich auf und ab durch die Hügel ziehend, bis sie hinter einem dunklen Landrücken im Osten verschwand. Nichts bewegte sich auf ihr. Als sie ihr mit den Blickten folgten, sahen sie das Gebirge: die näheren Ausläufer eintönig dunkelbraun, dahinter höhere graue Massive und ganz in der Ferne die weißen, bis in die Wolken aufragenden Gipfel.

»So, da wären wir!« sagte Merry. »Unfreundlich sieht es hier aus und wenig einladend. Kein Wasser und kein Wetterschutz. Und von Gandalf keine Spur. Aber ich kann es ihm nicht verdenken, dass er hier nicht gewartet hat – wenn er überhaupt hier gewesen ist.«

»Ich weiß nicht«, sagte Streicher und schaute nachdenklich umher. »Selbst wenn er erst ein, zwei Tage nach uns in Bree gewesen ist, könnte er doch vor uns hier angekommen sein. Er kann sehr schnell reiten, wenn die Zeit drängt.« Plötzlich bückte er sich und betrachtete den obersten Stein auf der Pyramide. Er war platter als die anderen und heller, als wäre er von dem Feuer unberührt geblieben. Streicher hob ihn auf und drehte ihn hin und her. »Den hat erst vor kurzem jemand dort hingelegt«, sagte er. »Was sagt ihr zu diesen Zeichen?«

Auf der flachen Unterseite erkannte Frodo ein paar Kratzer: $|'' \cdot |||\cdot$. »Anscheinend ein Strich, zwei kleine Schrägstriche, ein Punkt und noch drei Striche«, sagte er.

»Die Striche links können eine G-Rune mit sehr dünnen Schrägarmen sein«, sagte Streicher. »Vielleicht ein Zeichen, das Gandalf hinterlassen hat, aber sicher können wir nicht sein. Die Kratzer sind fein und offenbar frisch. Aber sie können auch etwas ganz anderes bedeuten und überhaupt nichts mit uns zu tun haben. Auch die Waldläufer verwenden Runen, und sie kommen manchmal hierher.«

»Aber auch wenn Gandalf sie nun eingeritzt hätte, was könnten sie bedeuten?« fragte Merry.

»Ich würde sagen«, antwortete Streicher, »sie stehen für G3, und das hieße, dass Gandalf am dritten Oktober hier war, also vor drei Tagen. Es würde auch anzeigen, dass er in Eile oder Gefahr war und keine Zeit hatte oder nicht wagte, etwas Längeres oder Deutlicheres zu schreiben. Wenn dem so ist, müssen auch wir vorsichtig sein.«

»Wenn wir nur sicher sein könnten, dass er die Zeichen eingeritzt hat, was immer sie auch bedeuten!« sagte Frodo. »Es wäre sehr beruhigend zu wissen, dass er auf demselben Weg ist, ob nun vor oder hinter uns.«

»Vielleicht«, sagte Streicher. »Für mein Teil glaube ich, er war hier und in Gefahr. Alles ist hier von Flammen versengt; und da muss ich wieder an den Lichtschein denken, den wir vor drei Nächten am östlichen Himmel gesehen haben. Ich vermute, dass er hier auf der Bergkuppe angegriffen wurde; doch mit welchem Ergebnis, kann ich nicht sagen. Nun ist er nicht mehr hier; darum müssen wir an uns selbst denken und zusehen, wie wir ohne ihn, so gut wir können, nach Bruchtal durchkommen.«

»Wie weit ist es denn noch bis Bruchtal?« fragte Merry und schaute verdrossen in die Runde. Die Welt sah wild und weit aus von der Wetterspitze.

»Ich weiß nicht, ob die Meilen auf der Straße jemals weiter gemessen worden sind als bis zur *Verlassenen Herberge,* eine Tagesreise östlich von Bree«, antwortete Streicher. »Manche sagen, es ist so und so weit, andere sagen etwas anderes. Es ist eine seltsame Straße, und jeder ist froh, wenn er sein Ziel erreicht hat, ob nach langer oder kurzer Zeit. Aber ich kann sagen, wie lange ich allein und zu Fuß brauchen würde, bei gutem Wetter und ohne hindernde Umstände: zwölf Tage von hier bis zur Furt, wo die Straße die Lautwasser oder Bruinen überquert, die von Bruchtal herabfließt. Wir werden mindestens vierzehn Tage brauchen, denn ich glaube nicht, dass wir die Straße benutzen können.«

»Vierzehn Tage!« sagte Frodo. »In der Zeit kann viel passieren.«

»Wohl wahr!« sagte Streicher.

Eine Weile blieben sie stumm auf der Bergkuppe stehen, nahe an ihrem südlichen Rand. Zum ersten Mal wurde Frodo an diesem öden Ort vollkommen deutlich, wie heimatlos er nun war und welche Gefahr ihm drohte. Er verwünschte sein Schicksal, das ihn aus dem ruhigen Leben im geliebten Auenland fortgerissen hatte. Er starrte auf die verhasste Straße hinab, da, wo sie zurück nach Westen führte – in die Heimat. Plötzlich bemerkte er, dass sich zwei schwarze Pünktchen langsam darauf bewegten, von Westen kommend, und ein Blick nach Osten zeigte ihm drei weitere, die ihnen von dort her entgegenkrochen. Er schrie auf und packte Streicher am Arm.

»Da, sieh!« sagte er und zeigte hin.

Sofort warf sich Streicher, Frodo mitreißend, hinter den Mauerresten zu Boden. Merry warf sich daneben.

»Was ist das?« flüsterte er.

»Ich weiß es nicht und befürchte das Schlimmste«, sagte Streicher.

Langsam krochen sie wieder zum Rand des Trümmerkreises und lugten durch einen Spalt zwischen zwei gezackten Steinen. Es war nicht mehr sehr hell, denn seit dem Vormittag hatte der Himmel sich bezogen, und von Osten hatten sich Wolken vor die nun schon tief stehende Sonne geschoben. Alle drei sahen sie die schwarzen Punkte; doch weder Frodo noch Merry konnten irgendwelche Einzelheiten erkennen. Irgendetwas sagte ihnen, dass es die schwarzen Reiter waren, die sich dort unten auf der Straße sammelten, ein Stück weit vom Fuß des Berges.

»Ja«, sagte Streicher, dem seine schärferen Augen keinen Zweifel mehr ließen. »Der Feind ist da.«

Hastig krochen sie zurück und eilten den Nordhang des Berges hinab zu ihren Gefährten.

Sam und Peregrin waren nicht müßig gewesen. Sie hatten sich in der kleinen Mulde und an den benachbarten Hängen umgesehen. Ganz in der Nähe hatten sie einen klaren Quell am Berghang entdeckt und dicht dabei Fußtapfen, die nicht älter sein konnten als wenige Tage. In der Mulde selbst fanden sie frische Asche von einem Feuer und andere Spuren eines in Eile abgebrochenen Lagers. Auf der dem Berg zunächst liegenden Seite der Mulde lagen einige herabgestürzte Felsbrocken, und hinter ihnen fand Sam einen kleinen Vorrat an ordentlich gestapeltem Brennholz.

»Ich möchte wissen, ob der alte Gandalf hier gewesen ist«, sagte er zu Pippin. »Wer das Zeug da hingelegt hat, der muss wohl vorgehabt haben, wiederzukommen.«

Streicher fand diese Entdeckungen sehr interessant. »Wäre ich doch nur dageblieben und hätte mich erst mal hier unten umgesehen!« sagte er und ging sich die Fußspuren ansehen.

»Genau, wie ich befürchtet habe«, sagte er, als er wiederkam. »Sam und Pippin haben den weichen Boden zertrampelt, und die Spuren sind verwischt. In letzter Zeit sind Waldläufer hier gewesen. Sie haben das Brennholz dagelassen. Aber es sind auch mehrere neuere Spuren da, die nicht von Waldläufern stammen. Zumindest ein Paar Abdrücke sind erst vor ein, zwei Tagen von schweren Stiefeln gemacht worden. Mindestens eines: Mit Sicherheit kann ich es nicht sagen, aber ich denke, es waren mehrere Paar Stiefel.« Er stand still und schien angestrengt zu überlegen.

Jeder der Hobbits sah im Geiste nun die vermummten und gestiefelten Reiter vor sich. Wenn die Kerle die Mulde schon kannten, warum führte Streicher seine Gefährten dann nicht schleunigst anderswohin? Sam, nachdem er gehört hatte, dass ihre Feinde auf der Straße nur noch ein paar Meilen weit entfernt waren, betrachtete die Umgebung mit tiefer Abneigung.

»Sollten wir nicht lieber machen, dass wir hier verschwinden, Herr Streicher?« fragte er ungeduldig. »Es wird schon spät, und dieses Loch gefällt mir gar nicht; irgendwie rutscht mir hier das Herz tiefer.«

»Ja, wir müssen natürlich sofort beschließen, was zu tun ist«, antwortete Streicher und blickte hoch, um Wetter und Tageszeit einzuschätzen. »Gut, Sam«, sagte er endlich, »mir gefällt der Platz hier auch nicht, aber ich weiß keinen besseren, den wir vor Einbruch der Nacht erreichen könnten. Wenigstens sind wir hier einstweilen außer Sicht. Wenn wir weitergehen, werden wir sehr viel wahrscheinlicher von Spähern gesehen. Allenfalls könnten wir auf dieser Seite der Bergkette wieder zurück nach

Norden gehn, was ein Umweg wäre, und das Gelände ist dort überall etwa so wie hier. Die Straße wird überwacht, aber wir müssten sie überqueren, wenn wir versuchen wollten, in den Wäldern weiter im Süden Deckung zu nehmen. Nördlich der Straße ist das Land hinter den Bergen über viele Meilen hin kahl und flach.«

»Können die Reiter denn *sehen?*« fragte Merry. »Es scheint doch, sie haben meistens eher mit den Nasen als mit den Augen nach uns gesucht, sozusagen geschnüffelt, zumindest bei Tageslicht. Trotzdem hast du uns gleich in Deckung gehen lassen, als du sie unten gesehen hast; und jetzt sagst du, wir könnten gesehen werden, wenn wir weitergehn.«

»Ich war auf dem Berggipfel zu sorglos«, antwortete Streicher. »Ich wollte unbedingt ein Zeichen von Gandalf finden, aber es war ein Fehler, dass wir zu dritt hinaufgestiegen und so lange dort herumgestanden sind. Denn die schwarzen Pferde können sehen, und die Reiter können Menschen und andere Kreaturen als Spitzel und Späher einsetzen, wie wir in Bree gemerkt haben. Sie selbst sehen die Welt im Licht nicht so wie wir, doch unsere Gestalten werfen in ihrem Sinn einen Schatten, den nur die Mittagssonne auslöscht; und im Dunkeln nehmen sie vielerlei Zeichen und Formen wahr, die uns verborgen bleiben: dann sind sie am meisten zu fürchten. Und zu jeder Zeit riechen sie das Blut lebendiger Geschöpfe; sie begehren und sie hassen es. Auch gibt es noch andere Sinne als Gesicht oder Geruch. Wir können ihre Anwesenheit spüren – sie drückte uns aufs Herz, sobald wir hierher kamen und noch bevor wir sie gesehen hatten; und ebenso spüren sie uns, nur deutlicher. Außerdem«, fügte er hinzu und dämpfte die Stimme bis zu einem Flüstern, »zieht der Ring sie an.«

»Gibt es denn kein Entkommen?« sagte Frodo, verzweifelt um sich blickend. »Geh' ich weiter, werd' ich gesehen und gejagt; bleibe ich, zieh' ich sie an!«

Streicher legte ihm die Hand auf die Schulter. »Noch besteht Hoffnung«, sagte er. »Du bist nicht allein. Nehmen wir dieses Holz, das fürs Feuer bereitliegt, zum Zeichen. Schützen oder verteidigen können wir uns hier kaum, aber beides wird das Feuer für uns leisten. Sauron kann das Feuer, wie alle Dinge, seinen bösen Absichten gefügig machen; doch diese Reiter mögen das Feuer nicht und fürchten jeden, der es zu gebrauchen weiß. Das Feuer ist unser Freund in der Wildnis.«

»Vielleicht«, brummte Sam. »Aber davon abgesehen ist es die bestmögliche Art, denen zu sagen, ›kommt doch, hier sind wir!‹«

Im tiefsten und bestgeschützten Winkel der Mulde machten sie Feuer und bereiteten sich eine Mahlzeit. Die Abendschatten fielen herein, und es wurde kalt. Sie verspürten auf einmal einen Bärenhunger, denn seit dem Frühstück hatten sie nichts mehr gegessen; aber sie gönnten sich nur wenig. Vor ihnen lagen unwirtliche Gegenden, wo es nichts gab als Vögel und wildes Getier, Ödlande, denen alle freundlichen Völker der Welt den Rücken gekehrt hatten. Waldläufer kamen auf ihren Streifzügen bisweilen über die Berge hinaus, aber sie waren nur wenige und blieben nicht lange. Andere Wanderer kamen selten hierher, und wenn, dann waren sie meistens von der üblen Sorte: dann und wann ein paar streunende Trolle aus den nördlichen Tälern des Nebelgebirges. Nur auf der Straße konnte man Reisenden begegnen, Zwergen zumeist, in geschäftiger Eile, die für Fremde nichts übrig hatten und kein Wort zu viel redeten.

»Ich sehe nicht, wie wir mit unseren Vorräten auskommen sollen«, sagte Frodo. »Wir waren sparsam genug in den letzten Tagen, und dieses Abendbrot ist auch kein Festgelage; und trotzdem haben wir mehr verbraucht, als wir dürften, wenn wir noch zwei Wochen und vielleicht länger marschieren müssen.«

»In der Wildnis findet man immer etwas zu essen«, sagte Streicher, »Beeren, Wurzeln und Kräuter, und zur Not verstehe ich mich aufs Jagen. Dass ihr bis Winteranfang verhungert, braucht ihr nicht zu befürchten. Aber Jagd und Nahrungssuche sind langwierig und mühsam, und wir müssen uns beeilen. Also schnallt die Gürtel enger und träumt einstweilen von den Tafelfreuden in Elronds gastlichem Haus!«

Mit der Dunkelheit nahm auch die Kälte zu. Wenn sie über den Rand der Mulde hinausspähten, sahen sie nur graues, nun rasch in den Schatten verdämmerndes Land. Der Himmel hatte sich wieder aufgeklärt und schmückte sich langsam mit blinkenden Sternen. Eingehüllt in sämtliche Kleidungsstücke und Decken, die sie besaßen, drängten sich Frodo und seine Freunde dicht ans Feuer; Streicher, dem ein einziger Mantel genügte, saß ein wenig abseits und zog nachdenklich an seiner Pfeife.

Als es Nacht geworden war und der Feuerschein nun weit hinaus leuchtete, begann er ihnen Geschichten zu erzählen, um sie von ihrer Angst abzulenken. Er kannte viele Berichte und Sagen aus alten Zeiten, von Elben und Menschen, von den Taten und Untaten der Ältesten Tage. Sie fragten sich, wie alt er wohl sein müsse und woher er dies alles wissen könne.

»Erzähle uns von Gil-galad«, sagte Merry plötzlich, als Streicher gerade mit einer Geschichte der Elbenkönigreiche zum Ende gekommen war.

»Weißt du noch mehr von diesem alten Heldenlied, von dem du schon mal gesprochen hast?«

»Gewiss«, sagte Streicher. »Frodo wird es auch kennen, denn es geht uns sehr viel an.« Merry und Pippin sahen zu Frodo hin, der ins Feuer blickte.

»Ich weiß nur so viel, wie Gandalf mir erzählt hat«, sagte Frodo langsam. »Gil-galad war der letzte der großen Elbenkönige von Mittelerde. Gil-galad bedeutet *Sternenschein* in der Elbensprache. Mit dem Elbenfreund Elendil zog er in das Land …«

»Nein!« unterbrach ihn Streicher. »Ich glaube, diese Geschichte sollte nicht jetzt erzählt werden, wo die Diener des Feindes so nah sind. Wenn wir uns erst bis zu Elronds Haus durchgeschlagen haben, könnt ihr sie dort in aller Ausführlichkeit hören.«

»Dann erzähl uns was anderes aus alten Zeiten«, bat Sam, »eine Geschichte von den Elben, aus der Zeit, bevor sie zu schwinden begannen. Ich würde so gern mehr von den Elben hören; man fühlt sich sonst so dicht umzingelt von der Dunkelheit.«

»Ich werde euch die Geschichte von Tinúviel erzählen«, sagte Streicher – »etwas abgekürzt, denn es ist eine lange Erzählung mit unbekanntem Ausgang; und heute lebt niemand mehr außer Elrond, der noch wüsste, wie sie einstmals erzählt wurde. Es ist eine schöne Geschichte, obwohl traurig wie alle Geschichten aus Mittelerde, und dennoch wird sie vielleicht euren Mut stärken.« Er schwieg einen Augenblick, dann begann er, nicht so sehr sprechend als vielmehr in einem leisen Singsang:

> *Das Gras war grün, das Laub hing dicht,*
> *Die Schierlingsdolden blühten breit,*
> *Da huschte durch den Wald ein Licht,*
> *Wie Sternenglanz zur Erde fällt.*
> *Tinúviel tanzte, Elbenmaid,*
> *Zur Flöte, hold von Angesicht,*
> *Von Sternen funkelte ihr Kleid*
> *Und war ihr dunkles Haar erhellt.*
>
> *Da irrte Beren durch den Wald,*
> *Vom Berge kam er her allein,*
> *Den Strom der Elben fand er bald*
> *Und ging ihm voller Trauer nach.*

Doch plötzlich sah er einen Schein
　　Vom Licht im dunklen Waldgemach,
Von wehenden Schleiern einen Schein
　　Und goldene Funken tausendfach.

Da stürzt, beseelt von neuer Kraft,
　　Der Wanderer aus fernem Land
Tinúviel nach in Leidenschaft,
　　Er greift nach ihr mit Ungestüm.
Ein Mondstrahl bleibt ihm in der Hand,
　　Durchs Dickicht tanzt sie leicht dahin,
Lässt ungestillt die Leidenschaft,
　　Und er muss einsam weiterziehn.

Wie oft vernimmt er flüchtigen Schritt
　　Von Füßen, leicht wie Lindenlaub,
Und unterirdische Musik,
　　Verwehend wie ein sterbender Ton.
Mit Nebelrauch und Silberstaub
　　Des Rauhreifs naht des Winters Tritt,
Mit leisem Wispern Blatt um Blatt
　　Fällt's aus der Buchen welker Kron.

Er sucht sie ewig, unverzagt,
　　Wo dicht der Blätterteppich liegt,
Bei Mond und Stern und wenn es tagt.
　　Ihr Schleier weht im Silberglanz,
So dreht sich schwerelos und fliegt
　　Tinúviel, die Elbenmagd,
Wie sich die Flocke wirbelnd wiegt
　　Dahin im Tanz, dahin im Tanz.

Als um der Winter, kehrte sie
　　Zurück und sang den Frühling wach
Mit Vogellied und Melodie
　　Des Regens auf vereistem Bach.
Die Sehnsucht trieb ihn wie noch nie
　　Zum Tanz, zu ihr, es lockte ihn,

Mit ihr so leicht dahinzuziehn,
So leicht im Tanz dahinzuziehn.

Sie floh – er rief den Namen schnell,
Mit Elbenlaut rief er sie an:
Tinúviel! Tinúviel!
Da hielt sie ein im raschen Lauf,
Die Stimme schlug sie in den Bann.
Schon eilt er zu Tinúviel,
Da sah sie ihn verzaubert an:
Er fing sie in den Armen auf.

Und unter ihrem Schattenhaar
Sah Beren hell der Sterne Licht
Gespiegelt in dem Augenpaar
Der Elbin, der unsterblichen.
Verfallen war sie dem Gericht.
Sie schlang die Arme wunderbar
Um ihn: Er sah ins Angesicht
Der elbisch unverderblichen.

Lang trieb sie dann das Schicksal um
Durch Felsgeklüft und kalte Nacht,
Durch finstre Wälder, fremd und stumm,
Dann trennte sie das weite Meer.
Und dennoch war zuletzt die Nacht,
Gericht und Zeit der Prüfung um,
Vereinte sie des Schicksals Macht –
Und lange, lange ist es her.

Streicher seufzte und schwieg eine Weile. »Dies ist ein Lied von der Art, die bei den Elben *ann-thennath* heißt, und in unserer Gemeinsamen Sprache schwer wiederzugeben, und dies eben war nur ein schwaches Echo. Es erzählt von der Begegnung zwischen Beren, Barahirs Sohn, und Lúthien Tinúviel. Beren war ein Mensch, ein Sterblicher, Lúthien aber war die Tochter Thingols, eines Elbenkönigs in Mittelerde, als die Welt jung war; und von allen Kindern dieser Welt war sie das schönste: Schön wie die Sterne über den Nebeln der Nordlande; und der Liebreiz leuchtete ihr aus den

Augen. Der große Feind, mit Sauron als nur einem seiner Diener, herrschte damals in Angband über den Norden, und die Elben, die aus dem Westen nach Mittelerde zurückkehrten, bekriegten ihn, um die Silmaril wiederzugewinnen, die er ihnen gestohlen hatte; und die Väter der Menschen kamen den Elben zu Hilfe. Doch der Feind war siegreich, und Barahir wurde erschlagen, Beren entfloh aus großen Gefahren über die Berge des Grauens in Thingols verborgenes Königreich im Walde von Neldoreth. Dort bekam er Lúthien zu Gesicht, wie sie auf einer Lichtung am verzauberten Fluss Esgalduin tanzte und sang; und er nannte sie Tinúviel, was in der alten Sprache ›Nachtigall‹ heißt. Bald mussten sie viel Leid erdulden und wurden lange getrennt. Tinúviel rettete Beren aus Saurons Kerker, und zusammen überstanden sie viele Gefahren, drangen bis zum Thron des großen Feindes vor und nahmen einen der drei Simaril, der strahlendsten aller Juwelen, aus seiner Eisenkrone mit fort, um ihn Thingol als Brautpreis für Lúthien zu bringen. Doch schließlich wurde Beren von dem Wolf getötet, der aus dem Tor von Angband hervorkam, und er starb in Lúthiens Armen. Sie aber entschied sich dafür, selber sterblich zu werden und die Welt zu verlassen, damit sie ihm folgen könnte; und im Liede heißt es, jenseits des Scheidemeeres seien sie wieder vereint worden, hätten eine kurze Frist mit neuem Leben in den grünen Wäldern verbracht und seien dann vor langer Zeit zusammen aus den Grenzen dieser Welt entschwunden. So kam es, dass Lúthien Tinúviel als Einzige aus elbischem Geschlecht wirklich gestorben ist und die Welt verlassen hat, und mit ihr haben die Elben ihre Höchstgeliebte verloren. Doch durch sie kam das Erbe der Elbenfürsten von einst bis unter die Menschen. Noch heute leben einige, deren Urahnin Lúthien war, und es heißt, ihr Geschlecht werde nie aussterben. Elrond von Bruchtal ist von dieser Abkunft. Denn Berens und Lúthiens Sohn war Dior, der Thingols Erbe wurde; und von ihm stammte Elwing die Weiße, die Gattin Earendils des Seefahrers, der aus den Nebeln der Welt auf die Meere des Himmels hinausfuhr, mit dem Silmaril an der Stirn. Und von Earendil stammten die Könige von Númenor oder Westernis ab.«

Während er sprach, beobachteten die Hobbits sein seltsam feierlich bewegtes Gesicht, das von der roten Glut des Holzfeuers nur wenig erhellt wurde. Seine Augen glänzten, und seine Stimme wurde volltönend und tief. Über ihm war der Himmel schwarz und gestirnt. Plötzlich erschien ein blasses Licht hinter ihm über dem Gipfel der Wetterspitze. Der zunehmende Mond stieg langsam über den Berg auf, in dessen Schatten sie saßen, und die Sterne über dem Gipfel verblassten.

Die Geschichte war zu Ende. Die Hobbits reckten und streckten sich. »Schaut«, sagte Merry, »der Mond geht auf; es muss schon spät sein.«

Die anderen blickten hoch, und eben in diesem Moment sahen sie oben auf dem Berg etwas Kleines und Dunkles vor dem schimmernden Mond. Vielleicht war es nur ein großer Stein oder ein Felszacken, den das blasse Licht hervorhob.

Sam und Merry standen auf und gingen vom Feuer weg. Frodo und Pippin blieben stumm sitzen. Streicher behielt angespannt den mondbeschienenen Berg im Auge. Alles schien ruhig und friedlich zu sein, aber Frodo spürte, wie ihm nun, seit Streicher nicht mehr sprach, ein kaltes Grauen ins Herz kroch. Er hockte sich näher ans Feuer. In diesem Augenblick kam Sam vom Rand der Mulde herbeigerannt.

»Ich weiß nicht, was mit mir los ist«, sagte er, »aber ganz plötzlich bekam ich's mit der Angst. Ich trau' mich nicht mehr fort aus dieser Mulde, nicht für alles Geld. Es kam mir so vor, als ob etwas auf dem Hang herangeschlichen kommt.«

»Hast du etwas *gesehen?*« *fra*gte Frodo und sprang auf.

»Nein, Chef, gesehen nicht. Ich hätte ja stehen bleiben müssen, um zu gucken.«

»Aber ich habe etwas gesehen«, sagte Merry, »oder glaubte zu sehen – ein Stück weiter westlich, wo das Mondlicht aufs Flachland hinter dem Schatten der Berggipfel scheint. Ich *denke,* da hab ich zwei oder drei schwarze Gestalten gesehen. Sie schienen sich in unsere Richtung zu bewegen.«

»Bleibt dicht am Feuer, Gesicht nach außen!« rief Streicher. »Nehmt ein paar von den längeren Stöcken und haltet sie bereit!«

Eine Zeit lang wagten sie kaum zu atmen, stumm und wachsam, mit den Rücken zum Feuer, in die Schatten hinausstarrend, von denen sie umzingelt waren. Nichts geschah. Kein Laut und keine Bewegung kam aus der Nacht. Frodo rührte sich, er meinte, das Schweigen brechen zu müssen: Am liebsten hätte er laut aufgeschrien.

»Pssst!« machte Streicher. »Was ist das?« keuchte Pippin im gleichen Moment.

Über den Rand der kleinen Mulde, wie sie mehr spürten als sahen, erhob sich auf der vom Berg abgewandten Seite ein Schatten – einer oder mehrere. Sie strengten ihre Augen an, und die Schatten schienen zu wachsen. Bald konnte kein Zweifel mehr sein: drei oder vier große schwarze Gestalten standen da auf dem Hang und blickten auf sie herab. So schwarz waren sie, dass sie wie schwarze Löcher in die Dunkelheit dahinter geschnitten zu sein schienen. Frodo glaubte ein leises Zischen giftigen Atems zu hören und spürte eine scharfe, durchdringende Kälte. Dann kamen die Gestalten langsam näher.

Entsetzt warfen Pippin und Merry sich flach zu Boden; Sam drückte sich an Frodos Seite. Frodo, kaum weniger verstört als die andern, zitterte wie vor bitterer Kälte; doch seine Angst ging über in das plötzliche Verlangen, den Ring aufzustecken. So heftig packte es ihn, dass er an nichts anderes mehr denken konnte. Weder das Hügelgrab noch Gandalfs Ermahnung hatte er vergessen; aber irgendetwas zwang ihn offenbar, alle diese Warnungen zu missachten, und er wünschte sehnlichst, dem Zwang zu gehorchen. Nicht in der Hoffnung zu entkommen oder im Guten oder Bösen etwas zu bewirken: einfach so, weil es sein musste, dass er jetzt den Ring nahm und auf den Finger streifte. Sprechen konnte er nicht. Er merkte, dass Sam ihn ansah, als wisse er, dass sein Chef tief in Not sei; aber um den konnte er sich jetzt nicht kümmern. Er schloss die Augen und wehrte sich noch ein wenig, aber der Widerstand wurde unerträglich, und zuletzt zog er langsam die Kette aus der Tasche und steckte den Ring auf den Zeigefinger der linken Hand.

Sofort, obwohl alles andere trüb und dunkel blieb, wie es war, erschienen die Gestalten vor ihm in furchtbarer Deutlichkeit. Durch ihre schwarzen Hüllen konnte er hindurchsehen. Es waren fünf lange Kerle: Zwei blieben am Rand der Mulde stehen, drei kamen näher. In ihren bleichen Gesichtern glühten die Augen stechend und gnadenlos. Unter den Mänteln trugen sie lange graue Hemden, auf dem grauen Haar silberne Helme, in den knochigen Händen Schwerter von Stahl. Ihre Blicke trafen und durchbohrten ihn, als sie auf ihn zustürmten. In seiner Verzweiflung zog auch er sein Schwert, und ihm war, als sähe er es rot flackern wie ein brennendes Holzscheit. Zwei von den dreien blieben stehen. Der dritte war größer als die anderen; sein Haar war lang und schimmernd, und auf dem Helm trug er eine Krone. In der einen Hand hielt er ein langes Schwert, in der anderen ein Messer; und sowohl das Messer als auch die Hand, die es hielt, glommen mit einem fahlen Schein. Er sprang vor und stürzte sich auf Frodo.

Im gleichen Moment warf Frodo sich nach vorn zu Boden. Er hörte die eigene Stimme, wie er laut ausrief: *O Elbereth! Gilthoniel!* Gleichzeitig schlug er nach den Füßen des Feindes. Ein schriller Aufschrei gellte durch die Nacht; und er spürte einen Schmerz, als ob ein Pfeil von vergiftetem

Eis seine linke Schulter durchbohrte. Als er die Besinnung verlor, sah er noch wie durch wirbelnde Nebelschleier Streicher aus dem Dunkeln hervorspringen, ein flammendes Holzscheit in jeder Hand. Frodo ließ sein Schwert fallen. Mit einer letzten Anstrengung zog er sich den Ring vom Finger und umschloss ihn fest in der rechten Hand.

ZWÖLFTES KAPITEL

FLUCHT ZUR FURT

Als er wieder zu sich kam, hielt er noch immer den Ring umklammert. Er lag am Feuer, das nun, hoch aufgeschichtet, hell loderte. Die drei Hobbits beugten sich über ihn.

»Was ist geschehen? Wo ist der bleiche König?« fragte er heftig.

Die Freude, ihn wieder sprechen zu hören, verschlug ihnen für eine Weile jede Antwort; auch hatten sie seine Frage gar nicht verstanden. Endlich bekam er aus Sam heraus, dass sie nichts gesehen hatten als undeutliche, schattenhafte Formen, die auf sie zukamen. Dann hatte Sam zu seinem Entsetzen bemerkt, dass sein Chef verschwunden war, und im gleichen Augenblick huschte ein schwarzer Schatten an ihm vorbei, und er fiel hin. Er hörte Frodo rufen, aber die Stimme schien aus weiter Ferne oder von unter der Erde zu kommen, und die Worte waren fremd. Dann sahen sie nichts mehr, bis sie über Frodo stolperten, der wie tot bäuchlings im Gras lag, sein Schwert unter sich. Streicher ließ sie ihn aufheben und ans Feuer legen; dann war er verschwunden. Das war nun schon eine ganze Weile her.

Sam wollte gerade anfangen, gegen Streicher Bedenken anzumelden, als der, während sie noch über ihn redeten, plötzlich aus den Schatten hervortrat. Sie fuhren hoch, und Sam zog sein Schwert und stellte sich vor Frodo, aber Streicher kniete sich gleich neben ihm hin.

»Ich bin kein schwarzer Reiter, Sam«, sagte er leichthin, »und auch nicht mit denen im Bunde. Ich habe versucht herauszufinden, was sie jetzt tun, habe aber nichts gesehen. Ich kann mir nicht vorstellen, warum sie sich verzogen haben und nicht noch mal angreifen. Aber nirgendwo hier ist etwas von ihnen zu spüren.«

Als er hörte, was Frodo zu berichten hatte, wurde er sehr ernst und schüttelte seufzend den Kopf. Dann sagte er zu Pippin und Merry, sie sollten so viel Wasser heiß machen, wie in ihren kleinen Kesseln möglich, und Frodos Wunde damit auswaschen. »Lasst das Feuer tüchtig brennen, und haltet ihn warm!« sagte er. Dann stand er auf, ging beiseite und rief Sam zu sich. »Ich glaube, jetzt verstehe ich alles besser«, sagte er leise. »Die Feinde scheinen nur zu fünft gewesen zu sein. Warum sie nicht alle da waren, weiß ich nicht; aber vermutlich waren sie auf Widerstand nicht gefasst. Fürs Erste haben sie sich zurückgezogen. Doch weit sind sie nicht, fürchte ich. Sie werden in einer anderen Nacht wiederkommen, wenn wir ihnen nicht entwischen. Sie warten nur ab, weil sie glauben, dass ihr Ziel fast schon erreicht ist und der Ring ihnen kaum mehr entgehen kann. Ich befürchte, Sam, dass sie glauben, deinem Chef eine schwere Wunde beigebracht und ihn sich damit gefügig gemacht zu haben. Das wollen wir erst sehen!«

Sam kamen die Tränen. »Nicht verzweifeln!« sagte Streicher. »Bitte vertrau mir jetzt! Dein Frodo ist aus härterem Holz geschnitzt, als ich dachte, obwohl Gandalf so etwas schon angedeutet hatte. Er ist nicht tot, und ich denke, er wird der bösen Kraft der Wunde länger widerstehen, als die Feinde erwarten. Ich will tun, was ich kann, um zu helfen und zu heilen. Behütet ihn gut, solange ich fort bin!« Er schritt eilig davon und verschwand wieder in der Dunkelheit.

Frodo döste ein wenig ein, obwohl der Wundschmerz langsam zunahm und eine Sterbenskälte sich von der Schulter in den Arm und über die linke Seite ausbreitete. Seine Freunde wachten bei ihm, hielten ihn warm und wuschen seine Wunde aus. Die Nacht verging schleppend. Der Himmel hellte sich schon auf, und graues Licht fiel in die Mulde, als Streicher endlich wiederkehrte.

»Seht mal!« sagte er und hob einen schwarzen Mantel vom Boden auf, wo er unbemerkt im Dunkeln gelegen hatte. Einen Fuß über dem unteren Saum hatte er einen Riss. »Das war Frodos Schwert«, sagte er. »Leider wird dies der einzige Schaden sein, den es dem Feind zufügen konnte: Es ist unversehrt; doch jede Klinge zersplittert, wenn sie diesen entsetzlichen König trifft. Stärker hat ihn der Name Elbereth verwundet.«

»Und dies hier hat Frodo verwundet.« Er bückte sich noch mal und hob ein langes, dünnes Messer auf. Ein kalter Schimmer ging davon aus. Als er es hoch hielt, sahen sie, dass die Schneide am unteren Ende gezackt und dass die Spitze abgebrochen war. Doch während er es noch in der Hand hielt, sahen sie im zunehmenden Licht mit Erstaunen, wie die Klinge zu schmelzen und sich wie Rauch in Luft aufzulösen schien, bis Streicher nur mehr das Heft in der Hand blieb. »O weh!« rief er. »Von diesem verfluchten Messer also stammt die Wunde. Nur wenige Heilkundige gibt es heutzutage, die es mit solch bösen Wunden aufnehmen könnten. Aber ich will tun, was ich kann.«

Er setzte sich auf den Boden, legte sich das Heft auf die Knie und besang es mit einem feierlichen Lied in einer fremden Sprache. Dann legte er es beiseite und wandte sich Frodo zu. Mit leiser Stimme sprach er Worte, die die anderen nicht verstanden. Aus der Tasche an seinem Gürtel zog er einige lange Blätter.

»Um diese Blätter zu finden«, sagte er, »habe ich weit laufen müssen, denn diese Pflanze wächst nicht hier auf den kahlen Hügeln; doch in den Gebüschen südlich von der Straße habe ich sie gefunden. Ich habe sie im Dunkeln am Geruch ihrer Blätter erkannt.« Er zerdrückte ein Blatt zwischen den Fingern, und es gab einen scharfen, süßen Duft ab. »Ein Glück, dass ich sie gefunden habe, denn dies ist ein Heilkraut, das die Menschen von Westernis nach Mittelerde gebracht haben. *Athelas* hieß es bei ihnen, und es wächst heute nur noch vereinzelt, an Orten, wo sie einst gewohnt oder gelagert haben. Im Norden ist es unbekannt, außer bei einigen wenigen, die die Wildnis durchstreifen. Es besitzt viele gute Eigenschaften, doch angesichts einer Wunde wie dieser ist seine Heilkraft vielleicht zu gering.«

Er warf die Blätter in kochendes Wasser und wusch Frodos Schulter mit dem Absud. Schon der Duft des Dampfes wirkte erfrischend, und die nicht Verwundeten fühlten, wie ihr Sinn klarer und ruhiger wurde. Auch auf die Wunde hatte das Kraut einen Einfluss, denn Frodo spürte, wie der Schmerz und das Gefühl von Eiseskälte in seiner Seite nachließen; nur sein Arm blieb taub, und er konnte die Hand weder heben noch gebrauchen. Er machte sich bittere Vorwürfe wegen seiner Dummheit und Willensschwäche, denn er begriff nun, dass er den Ring nicht aus eigenem Antrieb aufgesteckt, sondern dem gebieterischen Wunsch der Feinde gehorcht hatte. Er fragte sich, ob er wohl fürs Leben verkrüppelt bleiben würde und wie sie nun die Reise fortsetzen sollten. Er war zu schwach, sich auf den Beinen zu halten.

Und ebendiese Frage besprachen nun die anderen. Schnell hatten sie beschlossen, die Wetterspitze so bald wie möglich zu verlassen. »Ich denke jetzt«, sagte Streicher, »dass der Feind diesen Platz schon seit Tagen beobachtet hat. Wenn Gandalf hier gewesen ist, dann muss er sich gezwungen gesehen haben fortzureiten und wird nicht zurückkehren. Jedenfalls sind wir hier seit dem Angriff von heute nacht in höchster Gefahr, sobald es wieder dunkel ist; und schlimmer kann es kaum werden, egal, wo wir hingehen.«

Als es hell wurde, schlangen sie in Eile ein paar Bissen hinunter und packten ihre Sachen. Frodo konnte unmöglich laufen; darum teilten die vier anderen den größten Teil ihres Gepäcks unter sich auf und setzten Frodo auf das Pony. Das arme Tier hatte sich in den letzten Tagen prächtig herausgemacht. Es war schon dicker und kräftiger geworden und ließ erste Zeichen von Zuneigung zu seinen neuen Herren, besonders zu Sam, erkennen. Lutz Farnrich musste es sehr schlecht behandelt haben, wenn es dem Tier auf diesem Marsch durch die Wildnis besser als früher zu gehen schien.

Sie schlugen zuerst die südliche Richtung ein. Das hieß, dass sie die Straße überqueren müssten, aber so kämen sie auf kürzestem Weg in bewaldeteres Land. Sie brauchten Brennholz. Streicher sagte, dass Frodo warm gehalten werden müsste, besonders bei Nacht; und zugleich böte das Feuer ihnen allen ein wenig Schutz. Außerdem dachte er wieder an eine Abkürzung: östlich der Wetterspitze wich die Straße von ihrer Hauptrichtung ab und beschrieb einen weiten Bogen nach Norden.

Langsam und vorsichtig umgingen sie die Südwesthänge des Berges, und bald standen sie am Rand der Straße. Von den Reitern war nichts zu sehen. Aber als sie hinübereilten, hörten sie von fern zwei Schreie: eine kalte Stimme, die rief, und eine ebenso kalte, die Antwort gab. Zitternd rannten sie los, zu den Gebüschen hin. Das Land fiel nach Süden hin ab, doch es war öd und weglos: Büsche und verkümmerte Bäume wuchsen in dichten Haufen, mit weiten kahlen Flächen dazwischen. Das Gras war spärlich, hart und grau, das Laub der Büsche vergilbt und im Abfallen. Es wurde ein langwieriger, verdrossener Marsch durch eine trostlose Gegend. Unterwegs sprachen sie wenig. Frodo war es schwer ums Herz, wenn er sie mit gesenkten Köpfen neben sich herstapfen sah, die Rücken gebeugt unter den Traglasten. Selbst Streicher wirkte müde und bedrückt.

Noch vor dem Ende des ersten Tagesmarschs nahmen Frodos Schmerzen wieder zu, aber davon sagte er lange nichts. Vier Tage vergingen so, ohne dass sich im Gelände und in der Umgebung viel änderte, nur dass die Wetterspitze langsam hinter ihnen versank, während das ferne Nebelgebirge allmählich größer wurde. Doch seit den Rufen, als sie die Straße überquerten, hatten sie nichts mehr gesehen oder gehört, das dafür sprach, dass die Feinde ihre Flucht bemerkt hätten oder sie verfolgten. Sie fürchteten die dunklen Stunden, und immer zwei von ihnen hielten jede Nacht Wache, stets darauf gefasst, dunkle Gestalten durch die graue, vom wolkenverhangenen Mond trüb erhellte Nacht schreiten zu sehen. Aber sie sahen nichts, und kein Ton war zu hören außer dem Seufzen des Windes im dürren Laub und Gras. Nicht ein einziges Mal spürten sie wieder, wie vor dem Angriff in der Mulde, dass etwas Böses zugegen war. Sie wagten nicht zu hoffen, dass die Reiter ihre Spur verloren hätten. Warteten sie vielleicht nur ab, bis sie ihnen an einem Ort, wo es kein Entkommen gäbe, einen Hinterhalt legen könnten?

Am Ende des fünften Tages begann das Gelände von dem breiten, flachen Tal, das sie durchwandert hatten, wieder langsam anzusteigen. Streicher bog nun nach Nordosten ab, und am sechsten Tag kamen sie auf den höchsten Punkt eines langen, sanft ansteigenden Hanges und sahen, weit voraus, ein Gedränge von bewaldeten Höhen. Unter ihnen lag die Straße, die um die Hügel herumbog, und zur Rechten schimmerte ein grauer Fluss matt in der blassen Sonne. In weiter Ferne war noch ein Stück von einem anderen Fluss in einem felsigen Tal zu sehen, das halb von Nebel verhüllt war.

»Leider müssen wir hier nun eine Strecke auf der Straße zurücklegen«, sagte Streicher. »Wir stehen vor dem Weißquell, dem Fluss, der bei den Elben Mitheitel heißt. Er kommt von den Ettenöden herab, den Troll-höhen nördlich von Bruchtal, und vereinigt sich weiter südlich mit der Lautwasser. Danach heißt er bei manchen auch Grauflut. Er wird ein brei-ter Strom, bevor er ins Meer fließt. Unterhalb der Quellen in den Etten-öden gibt es nur einen Übergang: die Letzte Brücke, über die auch die Straße führt.«

»Und welches ist der andere Fluss, den man da hinten sieht?« fragte Merry.

»Das ist die Lautwasser oder Bruinen, wie man in Bruchtal sagt. Von der Brücke bis zur Furt durch die Bruinen führt die Straße über viele Meilen hin am Saum der Hügel entlang. Aber wie wir über die Bruinen kommen, darüber habe ich mir noch keine Gedanken gemacht. Immer einen Fluss nach dem andern! Wir können von Glück sagen, wenn wir die Letzte Brücke unbewacht finden.«

Früh am Morgen des nächsten Tages kamen sie wieder an den Rand der Straße. Sam und Streicher gingen allein voraus, aber sie fanden keine Spur von Reitern oder anderen Reisenden. Hier im Schatten der Hügel hatte es ein wenig geregnet, zuletzt vor zwei Tagen, meinte Streicher, und alle Spuren waren weggewaschen. Seitdem war niemand zu Pferde hier vorübergekommen, soweit er sehen konnte.

Sie gingen weiter, so schnell sie konnten, und nach einigen Meilen sahen sie die Letzte Brücke vor sich. Sie befürchteten, dass die Schwarzen dort schon auf sie warteten, sahen aber niemand. Streicher ließ sie in einem Gebüsch neben der Straße Deckung nehmen, während er allein auf Erkundung ging.

Nicht lange, und er kam eilig zurück. »Kein Anzeichen vom Feind«, sagte er. »Ich wüsste gern, was das bedeutet. Aber ich habe etwas sehr Merkwürdiges gefunden.«

Er streckte die Hand aus und zeigte ihnen einen blassgrünen Edelstein. »Der lag im Straßendreck mitten auf der Brücke«, sagte er. »Es ist ein Beryll, ein Elbenstein. Ob ihn jemand dort hingelegt oder zufällig verloren hat, weiß ich nicht, aber der Stein gibt mir Hoffnung. Ich will ihn als Zeichen dafür nehmen, dass wir die Brücke passieren können; aber drüben getraue ich mich nicht, auf der Straße zu bleiben, solange wir nichts Genaueres wissen.«

Sofort gingen sie weiter. Unbehelligt kamen sie über die Brücke, ohne etwas anderes zu hören als das Plätschern des Wassers, das um die drei großen Pfeiler wirbelte. Nach einer Meile kamen sie zu einer engen Schlucht, die von Norden ins steil ansteigende Land links von der Straße hineinführte. Hier ging Streicher von der Straße ab, und bald waren sie mitten in einer trüben Wirrnis von dunklen Wäldern zu Füßen abweisender Hügel.

Die Hobbits waren froh, das eintönige Flachland und die gefährliche Straße hinter sich zu haben; aber auch diese Gegend nun wirkte unfreundlich und drohend. Je weiter sie kamen, desto höher wurden die Hügel und Berge ringsum. Hier und da standen auf den Höhen alte Mauerreste und Turmruinen, die nicht geheuer aussahen. Frodo, der nicht laufen musste, hatte Zeit, sich umzuschauen und nachzudenken. Er erinnerte sich an Bilbos Reisebericht, wo von drohenden Türmen auf den Hügeln nördlich der Straße die Rede gewesen war, in der Gegend um den Trollwald, wo er sein erstes gefährliches Abenteuer zu bestehen hatte. Frodo nahm an, dass sie nun in derselben Gegend waren, und fragte sich, ob sie wohl zufällig an der Stelle vorüberkommen würden.

»Wer lebt in diesem Land?« fragte er. »Und wer hat diese Türme gebaut? Ist dies Trolland?«

»Nein«, sagte Streicher, »Trolle bauen nicht. Niemand lebt in diesem Land. Früher wohnten hier einmal Menschen, vor sehr langer Zeit; seither nicht mehr. Sie wurden ein übles Volk, heißt es in den Sagen, denn sie fielen unter den Schatten von Angmar. Doch sie wurden sämtlich vernichtet in dem Krieg, der dem Nördlichen Königreich ein Ende machte. Das ist nun so lange her, dass selbst die Hügel sie vergessen haben. Aber noch immer liegt ein Schatten auf dem Land.«

»Woher kennst du all diese Geschichten, wenn doch das Land vergessen und verödet ist?« fragte Peregrin. »Von den Vögeln und anderen Tieren kannst du es doch nicht erfahren haben.«

»Elendils Erben vergessen nicht alles, bloß weil es vergangen ist«, sagte Streicher. »Und noch viel mehr, als ich erzählen kann, weiß man in Bruchtal.«

»Warst du schon oft in Bruchtal?« sagte Frodo.

»Ja«, sagte Streicher. »Ich habe eine Zeit lang dort gelebt und kehre immer wieder gern dorthin zurück, wenn es möglich ist. Mein Herz ist dort: Aber ich bin nicht dazu geschaffen, irgendwo stillzusitzen, auch nicht in Elronds gastlichem Haus.«

Die Hügel umschlossen sie nun immer dichter von allen Seiten. Die Straße, die hinter ihnen lag, verlief weiter in der Richtung zur Bruinen hin, aber von ihr war nun ebenso wenig zu sehen wie von dem Fluss. Die Reisenden kamen in ein langes, schmales und tief eingeschnittenes Tal, wo es dunkel und still war. Bäume mit altem, verrenktem Wurzelwerk hingen an Felswänden, und an den Hängen darüber wuchsen Kiefernwälder empor.

Die Hobbits wurden sehr müde. Sie kamen nur langsam voran, denn es ging durch unwegsames Gelände, bald über umgestürzte Bäume, bald über Felsgeröll hinweg. Solange wie möglich vermieden sie Frodo zuliebe jeden steilen Aufstieg; und es war auch schwierig, aus den engen Tälern wieder hinauszufinden. Zwei Tage waren sie schon in dieser Gegend unterwegs, als das Wetter schlecht wurde. Der Wind kam nun stetig von Westen und schüttelte das Wasser des fernen Meeres in einem feinen, doch eindringlichen Landregen über die dunklen Bergkuppen aus. Bis zum Abend waren sie alle durchnässt, und an ihrem Nachtlager hatten sie wenig Freude, denn sie bekamen kein Feuer in Gang. In den nächsten zwei Tagen bauten sich die Berge immer höher und steiler vor ihnen auf, und sie waren gezwungen, von ihrer Richtung noch weiter nach Norden abzuweichen. Streicher schien nervös zu werden: Zehn Tage waren sie nun schon seit dem Aufbruch von der Wetterspitze unterwegs, und allmählich gingen ihre Vorräte zur Neige. Es regnete immer noch.

In dieser Nacht lagerten sie auf einem steinernen Sockel vor einer Felswand, in die sich eine kleine Höhle hineinwölbte, wie eine Nische im Gestein. Frodo fand keine Ruhe. In der Nässe und Kälte hatte sein Zustand sich verschlimmert, und der Schmerz und das Gefühl einer inneren Sterbenskälte raubten ihm den Schlaf. Er warf und wälzte sich herum und horchte angstvoll auf die verstohlenen Geräusche der Nacht: der Wind in einer Felsritze, Tröpfeln von Wasser, ein Knacken, das Poltern eines jäh herabstürzenden Steins. Schwarze Gestalten, meinte er, schlichen heran, um ihn zu erwürgen, aber als er sich aufsetzte, sah er nur Streicher, der zusammengekauert mit dem Rücken zu ihm dasaß, seine Pfeife rauchte und Wache hielt. Er legte sich wieder hin und fiel in einen unbehaglichen Traum, in dem er über die Wiese seines Gartens in Beutelsend ging, aber das alles kam ihm trüb und blass vor, viel weniger deutlich als die großen schwarzen Schatten, die über die Hecke schauten.

Als er am Morgen erwachte, hatte der Regen aufgehört. Die Wolkendecke war noch immer dick, aber sie riss auf und ließ Streifen von blassem Blau durchscheinen. Der Wind sprang wieder um. Sie machten sich nicht gleich auf den Weg. Sofort nach dem kalten und knappen Frühstück ging Streicher allein fort; er sagte den andern, sie sollten unter der Felswand auf ihn warten. Er wollte versuchen, zu den Höhen hinaufzusteigen, um einen Überblick zu gewinnen.

Was er sagte, als er zurückkam, war nicht beruhigend: »Wir sind zu weit nach Norden abgekommen. Wir müssen auf irgendeinem Weg wieder nach Süden. Wenn wir so weitergehen wie bisher, geraten wir in die Ettentäler weit nördlich von Bruchtal. Das ist Trolland, und ich kenne es kaum. Vielleicht könnten wir uns zurechtfinden und von Norden um die Berge herum nach Bruchtal gelangen; aber das würde zu lange dauern, denn ich kenne den Weg nicht, und unsere Vorräte würden nicht reichen. Also müssen wir irgendwie zur Bruinen-Furt kommen.«

Den Rest des Tages stolperten sie durch felsiges Gelände. Sie fanden einen Durchlass zwischen zwei Bergen und gelangten in ein Tal, das sich nach Südosten erstreckte, die Richtung, die sie einschlagen wollten, doch gegen Abend versperrte ihnen wieder ein hoher Landrücken den Weg; sein dunkler Kamm stach mit vielen kahlen Felszacken gegen den Himmel ab wie eine stumpfe Säge. Sie hatten nur die Wahl, ob sie umkehren oder ihn übersteigen wollten.

Sie beschlossen, den Aufstieg zu wagen, aber er erwies sich als sehr schwierig. Nicht lange, und Frodo musste absitzen und sich zu Fuß weiterschleppen. Auch so wussten sie oft nicht, wie sie das Pony hinaufbekommen oder, schwer beladen, wie sie waren, für sich selbst einen Weg finden sollten. Es wurde schon dunkel, und sie waren völlig erschöpft, als sie endlich den Kamm erreichten. Sie hatten einen schmalen Sattel zwischen zwei höheren Stellen erstiegen, und auf der anderen Seite, nur ein kurzes Stück weit voraus, fiel das Gelände steil wieder ab. Frodo ließ sich zu Boden sinken und blieb zitternd liegen. Sein linker Arm war abgestorben, in Seite und Schulter hatte er ein Gefühl, als hielten eisige Klauen ihn gepackt. Die Bäume und Felsen in der Nähe erschienen ihm verschwommen und schattenhaft.

»Wir können nicht mehr weiter«, sagte Merry zu Streicher. »Ich fürchte, für Frodo war das zu viel. Ich hab Angst um ihn. Was sollen wir tun? Glaubst du, in Bruchtal können sie ihn heilen, wenn wir je dort hinkommen?«

»Wir werden sehn«, antwortete Streicher. »Ich kann hier in der Wildnis nichts mehr für ihn tun, und hauptsächlich wegen seiner Wunde dränge ich so zur Eile. Aber du hast Recht, heute Abend können wir nicht mehr weiter.«

»Was ist bloß mit meinem Chef?« fragte Sam leise und sah Streicher flehentlich an. »Seine Wunde war nur klein und hat sich schon geschlossen. Es ist nichts mehr zu sehen als ein kalter weißer Fleck an der Schulter.«

»Frodo ist von den Waffen des Feindes verwundet«, sagte Streicher, »und in ihm wirkt ein Gift oder eine böse Kraft, gegen die meine Heilkunst nicht ausreicht. Aber gib die Hoffnung nicht auf, Sam!«

Oben auf dem Kamm wurde es eine kalte Nacht. Sie machten ein kleines Feuer unter den knorrigen Wurzeln einer alten Kiefer, die über den Rand einer flachen Grube hing: Es sah aus, als sei hier einmal ein Steinbruch gewesen. Sie drängten sich dicht aneinander. Ein kalter Wind blies durch den Pass, und sie hörten die Baumwipfel weiter unten ächzen und stöhnen. Frodo lag halb in einem Traum. Ihm war, als glitten dunkle Schwingen über ihn hinweg, ein Paar nach dem andern, und auf den Schwingen ritten Verfolger, die alle Bergtäler nach ihm absuchten.

Der Morgen dämmerte hell und klar herauf. Die Luft war frisch, das Licht blass, doch ungetrübt, der Himmel vom Regen blankgespült. Ihr Mut stieg, aber noch warteten sie darauf, dass ihnen die Sonne die steifgefrorenen Glieder erwärmte. Sobald es hell war, ging Streicher mit Merry zur andern Seite des Passes, um das Land nach Osten hin zu überblicken. Die Sonne schien schon kräftig, als sie mit guten Nachrichten wiederkamen. Die Richtung stimmte nun mehr oder weniger. Wenn sie nach dem Abstieg auf der andern Seite des Landrückens so weitergingen, hätten sie das Nebelgebirge zur Linken. Etwas weiter voraus hatte Streicher wieder ein Stück von der Lautwasser gesehen, und er wusste, dass die Straße zur Furt, obwohl außerhalb des Sichtfelds, nicht weit vom Flussufer auf der ihnen zunächst liegenden Seite verlief.

»Wir müssen wieder auf die Straße kommen«, sagte er. »Durch diese Hügel finden wir sonst nicht hindurch. Welche Gefahr dort auch lauern mag, die Straße ist unser einziger Weg zur Furt.«

Sobald sie gegessen hatten, ging es weiter. Langsam stiegen sie die Südseite des Bergrückens hinab, was leichter war, als sie gedacht hatten, denn auf dieser Seite war der Hang weniger steil, und bald konnte Frodo sogar wieder reiten. Lutz Farnrichs armes altes Pony bewies ein unverhofftes Talent, die Füße immer genau an die richtigen Stellen zu setzen und seinem Reiter möglichst viele Stöße zu ersparen. Alle schöpften neuen Mut. Sogar Frodo ging es im Morgenlicht besser, aber ab und zu schien ihm ein Nebel den Blick zu trüben, und er strich sich mit der Hand über die Augen.

Pippin ging den anderen ein Stück voraus. Plötzlich drehte er sich um. »Da ist ein Pfad!« rief er.

Als sie herankamen, sahen sie, dass er sich nicht geirrt hatte. Hier begann offensichtlich ein Pfad, der mit vielen Windungen durch den Wald unter ihnen hinabführte und sich nach oben hin auf dem Bergkamm hinter ihnen verlor. An manchen Stellen war er schwach erkennbar und zugewachsen oder von Steingeröll und Baumstämmen versperrt; aber früher einmal schien er viel begangen worden zu sein. Starke Arme und schwere Füße mussten ihn gebahnt haben. Hier und da waren alte Bäume gefällt oder niedergebrochen und Felsen gespalten oder beiseite gewälzt worden, um den Weg freizumachen.

Diesem Pfad folgten sie eine Weile, denn er bot den bequemsten Abstieg, aber sie gingen vorsichtig, um so mehr, als sie nun ins Dunkel des Waldes eintraten und der Weg ebener und breiter wurde. Plötzlich fiel er, aus einem Tannenstreifen herauskommend, steil einen Hang hinab und bog dann scharf nach links um einen Felsvorsprung. Als sie um die Ecke kamen, sahen sie, dass der Pfad nun über eine ebene Lichtung unterhalb einer niedrigen, von Bäumen überhangenen Felswand führte. In der Felswand war eine Tür, die schief angelehnt nur noch in einer großen Angel hing.

Vor der Tür blieben sie stehen. Dahinter war eine Höhle oder Felskammer, aber in der Dunkelheit drinnen war nichts zu erkennen. Mit vereinten Kräften bekamen Streicher, Sam und Merry die Tür ein Stück weit auf, und Streicher ging mit Merry hinein. Sie gingen nicht weit, denn schon vom Eingang aus war zu sehen, dass nichts darinnen war als viele alte Knochen, die auf dem Boden lagen, ein paar große leere Krüge und zerbrochene Töpfe.

»Wenn das keine Trollhöhle ist, gibt es überhaupt keine!« rief Pippin aus. »Kommt raus, ihr beiden, und dann nichts wie weg hier! Jetzt wissen wir, wer den Weg gebahnt hat – und verschwinden lieber schleunigst.«

»Das ist nicht nötig, glaube ich«, sagte Streicher und kam heraus. »Gewiss ist es eine Trollhöhle, aber sie scheint seit langem verlassen zu sein. Ich glaube, wir haben nichts zu befürchten. Aber wenn wir weiter gehn, seid vorsichtig, und dann werden wir sehen.«

Der Pfad führte an der Tür vorüber, bog nach rechts ab über die ebene Lichtung, und dann ging es einen dicht bewaldeten Hang hinab. Pippin, der Streicher nicht zeigen mochte, dass er immer noch Angst hatte, schritt mit Merry voran. Dahinter kamen Sam und Streicher, beiderseits von Frodos Pony, denn der Weg war nun so breit, dass auch vier oder fünf Hobbits hätten nebeneinander gehen können. Aber es dauerte nicht lange, da kam Pippin zurückgerannt, gefolgt von Merry. Beide waren nicht wenig erschrocken.

»Da sind Trolle!« rief Pippin, nach Luft schnappend. »Auf einer Lichtung, nicht viel weiter unten. Wir konnten sie zwischen den Bäumen durch sehen. Es sind Riesenkerle!«

»Dann wollen wir sie uns mal ansehen«, sagte Streicher und hob einen Knüppel vom Boden auf. Frodo sagte nichts, aber Sam sah man an, dass er Angst hatte.

Die Sonne stand nun schon hoch. Sie schien durch die halb entlaubten Zweige der Bäume herein und warf helle Flecken auf den Boden der Lichtung. Am Rande blieben sie stehen, hielten den Atem an und lugten zwischen den Baumstämmen hindurch. Da standen drei Trolle, Riesenkerle. Der eine bückte sich, die andern standen dabei und glotzten ihn an.

Streicher ging unbekümmert drauf zu. »Steh auf, alter Steinbold!« sagte er und gab dem Gebückten einen Hieb, dass sein Knüppel zerbrach.

Nichts passierte. Die Hobbits schauten verblüfft drein, und dann musste sogar Frodo lachen. »So!« sagte er. »Wir vergessen ganz unsere Familiengeschichte. Das müssen die drei sein, die Gandalf damals erwischt hat, als sie darüber stritten, wie dreizehn Zwerge und ein Hobbit am besten zuzubereiten wären.«

»Ich hatte keine Ahnung, dass wir so nah an der Stelle sind«, sagte Pippin. Er kannte die Geschichte natürlich. Bilbo und Frodo hatten sie oft genug erzählt, aber eigentlich hatte er sie nie so ganz geglaubt. Auch jetzt noch betrachtete er die versteinerten Trolle mit Argwohn, als stünde zu befürchten, dass irgendein Zauber sie plötzlich wieder zum Leben erwecken könnte.

»Ihr vergesst nicht nur eure Familiengeschichte, sondern auch alles, was ihr über Trolle wisst«, sagte Streicher. »Es ist helllichter Tag mit Sonnenschein, und da kommt ihr und wollt mir mit einer Geschichte von leibhaftigen Trollen Angst machen, die uns auf dieser Lichtung erwarten sollen! Wenigstens hättet ihr bemerken können, dass der eine ein altes Vogelnest hinterm Ohr hat. Solchen Ohrschmuck tragen lebendige Trolle normalerweise nicht.«

Alle lachten. Frodo spürte, wie seine Lebensgeister sich wieder regten: Die Erinnerung an Bilbos erstes glücklich bestandenes Abenteuer tat ihm gut. Auch die Sonne war wohltuend warm, und der Nebel vor seinen Augen schien sich ein wenig zu lichten. Sie machten eine Weile Rast und verzehrten ihr Mittagbrot im Schatten der dicken Trollbeine.

»Kann uns nicht einer was vorsingen, solange die Sonne noch hoch steht?« sagte Merry, als sie gegessen hatten. »Wir haben tagelang kein Lied und keine Geschichte mehr gehört.«

»Seit der Wetterspitze nicht mehr«, sagte Frodo. Die anderen sahen ihn an. »Keine Sorge um mich!« fügte er hinzu. »Mir geht es viel besser, aber ich glaube nicht, dass ich singen kann. Vielleicht könnte Sam mal sein Gedächtnis durchstöbern, ob ihm etwas einfällt.«

»Los, Sam!« sagte Merry. »Du lässt es dir nicht anmerken, aber du hast manchmal doch etwas im Kopf.«

»Davon weiß ich nichts«, sagte Sam. »Aber Moment, würde das hier nicht passen? Ein richtiges Lied, versteht mich recht, soll es nicht sein, nur so eine kleine Blödelei. Aber bei diesen alten Standbildern hier fällt es mir grad wieder ein.« Er stand auf, legte die Hände hinterm Rücken zusammen wie beim Vorsingen in der Schule und stimmte eine alte Melodie an.

> *Troll saß allein auf einem Stein*
> *Und kaute und nagte an altem Gebein*
> > *Schon Jahr um Jahr, denn Fleisch ist rar*
> > > *Und eine seltene Gabe.*
> > > > *Habe! Labe.*
> > *Und Troll lebt immerzu allein,*
> > > *Und Fleisch ist kaum zu haben.*

> *Da kam mit Meilenstiefeln an*
> *Der Tom und rief: »He, Trollemann!*
> > *Mir scheint das schlimm, du nagst an Tim,*
> > > *Meinem Onkel, der längst verschieden,*
> > > > *Er ruhe in Frieden!*
> > *Lang ist er tot, der würdige Mann,*
> > > *Und ich dachte, er läg in Frieden.«*

> *»Ja, Jungchen«, grinst Troll, »ich stahl den Schatz,*
> *Was braucht ein Gerippe noch so viel Platz?*
> > *Dein Onkel war tot ohne Kummer und Not,*
> > > *Schon eh ich an seinen Knochen*
> > > > *Geroh- gerochen!*
> > *Mir altem Troll gibt er gern was ab,*
> > > *Denn er braucht nicht die alten Knochen.«*

> *Sagt Tom: »Auch brauchen nicht solche wie du*
> *An Knochen zu nagen! Hör auf! Hör zu!*
> > *Die gib uns zurück jedes einzige Stück,*
> > > *Die gehören in die Familie!*
> > > > *Diebsbruder! Luder!*
> > *Ein Toter will schließlich auch seine Ruh*
> > > *Im Schoße der Familie.«*

»Gib nicht so an«, sagt Troll, »lieber Mann,
Ich mach mich gleich an dich selber ran!
  Solch frisches Gericht hatt ich lange nicht
    für meine Nagezähne,
      Ähne! Dähne!
  Ich hab die Gerippe weidlich satt,
    Riech ich so junge Hähne!«

Schon schien ihm sicher das köstliche Mahl,
Da entwischte ihm Tom so glatt wie ein Aal
  Und hob den Fuß zum Stiefelgruß,
    Ihn eines bessern zu lehren,
      In Ehren lehren!
  Tom hob den Stiefel voller Genuss,
    Den Troll eines bessern zu lehren.

Aber härter als Stein ist Gesäß und Gebein
Eines Trolls, und fühllos noch obendrein.
  Man könnt ebenso gut in ohnmächtiger Wut
    Den Felsen mit Tritten bedenken!
      Verrenken! Ertränken!
  Wie lachte Troll, als Tom wie toll
    Tat seinen Stiefel schwenken.

Und seit er damals nach Hause kam,
Blieb sein Fuß ohne Stiefel und dauerlahm.
  Aber was geschah, geht Troll nicht nah,
    Und den Knochen hat er behalten,
      Den miesen alten!
  Sein Rückenteil blieb leider ganz heil,
    Und den Knochen hat er behalten.

»Na, das soll uns eine Warnung sein!« sagte Merry. »Nur gut, dass du es mit einem Stock probiert hast, Streicher, und nicht mit dem Fuß.«

»Woher hast du das, Sam?« fragte Pippin. »Mit diesem Text hab ich das Lied noch nie gehört.«

Sam brummte etwas Unverständliches. »Er hat es sich selbst ausgedacht, ganz klar!« sagte Frodo. »Ich erfahre so allerhand über Sam Gamdschie auf dieser Reise. Erst ist er ein Verschwörer, jetzt ist er ein Clown. Am Ende wird er noch ein Zauberer – oder ein Krieger!«

»Hoffentlich nicht«, sagte Sam. »Weder das eine noch das andere!«

Am Nachmittag gingen sie weiter bergab durch den Wald. Wahrscheinlich waren sie nun auf demselben Pfad wie Gandalf, Bilbo und die Zwerge vor vielen Jahren. Nach wenigen Meilen kamen sie oberhalb einer hohen Böschung auf die Straße hinaus. An dieser Stelle hatte die Straße den Weißquell in seinem engen Flussbett schon weit hinter sich gelassen und strebte nun, dicht an den Fuß der Hügel geschmiegt, über Bodenwellen und mit vielen Biegungen zwischen Wäldern und heidekrautbewachsenen Hängen der Furt und dem Hochgebirge zu. Ein Stückchen weiter unten an der Böschung deutete Streicher auf einen Stein im Gras. Grob eingemeißelt und nun stark verwittert, waren darauf noch die Runen und Geheimzeichen der Zwerge zu erkennen.

»Aha!« sagte Merry. »Der Stein muss die Stelle gekennzeichnet haben, wo das Gold der Trolle vergraben wurde. Wie viel ist denn von Bilbos Anteil noch übrig, Frodo?«

Frodo betrachtete den Stein. Er wünschte sich, Bilbo hätte keine gefährlicheren Wertsachen mitgebracht als diese, die so leicht wieder loszuwerden waren. »Überhaupt nichts«, sagte er. »Bilbo hat alles verschenkt. Mir hat er gesagt, er finde, dass es ihm eigentlich nicht gehöre, weil es von Räubern stammt.«

Die Straße lag still in den langen Schatten des frühen Abends. Von anderen Reisenden war nichts zu sehen. Weil ihnen nun nichts anderes übrig blieb, stiegen sie die Böschung hinab, bogen nach links in die Straße ein und gingen weiter, so schnell sie konnten. Bald verschwand die tiefstehende Sonne hinter einem Bergkamm. Vom Nebelgebirge herab blies ihnen ein kalter Wind entgegen.

Sie begannen schon, nach einem Lagerplatz für die Nacht abseits der Straße Ausschau zu halten, als sie ein Geräusch hörten, das sie mit einem Schlage wieder in Angst versetzte: Pferdehufe, die hinter ihnen herkamen. Sie blickten zurück, aber bei den vielen Biegungen und dem Auf und Ab der Straße konnten sie nicht weit sehen. Sie beeilten sich, seitwärts die Hänge hinaufzukommen, durch tiefes Heidekraut und Blaubeergestrüpp, bis zu einem dichten kleinen Haselgebüsch. Als sie zwischen den Sträuchern hindurchspähten, konnten sie die Straße etwa dreißig Fuß weiter unten blass und grau im schwindenden Licht liegen sehen. Die Hufgeräusche kamen näher. Sie zeigten einen schnellen Trab an, mit einem hellen *Klippedi-klippedi-klipp*. Dann war ihnen, als hörten sie, aber nur schwach und wie vom Wind davongeweht, ein leises Klimpern von Glöckchen.

»Das hört sich nicht an wie ein schwarzer Reiter«, sagte Frodo, angespannt horchend. Die anderen Hobbits stimmten ihm zu, blieben aber bei aller Hoffnung misstrauisch. Sie lebten nun schon so lange in Angst vor den Verfolgern, dass jedes Geräusch hinter ihnen nichts Gutes zu verheißen schien. Doch Streicher, der am Boden hockte, lehnte sich nun weit vornüber, legte eine Hand ans Ohr und machte ein freudiges Gesicht.

Das Licht wurde immer blasser, und die Blätter an den Büschen raschelten leise. Das Geklimper der Glöckchen wurde immer deutlicher, und immer näher kam das *Klippedi-klipp* der schnell dahintrabenden Hufe. Plötzlich war unten ein weißes Pferd in schnellem Lauf zu sehen; sein Fell leuchtete durch die Dämmerung; sein Kopfzaum blitzte und funkelte, als wäre er so dicht mit Edelsteinen besetzt wie der Himmel mit Sternen. Der Umhang des Reiters flatterte hinter ihm drein; er hatte die Kapuze zurückgeworfen, und sein goldblondes Haar wehte schimmernd im Gegenwind. Frodo schien es, als strahle aus Gestalt und Gewand des Reiters ein weißes Licht hervor wie durch einen dünnen Schleier.

Streicher sprang auf und rannte, laut rufend, durchs Heidekraut zur Straße hinunter; aber noch bevor er sich bemerkbar machte, hatte der Reiter sein Pferd schon zum Stehen gebracht und blickte zu dem Gebüsch hinauf, hinter dem sie standen. Als er Streicher sah, saß er ab und rannte ihm entgegen. *Ai na vedui Dúnadan! Mae govannen!* Die Sprache und die hell tönende Stimme ließen sie nicht im Zweifel: Der Reiter war einer vom elbischen Volk. Von allen Bewohnern der weiten Welt hatte sonst niemand so wohlklingende Stimmen. Doch sein Zuruf hatte einen Beiklang von Hast oder Furcht, und nun sahen sie ihn wie zur Eile drängend auf Streicher einreden.

Gleich darauf gab Streicher den Hobbits einen Wink, und sie kamen aus den Büschen vor und eilten zur Straße hinunter. »Dies ist Glorfindel, der in Elronds Haus wohnt«, sagte Streicher.

»Gegrüßt seist du! Wie schön, dich endlich zu sehen!« sagte der Elb nach guter alter Sitte. »Dich zu suchen, ward ich von Bruchtal ausgesandt. Wir befürchteten Gefahr für dich auf der Straße.«

»Dann ist Gandalf also in Bruchtal eingetroffen?« jubelte Frodo.

»Nein, nicht als ich ausritt, doch das war vor neun Tagen«, antwortete Glorfindel. »Elrond empfing bedenkliche Kunde. Einige von meiner Sippe, die durch euer Land jenseits des Baranduin* wanderten, erfuhren, dass manches nicht zum Besten stehe, und sandten Botschaft auf dem schnellsten Wege. Die Neun gingen um, sagten sie, und du, da Gandalf nicht zurückgekehrt sei, flöhest führerlos und mit einer schweren Bürde. Selbst in Bruchtal sind wir nur noch wenige, die offen gegen die Neun zu reiten vermögen; doch alle, die da waren, sandte Elrond nach Norden, Westen und Süden aus. Vermutet ward, dass du, um der Verfolgung zu entgehen, weite Umwege einschlagen und dich in der Wildnis verirren könntest.

Mir fiel es zu, die Straße freizuhalten, und als ich zur Brücke über den Mitheitel kam, legte ich dort ein Zeichen, vor beinahe sieben Tagen nun. Drei von Saurons Dienern waren auf der Brücke, doch sie wichen, und ich verfolgte sie nach Westen. Noch zwei andern begegnete ich, aber die wandten sich nach Süden. Seitdem suchte ich eure Fährte. Vor zwei Tagen fand ich sie und folgte ihr über die Brücke; und heute bemerkte ich, wo ihr von den Bergen wieder herabgekommen seid. Doch weiter nun! Keine Zeit ist jetzt, mehr zu berichten. Da ihr einmal hier seid, müssen wir die Straße mit ihren Gefahren hinter uns bringen. Fünf sind hinter uns, und wenn sie eure Fährte auf der Straße finden, werden sie uns nachreiten wie der Wind. Und das sind nicht alle. Wo die andern vier sind, weiß ich nicht. Vielleicht, so befürchte ich, werden wir die Furt schon von ihnen bewacht finden.«

Während Glorfindel sprach, wurde die Abenddämmerung dichter. Frodo spürte, wie eine große Müdigkeit ihn anfiel. Seit die Sonne im Sinken war, hatte der Nebel von neuem seinen Blick getrübt; und ihm war, als träte ein Schatten zwischen ihn und die Gesichter der Freunde. Der Schmerz und der Frost griffen wieder nach ihm. Er schwankte und hielt sich an Sams Arm fest.

»Mein Chef ist krank und verwundet«, sagte Sam wütend. »Er kann nicht die Nacht hindurch weiterreiten. Er braucht Ruhe.«

Glorfindel fing Frodo auf, der im Begriff war umzufallen, nahm in sanft in die Arme und sah ihm besorgt ins Gesicht.

In aller Kürze berichtete Streicher von dem Angriff auf ihr Lager unter der Wetterspitze und von dem vergifteten Messer. Er holte das Heft hervor,

* Der Fluss Brandywein.

das er mitgenommen hatte, und reichte es dem Elben. Glorfindel schüttelte sich, als er es in die Hand nahm, betrachtete es aber genau.

»Böses steht auf dem Heft geschrieben«, sagte er, »doch vermögen deine Augen es wohl nicht zu sehen. Verwahr es, Aragorn, bis wir in Elronds Haus einkehren! Doch sei vorsichtig und berühre es so wenig wie möglich! Ach, die Wunden von dieser Waffe zu heilen, übersteigt meine Kunst. Tun will ich, was ich vermag – doch um so dringender nur meine Bitte, ohne Rast weiterzugehn!«

Er tastete die Wunde an Frodos Schulter mit den Fingern ab, und sein Gesicht wurde noch ernster, als habe er etwas sehr Beunruhigendes erkannt. Frodo aber spürte, wie die Kälte in seiner Seite und in seinem Arm nachließ; ein wenig Wärme schien von der Schulter bis zur Hand herabzuströmen, und der Schmerz wurde erträglicher. Auch die Abenddämmerung um ihn schien heller zu werden, als hätte eine Wolke sich verzogen. Er sah die Gesichter der Freunde wieder deutlicher, und ein wenig Hoffnung und frische Kraft kehrten wieder.

»Reite du auf meinem Pferd!« sagte Glorfindel. »Ich verkürze die Steigbügel bis zum Saum des Sattels, dass du so fest darauf sitzest wie möglich. Doch hab keine Furcht: Mein Pferd lässt keinen Reiter fallen, den ich ihm zu tragen befehle. Leicht und gleitend ist sein Schritt, und wenn die Gefahr dir zu nahe kommt, wird seine Schnelligkeit selbst die schwarzen Rosse der Feinde beschämen.«

»Das kann nicht sein«, sagte Frodo. »Ich will es nicht reiten, wenn es mich nach Bruchtal oder anderswohin tragen soll, während meine Freunde in Gefahr bleiben.«

Glorfindel lächelte. »Ich bezweifle sehr«, sagte er, »dass deine Freunde in Gefahr wären, wenn du nicht bei ihnen wärest. Dich würden die Verfolger jagen, denke ich, und uns in Frieden lassen. Du bist es, Frodo, und was du bei dir trägst, was uns alle in Not bringt.«

Darauf wusste Frodo nichts zu erwidern, und so ließ er sich überreden, Glorfindels weißes Pferd zu besteigen. Das Pony konnte ihnen ein Großteil ihrer Traglasten abnehmen, sodass sie nun unbeschwerter ausschritten und für eine Weile gut vorankamen; doch bald hatten die Hobbits Mühe, mit dem leichtfüßigen, unermüdlichen Elben Schritt zu halten. Weiter führte er sie in die gähnende Dunkelheit und immer noch weiter unter dem dicht bewölkten Nachthimmel. Weder Mond noch Sterne leuchteten ihnen, und erst, als der Morgen graute, gönnte er ihnen eine Rast.

Pippin, Merry und Sam schliefen da fast schon im Dahinstolpern, und selbst Streicher ließ die Schultern hängen und schien müde zu sein. Frodo, auf dem Rücken des Pferdes, träumte einen düsteren Traum.

Ein paar Schritt abseits der Straße sanken sie ins Heidekraut und schliefen sofort ein. Sie meinten, kaum erst ein Auge zugetan zu haben, als Glorfindel, der sich selbst zum Wachtposten ausersehen hatte, sie schon wieder weckte. Die Sonne stand hoch im Südosten, und die nächtlichen Wolken und Nebel hatten sich zerstreut.

»Trinket dies!« sagte Glorfindel und schenkte reihum jedem ein wenig von einer Flüssigkeit aus einer silberbeschlagenen Lederflasche ein. Sie war klar wie Quellwasser und ohne Geschmack, im Munde weder kalt noch warm, und dennoch schienen Kraft und Lebensmut in alle ihre Glieder zu strömen, als sie davon tranken. Selbst das altbackene Brot und die Trockenfrüchte (denn nichts anderes hatten sie mehr) schienen nach einem solchen Trank ihren Hunger besser zu stillen als manch ein gutes auenländisches Frühstück.

Keine fünf Stunden hatten sie ausgeruht, als sie sich wieder auf den Weg machten. Glorfindel trieb sie immer noch an, und während des ganzen Tages gestattete er ihnen nur zwei kurze Pausen. Auf diese Weise legten sie vor Einbruch der Nacht fast zwanzig Meilen zurück und kamen an eine Stelle, wo die Straße nach rechts abbog und dann geradeaus bergab zur Sohle des Tals hinführte, in dem die Bruinen floss. Kein Zeichen oder Geräusch, das die Hobbits sehen oder hören konnten, deutete bisher auf eine Verfolgung hin; aber wenn sie nachhinkten, blieb Glorfindel oft für einen Moment stehen und horchte, und ein Ausdruck der Besorgnis zog dann über sein Gesicht. Ein- oder zweimal redete er mit Streicher in der Elbensprache.

Aber so sehr auch ihre Führer zur Eile drängen mochten, es war klar, dass die Hobbits in dieser Nacht nicht weitergehen konnten. Benommen vor Müdigkeit stolperten sie nur noch voran und konnten an nichts anderes mehr denken als an ihre Beine und Füße. Frodos Schmerzen hatten sich verdoppelt, und am Tage verblassten alle Dinge um ihn zu geisterhaft grauen Schatten. Fast begrüßte er den Einbruch der Nacht, weil die Welt dann etwas weniger fahl und leer zu sein schien.

Die Hobbits waren noch immer müde, als es am nächsten Morgen weiterging. Etliche Meilen lagen noch zwischen ihnen und der Furt, und sie humpelten vorwärts, so schnell sie eben konnten.

»Am größten wird die Gefahr sein, kurz bevor wir den Fluss erreichen«, sagte Glorfindel. »Mein Herz sagt mir, dass die Verfolger uns dicht auf den Fersen sind, und andere Gefahren erwarten uns vielleicht an der Furt.«

Noch immer führte die Straße stetig bergab, und an manchen Stellen auf beiden Seiten wuchs dichtes Gras, durch das die Hobbits liefen, weil es ihren müden Füßen gut tat. Am Spätnachmittag kamen sie an eine Stelle, wo die Straße unversehens in den dunklen Schatten hoher Kiefern und dann in einen tiefen Hohlweg zwischen feuchten roten Felswänden eintauchte. Das Echo begleitete sie, als sie dahineilten, und viele trappelnde Füße schienen ihren eigenen Schritten zu folgen. Auf einmal, wie durch ein lichtes Tor, ging es am Ende des Tunnels ins Freie hinaus. Vor ihnen, zu Füßen eines steilen Hangs, lag eine Meile flaches Land und dahinter die Furt von Bruchtal. Am anderen Ufer war eine hohe Böschung, auf die sich ein Weg in Schlangenlinien hinaufzog; und dahinter ragten Rücken über Rücken und Gipfel über Gipfel die hohen Nebelberge in den blassen Himmel.

Noch immer folgte ihnen ein Echo wie von Schritten aus dem Hohlweg; ein Rauschen, wie wenn ein eben aufkommender Wind die Kiefernäste bewegte, erhob sich. Glorfindel drehte sich um und horchte einen Augenblick, dann sprang er mit einem Aufschrei vorwärts.

»Flieh!« rief er. »Flieh! Der Feind ist da!«

Das weiße Pferd machte einen Satz voran. Die Hobbits rannten den Hang hinunter, Glorfindel und Streicher als Nachhut hinterdrein. Sie hatten das flache Stück erst halb überquert, als sie Getrappel von galoppierenden Pferden hörten. Aus der Öffnung zwischen den Bäumen, die sie eben verlassen hatten, kam ein schwarzer Reiter. Er zügelte sein Pferd, hielt an und bog sich im Sattel hin und her. Ein zweiter Reiter folgte, dann noch einer, dann noch zwei.

»Reite zu! Reite!« rief Glorfindel.

Frodo gehorchte nicht gleich. Ein seltsames Widerstreben hielt ihn zurück. Er ließ sein Pferd im Schritt gehen, drehte sich um und blickte hinter sich. Wie drohende Standbilder auf einem Berg saßen die Reiter auf ihren großen Rossen, dunkel und massig, während der Wald und das Land ringsum sich zu umnebeln schienen. Plötzlich erkannte er aus seinem Innern, dass sie ihm den stummen Befehl gaben zu warten. Sofort wachten Furcht und Hass in ihm auf. Seine Hand ließ den Zügel fahren und griff nach dem Heft seines Schwertes. Es blitzte rot auf, als er es zog.

»Reite zu! Reite zu!« rief Glorfindel, und dann, laut und deutlich, sprach er das Pferd in der Elbensprache an: *noro lim, noro lim, Asfaloth!*

Sofort setzte sich das weiße Pferd in Gang und stürmte das letzte Stück der Straße entlang. Im gleichen Augenblick rasten die schwarzen Pferde los, den Hügel herab, und nahmen die Verfolgung auf; und die Reiter stießen einen schrillen Schrei aus, wie ihn Frodo voller Entsetzen schon einmal in den Wäldern des fernen Ostviertels gehört hatte. Er wurde beantwortet, und zu Frodos und seiner Freunde Schrecken kamen vier andere Reiter zwischen den Felsen und Bäumen zur Linken hervorgeprescht. Zwei hielten geradewegs auf Frodo zu, zwei galoppierten wie verrückt zur Furt hin, um ihm den Weg abzuschneiden. Wie ein Sturmwind kamen sie dahergerast, rasch immer größer und dunkler werdend, zu dem Punkt hin, wo ihre Bahnen sich kreuzen mussten.

Frodo warf einen Blick zurück über die Schulter. Seine Freunde konnte er nicht mehr sehen. Die Reiter hinter ihm blieben zurück: Selbst ihre großen Rosse konnten es mit Glorfindels weißem Elbenpferd an Schnelligkeit nicht aufnehmen. Er blickte wieder nach vorn, und die Hoffnung verging ihm. Es schien unmöglich, die Furt zu erreichen, bevor die Reiter, die im Hinterhalt gelauert hatten, ihm den Weg abschnitten. Er sah sie nun ganz deutlich. Sie hatten die schwarzen Mäntel und Kapuzen abgeworfen und trugen nun graue und weiße Gewänder. In den Händen hatten sie die nackten Schwerter, auf den Köpfen Helme. Ihre Augen funkelten kalt, und sie schienen ihm mit Grabesstimme etwas zuzurufen.

Frodo dachte nicht mehr an sein Schwert, er schrie auch nicht, er hatte nur noch Angst. Er machte die Augen zu und hielt sich fest an der Mähne des Pferdes. Der Wind pfiff ihm um die Ohren, und die Glöckchen am Zaumzeug bimmelten schrill. Eine Eiseskälte traf ihn wie ein Speer, als sich das Elbenpferd ein letztes Mal streckte und wie ein weißer Blitz dem vordersten schwarzen Gaul dicht am Maul vorbeiflog.

Frodo hörte Wasser aufspritzen. Es schäumte ihm um die Füße. Er spürte das ruckartige Aufbocken, als das Pferd aus dem Wasser ans andere Ufer stieg. Dann lief es über einen steinigen Weg, die steile Böschung hinauf. Er hatte die Furt durchquert.

Aber die Verfolger waren dicht hinter ihm. Oben hielt das Pferd an, drehte sich um und wieherte laut. Neun Reiter hielten nun drüben am anderen Ufer und blickten zu ihm empor. Frodo bebte bis ins Herz hinein vor der Drohung, die aus ihren Gesichtern sprach. Er wusste nicht, was sie hindern sollte, die Furt ebenso mühelos wie er zu durchqueren, und er fand es sinnlos, ihnen auf dem langen, ihm unbekannten Weg von der Furt nach Bruchtal entkommen zu wollen, wenn die Reiter einmal über den Fluss wären. Jedenfalls, so spürte er, gab man ihm den strengen Befehl zu halten. Wieder regte sich der Hass in ihm, aber er hatte nicht mehr die Kraft, sich zu weigern.

Der vorderste Reiter gab seinem Pferd die Sporen. Es scheute vor dem Wasser zurück und bäumte sich auf. Mit großer Mühe richtete Frodo sich im Sattel auf und hob sein Schwert.

»Zurück!« rief er. »Zurück mit euch in euer Land Mordor! Verfolgt mich nicht länger!« Er hörte selber, wie dünn und schrill seine Stimme klang. Die Reiter hielten an, aber Frodo konnte keine Machtworte sprechen wie Bombadil. Die Feinde brachen in ein eisiges Hohnlachen aus. »Komm du zurück! Komm zurück!« riefen sie. »Nach Mordor kommst du mit uns!«

»Zurück!« flüsterte er.

»Der Ring! Der Ring!« schrien sie mit schneidenden Stimmen, und sofort trieb ihr Anführer, gefolgt von zwei anderen, sein Pferd ins Wasser hinein.

»Bei Elbereth und Lúthien der Schönen«, rief Frodo mit letzter Kraft und hob wieder sein Schwert, »weder den Ring noch mich sollt ihr haben!«

Da richtete sich der Anführer, der nun schon in der Mitte der Furt war, drohend in den Steigbügeln auf und hob die Hand. Frodo verschlug es die Sprache. Er fühlte, wie ihm die Zunge im Mund erstarrte und wie sein Herz pochte. Sein Schwert zerbrach und fiel ihm aus der zitternden Hand. Schnaubend bäumte das Elbenpferd sich unter ihm auf. Das vorderste der schwarzen Pferde setzte fast schon den Fuß ans Ufer.

In diesem Augenblick brach ein brausender Lärm los, das Getöse einer Flutwelle, mit der viele Steine einherpolterten. Verschwommen sah Frodo, wie der Fluss anschwoll und wie eine ganze Kavallerie von Wellen mit wehenden Helmbüschen das Flussbett herabkam. Weiße Flammen schienen auf ihren Kämmen zu flackern, und halb glaubte er im Wasser weiße Reiter auf weißen Rossen mit schäumenden Mähnen zu sehen. Die drei Reiter, die noch in der Furt waren, wurden fortgerissen und versanken in der strudelnden Gischt. Die anderen hinter ihnen schraken zurück.

Bevor ihm die Sinne schwanden, hörte Frodo noch Rufe, und ihm war, als sähe er hinter den Reitern, die zögernd am andern Ufer verharrten, eine weiß leuchtende Gestalt auftauchen; und hinter ihr drein kamen kleine, schattenhafte Figuren, Fackeln schwenkend, die rot durch den grauen Nebel loderten, der auf die Welt herabfiel.

Die schwarzen Pferde kannten kein Halten mehr und stürzten sich, wahnsinnig vor Angst, mitsamt ihren Reitern in die rasende Flut. Die markerschütternden Schreie der Reiter gingen unter im Tosen des Flusses, der sie davon schwemmte. Frodo war es, als stürzte er selbst und ginge zusammen mit seinen Feinden unter im brausenden Lärm. Dann hörte und sah er nichts mehr.

ZWEITES BUCH

ERSTES KAPITEL

VIELE BEGEGNUNGEN

Als Frodo erwachte, lag er im Bett. Zuerst glaubte er, verschlafen zu haben, nach einem langen, unangenehmen Traum, der ihn am Rande seiner Erinnerungen noch immer quälte. Oder war er krank gewesen? Aber die Zimmerdecke kam ihm fremd vor; sie war niedrig und von dunklen, vielfältig mit Schnitzwerk verzierten Balken getragen. Er blieb noch ein Weilchen liegen, betrachtete die Sonnenflecken an der Wand und hörte einen Wasserfall plätschern.

»Wo bin ich, und wie spät ist es?« sagte er laut zu der Decke.

»In Elronds Haus, zehn Uhr vormittags«, sagte eine Stimme. »Vierundzwanzigster Oktober, wenn du's genau wissen willst.«

»Gandalf!« rief Frodo und richtete sich auf. Da saß der alte Zauberer auf einem Stuhl am offenen Fenster.

»Jawohl«, sagte er, »da bin ich. Und du kannst von Glück sagen, dass du auch da bist, nach all den Dummheiten, die du angestellt hast, seit du von zu Hause fort bist.«

Frodo streckte sich wieder aus. Ihm war zu behaglich und friedlich zumute, um zu streiten, wo ihm ohnehin klar war, dass er den Kürzeren ziehen würde. Er war nun vollends wach, und die Erinnerung an seine Fahrt kam ihm wieder: die zeitraubende »Abkürzung« durch den Alten Wald, der dumme »Zwischenfall« im *Tänzelnden Pony* und seine Wahnsinnstat in der Mulde unterhalb der Wetterspitze, wo er den Ring aufgestreift hatte. Während er an all dies dachte und vergebens nach der Fortsetzung seiner Erinnerungen bis zur Ankunft in Bruchtal suchte, herrschte Stille, durchbrochen nur von Gandalfs leisem Schmauchen an seiner Pfeife, deren Rauch er in weißen Ringen zum Fenster hinausblies.

»Wo ist Sam?« fragte Frodo schließlich. »Und die andern, sind sie alle wohlauf?«

»Ja, alle sind gesund und munter«, antwortete Gandalf. »Sam war hier bis vor etwa einer halben Stunde. Ich habe ihn weggeschickt, damit er ein bisschen zur Ruhe kommt.«

»Was ist an der Furt passiert?« sagte Frodo. »Mir war alles so schleierhaft – und das ist es mir jetzt noch.«

»Das will ich glauben!« sagte Gandalf. »Du warst schon im Schwinden. Die Wunde wurde schließlich doch übermächtig. Noch ein paar Stunden, und jede Hilfe wäre zu spät gekommen. Aber, mein lieber Hobbit, in dir steckt doch allerhand! Wie man am Hügelgrab gesehen hat. Das konnte schief gehn, vielleicht der gefährlichste Moment auf der ganzen Reise. Wenn du doch nur bei der Wetterspitze durchgehalten hättest!«

»Du scheinst ja schon einiges zu wissen«, sagte Frodo. »Über die Sache beim Hügelgrab hab ich doch mit den andern gar nicht gesprochen. Zuerst, weil es zu grässlich war, dann, weil so viel anderes dazwischenkam. Woher kannst du das nur wissen?«

»Du hast im Schlaf viel geredet, Frodo«, sagte Gandalf freundlich, »und so war es nicht schwer für mich, deine Gedanken und Erinnerungen zu lesen. Keine Sorge! Ich habe eben gesagt, du hast Dummheiten gemacht, aber es war nicht mein voller Ernst. Ich habe großen Respekt vor dir – und vor den anderen. Es ist keine geringe Leistung, dass du so weit gekommen bist, und immer noch im Besitz des Ringes.«

»Ohne Streicher hätten wir es nie geschafft«, sagte Frodo. »Aber du hast uns gefehlt. Ohne dich wusste ich nicht, was zu tun war.«

»Ich wurde aufgehalten«, sagte Gandalf, »und beinah hätte uns das zum Verderben gereicht. Und doch, ich weiß nicht, vielleicht war es auch gut so.«

»Wenn du mir doch nur erklären würdest, was geschehen ist!«

»Alles zu seiner Zeit! Heute darfst du überhaupt noch nicht so viel reden oder dir über irgendwas Gedanken machen, hat Elrond angeordnet.«

»Aber das Reden würde mir die Gedanken und Grübeleien ersparen, die doch ebenso anstrengend sind«, sagte Frodo. »Ich bin nun hellwach und erinnere mich an so vieles, das der Erklärung bedarf. Warum wurdest du aufgehalten? Wenigstens so viel könntest du mir sagen.«

»Du erfährst bald alles, was du wissen willst«, sagte Gandalf. »Wir halten eine Ratssitzung, sobald du wieder auf den Beinen bist. Vorläufig will ich dir nur sagen, dass ich in Gefangenschaft war.«

»Du in Gefangenschaft?« rief Frodo.

»Jawohl, ich, Gandalf der Graue«, sagte der Zauberer düster. »Viele Mächte wirken in der Welt, zum Guten oder zum Bösen. Manche sind größer als ich. Mit manchen hab ich mich noch nie gemessen. Aber meine Zeit naht. Der Morgulfürst und seine schwarzen Reiter treten wieder auf den Plan. Krieg bahnt sich an.«

»Also wusstest du von diesen Reitern schon, bevor ich ihnen begegnet bin?«

»Ja, ich wusste von ihnen. Ich habe dir sogar schon einmal etwas von ihnen gesagt; denn die schwarzen Reiter sind die Ringgeister, die Neun Diener des Herrn der Ringe. Aber da wusste ich nicht, dass sie wieder aufgestanden sind, sonst wäre ich sofort mit dir geflohen. Ich erfuhr es erst, nachdem ich im Juni bei dir gewesen war. Aber diese Geschichte kann warten. Einstweilen sind wir der Katastrophe entgangen, dank Aragorn.«

»Ja«, sagte Frodo, »wer uns gerettet hat, war Streicher. Dabei hatte ich zuerst Angst vor ihm. Sam hat ihm nie ganz getraut, glaube ich, wenigstens nicht, bis wir Glorfindel trafen.«

Gandalf lächelte. »Über Sam weiß ich schon alles«, sagte er. »Er hat nun keine Zweifel mehr.«

»Da bin ich froh, denn ich habe Streicher inzwischen sehr gern«, sagte Frodo. »Allerdings, *gern haben* ist wohl nicht das richtige Wort. Ich meine, er ist mir lieb, obwohl er so eigenartig und manchmal auch finster ist. Eigentlich erinnert er mich oft an dich. Ich wusste nicht, dass es unter den Großen Leuten solche wie ihn gibt. Ich dachte, na ja, die sind eben groß und ziemlich dumm: nett und dumm wie Butterblüm oder dumm und gemein wie Lutz Farnrich. Aber im Auenland wissen wir nicht viel über die Menschen, abgesehen vielleicht von den Breeländern.«

»Und auch über die weißt du nicht viel, wenn du den alten Gerstenmann für dumm hältst«, sagte Gandalf. »Auf seine Art ist er ein Weiser. Er denkt nicht so viel, wie er redet, und auch nicht so schnell, und doch kann er durch eine Mauer gucken, bevor sie gebaut ist (so sagt man in Bree). Aber in ganz Mittelerde gibt es nur noch wenige wie Aragorn, Arathorns Sohn. Das Geschlecht der Könige, die einst übers Meer kamen, ist fast am Ende. Der Krieg um diesen Ring wird vielleicht ihr letztes Abenteuer sein.«

»Meinst du wirklich, dass Streicher einer vom Volk der alten Könige ist?« sagte Frodo verwundert. »Ich dachte, die seien alle schon lange nicht mehr auf der Welt. Ich dachte, er ist nur ein Waldläufer.«

»Nur ein Waldläufer!« rief Gandalf. »Mein lieber Hobbit, ebendies sind doch die Waldläufer: die letzten im Norden lebenden Nachkommen des großen Volkes der Menschen aus dem Westen. Sie haben mir schon öfter geholfen, und ich werde ihre Hilfe auch bei dem brauchen, was uns in nächster Zeit bevorsteht; denn Bruchtal haben wir zwar erreicht, aber der Ring ist noch nicht zur Ruhe gebracht.«

»Das wohl nicht«, sagte Frodo. »Aber bisher habe ich nur daran gedacht, hierher zu kommen. Ich werde ja hoffentlich nicht noch weitergehn müssen. Es ist sehr schön, einfach mal auszuruhen. Ich bin seit einem Monat auf der Flucht – ein Monat voller Abenteuer, und ich finde, das reicht.«

Er schwieg und machte die Augen zu. Nach einer Weile sagte er: »Ich habe nachgerechnet, aber bis zum vierundzwanzigsten Oktober komme ich nicht. Nach meiner Zählung müsste es der einundzwanzigste sein. Am zwanzigsten müssen wir die Furt erreicht haben.«

»Du hast nun mehr geredet und gerechnet, als für dich gut ist«, sagte Gandalf. »Wie geht's denn deiner Seite und der Schulter?«

»Ich weiß nicht«, sagte Frodo. »Ich spüre gar nichts von ihnen, was immerhin ein Fortschritt ist, aber« – er machte einen Versuch – »ich kann den Arm wieder ein bisschen bewegen. Ja, er fühlt sich wieder lebendig an. Er ist nicht kalt«, fügte er hinzu und berührte seine linke Hand mit der Rechten.

»Gut«, sagte Gandalf, »es heilt schnell. Bald bist du wieder gesund. Elrond hat dich geheilt. Tagelang hat er dich gepflegt, seit du hergebracht wurdest.«

»Tagelang?« sagte Frodo.

»Vier Nächte und drei Tage, genau gesagt. Die Elben haben dich am zwanzigsten abends von der Furt hergetragen, und da hört deine Zeitrechnung auf. Wir haben furchtbare Angst um dich gehabt, und Sam ist Tag und Nacht kaum einmal von deiner Seite gewichen, außer wenn er etwas zu besorgen hatte. Elrond ist ein Meister der Heilkunst, doch unser Feind hat tödliche Waffen. Um dir die Wahrheit zu sagen, ich hatte nur noch sehr wenig Hoffnung, denn ich befürchtete, dass in der geschlossenen Wunde noch ein Splitter von der Klinge steckte. Erst war er nicht zu finden, aber dann, gestern Abend, hat Elrond ihn entfernt. Er steckte sehr tief und wühlte sich weiter nach innen.«

Mit Schaudern dachte Frodo an das scheußliche Messer mit der gezackten Klinge, die sich in Streichers Hand aufgelöst hatte. »Hab keine Angst!« sagte Gandalf. »Jetzt ist er weg. Er ist eingeschmolzen worden. Und anscheinend schwindet ein Hobbit nicht so leicht. Ich kenne starke Krieger aus dem Großen Volk, die diesem Splitter, den du siebzehn Tage in dir getragen hast, schnell erlegen wären.«

»Was hätten sie mit mir gemacht?« fragte Frodo. »Was wollten die Reiter erreichen?«

»Sie wollten dir das Herz mit einem Morgulmesser durchbohren, das in der Wunde bleibt. Wäre es ihnen gelungen, wärest du einer wie sie geworden, nur schwächer und ihnen untertan. Ein Geist unter der Hoheit des Dunklen Herrschers wärest du geworden; und zur Strafe dafür, dass du seinen Ring nicht freiwillig hergegeben hast, hätte er dich gequält, sofern eine schlimmere Qual möglich ist, als des Rings beraubt zu werden und ihn an seiner Hand sehen zu müssen.«

»Ein Glück, dass ich das alles nicht so genau wusste!« sagte Frodo matt. »Natürlich hatte ich eine entsetzliche Angst, aber hätte ich mehr gewusst, hätte ich wohl keinen Finger mehr zu rühren gewagt. Ein Wunder, dass ich davongekommen bin!«

»Ja, es war Glück oder Schicksal, was dich gerettet hat«, sagte Gandalf, »um von Mut nicht zu reden. Denn ins Herz wurdest du nicht getroffen, nur die Schulter wurde durchbohrt, und das kam daher, dass du dich bis zuletzt gewehrt hast. Aber du bist sozusagen um Haaresbreite davongekommen. In höchster Gefahr warst du, als du den Ring aufgesteckt hattest, denn da warst du selbst zur Hälfte in der Geisterwelt, und sie hätten dich ergreifen können. Du konntest sie sehen, und sie konnten dich sehen.«

»Ich weiß«, sagte Frodo. »Furchtbar sahen sie aus. Aber warum konnten wir alle ihre Pferde sehen?«

»Weil es gewöhnliche Pferde sind, ebenso wie die schwarzen Gewänder aus gewöhnlichem Stoff sind, den sie tragen, um ihrer Nichtigkeit eine Gestalt zu geben, wenn sie mit den Lebenden zu tun haben.«

»Warum dulden die schwarzen Pferde dann solche Reiter? Alle anderen Tiere erschrecken doch, wenn die ihnen nahe kommen, sogar Glorfindels Elbenpferd. Die Hunde winseln und die Gänse zischen sie an.«

»Weil diese Pferde schon in Mordor geboren und für den Dienst des Dunklen Herrschers gezüchtet sind. Nicht alle seine Diener und Knechte sind Geister. Es gibt Orks und Trolle, Warge und Werwölfe, und es gab und gibt noch viele Menschen, auch Krieger und Könige, die auf dieser Welt unter der Sonne leben und dennoch seinem Einfluss unterliegen. Und mit jedem Tag werden sie zahlreicher.«

»Was ist mit Bruchtal und den Elben? Ist Bruchtal sicher?«

»Einstweilen ja, bis alle anderen besiegt sind. Die Elben fürchten und fliehen zwar den Dunklen Herrscher, aber sie werden nie wieder auf ihn hören oder ihm dienen. Und hier in Bruchtal wohnen noch einige seiner größten Feinde: die Weisen, Fürsten der Eldar vom fernsten jenseitigen Ufer des Meeres. Vor den Ringgeistern haben sie keine Furcht, denn wer einmal im Segensreich gewohnt hat, der lebt in beiden Welten zugleich und hat viel Macht gegen die Sichtbaren wie gegen die Unsichtbaren.«

»Ich glaubte, eine weiße Gestalt zu sehen, die leuchtete und nicht wie die anderen vor meinen Augen verschwamm. War das also Glorfindel?«

»Ja, du hast ihn für einen Moment so gesehen, wie er auf der anderen Seite ist: einer der Mächtigen unter den Erstgeborenen, ein Elb aus fürstlichem Hause. Überhaupt ist in Bruchtal eine Macht wirksam, die der Macht Mordors für eine Weile widerstehen kann; und andere Mächte wohnen noch anderen Orten inne. Auch im Auenland steckt Macht, allerdings nicht von gleicher Art. Doch alle diese Orte werden bald nur noch Inseln in einem Meer von Feinden sein, wenn alles so weitergeht wie bisher. Der Dunkle Herrscher bietet nun alle seine Kräfte auf.

Trotzdem«, sagte er, plötzlich aufstehend und das Kinn streckend, so dass sein Bart steif und gerade abstand, wie wenn er aus Draht wäre, »dürfen wir den Mut nicht sinken lassen. Du bist bald wieder wohlauf, wenn ich dich nicht totschwatze. Du bist in Bruchtal und brauchst dir einstweilen um nichts Sorgen zu machen.«

»Ich habe keinen Mut mehr, den ich sinken lassen könnte«, sagte Frodo, »aber im Moment mache ich mir auch keine Sorgen. Jetzt erzähle mir endlich von meinen Freunden und sag mir, wie die Sache an der Furt ausgegangen ist, wonach ich schon die ganze Zeit frage, und dann bin ich fürs Erste zufrieden. Danach werde ich noch eine Weile schlafen, glaube ich, aber ich werde kein Auge zutun können, ehe du mir nicht die ganze Geschichte bis zu Ende erzählt hast.«

Gandalf rückte mit seinem Stuhl ans Bett und musterte Frodo eingehend. Sein Gesicht hatte wieder Farbe, und die Augen schauten klar und hellwach drein. Er lächelte, und offenbar fehlte ihm nicht viel. Doch dem Blick des Zauberers konnte eine leichte Veränderung nicht entgehen, etwas Durchscheinendes gewissermaßen, besonders an der linken Hand, die auf der Bettdecke lag.

»Nun, das war zu erwarten«, sagte sich Gandalf. »Er ist noch nicht zur Hälfte übern Berg, und wie weit es am Ende mit ihm kommen wird, kann nicht mal Elrond voraussagen. Nicht bis zum Bösen, denke ich. Vielleicht wird er wie ein Glas, das für Augen, die zu sehen vermögen, von reinem Licht erfüllt ist.«

»Prächtig siehst du aus!« sagte er laut. »Ich lass es mal drauf ankommen und berichte dir kurz, ohne vorher Elrond zu fragen. Aber nur ganz kurz, wohlgemerkt, und dann musst du weiterschlafen. Folgendes ist passiert, soviel ich weiß: Die Reiter sausten hinter dir her, sobald du geflüchtet bist. Sie brauchten ihre Pferde nicht mehr als Blindenführer: du warst für sie nun sichtbar, weil du schon auf der Schwelle zu ihrer Welt standest. Und der Ring zog sie an. Deine Freunde sprangen beiseite, sonst wären sie niedergeritten worden. Sie wussten, dass es für dich keine Rettung mehr gab, außer dem weißen Pferd. Die Reiter waren zu schnell, als dass man sie hätte überholen, und zu zahlreich, als dass man sie hätte abwehren können. Zu Fuß konnten auch Glorfindel und Aragorn zusammen es nicht mit allen neun Reitern auf einmal aufnehmen.

Als die Ringgeister vorübergebraust waren, rannten deine Freunde ihnen nach. Dicht bei der Furt ist eine kleine Mulde, gegen die Straße hin abgeschirmt durch ein paar verkümmerte Bäume. Dort zündeten sie rasch ein Feuer an. Glorfindel wusste, dass eine Flutwelle den Fluss herabkommen würde, wenn die Reiter den Übergang wagten, und dass er dann mit denen fertig werden müsste, die etwa noch am Ufer zurückgeblieben wären. In dem Augenblick, als die Flut kam, rannte er los, Aragorn und die andern hinterdrein, alle mit brennenden Knüppeln. So eingezwängt zwischen Feuer und Wasser und mit einem Elbenfürsten in seiner Zornesgestalt konfrontiert, bekamen es die Reiter mit der Angst, und die Pferde gingen ihnen durch. Drei waren gleich von der ersten Flutwelle mitgerissen worden; die anderen stürzten nun mit ihren Pferden ins Wasser und wurden weggeschwemmt.«

»Und das war das Ende der schwarzen Reiter?« fragte Frodo.

»Nein«, sagte Gandalf. »Ihre Pferde werden dabei umgekommen sein, und ohne die sind sie hilflos. Aber die Ringgeister selbst sind so leicht nicht zu vernichten. Einstweilen aber haben wir von ihnen nichts mehr zu befürchten. Deine Freunde sind über den Fluss gegangen, als die Flut vorüber war, und oben auf der Böschung hast du gelegen, bäuchlings und mit einem zerbrochenen Schwert unter dir. Das Pferd hielt bei dir Wache. Du warst bleich und kalt, und sie haben befürchtet, du seiest tot oder wer weiß was noch Schlimmeres. Elronds Leute sind ihnen entgegengekommen und haben dich langsam nach Bruchtal getragen.«

»Wer hat die Flut losgelassen?« fragte Frodo.

»Elrond hat sie befohlen«, antwortete Gandalf. »Der Fluss in diesem Tal gehorcht ihm und schwillt wütend an, wenn er es für nötig hält, die

Furt zu sperren. Sobald der Hauptmann der Ringgeister ins Wasser ritt, wurde die Flut ausgelöst. Ich, wenn ich das sagen darf, habe meinerseits auch noch ein paar Tupfer hinzugefügt: Du hast es vielleicht gar nicht bemerkt, aber manche Wellen nahmen die Gestalt großer weißer Rosse an, mit schimmernd weißen Reitern drauf, und mit ihnen kamen viele polternde und malmende Felsbrocken. Einen Augenblick hab ich befürchtet, wir hätten eine Gewalt entfesselt, die wir nicht bezähmen könnten, und die Flut würde euch alle wegspülen. In den Wassern, die von den schneebedeckten Hängen des Nebelgebirges herabfließen, steckt eine ungeheure Kraft.«

»Ja, nun fällt mir alles wieder ein«, sagte Frodo. »Ein gewaltiges Tosen. Ich dachte, ich müsste ertrinken, mit Freund und Feind. Aber nun sind wir ja in Sicherheit!«

Gandalf blickte Frodo rasch an, aber der hatte die Augen geschlossen. »Ja, ihr seid alle vorläufig in Sicherheit. Bald gibt es hier Gelage und Lustbarkeiten zur Feier des Sieges an der Bruinen-Furt, und ihr alle werdet dabei einen Ehrenplatz einnehmen.«

»Herrlich!« sagte Frodo. »Es ist doch wunderbar, dass große Herren wie Elrond und Glorfindel, um von Streicher gar nicht zu reden, meinetwegen solche Umstände machen und mich so freundlich aufnehmen.«

»Na, dafür haben sie allerlei Gründe«, sagte Gandalf und lächelte. »Ein guter Grund bin ich. Ein zweiter ist der Ring: du bist der Ringträger. Und du bist Bilbos, des Ringfinders, Erbe.«

»Der gute Bilbo!« sagte Frodo schläfrig. »Ich frage mich, wo er steckt. Ich wollte, er wäre hier und könnte sich das alles anhören. Was würde er lachen! Die Kuh sprang über den Mond ins Gras! Und der arme alte Troll!« Gleich darauf war er fest eingeschlafen.

Nun lag Frodo wohlbehalten im Letzten gastlichen Haus östlich des Meeres. In diesem Haus, wie Bilbo schon vor vielen Jahren berichtet hatte, »stand alles zum Besten, ob es einem nun auf gutes Essen oder ruhigen Schlaf ankam, auf spannende Geschichten oder schöne Lieder oder einfach auf ruhiges Dasitzen und Nachdenken oder auf eine angenehme Mischung von alledem«. Dort zu sein, heilte allein schon von Müdigkeit, Angst und Kummer.

Gegen Abend wurde Frodo wieder wach und fand, dass ihm nun nicht mehr so sehr nach Ruhen und Schlafen, sondern nach einem guten Essen und einem Krug Bier zumute war, und später dann vielleicht nach

Liedern und Geschichten. Er stand auf und stellte fest, dass ihm der Arm fast schon wieder gehorchte wie zuvor. Er fand saubere Kleidung für sich bereitgelegt, einen Anzug aus grünem Tuch, der sehr gut saß. Als er in den Spiegel blickte, sah er verdutzt einen viel dünneren Frodo Beutlin, als er in Erinnerung hatte: Der da sah ganz wie Bilbos junger Neffe aus, der einst mit seinem Onkel durchs Auenland gestromert war. Nur die Augen schauten ihn nachdenklich an.

»Ja, du hast einiges mitgemacht, seit wir uns das letzte Mal gesehen haben«, sagte er zu seinem Spiegelbild. »Aber nun auf zum Gelage!« Er reckte die Arme und pfiff ein Liedchen.

Es klopfte an die Tür, und Sam kam herein. Er stürzte erst auf Frodo zu, dann, verlegen und schüchtern, nahm er seine linke Hand. Er streichelte sie zärtlich, wurde rot und wandte sich rasch ab.

»Hallo, Sam!« sagte Frodo.

»Ist warm!« sagte Sam. »Deine Hand, mein' ich, Herr Frodo. Sie hat sich so kalt angefühlt, all die Nächte. Aber getrommelt und gepfiffen!« rief er, drehte sich wieder um; seine Augen glänzten, und er hüpfte auf und ab. »Ist das eine Freude, dich wieder auf den Beinen zu sehn, Chef, und ganz der Alte! Gandalf hat gesagt, ich soll mal nachsehn, ob du nicht runterkommen möchtest, und ich hab gedacht, er macht einen Witz.«

»Ich möchte schon«, sagte Frodo. »Also los! Mal sehn, wer noch alles da ist.«

»Ich kann dich hinbringen, Chef«, sagte Sam. »Ein großes Haus ist das hier, und sehr seltsam. Da entdeckt man immer wieder was Neues und kann nie wissen, was einen erwartet, wenn man um die nächste Ecke biegt. Und so viele Elben, Chef! Wo du hinschaust, Elben! Manche schön und so schrecklich würdevoll wie ein König; und manche tollen herum wie die Kinder. Und erst die Musik und die Lieder – wobei ich noch nicht mal viel Zeit und auch keinen Kopf dafür hatte, mir alles anzuhören, seit wir hier sind. Aber allmählich krieg' ich doch ein bisschen mit, wie's hier zugeht.«

»Ich weiß schon, warum du keine Zeit hattest, Sam«, sagte Frodo und nahm seinen Arm. »Aber heute Abend wird gefeiert, und du kannst dir nach Herzenslust Lieder anhören. Komm nun und führe mich um all diese Ecken!«

Sam führte ihn durch mehrere Flure und etliche Treppen hinunter in einen Garten hoch über dem steilen Flussufer. Dort saßen seine Freunde auf einer Terrasse an der Ostseite des Hauses. Unten im Tal lagen schon

Schatten, während auf die oberen Berghänge noch Sonne schien. Die Luft war warm; Bäche plätscherten, ein Wasserfall rauschte, und ein leiser Duft von Bäumen und Blumen wehte durch den Abend, als ob in Elronds Gärten immer noch Sommer wäre.

»Hurra!« rief Pippin und sprang auf. »Hier kommt unser edler Vetter! Machet Platz für Frodo, den Herrn des Ringes!«

»Still!« sagte Gandalf, der im schattigen Hintergrund der Terrasse saß. »Nichts Böses kommt in dieses Tal; trotzdem sollten wir es nicht beim Namen rufen. Herr des Ringes ist nicht Frodo, sondern der Herrscher im Dunklen Turm zu Mordor, dessen Macht nun wieder in alle Welt ausgreift. Wir sitzen in einer Festung. Draußen wird es dunkel.«

»Solcher aufmunternder Reden hält Gandalf viele«, sagte Pippin. »Er meint immer, er muss mich zur Ordnung rufen. Aber irgendwie finde ich es hier gar nicht möglich, Trübsal zu blasen. Mir ist zumute, als ob ich singen möchte, wenn ich nur wüsste, welches das richtige Lied für diesen Anlass wäre.«

»Mir ist auch nach Singen zumute«, sagte Frodo und lachte. »Aber im Augenblick noch mehr nach etwas zu essen und zu trinken!«

»Daran wird es nicht fehlen«, sagte Pippin. »Schlau wie immer, bist du genau rechtzeitig zu einer Mahlzeit aufgestanden.«

»Was heißt hier Mahlzeit?« sagte Merry. »Ein Gelage! Gleich, als Gandalf berichtet hat, dass es dir besser geht, wurde mit den Vorbereitungen begonnen.« Und kaum hatte er das gesagt, da wurden sie durch ein Klingeln von vielen Glöckchen in die Halle gerufen.

Die Halle in Elronds Haus war voller Leute: zumeist Elben, aber auch einige von anderer Art. Elrond, wie er es gewohnt war, saß in einem großen Sessel auf einer kleinen Estrade am Kopfende der langen Tafel, und neben ihm saßen auf der einen Seite Glorfindel, auf der andern Gandalf.

Frodo betrachtete sie voll Neugier. Elrond, von dem doch in so vielen Erzählungen die Rede war, hatte er noch nie gesehen; und rechts und links neben ihm erschienen nun auch Glorfindel und sogar Gandalf, den er doch gut zu kennen glaubte, mit einem Mal als Herren von Rang und Würde.

Gandalf war kleiner als die beiden andern, aber mit seinem langen weißen Haar, dem silbrigen Rauschebart und den breiten Schultern sah er aus wie ein weiser König aus alten Sagen. Unter den dichten schneeweißen Brauen in seinem faltigen Gesicht standen die dunklen Augen wie zwei Kohlen, die plötzlich erglühen konnten.

Glorfindel war groß und schlank, das Haar golden schimmernd, das Gesicht edel, jugendlich, furchtlos und heiter, die Augen hell und scharf. Seine Stimme klang wie ein Orchester, Weisheit leuchtete ihm von der Stirn, und wie viel Kraft in seiner Hand war, konnte man nur ahnen.

Elronds Gesicht war zeitlos, nicht alt und nicht jung, doch stand die Erinnerung an viel Freud und Leid darin eingeschrieben. Sein Haar war dunkel wie Schatten im Zwielicht und mit einem silbernen Reif gekrönt; seine Augen waren grau wie ein schöner Abend, und aus ihnen schimmerte ein Licht wie von Sternen. Ehrwürdig sah er aus wie ein König mit vielen Wintern auf dem Scheitel und doch rüstig wie ein kampferprobter Krieger in der Fülle seiner Kraft. Er war der Herr von Bruchtal und ein Mächtiger unter den Elben wie unter den Menschen.

In der Mitte der Tafel, vor den gewebten Wandbehängen, stand ein Sessel unter einem Baldachin, und darin saß eine Dame, lieblich anzusehen und in weiblich abgewandelter Gestalt Elrond so ähnlich, dass Frodo sogleich eine nahe Verwandtschaft erriet. Jung war sie und auch wieder nicht jung. Die Flechten ihres dunklen Haars waren noch von keinem Rauhreif versilbert; ihre weißen Arme und das reine Gesicht waren makellos und glatt, und der Sternenschein leuchtete auch aus ihren Augen, die grau waren wie die wolkenlose Nacht; und doch sah sie wie eine Königin aus, die schon vieles erlebt hat, das nur die Jahre bringen, und aus ihrem Blick sprachen Wissen und Verstand. Über der Stirn trug sie eine Haube aus silberner Spitze, mit kleinen, weiß glitzernden Edelsteinen besetzt; doch an ihrem fließenden grauen Kleid war kein Schmuck außer einem Gürtel von in Silber getriebenen Blättern.

So also sah Frodo die Dame, die erst wenige Sterbliche mit eigenen Augen gesehen hatten: Elronds Tochter Arwen, von der es hieß, in ihr sei Lúthiens Ebenbild wieder auf Erden erschienen; auch Undómiel wurde sie genannt, denn sie war der Abendstern ihres Volkes. Lange hatte sie bei der Sippe ihrer Mutter, in Lórien, jenseits des Gebirges gewohnt, und erst vor kurzem war sie nach Bruchtal zurückgekehrt, ins Haus ihres Vaters. Ihre Brüder Elladan und Elrohir aber waren nicht da; sie waren auf Fahrt. Oft ritten sie mit den Waldläufern des Nordens weit über Land und vergaßen niemals die Qualen, die ihre Mutter in den Höhlen der Orks erlitten hatte.

Nie zuvor hatte Frodo ein lebendes Geschöpf von solchem Reiz gesehen oder sich vorstellen können; und um so mehr erstaunte und beschämte es ihn, sich selbst unter so vielen Edlen und Hochmögenden an Elronds Tafel zu sehen. Obwohl man ihm seinen Sitz hobbitgerecht mit mehreren Kissen erhöht hatte, kam er sich sehr klein und ein wenig fehl am Platz vor; doch dieses Gefühl verlor er schnell. Es wurde ein ausgelassenes Fest, und die Speisen übertrafen alles, was sein Hunger sich nur wünschen konnte. Es dauerte eine ganze Weile, bis er zum ersten Mal von seinem Teller aufsah oder ein Wort mit seinen Nachbarn redete.

Zuerst schaute er nach seinen Freunden. Sam hatte darum gebeten, seinem Chef bei Tisch aufwarten zu dürfen; worauf ihm klargemacht wurde, dass er bei dieser Gelegenheit selbst ein Ehrengast sei. Also saß er jetzt zusammen mit Pippin und Merry am oberen Ende eines Seitentischs dicht bei der Estrade. Streicher war nirgends zu sehen.

Rechts neben Frodo saß ein Zwerg von würdigem Aussehen und in prächtiger Kleidung. Sein überaus langer Gabelbart war weiß, fast so schneeweiß wie das feine Tuch seines Gewandes. Er trug einen silbernen Gürtel und um den Hals eine Kette von Silber und Diamanten. Frodo hielt beim Essen inne, um ihn zu betrachten.

»Seien Sie gegrüßt und willkommen!« sagte der Zwerg und wandte sich ihm zu. Dann stand er sogar von seinem Stuhl auf und verbeugte sich. »Glóin, zu Diensten«, sagte er und verbeugte sich noch tiefer.

»Frodo Beutlin, zu Ihren und Ihrer Familie Diensten«, erwiderte Frodo, wie es sich gehörte, stand vor Überraschung auf und warf dabei die Sitzkissen herunter. »Vermute ich richtig, dass Sie *der* Glóin sind, einer von den zwölf Gefährten des großen Thorin Eichenschild?«

»Richtig«, antwortete der Zwerg, sammelte die Kissen auf und erwies Frodo die Ehre, ihm wieder auf seinen Sitz zu helfen. »Und ich muss nicht erst fragen, denn man hat mir schon gesagt, dass du der Neffe und Adoptiverbe unseres ruhmreichen Freundes Bilbo bist. Gestatte, dass ich dir zu deiner Genesung gratuliere!«

»Danke sehr!«

»Du hast einige sehr merkwürdige Abenteuer erlebt, habe ich gehört«, sagte Glóin. »Ich bin sehr neugierig, was gleich vier Hobbits dazu bringt, sich auf eine so weite Reise zu begeben. Seit Bilbo mit uns kam, hat man dergleichen nicht mehr gesehen. Aber vielleicht sollte ich nicht nach den näheren Umständen fragen, weil Elrond und Gandalf nicht geneigt scheinen, davon zu reden.«

»Ich glaube, wir sprechen besser nicht davon, oder wenigstens noch nicht«, sagte Frodo höflich. Er dachte sich, dass die Sache mit dem Ring selbst in Elronds Haus kein Thema für Tischgespräche war; und ohnehin wollte er seine Sorgen für eine Weile vergessen. »Doch bin ich ebenso neugierig zu erfahren«, fügte er hinzu, »was einen so namhaften Zwerg so weit vom Einsamen Berg wegführt.«

Glóin blickte ihn an. »Wenn du es nicht gehört hast, dann, glaube ich, sprechen wir davon besser auch nicht. Meister Elrond wird uns wohl in Kürze alle zusammenrufen, und dann werden wir alle viel Neues erfahren. Aber einstweilen gibt es ja noch vieles andere zu erzählen.«

Im weiteren Verlauf der Mahlzeit redeten sie miteinander, doch Frodo hörte mehr zu, als dass er sprach; denn alle Neuigkeiten aus dem Auenland, soweit sie nicht den Ring betrafen, schienen ihm abseitig und belanglos, während Glóin viel von den Ereignissen im nördlichen Wilderland zu berichten hatte. Frodo erfuhr, dass Grimbeorn der Alte, Beorns Sohn, nun der Anführer vieler wackerer Menschen war und dass sich in ihr Land zwischen dem Gebirge und dem Düsterwald kein Ork und kein Wolf mehr hineinwagte.

»Ja«, sagte Glóin, »ohne die Beorninger wäre der Weg von Thal nach Bruchtal überhaupt nicht mehr gangbar. Sie sind tapfer und halten den Hohen Pass und die Carrock-Furt offen. Aber sie nehmen hohen Wegzoll«, fügte er kopfschüttelnd hinzu, »und wie einst Beorn mögen sie uns Zwerge nicht sonderlich. Immerhin kann man ihnen trauen, und das ist schon viel heutzutage. Nirgendwo stehen wir uns mit den Menschen so gut wie mit denen von Thal. Das sind brave Leute, die Bardinger! Bards, des Bogenschützen, Enkel regiert sie, Brand Brainbardssohnssohn. Er ist ein mächtiger König, und sein Reich erstreckt sich nach Süden und Osten bis weit über Esgaroth hinaus.«

»Und wie steht es um euer eigenes Volk?« fragte Frodo.

»Da gibt es viel zu berichten, Gutes und Schlimmes«, sagte Glóin, »aber mehr Gutes. Bisher haben wir Glück gehabt, obwohl sich auch über uns die Wolken zusammenziehen. Wenn du wirklich davon hören willst, erzähle ich dir gern alles. Aber unterbrich mich, wenn es dir zu viel wird! Wenn Zwerge von ihrem Handwerk reden, kennt ihre Zunge kein Halten mehr, sagt man.«

Und damit stürzte sich Glóin in einen langen Bericht über die Geschäfte des Zwergenkönigreichs. Er war selig, einen so aufmerksamen Zuhörer gefunden zu haben, denn Frodo ließ kein Zeichen von Überdruss erkennen und machte keinen Versuch, das Thema zu wechseln, obwohl ihm bald der Kopf schwirrte vor all den fremden Namen von Leuten und Orten, die er noch nie gehört hatte. Immerhin interessierte es ihn zu erfahren, dass Dáin noch immer König unter dem Berge, nun aber alt (nämlich über die zweihundertfünfzig hinaus), ehrwürdig und fabelhaft reich war. Von den zehn Gefährten, die die Schlacht der fünf Heere überlebt hatten, waren sieben noch bei ihm: Dwalin, Glóin, Dori, Nori, Bifur, Bofur und Bombur. Bombur war nun so dick, dass er nicht mehr allein von seinem Sofa aufstehen und zu seinem Stuhl bei Tisch gehen konnte; und sechs junge Zwerge waren nötig, um ihm aufzuhelfen.

»Und was ist aus Balin, Ori und Óin geworden?« fragte Frodo.

Ein Schatten zog über Glóins Gesicht. »Das wissen wir nicht«, sagte er. »Hauptsächlich Balins wegen bin ich hier, um den Rat derer zu erbitten, die in Bruchtal wohnen. Aber lass uns heute Abend von etwas Erfreulicherem sprechen!«

Dann sprach Glóin von den Werken seines Volkes, von den großen Arbeiten in Thal und unter dem Berg. »Wir haben allerhand geleistet«, sagte er. »Aber in der Metallbearbeitung bleiben wir hinter unseren Vätern zurück. Sie hatten viele Geheimnisse, die uns verloren gegangen sind. Wir machen ordentliche Rüstungen und brauchbare Schwerter; aber Kettenhemden oder Klingen, wie sie geschmiedet wurden, bevor der Drache kam, bringen wir nicht mehr zustande. Nur im Bergbau und in der Baukunst sind wir heute weiter als die alten Herren. Du solltest die Wasserstraßen von Thal sehen, Frodo, und die Brunnen und Teiche! Du solltest die vielfarbigen Straßenpflaster sehen! Und die Hallen und Höhlenstraßen unter der Erde mit Bogengewölben aus gemeißelten Bäumen, und die Terrassen und Türme an den Berghängen! Da könntest du sehen, dass wir nicht faul gewesen sind.«

»Ich will mir gern alles anschauen, wenn ich je dazu komme«, sagte Frodo. »Wie würde Bilbo staunen, wenn er sähe, wie Smaugs Einöde sich verändert hat!«

Glóin blickte ihn an und lächelte. »Du hast Bilbo sehr gern gehabt, nicht?«

»Ja«, sagte Frodo. »Ihn würde ich noch lieber sehen als alle Türme und Paläste der Welt.«

Endlich war das Festessen zu Ende. Elrond und Arwen standen auf und schritten durch die Halle, und die ganze Gesellschaft folgte ihnen, wobei immer zwei nebeneinander gingen. Die Türen wurden geöffnet, und über einen breiten Gang kam man in eine andere große Halle. Hier standen keine Tische, doch ein helles Feuer brannte in einem großen Kamin zwischen zwei reich verzierten Säulen.

Frodo ging neben Gandalf her. »Dies ist die Kaminhalle«, sagte der Zauberer. »Heute wirst du hier allerlei Lieder und Geschichten hören – solange du dich wach halten kannst. Aber für gewöhnlich, außer an Festtagen, ist es hier leer und still, und nur Einzelne kommen her, um Ruhe und Besinnung zu finden. Immer brennt ein Feuer in der Halle, das ganze Jahr über, doch anderes Licht gibt es kaum.«

Als Elrond eintrat und zu dem Sitz ging, der ihm vorbehalten war, stimmten elbische Musikanten eine liebliche Melodie an. Langsam füllte sich die Halle, und Frodo konnte sich nicht satt sehen an all den edlen Gesichtern, die hier in einem Raum versammelt waren; der goldene Feuerschein tanzte auf ihnen und schimmerte in ihrem Haar. Plötzlich bemerkte er, nicht weit vom dunklen Ende der Halle, ein kleines Kerlchen, das auf einem Schemel saß, den Rücken an eine Säule gelehnt, einen Becher und ein Stück Brot neben sich auf dem Boden. War dies ein Kranker (aber konnte in Bruchtal überhaupt jemand krank sein?), der an dem Festessen nicht hatte teilnehmen können? Der Kopf schien ihm im Schlaf auf die Brust herabgesunken zu sein, und ein Zipfel seines dunklen Gewandes verhüllte sein Gesicht.

Elrond ging hin und blieb neben ihm stehen. »Wach auf, Kleiner!« sagte er lächelnd. Dann winkte er Frodo heran. »Endlich ist der Augenblick da, den du herbeigewünscht, Frodo«, sagte er. »Hier ist ein Freund, den du lange vermisst hast.«

Der Kleine auf dem Schemel hob den Kopf, und das Tuch gab sein Gesicht frei.

»Bilbo!« rief Frodo und sprang auf ihn zu.

»Hallo, Frodo, mein Junge!« sagte Bilbo. »Na, da bist du ja endlich! Ich hab immer gesagt, du schaffst es. Schön, schön! Und dies ganze Gelage ist dir zu Ehren, hab ich gehört. Hoffentlich hat's dir gefallen?«

»Warum warst du nicht da?« rief Frodo. »Und warum hab ich dich nicht schon früher sehen dürfen?«

»Weil du geschlafen hast. Dafür hab *ich* dich schon eine ganze Weile gesehen. Ich bin jeden Tag mit Sam an deinem Bett gesessen. Aber was das Gelage angeht, daraus mach' ich mir heute nicht mehr viel. Und ich hatte was anderes zu tun.«

»Was hast du gemacht?«

»Na, hier gesessen bin ich und hab überlegt – mach' ich oft, heutzutage, und hier ist das beste Plätzchen dafür, in der Regel. Von wegen ›Wach auf!‹« sagte er, Elrond zublinzelnd, und in seinen Augen war keine Spur von Schläfrigkeit zu erkennen. »›Wach auf!‹ Ich hab nicht geschlafen, Meister Elrond. Wenn du's wissen willst, ihr seid zu früh von eurem Essen hier reingekommen und habt mich gestört: Ich war gerade dabei, ein Lied zu machen. Ein, zwei Zeilen stimmen noch nicht, und über die hab ich nachgedacht; aber nun werd' ich sie wohl nie hinkriegen. Jetzt wird doch hier so viel gesungen, dass mir alle Gedanken wegschwimmen. Mal sehen, ob mein Freund, der Dúnadan, mir nicht helfen kann. Wo steckt er denn?«

Elrond lachte. »Er wird zu finden sein«, sagte er. »Dann zieht ihr beide euch in einen Winkel zurück und vollendet euer Werk, und bevor dieses Fest vorüber ist, wollen wir es anhören und darüber befinden.« Boten wurden nach Bilbos Freund ausgeschickt; doch wusste niemand, wo er war oder warum er an dem Festmahl nicht teilgenommen hatte.

Einstweilen saßen Bilbo und Frodo beisammen, und auch Sam kam rasch herbei und setzte sich zu ihnen. Sie sprachen leise miteinander, ohne auf das ausgelassene Treiben und die Musik in der Halle zu achten. Über sich selbst hatte Bilbo nicht viel zu berichten. Nach seinem Verschwinden aus Hobbingen war er zuerst ziellos umhergewandert, die Straße entlang oder durchs Land zu beiden Seiten, aber immer irgendwie in Richtung Bruchtal.

»Ich bin ohne große Abenteuer hierher gelangt«, sagte er, »und nach einer Ruhepause bin ich mit den Zwergen weitergezogen nach Thal: meine letzte Reise; andere werde ich nicht mehr unternehmen. Der alte Balin war fort. Dann kam ich zurück nach Bruchtal, und hier bin ich immer noch. Ich hab so dies und jenes gemacht, an meinem Buch weitergeschrieben und, na ja, auch ein paar Lieder gedichtet. Die singen sie hier ab und zu – wohl nur, um mir eine Freude zu machen, denn eigentlich sind sie nicht gut genug für Bruchtal. Und ich hör' mir vieles an und denke nach. Die Zeit scheint hier nicht zu vergehn, sie bleibt einfach da. Das ist schon ein merkwürdiges Fleckchen hier!

Ich höre allerlei Neuigkeiten aus dem Land hinter den Bergen und aus dem Süden, aber kaum etwas aus dem Auenland. Das über den Ring hab ich natürlich gehört. Gandalf war oft hier. Aber erzählt hat er mir nicht viel; er war in den letzten Jahren zugeknöpfter denn je. Der Dúnadan hat mir mehr gesagt. Stell dir vor, so eine Aufregung, und alles wegen meinem Ring! Schade, dass Gandalf nicht schon früher alles herausgefunden hat. Ich hätte das Ding schon lange hierher bringen können, ohne all den Ärger. Ich hab schon einige Mal dran gedacht, noch mal nach Hobbingen zurückzugehn und ihn zu holen, aber ich werde langsam alt, und sie wollten mich nicht fortlassen – Gandalf und Elrond, mein' ich. Sie glaubten anscheinend, dass der Feind überall nach mir sucht und mich in Stücke reißen würde, wenn er mich in der Wildnis erwischte. Und Gandalf hat mir gesagt: ›Den Ring hast du abgegeben, Bilbo. Es wäre nicht gut, weder für dich noch für andere, wenn du dich noch mal damit befassen wolltest.‹ Komische Bemerkung von ihm, sieht ihm ähnlich! Aber er hat gesagt, er werde sich um dich kümmern, darum hab' ich die Sache auf sich beruhen lassen. Ich freue mich schrecklich, dich gesund und munter zu sehen.« Er hielt inne und blickte Frodo bedächtig an.

»Hast du ihn bei dir?« fragte er im Flüsterton. »Ich kann mir nicht helfen, aber ich bin einfach neugierig, klar, nicht, nach allem, was ich so gehört habe. Ich würde zu gern mal wieder kurz einen Blick drauf werfen.«

»Ja, ich habe ihn«, sagte Frodo und spürte, wie ein seltsames Widerstreben in ihm aufkam. »Er sieht genauso aus wie immer.«

»Schön, ich würde ihn einfach gern mal einen Moment sehen.«

Beim Ankleiden hatte Frodo bemerkt, dass man ihm den Ring, während er schlief, um den Hals gehängt hatte, an einer neuen Kette, die leicht, aber fest war. Langsam holte er ihn hervor. Bilbo streckte die Hand aus. Aber Frodo zog den Ring schnell wieder zurück. Zu seinem Kummer und Befremden war ihm, als sähe er nicht mehr Bilbo vor sich: Ein Schleier schien zwischen sie gezogen zu sein, und durch den Schleier starrte er auf eine kleine, runzlige Kreatur mit gierigem Gesicht und knochigen Grabschhänden. Er hätte ihn prügeln mögen.

Die Musik und der Gesang hörten auf, und es wurde still. Bilbo blickte rasch in Frodos Gesicht, dann strich er sich mit der Hand über die Augen. »Jetzt versteh' ich«, sagte er. »Steck ihn weg! Es tut mir Leid. Entschuldige, dass ich diese Bürde dir aufgeladen habe! Entschuldige das alles! Nehmen denn die Abenteuer kein Ende? Vermutlich nicht. Immer wieder muss einer kommen und die Geschichte fortsetzen. Na, da kann man nichts machen. Ich frage mich: Lohnt es sich überhaupt, dass ich mein Buch zu Ende zu schreiben versuche? Aber grämen wir uns jetzt nicht darüber! Jetzt lass uns von wirklich Wichtigem reden – was gibt es Neues im Auenland?«

Frodo steckte den Ring weg. Der Schleier verschwand und hinterließ kaum eine Spur in seiner Erinnerung. Der Feuerschein aus dem Kamin und die Musik von Bruchtal umgaben ihn wieder. Bilbo lachte und war bester Laune. Jede kleine Neuigkeit aus der Heimat, die Frodo zum Besten geben konnte – hin und wieder von Sam ergänzt und berichtigt –, war für ihn von höchstem Interesse: welches Bäumchen wann gefällt worden war; was für Streiche die kleinen Hobbitbuben neuerdings den Erwachsenen spielten. So sehr vertieften sie sich in die Ereignisse, die in den vier Auenlandvierteln die Gemüter bewegten, dass sie gar nicht den in dunkelgrünes Tuch gekleideten Menschen bemerkten, der an sie herantrat. Mehrere Minuten lang stand er bei ihnen und schaute lächelnd auf sie herab. Dann blickte Bilbo einmal auf.

»Ach, da bist du ja endlich, Dúnadan!« rief er.

»Streicher!« sagte Frodo. »Du scheinst viele Namen zu haben.«

»Na, *Streicher* ist einer, den ich noch nie gehört habe«, sagte Bilbo. »Weshalb nennst du ihn so?«

»So nennt man mich in Bree«, sagte Streicher belustigt, »und so wurde ich ihm vorgestellt.«

»Und warum nennst du ihn Dúnadan?« fragte Frodo.

»*Den* Dúnadan«, sagte Bilbo. »So nennt man ihn hier oft. Aber ich dachte, so viel Elbisch kannst du doch, dass du *dún-adan* verstehst: West-Mensch, Númenórer. Aber jetzt ist keine Schulstunde.« Er wandte sich an Streicher. »Wo hast du gesteckt, mein Freund? Warum warst du nicht bei dem Gelage? Frau Arwen war doch auch da.«

Streicher blickte ernst zu Bilbo hinab. »Ich weiß«, sagte er. »Doch manchmal muss ich auf ein Vergnügen verzichten. Elladan und Elrohir sind unerwartet von ihrer Fahrt zurückgekehrt und brachten Nachrichten mit, die ich sogleich hören wollte.«

»Nun, jetzt, wo du sie gehört hast, mein Bester, hast du einen Moment Zeit für mich? Ich brauche dringend deine Hilfe. Elrond sagt, dieses Lied von mir soll heute Abend noch fertig werden, und ich krieg' es nicht hin! Gehn wir in eine Ecke und feilen es zurecht!«

Streicher lächelte. »Na, dann komm!« sagte er. »Lass hören!«

Frodo blieb eine Weile für sich, denn Sam war eingeschlafen. Er war allein und kam sich ein wenig verloren vor, obwohl ringsum ganz Bruchtal versammelt war. Aber alle, die in seiner Nähe saßen, schwiegen still und lauschten den Sängern und den Instrumenten, ohne sich um irgendetwas anderes zu kümmern. Auch Frodo begann zuzuhören.

Gleich, nachdem er aufmerksam geworden war, nahm ihn die Schönheit der Melodien und der dicht verflochtenen Verse in der Elbensprache gefangen, obwohl er nur wenig verstand. Fast schienen die Worte Gestalt anzunehmen und Bilder von fernen Ländern und prächtigen Dingen, von denen er nie etwas geahnt hatte, vor ihm auszubreiten; und aus dem Feuerschein in der Halle wurde ein goldener Dunst auf den schäumenden Meeren, die die Ränder der Welt umschlangen. Mehr und mehr versetzte ihn der Zauber in einen traumnahen Zustand, bis er einen endlosen Strom von Gold und Silber über sich hinfluten fühlte, in Wellen, die zu mannigfach waren, als dass er ihre Ordnung begreifen konnte, und die in den Wellenschlag der Luft um ihn her übergingen, ihn badeten und ertränkten. Rasch versank er unter ihrer schimmernden Last in ein tiefes Reich des Schlafes.

Dort schweifte er lange durch einen Traum von einer Musik, aus der zuerst ein Wasserlauf und dann plötzlich eine Stimme wurde. Es schien Bilbos Stimme zu sein, die Verse deklamierte, zuerst leise, dann deutlicher.

Earendil hieß ein Schiffer kühn,
Der weilte in Avernien,
Schlug Holz und baute sich ein Schiff,
Vom Nimbrethil auf Fahrt zu gehn.
Die Segel zog er silbern auf,
Laternen silbern hing er aus,
Den Bug schuf er dem Schwane gleich,
Die Wimpel flogen hell im Licht.

Dem alten Köngisbrauch gemäß
Legte er Helm und Rüstung an,
Grub Runen in den Silberschild
Zum Schutze gegen Harm und Not;
Sein Bogen war aus Drachenhorn,
Aus Ebenholz ein jeder Pfeil,
Sein Köcher war aus Chalzedon,
Sein kräftiges Schwert aus blankem Stahl.
Sein Helm war adamanten hart

Und Adlerfedern krönten ihn,
Aus Silber war sein Panzerhemd,
Auf seiner Brust schien ein Smaragd.

Es trieb ihn unter Mond und Stern
Weitab vom Nördlichen Gestad,
Und irrend übers wilde Meer
Verlor er Sicht und Menschenspur.
Von Eisesgründen wandte er
Sich ab, wo ewig Schatten herrscht,
Die Wüstenhitze auch verließ
Er eilends, trieb noch weit umher
Auf dunklen Wassern ohne Stern
Bis in die Nacht des Nichts hinein.
Auch diese ließ er hinter sich,
Doch nie erblickt er unterwegs
Der heiß ersehnten Küste Licht.
Der Winde Wüten jagte ihn
Geblendet durch den wilden Gischt
Von West nach Osten willenlos
Und nirgends freundlich angesagt.

Da nahte Elwing sich im Flug,
Und Licht durchflammte schwarze Nacht,
Von ihrer Kette glomm es weiß,
Viel heller noch als Diamant.
Sie heftete den Silmaril
Ans Haupt des Schiffers, krönte ihn
Mit Licht, das nie verlöschen kann.
Beherzt warf er das Ruder um;
Und in der Nacht erhob sich Sturm
Von jenseits aller Meere her.
Es wehte frei und voller Kraft
Ein Wind der Macht von Tarmenel:
Auf Wasserpfaden, unbekannt
Den Sterblichen, trieb er ihn nun
Mit Urgewalt durch graue Flut
Vom Osten her gen Westen hin.

Durch Immernacht trug's ihn zurück
Auf tosend aufgetürmter See
Hin über lang versunknes Land,
Von schwarzen Fluten überrollt,
Bis endlich er Musik vernahm
Und an der Erde Grenzen kam,
Wo ewig sanfter Wellenschlag
Gold an die Perlenküste spült.
Er sah den Berg in Dämmergrau
Aufragend zwischen Valinor
Und Eldamar, im Lichte noch
Verblauen hinter ferner See.
Ein Wanderer, der Nacht entflohn,
Lief endlich in den Hafen ein
Im Elbenlande weiß und grün;
Die Luft war mild, durchsichtig-blass,
Dem Hügel nah von Ilmarin,
Da spiegelte die Schattensee
Das Licht der Türme Tirions.
Hier ruhte er von Irrfahrt aus,
Hier lehrte man ihn Lied und Sang,
Und alle Märchen werden laut
Bei Harfenklang und goldnem Schall.
Er trug ein elbenweißes Kleid,
Ihm brannten sieben Leuchter vor,
Als er durch's Calacirian
In tief verborgne Lande zog.
In jene Hallen, wo man nicht
Vergangenheit noch Zukunft kennt,
Gelangte er, wo immerdar
Der König der Altvordernzeit
Herrscht auf dem Berg in Ilmarin.
Von Sterblichen und Elbenvolk
Geheime Dinge sprach man dort,
Gesichte wurden ihm zuteil,
Die nie ein Mensch erblicken darf.

Sie bauten ihm ein neues Schiff
Aus Mithril und aus Elbenglas
Mit stolzem Bug, doch ruderlos,
Mit Silbermast, doch ohne Tuch,
Und Elbereth kam selbst herab:
Sie schuf dem Schiff den Silmaril
Zum Banner, ein lebendiges Licht,
Ein heller Schein, der nie verblasst.
Und Flügel gab sie ihm dazu
Und sprach das Urteil: Jenseits Mond
Und Sonne muss er ewig ziehn
Durch küstenlose Himmel hin.

Vom hohen Immerabendland,
Wo silbern die Fontänen sprühn,
Trug ihn die Schwinge licht hinan
Und über das Gebirg hinweg.
Schon sanken hinter ihm dahin
Der Erde Grenzen, wandte er,
Verzehrt von Sehnsucht, sich nach Haus,
Den Weg zu suchen durch die Nacht,
Und ganz allein, ein heller Stern,
Weit über allen Wolken flog
Im Morgengrauen sonnenwärts
Dies Licht, ein Wunder anzuschaun.

Schon sah er Mittelerde weit,
Weit unter sich, schon hörte er
Die Frauen der Altvordernzeit
Und Elbenmaiden klagen laut.
Ihm aber war es auferlegt,
Am Himmel seine Bahn zu ziehn,
Solange bis der Mond verblasst,
Und nie am Ufer dieser Welt
Zu rasten bei den Sterblichen,
Ein Herold, seinem Auftrag treu,
Das Licht zu tragen durch die Zeit,
Der Flammifer der Westernis.

Der Vortrag war zu Ende. Frodo schlug die Augen auf und sah Bilbo auf seinem Schemel sitzen, umringt von Zuhörern, die lächelten und applaudierten.

»Das würden wir lieber noch ein zweites Mal hören«, sagte ein Elb.

Bilbo stand auf und machte eine Verbeugung. »Du schmeichelst mir, Lindir«, sagte er, »aber es wäre zu ermüdend, alles zu wiederholen.«

»Nicht für dich«, frotzelten die Elben. »Deine eigenen Verse aufzusagen, wirst du nie müde. Doch wenn wir es nur einmal gehört haben, können wir deine Frage nicht beantworten.«

»Wie?« rief Bilbo. »Ihr könnt nicht sagen, welche Teile von mir sind und welche von dem Dúnadan?«

»Der Unterschied zwischen zwei Sterblichen ist für uns nicht leicht zu erkennen«, sagte der Elb.

»Welch ein Unverstand, Lindir!« schimpfte Bilbo. »Wenn du einen Menschen nicht von einem Hobbit unterscheiden kannst, steht es um dein Urteilsvermögen schlechter, als ich dachte. Wir sind so verschieden wie Erbsen von Äpfeln.«

»Mag sein. Für das Schaf ist jedes Schaf ein anderes«, spöttelte Lindir. »Und vielleicht auch für den Schäfer. Doch die Sterblichen haben wir kaum erforscht. Wir haben anderes zu tun.«

»Ich will nicht mit dir streiten«, sagte Bilbo. »Schlaf überkommt mich nach so viel Musik und Gesang. Ratet nur weiter, wenn ihr wollt.«

Er stand auf und kam zu Frodo. »So, das wäre geschafft«, sagte er leise. »Ist besser angekommen, als ich erwartet hatte. Um ein Dakapo werd' ich nicht oft gebeten. Was sagst du dazu?«

»Ich will gar nicht erst versuchen zu raten«, sagte Frodo lächelnd.

»Musst du auch nicht«, sagte Bilbo. »Tatsächlich ist nämlich alles von mir. Aragorn hat nur drauf bestanden, dass noch ein grüner Stein erwähnt wird. Den schien er für wichtig zu halten. Warum, weiß ich nicht. Im Übrigen fand er natürlich die ganze Geschichte ein bisschen zu hoch für mich. Er hat gesagt, wenn ich die Frechheit hätte, in Elronds Haus Verse über Earendil vorzutragen, dann sei das meine Sache. Ich denke, er hatte wohl Recht.«

»Ich weiß nicht«, sagte Frodo, »mir schien es irgendwie zu stimmen, ohne dass ich's erklären kann. Ich war im Halbschlaf, als du anfingst, und es kam mir so vor, als ob es sich an etwas anschloss, wovon ich eben geträumt hatte. Dass wirklich du es warst, der da sprach, hab' ich erst gegen Ende begriffen.«

»Es ist schwer, sich hier wach zu halten, wenn man sich noch nicht dran gewöhnt hat«, sagte Bilbo. »Ohnehin wird es einen Hobbit wohl nie so sehr nach Musik, Versen und Erzählungen hungern wie die Elben. Denen scheint das ebenso wichtig zu sein wie Essen und Trinken, vielleicht noch wichtiger. Das geht jetzt hier noch lange so weiter. Sollen wir uns nicht davonmachen, um irgendwo in aller Ruhe zu reden?«

»Kann man das?« sagte Frodo.

»Natürlich. Dies ist eine Lustbarkeit, keine Arbeitstagung. Du kannst kommen und gehen, wie du willst, solange du nicht störst.«

Sie standen auf, zogen sich still in den dunklen Hintergrund zurück und gingen zur Tür. Sam ließen sie zurück, denn er schlief immer noch fest, mit einem Lächeln auf den Lippen. So sehr er sich darauf freute, mit Bilbo zu plaudern, spürte Frodo doch ein leises Bedauern, die Kaminhalle verlassen zu müssen. Als sie eben über die Schwelle traten, stimmte eine klare Einzelstimme ein Lied an.

> *A Elbereth Gilthoniel,*
> *silivren penna míriel*
> *o menel aglar elenath!*
> *Na-chaered palan-díriel*
> *o galadhremmin ennorath,*
> *Fanuilos, le linnathon*
> *nef aear, sí nef aearon!*

Frodo blieb einen Moment stehen und schaute zurück. Elrond saß in seinem Sessel, und der Feuerschein fiel auf sein Gesicht wie die Sommersonne auf Baumwipfel. Neben ihm saß Frau Arwen. Überrascht sah Frodo, dass Aragorn neben ihr stand. Seinen dunklen Mantel hatte er zurückgeschlagen; darunter schien er eine Elbenrüstung zu tragen, und ein Stern schimmerte an seiner Brust. Sie sprachen miteinander, doch plötzlich schien es Frodo, dass Arwen, über die beträchtliche Entfernung hinweg, den Blick auf ihn selbst richtete, und das Licht aus ihren Augen drang ihm tief ins Herz.

Er stand noch wie verzaubert da und lauschte den lieblichen Silben des Elbenliedes, die wie geschmolzene Juwelen herabtropften, Wort und Klang vereinend. »Das ist ein Lied an Elbereth«, sagte Bilbo. »Dieses und andere Lieder aus dem Segensreich singen sie heute Abend noch viele Mal. Nun komm!«

Er ging mit Frodo auf sein eigenes kleines Zimmer. Vom Fenster sah man in den Garten hinaus und nach Süden über die Bruinenschlucht. Dort saßen sie eine Weile, schauten durchs Fenster zu den hellen Sternen über den steil ansteigenden Wäldern auf und redeten leise. Sie sprachen nun nicht mehr von den kleinen Ereignissen im fernen Auenland, auch nicht von den Schatten und Gefahren, die sie umringten, sondern von all dem Schönen, das sie gemeinsam erlebt hatten, von den Elben, von den Sternen, von den Bäumen und vom milden Herbst in den Wäldern.

Dann klopfte es an die Tür. »Bitte um Verzeihung«, sagte Sam und steckte den Kopf herein, »ich wollte nur fragen, ob ihr irgendwelche Wünsche habt.«

»Und ich bitte meinerseits um Verzeihung, Sam Gamdschie«, antwortete Bilbo. »Ich nehme an, du willst sagen, dass es für deinen Chef Zeit wird, schlafen zu gehn.«

»Nun ja, Herr Bilbo, morgen früh ist eine Ratsversammlung, hab ich gehört, und er ist doch heute zum ersten Mal wieder auf.«

»Schon gut, Sam«, sagte Bilbo. »Du kannst lostraben und Gandalf berichten, er sei schon zu Bett gegangen. Gute Nacht, Frodo! Meine Güte, war das schön, dich wieder zu sehn! So richtig reden kann man doch nur mit Hobbits. Ich werde langsam sehr alt, mir kamen schon Zweifel, ob ich die Kapitel unserer Geschichte noch sehen werde, die du schreiben musst. Gute Nacht! Ich glaube, ich gehe noch ein Stück durch den Garten und schau' nach Elbereths Sternen. Schlaf gut!«

ZWEITES KAPITEL

ELRONDS RAT

Am nächsten Tag wachte Frodo früh auf; er fühlte sich frisch und munter. Er lief auf den Terrassen über der laut rauschenden Bruinen herum und sah zu, wie die blasse, kühle Sonne über die fernen Berge emporstieg. Schräg fielen ihre Strahlen durch den dünnen, silbrigen Nebel herein, Tau schimmerte auf gelben Blättern, und an allen Büschen glitzerten die Netze des Altweibersommers. Sam ging neben ihm her, ohne zu reden, prüfte aber schnuppernd die Luft und blickte ab und zu verwundert zu den hohen Bergen im Osten hin. Die Gipfel waren weiß vom Schnee.

Auf einer in den Felsen gehauenen Bank an einer Wegbiegung fanden sie Gandalf und Bilbo, tief im Gespräch. »Hallo, guten Morgen!« sagte Bilbo. »Bereit für die große Ratssitzung?«

»Meinetwegen«, sagte Frodo. »Aber am liebsten würde ich heute herumlaufen und mir das Tal näher ansehen. Auch zu den Kiefernwäldern da oben möchte ich gern einmal.« Er zeigte zu den Hängen nördlich von Bruchtal hinauf.

»Vielleicht bekommst du später dazu Gelegenheit«, sagte Gandalf. »Aber wir können noch keine Pläne machen. Heute gibt es viel anzuhören und zu beschließen.«

Während sie noch sprachen, erklang ein heller Glockenton. »Das ist die Glocke, die uns zur Versammlung ruft«, sagte Gandalf. »Kommt nun! Du und Bilbo, ihr werdet beide erwartet.«

Frodo und Bilbo gingen rasch hinter dem Zauberer her den Weg entlang, der sich zum Hause zurückschlängelte. Sam, nicht eingeladen und für den Augenblick vergessen, trottete hinterdrein.

Gandalf führte sie zu der Terrasse, wo Frodo am Abend zuvor seine Freunde getroffen hatte. Das Licht des klaren Herbstmorgens schien jetzt ins Tal. Aus dem schäumenden Flussbett stieg das Geräusch des brodelnden Wassers herauf. Vögel sangen, und das Land lag in ungestörtem Frieden. Seine abenteuerliche Flucht und die Gerüchte von der zunehmenden Verfinsterung der Welt ringsum kamen Frodo schon wie Erinnerungen an einen wirren Traum vor; doch die Gesichter, die ihnen nun entgegensahen, als sie in die Halle traten, waren ernst.

Elrond war da, und mehrere andere saßen schweigend um ihn. Frodo sah Glorfindel und Glóin, und in einer Ecke für sich saß Streicher, nun wieder in seinem alten, schwer mitgenommenen Waldläufermantel. Elrond zog Frodo zu einem Platz an seiner Seite und stellte ihn den anderen vor:

»Hier, meine Freunde, ist der Hobbit Frodo, Drogos Sohn. Wenige haben je unter größerer Gefahr und in dringlicherer Sache den Weg hierher gefunden.«

Dann stellte er die anderen vor, soweit Frodo sie noch nicht kannte. Neben Glóin saß ein jüngerer Zwerg, sein Sohn Gimli. Bei Glorfindel waren noch einige andere Ratsherren, die zum Hause Elronds gehörten; ihr Oberster war Erestor, und neben ihm saß Galdor, ein Elb von den Grauen Anfurten, der im Auftrag Círdans des Schiffbauers gekommen war. Auch ein ganz fremder Elb war da, in Grün und Braun gekleidet, Legolas, als Bote seines Vaters Thranduil, des Königs der Elben vom nördlichen Düsterwald. Etwas abseits saß ein Mensch: ein Mann von hohem Wuchs, edlen und ebenmäßigen Gesichtszügen, dunklem Haar und grauen Augen, die stolz und streng dreinblickten.

Er war gekleidet und gestiefelt wie für eine Reise zu Pferde; und obwohl sein Gewand kostbar und sein Mantel mit Pelz gesäumt war, wiesen sie die Spuren eines langen Ritts auf. An seinem silbern glänzenden Kragen steckte ein weißer Stein; die Haare hingen ihm bis auf die Schultern herab. Ein großes Horn mit silbernem Mundstück, an einem Gehänge befestigt, lag auf seinen Knien. Er blickte Frodo und Bilbo mit unverhohlenem Staunen an.

»Hier«, sagte Elrond, zu Gandalf hingewandt, »ist Boromir, ein Mensch aus dem Süden. Im Morgengrauen ist er eingetroffen und bittet um Rat. Ich habe ihn hergebeten, denn hier wird ihm auf seine Fragen Antwort werden.«

Nicht von allem, was im Rat besprochen und erwogen wurde, muss hier berichtet werden. Viel war von Ereignissen in aller Welt, besonders im Süden und in den weiten Landen östlich des Gebirges, die Rede. Von alledem hatte Frodo schon durch mancherlei Gerüchte erfahren, aber was Glóin berichtete, war ihm neu, und als der Zwerg sprach, hörte er aufmerksam zu. Es wurde deutlich, dass den Zwergen vom Einsamen Berg, bei aller Pracht der Werke, die ihren Händen entsprangen, doch einiges schwer auf dem Herzen lag.

»Viele Jahre ist es nun her«, sagte Glóin, »dass der Schatten einer Unruhe auf unser Volk fiel. Woher er kam, haben wir nicht gleich erkannt. Insgeheim wurde gemunkelt, wir seien auf einen zu engen Raum beschränkt, und anderswo in der weiten Welt winkten uns Glanz und Gewinn. Manche sprachen von Moria: den gewaltigen Werkstätten unserer Väter, Khazad-dûm in unserer Sprache, und sie versicherten, nun endlich seien wir mächtig und zahlreich genug, dorthin zurückzukehren.«

Glóin seufzte. »Moria, Moria! Das Wunder des Nordens! Zu tief haben wir dort gegraben und das namenlose Grauen geweckt. Lange haben die weiten Paläste dort leer gestanden, seit Durins Kinder geflohen sind. Aber nun sprachen wir wieder davon, voll Sehnsucht, aber auch voll Furcht, denn seit vieler Könige Lebzeiten hat kein Zwerg mehr die Tore von Khazad-dûm zu durchschreiten gewagt – ausgenommen Thrór, und der kam dabei um. Doch schließlich fand das Geraune ein Ohr bei Balin, und er beschloss hinzugehen; und obwohl ihm Dáin keinen Urlaub gewähren wollte, nahm er Ori, Óin und viele von unserm Volk mit, und sie zogen nach Süden.

Das war vor fast dreißig Jahren. Eine Zeit lang erhielten wir Nachrichten, und sie klangen gut: sie hätten Moria betreten und ein großes Werk eingeleitet. Dann wurde es still, und kein Wort hat uns seitdem mehr aus Moria erreicht.

Doch vor einem Jahr nun kam ein Bote zu Dáin – nicht aus Moria, sondern aus Mordor: ein Reiter in der Nacht, der Dáin ans Tor rief. Der Herr von Baraddûr, so sagte er, wünsche unsere Freundschaft. Ringe wolle er uns dafür geben, wie in alten Zeiten. Und er fragte uns nach *Hobbits* und wollte unbedingt erfahren, welcher Art sie seien und wo sie wohnten. ›Denn Sauron weiß‹, sagte er, ›dass einer von diesen euch einmal bekannt war.‹

Dies fanden wir sehr bedenklich und gaben ihm keine Antwort. Da wechselte er den Ton und versuchte, so einschmeichelnd mit uns zu reden, wie es mit seiner fauchenden Stimme nur möglich war. ›Als ein kleines Zeichen nur eurer Freundschaft erbittet mein Herr dies‹, sagte er, ›dass ihr den Dieb sucht‹ – dies waren seine Worte – ›und ihm, ob er will oder nicht, einen kleinen Ring abnehmt, den gewöhnlichsten aller Ringe, den er einst gestohlen hat. Um diese kleine Gefälligkeit nur bittet euch mein Herr, zum Zeichen eures guten Willens. Findet den Dieb, und drei Ringe, welche die Zwergenkönige einst besaßen, werden euch wiedergegeben, und das Reich von Moria wird euer für alle Zeit! Wenigstens findet heraus, ob der Dieb noch lebt und wo, und euch winken reicher Lohn und die unverbrüchliche Freundschaft des Herrschers! Weigert ihr euch, geht ihr schweren Zeiten entgegen. Weigert ihr euch?‹

Die letzten Worte kamen hervor wie ein Zischen von vielen Schlangen, und allen, die dabeistanden, lief es kalt über den Rücken. Dáin aber sagte: ›Ich sage weder ja noch nein. Ich muss bedenken, was diese Botschaft unter ihrem freundlichen Gewande bedeutet.‹

›Bedenk es wohl, doch nicht zu lange!‹ sagte der Bote.

›Meine Bedenkzeit ist meine Zeit‹, sagte Dáin.

›Einstweilen‹, sagte der Bote und ritt in die Nacht davon.

Unsern Oberen war es schwer ums Herz seit jener Nacht. Auch ohne die fauchende Stimme des Boten hätten wir begriffen, dass seine Worte sowohl Trug als auch eine Drohung enthielten, wussten wir doch, dass die Macht, die nun wieder in Mordor eingezogen war, sich nicht geändert hatte, und schon in alten Zeiten hat sie uns immer wieder betrogen. Zweimal ist der Bote wiedergekommen und ohne Antwort geblieben. Zum dritten und letzten Mal, sagt er, wird er bald kommen, bevor das Jahr zu Ende ist.

Und so hat Dáin schließlich mich ausgesandt, Bilbo zu warnen, dass er vom Feind gesucht wird, und, wenn möglich, zu erfahren, warum ihm so viel an diesem Ring liegt, dem gewöhnlichsten aller Ringe. Außerdem bitten wir Elrond um Rat. Denn der Schatten wächst und kommt näher. Wir haben entdeckt, dass Boten auch zu König Brand nach Thal gekommen sind und dass der König Angst hat. Wir befürchten, er könnte nachgeben. Schon braut sich ein Krieg an seinen Ostgrenzen zusammen. Geben wir keine Antwort, so wird der Feind wohl die Menschen seines Machtbereichs zum Angriff auf König Brand und auch auf Dáin bewegen.«

»Recht getan hast du zu kommen«, sagte Elrond. »Alles, was zu wissen nötig ist, um des Feindes Plan zu begreifen, heute sollst du es hören. Nichts könnt ihr tun, als ihm Widerstand leisten, mit oder ohne Hoffnung. Doch ihr steht nicht allein. Eure Nöte, wirst du hören, sind nur ein Teil der Nöte der ganzen westlichen Welt. Der Ring! Was fangen wir an mit dem Ring, dem gewöhnlichsten aller Ringe, der kleinen Gefälligkeit, um die Sauron ersucht? Darin liegt beschlossen, was wir zu beschließen haben.

Dies ist die Absicht, in der ihr hierher gerufen wurdet. Gerufen, sage ich, obwohl nicht ich euch gerufen habe, ihr Fremden aus fernen Landen. Gekommen seid ihr und hier in just diesem Augenblick zusammengetroffen, wie es scheinen mag, durch Zufall. Dem aber ist nicht so. Glaubet vielmehr, dass es so verfügt ist, dass niemand anders als wir, die wir hier sitzen, nun den Ausweg aus der Not der Welt finden muss.

Dinge sollen daher nun offen besprochen werden, die bis heute allen außer wenigen verborgen geblieben sind. Und als Erstes, damit jeder versteht, welcher Art die Gefahr ist, sei die Geschichte des Ringes erzählt, von Anfang an und bis auf den heutigen Tag. Ich mache den Anfang, doch andere werden den Bericht zu Ende führen.«

Alle hörten nun zu, als Elrond mit seiner klaren Stimme von Sauron sprach, von den Ringen der Macht und davon, wie sie im längst vergangenen Zweiten Zeitalter der Welt geschmiedet worden waren. Manches war dem einen oder andern von ihnen bekannt, niemandem aber die ganze Geschichte, und viele Augen blickten in Schrecken und Staunen auf Elrond, als er von Eregions elbischen Schmieden und ihrer Freundschaft mit den Zwergen in Moria berichtete und von ihrer Wissbegier, in der Sauron sie umgarnte. Denn zu jener Zeit fiel seine Bösartigkeit noch nicht ins Auge, und mit seiner Hilfe wurden sie Meister in vielen Künsten, während er alle ihre Geheimnisse ausforschte, sie täuschte und im Flammenden Berg heimlich den Einen Ring schmiedete, um sie alle zu beherrschen. Doch Celebrimbor bemerkte, was Sauron tat, und brachte die Drei Ringe in Sicherheit, die er selbst geschaffen hatte; und es gab Krieg, das Land wurde verheert, und das Tor von Moria wurde geschlossen.

Dann verfolgte Elrond durch all die Jahre hindurch, was weiter mit dem Ring geschah; doch weil diese Geschichte anderswo erzählt wird, so wie Elrond selbst sie in den Büchern der Überlieferung aufgezeichnet hat, soll sie hier nicht wiederholt werden. Denn dies ist eine lange Geschichte voller Helden- und Schreckenstaten, und so sehr Elrond sie auch abzukürzen bestrebt war, stieg doch die Sonne hoch am Himmel auf und der Vormittag verging, ehe er zum Ende kam.

Von Númenor sprach er, seiner Glanzzeit und seinem Untergang und von der Rückkehr der Menschenkönige aus den Weiten des Meeres, getragen von den Flügeln des Sturms. Elendil der Lange und seine gewaltigen Söhne Isildur und Anárion wurden damals große Herrscher; und sie gründeten das Nordreich in Arnor und das Südreich in Gondor über den Mündungen des Anduin. Doch Sauron von Mordor bekriegte sie, und sie schlossen das Letzte Bündnis zwischen Elben und Menschen, und in Arnor wurden Gil-galads und Elendils Heere gemustert.

Elrond schwieg eine Weile und seufzte. »Gut entsinne ich mich der Pracht ihrer Banner«, sagte er. »An die Herrlichkeit der Ältesten Tage und der Heere von Beleriand erinnerte sie mich, so viele große Fürsten und Feldherren waren versammelt. Prächtiger und zahlreicher war nur das Heer, als einst Thangorodrim zertrümmert ward und die Elben das Böse für immer besiegt glaubten – doch dem war nicht so.«

»Du erinnerst dich?« sagte Frodo, vor Verwunderung laut aussprechend, was ihm durch den Kopf ging. »Aber ich dachte«, stammelte er, als Elrond ihn anblickte, »ich dachte, Gil-galad sei schon vor einem ganzen Zeitalter gefallen.«

»Freilich!« antwortete Elrond. »Meine Erinnerungen aber reichen zurück bis in die Ältesten Tage. Earendil war mein Vater, der in Gondolin geboren war, bevor es fiel; und meine Mutter war Elwing, Tochter Diors, welcher der Sohn Lúthiens von Doriath war. Drei Zeitalter habe ich im Westen der Welt erlebt, mit vielen Niederlagen und vielen fruchtlosen Siegen.

Gil-galads Herold war ich und marschierte mit seinem Heer. Ich kämpfte in der Schlacht auf der Dagorlad vor dem Schwarzen Tor von Mordor, wo wir den Sieg davontrugen, denn niemand hielt Stand vor Aiglos und Narsil, Gil-galads Speer und Elendils Schwert. Das letzte Gefecht auf den Hängen des Orodruin sah ich mit an, wo Gil-galad fiel und Elendil fiel und sein Schwert unter ihm zerbrach; doch auch Sauron wurde niedergeworfen, und mit dem Heftstück von Narsil schnitt ihm Isildur den Ring von der Hand und nahm ihn zu Eigen.«

Hier unterbrach ihn Boromir, der Mensch aus dem Süden. »Das also ist mit dem Ring geschehen!« rief er. »Wenn dies im Süden je berichtet worden ist, dann ist es längst vergessen. Von dem Großen Ring dessen, den wir nicht nennen, habe ich zwar gehört, doch glaubten wir, er sei mit dem Zusammenbruch seines ersten Reiches aus der Welt verschwunden. Isildur also nahm ihn! Das ist uns wahrhaftig neu.«

»Ja, leider war es so«, sagte Elrond. »Isildur nahm ihn, was besser nicht geschehen wäre. Ins Feuer des nahen Orodruin hätte er ihn werfen sollen, worin er geschmiedet war. Wenige aber bemerkten, was Isildur tat. Er allein hatte seinem Vater im letzten tödlichen Kampf beigestanden, und Gil-galad hatte nur Círdan und mich zur Seite. Doch auf unseren Rat wollte Isildur nicht hören.

›Den will ich als Wergeld für meinen Vater und meinen Bruder‹, sagte er, und was immer wir einwenden mochten, er behielt ihn, und er wurde ihm teuer. Doch bald fand er den Tod, weil der Ring ihn betrog, der seither im Norden Isildurs Fluch heißt. Doch hat ihm der Tod vielleicht ein ärgeres Schicksal erspart.

Nur in den Norden gelangte diese Nachricht, und auch dort ward sie nur wenigen bekannt. Kein Wunder daher, Boromir, dass du nichts davon weißt. Dem Gemetzel bei den Schwertelfeldern, wo Isildur fiel, entkamen nur drei Männer, die nach langem Umherirren übers Gebirge heimkehrten. Einer von diesen war Ohtar, Isildurs Schildknappe, der die Bruchstücke von Elendils Schwert trug; und er brachte sie Valandil, Isildurs Erben, der, noch ein Kind, hier in Bruchtal zurückgeblieben war. Doch Narsil war zerbrochen und sein Licht erloschen, und bis heute ward das Schwert nicht neu geschmiedet.

Nannte ich ihn fruchtlos, den Sieg des Letzten Bündnisses? Nicht ganz und gar, doch das Ziel war nicht erreicht. Sauron war geschwächt, aber nicht vernichtet. Sein Ring war verschwunden, aber nicht zerstört. Der Dunkle Turm ward zertrümmert, doch seine Grundmauern standen noch; denn sie waren mit der Macht des Ringes erbaut und werden dauern, solange er dauert. Viele Elben waren im Krieg umgekommen, viele tüchtige Menschen und viele ihrer Freunde. Anárion war gefallen, und Isildur war gefallen; und Gil-galad und Elendil waren nicht mehr. Nie wieder werden Elben und Menschen einen solchen Bund eingehen, denn die Menschen vermehren sich, während die Erstgeborenen schwinden, und die zwei Geschlechter werden einander fremd. Und immer kleiner ward seit jenem Tag das Volk der Númenórer und immer kürzer die Spanne ihrer Jahre.

Im Norden, nach dem Krieg und nach dem Unglück bei den Schwertelfeldern, waren der Menschen von Westernis zu wenige übrig geblieben, und ihre Stadt Annúminas am Abendrotsee verfiel; und Valandils Erben zogen fort und wohnten in Fornost an den Nordhöhen, doch auch Fornost liegt heute in Trümmern. Totendeich nennen es die Menschen, und sie fürchten sich, es zu betreten. Denn das Volk von Arnor schwand dahin und erlag seinen Feinden, seine Macht verging, und es blieben nur grüne Grabhügel auf den grasigen Höhen.

Im Süden hielt das Reich von Gondor sich lange, und eine Zeit lang wuchs seine Macht, bis es ein wenig sogar an Númenor in der Glanzzeit vor seinem Untergang erinnerte. Hohe Türme bauten die Menschen dort, feste Burgen und Häfen für viele Schiffe; und der Flügelkrone der Menschenkönige begegneten Völker vieler Zungen mit Ehrfurcht. Ihre Hauptstadt war Osgiliath, die Zitadelle der Sterne, durch die der Anduin mitten hindurchfloss. Nach Osten hin, auf einem Vorsprung des Schattengebirges, erbauten sie Minas Ithil, den Turm des aufgehenden Mondes; weiter westlich, zu Füßen des Weißen Gebirges, Minas Anor, den Turm der sinkenden Sonne. In den Gärten des Königs dort wuchs ein weißer Baum aus dem Samen des Baumes, den Isildur übers tiefe Wasser mitgebracht hatte; und der Same zuvor war aus Eressea und noch früher aus dem Fernsten Westen gekommen, an dem Tage vor den Tagen, als die Welt jung war.

Doch in den flüchtigen Jahren von Mittelerde erlosch das Geschlecht von Anárions Sohn Meneldil, der weiße Baum verdorrte, und das Blut der Númenórer vermischte sich mit dem Blut minderer Menschen. Dann schliefen auf den Grenzwällen gegen Mordor die Wachen ein, und dunkle Wesen schlichen wieder in die Gorgoroth. Und eines Tages kamen die Finsterlinge hervor, eroberten Minas Ithil und verwandelten es in eine Stätte des Grauens; und nun heißt es Minas Morgul, der Turm der Hexerei. Minas Anor ward umbenannt in Minas Tirith, Wachtturm; und die beiden Städte bekriegten sich unablässig. Osgiliath aber, das zwischen ihnen lag, ward verlassen, und Schatten gingen um in seinen Ruinen.

So steht es seit vielen Menschenleben. Und noch immer kämpfen die Herren von Minas Tirith und trotzen unseren Feinden, halten den Fluss offen von den Argonath bis zum Meer. Und nun geht der Teil der Geschichte, den ich erzähle, zu Ende. Denn in den Tagen Isildurs verschwand der Herrscherring aus aller Kenntnis der Welt, und die Drei wurden seiner Herrschaft ledig. Doch in diesen späten Tagen sind sie von neuem in Gefahr, denn zu unserem Leidwesen ward der Eine wieder gefunden. Wie dies geschah, sollen andere berichten, denn ich habe daran nur geringen Anteil gehabt.«

Er schwieg, doch sofort stand Boromir auf und trat hoch erhobenen Hauptes vor sie hin. »Erlaubt mir, Meister Elrond«, sagte er, »zunächst einiges mehr über Gondor zu sagen, denn eben aus dem Lande komme ich. Und allen täte es gut, zu erfahren, was dort vorgeht. Denn wenige, denk' ich, wissen, was wir dort leisten, und ahnen daher, was ihnen droht, sollten wir am Ende erliegen.

Glaubt nicht, dass im Lande Gondor das Blut von Númenor sich erschöpft oder alle Hoheit und Würde eingebüßt habe! Durch unsere Taten werden noch immer die wilden Völker des Ostens abgewehrt und die Ausgeburten der Hexerei in die Schranken gewiesen; und so sind wir allein das Bollwerk, das den Ländern im Westen Frieden und Freiheit bewahrt. Doch sollte nun der Feind die Flussübergänge gewinnen, was dann?

Und diese Stunde ist vielleicht nicht mehr fern. Der namenlose Feind ist wieder erstanden. Rauch steigt auf vom Orodruin, den wir den Schicksalsberg nennen. Die Macht des schwarzen Landes wächst, und wir sind schwer in Bedrängnis. Nach der Rückkehr des Feindes wurde unser Volk aus Ithilien vertrieben, unserem schönen Besitz östlich des Stroms; doch hielten unsere Streitkräfte dort auf einem Vorposten aus. Im Juni dieses Jahres aber griff uns Mordor plötzlich an, und wir wurden weggefegt. Wir mussten der Übermacht weichen, denn Mordor hat sich mit den Ostlingen und den kriegerischen Haradrim verbündet; doch nicht durch die Überzahl allein wurden wir besiegt. Eine Macht wirkte gegen uns, von der wir zuvor nichts ahnten.

Manche sagen, sie sei sichtbar gewesen in Gestalt eines großen schwarzen Reiters, der wie ein Schatten unter dem Mond aufzog. Wo er hinkam, wurden die Feinde zu Rasenden, während auf unserer Seite auch die Tapfersten erschraken, sodass für Ross und Reiter kein Halten mehr war. Nur ein Rest unserer östlichen Streitmacht kam zurück und zerstörte die letzte Brücke, die noch zwischen den Ruinen von Osgiliath stand.

Ich war bei dem Trupp, der die Brücke verteidigte, bis sie hinter uns abgebrochen wurde. Nur vier von uns konnten sich schwimmend retten, mein Bruder, ich und noch zwei andere. Aber wir geben nicht auf. Das gesamte Westufer des Anduin halten wir, und alle, die hinter unserm Rücken Schutz finden, lobpreisen unsere Namen, wenn sie ihnen je zu Ohren kommen: viel Ehre, wenig Beistand. Nur aus Rohan werden uns noch Reiter zu Hilfe kommen, wenn wir sie rufen.

In dieser bösen Stunde bin ich zu Elrond gekommen, über viele gefährliche Wegstunden hinweg: hundertundzehn Tage bin ich unterwegs gewesen, ganz allein. Doch ich komme nicht, um Verbündete für den Krieg zu gewinnen. Elronds Macht, so sagt man, ist Weisheit, nicht Waffengewalt. Ich bitte um Rat und Enträtselung dunkler Sprüche. Denn am

Abend vor dem überraschenden Angriff hatte mein Bruder in unruhigem Schlaf einen Traum; und ein ähnlicher Traum kam ihm später noch oft, und einmal auch mir.

In diesem Traum glaubte ich den Himmel im Osten sich verfinstern und ein Gewitter heraufziehen zu sehen; doch im Westen hielt sich noch ein blasser Lichtschein, und von dort hörte ich eine ferne, doch deutliche Stimme rufen:

> *Das zerbrochene Schwert sollt ihr suchen,*
> *Nach Imladris ward es gebracht,*
> *Dort soll euch Ratschlag werden,*
> *Stärker als Morgul-Macht.*
> *Ein Zeichen soll euch künden,*
> *Das Ende steht bevor,*
> *Denn Isildurs Fluch wird erwachen,*
> *Und der Halbling tritt hervor.*

Von diesen Worten verstanden wir wenig, und wir sprachen mit unserem Vater Denethor, dem Statthalter von Minas Tirith, der in den Überlieferungen von Gondor bewandert ist. Nur so viel konnte er uns sagen, dass Imladris von alters her bei den Elben der Name eines Tals im fernen Norden sei, wo Elrond der Halbelb wohne, der größte aller Gelehrten. Angesichts unserer verzweifelten Lage drängte es meinen Bruder, den Traum zu befolgen und Imladris aufzusuchen; ich aber, weil der Weg ungewiss und gefahrvoll war, beschloss, die Reise auf mich zu nehmen. Leid war es meinem Vater, mir Urlaub zu geben, und lange bin ich vergessene Wege gewandert, auf der Suche nach Elronds Haus, von dem viele gehört hatten, doch nur wenige sagen konnten, wo es liege.«

»Und hier in Elronds Haus soll dir noch einiges klar werden«, sagte Aragorn und stand auf. Er warf sein Schwert auf den Tisch, der vor Elrond stand: Die Klinge war in zwei Stücken. »Hier ist das zerbrochene Schwert!« sagte er.

»Und wer bist du, und was hast du mit Minas Tirith zu schaffen?« fragte Boromir und musterte zweifelnd das hagere Gesicht des Waldläufers und seinen wettergeprüften Mantel.

»Er ist Aragorn, Arathorns Sohn«, sagte Elrond, »und über viele Vorväter stammt er von Elendils Sohn Isildur ab, dem Herrn von Minas Ithil.

Er ist das Oberhaupt der Dúnedain des Nordens, und wenige sind noch übrig von seinem Volk.«

»Dann gehört er gar nicht mir, sondern dir!« rief Frodo verdutzt und sprang auf, als erwartete er, dass man ihm den Ring sogleich abverlangen werde.

»Er gehört weder dir noch mir«, sagte Aragorn, »doch ist verfügt worden, dass du ihn eine Zeit lang verwahren sollst.«

»Weise den Ring vor, Frodo!« sagte Gandalf feierlich. »Die Zeit ist gekommen. Halte ihn hoch, und Boromir wird auch das Übrige an seinem Rätsel aufgelöst finden.«

Stille trat ein, und aller Augen richteten sich auf Frodo. Scham und Furcht packten ihn plötzlich, und es widerstrebte ihm heftig, den Ring vorzuzeigen oder ihn auch nur zu berühren. Er wünschte sich weit fort. Der Ring schimmerte und funkelte, als er ihn mit zitternder Hand emporhielt.

»Sehet da! Isildurs Fluch«, sagte Elrond.

Boromirs Augen glitzerten, als er das goldene Ding anstarrte. »Der Halbling!« murmelte er. »Ist also das Ende von Minas Tirith gekommen? Aber warum dann sollten wir ein zerbrochenes Schwert suchen?«

»Es hieß nicht *das Ende von Minas Tirith*«, sagte Aragorn. Doch ein Ende und große Taten stehen uns wirklich bevor. Denn das zerbrochene Schwert ist Elendils Schwert, das unter ihm brach, als er fiel. Von seinen Erben wurde es wie ein Schatz gehütet, als sie alle anderen Erbgüter längst verloren hatten, denn ein alter Spruch sagte uns, dass es neu geschmiedet werde, wenn der Ring, Isildurs Fluch, gefunden sei. Nun, da du das Schwert, das du suchtest, gesehen hast: Was wünschst du dir? Dass das Haus Elendil nach Gondor zurückkehrt?«

»Ich wurde nicht abgesandt, irgendeine Gnade zu erbitten, sondern nur, die Bedeutung eines Rätsels zu erfragen«, antwortete Boromir stolz. »Aber wir sind in Nöten, und Elendils Schwert wäre eine unverhoffte Verstärkung – wenn denn eine solche Waffe wirklich aus dem Dunkel der Vergangenheit wieder auftauchen kann.« Er musterte Aragorn von neuem, und der Zweifel stand ihm auf die Stirn geschrieben.

Frodo merkte, wie Bilbo an seiner Seite in Bewegung kam. Offenbar ärgerte ihn, wie sein Freund behandelt wurde. Plötzlich stand er auf und machte sich Luft:

Nicht jeder Verirrte verliert sich,
  Nicht alles, was Gold ist, glänzt;
Die tiefe Wurzel erfriert nicht,
  Was alt ist, wird nicht zum Gespenst.
Aus Schatten ein Licht entspringe!
  Aus Asche soll Feuer loh'n!
Heil wird die zerbrochene Klinge,
  Der Kronlose steigt auf den Thron.

»Vielleicht nicht sehr schön, aber klar – wenn dir Elronds Wort nicht genügt. Wenn du hundertundzehn Tage gereist bist, um es zu hören, dann beherzige es auch!« Grollend setzte er sich wieder hin.

»Hab ich selbst gemacht«, flüsterte er Frodo zu, für den Dúnadan, schon vor langer Zeit, als er mir zum ersten Mal gesagt hat, wer er ist. Ich wünschte fast, meine Abenteuer wären noch nicht zu Ende, und ich könnte mit ihm gehen, wenn sein Tag kommt.«

Aragorn lächelte ihm zu, dann wandte er sich wieder an Boromir. »Für mein Teil finde ich deinen Zweifel verzeihlich«, sagte er. »Wenig ähnlich sehe ich den Standbildern Elendils und Isildurs, wie sie gemeißelt in all ihrer Majestät in Denethors Hallen stehen. Ich bin nicht Isildur, nur sein Erbe. Ein schweres Leben habe ich gehabt und ein langes; und die Wegstunden von hier nach Gondor wären ein kleines Stück auf der Karte meiner Fahrten. Viele Gebirge und Flüsse habe ich überschritten und viele Ebenen durchquert, bis in die fernen Länder Rhûn und Harad, wo selbst die Sterne fremd sind.

Doch meine Heimat, wenn ich noch eine habe, ist der Norden. Denn dort haben Valandils Erben immer gelebt, in langer, ununterbrochener Erbfolge über viele Menschenalter hin, vom Vater zum Sohn. Unsere Tage haben sich verfinstert, und unser Volk ist geschrumpft; doch stets ist die Klinge an den nächsten Hüter übergegangen. Und so viel lass mich dir noch sagen, Boromir, ehe ich zum Ende komme: Einsame sind wir, Waldläufer, Jäger – doch jagen wir vor allem die Diener des Feindes, denn die sind an vielen Orten und nicht nur in Mordor zu finden.

Wenn Gondor ein Bollwerk gewesen ist, Boromir, so haben wir eine andere Aufgabe erfüllt. Viele Unwesen gibt es, die eure festen Mauern und blanken Schwerter nicht aufhalten können. Ihr wisst nicht viel von den Ländern jenseits eurer Grenzen. Frieden und Freiheit sichert ihr, sagst du? Wenig hätte der Norden sie gekannt ohne uns. Furcht hätte beides zunichte gemacht. Wenn aber üble Kreaturen aus den unbewohnten Bergen oder aus den lichtlosen Wäldern herankriechen, dann sind wir es, vor denen sie fliehen. Welche Straßen würde man noch zu begehen wagen, wer wäre noch sicher in den ruhigen Ländern oder in den Häusern einfacher Leute bei Nacht, wenn die Dúnedain schliefen oder alle ins Grab gesunken wären?

Und Dank ernten wir weniger als ihr. Die Reisenden sehen uns scheel an, und auf den Dörfern gibt man uns geringschätzige Namen. ›Streicher‹ heiße ich für einen dicken Gastwirt, der nur einen Tagesmarsch von Feinden entfernt lebt, bei deren Anblick ihm das Herz stocken würde und die sein Städtchen in Schutt legen könnten, wenn man ihn nicht unablässig beschützte. Doch wir wollen es nicht anders. Schlichte Gemüter bleiben nur schlicht, solange sie von Furcht und Nöten nichts wissen; und darum müssen wir im Geheimen wirken. Dies ist das Werk meiner Sippe gewesen, während die Jahre länger wurden und die Steine Moos ansetzten.

Doch nun ändert die Welt sich wieder einmal. Eine neue Stunde bricht an. Isildurs Fluch wurde gefunden. Krieg steht bevor. Das Schwert wird neu geschmiedet. Ich komme nach Minas Tirith.«

»Du sagst, Isildurs Fluch wurde gefunden«, sagte Boromir. »Ich habe einen blanken Ring in der Hand des Halblings gesehen; doch Isildur, heißt es, sei umgekommen, ehe dieses Zeitalter der Welt begann. Woher wissen die Gelehrten, dass dieser Ring der seine ist? Und wie hat er all die Jahre überdauert, bis er von einem so seltsamen Boten hierher gebracht wurde?«

»Das soll berichtet werden«, sagte Elrond.

»Aber ich bitte dich, Meister, nicht gleich!« sagte Bilbo. »Die Sonne steigt schon zum Mittag auf, und mir ist, als bedürfte ich einer Stärkung.«

»Noch hatte ich dich nicht aufgerufen«, sagte Elrond lächelnd, »doch jetzt tu' ich's. Fang an! Gib uns deinen Bericht. Und wenn du ihn noch nicht in Verse gebracht hast, dann gib ihn uns in ungebundener Rede! Und je kürzer du ihn fasst, desto schneller kommst du zu deiner Stärkung.«

»Na schön«, sagte Bilbo, »ganz wie du willst! Ich möchte aber nur die Wahrheit erzählen, und wenn manche hier« – er warf Glóin einen Seitenblick zu – »die Geschichte aus meinem Munde schon einmal anders gehört haben, so bitte ich sie, es vergeben und vergessen sein zu lassen.

Ich wollte damals nur meinen Anspruch auf den Schatz bekräftigen und den Schimpfnamen ›Dieb‹ abwehren, den man mir angehängt hatte. Doch vielleicht verstehe ich heute alles ein bisschen besser. Jedenfalls, so ist es gewesen.«

Manche kannten Bilbos Geschichte überhaupt noch nicht, und sie hörten voll Staunens zu, wie der alte Hobbit offenbar nicht ungern und in aller Ausführlichkeit über sein Abenteuer mit Gollum berichtete. Nicht eines von den Rätseln ließ er aus. Mit dem gleichen Vergnügen hätte er gewiss auch noch von seinem Abschiedsfest und seinem Verschwinden aus dem Auenland erzählt, hätte Elrond nicht abgewinkt.

»Trefflich erzählt, mein Freund«, sagte er, »doch mag dies einstweilen genügen. Fürs Erste müssen wir nur wissen, dass der Ring an Frodo, deinen Erben, übergeben ward. Nehme er nun das Wort!«

Weniger bereitwillig als Bilbo berichtete Frodo nun von allem, was er mit dem Ring erlebt hatte, seit dem Tage, an dem er in seine Obhut gelangte. Zu jeder Etappe seiner Reise von Hobbingen bis zur Bruinenfurt wurden Fragen und Überlegungen vorgebracht, und alles, woran er sich in Bezug auf die schwarzen Reiter erinnern konnte, wurde eingehend besprochen. Endlich setzte er sich wieder hin.

»Nicht schlecht!« sagte Bilbo zu ihm. »Es wäre eine gute Geschichte geworden, wenn sie dich nicht immerzu unterbrochen hätten. Ich hab versucht, mir Notizen zu machen, aber irgendwann müssen wir zusammen alles noch mal durchgehen, wenn ich es aufschreiben soll. Da haben wir Stoff für mehrere Kapitel, bis du auch nur hierher kommst.«

»Ja, sie wurde schon ein bisschen lang, die Geschichte«, sagte Frodo. »Trotzdem kommt sie mir noch nicht vollständig vor. Ich möchte noch einiges mehr wissen, besonders über Gandalf.«

Galdor von den Anfurten, der nahebei saß, hörte mit, was er sagte. »Auch für mich sprichst du!« rief er. Dann wandte er sich an Elrond: »Aus gutem Grund mögen die Gelehrten glauben, dass des Halblings Fund wirklich der viel besprochene große Ring sei, so wenig wahrscheinlich dies den minder Kundigen anmutet. Doch können wir nicht die Beweise hören? Und noch eines wüsste ich gern: Was sagt Saruman? Ringkundig ist er wie wenige sonst und doch nicht unter uns. Welches ist sein Ratschluss – wenn er von alledem weiß, was wir soeben hörten?«

»Miteinander verbunden sind deine Fragen, Galdor«, sagte Elrond. »Ich hatte sie nicht übersehen, und sie sollen beantwortet werden. Doch dies zu erklären, ist Gandalfs Sache, und ihn rufe ich nun als Letzten auf, denn dies ist der Ehrenplatz, und in dem ganzen Geschäft ist er der Leiter und Lenker gewesen.«

»Manche würden meinen, Galdor«, sagte Gandalf, »dass Glóins Nachricht und Frodos Verfolgung zur Genüge beweisen, dass der Fund des Halblings für den Feind ein Gegenstand von hohem Wert ist. Und zwar ein Ring. Doch welcher? Die Neun haben die Nazgûl. Die Sieben wurden zurückgenommen oder vernichtet.« Bei diesen Worten rührte sich Glóin, sagte aber nichts. »Über die Drei sind wir im Bilde. Welcher also ist dieser eine, den er so heiß begehrt?

Zwischen dem Strom und dem Gebirge, zwischen dem Verlust des Ringes und dem Wiederfinden erstreckt sich freilich in der Zeit eine weite Wüste. Doch die Lücke im Wissen der Gelehrten wurde nun endlich geschlossen. Leider erst sehr spät. Denn der Feind war uns dicht auf den Fersen, dichter, als ich befürchtet hatte. Und wir haben Glück, dass er erst in diesem Jahr, in diesem Sommer nämlich, wie es scheint, die volle Wahrheit erfahren hat.

Manche hier werden sich erinnern, dass ich selbst mich vor vielen Jahren einmal über die Schwelle des Nekromanten in Dol Guldur gewagt und sein Treiben dort heimlich erforscht habe. Dabei fand ich heraus, dass unsere Befürchtungen zutrafen: Er war niemand anders als Sauron, unser alter Feind, der nun wieder zu einer Gestalt und zu Kräften kam. Einige werden sich auch erinnern, dass Saruman uns von offenen Feindseligkeiten gegen ihn abriet, und lange haben wir ihn nur beobachtet. Doch endlich, als sein Schatten wuchs, gab Saruman nach, und der Rat bot seine Kraft auf und vertrieb das Übel aus dem Düsterwald – und zwar im gleichen Jahr, in dem auch dieser Ring gefunden wurde: ein merkwürdiger Zufall, wenn es denn einer war.

Aber, wie Elrond vorausgesehen hatte, wir kamen zu spät. Sauron hatte seinerseits uns beobachtet und sich auf unseren Schlag lange vorbereitet. Mordor regierte er, bevor dort alles bereit war, schon aus der Ferne über Minas Morgul, wo seine neun Diener saßen. Dann nahm er vor uns Reißaus, aber nur zum Schein, und bald darauf nahm er den Dunklen Turm wieder in Besitz und gab sich offen zu erkennen. Darauf trat der Rat zum letzten Mal zusammen, denn nun hatten wir erfahren, dass er immer emsiger nach dem Einen suchen ließ. Wir befürchteten, er könne irgendeine Nachricht über ihn haben, von der wir nichts wussten. Saruman aber versicherte, daran sei nichts, und wiederholte, was er uns schon früher gesagt hatte: dass der Eine niemals wieder in Mittelerde zu finden sein werde.

›Im schlimmsten Falle‹, sagte er, ›weiß unser Feind, dass wir ihn nicht haben und dass er noch immer vermisst wird. Doch was verloren ging, mag wieder gefunden werden, denkt er. Fürchtet nichts! Trügen wird ihn die Hoffnung. Habe nicht ich diese Sache ernstlich erforscht? In den großen Anduin ist der Ring gefallen, und längst, während Sauron noch schlief, ist er stromabwärts ins Meer gespült worden. Dort mag er liegen bis an der Welt Ende.‹«

Gandalf schwieg und blickte über die Terrasse nach Osten zu den fernen Gipfeln der Nebelberge hinauf, an deren tiefen Wurzeln das gefährliche Ding so lange verborgen gelegen hatte. Er seufzte.

»Da nun machte ich einen Fehler«, sagte er. »Ich ließ mich von den Worten des weisen Saruman einlullen; doch hätte ich mich früher bemühen sollen, der Wahrheit auf den Grund zu kommen, und die Gefahr für uns wäre jetzt geringer.«

»Alle haben wir diesen Fehler gemacht«, sagte Elrond, »und wärest du nicht wachsam gewesen, hätte die Finsternis uns vielleicht schon umfangen. Doch sprich weiter!«

»Von Anfang an und allem entgegen, was ich wusste, ahnte mir Böses«, sagte Gandalf, »und ich wollte unbedingt herausfinden, wie Gollum zu dem Ding gekommen war und wie lange er es besessen hatte. Also stellte ich Wachen auf, weil ich mir dachte, dass er bald aus seinen dunklen Höhlen hervorkommen würde, um nach seinem Schatz zu suchen. Er kam tatsächlich, aber er entwischte uns und war nicht zu finden. Und dann, o weh! ließ ich die Sache auf sich beruhen und begnügte mich damit, zu beobachten und abzuwarten, wie wir es leider schon allzu oft getan haben.

Die Zeit verging unter vielerlei anderen Geschäften, bis meine Bedenken plötzlich wieder auflebten und zu starken Befürchtungen wurden. Woher kam der Ring des Hobbits? Und, wenn es so war, wie ich befürchtete, was sollte damit geschehen? Darüber musste ich Klarheit gewinnen. Zunächst aber sprach ich über meine Sorge mit niemandem, denn ich weiß, wie gefährlich schon eine Andeutung zur falschen Zeit sein kann, wenn sie sich als Gerücht ausbreitet. In all den langen Kriegen mit dem Dunklen Turm ist Verrat immer unser ärgster Feind gewesen.

Das war vor siebzehn Jahren. Bald konnte ich bemerken, dass Spione jeder Art, selbst Tiere, sich um das Auenland sammelten, und meine Sorge wurde immer größer. Ich bat die Dúnedain um Hilfe, und ihre Wachen wurden verdoppelt; und zu Aragorn, Isildurs Erben, sagte ich, was mir auf dem Herzen lag.«

»Und mein Rat war«, sagte Aragorn, »die Jagd nach Gollum wieder aufzunehmen, mochte es auch zu spät scheinen. Und da ich es nur recht und billig finde, dass Isildurs Erbe etwas tut, um Isildurs Fehler wieder gutzumachen, ging ich mit Gandalf auf die lange, hoffnungslose Suche.«

Dann berichtete Gandalf, wie sie ganz Wilderland von Norden bis Süden durchstreift hatten, bis hinunter zum Schattengebirge und den Wällen um Mordor. »Da gab es Gerüchte über ihn, und vermutlich hat er lange in den dunklen Bergen gehaust; doch nirgendwo fanden wir ihn, bis ich es endlich aufgab. In meiner Verzweiflung kam ich schließlich auf den Gedanken, eine Probe zu machen, durch die sich die weitere Suche nach Gollum vielleicht erübrigen würde. Der Ring selbst konnte mir vielleicht sagen, ob er der Eine war. Mir fiel etwas ein, das ich bei einer Ratssitzung gehört hatte, eine Bemerkung Sarumans, die mich damals wenig interessiert hatte. Nun aber kam sie mir wortwörtlich in Erinnerung.

›Die Neun, die Sieben und die Drei‹, hatte er gesagt, ›hatten jeder einen besonderen Edelstein. Nicht so der Eine. Der war glatt und unverziert wie einer der niederen Ringe; doch der Schmied schrieb Zeichen darauf, die mit kundigem Blick vielleicht zu sehen und zu lesen wären.‹

Was dies für Zeichen waren, hatte er nicht gesagt. Wer konnte dies heute wissen? Der Ringschmied. Und vielleicht auch Saruman? Aber mochte er noch so kundig sein: Ohne eine Quelle konnte er nichts davon wissen. Wer außer Sauron hatte dieses Ding je in der Hand gehabt, ehe es verloren ging? Nur Isildur.

Aus diesen Gedanken heraus brach ich die Jagd ab und machte, dass ich nach Gondor kam. In früheren Tagen hatte man die Mitglieder meines Ordens dort freundlich aufgenommen. Das galt besonders für Saruman. Oft und lange Zeit ist er bei den Herren der Stadt zu Gast gewesen. Mich nun empfing der Herr Denethor weniger herzlich, als ich es gewohnt war, und nur widerwillig gestattete er mir, in der Schatzkammer seiner Bücher und Schriftrollen zu stöbern.

›Wenn du wirklich, wie du sagst, nur nach Berichten aus alten Tagen und von der Gründung der Stadt suchst, dann lies nur zu!‹ sagte er. ›Doch wenn du nicht kundiger noch als Saruman bist, der lange hier geforscht hat, wirst du nichts finden, das einem Kenner unserer Stadtgeschichte, wie ich es bin, irgend neu wäre.‹

So sprach Denethor. Und doch befinden sich in seinem Hort viele Berichte, die selbst von den Gelehrten heute nur wenige lesen können, denn ihre Schriften und Sprachen sind für die späteren Menschen dunkel geworden. Und dort, Boromir, in Minas Tirith, liegt, ungelesen, nehme ich an, von allen außer Saruman und mir, seit das Königshaus erloschen ist, eine Schriftrolle, die Isildur selbst verfasst hat. Denn Isildur ist nicht gleich nach dem Krieg in Mordor wieder davongezogen, wie manchmal erzählt wurde.«

»Manchmal im Norden vielleicht«, unterbrach ihn Boromir. »In Gondor weiß jedermann, dass er zuerst nach Minas Anor ging und eine Weile dort blieb, um seinen Neffen Meneldil zu unterweisen, ehe er ihm die Herrschaft über das Südliche Königreich übertrug. Zu der Zeit pflanzte er dort zum Andenken an seinen Bruder den letzten Setzling des Weißen Baumes ein.«

»Aber zu der Zeit schrieb er auch diese Rolle«, sagte Gandalf, »und davon scheint man in Gondor nichts mehr zu wissen. Denn diese Schriftrolle betrifft den Ring, und zwar schreibt Isildur:

Der Große Ring werde nun ein Erbstück des Nordreiches; doch Berichte über ihn mögen auch in Gondor hinterbleiben, wo ebenfalls die Erben Elendils verweilen, damit keine Zeit komme, da die Erinnerung an diese großen Dinge trüb wird.

Und nach diesen Worten beschreibt Isildur den Ring, wie er war, als er ihn an sich nahm:

Heiß war er, als ich zuerst nach ihm griff, heiß wie glühende Kohle, sodass mir die Hand versenget ward und ich nicht weiß, ob ich des Schmerzes je ledig sein werde. Doch dieweil ich schreibe, kühlet er ab, und mich dünkt, er schrumpfet, büßet indes nichts an Schönheit ein noch an Form. Schon verblasset die Inschrift, so darauf zuerst hell geleuchtet wie eine rote Flamme, und ist nun kaum mehr zu lesen. In einer Elbenschrift von Eregion ist sie gehalten, als sie denn in Mordor für solch feine Züge der Lettern entraten; doch unbekannt ist mir die Sprache. Eine Zunge des Schwarzen Landes wird sie wohl sein, denn grob und garstig ist sie.

Was Böses darin besaget, weiß ich nicht, zeichne aber hier die Lettern ab,
sodass sie erinnerlich bleiben, sollten sie bis zur Unkenntlichkeit ver-
blassen. Der Ring vermisset vielleicht die Hitze von Saurons Hand, die
schwarz war und doch brannte wie Feuer, und so ward Gil-galad erschla-
gen; und erhitzte man das Gold, so würde vielleicht die Schrift erfrischet.
Doch ich für mein Teil werde nichts tun, was diesem Dinge, so das einzig
schöne ist von Saurons Werken, könnte zum Schaden gereichen. Teuer
ist es mir, obwohl mit großem Schmerz erkaufet.

Als ich diese Worte las, war ich am Ziel meiner Suche. Denn die Sprache
der abgezeichneten Inschrift war in der Tat, wie Isildur erraten hatte, die
Sprache, die von den Dienern des Turms in Mordor gesprochen wird. Und
was die Inschrift besagte, war schon bekannt. Denn an dem Tag, als Sauron den Einen zum ersten Mal aufsteckte, gewahrte ihn von fern Celebrimbor, der die Drei geschmiedet hatte, und hörte ihn diese Worte sprechen, die seine bösen Absichten preisgaben.

Sogleich nahm ich Abschied von Denethor, doch als ich nach Norden
ging, erreichten mich Nachrichten aus Lórien, dass Aragorn dort gewesen war und dass er die Kreatur namens Gollum gefunden hatte. Daher
beeilte ich mich, zuerst ihn aufzusuchen, um zu hören, was er zu berichten hatte. Welchen Gefahren er sich allein ausgesetzt haben musste, wagte ich nicht zu denken.«

»Unnötig, viel davon zu reden«, sagte Aragorn. »Wer gezwungen ist,
sich in Sichtweite des Schwarzen Tors zu begeben oder zwischen die giftigen Blumen des Morgultals, dem wird es an Gefahren nicht mangeln.
Auch ich hatte schließlich genug davon und machte mich auf den Heimweg. Und dann, durch schieres Glück, stieß ich auf das, was ich suchte:
Abdrücke von weichen Platschfüßen an einem schlammigen Teich. Die
Spur war noch frisch und verriet eine schnelle Gangart; und sie führte
nicht nach Mordor, sondern nach Norden. Ich folgte ihr um den Rand der
Totensümpfe herum, und dann hatte ich ihn. An einem Sumpftümpel, wo
er lauernd ins Wasser spähte, als es Abend wurde, da erwischte ich ihn,
Gollum. Er war mit grünem Schleim beschmiert. Mein Freund wird er
nie werden, fürchte ich, denn er biss mich, und auch ich wurde unsanft.
Aus seinem Munde bekam ich nichts heraus als die Spuren seiner Zähne.
Dies schien mir der schlimmste Teil meiner Fahrt zu sein, der Rückweg:
Tag und Nacht kein Auge von ihm lassen, ihn geknebelt und mit einem
Strick um den Hals vor mir hertreiben, bis Hunger und Durst ihn zähm-

ten, immer in Richtung auf den Düsterwald. Endlich hatte ich ihn so weit gebracht und übergab ihn den Elben, denn so hatten wir es verabredet; und ich war froh, ihm nicht länger Gesellschaft leisten zu müssen, denn er roch übel. Für mein Teil hoffe ich, ihn nie wieder zu sehen; aber dann kam Gandalf und erduldete ein langes Gespräch mit ihm.«

»Ja, ein langes und mühsames«, sagte Gandalf, »doch kein unnützes. Immerhin stimmte die Geschichte, die er über seinen Verlust erzählte, mit der überein, zu der sich Bilbo heute zum ersten Mal offen bekannt hat; doch das war nicht allzu wichtig, denn ich hatte es schon erraten. Aber nun erfuhr ich zum ersten Mal, dass der Ring am Großen Strom in der Nähe der Schwertelfelder gefunden worden war. Und ich erfuhr, dass Gollum ihn lange besessen hatte, über viele Lebzeiten seiner kleinen Art. Die Macht des Ringes hatte seine Jahre weit über die gewöhnliche Zahl hinaus verlängert; und diese Macht steckt nur in den Großen Ringen.

Und wenn dir dieser Beweis nicht genügt, Galdor, so bleibt noch die Probe, von der ich schon sprach. Auf ebendiesem Ring, der, wie ihr gesehen habt, als Frodo ihn hochhielt, glatt und unverziert war, sind die von Isildur aufgezeichneten Lettern noch immer zu lesen, wenn einer die Willensstärke besitzt, die es erfordert, diesen goldenen Ring eine Weile ins Feuer zu legen. Das hab ich getan, und dort stand zu lesen:

Ash nazg durbatulûk, ash nazg gimbatul,
ash nazg thrakatulûk agh burzum-ishi krimpatul.«

Die Stimme des Zauberers hatte sich erschreckend verändert. Plötzlich klang sie drohend, donnernd und steinhart. Ein Schatten schien vor die hoch stehende Sonne zu ziehen, und auf der Terrasse wurde es für einen Augenblick dunkel. Alle erbebten, und die Elben hielten sich die Ohren zu.

»Niemals noch hat in Imladris einer gewagt, jener Zunge Worte in den Mund zu nehmen, Gandalf der Graue«, sagte Elrond, als sich der Schatten verzog und alle wieder aufatmeten.

»Und niemand wird sie hoffentlich je wieder hier sprechen«, antwortete Gandalf. »Dennoch, ich bitte dich nicht um Verzeihung, Meister Elrond. Denn wenn jener Zunge Worte nicht bald in allen Winkeln des Westens zu hören sein sollen, dann lass uns jeden Zweifel abtun, dass dieses Ding wahrhaftig ist, wovon die Weisen sagten, es sei der Schatz des Feindes: All seine Tücke und ein Großteil seiner einstigen Kraft steckt darin. Aus den Schwarzen Jahren sind die Worte überliefert, welche die Schmiede von Eregion hörten und aus denen sie erkannten, dass sie betrogen worden waren:

> *Ein Ring, sie zu knechten, sie alle zu finden,*
> *Ins Dunkel zu treiben und ewig zu binden.*

Noch einiges, das ich von Gollum erfuhr, müsst ihr wissen, Freunde. Er war nicht sehr mitteilsam, und vieles an seiner Geschichte blieb unklar, doch so viel steht unbezweifelbar fest, dass er nach Mordor gegangen ist und dass dort alles, was er wusste, aus ihm herausgepresst wurde. Daher weiß der Feind nun, dass der Eine gefunden wurde und dass er lange im Auenland war; und weil seine Diener ihn bis fast vor unsere Haustür verfolgt haben, wird er bald wissen oder weiß vielleicht in diesem Augenblick schon, dass wir ihn hier haben.«

Alle schwiegen eine Weile, dann nahm Boromir das Wort. »Er ist ein kleiner Kerl, sagst du, dieser Gollum? Klein, aber groß im Unheilstiften. Was ist aus ihm geworden? Welches Ende habt ihr ihm bereitet?«

»Er ist im Kerker, sonst ist ihm nichts geschehen«, sagte Aragorn. »Er hat schon viel zu leiden gehabt. Ohne Zweifel ist er gefoltert worden, und sein Herz ist schwarz vor Furcht – Furcht vor Sauron. Ich jedenfalls bin froh, dass er bei den wachsamen Elben im Düsterwald sicher verwahrt ist. Seine Tücke ist groß und verleiht ihm Kräfte, die man einem so hageren und ausgemergelten Bürschchen nicht zutraut. Unheil stiften könnte er noch viel, wenn er frei herumliefe. Und ich habe keinen Zweifel, dass er nur zu irgendeinem bösen Zweck aus Mordor entlassen wurde.«

»Weh, o weh!« rief Legolas, der Elb, und sein hübsches Gesicht zeigte tiefes Bedauern. »Was ich zu melden ausgesandt ward, muss nun heraus. Keine guten Nachrichten sind es, doch wie schlimm sie dieser Versammlung erscheinen werden, begriff ich erst soeben. Sméagol, der nun Gollum genannt wird, ist entkommen.«

»Entkommen?« rief Aragorn. »In der Tat, das ist eine böse Nachricht. Ich fürchte, es wird uns alle noch bitter reuen. Wie konnte Thranduils Volk uns so enttäuschen?«

»Nicht durch nachlässige Bewachung«, sagte Legolas, »vielleicht aber durch zu viel Freundlichkeit. Und wir befürchten, dass der Gefangene Beihilfe von außen bekam, von anderen, die über unser Tun und Lassen mehr wissen, als uns lieb ist. Wie Gandalf uns aufgetragen, bewachten wir diese Kreatur Tag und Nacht, so sehr uns das verdross. Doch Gandalf hatte uns Hoffnung gemacht, dass er noch zu heilen sei, und darum brachten wir's nicht übers Herz, ihn immer in den unterirdischen Verliesen eingesperrt zu halten, wo er nur wieder auf seine alten finsteren Gedanken verfallen konnte.«

»So zartfühlend wart ihr nicht gegen mich«, sagte Glóin mit blitzenden Augen in Erinnerung an seine eigene Gefangenschaft in den tiefen Kellern unter dem Palast des Elbenkönigs.

»Mein lieber Freund Glóin!« sagte Gandalf. »Bitte hör davon auf und unterbrich ihn nicht! Das war ein bedauerliches Missverständnis, das längst ausgeräumt ist. Wenn alles, was Elben und Zwerge einander vorzuwerfen haben, hier zur Sprache kommen sollte, wäre es besser, diese Ratsversammlung gleich abzubrechen.«

Glóin stand auf und machte eine Verbeugung, und Legolas fuhr fort.

»Bei schönem Wetter brachten wir Gollum in den Wald hinaus, und dort kletterte er gern auf einen hohen Baum, der vereinzelt und von den anderen entfernt stand. Oft ließen wir ihn bis zu den höchsten Ästen hinaufsteigen, wo er den Wind spüren konnte; aber immer stand dann eine Wache unter dem Baum. Eines Tages weigerte er sich, wieder herunterzukommen, und die Wächter hatten keine Lust, ihm nachzusteigen, denn er konnte sich mit den Füßen ebenso festklammern wie mit den Händen. Also blieben sie bis spät in die Nacht unter dem Baum sitzen.

In derselben Nacht, einer Sommernacht, doch ohne Mond und Sterne, wurden wir unversehens von Orks angegriffen. Nach einer Weile konnten wir sie verjagen; sie waren zwar zahlreich und streitbar, aber sie kamen von jenseits des Gebirges und waren ungeübt im Waldkrieg. Nach der Schlacht stellten wir fest, dass Gollum verschwunden war, seine Bewacher erschlagen oder gefangen genommen. Da schien es uns klar, dass der Angriff dem Zweck gedient hatte, ihn zu befreien, und dass er vorher davon wusste. Wir haben keine Ahnung, wie dies bewerkstelligt ward; doch Gollum ist schlau, und der feindlichen Späher sind viele. Die finsteren Kreaturen, die in dem Jahr, als der Drache getötet ward, vertrieben wurden, sind in größerer Zahl zurückgekehrt, und außerhalb unseres Bereichs ist der Düsterwald wieder eine üble Gegend.

Gollum wieder einzufangen, ist uns nicht gelungen. Wir fanden seine Spur zwischen den Spuren vieler Orks, und sie führte tief in den Wald hinein nach Süden. Aber bald verloren wir sie, und wir wagten nicht, die

Jagd fortzusetzen, weil wir uns Dol Guldur näherten, und das ist noch immer ein sehr böser Ort, dessen Umgebung wir meiden.«

»Also, er ist fort«, sagte Gandalf. »Ihn noch einmal zu suchen, haben wir keine Zeit. Soll er tun, was er will! Aber es kann sein, dass er noch eine Rolle spielen wird, die weder er noch Sauron vorhergesehen haben.

Und nun werde ich auf Galdors nächste Fragen antworten. Was sagt Saruman? Welchen Rat gibt er uns in dieser Not? Dies muss ich ausführlich berichten, denn nur Elrond hat es schon gehört, und auch das nur kurz; es wird jedoch bei allem, worüber wir beschließen müssen, ins Gewicht fallen. Es ist das letzte Kapitel der Geschichte des Ringes, soweit sie bisher gediehen ist.

Ende Juni war ich im Auenland, doch eine Wolke der Furcht drückte mir aufs Gemüt, und ich ritt zur Südgrenze des Ländchens, in der Vorahnung einer Gefahr, die mir noch verborgen blieb, aber näher rückte. Dort erreichten mich Nachrichten vom Krieg und der Niederlage in Gondor, und als ich von dem schwarzen Schatten erfuhr, wurde mir's kalt ums Herz. Doch ich traf niemanden außer ein paar Flüchtlingen aus dem Süden. Sie schienen mir von einer Furcht erfüllt, über die sie nicht sprechen mochten. Ich wandte mich nach Nordosten und ritt den Grünweg entlang. Nicht weit von Bree traf ich einen Reisenden, der auf der Böschung an der Straße saß, sein grasendes Pferd neben sich. Es war Radagast der Braune, der früher in Rhosgobel am Rande des Düsterwalds wohnte. Er gehört zu meinem Orden, doch ich hatte ihn viele Jahre nicht mehr gesehen.

›Gandalf!‹ ruft er mir entgegen. ›Dich suche ich. Ich kenne mich doch nicht aus in der Gegend hier. Ich hatte nur gehört, du seist auf einem wüsten Fleckchen Erde mit dem kindischen Namen Auenland zu finden.‹

›Deine Information war richtig‹, sag' ich. ›Aber drück' dich lieber anders aus, wenn du mit den Einheimischen sprichst. Du befindest dich jetzt nah an der Grenze zum Auenland. Und womit kann ich dir dienen? Es muss wohl dringend sein. Für Reisen, wenn sie nicht unbedingt nötig sind, konntest du dich noch nie begeistern.‹

›Ich bringe eine dringende Botschaft‹, sagte er. ›Schlimme Post.‹ Er schaute sich um, als dächte er, die Hecken könnten Ohren haben. ›Nazgûl‹, flüsterte er. ›Die Neun sind wieder unterwegs. Sie haben heimlich den Strom überschritten und ziehen nach Westen. Sie treten als Reiter in schwarzen Kutten auf.‹

Da wusste ich, wovor ich Angst gehabt hatte, ohne es zu kennen.

›Der Feind muss irgendein großes Problem oder einen Plan haben‹, sagte Radagast, ›aber was ihn dazu treibt, sich für diese öden, abgelegenen Gegenden zu interessieren, kann ich nicht einmal ahnen.‹

›Wie meinst du das?‹ sagte ich.

›Ich habe gehört, die Reiter fragen überall, wo sie hinkommen, nach diesem sogenannten Auenland.‹

›Es heißt wirklich so!‹ sagte ich, aber mir schwand der Mut. Selbst ein Weiser kann erschrecken, wenn er es mit den Neun unter ihrem finsteren Häuptling aufnehmen soll. Ein mächtiger König und Hexenmeister war er einst, und nun verbreitet er überall eine Höllenangst. ›Von wem hast du das gehört, und wer schickt dich?‹ fragte ich.

›Saruman der Weiße‹, antwortete Radagast. ›Und sagen soll ich dir, wenn du meinst, dass es nötig sei, werde er dir helfen; aber sofort müsstest du ihn verständigen, denn sonst sei es zu spät.‹

Diese Botschaft gab mir Hoffnung. Denn Saruman der Weiße ist der Oberste meines Ordens. Auch Radagast ist gewiss auf seine Art ein ehrenwerter Zauberer, ein Meister des Gestalt- und Farbenwechsels, ungemein bewandert in der Tier- und in der Kräuterkunde, und besonders mit den Vögeln steht er auf du und du. Saruman aber hat lange die ureigenen Künste des Feindes studiert, dem wir daher oft zuvorkommen konnten. Es waren Sarumans Methoden, mit denen wir ihn aus Dol Guldur vertrieben haben. Vielleicht hatte er jetzt auch Waffen gefunden, mit denen sich die Neun in die Flucht schlagen ließen.

›Ich gehe zu Saruman‹, sagte ich.

›Dann geh gleich!‹ sagte Radagast, ›denn ich habe dich lange suchen müssen, und die Zeit wird knapp. Vor Mittsommer, wurde mir gesagt, sollte ich dich finden, und der ist nun heran. Selbst wenn du gleich losreitest, wirst du ihn kaum erreichen, bevor die Neun das Land entdeckt haben, das sie suchen. Ich muss schleunigst heim.‹ Und er saß auf und wollte schon davonreiten.

›Einen Moment noch!‹ sagte ich. ›Wir werden deine Hilfe brauchen und die Hilfe aller, die uns helfen wollen. Schicke Botschaften an alle Tiere, besonders die Vögel, die deine Freunde sind. Sag ihnen, sie sollen Nachrichten über alles, was mit dieser Sache zu tun hat, zu Saruman und Gandalf bringen, zum Orthanc.‹

›Mach' ich!‹ sagte er und brauste davon, als ob alle Neun hinter ihm her wären.

Ich konnte ihm nicht gleich folgen. Ich war an dem Tag schon sehr weit geritten und war ebenso müde wie mein Pferd; außerdem musste ich mir einiges erst überlegen. Ich stieg über Nacht in Bree ab und sagte mir, dass ich keine Zeit hätte, noch mal ins Auenland zurückzureiten. Nie habe ich einen schlimmeren Fehler gemacht!

Ich schrieb aber eine Nachricht für Frodo und verließ mich auf meinen Freund, den Gastwirt, der sie ihm schicken sollte. Frühmorgens ritt ich los; und über kurz oder lang kam ich zu Sarumans Sitz. Der ist in Isengard, am südlichen Ende des Nebelgebirges, unweit der Pforte von Rohan. Die ist, wie Boromir bestätigen wird, ein breites, offenes Tal zwischen den Nebelbergen und den nördlichsten Ausläufern der Ered Nimrais, des Weißen Gebirges seiner Heimat. Isengard aber ist ein anderes Tal, von einem Kranz nackter Felsen wie von einer Mauer umschlossen, und in der Mitte dieses Tals steht ein Turm namens Orthanc. Er wurde nicht von Saruman, sondern vor langer Zeit von den Menschen aus Númenor erbaut. Er ist sehr hoch und hat viele Geheimnisse, sieht aber nicht wie ein Werk von Menschenhand aus. Nur durch den Felsenring, der das Tal umgibt, kann er erreicht werden; und in diesem Ring gibt es nur ein Tor.

Spät an einem Abend kam ich ans Tor, das unter einem großen Bogen durch die Felswand führt; und es war streng bewacht. Doch bei den Torhütern schien ich schon angemeldet zu sein; und sie sagten mir, dass Saruman mich erwarte. Ich ritt unter dem Bogen durch, und das Tor fiel leise hinter mir zu. Plötzlich hatte ich Angst, ohne zu wissen, warum.

Aber ich ritt weiter bis an den Fuß des Orthanc und kam zu Sarumans Treppe. Dort kam er mir entgegen und führte mich in seine hohe Kammer hinauf. Er trug einen Ring am Finger.

›Bist du also gekommen, Gandalf!‹ sagte er mit ernster Miene, aber in seinen Augen schien mir ein kaltes weißes Licht zu flackern, wie von unterdrücktem Gelächter.

›Ja, da bin ich‹, sagte ich. ›Ich bin gekommen, um deine Hilfe zu erbitten, Saruman der Weiße.‹ Und dass ich ihn mit diesem Titel anredete, schien ihn zu ärgern.

›Ach was, Gandalf der *Graue!*‹ spöttelte er. ›So, so, um Hilfe bittest du? Das hat man doch noch nie gehört, dass Gandalf der Graue um Hilfe bittet, wo er doch selber so ein weiser Kopf ist, durch alle Lande streunt und sich in alles einmischt, ob es ihn angeht oder nicht!‹

Ich sah ihn an und wusste nicht, was ich davon halten sollte. ›Wenn ich mich nicht täusche‹, sagte ich, ›sind jetzt Dinge im Gange, in die wir alle uns mit vereinten Kräften werden einmischen müssen.‹

›Mag wohl sein‹, sagte er, ›doch der Gedanke kommt dir ein wenig spät. Wie lange schon, möchte ich wissen, hast du mir, dem Obersten des Rates, eine Angelegenheit von größter Bedeutung verheimlicht? Und was führt dich jetzt her, von deinem Schlupfwinkel im Auenland?‹

›Die Neun treten wieder in Erscheinung‹, sagte ich. ›Sie haben den Strom überschritten – so sagte mir Radagast.‹

›Ja, Radagast der Braune!‹ sagte Saruman lachend und ließ nun seinem Hohn freien Lauf. ›Radagast der Vogelbändiger! Radagast der Einfaltspinsel! Radagast der Narr! Immerhin reichte sein Verstand eben noch aus für die Rolle, die ich ihm zuteilte. Denn nun bist du gekommen, und das war der einzige Zweck meiner Botschaft. Und hier bleibst du nun, Gandalf der Graue, und gönnst dir etwas Ruhe nach all deinen Reisen. Denn ich bin Saruman der Weise, Saruman der Ringschmied, Saruman der Bunte.‹

Ich sah, dass seine Gewänder, die mir zuerst weiß erschienen waren, nun in allen Farben schillerten; und wenn er sich bewegte, wechselte die Tönung, bis das Auge nicht mehr wusste, was es sah.

›Weiß gefiel mir besser‹, sagte ich.

›Ach was, weiß! Damit fängt man nur an. Das weiße Tuch kann man färben. Die weiße Seite wird beschrieben und das weiße Licht gebrochen.‹

›Worauf es dann nicht mehr weiß ist‹, sagte ich. ›Und wer ein Ding zerbricht, um herauszufinden, was es ist, hat den Pfad der Weisheit verlassen.‹

›Komm mir nicht mit solchen Sprüchen! Erzähle das den Schäfchen, die du deine Freunde nennst! Ich habe dich nicht kommen lassen, um von dir belehrt zu werden, sondern um dich vor eine Wahl zu stellen.‹

Dann baute er sich vor mir auf und fing an zu deklamieren, als hielte er eine einstudierte Rede. ›Die Ältesten Tage kehren nicht wieder. Die Mittleren Tage vergehen. Es beginnen die Jüngeren Tage. Die Zeit der Elben ist vorüber, aber unsere Zeit bricht an: in der Welt der Menschen, die wir regieren müssen. Aber dazu brauchen wir Macht, Macht, um alle Dinge nach unserem Willen zu ordnen, zu jenem höchsten Zweck, den nur die Weisen zu sehen vermögen.

Und versteh mich recht, Gandalf, mein alter Freund und Gehilfe‹, sagte er, nun näher heranrückend und mit einschmeichelnder Stimme, ›ich sagte *wir,* weil wir zu zweit sein können, wenn du dich mir anschließt. Jetzt ersteht eine neue Macht. Gegen sie werden die alten Bündnisse und Grundsätze uns gar nichts mehr nützen. Von den Elben und den aussterbenden Númenórern ist nichts mehr zu erhoffen. Du hast die Wahl, aber für dich, für uns, gibt es eigentlich nur eine Entscheidung: Wir können uns mit dieser Macht verbünden. Es wäre klug, Gandalf. Dort ist Hoffnung, ihr Sieg steht bevor, und ihre Mitstreiter werden reich belohnt werden. Wenn die Macht wächst, werden ihre bewährten Freunde mit ihr wachsen; und die Weisen, solche wie du und ich, könnten mit etwas Geduld schließlich zu ihren Lenkern und Leitern werden. Wir können abwarten, wir können unsere Gedanken für uns behalten; und im aufrichtigen Bedauern der einen oder anderen Untat, die nebenher geschehen mag, werden wir doch unser höchstes und letztes Ziel nicht aus dem Auge verlieren: Wissen, Herrschaft, Ordnung – all das, wonach wir bislang vergeblich gestrebt haben, eher behindert als unterstützt durch schwache oder faule Freunde. In unseren Zielen müsste und würde sich nichts wirklich ändern, nur in unseren Mitteln.‹

›Saruman‹, sagte ich, ›solche Reden hab ich schon öfter gehört, aber nur von Mordors Sendboten, zur Täuschung der Unwissenden. Hast du mich von so weit herkommen lassen, nur um mein Ohr zu ermüden?‹

Er sah mich schräg an und überlegte einen Moment. ›Nun, ich sehe, dass diese kluge Entscheidung dir nicht behagt‹, sagte er. ›Noch nicht? Nicht, solange noch eine bessere Möglichkeit offen steht?‹

Er trat dicht heran und legte seine lange Hand auf meinen Arm. ›Und warum nicht, Gandalf?‹ flüsterte er. ›Warum nicht? Der Herrscherring? Könnten wir über den verfügen, fiele die Macht an *uns.* Das ist der wahre Grund, warum ich dich gerufen habe. Denn viele halten in meinem Dienst die Augen offen, und darum glaube ich, dass du weißt, wo sich dieses kostbare Ding jetzt befindet. Ist dem nicht so? Oder warum sonst fragen die Neun nach dem Auenland, und was hast du dort zu schaffen?‹ Als er das sagte, leuchtete ihm plötzlich die nackte, nicht mehr zu verhehlende Gier aus den Augen.

›Saruman‹, sagte ich und trat ein paar Schritte von ihm weg, ›wie du wohl weißt, lässt sich der Ring nicht auf zwei Hände zugleich stecken, also spar dir dein *Wir!* Von mir bekommst du weder den Ring noch irgendeine Auskunft über ihn, seit ich nun weiß, was du im Sinn hast. Du warst der Oberste des Rates, aber jetzt hast du dich selbst entlarvt. Und die Wahl, vor die du mich stellst, scheint zu erfordern, dass ich mich entweder Sauron unterwerfe oder dir. Dazu sag' ich: keinem! Hast du noch andere Kandidaten zu empfehlen?‹

Nun wurde er kalt und drohend. ›Gut‹, sagte er. ›Ich habe nicht erwartet, dass du mehr Verstand beweisen würdest, nicht mal zu deinem eigenen Vorteil; doch ich wollte dir die Chance lassen, mir freiwillig entgegenzukommen, und dir damit viel Kummer und Schmerz ersparen. Die dritte Möglichkeit für dich ist, hier zu bleiben bis zum Ende.‹

›Bis zu welchem Ende?‹

›Bis du mir sagst, wo der Eine zu finden ist. An Mitteln, dich zu überzeugen, soll es mir nicht fehlen. Oder bis er trotz deiner Weigerung gefunden wird und der Gebieter Zeit hat, sich mit leichteren Aufgaben zu befassen: zum Beispiel sich eine angemessene Belohnung für die Widersetzlichkeit und Unverschämtheit Gandalfs des Grauen auszudenken.‹

›Die Aufgabe könnte sich als gar nicht so leicht erweisen‹, sagte ich. Er lachte mich aus, denn meine Worte waren leeres Gerede, und er wusste es.

Sie ergriffen mich und brachten mich hoch auf die Zinne des Turms, dorthin, wo Saruman die Sterne zu betrachten pflegte. Der einzige Weg hinab ist eine schmale Treppe mit Tausenden von Stufen, und der Talgrund scheint sehr weit weg zu sein. Ich schaute hinab und sah das Tal, das früher einmal grün und freundlich war, nun voller Gruben und Schmiedewerkstätten. Wölfe und Orks waren darin untergebracht, denn Saruman stellte auf eigene Rechnung eine große Streitmacht auf, bis jetzt noch als Saurons Rivale und nicht in seinen Diensten. Über all diesen Anlagen hing dunkler Qualm, der auch die Seiten des Orthanc einhüllte. Ich stand allein auf einer Insel in den Wolken, ohne eine Möglichkeit zu fliehen; und es wurden bittere Tage. Die Kälte ging mir durch und durch, und ich hatte nicht mal viel Platz zum Aufundabgehen, als ich drüber nachgrübelte, was die Reiter im Norden anstellen könnten.

Dass die Neun tatsächlich wieder auftraten, dessen war ich sicher, ganz unabhängig von Sarumans Reden, die ja auch Lügen sein konnten. Lange bevor ich Isengard erreichte, hatte ich unterwegs schon Nachrichten bekommen, die nicht falsch sein konnten. Ich bangte um meine Freunde im Auenland, hatte aber noch immer etwas Hoffnung. Ich hoffte, dass Frodo sofort aufgebrochen war, wie ich es ihm in meinem Brief dringend geraten hatte, und dass er Bruchtal erreicht hatte, ehe die Verfolger auf seiner Spur waren. Aber sowohl meine Sorge wie meine Hoffnung haben sich als unbegründet erwiesen. Denn meine Hoffnung gründete sich auf einen dicken Gastwirt in Bree und meine Sorge auf Saurons Schläue. Aber ein dicker Mensch, der Bier ausschenkt, muss eben viele Gäste bedienen; und Saurons Macht ist noch immer geringer, als die Furcht sie erscheinen lässt. Doch so wie ich da im Ring von Isengard saß, allein und gefangen, fiel es mir nicht leicht zu glauben, dass diese Jäger, vor denen sonst alles flieht oder in den Staub sinkt, im fernen Auenländchen scheitern sollten.«

»Ich habe dich gesehen!« rief Frodo. »Du bist auf und ab gegangen. Der Mond schien dir aufs Haar.«

Gandalf schwieg erstaunt und sah ihn an. »Es war nur ein Traum«, sagte Frodo, »aber eben fiel er mir wieder ein. Ich hatte ihn ganz vergessen. Den hatte ich vor einiger Zeit, ich glaube, bald nach dem Weggang aus dem Auenland.«

»Das war dann zu spät«, sagte Gandalf, »wie du sehen wirst. Ich war in einer üblen Lage. Und wer mich kennt, weiß, dass ich selten so in Not gewesen bin und mich mit solchen Rückschlägen nur schwer abfinden kann. Gandalf der Graue wie eine Fliege einer tückischen Spinne ins Netz gegangen! Aber auch die feinst gesponnenen Netze haben manchmal einen schwachen Faden.

Zuerst befürchtete ich, was Saruman wohl beabsichtigte, Radagast sei mit ihm im Einvernehmen. Doch hatte ich bei der Begegnung mit ihm kein Anzeichen von Verstellung in seiner Stimme oder in seinen Augen bemerkt. Sonst wäre ich niemals nach Isengard geritten, oder ich hätte mehr Vorsicht walten lassen. Das hatte sich auch Saruman gedacht, und darum hatte er den Boten über seine Absichten getäuscht. Es wäre ohnehin aussichtslos gewesen, den ehrlichen Radagast für eine solche Verräterei gewinnen zu wollen. Er überbrachte mir die Botschaft in gutem Glauben und weckte darum in mir keinen Argwohn.

Und daran wurde Sarumans Plan zuschanden. Denn Radagast sah keinen Grund, nicht zu tun, worum ich ihn gebeten hatte; und er ritt zum Düsterwald hin, wo er seit alten Zeiten viele Freunde hatte. Die Adler aus dem Gebirge flogen weit übers Land und sahen so manches: die Ansammlungen der Wölfe, die Aufmärsche der Orks und die neun Reiter, die kreuz und quer durch die Lande streiften; und sie erfuhren auch von Gollums Flucht. Und mit all diesen Meldungen schickten sie einen Boten zu mir.

So kam es, dass in einer Mondnacht, als der Sommer zu Ende ging, Gwaihir der Windfürst, der schnellste der großen Adler, unverhofft über dem Orthanc erschien; und er fand mich auf der Zinne stehend. Ich sprach mit ihm, und er trug mich davon, ehe Saruman etwas merkte. Ich war schon weit fort, als die Wölfe und Orks aus dem Tor gehetzt kamen, um mich zu verfolgen.

›Wie weit kannst du mich denn tragen?‹ sagte ich zu Gwaihir.

›Meilenweit‹, sagte er, ›aber nicht bis ans Ende der Welt. Ich bin Eilbote und kein Lastträger.‹

›Dann brauche ich ein bodengängiges Reittier‹, sagte ich, ›und zwar ein unerhört schnelles, denn ich hab es noch nie so eilig gehabt.‹

›Dann trag’ ich dich nach Edoras, wo der König von Rohan in seiner Halle sitzt‹, sagte er, ›denn das ist nicht sehr weit.‹ Und da war ich froh, denn in der Riddermark von Rohan wohnen die Rohirrim, die Herren der Pferde, und nirgendwo gibt es Pferde gleich den ihren, die in dem weiten Tal zwischen dem Nebelgebirge und dem Weißen Gebirge gezüchtet werden.

›Ob man den Menschen von Rohan noch trauen kann? Was meinst du?‹ sagte ich zu Gwaihir, denn Sarumans Verrat hatte mich argwöhnisch gemacht.

›Sie entrichten Tribut in Pferden und schicken jedes Jahr viele nach Mordor, oder jedenfalls sagt man das; aber ganz unterm Joch sind sie noch nicht. Aber wenn Saruman so schlimm geworden ist, wie du sagst, dann kann ihr Ende nicht mehr fern sein.‹

Vor Morgengrauen setzte er mich in Rohan ab; aber ich merke nun, meine Geschichte zieht sich allzu sehr in die Länge. Das Übrige muss ich abkürzen. In Rohan, fand ich, war die böse Saat schon aufgegangen. Sarumans Lügen taten ihre Wirkung, und von meinen Warnungen wollte der König des Landes nichts hören. Er hieß mich ein Pferd nehmen und verschwinden, und ich suchte mir eines aus, sehr zu meinem Gefallen und um so weniger zu seinem. Ich nahm das beste Pferd im ganzen Land, ein Pferd, wie ich noch nie eines gesehen habe.«

»Dann muss es wohl ein edles Tier sein«, sagte Aragorn; »und mehr als manch andere, scheinbar schlimmere Nachricht ärgert mich, dass Sauron solch einen Tribut erheben kann. So war es noch nicht, als ich zuletzt in diesem Land war.«

»Und auch jetzt nicht, ich kann’s beschwören«, sagte Boromir. »Das ist eine Lüge, wie sie der Feind ausstreut. Ich kenne die Menschen von Rohan, unsere treuen und tapferen Bundesgenossen, die noch immer in den Landen wohnen, die wir ihnen vor Zeiten abgetreten haben.«

»Mordors Schatten greift bis in ferne Länder«, sagte Aragorn. »Auf

Saruman ist er schon gefallen; auch Rohan wird bedrängt. Wer weiß, was einen erwarten würde, wenn man wieder dort hinkäme.«

»Wenigstens das nicht«, sagte Boromir, »dass sie ihr Leben mit Pferden erkaufen. Sie lieben ihre Pferde fast wie ihr eigenes Fleisch und Blut. Und das nicht ohne Grund, denn die Pferde der Riddermark stammen von den Feldern des Nordens, wo der Schatten nie hinreichte, und ihre Rasse, wie die ihrer Herren, stammt aus den alten Tagen der Freiheit.«

»Wohl wahr!« sagte Gandalf. »Und ein Hengst ist unter ihnen, der hätte in den Morgenstunden der Welt geworfen sein können. Mit ihm können es die Pferde der Neun nicht aufnehmen. Unermüdlich ist er und schnell wie der Wind. Schattenfell heißt er. Bei Tag schimmert er wie Silber, und durch die Nacht gleitet er wie ein Schatten, ungesehen. Seine Hufe streicheln den Boden. Noch nie hatte ein Mensch ihn bestiegen; aber ich nahm und zähmte ihn, und dann trug er mich so schnell voran, dass ich das Auenland schon erreichte, als Frodo auf den Hügelgräberhöhen war, obwohl ich aus Rohan erst losgeritten war, als er von Hobbingen aufbrach.

Aber das Herz wurde mir unterwegs nicht leichter. Je weiter ich nach Norden kam, desto öfter hörte ich von den Reitern, und obwohl ich jeden Tag Boden gutmachte, waren sie doch immer noch vor mir. Sie hatten sich verteilt, wie ich erfuhr: Einige blieben an den Ostgrenzen unweit des Grünwegs, während andere von Süden ins Auenland eindrangen. Ich kam nach Hobbingen, und Frodo war fort, aber ich redete mit dem alten Gamdschie. Viele Worte, bei denen wenig herauskam! Besonders viel wusste er über die Untugenden der neuen Besitzer von Beutelsend zu sagen.

›Änderungen kann ich nicht vertragen‹, hat er gesagt, ›nicht in meinem Alter! Und dann muss es auch noch zum Schlimmsten kommen! Zum Schlimmsten‹, hat er noch ein paar Mal wiederholt.

›Das Schlimmste ist ein starkes Wort‹, hab ich gesagt, ›und ich hoffe nicht, dass Sie das noch erleben.‹ Aber aus all dem Gerede entnahm ich immerhin, dass Frodo erst seit knapp einer Woche fort war und dass am gleichen Abend noch ein schwarzer Berittener den Bühl heraufgekommen war. Nicht eben beruhigt ritt ich weiter. Ich kam nach Bockland und fand alles in heller Aufregung, wie ein Ameisenhaufen, wenn man ihn mit dem Stock umrührt. Das Haus in Krickloch war aufgebrochen und leer, aber auf der Schwelle lag ein Mantel, der Frodo gehört hatte. Da schwand mir fürs Erste alle Hoffnung, und ich nahm mir nicht die Zeit, Erkundigungen einzuholen, die mich vielleicht getröstet hätten, sondern setzte gleich den Reitern nach. Es war schwer, ihren Spuren zu folgen, denn sie liefen in viele Richtungen auseinander und ließen mich ratlos. Aber dann schien mir, dass einige von ihnen nach Bree geritten waren, und die Richtung schlug auch ich ein, schon weil ich mit dem Gastwirt ein ernstes Wort zu reden gedachte.

›Butterblüm heißt er‹, dachte ich mir. ›Dem werd' ich die Butter wegschmelzen, bis er bloß noch Blüm heißt! Wenn er an dieser Verzögerung schuld ist, dann röst' ich ihn auf kleiner Flamme, den alten Schussel!‹ Er hatte auch nichts anderes von mir erwartet, und als er mein Gesicht sah, warf er sich gleich platt zu Boden und begann zu schmelzen.«

»Was hast du mit ihm gemacht?« rief Frodo besorgt. »Er war sehr freundlich und hat für uns getan, was er konnte.«

Gandalf lachte. »Keine Angst, ich hab ihn nicht gebissen, ich habe nur ganz leise gebellt. Umarmt hab ich den alten Knaben, so heilfroh war ich über die Nachricht, die ich aus ihm herausbekam, als er endlich aufhörte zu zittern. Wie es im Einzelnen zugegangen ist, konnte ich mir da nicht denken, aber ich erfuhr, dass ihr die Nacht zuvor in Bree gewesen und am nächsten Morgen mit Streicher weitergegangen wart.

›Streicher!‹ hab ich gebrüllt vor Freude.

›Ja, tut mir leid, Meister‹, sagte Butterblüm, der mich missverstand. ›Er hat sich an sie rangemacht, und ich konnte nichts dagegen tun, denn sie haben sich mit ihm eingelassen. Überhaupt haben sie sich die ganze Zeit hier sehr komisch benommen; eigensinnig, könnte man sagen.‹

›Du Narr! Dummkopf! O du dreimal hoch geehrter holdseliger Gerstenmann! Das ist die beste Nachricht, die ich seit Mittsommer bekommen habe; ein Goldstück wert, mindestens! Möge dein Bier sieben Jahre lang unter einem Zauber der Vortrefflichkeit gären!‹ sagte ich. ›Nun kann ich mir eine Nacht Ruhe gönnen, die erste seit ich weiß nicht wann.‹

Also blieb ich dort über Nacht und zerbrach mir den Kopf, was wohl aus den Reitern geworden war, denn bisher waren in Bree anscheinend nur zwei aufgetaucht. Aber in der Nacht hörten wir mehr von ihnen. Mindestens fünf kamen von Westen, rissen die Tore um und preschten durch Bree wie ein heulendes Unwetter; und die Breeländer zittern heute noch und sehen den Weltuntergang kommen. Ich stand vor Morgengrauen auf und ritt ihnen nach.

Ich weiß nicht, wo sie im Einzelnen gewesen waren, denke mir aber, so müssen sie vorgegangen sein: Ihr Hauptmann hielt sich irgendwo südlich von Bree verborgen, während zwei durchs Dorf weiterritten und vier andere ins Auenland eindrangen. Als sie aus Bree und Krickloch unverrichteter Dinge abziehen mussten, kehrten sie zum Hauptmann zurück, um ihm Meldung zu machen, sodass die Straße eine Weile nicht bewacht wurde, außer von ihren Spitzeln. Der Hauptmann schickte dann einige querfeldein nach Osten; er selbst ritt wutentbrannt mit den anderen die Straße entlang.

Ich meinerseits galoppierte, was das Zeug hielt, zur Wetterspitze und kam am zweiten Tag vor Sonnenuntergang dort an – und da waren sie schon. Sie zogen sich vor mir zurück, denn sie merkten wohl, dass ich nicht gut auf sie zu sprechen war, und solange die Sonne noch am Himmel stand, mochten sie sich mit mir nicht anlegen. Aber nachts umzingelten sie mich, und auf der Bergkuppe wurde ich in dem alten Mauerring des Amon Sûl belagert. Ich hatte meine liebe Not mit ihnen, und so viel Blitze und Flammen hat man wohl auf der Wetterspitze seit den Leuchtfeuern während der Kriege in alten Zeiten nicht mehr gesehen.

Bei Sonnenaufgang entkam ich ihnen und flüchtete nach Norden. Ich konnte nicht hoffen, mehr zu erreichen. Euch in der Wildnis zu finden, Frodo, war unmöglich; und es zu versuchen, während mir alle Neun auf den Fersen waren, wäre Wahnsinn gewesen. Also musste ich mich auf Aragorn verlassen. Aber ich hoffte, einige von ihnen abzulenken, trotzdem vor euch Bruchtal zu erreichen und Hilfe zu holen. Tatsächlich verfolgten mich vier, aber nach einer Weile machten sie kehrt und ritten dann anscheinend zur Furt. Ganz unnütz war ich also nicht, denn auf diese Weise waren sie nur fünf und nicht neun, als sie das Lager angriffen.

Ich kam schließlich nach einem langen, mühsamen Marsch, den Weißquell aufwärts und durch die Ettenöden, von Norden hier an. Von der Wetterspitze bis hierher brauchte ich fast vierzehn Tage, denn über das Felsgeröll zwischen den Trollhügeln konnte ich nicht reiten. Schattenfell habe ich verabschiedet und zu seinem Herrn zurückgeschickt; aber wir sind gute Freunde geworden, und wenn ich ihn brauche, wird er meinem Ruf folgen und kommen. Aber auf diese Weise kam ich erst drei Tage vor dem Ring nach Bruchtal, wo inzwischen schon bekannt geworden war, in welcher Gefahr er sich befand – und das war auch gut so!

Damit also, Frodo, wäre mein Bericht zu Ende. Mögen Elrond und die anderen seine Langatmigkeit verzeihen. Das hat es noch nie gegeben, dass Gandalf nicht zur Stelle war, wenn er versprochen hatte zu kommen, und darum fand ich es nötig, dem Ringträger das seltsame Geschehnis zu erklären.

So, die Geschichte ist erzählt, von Anfang bis Ende. Hier sind wir alle, und hier ist der Ring. Aber dem Zweck unserer Versammlung sind wir noch nicht näher gekommen. Was machen wir mit ihm?«

Alle schwiegen. Endlich nahm Elrond wieder das Wort.

»Traurige Kunde ist dies, was wir von Saruman hören«, sagte er, »denn ihm vertrauten wir, und eingeweiht ist er in alle unsre Pläne. Gefährlich ist es, des Feindes Künste allzu tief zu erforschen, ob zu guten Zwecken oder zu bösen. Doch Untreue und Verrat wie diesen hat es, leider, schon früher gegeben. Von allen Berichten, die wir an diesem Tage gehört, ist für mich Frodos Erzählung am merkwürdigsten gewesen. Wenige Hobbits nur hab ich außer Bilbo gekannt; und nun scheint mir, dass er vielleicht doch nicht so einsam und einzig ist, wie ich glaubte. Sehr gewandelt hat sich die Welt, seit ich zuletzt auf den Straßen gen Westen gereist bin.

Die Grabwichte sind uns unter vielen Namen bekannt; und über den Alten Wald ward schon so manche Geschichte erzählt. Was davon heute noch bleibt, ist nur ein Zipfel seines einstigen Nordrandes. Es gab eine Zeit, da konnte ein Eichhörnchen, von Baum zu Baum springend, aus dem heutigen Auenland bis nach Dunland im Westen von Isengard gelangen. Diese Lande hab ich einst durchwandert, und viele wilde und fremde Geschöpfe kannte ich dort. Bombadil aber hatte ich vergessen, wenn er denn wirklich noch ganz derselbe ist, der vor Zeiten die Wälder und Hügel durchstreifte; und selbst da war er schon älter als alt. Bombadil war zu der Zeit nicht sein Name; Iarwain ben-adar nannten wir ihn, den Ältesten und Vaterlosen. Doch vielerlei Namen haben ihm seither die andern Völker gegeben: Forn heißt er bei den Zwergen, Orald bei den Nordmenschen, und was der Namen mehr sind. Ein seltsames Wesen ist er; doch vielleicht hätte ich ihn in unsern Rat berufen sollen.

»Er wäre nicht gekommen«, sagte Gandalf.

»Könnten wir nicht noch immer Boten zu ihm senden und seinen Beistand erbitten?« fragte Erestor. »Selbst über den Ring scheint er Macht zu haben.«

»Nein«, sagte Gandalf, »so würde ich es nicht sagen. Richtiger wäre zu sagen, dass der Ring keine Macht über ihn hat. Er ist sein eigener Herr und Meister. Aber weder kann er an dem Ring etwas ändern noch seine Macht über andere brechen. Und nun hat er sich in ein kleines Land zurückgezogen, in Grenzen, die er selbst bestimmt hat, obgleich niemand sie sehen kann. Dort wartet er vielleicht auf einen Wandel der Zeiten und wird aus seinem Land nicht hervorkommen.«

»Doch innerhalb seiner Grenzen scheint nichts ihn schrecken zu können«, sagte Erestor. »Könnte er nicht den Ring an sich nehmen und ihn dort für immer unschädlich verwahren?«

»Nein«, sagte Gandalf, »dazu wäre er nicht bereit. Vielleicht täte er's, wenn alle freien Völker der Welt ihn darum bäten, aber die Notwendigkeit würde er nicht begreifen. Und gäbe man ihm den Ring, würde er ihn bald vergessen oder, höchstwahrscheinlich, wegwerfen. Solche Dinge haften nicht in seinem Sinn. Er wäre ein höchst unzuverlässiger Hüter; und das allein ist Antwort genug.«

»Und ohnehin hieße es den Unheilstag nur hinausschieben«, sagte Glorfindel, »wenn wir ihm den Ring schickten. Er wohnt weit von hier. Ohne von Spähern bemerkt oder durchschaut zu werden, könnten wir den Ring jetzt gar nicht mehr zu ihm bringen. Und könnten wir es auch, würde der Herr der Ringe doch früher oder später von dem Versteck erfahren und all seine Macht dorthin lenken. Könnte Bombadil allein dieser Macht widerstehen? Ich denke, nein. Ich denke, dass am Ende, wenn alle andern besiegt sind, Bombadil fallen wird, als Letzter, wie er einst der Erste war; und dann bricht die Nacht herein.«

»Wenig mehr als den Namen weiß ich von Iarwain«, sagte Galdor, »doch hat Glorfindel, glaube ich, Recht. Macht, unserm Feind zu trotzen, wohnt ihm nicht inne, es sei denn, der Erde selbst wohnte sie inne. Und sehen wir doch, dass Sauron sogar die Berge quälen und zertrümmern kann. Was ihm an Macht noch entgegenwirkt, liegt bei uns in Imladris, bei Círdan an den Anfurten oder in Lórien. Doch haben sie oder haben wir hier die Kraft, dem Feinde zu widerstehen, wenn Sauron zum letzten Kampf antritt, nachdem alle andern niedergeworfen sind?«

»Die Kraft habe ich nicht«, sagte Elrond, »noch haben sie die andern.«

»Wenn wir ihm also nicht für immer mit Macht den Ring verweigern können«, sagte Glorfindel, »bleibt uns nur zweierlei: ihn übers Meer zu senden oder ihn zu vernichten.«

»Doch durch keine Kunst, wie Gandalf uns belehrt hat, deren wir hier mächtig sind, können wir ihn vernichten«, sagte Elrond. »Und jene, die jenseits des Meeres wohnen, würden ihn nicht annehmen: Er gehört Mittelerde an, ob zum Guten oder Bösen; und an uns ist es, die wir noch hier verweilen, mit ihm fertig zu werden.«

»Dann«, sagte Glorfindel, »lasst ihn uns in die Tiefen des Meeres versenken und damit Sarumans Lügen zur Wahrheit verhelfen. Denn deutlich ist nun, dass er schon im Rat den krummen Weg eingeschlagen hatte. Er wusste, dass der Ring nicht für immer verloren war, doch uns wollte er es glauben machen, während ihn selbst die Gier, ihn zu besitzen, anwandelte. Doch oft birgt die Lüge eine Wahrheit: Im Meer wäre er sicher aufgehoben.«

»Nicht für immer«, sagte Gandalf. »Wer weiß, was alles in den Meerestiefen haust; und wo heute Meer ist, kann einmal Land sein. Darf es doch nicht unsere Sache sein, nur ans nächste Jahr zu denken, an die Spanne einiger Menschenleben oder den Rest eines vergehenden Weltzeitalters. Wir sollten bestrebt sein, diese Gefahr ein für alle Mal aus der Welt zu schaffen, selbst wenn wir keine Hoffnung haben, dass es gelingt.«

»Und nicht auf den Straßen zum Meer werden wir die Lösung finden«, sagte Galdor. »Wenn uns schon die Rückkehr zu Iarwain als zu gefährlich erscheint, dann wäre die Flucht ans Meer ein noch größeres Wagnis. Mein Herz sagt mir, dass Sauron, wenn er erst weiß, was geschehen ist, und das wird er bald wissen, erwarten wird, dass wir den Weg nach Westen nehmen. Die Neun sind zwar ihrer Pferde beraubt worden, doch das gewährt uns nur eine kurze Frist, bis sie neue und schnellere Reittiere haben. Allein Gondors schwindende Macht hindert den Feind noch an einem Heereszug entlang der Küsten nach Norden; und dann, wenn er die Weißen Türme und die Anfurten stürmte, hätten die Elben wohl bald keinen Fluchtweg mehr, um aus den immer länger gestreckten Schatten über Mittelerde zu entkommen.«

»Lange wird er diesen Heereszug noch aufschieben müssen«, sagte Boromir. »Gondors Macht schwindet, sagst du. Aber Gondor hält stand, und auch am Ende seiner Kraft ist es noch sehr stark.«

»Doch können seine Wachen die Neun nicht länger zurückhalten«, sagte Galdor. »Und andere Straßen mag der Feind finden, die Gondor nicht bewacht.«

»Also«, sagte Erestor, »bleiben nur zwei Wege, die Glorfindel schon benannt hat: den Ring für immer zu verbergen oder ihn zu vernichten. Doch beides steht nicht in unserer Macht. Wer löst uns dieses Rätsel?«

»Keiner von uns kann es lösen«, sagte Elrond. »Wenigstens vermag niemand vorauszusagen, was geschehen wird, wenn wir diesen Weg einschlagen oder jenen. Doch deutlich wird mir nun, welchen Weg wir gehen müssen: Der nach Westen scheint der leichteste zu sein. Daher ist er zu verwerfen. Er wird bewacht werden. Zu oft schon sind die Elben dorthin geflohen. Nun müssen wir diesmal einen schweren Weg gehen, einen unvorhergesehenen. Darin liegt unsere Hoffnung, wenn denn noch Hoffnung ist. Mitten in die Gefahr hineinzulaufen – nach Mordor. Wir müssen den Ring dem Feuer übergeben.«

Wieder schwiegen alle. Selbst in diesem freundlichen Hause in dem sonnenbeschienenen Tal, das vom Geplätscher klarer Bäche erfüllt war, spürte Frodo, wie eine starre Finsternis ihm ans Herz griff. Boromir rührte sich, und Frodo sah ihn an. Er betastete sein großes Horn und zog die Stirn in Falten. Endlich nahm er das Wort.

»Ich verstehe dies alles nicht«, sagte er. »Saruman ist ein Verräter, aber hat er nicht doch einen lichten Moment gehabt und etwas richtig erkannt? Warum sprecht ihr hier nur vom Verbergen und Vernichten? Warum sollte der Gedanke nicht erlaubt sein, dass der Große Ring uns in die Hände gefallen ist, um uns in ebendieser Stunde der Not zu dienen? Wenn ihn die freien Fürsten der freien Völker gebrauchen, werden sie den Feind doch gewiss besiegen. Das ist es, meine ich, was er am meisten fürchtet.

Die Menschen von Gondor sind tapfer und werden sich nie unterwerfen; doch sie könnten bezwungen werden. Der Tapfere braucht erstens Stärke und sodann eine Waffe. Lasst den Ring eure Waffe sein, wenn er so viel Macht besitzt, wie ihr sagt. Nehmt ihn und schreitet zum Sieg!«

»O nein!« sagte Elrond. »Von dem Ring Gebrauch machen können wir nicht – das wissen wir nur allzu gut. Er gehört Sauron und ward von ihm allein geschmiedet; er ist ganz und gar böse. Seine Kraft, Boromir, ist zu groß, als dass irgendwer ihn nach Gutdünken gebrauchen könnte, diejenigen ausgenommen, die selbst schon große eigene Kraft besitzen. Für sie aber ist die Gefahr noch ungeheurer. Denn schon der Wunsch nach ihm verdirbt das Herz. Denk an Saruman! Bezwänge einer der Weisen mit diesem Ringe den Herrn von Mordor, dessen ureigene Künste gegen ihn wendend, so bestiege er darauf seinerseits Saurons Thron, und wir hätten einen neuen Dunklen Herrscher. Und dies ist ein zweiter Grund, den Ring zu vernichten: Solange er auf der Welt ist, bleibt er eine Gefahr, gerade für die Weisen. Denn nichts ist böse von Anfang an. Selbst Sauron war es nicht. Ich fürchte mich, den Ring zu nehmen, und sei es nur, um ihn zu verstecken. Ich werde ihn nicht nehmen, um ihn zu gebrauchen.«

»Ich auch nicht«, sagte Gandalf.

Boromir blickte sie voll Zweifel an, aber dann senkte er den Kopf. »Es sei«, sagte er. »Dann müssen wir in Gondor uns wohl auf die herkömmlichen Waffen verlassen. Wir wenigstens werden weiterkämpfen, während die Weisen den Ring hüten. Vielleicht kann ja das zerbrochene Schwert die Flut noch aufhalten – wenn es von einer Hand geführt wird, der nicht nur ein Erbstück, sondern auch der starke Arm der Menschenkönige zu Gebot steht.«

»Wer kann es wissen?« sagte Aragorn. »Doch werden wir eines Tages die Probe machen.«

»Möge der Tag nicht allzu fern sein«, sagte Boromir. »Denn um Hilfe bitte ich zwar nicht, doch brauchen könnten wir sie. Es wäre beruhigend, wenigstens zu wissen, dass auch andere jedes Mittel, das sie haben, im Kampf einsetzen.«

»Dann sei beruhigt«, sagte Elrond. »Denn es wirken andere Mächte und Königreiche, von denen ihr nichts wisst und die euch verborgen sind. Der große Anduin netzt viele Ufer, ehe er zu den Argonath und durch die Pforten von Gondor fließt.«

»Immerhin wäre es wohl gut für alle«, sagte Glóin, »wenn diese Kräfte vereint und jede im Bund mit den andern eingesetzt würden. Auch mag es noch andere Ringe geben, weniger tückische, die wir zur Not gebrauchen könnten. Die Sieben sind für uns verloren – wenn Balin nicht Thrórs Ring gefunden hat, welcher der letzte war. Nichts mehr haben wir über den Ring erfahren, seit Thrór in Moria umkam. Ich darf nun auch verraten, dass die Hoffnung, dort den Ring zu finden, einer der Gründe war, warum Balin fortging.«

»Balin wird in Moria keinen Ring finden«, sagte Gandalf. »Thrór gab den Ring seinem Sohn Thráin, aber Thráin hat ihn nicht an Thorin weitergegeben. Er wurde Thráin unter der Folter in den Verliesen von Dol Guldur abgenommen. Ich kam zu spät.«

»Ach!« rief Glóin, »weh! Wann kommt der Tag unserer Rache? Aber noch gibt es die Drei. Was ist mit den drei Ringen der Elben? Sehr mächtige Ringe sollen es sein. Werden sie nicht von den Elbenfürsten gehütet? Auch sie wurden vor Zeiten vom Dunklen Herrscher geschmiedet. Leisten sie denn gar nichts? Ich sehe einige Elbenherren hier. Wollen sie davon nicht sprechen?«

Die Elben gaben keine Antwort. »Hast du mir nicht zugehört, Glóin?« sagte schließlich Elrond. »Nicht von Sauron wurden die Drei geschmiedet, noch hat er sie jemals berührt. Doch über sie zu sprechen, ist nicht erlaubt. Nur so viel darf ich jetzt sagen, in dieser Stunde des Zweifels: Sie sind nicht untätig. Aber nicht als Waffen für Krieg und Eroberung wurden sie geschmiedet, und nicht darin liegt ihre Macht. Die sie schufen, strebten nicht nach Herrschaft, Kriegstüchtigkeit oder gehortetem Reichtum, sondern nach der Kraft zu verstehen, zu schaffen und zu heilen, um alle Dinge unbefleckt zu bewahren. In gewissem Maße haben die Elben von Mittelerde dies erreicht, wenn es auch mit Leid erkauft ward. Doch was immer die Hüter der Drei geschaffen, wird ihnen zum Verderben gereichen, und sie werden mit Hirn und Herz Sauron preisgegeben sein, wenn er den Einen wiedererlangt. Besser wäre es dann, die Drei hätt' es nie gegeben. Dies ist seine Absicht.«

»Was geschähe aber, wenn der Herrscherring, wie ihr anratet, vernichtet würde?« fragte Glóin.

»Dessen sind wir nicht gewiss«, antwortete Elrond traurig. »Manche hoffen, die Drei Ringe, die Sauron nie berührt hat, würden dann frei, und ihre Hüter vermöchten die Wunden, die er der Welt geschlagen hat, zu heilen. Doch vielleicht werden die Drei, wenn der Eine zunichte wird, ebenfalls erlöschen; und viel Schönes wird dann verschwinden und in Vergessenheit fallen. So glaube ich.«

»Doch dies sind alle Elben in Kauf zu nehmen bereit«, sagte Glorfindel, »wenn dadurch Saurons Macht gebrochen und der Schrecken seiner Herrschaft für immer abgewendet werden kann.«

»Also wären wir wieder bei der Vernichtung des Ringes«, sagte Erestor, »und sind doch dem Ziel nicht näher gekommen. Welche Kraft hilft uns, das Feuer aufzusuchen, in dem er geschmiedet ward? Das ist der Weg der Verzweiflung. Oder der Narrheit, würde ich sagen, wenn nicht Elronds alte Weisheit es verböte.«

»Verzweiflung oder Narrheit?« sagte Gandalf. »Verzweiflung ist es nicht, denn verzweifelt ist nur, wer ohne jeden Zweifel das schlimme Ende absehen kann. So weit sind wir noch nicht. Weise ist, wer das Notwendige erkennt, nachdem alle andern Möglichkeiten erwogen wurden; doch mag es sein, dass er denen als närrisch erscheint, die sich an falsche Hoffnungen klammern. Nun denn! Lasst Narrheit unsern Mantel sein – ein Schleier vor den Augen des Feindes! Denn er selbst ist sehr weise und erwägt jede Kleinigkeit auf den Waagschalen seiner Tücke. Doch das einzige Maß, das er kennt, ist das Maß der Begierde, der Begierde nach Macht; und daran misst er alle Herzen. Ihm wird unbegreiflich sein, dass jemand den Ring verwerfen könnte, dass wir, obwohl wir ihn haben, ihn zu vernichten trachten. Wenn wir das versuchen, verwirren wir seine Berechnungen.«

»Für eine Weile zumindest«, sagte Elrond. »Dieser Weg muss beschritten werden, aber es wird sehr schwer sein, und weder mit Stärke noch mit Weisheit werden wir sehr weit kommen. Mit ebenso viel Hoffnung wie die Starken können die Schwachen auf diese Fahrt gehen. Doch so trifft es sich oft bei Taten, die der Welt ins Räderwerk greifen: Kleine Leute verrichten sie, notgedrungen, während die Großen die Augen anderswo haben.«

»Schön, schön, Meister Elrond!« sagte ganz plötzlich Bilbo. »Mehr brauchst du nicht zu sagen! Unmissverständlich ist, worauf du hinauswillst: Bilbo, der blöde Hobbit, hat diese Affäre angezettelt, und nun soll er sie bitte auch zu Ende bringen oder selbst sein Ende dabei finden. Ich hab mich hier sehr wohl gefühlt und bin mit meinem Buch gut vorangekommen. Wenn ihr's wissen wollt, ich war gerade dabei, einen Schluss zu finden. Ich dachte mir, er könnte lauten: *Und er lebte glücklich und zufrieden bis ans Ende seiner Tage.* Das ist ein guter Schluss, und es spricht nicht gegen ihn, dass ich nicht der Erste bin, der auf ihn verfällt. Nun werde ich ihn ändern müssen: Es sieht nicht so aus, als ob er wahr wird; und ohnehin müssen wohl noch einige Kapitel hinzugefügt werden, wenn ich lange genug lebe, um sie zu schreiben. Das ist sehr ärgerlich. Wann soll ich losgehen?«

Boromir schaute Bilbo verdutzt an, doch das Lachen erstarb ihm auf den Lippen, als er merkte, dass alle andern den alten Hobbit mit tiefem Respekt ansahen. Nur Glóin lächelte, doch sein Lächeln kam aus alten Erinnerungen.

»Gewiss, mein lieber Bilbo«, sagte Gandalf, »könnten wir erwarten, dass du diese Affäre zu Ende bringst, wenn du sie wirklich angezettelt hättest. Aber du weißt inzwischen, dass es überheblich wäre, von *anzetteln* zu sprechen, und dass bei großen Taten auch der Held nur eine Nebenrolle spielt. Du brauchst dich nicht zu verbeugen – das Wort ist ernst gemeint, und wir bezweifeln nicht, dass auch dein mutiges Anerbieten kein Scherz ist. Aber es ginge über deine Kräfte, Bilbo. Du kannst dieses Ding nicht wieder an dich nehmen. Du hast es weitergegeben. Wenn du auf meinen Rat noch hören magst, würde ich sagen, für dich bleibt nichts mehr zu tun, es sei denn als Chronist. Beende dein Buch und lass den Schluss unverändert. Aber halte dich bereit, eine Fortsetzung zu schreiben, wenn sie zurückkommen.«

Bilbo lachte. »Angenehme Ratschläge hab ich von dir noch nie gehört«, sagte er. »Da deine unangenehmen Ratschläge sämtlich gut waren, frage ich mich, ob nicht dieser nun schlecht ist. Immerhin, ich glaube auch nicht, dass ich noch genug Kraft oder Glück habe, um mit dem Ring fertig zu werden. Er ist gewachsen, ich nicht. Aber sage mir eins: Wen meinst du mit *sie?*«

»Die Boten, die mit dem Ring ausgeschickt werden.«

»Dacht' ich mir! Und wer sollen sie sein? Dies, so scheint mir, hat diese Versammlung zu beschließen, und nichts weiter. Elben mögen von Worten allein leben können, und Zwerge können ungeheure Strapazen ertragen, doch ich bin nur ein alter Hobbit und vermisse meine Mittagsmahlzeit. Könnt ihr euch nicht schnell ein paar Namen einfallen lassen? Oder verschieben wir's bis nach dem Essen?«

Niemand antwortete. Die Mittagsglocke läutete. Immer noch sprach niemand. Frodo blickte in alle Gesichter, aber niemand blickte ihn an. Alle im Rat hatten die Augen gesenkt wie in tiefem Nachsinnen. Eine große Furcht ergriff ihn, als erwartete er die Verkündung eines Urteils, das er lange vorausgesehen und von dem er vergebens gehofft hatte, es würde am Ende nie ausgesprochen werden. Sehnsucht nach Ruhe und Frieden überkam ihn; sein Herzenswunsch war es, mit Bilbo in Bruchtal zu bleiben. Schließlich zwang er sich, etwas zu sagen, und wunderte sich über die eigenen Worte, als hätte ein fremder Wille sich seiner schwachen Stimme bedient.

»Ich werde den Ring tragen«, sagte er, »obwohl ich den Weg nicht weiß.«

Elrond hob die Augen und sah ihn an, und Frodo spürte, wie ihm der Blick jäh bis ins Herz drang. »Wenn ich alles, was ich gehört, recht verstanden habe«, sagte er, »so glaube ich, dass diese Aufgabe dir, Frodo, zugedacht ist. Findest du keinen Weg, findet ihn niemand. Dies ist die Stunde des Auenlandvolkes, in der es sich aus seinen stillen Auen erhebt, um die Türme und Pläne der Mächtigen zu erschüttern. Wer von den Weisen hätte es vorauszusehen vermocht? Oder, wenn sie denn weise sind, warum sollten sie erwarten, es zu wissen, bevor die Stunde geschlagen hat?

Doch eine schwere Last ist es. So schwer, dass niemand sie einem andern aufbürden kann. Doch wenn du sie aus freien Stücken auf dich nimmst, so sage ich, dass dein Entschluss richtig ist; und wären auch all die großen Elbenfreunde von einst hier versammelt, Hador und Húrin, Túrin und Beren selbst, so wäre dein Platz unter ihnen.«

»Aber du willst ihn doch nicht etwa allein losschicken, Meister?« rief Sam, der nicht länger an sich halten konnte und aus der Ecke hervorsprang, wo er bisher still auf dem Boden gesessen hatte.

»Freilich nicht!« sagte Elrond und lächelte ihm zu. »Wenigstens du sollst mit ihm gehen – ist es doch kaum möglich, dich von ihm zu trennen, selbst wenn er in einen geheimen Rat berufen ist und du nicht.«

Sam setzte sich wieder hin, wurde rot und brummte etwas vor sich hin. »Da haben wir uns vielleicht was eingebrockt, Herr Frodo!« sagte er kopfschüttelnd.

DRITTES KAPITEL

DER RING GEHT NACH SÜDEN

Später am gleichen Tag trafen sich die Hobbits in Bilbos Zimmer zu einer Ratssitzung unter sich. Merry und Pippin waren entrüstet, als sie hörten, dass Sam sich in den Rat eingeschlichen hatte und als Frodos Begleiter ausersehen worden war.

»Das ist nicht gerecht«, sagte Pippin. »Statt rausgeschmissen und in Ketten gelegt, wird er von Elrond für so viel Frechheit auch noch belohnt!«

»Belohnt?« sagte Frodo. »Eine schlimmere Strafe könnt' ich mir nicht denken. Du weißt nicht, was du redest: Auf diese aussichtslose Fahrt zu gehen, soll eine Belohnung sein? Gestern hab ich noch geträumt, meine Aufgabe wäre erledigt und nun könnte ich hier lange ausruhen, vielleicht für immer.«

»Wundert mich nicht«, sagte Merry, »und ich wünschte, du könntest es. Aber wir beneiden Sam, nicht dich. Wenn du gehen musst, dann ist jeder von uns bestraft, der hier bleiben muss, so schön es auch ist in Bruchtal. Jetzt sind wir so weit mit dir gekommen und haben einiges durchgemacht! Wir wollen weiter mit.«

»Mein' ich doch auch!« sagte Pippin. »Wir Hobbits sollten zusammenhalten, und das machen wir! Ich komme mit, oder sie müssen mich an die Kette legen. Wenigstens einer im Trupp muss doch ein bisschen Verstand haben.«

»Dann wirst bestimmt nicht du ausgewählt, Peregrin Tuk«, sagte Gandalf und schaute durchs niedrige Fenster herein. »Aber ihr macht euch unnötige Gedanken. Noch ist nichts entschieden.«

»Nichts entschieden!« rief Pippin. »Ja, was habt ihr denn die ganze Zeit gemacht? Ihr wart doch stundenlang eingeschlossen.«

»Geredet«, sagte Bilbo. »Es wurde endlos geredet, und für jeden gab's eine Überraschung. Sogar für den alten Gandalf. Ich glaube, Legolas' Nachricht von Gollums Flucht hat sogar ihn kalt erwischt, obwohl er drüber wegging.«

»Du irrst dich«, sagte Gandalf. »Du hast nicht aufgepasst. Das hatte ich schon von Gwaihir gehört. Wenn du's genau wissen willst, die einzigen echten Überraschungen wart ihr, du und Frodo; und der einzige, der davon nicht kalt erwischt wurde, wie du's nennst, war ich.«

»Na, jedenfalls wurde noch nichts entschieden«, sagte Bilbo, »nur, dass die Wahl auf den armen Frodo und auf Sam fiel. Ich hatte die ganze Zeit befürchtet, dass es darauf hinausliefe, wenn sie mich aus dem Spiel lie-ßen. Aber wenn du mich fragst, ich glaube, dass Elrond einen ganzen Trupp losschicken wird, wenn die Meldungen erst eingegangen sind. Sind die Kundschafter schon unterwegs, Gandalf?«

»Ja«, sagte der Zauberer. »Manche sind schon fort, andere machen sich morgen auf. Elrond schickt Elben aus, und sie werden mit den Waldläu-fern Verbindung aufnehmen, vielleicht auch mit Thranduils Volk im Düsterwald. Aragorn ist mit Elronds Söhnen gegangen. Wir werden alles Land auf viele Wegstunden im Umkreis erst gründlich durchkämmen müssen, ehe wir etwas unternehmen. Also, Kopf hoch, Frodo! Wahr-scheinlich wird es ein ziemlich langer Aufenthalt hier.«

»Ach«, sagte Sam verdrossen, »gerade lang genug, dass es Winter wird!«

»Das ist nicht zu ändern«, sagte Bilbo. »Ist zum Teil deine Schuld, Fro-do, mein Junge: Warum musstest du dich auch drauf versteifen, bis zu meinem Geburtstag zu warten! Komische Art, ihn zu feiern, kann ich nur sagen. Den Tag hätt' ich nun gerade nicht dazu ausersehen, den S.-B.'s Beutelsend zu übergeben. Aber so ist es nun mal: Du kannst nicht das Frühjahr abwarten, und du kannst nicht fort, ehe die Kundschafter nicht zurück sind.

> *Kommt erst der Winter wieder her,*
> *Und kracht vor Kälte nachts der Stein,*
> *Stehn Wald und Weiher schwarz und leer,*
> *Ist in der Wildnis übel sein.*

Aber ich fürchte, darauf müsst ihr es ankommen lassen.«

»Fürchte ich auch«, sagte Gandalf. »Wir können nicht aufbrechen, ehe wir nicht über die Reiter im Bilde sind.«

»Ich dachte, die Flutwelle hätte ihnen allen den Garaus gemacht«, sag-te Merry.

»So leicht macht man den Ringgeistern keinen Garaus«, sagte Gandalf. »Die Macht ihres Herrschers hält sie, und sie stehen und fallen mit ihm. Wir hoffen, sie sind alle nun pferd- und hüllenlos und damit eine Zeit lang nicht mehr so gefährlich; aber darüber müssen wir uns erst Gewissheit verschaffen. Einstweilen vergiss deine Sorgen, Frodo! Ich weiß nicht, ob ich dir das Unternehmen irgend erleichtern kann; doch eins kann ich dir ins Ohr flüstern: Hat nicht eben jemand gesagt, wenigstens einer im Trupp müsse ein bisschen Verstand haben? Er hatte Recht. Ich denke, ich werde mitkommen.«

So lebhaft äußerte Frodo seine Erleichterung, dass Gandalf von der Fensterbank, wo er gesessen hatte, aufstand, den Hut lüftete und eine Verbeugung machte. »Ich hab nur gesagt, *ich denke, ich werde mitkommen*. Verlass dich noch nicht drauf. Elrond hat dabei noch viel mitzureden und auch dein Freund, der Streicher. Da fällt mir ein, ich wollte ja mit Elrond sprechen. Ich muss los.«

»Was glaubst du, wie lange ich hier bleiben kann?« sagte Frodo zu Bilbo, als Gandalf fort war.

»Ach, weiß nicht. In Bruchtal gerät mir die Zeitrechnung immer durcheinander«, sagte Bilbo. »Aber ziemlich lange, würd' ich meinen. Wir können noch so manchen schönen Plausch halten. Wie wär's, wenn du mir bei meinem Buch hilfst und mit der Fortsetzung gleich anfängst? Hast du schon an den Schluß gedacht?«

»Ja, in mehreren Fassungen, und alle düster und traurig«, sagte Frodo.

»O nein, das geht nicht!« sagte Bilbo. »Ein Buch sollte gut ausgehen. Wie wär' es damit: *Und sie setzten sich zur Ruhe und lebten alle zusammen glücklich und zufrieden bis an ihr Ende?*«

»Schön wär's!« sagte Frodo.

»Aha!« sagte Sam. »Und wo werden sie leben? Das frag' ich mich oft.«

Einige Zeit redeten die Hobbits noch von der Reise, die sie hinter sich hatten, und dachten an die Gefahren, die vor ihnen lagen; doch das Land um Bruchtal war so friedlich, dass ihnen bald alle Angst und Sorge aus dem Sinn ging. Die Zukunft, ob gut oder schlecht, war nicht vergessen, störte aber nicht mehr die Gegenwart. Mit dem Wohlbefinden wuchs ihre Hoffnung, und sie nahmen jeden schönen Tag, wie er kam, und hatten ihre Freude an jeder Mahlzeit, an jedem Wort oder Lied.

So verstrichen die Tage, jeder Morgen hell und freundlich, jeder Abend kühl und klar. Doch der Herbst ging rasch zur Neige; das goldene Licht verblasste langsam zu mattem Silber, und die letzten Blätter fielen herab und ließen die Bäume nackt stehen. Vom Nebelgebirge im Osten herab begann ein kalter Wind zu blasen. Am Nachthimmel nahm der Jägermond zu und schlug alle kleineren Sterne in die Flucht. Doch tief im Süden stand ein roter Stern. Als der Mond wieder abnahm, leuchtete er Nacht für Nacht heller. Frodo konnte ihn von seinem Fenster aus sehen. Wie ein wachsames Auge spähte er schräg über die Bäume am Rande des Tals.

Fast zwei Monate wohnten die Hobbits nun schon in Elronds Haus, und der November war vergangen und hatte die letzten Spuren des Herbstes mit sich genommen; und auch der Dezember war schon fortgeschritten, als die ersten Kundschafter zurückkehrten. Manche waren nach Norden gegangen, bis über die Quellen des Weißquells hinaus in die Ettenöden; andere hatten im Westen mit Aragorns und der Waldläufer Hilfe die Lande am Unterlauf der Grauflut durchstreift, bis nach Tharbad, einer Ruinenstadt, bei der die alte Nordstraße den Fluss überquerte. Viele waren nach Osten und Süden gegangen, manche übers Gebirge in den Düsterwald, andere über den Pass an der Quelle des Schwertelflusses und durch die Schwertelfelder nach Wilderland, bis zu Radagasts alter Heimstatt in Rhosgobel. Radagast hatten sie nicht angetroffen, und zurückgekehrt waren sie über den hohen Pass, zu dem der Schattenbachsteig hinaufführte. Als Letzte kehrten Elronds Söhne heim, Elladan und Elrohir. Sie hatten einen weiten Weg zurückgelegt, den Silberlauf hinunter bis in ein fremdes Land; doch was sie dort verrichtet hatten, sagten sie niemandem außer Elrond.

In allen diesen Gegenden hatten die Kundschafter von den Reitern oder anderen Dienern des Feindes nichts gesehen oder gehört. Selbst von den Adlern des Nebelgebirges hatten sie nichts Neues erfahren. Von Gollum fehlte jede Spur; doch weit am Oberlauf des Großen Stroms sammelten sich die Wölfe und jagten. Von den schwarzen Pferden hatte man drei gleich an der Furt gefunden, wo sie bei der Überflutung sofort ertrunken waren; die Leichen von fünf anderen lagen zwischen den Felsen der Stromschnellen etwas weiter unterhalb, und dort fand sich auch ein langer schwarzer Mantel, völlig zerfetzt. Sonst war kein Zeichen von den schwarzen Reitern mehr zu sehen, und nirgendwo war ihre Nähe zu spüren. Sie schienen aus dem Norden verschwunden zu sein.

»Wenigstens über acht von den Neun wissen wir also Bescheid«, sagte Gandalf. »Es wäre leichtsinnig, von Gewissheit zu sprechen, aber ich denke, hoffen können wir nun, dass die Ringgeister versprengt wurden und sich gezwungen sahen, in ihrer gestaltlosen Nichtigkeit, so gut sie können, zu ihrem Herrn und Meister in Mordor zurückzukehren.

Wenn dem so ist, wird es eine Weile dauern, bis sie die Jagd wieder aufnehmen können. Natürlich hat der Feind noch andere Diener, aber die werden erst den ganzen Weg bis an die Grenzen von Bruchtal zurücklegen müssen, ehe sie wieder auf unsere Fährte kommen. Und dass sie nicht leicht zu finden sein wird, dafür werden wir sorgen. Aber säumen dürfen wir nicht länger.«

Elrond rief die Hobbits zu sich. Er sah Frodo ernst an. »Die Zeit ist gekommen«, sagte er. »Soll der Ring den Weg antreten, so muss er es bald tun. Doch die mit ihm gehen, dürfen für ihre Fahrt nicht auf Waffengewalt oder kriegerischen Beistand zählen. Ins Reich des Feindes, fern jeder Hilfe, müssen sie sich begeben. Bleibst du bei deinem Wort, Frodo, dass du den Ring tragen wirst?«

»Ja«, sagte Frodo. »Ich nehme Sam mit.«

»So kann ich dir nicht mehr viel Hilfe oder auch nur Ratschläge geben«, sagte Elrond. »Nur sehr wenig auf deinem Weg kann ich voraussehen; und wie dein Auftrag zu erfüllen ist, weiß ich nicht. Bis an den Fuß des Gebirges ist der Schatten nun gekrochen und naht sich sogar schon den Ufern der Grauflut; und unter dem Schatten ist alles mir dunkel. Viele Feinde werden dir begegnen, manche verkleidet, manche nicht; aber auch Freunde wirst du am Wege finden, wo du sie am wenigsten erwartest. An diejenigen, die ich in der weiten Welt kenne, will ich Post senden, wie ich es auf meine Weise bewerkstelligen kann; doch so gefährlich sind nun die Lande, dass manches fehlgeleitet werden mag oder nicht schneller ankommt als du selbst.

Und Gefährten will ich für dich auswählen, die so weit mit dir gehen, wie sie wollen oder das Glück ihnen gestattet. Ihre Zahl muss gering bleiben, denn deine Hoffnung heißt Eile und Heimlichkeit. Und hätte ich ein Elbenheer, gewappnet wie in den Ältesten Tagen, so wäre wenig mehr damit zu erreichen, als Mordors Streitmacht herauszufordern.

Neun sollen es sein, die mit dem Ring auf die Fahrt gehen: der Bund der Neun Gefährten gegen die Neun Reiter, die des Bösen sind. Mit dir und deinem treuen Diener wird Gandalf gehen; denn dies soll sein großes Werk sein und vielleicht auch das Ende seiner Mühen.

Was die übrigen angeht, so sollen sie die anderen freien Völker der Welt vertreten: Elben, Zwerge und Menschen. Legolas wird dich für die Elben begleiten und Gimli Glóinssohn für die Zwerge. Sie sind willens, mindestens bis zu den Gebirgspässen mit dir zu gehen, vielleicht auch weiter. Für die Menschen begleitet dich Aragorn, Arathorns Sohn, denn Isildurs Ring geht auch ihn an.«

»Streicher!« sagte Frodo.

»Ja«, sagte Aragorn lächelnd. »Abermals bitte ich darum, dich begleiten zu dürfen, Frodo.«

»Ich hätte dich meinerseits gebeten mitzukommen«, sagte Frodo, »ich dachte nur, du wolltest mit Boromir nach Minas Tirith.«

»In der Tat«, sagte Aragorn. »Und das zerbrochene Schwert wird neu geschmiedet, ehe ich in den Krieg ziehe. Doch über viele hundert Meilen haben wir denselben Weg. Darum wird auch Boromir einer der Gefährten sein. Er ist ein wackerer Mensch.«

»Es fehlen also noch zwei«, sagte Elrond. »Dies bleibt mir zu bedenken. In meinem Gefolge werd' ich manche finden, die mir geeignet scheinen.«

»Aber dann bleibt ja kein Platz mehr für uns!« rief Pippin ganz verzweifelt. »Wir wollen nicht zurückbleiben. Wir wollen mit Frodo gehn.«

»Nur, weil ihr nicht versteht und euch nicht vorstellen könnt, was sie erwartet«, sagte Elrond.

»Das kann Frodo auch nicht«, sagte Gandalf, von dem Pippin keine Fürsprache erhofft hatte. »Und keiner von uns sieht darin klar. Gewiss, hätten diese Hobbits die Gefahr begriffen, so würden sie nicht wagen zu gehen. Aber dann hätten sie immer noch den Wunsch zu gehen oder den Wunsch, es zu wagen, und wären beschämt und unglücklich. Ich denke, Elrond, in diesem Falle wäre es besser, auf ihre Freundschaft als auf ihren Verstand zu vertrauen. Selbst ein Elbenfürst wie Glorfindel, wenn deine Wahl auf ihn fiele, könnte den Dunklen Turm nicht erstürmen oder uns mit der Macht, die er in sich trägt, den Weg zum Feuer bahnen.«

»Was du sagst, hat Gewicht«, sagte Elrond, »doch ich bin im Zweifel. Das Auenland, so ahnt mir, ist jetzt nicht sicher vor Gefahr, und diese beiden hatte ich als Boten zurückzusenden gedacht mit dem Auftrag, alles nach ihres Landes Sitte Mögliche zu tun, um ihr Volk zu warnen. Jedenfalls dünkt mich, dass der jüngere von diesen beiden, Peregrin Tuk, zurückbleiben sollte. Mein Herz spricht dagegen, dass er mitgeht.«

»Dann, Meister Elrond, musst du mich einsperren oder mich in einen

Sack stecken und heimschicken«, sagte Pippin. »Denn sonst folge ich dem Trupp.«

»Sei es denn! Geh also mit!« sagte Elrond seufzend. »Die Neun sind nun vollzählig. In sieben Tagen muss die Fahrt beginnen.«

Von elbischen Schmieden wurde Elendils Schwert wieder zusammengefügt, und auf der Klinge wurde das Wappen eingraviert: Sieben Sterne zwischen der Mondsichel und der strahlenwerfenden Sonne, umgeben von vielen Runen, denn Aragorn, Arathorns Sohn, zog in den Krieg an den Grenzen zu Mordor. Hell glänzte das Schwert, als es wieder ganz war: rötlich in der Sonne, kalt im Mondschein; und die Schneide war glatt und scharf. Und Aragorn gab ihm einen neuen Namen: Andúril, Flamme des Westens.

Aragorn und Gandalf setzten sich zusammen oder schlenderten herum und besprachen den Weg und seine Gefahren; und sie zogen die sagenträchtigen und bildgeschmückten Landkarten und die Geschichtsbücher zu Rate, die in Elronds Haus standen. Manchmal gesellte sich Frodo zu ihnen, doch nur, um sich desto fester auf ihre Führung zu verlassen; und so viel Zeit wie möglich verbrachte er mit Bilbo.

An diesen letzten Tagen saßen die Hobbits abends zusammen in der Kaminhalle, und unter vielen anderen Geschichten hörten sie dort das ganze Lied von Beren und Lúthien und dem Raub des großen Edelsteins; doch bei Tage, wenn Merry und Pippin sich draußen herumtrieben, saßen Frodo und Sam bei Bilbo in seinem kleinen Zimmer. Dann las ihnen Bilbo aus seinem Buch vor (das anscheinend immer noch lange nicht fertig war) oder Stücke aus seinen Gedichten, oder er machte sich Notizen über Frodos Abenteuer.

Am Morgen des letzten Tages war Frodo allein bei Bilbo, als der alte Hobbit eine Holzkiste unter seinem Bett hervorzog. Er hob den Deckel ab und wühlte drin herum.

»Hier ist dein Schwert«, sagte er. »Aber du weißt ja, es ist zerbrochen. Ich habe es in Verwahrung genommen, habe aber vergessen, die Schmiede zu fragen, ob sie es reparieren könnten. Nun ist keine Zeit mehr. Darum hab ich mir gedacht, du könntest vielleicht das hier gebrauchen, meinst du nicht?«

Er entnahm der Kiste ein kleines Schwert in einer abgewetzten alten Lederscheide. Er zog es heraus, und die blanke, makellose Klinge funkelte plötzlich hell und kalt. »Das ist Stich«, sagte er und stieß es mit wenig

Mühe tief in einen Balken. »Nimm es mit, wenn du willst! Ich denke, ich werd' es nicht mehr brauchen.«

Frodo nahm es mit Dank an.

»Und hier hab ich noch was!« und er holte ein Päckchen hervor, das für seine Größe ziemlich schwer zu sein schien. Aus mehreren alten Lappen wickelte er ein kleines Kettenhemd und hielt es hoch. Es bestand aus vielen dicht verflochtenen Ringen, war fast so geschmeidig wie Leinen, eiskalt und härter als Stahl. Es schimmerte wie Silber im Mondschein und war mit weißen Edelsteinen besetzt. Dazu gehörte ein Gürtel, verziert mit Perlen und Kristall.

»Hübsch, das Ding, nicht?« sagte Bilbo und wendete es im Licht. »Und nützlich. Das ist das Panzerhemd, das Thorin mir geschenkt hat. Ich hab es aus Michelbinge geholt, bevor ich losging, und in den Rucksack gesteckt. Alle Andenken an meine Reise hab ich mitgenommen, bis auf den Ring. Aber ich dachte nicht, dass ich noch mal Verwendung dafür hätte, und brauche es auch jetzt nicht, außer um es hin und wieder anzuschauen. Du spürst kaum ein Gewicht, wenn du es trägst.«

»Da säh' ich ja aus wie … na, ich glaube nicht, dass es mir steht«, sagte Frodo.

»Hab ich damals auch gesagt«, sagte Bilbo. »Aber egal, wie es aussieht, du kannst es ja unter den andern Sachen tragen. Mach schon! Sag niemand was davon, dies muss unter uns bleiben! Aber mir wäre leichter ums Herz, wenn ich wüsste, du trägst es. Ich kann mir vorstellen, sogar die Messer der schwarzen Reiter würden daran abgleiten.« Bei den letzten Worten dämpfte er die Stimme.

»Na schön, ich nehm' es«, sagte Frodo. Bilbo streifte es ihm über und hakte Stich an dem glitzernden Gürtel fest; dann zog Frodo seine alte, verwitterte Kniehose, Hemd und Jacke darüber.

»Wie ein ganz normaler Hobbit siehst du aus«, sagte Bilbo. »Aber jetzt ist mehr dran an dir, als man von außen sieht. Viel Glück!« Er wandte sich zum Fenster, sah hinaus und summte ein paar Takte einer Melodie.

»Ich weiß nicht, wie ich dir danken soll, Bilbo, für das hier und für alles, was du früher schon für mich getan hast«, sagte Frodo.

»Versuch's gar nicht erst!« sagte der alte Hobbit, drehte sich wieder herum und klopfte ihm auf die Schulter. »Au!« schrie er. »Das ist zu hart zum Schulterklopfen! Aber da siehst du mal: Wir Hobbits müssen zusammenhalten, und wir Beutlins erst recht! Ich will dafür nur dies: Pass auf dich auf, so gut du kannst, und bring so viel Neuigkeiten mit wie möglich, alles, was dir an alten Liedern und Geschichten unter die Finger kommt! Ich sehe zu, dass mein Buch fertig wird, bis du wieder da bist. Ich würde gern auch das zweite Buch schreiben, wenn mir die Zeit bleibt.« Er unterbrach sich, wandte sich wieder zum Fenster und sang mit leiser Stimme.

> Am Feuer sitze ich und denk
>   An alles, was ich sah,
> Und Sommerzeit und Falterflug
>   Von einst sind wieder da,

> Altweiberfäden, gelbes Laub
>   Im Herbst, der damals war,
> Mit Morgendunst und blassem Licht
>   Und Wind auf meinem Haar.

> Am Feuer sitze ich und denk,
>   Die Welt ist wunderlich,
> Folgt auf den Winter doch der Lenz –
>   Dereinst nicht mehr für mich.

> So vieles gibt es immer noch,
>   Das hab ich nie gesehn,
> Ist anders doch in jedem Jahr
>   Das Grün des Frühlings schön.

> An viele Leute denk ich da,
>   Die sind schon längst nicht mehr;
> Wird nach mir noch so mancher sein,
>   Der kümmert mich nicht sehr.

> Doch wie ich da so sitz und denk,
>   Da horch ich unverwandt
> Nach lieben Schritten an der Tür
>   Und Stimmen wohlbekannt.

Es war ein kalter, grauer Tag Ende Dezember. Der Ostwind strich durch die kahlen Äste der Bäume, und die dunklen Kiefernwälder auf den

Hügeln rauschten. Niedrige, dunkle Wolkenfetzen flogen vorüber. Als die ersten müden Schatten des frühen Abends hereinfielen, machten die Gefährten sich zum Aufbruch bereit. Elrond hatte ihnen geraten, sooft wie möglich im Schutze der Nacht zu marschieren, bis sie Bruchtal weit hinter sich hätten.

»Ihr habt die vielen Augen von Saurons Dienern zu fürchten«, sagte er. »Kein Zweifel, die Post von seiner Reiter Missgeschick wird ihn schon erreicht und erzürnt haben. Bald werden seine Späher zu Lande und in den Lüften im Norden unterwegs sein. Selbst gegen den Himmel über euch müsst ihr auf der Hut sein.«

Die Gefährten nahmen nur wenig Kriegsgerät mit, denn sie setzten ihre Hoffnung auf Heimlichkeit, nicht auf Kampfkraft. Aragorn trug außer Andúril keine andere Waffe; er ging in fleckiges Grün und Braun gekleidet, wie ein Waldläufer in der Wildnis. Boromir hatte ein langes Schwert, ähnlich wie Andúril, doch von geringerer Herkunft, außerdem einen Schild und sein Schlachthorn.

»Laut und rein schallt es über Berg und Tal«, sagte er, »und dann sollen alle Feinde Gondors das Weite suchen!« Er setzte es an die Lippen und stieß hinein, und das Echo sprang von Fels zu Fels, und alle in Bruchtal hörten den Ton und schraken hoch.

»Lange solltest du warten, ehe du wieder in dieses Horn stößt, Boromir«, sagte Elrond, »bis du an den Grenzen deines Landes stehst oder die schiere Not dich treibt.«

»Vielleicht«, sagte Boromir. »Aber stets lasse ich beim Aufbruch mein Horn erschallen, und mögen wir hernach auch im Dunkeln gehen, so will ich doch nicht davonschleichen wie ein Dieb in der Nacht.«

Gimli, der Zwerg, trug als einziger über der Kleidung ein kurzes Hemd aus Stahlringen, denn die Zwerge scheuen keine Lasten; und in seinem Gürtel steckte eine Breitaxt. Legolas hatte Bogen und Köcher und am Gürtel ein langes weißes Messer. Die jüngeren Hobbits trugen die Schwerter aus dem Hügelgrab, während Frodo nur Stich mitnahm, und sein Panzerhemd, wie Bilbo es gewünscht hatte, blieb verborgen. Gandalf ging mit seinem Stab, doch an der Seite hatte er das Elbenschwert Glamdring, das Gegenstück zu Orkrist, das unter dem Einsamen Berg auf Thorins Brust ruhte.

Alle waren sie von Elrond mit dicker, warmer Kleidung versehen worden, mit pelzgefütterten Jacken und Mänteln. Essvorräte, Decken, Kleidung zum Wechseln und anderes, was man auf Reisen braucht, wurden einem Pony aufgeladen: keinem anderen als dem armen Tier, das sie aus Bree mitgenommen hatten. Der Aufenthalt in Bruchtal hatte bei ihm Wunder gewirkt: Sein Fell glänzte, und die Frische der Jugend schien wiedergekehrt zu sein. Sam war es, der darauf bestanden hatte, es mitzunehmen. Er versicherte, Lutz (wie er es nannte) werde vor Kummer vergehen, wenn sie es zurückließen.

»Das Pferdchen kann fast schon reden«, sagte er, »und wenn es noch eine Weile hier bleibt, redet es bald wirklich. Es hat mich angesehn mit einem Blick, der ebenso deutlich war wie Herrn Pippins Worte: Wenn ihr mich nicht mitnehmt, Sam, dann folge ich euch auf eigene Faust.« Also kam Lutz als Lasttier mit und schien sich als Einziger unter den Fahrtgenossen überhaupt nicht bedrückt zu fühlen.

In der großen Halle am Kamin waren die Abschiedsworte gewechselt worden, und nun warteten sie vor dem Haus auf Gandalf, der noch nicht herausgekommen war. Der Feuerschein fiel durch die offenen Türen, und mildes Licht schimmerte aus vielen Fenstern. In einen Mantel gehüllt stand Bilbo stumm neben Frodo auf der Türschwelle. Aragorn hatte sich hingesetzt und den Kopf auf die Knie gebeugt; nur Elrond konnte ganz ermessen, was diese Stunde für ihn bedeutete. Die andern waren als graue Gestalten in der Dämmerung zu sehen.

Sam stand beim Pony, lutschte an seinen Zähnen und schaute verdrossen ins dunkle Tal hinunter, wo der Fluss über die Steine brauste. Seine Abenteuerlust war auf den Tiefpunkt gesunken.

»Lutz, mein Junge«, sagte er, »du hättest dich lieber nicht an uns dranhängen sollen. Dann könntest du hier bleiben und das beste Heu fressen, bis das neue Gras wächst.« Lutz schlug mit dem Schweif und sagte nichts.

Sam lockerte die Riemen seines Rucksacks und ging im Geiste alles durch, was er eingepackt hatte, im Zweifel, ob nichts vergessen worden war: das Kochgeschirr, sein größter Schatz; das Salznäpfchen, das er immer bei sich trug und bei Gelegenheit nachfüllte; ein ordentlicher Vorrat Pfeifenkraut (aber davon kann man nie genug haben); Zunder und Feuerstein; wollene Strümpfe; Wäsche; verschiedene kleine Habseligkeiten seines Chefs, die Frodo vergessen hatte und die Sam triumphierend hervorholen könnte, wenn sie gebraucht würden. Alles ging er durch.

»Seil!« murmelte er. »Kein Seil dabei! Und erst gestern Abend hast du dir noch gesagt, Sam, wie wär's mit einem Stück Seil? Du wirst es bestimmt brauchen, wenn du keins hast. Na, dann hab ich eben keins. Jetzt krieg' ich keins mehr.«

In diesem Augenblick kam Elrond mit Gandalf heraus und rief die Gefährten zu sich. »Ein letztes Wort«, sagte er mit leiser Stimme. »Der Ringträger tritt die Fahrt zum Schicksalsberg an. Er allein hat eine Pflicht: den Ring weder wegzuwerfen noch ihn einem Diener des Feindes auszuhändigen oder ihn überhaupt irgendwem anzuvertrauen, es sei denn einem Mitglied des Bundes oder des Rates, und auch das nur in äußerster Not. Die andern begleiten ihn als freiwillige Gefährten, um ihm unterwegs beizustehen. Ihr möget verweilen, umkehren oder andere Wege gehen, wie es das Schicksal will; doch seid ihr durch keinen Eid gebunden oder gehalten, weiter zu gehen, als ihr wollt. Denn noch kennt ihr nicht die Kraft des eigenen Herzens und könnt nicht voraussehen, was einem jeden unterwegs begegnet.«

»Treulos wär' es, Lebewohl zu sagen, wenn sich die Straße verdunkelt«, sagte Gimli.

»Mag sein«, sagte Elrond. »Doch wie soll einer schwören, im Dunkeln weiterzugehen, wenn er die Schwärze der Nacht nicht gesehen hat?«

»Doch ein Schwur kann das wankelmütige Herz stärken«, sagte Gimli.

»Oder es zerbrechen«, sagte Elrond. »Blickt nicht zu weit voraus! Geht nun und seid guten Mutes! Lebt wohl, und der Segen der Elben, der Menschen und aller freien Völker begleite euch! Sternenschein sei auf euren Gesichtern!«

»Macht's … macht's gut!« rief Bilbo, vor Kälte stotternd. »Tagebuch wirst du ja wohl nicht führen können, Frodo, mein Junge, aber du berichtest mir alles haarklein, wenn du zurück bist, ja? Und bleib nicht zu lange! Lebe wohl!«

Noch viele andere aus Elronds Hausvolk standen im Schatten, sahen ihrem Aufbruch zu und sagten ihnen leise Lebewohl. Niemand lachte, kein Lied und keine Musik war zu hören. Schließlich wandten die Gefährten sich zum Gehen und tauchten schweigend in die Dämmerung ein.

Sie gingen über die Brücke und stiegen langsam den steilen, gewundenen Pfad hinan, der aus dem tiefen Bruchtal hinausführte, bis sie auf das

Hochmoor kamen, wo der Wind durchs Heidekraut pfiff. Sie warfen noch einen Blick auf das Letzte gastliche Haus, dessen Lichter unten schimmerten, und schritten davon in die Nacht.

An der Bruinenfurt verließen sie die Straße und gingen auf schmalen Pfaden südwärts durch das hügelige Land. Diese Richtung gedachten sie auf der Westseite des Gebirges über viele Meilen und Tage hin beizubehalten. Das Land war hier viel unebener und kahler als im grünen Tal des Großen Stroms in Wilderland auf der anderen Seite der Bergkette, und sie würden langsamer vorankommen; doch auf diese Weise hofften sie sich dem Blick unfreundlicher Augen zu entziehen. Saurons Späher hatte man bisher nur selten in diesem unbewohnten Landstrich gesehen, und die Wege waren außer den Bewohnern von Bruchtal nur wenigen bekannt.

Gandalf ging voraus, neben ihm Aragorn, der die Gegend auch im Dunkeln kannte. Die andern folgten, mit Legolas, der vortreffliche Augen hatte, als Letztem. Der erste Teil ihrer Wanderung war hart und verdrießlich, und Frodo behielt wenig davon in Erinnerung, nur den Wind. An vielen sonnenlosen Tagen blies er eisig von den Bergen im Osten herab, und keine Kleidung schien dick genug, um seine tastenden Finger fernzuhalten. Obwohl sie alle gut eingekleidet waren, wurde es ihnen selten warm, ob sie nun marschierten oder rasteten. Am Vor- und Nachmittag schliefen sie unbequem in irgendeiner Bodensenke oder versteckt unter verfilzten Dornensträuchern, die an vielen Stellen in Gebüschen zusammenstanden. Am späten Nachmittag weckte sie der Wachtposten, und sie nahmen ihre Hauptmahlzeit ein: in der Regel kalt und unbehaglich, denn nur selten konnten sie es riskieren, Feuer zu machen. Abends gingen sie weiter, immer so genau südwärts, wie es die Wege erlaubten.

Zuerst schien es den Hobbits, so wacker sie auch dahinstapften und gegen die Müdigkeit ankämpften, dass sie nur wie Schnecken vorwärts krochen und niemals irgendwo ankommen würden. Jeden Tag sah das Land noch genauso aus wie am Tag zuvor. Doch allmählich rückten die Berge näher. Südlich von Bruchtal stiegen sie höher an und zogen sich ein wenig nach Westen; und zu Füßen der Hauptkette erstreckte sich ein immer breiter werdender Streifen Land voller kahler Hügelkuppen und tiefer Täler mit schäumenden Bächen. Es gab nur wenige Pfade, und oft führten sie mit vielen Windungen nur an den Rand eines Abgrunds oder in tückische Sümpfe hinunter.

Vierzehn Tage waren sie unterwegs, als das Wetter umschlug. Der Wind ließ nach und wehte nun von Süden. Die schnell fliegenden Wolken stiegen höher und zerstreuten sich, und die Sonne kam hervor, hell und blass. Nach einem langen, mühsamen Nachtmarsch stolperten sie in einen kalten, klaren Morgen hinein. Sie erreichten einen niedrigen Hügelkamm, auf dem uralte Stechpalmen oder Hulstbäume standen; ihre graugrünen Stämme schienen aus dem Gestein der Berge zu bestehen. Ihre dunklen Blätter glänzten, und die Beeren leuchteten rot im Licht der aufgehenden Sonne.

Weit im Süden konnte Frodo verschwommen die Umrisse hoher Berge erkennen, die quer zur Marschrichtung der Gefährten zu stehen schienen. Links von dieser Kette erhoben sich drei Gipfel. Der höchste und nächste ragte wie ein mit Schnee gekrönter Zahn in den Himmel. Sein breiter, kahler Nordhang lag noch zum großen Teil im Schatten, aber wo das Sonnenlicht schräg hineinreichte, glühte er rot.

Gandalf stand neben Frodo und schaute in die Sonne, die Hand über den Augen. »Ein schönes Stück wär' geschafft«, sagte er. »Wir sind hier an der Grenze des Landes, das die Menschen Hulsten nennen; in besseren Zeiten, als viele Elben hier lebten, hieß es Eregion. Fünfundvierzig Wegstunden in der Vogelfluglinie haben wir zurückgelegt, doch die Füße haben uns viele Meilen weiter tragen müssen. Das Land und das Wetter werden nun freundlicher, aber vielleicht auch um so gefährlicher.«

»Ob gefährlich oder nicht, ein richtiger Sonnenaufgang ist mir sehr willkommen«, sagte Frodo, schob die Kapuze zurück und ließ sich das Gesicht von der Morgensonne bescheinen.

»Aber jetzt haben wir die Berge vor uns«, sagte Pippin. »Wir müssen in der Nacht nach Osten abgebogen sein.«

»Nein«, sagte Gandalf. »Du kannst nur bei dem klaren Licht weiter voraussehen. Hinter diesen Gipfeln biegt die Kette nach Südwesten. In Elronds Haus gibt es viele Landkarten, aber ich vermute, du bist nie auf die Idee gekommen, sie anzuschaun?«

»Doch, manchmal schon«, sagte Pippin, »aber ich kann mich nicht mehr erinnern. Frodo hat für so was mehr Sinn.«

»Da brauch' ich keine Karte«, sagte Gimli, der mit Legolas nachgekommen war und nun mit einem ungewohnten Leuchten in seinen tief liegenden Augen auf das Land vor ihnen schaute. »Das ist das Land, wo einst die Werkstätten unserer Väter lagen, und das Bild dieser Gipfel haben wir in vielen Gebilden aus Metall und Stein festgehalten, und in vielen Liedern und Erzählungen. Bis in unsere Träume stehen sie uns vor Augen: Baraz, Zirak, Schatûr.

Erst einmal im Leben habe ich sie wachen Auges von weitem gesehen, aber ich kenne sie und ihre Namen, denn unter ihnen liegt Khazad-dûm, Zwergenheim, das heute Schwarze Grube genannt wird, Moria auf Elbisch. Das dort ist das Barazinbar, Rothorn, das grausame Caradhras, und dahinter die Silberzinne und der Wolkenkopf: Celebdil, die Weiße, und Fanuidhol, der Graue, in unserer Sprache Zirakzigil und Bunduschatûr.

Dort teilt sich das Gebirge, und zwischen den beiden Armen liegt ein tiefes, schattiges Tal, das wir nie vergessen werden: Azanulbizar, das Schattenbachtal, das die Elben Nanduhirion nennen.«

»Und das Schattenbachtal ist unser Ziel«, sagte Gandalf. »Wenn wir über den Pass gehen, den man das Rothorntor nennt, am hinteren Hang des Caradhras, so kommen wir über den Schattenbachsteig in das tiefe Tal der Zwerge hinunter. Dort liegt der Spiegelsee, und dort sind die eiskalten Quellen des Flusses Silberlauf.«

»Dunkel ist das Wasser des Kheled-zâram, und kalt sind die Quellen des Kibil-nâla. Mir klopft das Herz bei dem Gedanken, sie bald schon zu sehen.«

»Mögest du an dem Anblick deine Freude haben, mein lieber Herr Zwerg!« sagte Gandalf. »Aber was immer du dort vorhaben magst, wir zumindest können uns in dem Tal nicht aufhalten. Wir müssen weiter, den Silberlauf hinunter in den verschwiegenen Wald, dann zum Großen Strom und dann ...«

Er schwieg.

»Ja, und wohin dann?« fragte Merry.

»Dahin, wo die Fahrt endet – zum Ziel«, sagte Gandalf. »Wir können nicht zu weit voraussehn. Seien wir froh, dass wir den ersten Teil gut hinter uns gebracht haben! Ich denke, hier machen wir Rast, nicht nur für den Tag, sondern auch für die Nacht. Hulsten hat immer noch etwas Heimisches. Ein Land muss viel Übles erduldet haben, ehe es die Elben ganz vergisst, wenn sie einmal dort gewohnt haben.«

»Wohl wahr!« sagte Legolas. »Doch die Elben in diesem Land waren von einem Volk, das uns Waldbewohnern fremd ist, und das Gras und die Bäume erinnern sich ihrer nicht mehr. Nur die Steine höre ich noch um sie klagen: *tief brachen sie uns, schön schlugen sie uns, hoch türmten sie uns; doch nun sind sie fort.* Fort, vor langer Zeit zu den Anfurten gegangen.«

An diesem Morgen machten sie ein Feuer in einer tiefen Mulde, die zwischen großen Hulstgebüschen versteckt lag, und ihr morgendliches Abendbrot war die heiterste Mahlzeit, seit sie unterwegs waren. Nachher beeilten sie sich nicht, schlafen zu gehen, denn sie glaubten, dafür die ganze Nacht Zeit zu haben und erst am Abend des nächsten Tages wieder aufzubrechen. Nur Aragorn war einsilbig und unruhig. Nach einer Weile ging er von den anderen fort und stieg auf den Hügelkamm. Er stellte sich in den Schatten eines Baumes und blickte, den Kopf schräg haltend, wie wenn er auf etwas horchte, nach Süden und Westen. Dann kam er zum Rand der Mulde zurück und blickte zu den anderen herab, die lachten und schwatzten.

»Was ist, Streicher?« rief Merry zu ihm hinauf. »Wonach hältst du Ausschau? Vermisst du etwa den Ostwind?«

»Den nicht«, antwortete er. »Aber etwas anderes vermisse ich. Ich bin schon zu ganz verschiedenen Jahreszeiten in Hulsten gewesen. Das Land ist unbewohnt, aber zu allen Zeiten leben hier sonst viele Tiere, besonders Vögel. Und doch ist jetzt alles still, bis auf euch. Ich spüre das. Auf Meilen im Umkreis kein Geräusch, und eure Stimmen scheinen im Boden nachzuhallen. Ich versteh' das nicht.«

Gandalf wurde gleich aufmerksam. »Aber was meinst du, was der Grund ist? Könnte es nicht einfach nur die Überraschung sein, auf einmal vier Hobbits hier zu sehen, von uns anderen gar nicht zu reden, wo so selten sonst jemand herkommt?«

»Hoffentlich ist es das«, antwortete Aragorn. »Aber ich habe wie noch nie zuvor ein Gefühl, dass wir hier wachsam sein sollten und einiges zu befürchten haben.«

»Dann müssen wir vorsichtiger sein«, sagte Gandalf. »Wenn man einen Waldläufer dabeihat, hört man besser auf ihn, besonders wenn er Aragorn heißt. Wir dürfen nicht mehr laut reden, legen uns still zur Ruhe und stellen eine Wache auf.«

Die erste Wache an diesem Tag hatte Sam, aber Aragorn leistete ihm Gesellschaft. Die anderen schliefen bald. Dann wurde die Stille so still, dass selbst Sam etwas merkte. Jeder Atemzug der Schläfer war deutlich zu hören. Jedes Schweifwedeln oder die gelegentlichen Hufbewegungen des Ponys wurden zu lautem Getöse. Sam konnte die eigenen Gelenke knirschen hören, wenn er sich rührte. Totenstille herrschte ringsum, und über allem hing ein klarer, blauer Himmel, an dem die Sonne von Osten aufstieg. Weit im Süden erschien ein dunkler Fleck, wurde größer und kam nach Norden getrieben wie eine Rauchfahne im Wind.

»Was ist das, Streicher? Sieht nicht wie eine Wolke aus«, flüsterte Sam. Aragorn gab keine Antwort, er beobachtete gespannt den Himmel; aber bald konnte auch Sam sehen, was da näher kam. Vogelschwärme, die sehr schnell flogen, kreisten und kreuzten über dem Land, als ob sie etwas suchten, und kamen beständig näher.

»Flach hinlegen und nicht rühren!« zischte Aragorn und zog Sam mit sich in den Schatten eines Hulstgebüschs, denn ein ganzes Regiment der Vögel hatte sich plötzlich vom Hauptschwarm getrennt und kam in geringer Höhe direkt auf den Kamm zugeflogen. Sam glaubte, eine Art großer Krähen zu erkennen. Als die Vögel über sie hinwegflogen, in so dichtem Haufen, dass ihr Schatten wie ein schwarzer Fleck über den Boden zog, war ein einziger rauer Krächzton zu hören.

Bevor der Schwarm nicht nach Nordwesten verschwunden und der Himmel wieder ungetrübt war, wollte Aragorn nicht aufstehen. Dann ging er und weckte Gandalf.

»Schwärme von schwarzen Krähen überfliegen alles Land zwischen dem Gebirge und der Grauflut«, sagte er, »und eben waren sie über Hulsten. Sie sind hier nicht heimisch; es sind *crebain* aus dem Fangorn und aus Dunland. Ich weiß nicht, was sie hierher treibt; möglich, dass sie vor etwas flüchten, das sie im Süden aufgescheucht hat; aber ich glaube, sie spionieren das Land aus. Ich habe auch viele hoch fliegende Falken gesehen. Ich denke, wir sollten heute Abend weitergehen. Hulsten ist nicht mehr so heimisch für uns: es wird überwacht.«

»Dann wird das Rothorntor auch überwacht«, sagte Gandalf, »und wie wir ungesehen hinüberkommen sollen, kann ich mir nicht vorstellen. Aber daran denken wir, wenn es soweit ist. Dass wir weitergehen sollten, wenn es dunkel wird, damit hast du leider Recht.«

»Ein Glück, dass unser Feuer wenig Rauch gemacht hat und schon heruntergebrannt war, bevor die *crebain* kamen«, sagte Aragorn. »Jetzt löschen wir's und zünden es nicht wieder an.«

»Na, wenn das kein Schreck in der Abendstunde ist!« sagte Pippin, bald nachdem er am späten Nachmittag aufgewacht war und man ihm die

Neuigkeiten schonend beigebracht hatte: kein Feuer, und nachts geht es weiter. »Und alles wegen einem Schwarm Krähen! Und ich hab mich so auf eine warme Mahlzeit heute Abend gefreut!«

»Freu dich noch ein bisschen länger drauf!« sagte Gandalf. »Du erlebst vielleicht noch viele unverhoffte Gelage. Meinerseits würde ich auch gern mal wieder in Ruhe eine Pfeife rauchen und mir die Füße wärmen. Aber wenigstens eins ist sicher: Es wird wärmer, wenn wir nach Süden kommen.«

»Wenn's nur nicht zu warm wird, Herr Frodo«, murmelte Sam. »Ich dachte schon, es wird Zeit, dass wir diesen Flammenberg mal zu Gesicht kriegen und das Ende der Reise absehen können, sozusagen. Zuerst hab ich gedacht, dieses Rothorn da, oder wie das heißt, das könnt' er sein, bis uns Gimli Bescheid gesagt hat. Diese Zwergensprache muss ja wahrhaft zungenbrecherisch sein.« Landkarten sagten Sam nichts, und die Entfernungen in diesen fremden Ländern kamen ihm allesamt so gewaltig vor, dass er es aufgab, sie schätzen zu wollen.

Den ganzen Tag über hielten sich die Gefährten versteckt. Die schwarzen Vögel überflogen sie noch einige Mal, aber als die Sonne tief und rot im Westen stand, verschwanden sie nach Süden. In der Abenddämmerung machte der Trupp sich wieder auf den Weg, nun in südöstlicher Richtung auf das Caradhras zu, das in der Ferne noch blassrot in den letzten Strahlen der untergegangenen Sonne glühte. Einer nach dem andern traten die weißen Sterne an den verdämmernden Himmel.

Dank Aragorns Führung fanden sie einen guten Weg. Er kam Frodo wie ein Rest von einer alten Straße vor, die einmal breit und gut geebnet aus Hulsten zum Gebirgspass geführt haben musste. Der Mond, nun in seiner vollen Rundung, stieg über den Bergen auf und warf einen blassen Schein, in dem die Schatten der Steine schwarz wurden. Viele Steine wiesen Spuren von Bearbeitung auf, obwohl sie nun ungeordnet und zertrümmert in dem öden, kahlen Land herumlagen.

Es war die kalte letzte Stunde vor Morgengrauen, und der Mond stand tief. Frodo blickte zum Himmel auf. Plötzlich sah oder spürte er, wie ein Schatten vor den Sternen vorüberzog, als wären sie für einen Moment erloschen und dann wieder aufgeblitzt. Ihn schauderte.

»Hast du etwas vorüberziehn gesehen?« flüsterte er Gandalf zu, der vor ihm ging.

»Nein, aber gespürt hab ich's. Wer weiß, was es war – vielleicht nichts weiter als ein Wolkenfetzchen.«

»Dann ist es aber sehr schnell geflogen«, murmelte Aragorn, »und nicht mit dem Wind.«

Sonst geschah nichts mehr in dieser Nacht. Der Morgen wurde noch schöner als der vorige. Aber es wurde wieder kälter; auch der Wind wechselte und kam nun von Osten. Noch zwei Nächte marschierten sie, stetig bergauf, aber immer langsamer, weil sich der Weg nun zwischen den Hügeln hinaufschlängelte und sich die Berge näher und näher vor ihnen auftürmten. Am dritten Morgen stand das Caradhras vor ihnen, ein mächtiger Gipfel, die Spitze von Schnee versilbert, die steilen Hänge aber nackt und stumpfrot, wie blutgetränkt.

Der Himmel sah nun bedrohlich aus, und die Sonne war verschleiert. Der Wind hatte auf Nordost gedreht. Gandalf zog schnüffelnd die Luft ein und schaute zurück.

»Hinter uns macht der Winter jetzt Ernst«, sagte er leise zu Aragorn. »Die Höhen im Norden sind weißer als zuletzt; der Schnee reicht weit die Hänge herab. Heute Nacht müssen wir hoch hinauf zum Rothorntor. Gut möglich, dass wir auf diesem schmalen Pfad von Spähern gesehen werden und dass irgendwas ganz Übles uns auflauert. Aber noch gefährlicher als alle andern Feinde könnte das Wetter werden. Was hältst du jetzt von deiner Route, Aragorn?«

Frodo, der diese Worte mit anhörte, begriff, dass Gandalf und Aragorn einen schon vor längerer Zeit begonnenen Streit fortsetzten. Besorgt hörte er weiter zu.

»Ich halte von unserer ganzen Route von Anfang bis Ende nichts, wie du wohl weißt, Gandalf«, antwortete Aragorn. »Und je weiter wir kommen, desto mehr Gefahren erwarten uns, bekannte wie unbekannte. Aber wir müssen weiter, und es hilft nichts, den Übergang übers Gebirge hinauszuschieben. Weiter im Süden, bis zur Pforte von Rohan, gibt es keine Pässe. Und dem Weg dort entlang traue ich nicht mehr, seit du uns über Saruman aufgeklärt hast. Wer kann außerdem wissen, mit welcher Seite es die Marschälle der Pferdeherren inzwischen halten?«

»Ja, wer kann's wissen?« sagte Gandalf. »Aber es gibt noch einen anderen Weg und nicht nur den über den Caradhras-Pass: der dunkle und geheime, über den wir schon mal gesprochen haben.«

»Aber sprechen wir nicht noch mal über den! Noch nicht. Bitte sag den anderen nichts davon, solange nicht klar ist, dass es keinen andern Weg gibt.«

»Wir müssen uns entscheiden, bevor wir weitergehn«, sagte Gandalf.

»Dann wollen wir uns alles noch mal durch den Kopf gehn lassen, während die anderen ausruhen und schlafen«, sagte Aragorn.

Am späten Nachmittag, als die anderen ihr Frühstück beendeten, gingen Gandalf und Aragorn zusammen beiseite und blickten zum Caradhras hinauf. Die Hänge waren jetzt dunkel und abweisend, der Gipfel in grauem Gewölk. Frodo beobachtete sie, gespannt, wie der Streit entschieden würde. Als sie zur Gruppe zurückkamen, nahm Gandalf das Wort, und Frodo wusste gleich, dass sie beschlossen hatten, es mit dem Wetter und dem Pass aufzunehmen. Er war erleichtert. Welches der andere, der dunkle und geheime Weg wäre, konnte er nicht ahnen, aber schon dessen Erwähnung hatte Aragorn offenbar in Schrecken versetzt, und Frodo war froh, dass der Gedanke an ihn aufgegeben worden war.

»Nach den Anzeichen, die wir in letzter Zeit gesehen haben«, sagte Gandalf, »befürchte ich, dass das Rothorntor überwacht wird; und ich traue auch dem Wetter nicht, das hinter uns heraufzieht. Es wird vielleicht schneien. Wir müssen so schnell gehen wie möglich. Trotzdem werden wir mehr als zwei Nachtmärsche brauchen, ehe wir auf der Passhöhe sind. Heute Abend wird es früh dunkel. Wir müssen schleunigst aufbrechen, sobald ihr fertig seid.«

»Ich darf noch einen Rat hinzugeben«, sagte Boromir. »Ich bin zu Füßen des Weißen Gebirges geboren und weiß einiges über Höhenwanderungen. Bevor wir auf der anderen Seite hinabsteigen, werden wir es mit schneidender Kälte zu tun bekommen, wenn nicht mit Schlimmerem. Alle Heimlichkeit nützt uns nichts, wenn wir dabei erfrieren. Von hier, wo noch ein paar Bäume und Büsche wachsen, sollte jeder von uns, wenn wir losgehen, ein Bündel Holz mitnehmen, so viel, wie er eben tragen kann.«

»Und Lutz, mein Junge, du kannst auch noch ein bisschen mehr auf den Rücken nehmen, nicht wahr?« sagte Sam. Das Pony sah ihn wehmütig an.

»Na schön«, sagte Gandalf. »Aber wir sollten das Holz nicht benutzen – es sei denn, wir hätten nur noch die Wahl zwischen Feuer und Tod.«

Zuerst ging es flott voran, aber bald wurde der Weg steil und mühsam. Die in Windungen ansteigende Straße war an vielen Stellen fast verschwunden und von herabgestürzten Steinen versperrt. Unter dicken

Wolken wurde die Nacht stockfinster. Ein beißender Wind wirbelte um die Felsen. Um Mitternacht waren sie von den Füßen erst bis zu den Knien der Berge aufgestiegen. Der schmale Pfad wand sich nun unter einer steilen Wand zur Linken dahin; darüber türmten sich unsichtbar die grimmigen Flanken des Caradhras in die Höhe; und zur Rechten stürzte der Boden jäh in eine tiefe schwarze Schlucht ab.

Sie keuchten einen steilen Hang hinauf und blieben oben einen Moment stehen. Frodo spürte eine sanfte Berührung im Gesicht. Er streckte den Arm aus und sah die mattweißen Schneeflocken auf seinem Ärmel.

Sie gingen weiter. Aber es dauerte nicht lange, und der Schnee fiel dichter, füllte die Luft aus und wirbelte Frodo in die Augen. Gandalfs und Aragorns dunkle, gebeugte Gestalten, wenige Schritt voraus, waren kaum mehr zu erkennen.

»Passt mir überhaupt nicht, so was!« stöhnte Sam, gleich hinter ihm. »Schnee an einem schönen Wintermorgen – nichts dagegen, wenn ich im Bett liegen bleiben kann, solange er fällt. Wenn der doch jetzt in Hobbingen runterkäme! Da wär' er willkommen.« Außer auf den Hochmooren im Nordviertel waren starke Schneefälle im Auenland selten und wurden als vergnügliche Abwechslung betrachtet. Den Harten Winter von 1311, als die weißen Wölfe über den zugefrorenen Brandywein ins Auenland eindrangen, hatte (außer Bilbo) kein Hobbit mehr miterlebt.

Gandalf hielt an. Der Schnee lag dick auf seiner Kapuze und seinen Schultern; an den Stiefeln reichte er ihm schon bis zu den Knöcheln.

»Das hatte ich befürchtet«, sagte er. »Was sagst du nun, Aragorn?«

»Auch ich hatte es befürchtet«, sagte Aragorn, »nur hatte ich anderes noch mehr befürchtet. Dass Schnee fallen könnte, wusste ich, obwohl so weit im Süden selten viel davon fällt, es sei denn hoch in den Bergen. Aber wir sind noch nicht hoch, wir sind noch tief unten, wo die Wege gewöhnlich den ganzen Winter schneefrei sind.«

»Ich frage mich, ob dies vom Feind angezettelt ist«, sagte Boromir. »In meinem Land sagt man, die Stürme im Schattengebirge an Mordors Grenzen könne er lenken. Er hat seltsame Kräfte und viele Bundesgenossen.«

»Sein Arm müsste schon sehr weit reichen«, sagte Gimli, »wenn er Schnee vom Norden holen kann, um uns hier, dreihundert Meilen weiter südlich, damit zu ärgern.«

»Sein Arm reicht jetzt sehr weit«, sagte Gandalf.

Während sie hielten, hatte der Wind sich gelegt und der Schneefall nachgelassen, bis er nahezu aufhörte. Sie stapften weiter. Aber kaum hatten sie ein paar hundert Schritt zurückgelegt, als das Unwetter mit frischer Wut von neuem losbrach. Der Wind pfiff ihnen um die Kapuzen, und die Schneeflocken wurden zu einer einzigen weißen Wand vor den Augen. Bald fiel das Gehen selbst Boromir schwer. Die Hobbits, fast bis zum Boden gebückt, schleppten sich hinter den Größeren her, aber es war klar, dass sie bald am Ende ihrer Kräfte wären, wenn das Schneetreiben anhielt. Frodo wurden die Beine bleischwer. Pippin blieb zurück. Selbst Gimli, zäh, wie es ein Zwerg nur sein konnte, schimpfte im Dahinstapfen.

Alle blieben auf einmal stehen, als wären sie sich ohne Worte darüber einig geworden. Aus der Dunkelheit ringsum kamen unheimliche Laute. Vielleicht war es nur der Wind, der auf den Rinnen und Spalten der Felswand pfiff, aber es klang wie schrilles Geschrei und brüllendes Gelächter. Steine fielen vom Berghang herab, sausten ihnen über die Köpfe oder krachten nahebei auf den Weg. Ab und zu hörten sie ein dumpfes Poltern, wenn ein großer Felsbrocken von den unsichtbaren Höhen herabrollte.

»Heute nacht können wir nicht weiter«, sagte Boromir. »Wer will, soll sagen, dass es der Wind ist; ich höre wüste Stimmen, und diese Steine sind auf uns gezielt.«

»Ich sage, es ist der Wind«, sagte Aragorn. »Doch was du sagst, ist deshalb nicht falsch. Es gibt viele üble und unfreundliche Wesen auf der Welt, die für alle, die auf zwei Beinen gehen, nichts übrig haben und doch nicht mit Sauron im Bunde sind, sondern ihren eigenen Geschäften nachgehen. Manche sind schon länger auf der Welt als er.«

»Caradhras galt schon vor Zeiten als grausam und stand in schlechtem Ruf«, sagte Gimli, »als man in dieser Gegend von Sauron noch nie gehört hatte.«

»Egal, wer der Feind ist, wenn wir seinen Angriff nicht abwehren können«, sagte Gandalf.

»Aber was können wir denn tun?« jammerte Pippin. Frodo und Merry mussten ihn stützen, und er zitterte.

»Entweder bleiben, wo wir sind, oder umkehren«, sagte Gandalf. »Weitergehn nützt nichts. Etwas höher hinauf, wenn ich mich recht erinnere, führt der Weg von der Felswand weg und in eine breite, flache Mulde unter einem langen, steilen Anstieg. Dort hätten wir überhaupt keinen Schutz mehr vor dem Schnee, den Steinen oder – oder was auch immer.«

»Und umkehren, während der Schneesturm anhält, nützt auch nichts«, sagte Aragorn. »Wir sind an keiner Stelle vorübergekommen, die mehr Schutz geboten hätte als die Wand, unter der wir jetzt stehen.«

»Schutz!« brummte Sam. »Wenn das ein Schutz sein soll, dann ist eine Wand ohne Dach ein Haus.«

Sie standen nun so dicht wie möglich an der Felswand beisammen. Die Wand sah nach Süden und hatte unten ein wenig Überhang, so dass sie hoffen konnten, wenigstens etwas Schutz vor dem Nordwind und den herabstürzenden Steinen zu finden. Aber der Wind wirbelte und strudelte, die Böen fegten von allen Seiten herein, und der Schnee kam in immer dickeren Wolken.

Sie stellten sich dicht nebeneinander, mit den Rücken gegen die Wand. Lutz, das Pony, stand geduldig, aber mit hängendem Kopf vor den Hobbits und schirmte sie ein bisschen ab, doch bald schon reichte ihm der hereingewehte Schnee bis über die Fesseln und häufte sich immer noch höher. Ohne die Hilfe der größeren Gefährten wären die Hobbits bald ganz unterm Schnee begraben gewesen.

Eine große Schläfrigkeit überkam Frodo; er spürte, wie er rasch in einen trüben, warmen Traum versank. Ein Feuer wärmte ihm die Zehen, und aus den Schatten auf der andern Seite des Herdes hörte er Bilbos Stimme. *Dein Tagebuch macht mir nicht viel Eindruck*, sagte er. *Schneestürme am 12. Januar: Wenn du weiter nichts zu berichten hast, musstest du nicht zurückkommen.*

Aber ich wollte schlafen und mich ausruhen, Bilbo, antwortete Frodo mit Mühe, und dann schüttelte ihn jemand, und das Erwachen war unangenehm. Boromir hatte ihn aus einer Schneekuhle aufgehoben.

»Für die Halblinge wird das der Tod werden, Gandalf«, sagte er. »Es hat keinen Sinn, hier zu warten, bis uns der Schnee über den Kopf reicht. Wir müssen etwas tun, um uns zu retten.«

»Geben wir ihnen davon!« sagte Gandalf und wühlte eine lederumhüllte Flasche aus seinem Rucksack. »Nur ein Schluck für jeden – für uns alle. Etwas sehr Kostbares. *Miruwor,* der Stärkungstrank aus Imladris; Elrond hat ihn mir zum Abschied mitgegeben. Lasst ihn herumgehen!«

Sobald Frodo ein wenig von dem warmen und wohlriechenden Trank geschluckt hatte, fühlte er, wie sich sein Mut wieder regte und die schwere Mattigkeit aus seinen Gliedern wich. Auch die anderen lebten auf und schöpften wieder Kraft und Hoffnung. Aber das Schneetreiben ließ nicht nach. Dichter als zuvor wirbelten die Flocken um sie her, und der Wind heulte noch lauter.

»Was hältst du jetzt von einem Feuer?« fragte Boromir. »Die Wahl zwischen Feuer und Tod ist nun wohl nicht mehr fern, Gandalf. Gewiss, wenn uns der Schnee erst zudeckt, sind wir allen unfreundlichen Blicken entzogen, aber helfen wird uns das nicht.«

»Mach nur ein Feuer, wenn du kannst!« sagte Gandalf. »Wenn hier noch Späher sind, die ein solches Unwetter ertragen können, dann sehen sie uns, ob mit oder ohne Feuer.«

Aber obwohl sie auf Boromirs Anraten außer großen Scheiten auch Kleinholz mitgenommen hatten, war keine Elben- oder Zwergenkunst imstande, eine Flamme zu schlagen, die dem wirbelnden Wind standhielt und auf das nasse Holz übersprang. Schließlich legte Gandalf widerwillig selbst Hand an. Er nahm ein Reisigbündel, hielt es einen Moment hoch, sprach die gebieterischen Worte: *naur an edraith ammen!* und stieß die Spitze seines Stabs mitten hinein. Sofort sprang eine grüne und blaue Stichflamme hoch auf, und das Holz fing knisternd Feuer.

»Wenn jemand da ist und das gesehen hat, dann weiß er jetzt, mit wem er's zu tun hat«, sagte er. »Das ist so gut, wie wenn ich groß *Gandalf ist hier* an die Felswand geschrieben hätte, in Lettern, die von Bruchtal bis zu den Anduinmündungen jeder lesen kann.«

Aber inzwischen kümmerten sie sich nicht mehr um Späher oder unfreundliche Augen. Von Herzen freuten sich alle über den Schein des Feuers. Das Holz prasselte fröhlich, und obwohl die Schneeflocken zischend hineinfielen und sich Matschpfützen unter ihren Füßen sammelten, wärmten sie sich erleichtert die Hände über den Flammen. So standen sie im Kreis über das kleine züngelnde Feuer gebückt. Ein roter Schein lag auf ihren müden, angespannten Gesichtern, und hinter ihnen stand die Nacht wie eine schwarze Mauer.

Aber das Holz verbrannte schnell, und es schneite noch immer.

Das Feuer brannte herunter, und sie warfen das letzte Bündel Holz drauf.

»Die Nacht wird alt«, sagte Aragorn. »Es wird bald dämmern.«

»Wenn das Dämmerlicht durch diese Wolken überhaupt durchkommt«, sagte Gimli.

Boromir trat aus dem Kreis und schaute hinauf in die Finsternis. »Der Schneefall lässt nach«, sagte er, »und der Wind auch.«

Frodo betrachtete verdrossen die Flocken, die immer noch aus der

Dunkelheit herabfielen und für einen Augenblick im Schein des erlöschenden Feuers weiß aufleuchteten; aber noch lange konnte er kein Anzeichen dafür erkennen, dass sie weniger dicht fielen. Dann plötzlich, als ihn der Schlaf schon wieder beschleichen wollte, bemerkte er, dass der Wind tatsächlich nachgelassen hatte und dass die Flocken, die noch fielen, größer und vereinzelter waren. Ganz allmählich kam ein trübes Licht auf, und endlich schneite es nicht mehr.

Als das Licht zunahm, zeigte es eine stumme, dick verhüllte Welt. Unterhalb ihrer Zuflucht sahen sie weiße Buckel, Mulden und formlose Wehen, unter denen der Pfad, den sie heraufgekommen waren, nicht mehr zu erkennen war; doch die Höhen über ihnen waren in dicken Wolken verborgen, in denen drohend weitere Schneemassen hingen.

Gimli blickte hinauf und schüttelte den Kopf. »Caradhras hat uns nicht verziehen«, sagte er. »Es kann noch mehr Schnee auf uns schütten, wenn wir weitergehn. Je eher wir umkehren und wieder absteigen, desto besser.«

Alle stimmten ihm zu, aber der Rückzug war nicht so einfach. Er konnte sich sogar als unmöglich erweisen. Nur wenige Schritt von der Asche ihres Feuers lag der Schnee etliche Fuß hoch, höher als die Köpfe der Hobbits; an manchen Stellen hatte ihn der Wind in hohen Verwehungen gegen die Felswand gehäuft.

»Ginge Gandalf mit einer tüchtigen Flamme voran, so schmölze er euch vielleicht einen Weg frei«, sagte Legolas. Ihm hatte das Unwetter nur wenig ausgemacht, und darum hatte er als einziger die gute Laune bewahrt.

»Flögen Elben über die Berge, so würden sie uns vielleicht die Sonne zu Hilfe holen«, antwortete Gandalf. »Ich muss doch einen Rohstoff haben, mit dem ich arbeiten kann. Aus Schnee kann auch ich kein Feuer machen.«

»Nun ja«, sagte Boromir, »wo der Kopf nicht weiterkommt, muss ihn der Körper tragen, sagt man in meiner Heimat. Die Stärksten unter uns müssen einen Weg bahnen. Seht! Jetzt ist zwar alles verschneit, aber der Weg, den wir gekommen sind, bog um diesen Felsvorsprung dort unten. Da war es, wo der Schnee lästig zu werden begann. Haben wir die Stelle einmal erreicht, geht es dahinter womöglich leichter. Es ist nicht weiter als eine Achtelmeile, schätze ich.«

»Dann lass uns beide den Weg dorthin freimachen!« sagte Aragorn.

Er war unter den Gefährten der Größte, doch Boromir war nur wenig kleiner und von breiterem, stämmigerem Wuchs. Boromir ging voran,

Aragorn folgte. Langsam entfernten sie sich, und bald hatten sie schwer zu kämpfen. An manchen Stellen reichte ihnen der Schnee bis zur Brust, und oft schien Boromir darin eher zu schwimmen oder sich mit seinen starken Armen durchzuwühlen als zu gehen.

Legolas schaute ihnen eine Weile lächelnd zu, dann sagte er zu den anderen: »Die Stärksten müssen einen Weg bahnen, meint ihr? Ich aber sage, zum Pflügen nehmt einen Ochsen und zum Schwimmen einen Otter, doch zum Laufen über Gras, Laub oder Schnee nehmt – einen Elben!«

Damit sprang er leichtfüßig davon, und Frodo fiel zum ersten Mal auf, obwohl er es längst wusste, dass der Elb keine Stiefel, sondern wie immer nur leichte Schuhe trug, und seine Füße drückten sich nur wenig in den Schnee ein.

»Leb wohl!« rief er Gandalf noch zu, »jetzt geh' ich die Sonne holen.« Dann rannte er davon, schnell, wie wenn er auf festem Boden liefe, winkte im Vorübereilen den beiden tief im Schnee wühlenden Menschen zu und verschwand bald hinter dem Felsvorsprung.

Die anderen warteten dicht zusammengedrängt und schauten Boromir und Aragorn nach, die langsam zu schwarzen Punkten auf weißem Grund schrumpften. Endlich waren auch sie außer Sicht. Die Zeit schleppte sich hin. Die Wolken hingen wieder tiefer und entließen vereinzelte, kreiselnde Schneeflocken.

So verging etwa eine Stunde, obwohl es ihnen viel länger vorkam, und dann sahen sie endlich Legolas zurückkehren. Zugleich kamen weit hinter ihm Boromir und Aragorn um die Wegbiegung und arbeiteten sich den Hang herauf.

»So!« rief Legolas, als er herantänzelte. »Die Sonne bringe ich nicht mit. Sie ergeht sich in des Südens blauen Gefilden, und um ein paar Schneewehen auf diesem Rothörnchen schert sie sich nicht. Doch einen Hoffnungsschimmer bring' ich all denen, die mit dem Schicksal geschlagen sind, auf zwei schweren Beinen laufen zu müssen. Gleich hinter der Biegung liegt die größte Schneewehe, und unter ihr wurden unsere starken Männer beinah begraben. Verzweifeln wollten sie schon, als ich umkehrte und ihnen sagte, dass die Wehe kaum dicker als eine Mauer ist. Auf der andern Seite wird der Schnee gleich spärlicher, und weiter unten ist er nur noch ein weißes Laken, eben genug, um eines Hobbits Zehen zu kühlen.«

»Ach, hab ich's nicht gleich gesagt?« knurrte Gimli. »Das war kein normales Unwetter. Es war das übelwollende Caradhras. Es mag weder Elben noch Zwerge, und diese Wehe hat es dort hingelegt, um uns den Fluchtweg abzuschneiden.«

»Aber zum Glück hat dein Caradhras vergessen, dass auch Menschen bei euch sind«, sagte Boromir, der eben herankam. »Und wackere Menschen obendrein, wenn ich das sagen darf; allerdings wäre jeder Erstbeste mit einem Spaten wohl nützlicher gewesen. Immerhin, wir haben eine Gasse durch die Wehe gebrochen, und dafür werden alle hier uns dankbar sein, die nicht auf leichten Sohlen wie Elben laufen.«

»Aber wie sollen wir den überhaupt da hinunterkommen, selbst wenn ihr die Wehe durchbrochen habt?« sagte Pippin und sprach damit aus, was auch die andern Hobbits dachten.

»Keine Angst!« sagte Boromir. »Müde bin ich zwar, aber ein bisschen Kraft hab ich noch, und Aragorn ebenfalls. Die kleinen Leute werden wir tragen, die andern werden es hinter uns zur Not allein schaffen. Komm, Herr Peregrin, fangen wir mit dir an!«

Er hob sich den Hobbit auf den Rücken. »Halte dich fest, die Arme werd' ich brauchen!« sagte er und ging los. Dahinter kam Aragorn mit Merry. Pippin bestaunte Boromirs Stärke, als er den hohen Schnee um sich sah, durch den Boromir ohne jedes andere Werkzeug als seine mächtigen Gliedmaßen eine Art Weg gebahnt hatte. Auch jetzt noch, beladen, wie er war, verbreitete er die Spur für die Nachfolgenden, indem er im Vorübergehen den Schnee beiseite schob.

Schließlich kamen sie zu der großen Schneewehe. Sie stand quer über den Bergpfad wie eine glatte, frisch errichtete Mauer, die messerscharfe obere Kante höher als zwei Männer von Boromirs Größe übereinander; doch durch die Mitte war eine Gasse getreten, die auf- und abstieg wie ein Brückenbogen. Auf der andern Seite wurden Merry und Pippin abgesetzt, und zusammen mit Legolas warteten sie auf die anderen.

Nach einer Weile kam Boromir wieder und brachte Sam. Dahinter in der immer noch schmalen, aber nun gut ausgetretenen Spur ging Gandalf mit Lutz am Zügel, auf dem Gimli zwischen dem Gepäck saß. Als letzter kam Aragorn mit Frodo auf dem Rücken. Sie gingen durch die Gasse, doch kaum stand Frodo wieder auf den eigenen Füßen, als mit tiefem Grollen eine Lawine von Steinen und Schnee herabgedonnert kam. Sie drückten sich an die Felswand, halb geblendet vom aufstiebenden Schnee, und als die Luft wieder rein war, sahen sie den Pfad hinter sich versperrt.

»Genug, das reicht uns!« rief Gimli. »Wir gehn ja schon, und zwar schleunigst!« Und tatsächlich schien nach diesem letzten Schlag die Wut des Berges verraucht zu sein, als ob es ihm genügte, die Eindringlinge zurückgeschlagen und von einem zweiten Vorstoß abgeschreckt zu haben. Nun drohte kein Schneefall mehr, die Wolken zerstreuten sich allmählich, und es wurde heller.

Wie Legolas gemeldet hatte, wurde die Schneedecke dünner, je tiefer sie kamen, so dass auch die Hobbits gehen konnten. Bald standen sie wieder an der flachen Stelle oberhalb des steilen Hangs, wo sie in der letzten Nacht die ersten Schneeflocken bemerkt hatten.

Der Vormittag war weit fortgeschritten. Von ihrem erhöhten Standort blickten sie zurück auf das niedrigere Land im Westen. Irgendwo, weit weg zwischen den Hügeln zu Füßen des Berges, lag die Talmulde, von der sie den Aufstieg auf den Pass angetreten hatten.

Frodo taten die Beine weh. Er war durchgefroren bis auf die Knochen und hatte Hunger; ihn schwindelte es beim Gedanken an den langen, mühsamen Abstieg. Schwarze Flecken schwammen ihm vor den Augen. Er rieb sie, aber die schwarzen Flecken blieben da. In einiger Entfernung unter ihnen, aber immer noch hoch über den niedrigen Vorbergen, kreisten schwarze Punkte in der Luft.

»Schon wieder die Vögel!« sagte Aragorn und zeigte hin.

»Das lässt sich jetzt nicht ändern«, sagte Gandalf. »Ob sie nun gut oder böse sind oder überhaupt nichts mit uns zu tun haben, wir müssen schleunigst hinunter. Auch nicht an den Knien des Rothorns können wir die Nacht abwarten.«

Ein kalter Wind wehte ihnen von oben hinterher, als sie dem Rothorntor den Rücken kehrten und müde den Hang hinabstolperten. Caradhras hatte gesiegt.

VIERTES KAPITEL

AUF DUNKLEN STRASSEN

Es war Abend, und das graue Licht schwand schnell, als sie für die Nacht Halt machten. Sie waren sehr müde. Die Berge verschleierten sich mit zunehmender Dämmerung, und der Wind war immer noch kalt. Gandalf gönnte jedem einen Schluck von seinem Bruchtaler Miruvor, und als sie etwas gegessen hatten, rief er sie zu einer Beratung zusammen.

»Wir können heute Nacht selbstverständlich nicht weitergehen«, sagte er. »Der Versuch, das Rothorntor zu erstürmen, hat uns erschöpft, und wir müssen hier eine Weile ausruhen.«

»Und wohin sollen wir dann gehen?« fragte Frodo.

»Wir haben unseren Weg und unseren Auftrag noch vor uns«, antwortete Gandalf. »Wir haben keine andere Wahl als die, weiterzugehen oder aber umzukehren nach Bruchtal.«

Pippins Miene wurde bei der bloßen Erwähnung der zweiten Möglichkeit sichtlich heiterer; Sam und Merry blickten hoffnungsvoll auf. Boromir und Aragorn aber zeigten keine Regung. Frodo schaute verwirrt drein.

»Ich wollte, ich wäre wieder in Bruchtal«, sagte er. »Aber wie kann ich ohne Schande dorthin zurückkehren – es sei denn, es gäbe überhaupt keinen anderen Weg und wir müssten uns schon geschlagen geben?«

»Du hast recht, Frodo«, sagte Gandalf. »Umkehren hieße die Niederlage eingestehen und schlimmeren Niederlagen entgegensehen. Wenn wir jetzt nach Bruchtal zurückkehren, muss der Ring dort bleiben, denn ein zweites Mal werden wir nicht aufbrechen können. Früher oder später dann wird Bruchtal belagert und nach kurzem, erbittertem Kampf vernichtet. Die Ringgeister sind furchtbare Feinde, aber noch ist ihre Macht und ihr Schrecken nur ein Schatten dessen, was sie erst wären, wenn der Herrscherring wieder an der Hand ihres Gebieters steckte.«

»Also müssen wir weitergehn, wenn es einen Weg gibt«, sagte Frodo mit einem Seufzer. Sams Miene trübte sich wieder.

»Es gibt einen Weg, mit dem wir es versuchen könnten«, sagte Gandalf. »Ich war von Anfang an, als ich über diese Fahrt nachdachte, für diesen Weg. Aber es ist kein angenehmer Weg, und ich habe in unserer Fahrtgemeinschaft bisher nicht von ihm gesprochen. Aragorn war gegen diesen Weg, solange wir nicht wenigstens versucht hätten, über den Gebirgspass zu kommen.«

»Wenn er noch schlimmer ist als der über das Rothorntor, muss er schon ganz übel sein«, sagte Merry. »Aber nun sag uns lieber gleich Bescheid, damit wir aufs Schlimmste gefasst sind.«

»Der Weg oder die Straße, von der ich spreche, führt zu den Minen von Moria«, sagte Gandalf. Nur Gimli hob den Kopf; ein Feuer schwelte in seinen Augen. Alle anderen grauste es schon vor dem Namen. Auch für die Hobbits war Moria ein Name für sagenhafte Greuel.

»Die Straße mag zwar nach Moria hinführen, aber wie können wir hoffen, dass sie auch durch Moria hindurchführt«, sagte Aragorn bedenklich.

»Schon der Name verheißt nichts Gutes«, sagte Boromir. »Auch sehe ich nicht ein, warum es nötig sein sollte, dort hinzugehen. Wenn wir die Berge nicht überschreiten können, lasst uns den Weg nach Süden nehmen, bis zur Pforte von Rohan, wo die Menschen mit meinem Volk befreundet sind; auf dem gleichen Weg bin ich nach Bruchtal gekommen. Oder wir könnten Rohan links liegen lassen und über den Isen nach Langstrand und Lebennin gehen; dann kämen wir durch die küstennahen Gebiete nach Gondor.«

»Dort hat sich einiges geändert, seit du nach Norden gekommen bist, Boromir«, antwortete Gandalf. »Hast du nicht gehört, was ich euch über Saruman berichtet habe? Mit ihm werde ich in eigener Sache noch ein ernstes Wort reden müssen; vorher ist nichts ausgestanden. Aber der Ring darf um keinen Preis auch nur in die Nähe von Isengard kommen. Die Pforte von Rohan ist uns verschlossen, solange wir mit dem Ringträger gehen.

Was den längeren Weg über das Küstenland angeht: so viel Zeit haben wir nicht. Eine solche Reise könnte ein Jahr dauern, und wir kämen durch viele haus- und hafenlose Gegenden. Dennoch wären sie nicht ungefährlich. Sowohl Saruman als auch der Feind haben ein wachsames Auge auf sie. Als du nach Norden gingst, Boromir, warst du für den Feind nur ein einzelner Wanderer aus dem Süden, für ihn völlig uninteressant, denn er war ganz mit der Suche nach dem Ring beschäftigt. Doch jetzt kehrst du zurück als ein Gefährte des Ringträgers und bist in Gefahr, solange du bei uns bleibst. Und die Gefahr wird größer mit jeder Meile, die wir unter freiem Himmel weiter nach Süden kommen.

Seit unserem nicht allzu heimlichen Versuch, den Gebirgspass zu überschreiten, fürchte ich, hat unsere Lage sich verschlechtert. Ich sehe nur noch wenig Hoffnung, wenn wir nicht bald für eine Weile außer Sicht bleiben und unsere Spuren verwischen. Daher rate ich, weder über die Berge zu gehen noch um sie herum, sondern unter ihnen durch. Dass wir diesen Weg gehen, wird der Feind jedenfalls am wenigsten erwarten.«

»Was er erwartet, wissen wir nicht«, sagte Boromir. »Er könnte alle Wege bewachen lassen, die wahrscheinlichen wie die unwahrscheinlichen. Moria zu betreten, hieße dann in eine Falle laufen – nicht viel besser, als wenn wir gleich ans Tor des Schwarzen Turms klopften. Moria ist schon dem Namen nach schwarz!«

»Du weißt nicht, was du redest, wenn du Moria mit Saurons Festung vergleichst«, antwortete Gandalf. »Ich als Einziger von euch allen bin je in den Verliesen des Dunklen Herrschers gewesen, wenn auch nur in seiner früheren und schwächeren Burg in Dol Guldur. Wer durchs Tor von Barad-dûr geht, kehrt nicht wieder. Aber ich würde euch nicht nach Moria hineinführen, bestünde keine Hoffnung, auch wieder herauszukommen. Wenn dort Orks sind, kann es uns übel ergehen, so viel ist richtig. Aber die meisten Orks aus dem Nebelgebirge wurden in der Schlacht der fünf Heere verjagt oder vernichtet. Die Adler berichten, dass sich die Orks in entlegeneren Gebieten wieder sammeln; doch besteht einige Hoffnung, dass Moria von ihnen noch frei ist.

Es besteht sogar eine gewisse Aussicht, dass Zwerge dort sind und dass wir in den unterirdischen Palästen seiner Väter Balin Fundinssohn finden. Aber wie dem auch sei, man muss den Weg beschreiten, den die Not gebietet!«

»Ich gehe diesen Weg mit dir, Gandalf«, sagte Gimli. »Ich will Durins Hallen sehen, was immer uns dort erwarten mag – wenn du die verschlossenen Türen finden kannst.«

»Gut, Gimli!« sagte Gandalf. »Du machst mir Mut. Zusammen wollen wir die geheimen Türen suchen. Und wir werden durchkommen. In den Ruinen der Zwergenbauten wird ein Zwerg nicht so leicht den Kopf verlieren wie ein Elb, Mensch oder Hobbit. Aber auch ich werde nicht zum ersten Mal in Moria sein. Lange hab ich dort nach Thráin Thrórssohn gesucht, als er verschollen war. Ich war drinnen und bin lebendig wieder herausgekommen.«

»Ich bin auch schon einmal durchs Schattenbachtor gegangen«, sagte Aragorn bedächtig; »aber obwohl ich wieder herausgekommen bin, habe ich Moria nicht in guter Erinnerung. Ich möchte es kein zweites Mal betreten.«

»Und ich möchte es nicht ein einziges Mal betreten«, sagte Pippin.

»Ich auch nicht«, brummte Sam.

»Natürlich nicht!« sagte Gandalf. »Wer möchte das schon? Doch die Frage ist: Wer folgt mir, wenn ich euch dort hinführe?«

»Ich«, sagte Gimli entschlossen.

»Ich auch«, sagte Aragorn beklommen. »Als ich euch im Schnee beinah ins Unglück geführt hätte, bist du mir gefolgt, ohne ein Wort des Tadels. Jetzt folge ich dir – wenn meine letzte Warnung dich nicht umstimmt. Ich denke jetzt nicht an den Ring und auch nicht an uns alle, sondern an dich, Gandalf. Und ich sage dir: Gehst du durch die Türen von Moria, so nimm dich in Acht!«

»Ich gehe da nicht hin«, sagte Boromir, »es sei denn, die ganze Fahrtgemeinschaft überstimmt mich. Was sagen Legolas und das kleine Volk? Die Stimme des Ringträgers soll gewiss auch gehört werden?«

»Ich möchte nicht nach Moria gehen«, sagte Legolas.

Die Hobbits sagten nichts. Sam sah Frodo an. Schließlich nahm Frodo das Wort. »Ich möchte nicht dahin«, sagte er; »aber ebenso wenig möchte ich Gandalfs Rat ausschlagen. Ich bitte darum, nicht abzustimmen, ehe wir nicht darüber geschlafen haben. Am hellen Morgen wird Gandalf eher Stimmen bekommen als in dieser kalten Finsternis. Wie der Wind nur heult!«

Bei diesen Worten fielen alle in stummes Nachdenken. Sie hörten den Wind durch die Felsen und Bäume pfeifen, und ringsum waren die leeren Räume der Nacht von klagendem Geheul erfüllt.

Aragorn sprang plötzlich hoch. »Wie der Wind heult!« rief er. »Mit Wolfsstimmen heult er! Die Warge sind übers Gebirge nach Westen gekommen.«

»Müssen wir da noch bis zum Morgen warten?« sagte Gandalf. »Es ist, wie ich gesagt habe. Die Hatz hat begonnen. Selbst wenn wir den Morgen noch erleben sollten, wer wird dann noch in Nachtmärschen nach Süden gehen wollen, wenn ihm die Wölfe auf den Fersen sind?«

»Wie weit ist es nach Moria?« fragte Boromir.

»Eine Tür war südwestlich des Caradhras, etwa fünfzehn Meilen von hier, wie die Krähe fliegt, und zwanzig, wie der Wolf läuft«, knurrte Gandalf.

»Dann lasst uns morgen in aller Frühe aufbrechen, wenn wir dann noch leben«, sagte Boromir. »Lieber den Ork in der Höhle als den Wolf an der Kehle!«

»Hätte ich doch nur Elronds Rat angenommen!« murmelte Pippin zu Sam hin. »Ich tauge zu gar nichts. Ich habe wohl doch nicht genug vom Bullenrassler Bandobras Tuk in mir. Bei diesem Geheul gefriert mir das Blut in den Adern. Ich kann mich nicht erinnern, mir schon jemals so erbärmlich vorgekommen zu sein.«

»Mir rutscht das Herz auch bis in die Zehenspitzen, Herr Pippin«, sagte Sam. »Aber noch sind wir ja nicht gefressen, und wir haben ja noch ein paar tüchtige Burschen bei uns. Wie es den alten Gandalf mal erwischt, weiß ich nicht; aber er landet bestimmt nicht im Bauch eines Wolfs.«

Um sich in der Nacht besser verteidigen zu können, stiegen die Gefährten auf den kleinen Hügel, an dessen Fuß sie Schutz vor dem Wind gesucht hatten. Oben wuchsen ein paar alte, krumme Bäume, von einem unregelmäßigen Kreis von Felsbrocken umgeben. In der Mitte entzündeten sie ein Feuer, denn es bestand keine Hoffnung, dass Dunkelheit und Stille sie davor bewahren würden, von den jagenden Rudeln entdeckt zu werden.

Um das Feuer saßen sie, und wer gerade keine Wache hatte, döste unruhig vor sich hin. Das arme Pony Lutz bebte und schwitzte vor Angst. Das Wolfsgeheul war nun von allen Seiten bald aus geringerer, bald aus größerer Entfernung zu hören. Mitten in der Nacht sah man glühende Augen über den Rand der Hügelkuppe spähen. Manche Wölfe kamen fast bis an den Steinring heran. Bei einer Lücke sah man eine große, dunkle Wolfsgestalt stehen und die Gefährten anstarren. Ein wüstes Geblaff brach aus ihm hervor, wie Kommandorufe eines Hauptmanns, der seine Mannschaft zum Angriff befiehlt.

Gandalf stand auf und ging auf ihn zu, seinen Stab hoch erhoben. »Kusch, du Köter Saurons!« rief er. »Gandalf steht hier. Verschwinde, wenn dir dein räudiges Fell lieb ist! Ich versenge dir's vom Schwanz bis zur Schnauze, wenn du dich in diesen Kreis wagst.«

Der Wolf fletschte die Zähne und machte einen großen Satz auf sie los. Im gleichen Moment hörte man einen scharfen Zupfton: Legolas' Bogen.

Mit einem röchelnden Schrei stürzte der Bursche mitten im Sprung zu Boden; der Elbenpfeil hatte ihm die Kehle durchbohrt. Die glühenden Augen waren mit einem Mal erloschen. Gandalf und Aragorn traten vor, aber kein Wolf war mehr zu sehen. Die Rudel waren geflohen, in der Dunkelheit ringsum wurde es still; und der Wind seufzte nur noch und trug kein Geheul mehr zu ihnen herüber.

Die Nacht war schon fortgeschritten, und der abnehmende Mond, kurz vor dem Untergehen, blinkte von Westen noch ab und zu durch die zerrissenen Wolken. Frodo fuhr aus dem Schlaf hoch. Ohne Vorwarnung brach rings um das Lager ein Orkan los, wüstes, ohrenbetäubendes Geblaff und Geheul. Eine ganze Armee von Wargen hatte sich in aller Stille gesammelt und griff nun von allen Seiten zugleich an.

»Holz aufs Feuer!« brüllte Gandalf den Hobbits zu. »Klingen raus, stellt euch Rücken an Rücken!«

Im tanzenden Lichtschein des frisch aufflammenden Feuers sah Frodo viele graue Gestalten, die über den Steinring setzten, hinter ihnen andere, noch und noch. Einem riesigen Rudelchef öffnete Aragorn mit einem Schwertstoß die Kehle; einen anderen köpfte Boromir mit einem sausenden Hieb. Neben ihnen stand Gimli, die starken Zwergenbeine gespreizt, und führte seine Zwergenaxt. Legolas zupfte die Bogensehne.

Gandalf schien im flackernden Licht um einige Köpfe größer zu werden. Einschüchternd wie ein alter Recke stand er vor den Feinden, als wäre das steinerne Standbild eines Königs auf dem Hügel lebendig geworden. Flink bückte er sich, nahm einen brennenden Ast aus dem Feuer und ging den Wölfen entgegen. Sie wichen vor ihm zurück. Er warf das flammende Holz hoch in die Luft. Mit einem Schlag erglühte es in einem weißen Blitz; dann erhob er die Stimme, und gefürchtete Worte donnerten auf die Feinde nieder:

»Naur an edraith ammen! Naur dan i ngaurhoth!«

Ein Tosen und Knistern, und der Baum über ihm brach in Blätter und Blüten von blendend hellen Flammen aus. Das Feuer sprang von einem Baumwipfel zum andern. Der ganze Hügel lag in gleißendem Licht. Die Schwerter und Messer der Verteidiger glühten und funkelten. Legolas' letzter Pfeil fing im Fluge Feuer und traf brennend einen großen Wolfshauptmann ins Herz. Alle andern suchten das Weite.

Langsam erstarb das Feuer, bis nur noch Asche und einzelne Funken zu Boden rieselten; beißender Rauch kräuselte sich über den verbrannten Baumstümpfen und wehte dunkel den Hügel hinab, als das erste blasse Grau über den Himmel zog. Die Feinde schienen genug zu haben; sie kamen nicht wieder.

»Was hab ich dir gesagt, Herr Pippin!« sagte Sam und steckte sein Schwert in die Scheide. »Den kriegen die Wölfe nicht! Das war wieder so eine Überraschung, kann man wohl sagen! Hätte mir fast die Haare vom Kopf gesengt.«

Auch als es hell wurde, war von den Wölfen nichts mehr zu sehen, und vergebens suchten sie nach Kadavern. Die einzigen Spuren des Kampfes waren die verkohlten Bäume und Legolas' Pfeile, die auf der Hügelkuppe verstreut lagen. Alle waren unbeschädigt, bis auf einen, von dem nur noch die Spitze da war.

»Es ist, wie ich befürchtet habe«, sagte Gandalf. »Das waren keine gewöhnlichen Wölfe auf Futterjagd. Essen wir rasch etwas, und dann gehn wir!«

An diesem Tag schlug abermals das Wetter um, fast so, als gehorchte es einer Macht, die nun für Schnee keine Verwendung mehr hatte, seit die Gruppe sich vor dem Pass geschlagen gegeben hatte, sondern vielmehr helles Licht wünschte, in dem alles, was sich in der Wildnis regte, von weither zu sehen wäre. Der Wind war während der Nacht zuerst von Norden, dann von Nordwesten gekommen, und nun setzte er ganz aus. Die Wolken zogen nach Süden ab, und der Himmel öffnete sich hoch und blau. Als sie bereit zum Abmarsch auf dem Hang des Hügels standen, schien die Sonne blass über die Berggipfel.

»Vor Sonnenuntergang müssen wir an der Tür sein«, sagte Gandalf, »oder ich befürchte, wir kommen nie hin. Es ist nicht weit, aber wer weiß, ob wir den kürzesten Weg finden, denn Aragorn kann uns hier nicht führen; er ist selten in diese Gegend gekommen, und auch ich bin erst einmal unter der Westmauer von Moria gestanden, und das ist lange her.

Dort liegt sie«, sagte er und deutete nach Südosten, wo die Berghänge steil in die Schatten zu ihren Füßen abtauchten. Über die Entfernung hin sah man nur undeutlich eine Reihe kahler Felsen und in deren Mitte eine große graue Wand, die höher war als die anderen. »Als wir vom Pass fortgingen, habe ich euch nach Süden geführt und nicht zurück zu unserem Ausgangspunkt, wie manche von euch bemerkt haben werden. Und das war gut so, denn so habe ich euch einige Meilen erspart, und wir haben es eilig. Gehn wir!«

»Ich weiß nicht, worauf ich da hoffen soll«, sagte Boromir finster: »dass Gandalf findet, was er sucht, oder dass die Tür, wenn wir an die Felswand kommen, für immer verschwunden ist. Eins wäre so schlecht wie das andere, und am wahrscheinlichsten ist, dass wir dort zwischen der Wand und den Wölfen in der Falle sitzen. Führe uns nur so weiter!«

Gimli ging neben dem Zauberer an der Spitze, so eilig hatte er es, nach Moria zu kommen. Sie führten die Gruppe nun wieder zum Gebirge zurück. Die einzige Straße von Westen nach Moria war in alter Zeit an einem Bach entlang verlaufen, dem Sirannon, der am Fuß der Felswände entsprang, in der Nähe der Stelle, wo sich die Tür befunden hatte. Aber entweder hatte Gandalf sich verlaufen, oder das Gelände hatte sich in den letzten Jahren verändert; jedenfalls fand er den Bach nicht, wo er ihn suchte, nämlich einige Meilen südlich von dem Hügel, wo sie aufgebrochen waren.

Es ging schon auf Mittag zu, und noch immer irrten die Gefährten in einer kahlen Landschaft voller roter Felsen umher. Nirgendwo sahen sie Wasser schimmern oder hörten es plätschern. Alles war dürr und trocken. Ihr Mut sank. Nichts Lebendes war zu sehen, auch kein Vogel am Himmel; doch was die Nacht bringen würde, wenn sie in dieser Einöde von ihr ereilt würden, mochte keiner von ihnen sich ausmalen.

Plötzlich rief Gimli sie herbei, der vorausgeeilt war. Er stand auf einer Anhöhe und zeigte nach rechts. Als sie nachkamen, sahen sie unter sich eine tiefe, schmale Rinne. Sie war leer und stumm, und nur auf dem Grund tröpfelte ein wenig Wasser zwischen braunen und rot gefleckten Steinen dahin, doch auf dem diesseitigen Ufer war ein Weg zu erkennen, der sich, an vielen Stellen verschüttet, zwischen verfallenen Mauern und zerbröckelten Pflastersteinen einer alten Straße hinzog.

»Aha! Da sind wir endlich!« sagte Gandalf. »Hier floss der Sirannon, wie sie ihn nannten, der Torbach. Aber wo mag sein Wasser geblieben sein? Keine Ahnung – früher floss er laut und lebhaft. Kommt, weiter, wir sind spät dran!«

Alle waren müde, und einige hatten Blasen an den Füßen, aber zäh stapften sie noch viele Meilen weit den unebenen und gewundenen Pfad entlang. Die Sonne wandte sich schon nach Westen. Nach kurzer Rast und einem hastigen Imbiss gingen sie weiter. Vor ihnen bauten sich abweisend die Berge auf, aber weil ihr Weg in einer tiefen Rinne durchs Land führte, konnten sie nur die höheren Rücken und weit hinten im Osten die Gipfel sehen.

Schließlich kamen sie an eine scharfe Wegbiegung. Hier wendete sich die Straße, die bisher zwischen dem Rand des Bachbetts und dem steil ansteigenden Gelände zur Linken in südliche Richtung geführt hatte, wieder nach Osten. Als sie um die Biegung kamen, sahen sie vor sich eine niedrige Felswand, keine dreißig Fuß hoch, an der Oberseite zackig und bröselig. Durch eine breite Spalte, die einst durch einen stärkeren Wasserfall ausgewaschen zu sein schien, tröpfelte ein Rinnsal herab.

»Hier hat sich wahrhaftig einiges verändert!« sagte Gandalf. »Aber die Stelle ist nicht zu verkennen. Das ist alles, was vom Stufenfall noch übrig ist. Wenn ich mich recht entsinne, war hier neben dem Wasserfall eine Treppe in den Felsen gehauen, aber die Hauptstraße bog links ab und führte dann in mehreren Schleifen zum ebenen Grund oberhalb des Falls hinauf. Früher war dort ein flaches Tal, vom Wasserfall bis zu den Mauern von Moria; da hindurch floss der Sirannon, und die Straße verlief am Ufer entlang. Schauen wir mal, wie es heute dort aussieht!«

Die Treppe im Felsen fanden sie ohne Mühe, und Gimli rannte gleich hinauf, bedächtigeren Schritts gefolgt von Gandalf und Frodo. Oben sahen sie, dass sie auf diesem Weg nicht weitergehen konnten, und begriffen nun, warum der Torbach ausgetrocknet war. Hinter ihnen überzog die sinkende Sonne den kühlen westlichen Himmel mit einem goldenen Schimmer. Vor ihnen erstreckte sich ein dunkler, stiller See. Auf der stumpfen Wasserfläche spiegelten sich weder der Himmel noch die Sonne. Der Sirannon war gestaut worden und hatte das ganze Tal ausgefüllt. Hinter dem unheimlichen Gewässer ragten gnadenlos glatte und steile Felswände auf, die im Abendlicht fahl schimmerten: dort war kein Durchkommen! Keine Spur von einem Tor oder Eingang oder auch nur einem Riss oder Spalt konnte Frodo in dem abweisenden Gestein erkennen.

»Dort sind die Mauern von Moria«, sagte Gandalf, übers Wasser deutend. »Und dort war einst das Tor, die Elbentür am Ende der Straße von Hulsten, auf der wir gekommen sind. Aber diese Straße ist nun versperrt. Niemand von uns, glaube ich, wird wohl am Ende des Tages noch dieses finstere Wasser durchschwimmen wollen. Es sieht nicht geheuer aus.«

»Wir müssen einen Weg am Nordufer entlang finden«, sagte Gimli. »Wir müssen jetzt erst über die Hauptstraße hinaufsteigen und dann sehen, wo sie uns hinführt. Auch wenn der See nicht da wäre, bekämen wir unser Lastpony nicht die Treppe hinauf.«

»Aber in die Minen können wir den armen Kerl sowieso nicht mitnehmen«, sagte Gandalf. »Die Straße unter dem Gebirge ist dunkel und stellenweise zu eng und steil für ihn.«

»Armer, alter Lutz!« sagte Frodo. »Daran hatte ich nicht gedacht. Und der arme Sam! Was der wohl sagen wird?«

»Tut mir Leid«, sagte Gandalf. »Der arme Lutz war ein nützlicher Weggenosse, und es fällt mir schwer, ihn jetzt im Stich zu lassen. Wenn es nach mir gegangen wäre, hätten wir weniger Gepäck mitgenommen und kein Lasttier, schon gar nicht dieses, an dem der arme Sam so sehr hängt. Ich habe von Anfang an befürchtet, dass wir diesen Weg nehmen müssen.«

Der Tag ging zu Ende, und hoch über dem Sonnenuntergang funkelten schon die ersten kalten Sterne am Himmel, als die Gefährten, so schnell sie noch konnten, die Hänge hinaufstiegen, bis sie ans Ufer des Sees gelangten. Das andere Ufer schien an der breitesten Stelle kaum mehr als eine Viertelmeile entfernt zu sein. Wie weit er sich in der Länge nach Süden erstreckte, konnten sie im schwindenden Licht nicht sehen, aber bis zum Nordende war es von da, wo sie standen, nur eine halbe Meile; und zwischen den Felskämmen, die das Tal umschlossen, und dem Rand des Wassers lag ein flacher Uferstreifen. Eilig gingen sie weiter, denn bis zu der Stelle am anderen Ufer, zu der Gandalf wollte, waren es noch ein, zwei Meilen; und dann musste er die Tür erst noch finden.

Am nördlichsten Zipfel des Sees versperrte ihnen ein schmaler Wasserstreifen den Weg. Es war stehendes grünes Wasser, wie ein schleimiger Arm, den der See nach den umgebenden Hügeln ausstreckte. Gimli stapfte unerschrocken hinein und stellte fest, dass es flach war, am Rande nur knöcheltief. Einer hinter dem andern folgten sie ihm mit tastenden Schritten, denn unter den krautigen Pfützen lagen glatte, schmierige Steine, von denen der Fuß leicht abgleiten konnte. Frodo schauderte es vor Ekel, als das dunkle, unreine Wasser seine Füße beleckte.

Sam, der als Letzter kam, führte das Pony am anderen Ufer wieder aufs Trockene. Sie hörten ein leises Geräusch: ein Plätschern, gefolgt von einem Plumps, als ob ein Fisch die unbewegte Wasserfläche durchbrochen hätte. Rasch hinblickend sahen sie Wellenkreise, im Dämmerlicht schwarz von Schatten umrandet: große Ringe, die sich von einem Punkt weit draußen im See ausbreiteten. Man hörte noch ein Glucksen, dann wurde es still. Die Dämmerung wurde dichter, und die letzten Sonnenstrahlen verschwanden hinter Wolken.

Gandalf schlug nun ein immer schärferes Tempo an, und die anderen folgten ihm, so gut sie konnten. Sie erreichten den Streifen trockenen Bodens zwischen dem See und den Felsen. Er war schmal, oft kaum über zehn Schritt breit und mit herabgestürzten Steinen und Felsbrocken übersät, doch sie fanden hindurch, immer nah an den Felsen und möglichst weit von dem dunklen Wasser. Nachdem sie so eine Meile nach Süden gegangen waren, stießen sie auf Hulstbäume. Stümpfe und totes Geäst faulten im flachen Wasser, anscheinend Überreste von Büschen oder einer Baumreihe, die einst die Straße durch das nun überflutete Tal gesäumt hatten. Dicht an der Felswand aber standen zwei hohe Bäume, noch immer stark und lebendig, größer, als Frodo je einen Hulstbaum gesehen oder sich vorgestellt hatte. Die dicken Wurzeln reichten vom Felsen bis ans Wasser. Von der Treppe am andern Ufer aus hatten sie unter der hohen Wand nur wie Büsche ausgesehen, aber nun ragten sie steif und stumm in die Höhe, dunkle Nachtschatten um die Füße, wie Schildwachen am Ende der Straße.

»So, da wären wir endlich!« sagte Gandalf. »Hier endete die Elbenstraße von Hulsten. Der Hulst war das Wahrzeichen dieses Landes und seiner Bewohner, und sie pflanzten ihn hier, um die Grenze ihres Reiches anzuzeigen, denn die Westtür wurde hauptsächlich für sie angelegt, um ihnen den Verkehr mit den Herren von Moria zu erleichtern. Das waren glücklichere Tage, als Völker von verschiedener Art, sogar Elben und Zwerge, manchmal noch miteinander gut Freund waren.«

»Es war nicht die Schuld der Zwerge, dass die Freundschaft nicht von Dauer war«, sagte Gimli.

»Ich habe nicht gehört, dass es der Elben Schuld war«, sagte Legolas.

»Ich habe beides gehört«, sagte Gandalf, »doch möchte ich darüber jetzt kein Urteil abgeben. Aber euch beide bitte ich, Legolas und Gimli, seid ihr wenigstens Freunde und helft mir! Ich brauche euch beide. Die Tür ist verborgen und verschlossen, und je eher wir sie finden, desto besser. Es wird gleich Nacht.«

Und zu den anderen sagte er: »Während ich suche, macht ihr euch bitte alle bereit zum Eintritt in die Minen. Denn leider müssen wir hier unserem braven Lasttier Lebewohl sagen. Ihr könnt das meiste von den Sachen zurücklassen, die wir gegen schlechtes Wetter mitgenommen haben: Drinnen werdet ihr sie nicht brauchen und auch nicht, wenn wir, wie ich hoffe, durchkommen und weiter nach Süden gehen. Dafür muss nun jeder von euch ein Teil von dem auf sich nehmen, was das Pony getragen hat, vor allem die Essvorräte und die Wasserschläuche.«

»Aber Herr Gandalf, du kannst doch den armen alten Lutz nicht in dieser wüsten Gegend zurücklassen!« schrie Sam entsetzt und in heller Wut. »Das mach' ich nicht mit, basta! Jetzt, wo er so weit mitgekommen ist!«

»Es tut mir Leid, Sam«, sagte der Zauberer. »Aber wenn die Tür erst auf ist, dann bezweifle ich, dass du imstande sein wirst, dein Pony in die langen, dunklen Stollen von Moria hineinzuziehen. Du wirst dich entscheiden müssen zwischen Lutz und deinem Chef.«

»Aber Lutz würde Herrn Frodo in jede Drachenhöhle folgen, wenn ich ihn führe«, protestierte Sam. »Es wäre doch so gut wie Mord, ihn hier unter all den Wölfen in der Gegend allein zu lassen.«

»Ich hoffe, es wird ohne Mord abgehen«, sagte Gandalf. Er legte dem Pony eine Hand auf den Kopf und sprach zu ihm mit leiser Stimme. »Geh' und nimm die Worte der Warnung und Weisung mit auf den Weg!« sagte er. »Du bist ein kluges Tier und hast viel gelernt in Bruchtal. Such' deinen Weg dahin, wo Gras wächst, und dann geh beizeiten zu Elronds Haus oder wohin immer du gehen magst!

So, Sam! Jetzt hat er ebenso gute Aussichten, den Wölfen zu entgehen und heimzukommen, wie wir.«

Sam stand verdrossen bei dem Pony und gab keine Antwort. Lutz, der wohl begriffen zu haben schien, um was es ging, stupste ihn an und rieb die Nüstern an Sams Ohr. Sam kamen die Tränen, er zerrte an den Gurten, lud das Gepäck ab und schmiss es zu Boden. Die anderen sahen die Sachen durch, legten alles auf einen Haufen, das zurückbleiben konnte, und teilten den Rest unter sich auf.

Als sie damit fertig waren, wandten sie sich Gandalf zu. Er schien noch gar nichts getan zu haben. Er stand zwischen den beiden Bäumen und stierte auf die nackte Felswand, als wollte er mit den Augen ein Loch hineinbohren. Gimli lief herum und beklopfte das Gestein hier und da mit der Axt. Legolas drückte das Ohr an den Fels, als horche er hinein.

»Na, wir wären soweit!« sagte Merry. »Wo bleibt nun die Tür? Von ihr sehe ich nichts.«

»Zwergentüren soll man auch nicht sehen, wenn sie geschlossen sind«, sagte Gimli. »Sie sind unsichtbar, und die Baumeister selbst können sie nicht mehr finden und öffnen, wenn ihr Geheimnis vergessen ist.«

»Aber diese Tür war keine Geheimtür, die nur den Zwergen offen stand«, sagte Gandalf, der plötzlich in Bewegung kam und sich zu ihnen umdrehte. »Wenn nicht alles von Grund auf anders geworden ist, dann wird einer, der Augen im Kopf hat und weiß, worauf zu achten ist, die Zeichen erkennen.«

Er trat dicht an die Felswand. Genau zwischen den Schatten der beiden Bäume war eine glatte Fläche, und darauf strich er, leise Worte brummend, mit den Händen hin und her. Dann trat er zurück.

»Da!« sagte er. »Seht ihr jetzt etwas?«

Der Mond schien auf die glatte graue Fläche; aber weiter sahen sie zunächst einmal nichts. Dann, nach einer Weile, erschienen langsam an den Stellen, die der Zauberer mit den Händen gestreift hatte, blasse Linien wie dünne silberne Äderchen im Gestein. Zuerst waren sie fein wie Spinnenfäden im Altweibersommer und schimmerten nur, wo das Mondlicht sie traf; aber allmählich traten sie kräftiger und deutlicher hervor, bis das ganze Bild zu erkennen war.

Ganz oben, wo Gandalf eben noch hatte hinaufreichen können, war ein Bogen mit Schriftzeichen: eine Elbenschrift mit verbundenen Lettern. Darunter sah man, obwohl die Linien hier stellenweise verwischt oder gebrochen waren, einen Hammer und Amboss im Umriss, überdacht von einer Krone mit sieben Sternen. Zu beiden Seiten unterhalb davon stand je ein Baum mit Mondsicheln an den Zweigen. Deutlicher als alles andere schimmerte in der Mitte der Tür ein einzelner Stern mit vielen Strahlen.

»Das sind Durins Wahrzeichen!« rief Gimli.

»Und das ist der Hochelben Baum!« sagte Legolas.

»Und der Stern des Hauses Feanor«, sagte Gandalf. »Die Zeichen sind aus *Ithildin,* das nur Mond- und Sternenlicht spiegelt und schläft, bis einer es berührt, der Worte spricht, die in Mittelerde nun längst vergessen sind. Es ist lange her, dass ich sie zuletzt gehört habe; darum habe ich eine Weile nachdenken müssen, bis sie mir wieder einfielen.«

»Was steht denn da?« fragte Frodo, der die Inschrift auf dem Bogen zu entziffern versuchte. »Ich dachte, ich kenne die Elbenschrift, aber diese kann ich nicht lesen.«

»Die Worte sind in der Elbensprache des Westens von Mittelerde in den Ältesten Tagen«, sagte Gandalf. »Aber sie besagen nichts, was für uns wichtig wäre. Da steht nur: *Die Tür Durins, des Herrn von Moria. Sprich, Freund, und tritt ein.* Und die kleine, blasse Schrift unten bedeutet: *Ich, Narvi, baute sie. Celebrimbor von Hulsten schrieb diese Zeichen.*

Hier steht in feanorischen Buchstaben nach der Schreibweise von Beleriand: Ennyn Durin Aran Moria: pedo mellon a minno. Im Narvi hain echant: Celebrimbor o Eregion teithant i thiw hin.

»Was soll das bedeuten, *sprich, Freund, und tritt ein?*« *fragte* Merry.

»Das ist doch klar«, sagte Gimli. »Wenn du ein Freund bist, dann sprich das Losungswort, und die Tür wird aufgehen, und du kannst eintreten.«

»Ja«, sagte Gandalf. »Diese Tür wird wahrscheinlich mit Worten gehütet. Manche Zwergentüren öffnen sich nur zu bestimmten Zeiten oder für bestimmte Personen, und manche haben außerdem noch ein Schloss, zu dem man den Schlüssel braucht, auch wenn über die Zeiten und Worte schon alles Nötige bekannt ist. Diese Tür hier hat kein Schloss. Zu Durins Zeit war sie nicht geheim. Sie stand für gewöhnlich offen, und ein Türhüter saß dabei. Aber wenn sie geschlossen war, konnte jeder, der das Losungswort kannte, es aussprechen und eintreten. So heißt es jedenfalls in den Berichten, nicht wahr, Gimli?«

»Ja«, sagte der Zwerg. »Aber welches Wort es war, weiß niemand mehr. Narvi und seine Kunstfertigkeit sind mit seinem ganzen Geschlecht von der Erde verschwunden.«

»Aber kennst *du* denn das Wort nicht, Gandalf?« fragte Boromir erstaunt.

»Nein«, sagte der Zauberer.

Die anderen machten besorgte Mienen; nur Aragorn, der Gandalf schon länger kannte, blieb stumm und unberührt.

»Was hatte es dann für einen Sinn, uns in diesen verfluchten Winkel zu führen?« rief Boromir und blickte mit Schaudern auf das dunkle Wasser hinter ihnen. »Du hast uns gesagt, du seiest schon einmal durch die Minen gegangen. Wie war das möglich, wenn du nicht wusstest, wie man hineingelangt?«

»Auf deine erste Frage, Boromir«, sagte der Zauberer, »antworte ich, dass ich das Wort nicht kenne – noch nicht! Aber wir wollen gleich mal sehn. Und«, fügte er hinzu, Boromir unter seinen borstigen Brauen hervor anfunkelnd, »was mein Tun für einen Sinn hat, kannst du mich erst fragen, wenn ganz klar ist, dass es keinen hat. Und zu deiner nächsten Frage: Glaubst du etwa meine Geschichte nicht? Oder hast du nicht genug Verstand, um zu begreifen, dass ich nicht von dieser Seite hineingekommen bin, sondern von Osten?

Wenn ihr's wissen wollt, kann ich euch sagen, dass diese Tür nach außen aufgeht. Von innen kann man sie mit den Händen aufschieben. Von außen kann nichts außer dem Losungswort sie öffnen. Sie kann nicht mit Gewalt nach innen gedrückt werden.«

»Und was willst du nun machen?« sagte Pippin, uneingeschüchtert von den finsteren Blicken des Zauberers.

»Mit deinem Kopf an die Tür hämmern, Peregrin Tuk«, sagte Gandalf. »Aber wenn sie davon nicht aufgeht und ihr mich ein Weilchen mit dummen Fragen verschont, dann will ich mir das Losungswort überlegen.

Früher kannte ich jeden einzelnen Spruch in allen Elben-, Menschen- oder Orksprachen, der je für solche Zwecke in Gebrauch war. Immer noch kann ich mich an viele Dutzend erinnern, ohne lange überlegen zu müssen. Aber ein paar Versuche, denke ich, werden schon nötig sein; und ich werde nicht erst Gimli nach Wörtern aus der geheimen Zwergenspra- che fragen müssen, die sie keinem Fremden verraten. Der Öffnungs- spruch war elbisch, wie die Inschrift auf dem Bogen, so viel scheint mir sicher.«

Er trat wieder an die Felswand heran und berührte mit seinem Stab sachte den silbernen Stern in der Mitte unter dem Amboss.

> *Annon edhellen, edro hi ammen!*
> *Fennas nogothrim, lasto beth lammen!*

sagte er in gebieterischem Ton. Die silbernen Linien verblassten, doch der glatte graue Stein rührte sich nicht.

Mehrmals noch wiederholte er dieselben Worte in anderer Reihenfolge oder mit kleinen Abwandlungen. Dann probierte er es mit anderen Sprü- chen, einem nach dem andern, mal schneller und lauter, mal leiser und bedächtiger. Dann sagte er viele einzelne Wörter aus der Elbensprache. Nichts geschah. Der Felsen ragte in die Nacht, unzählige Sterne traten an den Himmel, der Wind blies kalt, und die Tür blieb unbewegt.

Wieder trat Gandalf an die Wand heran, und nun sprach er mit erhobe- nen Armen und in barschem Befehlston auf sie ein, so dass man seinen wachsenden Zorn heraushören konnte. *Edro, edro!* schrie er und schlug mit seinem Stab an den Felsen. *Mach auf, mach auf!* brüllte er, und den- selben Befehl wiederholte er in allen Sprachen, die je im Westen von Mittelerde gesprochen worden waren. Dann schmiss er seinen Stab zu Boden und setzte sich schweigend hin.

In diesem Augenblick trug der Wind von fern Wolfsgeheul zu ihnen herü- ber. Lutz, das Pony, schrak vor Angst auf, und Sam sprang zu ihm und flüsterte ihm beruhigende Worte ins Ohr.

»Lass ihn nicht weglaufen!« sagte Boromir. »Mir scheint, wir werden ihn noch brauchen, wenn die Wölfe uns nicht finden. Wie ich diesen stinkigen Pfuhl hier hasse!« Er bückte sich, nahm einen großen Stein zur Hand und warf ihn weit ins dunkle Wasser hinaus.

Der Stein verschwand mit einem leisen Plumps, und im gleichen Moment hörte man ein Platschen und Glucksen. Große Kreise bildeten sich auf der Wasseroberfläche, ein Stück weit hinter der Stelle, wo der Stein niedergegangen war, und breiteten sich langsam zum Fuß der Felswand hin aus.

»Warum hast du das getan, Boromir?« sagte Frodo. »Mir gefällt es hier auch nicht, und ich habe Angst. Wovor, weiß ich nicht: nicht vor den Wölfen oder vor der Finsternis hinter der Tür, sondern vor etwas anderem. Ich habe Angst vor diesem Pfuhl. Schreck ihn nicht auf!«

»Ich wollte, wir könnten hier bald verschwinden!« sagte Merry.

»Warum tut Gandalf nicht rasch etwas?« sagte Pippin.

Gandalf beachtete sie nicht. Mit gesenktem Kopf saß er da, entweder in Verzweiflung oder in angestrengtem Nachdenken. Wieder war das klagende Geheul der Wölfe zu hören. Die Kreise auf dem Wasser wurden immer größer und kamen näher; die ersten schwappten schon ans Ufer.

Mit einem Ruck, der sie alle zusammenzucken ließ, sprang der Zauberer jäh auf die Füße. Er lachte. »Ich hab's!« rief er. »Natürlich, ganz klar! Lächerlich einfach, wie die meisten Rätsel, wenn man die Lösung kennt.«

Er hob seinen Stab auf, stellte sich vor die Wand und sagte mit klarer Stimme: *Mellon!*

Der Stern leuchtete kurz auf und verblasste wieder. Dann zeichnete sich geräuschlos eine große Tür ab, wo vorher nicht eine Ritze oder Fuge zu sehen gewesen war. Langsam teilte sie sich in der Mitte und schwang Zoll für Zoll nach außen, bis beide Flügel mit dem Rücken zur Wand standen. Durch die Öffnung sah man schattenhaft eine Treppe, die steil aufwärts führte; doch hinter den untersten Stufen war die Finsternis schwärzer als die Nacht. Die Gefährten staunten.

»Ich hatte mich vollkommen vertan«, sagte Gandalf, »und Gimli auch. Ausgerechnet Merry war auf der richtigen Spur. Das Losungswort stand schon in der Inschrift auf dem Bogen. Die Übersetzung hätte lauten müssen: *Sag ›Freund‹ und tritt ein!* Ich brauchte nur das elbische Wort für *Freund* auszusprechen, und die Tür öffnete sich. Ganz einfach! Zu einfach für einen Gelehrten in dieser misstrauischen Zeit. Das waren glücklichere Tage. Los, gehn wir!«

Er trat ein und setzte den Fuß auf die unterste Stufe. Aber in diesem Augenblick geschah mehreres zugleich. Frodo spürte, wie ihn etwas am Knöchel packte, schrie auf und fiel hin. Das Pony Lutz stieß ein entsetztes Gewieher aus, machte kehrtum und raste am Ufer entlang in die Dunkelheit davon. Sam rannte hinterher; dann, als er Frodos Schrei hörte, rannte er weinend und fluchend wieder zurück. Die andern fuhren herum und sahen das Wasser des Sees brodeln, als käme ein ganzes Schlangenheer vom Südende herangeschwommen.

Aus dem Wasser hervorgekrochen war ein langer, geschmeidiger Fangarm; er war nass und gab einen blassgrünen Lichtschimmer ab. Das gefingerte Ende hatte Frodo am Fuß gepackt und zog ihn zum Wasser hin. Sam, auf den Knien, hieb mit dem Messer darauf ein.

Der Arm ließ los, und Sam zog Frodo fort, laut um Hilfe rufend. Zwanzig andere Arme ringelten heran. Das dunkle Wasser kochte, und ein grässlicher Gestank stieg Sam in die Nase.

»Rein in die Tür! Die Treppe rauf, schnell!« brüllte Gandalf und sprang zurück. Er riss sie aus der Schreckensstarre, in der sie alle bis auf Sam wie angewurzelt dastanden, und scheuchte sie vorwärts.

Gerade noch rechtzeitig. Sam und Frodo hatten erst wenige Stufen genommen, und Gandalf war noch auf der untersten, als die Fangarme sich über den schmalen Uferstreifen schlängelten und die Felswand und die Tür befingerten. Einer kam über die Schwelle geringelt, im Sternenschein fahl leuchtend. Gandalf blieb stehen und drehte sich um. Wenn er überlegte, mit welchem Wort die Tür von innen wieder zu schließen wäre, zerbrach er sich unnötig den Kopf. Viele krumme Arme packten die beiden Türflügel und schwangen sie mit entsetzlicher Kraft herum. Krachend wurden sie zugeschmettert, und alles Licht war verschwunden. Dumpfes Donnern und Bersten drang durch das dicke Gestein.

Sam, der Frodo am Arm hielt, ließ sich in der Stockfinsternis auf eine Stufe fallen. »Armer, alter Lutz!« sagte er mit erstickter Stimme. »Wölfe und Schlangen! Aber die Schlangen waren zu viel für ihn. Ich musste mich doch entscheiden, Herr Frodo! Ich musste bei dir bleiben!«

Sie hörten, wie Gandalf die Treppe wieder hinunterging und mit seinem Stab gegen die Tür stieß. Das Gestein und die Treppe bebten, aber die Tür öffnete sich nicht.

»So, so!« sagte der Zauberer. »Hinter uns ist der Durchgang nun versperrt, und es gibt nur noch einen Ausweg – auf der andern Seite des

Gebirges. Nach den Geräuschen muss ich befürchten, dass Felsbrocken aufgetürmt und die Bäume entwurzelt und vor die Tür geworfen wurden. Schade um die schönen Bäume, die so lange dort gestanden haben!«

»Ich hatte gleich das Gefühl, dass etwas Grässliches in der Nähe war, schon als ich den ersten Fuß in dieses Wasser setzte«, sagte Frodo. »Was war das für ein Biest, oder waren es viele?«

»Ich weiß es nicht«, sagte Gandalf, »aber die Arme waren alle von einer Absicht geleitet. Irgendwas ist aus dem dunklen Wasser unterm Gebirge hervorgekrochen oder hervorgetrieben worden. In den Tiefen der Erde gibt es noch ältere und üblere Geschöpfe als die Orks.« Für sich behielt er den Gedanken, dass dieses Ding, das da im See hauste, was es auch sein mochte, sich aus der ganzen Gruppe zuallererst Frodo herausgegriffen hatte.

Boromir murmelte etwas vor sich hin, aber der Widerhall am Gestein verstärkte die Laute zu einem heiseren Flüstern, das alle hören konnten: »In den Tiefen der Erde! Und dahin gehn wir nun, wider meinen Willen. Wer soll uns in dieser Stockfinsternis führen?«

»Ich«, sagte Gandalf, »und Gimli geht neben mir. Folgt meinem Stab!« Als der Zauberer weiterging, die großen Stufen hinauf, hielt er seinen Stab hoch, und von der Spitze kam ein trüber Lichtschein. Die breite Treppe war sauber und unbeschädigt. Zweihundert Stufen zählten sie, breit und flach; dann standen sie vor einem Gang mit gewölbter Decke und ebenem Boden, der in die Dunkelheit hineinführte.

»Setzen wir uns doch hin, ruhen uns aus und essen etwas«, sagte Frodo, »gleich hier auf dem Treppenabsatz, denn ein Speisezimmer werden wir nicht finden.« Allmählich schüttelte er das Grauen vor dem zupackenden langen Arm von sich ab und spürte mit einem Mal einen mächtigen Hunger.

Sein Vorschlag wurde von allen begrüßt, und sie setzten sich auf die obersten Stufen. Im Halbdunkel konnten sie einander kaum sehen. Nachdem sie gegessen hatten, spendierte Gandalf zum dritten Mal jedem einen Schluck von dem Miruvor aus Bruchtal.

»Lange wird es leider nicht mehr reichen«, sagte er; »aber ich finde, nach dem Schrecken an der Tür haben wir das nötig. Und wenn wir nicht sehr viel Glück haben, werden wir alles, was noch übrig ist, brauchen, bevor wir auf der andern Seite herauskommen. Geht auch sparsam mit dem Wasser um! Es gibt zwar viele Bäche und Brunnen in den Minen, aber die rühren wir lieber nicht an. Wir werden vielleicht keine Gelegenheit haben, die Flaschen und Schläuche zu füllen, bis wir ins Schatten-bachtal hinunterkommen.«

»Wie lange wird das dauern?« fragte Frodo.

»Kann ich nicht sagen«, antwortete Gandalf. »Es hängt von vielerlei Umständen ab. Aber wenn wir gerade zugehn, ohne Hindernisse oder Be-lästigungen und ohne uns zu verlaufen, werden wir wohl drei oder vier Märsche brauchen. Von der Westtür bis zum Osttor werden es in kürzes-ter Linie mindestens vierzig Meilen sein, und die Straße macht sicher einige Biegungen.«

Sie rasteten nur kurz, und dann ging es weiter. Allen lag daran, diese Wegstrecke so schnell wie möglich hinter sich zu bringen, und darum waren sie bereit, trotz aller Müdigkeit noch etliche Stunden zu marschie-ren. Gandalf ging wieder voran. In der linken Hand hielt er den Stab, des-sen Lichtschimmer nur eben den Boden vor seinen Füßen erhellte, in der rechten sein Schwert Glamdring. Als nächster kam Gimli, die Augen wie Blinkzeichen im trüben Licht, wenn er den Kopf hin und her wandte. Hinter dem Zwerg ging Frodo, und auch er hatte sein kurzes Schwert Stich gezogen. Stich und Glamdring leuchteten nicht, sehr zur Beruhi-gung ihrer Träger, denn beide Klingen waren von elbischen Schmieden der Ältesten Tage gearbeitet und zeigten einen kalten Lichtschimmer, wenn Orks in der Nähe waren. Hinter Frodo kam Sam, dann Legolas, die jüngeren Hobbits und Boromir. Als Letzter, ganz in Dunkel und Schwei-gen gehüllt, ging Aragorn.

Der Gang machte einige Biegungen und wurde dann abschüssig. Eine ganze Weile führte er stetig abwärts, dann blieb er wieder auf gleicher Höhe. Die Luft wurde warm und stickig, doch ohne üble Gerüche, und bisweilen spürten sie auf den Gesichtern einen kühleren Hauch, der aus kaum erkennbaren Öffnungen in den Wänden kam. Deren gab es viele. Im blassen Schein des Zauberstabs sah Frodo im Vorübereilen Treppen-absätze, Torbögen, andere Gänge und Stollen, sachte aufwärts oder steil bergab führend, oder einfach gähnend dunkle Öffnungen zu beiden Sei-ten. Es war zu verwirrend, als dass er auch nur hätte versuchen wollen, sich den Weg zu merken.

Gimli war für Gandalf keine große Hilfe, abgesehen davon, dass er durch seinen unerschütterlichen Gleichmut den anderen ein Beispiel gab. Wenigstens machte ihn nicht, wie die meisten anderen, die Dunkel-heit allein schon nervös. Oft holte der Zauberer an Wegscheiden seinen

Rat ein, wohin man sich wenden solle; doch immer hatte Gandalf selbst das letzte Wort. Die Minen von Moria waren größer und labyrinthischer, als selbst Gimli Glóinssohn geahnt hatte, der doch dem unter Tage werkenden Zwergenvolk angehörte. Auch Gandalfs blasse Erinnerungen an eine weit zurückliegende Fahrt halfen nun nicht mehr viel; doch ungeachtet der Dunkelheit und all der Krümmungen und Kreuzungen der Straße wusste der Zauberer immer, wohin er wollte, und verlor nie den Mut, solange es einen Weg gab, der zum Ziel führen konnte.

»Keine Angst!« sagte Aragorn. Sie hielten an einer Stelle länger als gewöhnlich, während Gandalf und Gimli miteinander tuschelten; die anderen standen in einem dichten Haufen wartend hinter ihnen. »Keine Angst! Ich bin mit ihm auf vielen Fahrten gewesen, wenn auch noch nie in solcher Finsternis; und in Bruchtal erzählt man Sachen von ihm, die alles, was ich miterlebt habe, noch weit übersteigen. Er verirrt sich nicht! Wenn es überhaupt einen Weg gibt – er findet ihn. Gegen alle unsere Befürchtungen hat er uns hier hereingeführt, und er führt uns auch wieder hinaus, koste es ihn, was es wolle. In dunkler Nacht findet er seinen Weg so sicher wie die Katzen der Königin Berúthiel.«

Es war wirklich ein Glück für die Gefährten, dass sie einen Zauberer zum Führer hatten. Sie hatten kein Brennholz und auch sonst nichts, woraus sich Fackeln machen ließen; bei dem hastigen Aufbruch an der Tür waren viele nützliche Dinge zurückgeblieben. Ohne Licht wären sie nicht weit gekommen. Es gab nicht nur viele Kreuzungen, an denen man sich entscheiden musste, sondern an manchen Stellen auch Löcher und Gruben am Wegrand und dunkle Brunnenschächte, in denen ihre Schritte widerhallten. In den Wänden und auf dem Boden klafften Risse und Spalten, und dann und wann tat sich plötzlich ein Abgrund vor ihren Füßen auf. Der größte war gut drei Meter breit, und es dauerte eine Weile, bis Pippin den Mut beisammen hatte, die fürchterliche Kluft zu überspringen. Von tief unten drang ein Geräusch von brodelndem Wasser herauf, als ob dort ein großes Mühlrad sich drehte.

»Ein Seil!« brummte Sam. »Ich wusste doch, dass ich eines brauchen würde, wenn ich keines hätte.«

Immer mehr solche Gefahren verlangsamten ihren Marsch. Schon kam es ihnen vor, als stapften sie seit einer Ewigkeit so dahin, immer weiter und weiter, bis zu den Wurzeln des Gebirges. Sie waren todmüde, doch hatte die Vorstellung, irgendwo hier zu rasten, nichts Verlockendes. Frodos Lebensgeister waren nach seiner Rettung an der Tür, nach dem Imbiss und dem Stärkungstrank für eine Weile rege geworden; nun aber beschlich ihn wieder ein tiefes Unbehagen, das sich bis zum Grauen steigerte. Obwohl er in Bruchtal von dem Messerstich geheilt worden war, blieb die tückische Wunde nicht ohne Folgen. Seine Sinne schienen schärfer geworden zu sein und nun manches zu erfassen, das man nicht sehen konnte. Als ein Anzeichen dieser Veränderung war ihm bald aufgefallen, dass er im Dunkeln besser sah als alle seine Gefährten, Gandalf vielleicht ausgenommen. Und immerhin war es er, der den Ring zu tragen hatte, der ihm an einer Kette auf der Brust hing und bisweilen eine schwere Last zu werden schien. Er spürte die Gewissheit, dass Böses vor ihm lag und Böses ihm auf dem Fuße folgte; aber davon sagte er nichts. Er hielt das Heft seines Schwertes um so fester und trottete beharrlich weiter.

Die anderen hinter ihm sprachen wenig, und wenn, dann nur hastig flüsternd. Das einzige Geräusch machten ihre Schritte: Gimlis dumpf stampfende Zwergenstiefel, Boromirs schwerer Tritt, Legolas' schwebender Elbengang, das leise, kaum hörbare Getrappel der Hobbitfüße, die ruhigen, festen Schritte von Aragorns langen Beinen. Wenn sie einen Augenblick stehen blieben, hörten sie überhaupt nichts, allenfalls hier und da ein Rieseln oder Tröpfeln unsichtbaren Wassers. Aber allmählich hörte Frodo noch etwas anderes oder glaubte es zu hören: etwas wie ein leises Tapsen von bloßen weichen Füßen. Es wurde nie so laut oder kam nie so nahe, dass er sicher sein konnte, es gehört zu haben; doch sobald es begonnen hatte, hörte es nicht auf, solange der Trupp in Bewegung war. Ein Echo konnte es nicht sein, denn wenn sie anhielten, tapste es noch ein paar Mal für sich allein, ehe es still wurde.

Es war schon Nacht gewesen, als sie die Minen betraten, und sie waren mit nur kurzen Pausen mehrere Stunden marschiert, als sich Gandalf auf eine erste schwere Probe gestellt sah. Sie standen vor einem breiten, dunklen Torbogen, unter dem sich der Weg in drei Gänge aufteilte, alle ungefähr in die gleiche Richtung führend, nach Osten. Zur Linken ging es steil abwärts, zur Rechten aufwärts, während der Gang in der Mitte flach zu bleiben schien, aber sehr schmal wurde.

»An diese Stelle kann ich mich überhaupt nicht erinnern«, sagte Gandalf und stand unschlüssig unter dem Bogen. Er hielt den Stab hoch, in der Hoffnung, vielleicht ein Zeichen oder eine Inschrift zu finden, die ihm die Entscheidung erleichtern könnten, aber nichts dergleichen war zu sehen. »Ich bin zu müde für einen Entschluss«, sagte er kopfschüttelnd. »Und ich nehme an, euch allen geht es ebenso oder noch schlimmer. Bleiben wir doch am besten hier für den Rest der Nacht! Was ich damit meine? Hier drinnen ist es immer Nacht, aber draußen ist der Mond jetzt weit nach Westen vorgerückt, und Mitternacht ist vorüber.«

»Der arme, alte Lutz!« sagte Sam. »Wo der jetzt wohl ist? Hoffentlich haben ihn die Wölfe noch nicht gefressen.«

Links von dem großen Bogen fanden sie eine steinerne Tür. Sie stand angelehnt und ließ sich leicht nach innen aufdrücken. Dahinter schien eine geräumige, in den Fels gehauene Kammer zu liegen.

»Hier geblieben!« rief Gandalf, als Merry und Pippin gleich hineingehen wollten, weil sie froh waren, einen Rastplatz gefunden zu haben, wo sie sich zumindest behauster fühlen konnten als in dem offenen Gang. »Hier geblieben! Ihr wisst ja noch nicht, was da drinnen ist. Ich gehe vor.«

Er trat vorsichtig ein, und die anderen folgten in kurzen Abständen hintereinander. »Da!« sagte er und deutete mit dem Stab zur Mitte des Bodens hin. Vor seinen Füßen sahen sie ein großes rundes Loch, wie die Öffnung eines Brunnenschachts. Am Rande lagen zerbrochene und verrostete Ketten und hingen über dem Rand. Dicht dabei lagen Steinsplitter.

»Wenn einer von euch da hineingefallen wäre, wüsste er jetzt noch nicht, wann er unten aufschlägt«, sagte Aragorn zu Merry. »Lasst den Führer vorangehen, wenn ihr einen habt!«

»Dies scheint eine Wachstube gewesen zu sein, von der aus die drei Gänge bewacht wurden«, sagte Gimli. »Das Loch war sicherlich ein Brunnen für den Gebrauch der Posten und mit einer Steinplatte abgedeckt. Aber die Platte ist zersplittert, und da müssen wir alle im Dunkeln vorsichtig sein.«

Pippin fühlte sich von dem Brunnen sonderbar angezogen. Während die anderen ihre Decken entrollten und sich an den Wänden der Kammer, möglichst weit von dem Loch im Boden, ihr Lager bereiteten, kroch er an den Rand und spähte hinunter. Ein kühler Luftzug aus undurchsichtiger Tiefe streifte sein Gesicht. Einer plötzlichen Regung folgend griff er nach einem lose herumliegenden Stein und ließ ihn in das Loch fallen. Sein Herz tat viele Schläge, bevor ein Geräusch kam. Dann, von sehr weit unten, wie wenn der Stein in irgendeiner Höhle in tiefes Wasser gefallen war, hörte man ein *Plumps,* aus großer Entfernung, doch durch den engen Schacht verstärkt und vervielfacht.

»Was war das?« rief Gandalf. Er hörte mit Erleichterung, was Pippin zu beichten hatte; aber er war wütend und funkelte Pippin grimmig an. »Du Narr von einem Tuk!« fauchte er. »Dies ist eine Fahrt: eine ernste Sache und keine Hobbit-Landpartie. Schmeiß dich nächstes Mal selber rein und falle uns nicht weiter zur Last! Still jetzt!«

Einige Minuten lang hörte man nichts mehr, aber dann kamen schwache Klopftöne aus der Tiefe: *tomm-tapp, tapp-tomm.* Sie setzten aus, doch als das Echo verhallt war, wiederholten sie sich: *tapp-tomm, tomm-tapp, tapp-tapp, tomm.* Es hörte sich beunruhigend an; waren es Signale? Doch nach einer Weile verstummten die Geräusche und kamen nicht wieder.

»Das waren Hammerschläge, oder ich habe noch nie welche gehört«, sagte Gimli.

»Ja«, sagte Gandalf, »und das gefällt mir gar nicht. Vielleicht hat es nichts mit Peregrins blödsinnigem Steinwurf zu tun, aber wahrscheinlich ist da unten irgendwas aufgestört worden, das wir besser in Ruhe gelassen hätten. Mach so was bitte nicht noch mal! Hoffentlich können wir nun ohne weitere Störung etwas schlafen. Du, Pippin, darfst zur Belohnung die erste Wache halten«, knurrte er, als er sich in seine Decke wickelte.

Pippin kam sich elend vor, als er in der Stockfinsternis an der Tür saß; aber immer wieder drehte er sich zu dem Brunnenschacht um, in der Befürchtung, irgendetwas Unbekanntes könnte dort emporgekrochen kommen. Am liebsten hätte er das Loch abgedeckt, wenigstens mit einer Wolldecke, aber er getraute sich nicht hinzukriechen, obwohl Gandalf zu schlafen schien.

Tatsächlich war der Zauberer wach, obwohl er still war und sich nicht rührte. Er versuchte, sich jede Einzelheit seines früheren Ganges durch die Minen ins Gedächtnis zu rufen. Welchen von den drei Gängen sollte er nehmen? Eine falsche Entscheidung jetzt konnte fatale Folgen haben. Nach einer Stunde stand er auf und kam zu Pippin.

»Leg dich in eine Ecke und schlaf ein Weilchen, mein Junge«, sagte er freundlich. »Dir fehlt der Schlaf, nehm' ich an. Ich kann sowieso kein Auge zutun, da kann ich auch gleich Wache halten.

Jetzt weiß ich, was mir fehlt«, murmelte er, als er sich an der Tür hinsetzte. »Die Pfeife! Seit dem Morgen vor dem Schneesturm hab ich keinen Zug mehr getan.«

Das Letzte, was Pippin sah, bevor er einschlief, war die schattenhafte Gestalt des alten Zauberers, wie er auf dem Boden saß und mit seinen knorrigen Händen zwischen den Knien einen glimmenden Span abschirmte. Für einen Moment flackerte das Licht über seine Adlernase und das aufsteigende Rauchwölkchen.

Gandalf war es, der sie weckte. Er hatte ganz allein etwa sechs Stunden Wache gehalten und die andern schlafen lassen. »Und in der Zeit habe ich mich entschieden«, sagte er. »Bei dem mittleren Weg habe ich ein ungutes Gefühl, und bei dem linken gefällt mir der Geruch nicht: da unten muss dicke Luft sein, oder ich bin ein schlechter Führer. Ich nehme den Gang zur Rechten. Es wird Zeit, dass wir wieder höher hinaufkommen.«

Acht dunkle Stunden lang, zwei kurze Pausen nicht mitgezählt, marschierten sie weiter. Sie begegneten keiner Gefahr, hörten nichts und sahen nichts bis auf den blassen Schein des Zauberfunkens, der wie ein Irrlicht vor ihnen herflatterte. Der Gang, den sie gewählt hatten, schraubte sich stetig aufwärts. Soweit sie es erkennen konnten, stieg er in großen, weit geschwungenen Kurven an, und je weiter sie kamen, desto höher und breiter wurde er. Zu beiden Seiten kamen nun keine Öffnungen mehr, die zu anderen Gängen oder Hallen führten, und der Boden war glatt und eben, ohne Gruben und Spalten. Offenbar waren sie auf eine alte Hauptstraße gestoßen, und sie kamen schneller voran als im ersten Teil ihres unterirdischen Marsches.

Auf diese Weise gelangten sie etwa fünfzehn Meilen weit, in gerader Linie gemessen, nach Osten, obwohl sie tatsächlich wohl zwanzig und mehr Meilen gelaufen sein mussten. Mit der ansteigenden Straße stieg auch Frodos Laune ein wenig; aber noch immer war er niedergedrückt, und noch immer war ihm bisweilen, als hörte er Schritte, die hinter ihnen herkamen und die kein Echo waren.

Sie waren so lange marschiert, wie es die Hobbits ohne Rast eben noch durchhalten konnten, und alle dachten schon an den nächsten Schlafplatz, als plötzlich links und rechts die Wände verschwanden. Anscheinend waren sie durch einen Torbogen in einen weiten, dunklen Raum eingetreten. Von hinten kam ein kräftiger wärmerer Luftzug, während die Schwärze vor ihnen kalt auf den Gesichtern lag. Sie blieben stehen und drängten sich eng zusammen.

Gandalf schien mit sich zufrieden zu sein. »Ich habe den richtigen Gang gewählt«, sagte er. »Endlich kommen wir in die bewohnbaren Bezirke, und ich schätze, dass wir von der Ostseite nicht mehr weit entfernt sind. Aber wir sind nun ziemlich hoch, wenn ich mich nicht täusche ein ganzes Stück höher als das Schattenbachtor. So, wie die Luft hier schmeckt, müssen wir in einer großen Halle sein. Jetzt lassen wir mal fünfe grad sein und machen wirklich ein bisschen Licht.«

Er hob den Stab, und für einen Augenblick flammte ein grelles Licht auf, wie bei einem Blitzschlag. Große Schatten sprangen auf und flohen, und sekundenlang sahen sie ein weitgeschwungenes Deckengewölbe hoch über ihren Köpfen, getragen von vielen mächtigen, aus Stein gehauenen Säulen. Vor ihnen und zu beiden Seiten erstreckte sich eine weite, leere Halle; ihre schwarzen Wände, glatt wie geschliffenes Glas, blitzten und glitzerten. Drei andere Eingänge sahen sie, alle unter schwarzen Torbögen: einen gerade voraus, der nach Osten führte, und je einen zu beiden Seiten. Dann ging das Licht aus.

»Mehr will ich fürs Erste nicht riskieren«, sagte Gandalf. »Früher waren in den Berghang große Fenster eingelassen, und Lichtschächte führten in die oberen Bereiche der Minen. Ich glaube, da befinden wir uns jetzt, aber draußen ist nun Nacht, und erst am Morgen werden wir es genau wissen. Wenn ich Recht habe, schaut morgen der Tag zu uns herein. Aber einstweilen gehen wir besser nicht weiter. Lasst uns etwas Ruhe finden, wenn wir können. Bisher ist alles gut gegangen, und den größeren Teil der dunklen Straße haben wir hinter uns. Aber noch sind wir nicht hindurch, und bis zum Tor hinab, durch das man wieder ins Freie kommt, ist es noch weit.«

Diese Nacht verbrachten die Gefährten in der großen höhlenartigen Halle, dicht zusammengedrängt in einer Ecke, um dem Luftzug zu entgehen: Durch den östlichen Torbogen schien ständig kalte Luft einzuströmen. Ringsum hing die hohle, unermessliche Dunkelheit, und als sie sich gelagert hatten, drückte ihnen die Einsamkeit und Weite der unterirdischen Hallen und ihrer sich endlos verzweigenden Gänge und Treppen aufs Gemüt. Auch die wildesten Vorstellungen, die sich die Hobbits nach dunklem Hörensagen gebildet hatten, blieben hinter Morias wirklicher Größe und Grausigkeit weit zurück.

»Hier muss es mal eine Unmenge Zwerge gegeben haben«, sagte Sam, »und jeder Einzelne muss fünfhundert Jahre lang gewühlt haben wie ein Dachs, um das alles hier fertig zu bringen, und das meiste auch noch in hartem Fels! Wozu haben die das bloß gemacht? Die haben doch in diesen schummrigen Höhlen nicht etwa gewohnt?«

»Es sind keine Höhlen«, sagte Gimli. »Dies ist das große Königreich Zwergenheim und seine Hauptstadt. Und einst war es hier nicht schummrig, sondern alles strahlte in lichter Herrlichkeit, wie aus unseren alten Liedern hervorgeht.«

Im Dunkeln stand er auf und stimmte in tiefen Tönen einen Sprechgesang an, dass es bis zum Dach hinauf dröhnte.

> *Die Welt war jung, die Berge grün,*
> *Als fleckenlos der Mond noch schien,*
> *Nicht Berg noch Tal, nicht Strom noch Land*
> *War da zu Durins Zeit benannt.*
> *Er gab den Dingen Nam und Stand,*
> *Trank ersten Trunk vom Quellenrand*
> *Und sah im Spiegel Widerschein*
> *Von Sternen, Gold und Edelstein,*
> *Sah sich zu Häupten eine Kron*
> *Aufblinken und verschatten schon.*
>
> *Die Welt war jung, die Gipfel frei*
> *Zu jener Zeit, die längst vorbei.*
> *Die mächtigen Herrn von Nargothrond*
> *Und Gondolin sind längst entthront*
> *Und leben westlich, fern und weit,*
> *Die Welt war schön zu Durins Zeit.*
>
> *Die Felsengründe waren sein,*
> *Mit Gold verziert und Edelstein*
> *Und silbern köstlich ausgelegt,*
> *Das Tor von Runenkraft geprägt,*
> *Und tausend Lampen aus Kristall*
> *Verströmten Licht allüberall,*
> *Ein helleres fließt nicht in die Welt*
> *Von Sonne, Mond und Sternenzelt.*

Der Hammer auf den Amboss hieb,
Der Stichel grub, der Meißel trieb,
Geschärfte Schwerterklinge sang,
Der Reichtum wuchs bei jedem Gang.
Von Amethyst, Beryll, Opal,
Metall, geschuppt, war voll der Saal,
Von Panzerhemden, Schild und Speer
Die Borde in den Kammern schwer.

Tief unter Tage, nimmermüd,
Sang Durins Volk so manches Lied
Zu Harfen, Flöten ohne Zahl,
Am Tore grüßt Trompetenschall.

Die Welt ist grau, der Berg ist alt,
Die Essen leer, die Aschen kalt,
Kein Harfner singt, kein Hammer fällt;
Das Dunkel herrscht in Durins Welt,
Sein Grab liegt unter Schatten da
In Khazad-dûm, in Moria.
Die Sternenkrone glänzt vom Grund
Des Wassers noch zur Tagesstund.
Tief ist der See, der sie begräbt,
Bis Durin sich vom Schlaf erhebt.

»Das gefällt mir«, sagte Sam. »Ich möchte es auswendig lernen. *In Kha-zad-dûm, in Moria!* Aber es macht die Dunkelheit noch dunkler, wenn man an all die Lampen denkt. Liegen denn hier immer noch haufenweise Gold und Juwelen herum?«

Gimli schwieg. Sein Lied hatte er gesungen, und mehr wollte er nicht sagen.

»Gold und Juwelen?« sagte Gandalf. »Nein. Die Orks haben Moria oft geplündert; in den oberen Hallen ist nichts mehr. Und seit die Zwerge geflüchtet sind, wagt sich niemand mehr zu den Schachtsohlen und den tieferen Schatzkammern hinab: sie stehen unter Wasser – oder unter dem Schatten einer Schreckgestalt.«

»Warum wollen die Zwerge dann zurückkommen?« fragte Sam.

»Wegen des *Mithril*«, antwortete Gandalf. »Morias Reichtum bestand nicht in Gold und Juwelen, die waren für die Zwerge nur Spielzeug. Auch nicht in Eisen, das für sie nur ein dienstbarer Stoff war. Das alles fanden sie hier auch, gewiss, besonders Eisen; aber danach zu schürfen, hatten sie gar nicht nötig: Alles, was sie brauchten, bekamen sie im Handel. Aber nur hier in aller Welt wurde das Moria-Silber gefunden, manchmal auch Wahrsilber genannt; *Mithril* ist der elbische Name. Wie die Zwerge es nennen, verraten sie niemand. Es hatte den zehnfachen Wert des Goldes, und heute ist es überhaupt unbezahlbar, denn über Tage gibt es kaum noch welches, und auch die Orks wagen es hier nicht abzubauen. Die Erzgänge ziehen sich nach Norden hin, zum Caradhras, und verschwinden dann in der Tiefe. Die Zwerge sprechen nicht darüber, aber Mithril war nicht nur die Grundlage ihres Reichtums, sondern auch Ursache ihres Verderbens: Sie bauten es allzu begierig ab und schürften zu tief; und dabei wurde etwas aufgestört, wovor sie dann flüchten mussten, Durins Fluch. Fast alles, was sie zu Tage gefördert hatten, ist den Orks in die Hände gefallen; doch sie mussten es als Tribut an Sauron abführen, der es heiß begehrt.

Das Mithril – alle begehrten es! Es ließ sich hämmern wie Kupfer und schleifen wie Glas; und die Zwerge verstanden ein Metall daraus zu machen, das sehr leicht war und doch härter als edelster Stahl. Es glänzte ähnlich wie gewöhnliches Silber, schwärzte oder trübte sich aber nicht mit der Zeit. Die Elben schätzten es hoch, und eine der vielen Formen, in denen sie es verwendeten, ist das Ithildin, Sternmond, das ihr an der Tür gesehen habt. Bilbo besaß einen Harnisch aus Mithril-Ringen, den Thorin ihm geschenkt hatte. Ich möchte wissen, was daraus geworden ist. Vermutlich fängt er immer noch Staub im Mathomhaus von Michelbinge.«

»Was?« rief Gimli, so erstaunt, dass er sein Schweigen brach. »Einen Harnisch aus Moria-Silber? Ein königliches Geschenk!«

»Ja«, sagte Gandalf. »Ich habe es ihm nie gesagt, aber er ist mehr wert als das ganze Auenland mit allem, was darin ist.«

Frodo sagte nichts, steckte aber die Hand unters Hemd und betastete die Ringe seines Panzers. Die Vorstellung, dass er unter der Jacke den Gegenwert des ganzen Auenlands mit sich herumtrug, machte ihn schwindlig. Ob Bilbo das gewusst hatte? Sicherlich. Es war wirklich ein königliches Geschenk. Aber nun waren seine Gedanken von den dunklen Minen nach Bruchtal hin abgelenkt worden, hin zu Bilbo und Beutelsend in den Tagen, als Bilbo noch da war. Von ganzem Herzen wünschte er sich dorthin und in jene Tage zurück, die mit Rasenmähen und Blumengießen hingingen und in denen er nie etwas von Moria gehört hatte, vom Mithril – oder vom Ring.

Tiefe Stille trat ein. Einer nach dem andern fiel in Schlaf. Frodo hatte Wache. Wie ein Anhauch aus der Tiefe, der durch unsichtbare Türen eindrang, überkam ihn die Furcht. Seine Hände waren kalt, die Stirn feucht. Er horchte. Zwei langsam dahinkriechende Stunden lang horchte er mit angespannter Aufmerksamkeit, aber er hörte keinen Laut, nicht mal das eingebildete Echo eines Schritts.

Seine Wache war fast um, als er in einiger Entfernung, dort, wo seiner Schätzung nach der westliche Torbogen sein musste, zwei fahle Lichtpunkte zu sehen glaubte, fast wie Leuchtaugen. Er fuhr zusammen. Der Kopf war ihm auf die Brust gesunken. »Jetzt wäre ich doch beinah auf Wache eingeschlafen«, dachte er. »Ich muss am Rand eines Traums gewesen sein.« Er stand auf und rieb sich die Augen. In die Dunkelheit starrend, blieb er so stehen, bis Legolas ihn ablöste.

Nachdem er sich hingelegt hatte, schlief er schnell ein, aber der Traum schien sich fortzusetzen: Er hörte Geflüster und sah die zwei fahlen Lichtpunkte langsam näher kommen. Er erwachte und stellte fest, dass die andern ganz in der Nähe leise miteinander sprachen und dass ein trübes Licht ihm in die Augen fiel. Von hoch oben, über dem östlichen Torbogen, kam ein langer bleicher Strahl durch einen Schacht in der Decke; und auch auf der anderen Seite der Halle schimmerte etwas wie Licht durch den nördlichen Bogen.

Frodo setzte sich auf. »Guten Morgen!« sagte Gandalf. »Denn endlich ist es mal wieder Morgen. Siehst du, ich hatte recht. Wir sind hoch oben auf der Ostseite von Moria. Bevor der Tag um ist, sollten wir das große Tor gefunden haben und den Spiegelsee im Schattenbachtal vor uns liegen sehen.«

»Mir soll es recht sein«, sagte Gimli. »Ich habe nun Moria gesehen, und es ist sehr groß, aber es ist ein finsterer, schrecklicher Ort geworden; und von meiner Sippe haben wir kein Zeichen gefunden. Ich habe jetzt Zweifel, ob Balin je hierher gekommen ist.«

Nachdem sie gefrühstückt hatten, bestand Gandalf wieder auf dem sofortigen Aufbruch. »Wir sind zwar noch müde, aber ausruhen können wir uns besser, wenn wir erst draußen sind«, sagte er. »Ich denke, niemand von uns hat Lust, noch eine Nacht in Moria zu verbringen.«

»Nicht im mindesten!« sagte Boromir. »Welchen Weg sollen wir nehmen? Drüben durch den östlichen Torbogen?«

»Vielleicht«, sagte Gandalf. »Aber ich weiß noch nicht genau, wo wir sind. Wenn ich mich nicht vollkommen verschätzt habe, müssten wir oberhalb des großen Tors und etwas nördlich davon sein, und vielleicht ist es nicht ganz einfach, die richtige Straße zum Tor hinunter zu finden. Wahrscheinlich wird sich erweisen, dass wir durch den östlichen Bogen gehn müssen; aber bevor wir uns entscheiden, sollten wir uns umschauen. Gehn wir doch zu diesem Licht in der Nordtür. Wenn wir ein Fenster finden könnten, würde uns das helfen, aber ich fürchte, das Licht kommt nur durch Schächte herunter.«

Von ihm angeführt, gingen sie durch das nördliche Tor. Sie kamen auf einen breiten Korridor. Als sie dort weitergingen, wurde der Lichtschein heller, und sie sahen, dass er aus einer Türöffnung auf der rechten Seite kam. Es war eine hohe Öffnung mit gerader Oberkante; die steinerne Tür hing noch halb offen in den Angeln. Dahinter war ein großer viereckiger Raum. Das Licht war matt, aber nach dem langen Aufenthalt im Dunkeln kam es ihnen blendend hell vor, und sie blinzelten, als sie eintraten.

Ihre Füße wirbelten eine dicke Staubschicht vom Boden auf, und sie stolperten über Dinge, die in der Türöffnung lagen und deren Formen sie nicht gleich erkennen konnten. Erhellt wurde der Raum durch einen breiten, schräg aufsteigenden Schacht in der Ostwand gegenüber der Tür; als sie hineinblickten, sahen sie oben einen kleinen viereckigen Fleck blauen Himmels. Das Licht aus dem Schacht fiel genau auf einen Tisch in der Mitte des Raums, der aus einem einzigen rechteckigen, etwa zwei Fuß hohen Block bestand. Auf dem Tisch lag eine große weiße Steinplatte.

»Sieht wie ein Grab aus«, murmelte Frodo und beugte sich mit einer seltsamen Vorahnung über die Platte, um sie näher zu betrachten. Gandalf trat rasch neben ihn. In die Platte waren Runen tief eingemeißelt:

»Das sind Daerons Runen, wie man sie einst in Moria schrieb«, sagte Gandalf. »Hier steht in den Sprachen der Menschen und Zwerge:

BALIN FUNDINSSOHN
HERR VON MORIA.«

»Also ist er tot«, sagte Frodo. »Ich hatte es befürchtet.« Gimli zog sich die Kapuze übers Gesicht.

FÜNFTES KAPITEL

DIE BRÜCKE VON KHAZAD-DÛM

Schweigend standen die Ringgefährten an Balins Grab. Frodo dachte an Bilbo und seine lange Freundschaft
mit dem Zwerg und an Balins Besuch im Auenland vor langer Zeit. In
dem staubigen Saal unterm Gebirge schien es, als wäre das vor tausend
Jahren und auf der andern Seite der Welt gewesen.

Nach einer Weile rührten sie sich wieder, blickten auf und begannen
nach Zeichen zu suchen, die ihnen sagen könnten, welches Schicksal
Balin erlitten hatte und was aus seinem Gefolge geworden war. Auf der
anderen Seite des Raums, unter dem Lichtschacht, war eine zweite, kleinere Tür. An beiden Türen, wie sie nun erkennen konnten, lagen vielerlei Knochen, dazwischen zerbrochene Schwerter, Axtblätter, gespaltene
Schilde und Helme. Manche Schwerter waren krumm: Skimitare, wie sie
die Orks gebrauchten, mit geschwärzten Klingen.

Ins Felsgestein der Wände waren Nischen gehauen, und darin standen
große eisenbeschlagene Holztruhen. Alle waren aufgebrochen und geplündert worden, aber neben dem zertrümmerten Deckel der einen lagen
Überreste eines Buches. Es war zerfetzt und zerstochen, stellenweise
angesengt und mit so viel schwarzen und dunklen Flecken verschmiert,
dass kaum mehr etwas zu lesen war. Gandalf hob es vorsichtig auf; trotzdem knisterten und brachen manche Blätter, als er es auf die Steinplatte
legte. Er schaute eine ganze Weile hinein, ohne etwas zu sagen. Frodo
und Gimli, die neben ihm standen, als er behutsam die Seiten umblätterte, konnten sehen, dass sie von vielen verschiedenen Händen beschrieben
waren, meistens in den Runenschriften von Moria oder von Thal, hier
und da auch in elbischer Schrift.

Endlich sah Gandalf auf. »Es scheint ein Bericht über das Schicksal
Balins und seines Gefolges zu sein«, sagte er. »Ich vermute, er begann
mit ihrer Ankunft im Schattenbachtal vor fast dreißig Jahren. Die Seiten
haben Nummern, die sich anscheinend auf das Jahr nach ihrer Ankunft
beziehen. Die oberste ist mit *eins–drei* gekennzeichnet; also fehlen am
Anfang mindestens zwei. Nun hört mal das hier!

Wir vertrieben Orks vom großen Tor und Wach… ich nehme an *-raum,* aber das Wort ist verwischt und angesengt – *wir erschlugen viele bei heller* – vermutlich – *Sonne im Tal. Flói fiel durch einen Pfeil. Er hat den großen* … Dann ist etwas verwischt, und es folgt: *Flói unter dem Gras am Spiegelsee.* Die nächsten paar Zeilen kann ich nicht lesen. Dann kommt: *Wir haben die einundzwanzigste Halle vom Nordende als Wohnsitz genommen. Dort ist* – was da ist, kann ich nicht lesen. *Ein Schacht* wird erwähnt. Dann: *Balin hat die Mazarbul-Kammer zum Sitz genommen.*«

»Die Archiv-Kammer«, sagte Gimli. »Ich nehme an, das ist der Raum, in dem wir jetzt sind.«

»So, dann kann ich eine ganze Weile nichts mehr lesen«, sagte Gandalf, »bis auf das Wort *Gold* und *Durins Axt* und etwas mit *Helm.* Dann: *Balin ist nun Herr von Moria.* Das scheint der Schluss eines Kapitels zu sein. Ein paar Sternchen, dann beginnt eine andere Handschrift, und ich kann lesen *wir fanden Wahrsilber,* später ein Wort *wohlgeschmiedet* und dann etwas, ah ja! *Mithril;* und die letzten zwei Zeilen heißen: *óin die oberen Waffenkammern der Dritten Tiefe suchen,* irgendwas *nach Westen gehen,* Fleck, *zum Hulsten-Tor.*«

Gandalf hielt inne und legte einige Blätter beiseite. »Da sind noch mehrere Seiten von derselben Art, ziemlich hastig geschrieben und stark beschädigt«, sagte er, »und bei diesem Licht kann ich nicht viel damit anfangen. Nun muss eine Anzahl Seiten fehlen, denn die Zählung beginnt hier schon mit *fünf* – das fünfte Jahr der Niederlassung betreffend, vermutlich. Sehn wir mal! Nein, die Seiten sind zu stark zerfetzt und verschmiert; ich kann sie nicht lesen. Vielleicht ginge es bei Sonnenlicht besser. Moment! Hier kommt etwas, eine große, schwungvolle Handschrift mit elbischen Buchstaben.«

»Das müsste Oris Schrift sein«, sagte Gimli, dem Zauberer über die Schulter blickend. »Er konnte gut und flott schreiben und benutzte oft die elbischen Zeichen.«

»Ich fürchte, mit seiner schönen Handschrift konnte er nur schlimme Nachrichten festhalten«, sagte Gandalf. »Das erste deutliche Wort ist *Leid,* der Rest der Zeile unleserlich, aber das Ende vielleicht *stern,* vermutlich *gestern, am zehnten November ist Balin, der Herr von Moria, im Schattenbachtal gefallen. Er ging allein zum Spiegelsee, um hineinzuschauen, wurde von einem Ork erschossen, der hinter einem*

Stein versteckt lag. Wir erschlugen den Ork, aber viele andere … von Osten am Silberlauf entlang. Der Rest der Seite ist so verwischt, dass ich kaum noch etwas erkennen kann, aber hier steht, glaube ich, *haben das Tor versperrt,* und dann: *können sie lange aufhalten, wenn,* und hier vielleicht *entsetzlich* und *erleiden.* Der arme Balin! Er scheint den Titel, den er annahm, keine fünf Jahre getragen zu haben. Ich wüsste gern, was nachher geschehen ist, aber wir haben jetzt keine Zeit, die letzten paar Seiten zu entziffern. Hier ist die allerletzte.« Er schwieg und seufzte.

»Schlimm zu lesen!« sagte er. »Ich fürchte, sie haben ein grausames Ende gefunden. Hört zu! *Wir können nicht hinaus. Sie haben die Brücke und die zweite Halle genommen. Frár, Lóni und Náli sind dort gefallen.* Dann kommen vier verschmierte Zeilen, in denen ich nur lesen kann *ging vor 5 Tagen.* Die letzten Zeilen heißen, *der Teich steht bis zur Wand am Westtor. Der Wächter im Wasser hat óin geholt. Wir können nicht hinaus. Es geht zu Ende,* und dann *Trommeln, Trommeln in der Tiefe.* Was das wohl zu bedeuten hat? Das Letzte ist ein hastiges Gekritzel in Elbenschrift: *Sie kommen.* Dann nichts mehr.« Gandalf schwieg und dachte nach.

Die Gefährten befiel ein Grauen vor dieser Kammer. »*Wir können nicht hinaus!*« murmelte Gimli. »Wir hatten Glück, dass der Teich nicht so hoch stand und dass der Wächter am Südende geschlafen hat.«

Gandalf hob den Kopf und blickte um sich. »Zuletzt scheinen sie die beiden Türen verteidigt zu haben«, sagte er, »aber zu der Zeit waren sie schon nicht mehr viele. Das also war das Ende des Versuchs, Moria wieder in Besitz zu nehmen. Es war ein mutiges, aber törichtes Unternehmen. Die Zeit ist noch nicht gekommen. Nun müssen wir Balin Fundinssohn leider Lebewohl sagen. Hier in den Hallen seiner Väter soll er ruhen. Wir nehmen dieses Buch mit, das Buch des Mazarbul, und sehen es uns später genauer an. Am besten, du nimmst es an dich, Gimli, und bringst es Dáin, wenn du dazu Gelegenheit hast. Es wird ihm schmerzlich nahe gehen. Kommt, gehn wir! Der Vormittag ist bald vorbei.«

»Welchen Weg nehmen wir?« fragte Boromir.

»Zurück in die Halle«, sagte Gandalf. »Aber unser Besuch dieses Raums war nicht vergebens. Ich weiß nun, wo wir sind. Dies muss die Mazarbul-Kammer sein, wie Gimli sagt, und die Halle muss die einundzwanzigste vom Nordende sein. Daher sollten wir durch den östlichen Torbogen aus der Halle gehen und dann nach rechts und nach Süden abwärts. Die einundzwanzigste Halle müsste auf der siebenten Sohle liegen, das heißt, sechs Stockwerke höher als das Tor. Kommt, zurück zur Halle!«

Er hatte kaum ausgeredet, als ein gewaltiger Lärm losbrach: ein rollendes *Bummm*, das von tief unten zu kommen schien und im Gestein unter ihren Füßen nachbebte. Erschrocken rannten sie zur Tür. *Drummm-drummm* dröhnte es wieder, als ob Riesenfäuste die Höhlenstadt Moria wie eine gewaltige Trommel bearbeiteten. Dann kam ein schmetterndes Echo: Ein großes Horn wurde in der Halle geblasen, viele Hörner antworteten von anderswo, und von weiter her hörte man raues Gebrüll und eiliges Getrappel von vielen Füßen.

»Sie kommen!« rief Legolas.

»Wir können nicht hinaus!« sagte Gimli.

»Jetzt sitzen wir in der Falle!« rief Gandalf. »Warum hab ich auch so lange getrödelt? Jetzt haben sie uns geschnappt, genau wie die Zwerge damals. Aber da war ich nicht dabei. Wollen wir doch mal sehn, was …«

Drummm-drummm kam der Trommelschlag, und die Wände schienen zu wackeln.

»Schlagt die Türen zu und verkeilt sie!« brüllte Aragorn. »Und behaltet die Rucksäcke auf, solange ihr könnt; vielleicht können wir uns doch irgendwie hinaushauen.«

»Nein!« sagte Gandalf, »wir dürfen uns nicht einschließen lassen. Haltet die Osttür angelehnt! Wir gehen dort hinaus, wenn wir Gelegenheit haben.«

Noch ein Hornstoß und schrilles Geschrei. Füße kamen den Korridor entlanggerannt. Es klirrte und klapperte, als die Gefährten ihre Schwerter zogen. Glamdring leuchtete mit fahlem Feuer, und Stich schimmerte an den Schneiden. Boromir stemmte sich mit der Schulter gegen die Westtür.

»Warte einen Moment! Mach sie noch nicht zu!« sagte Gandalf. Er sprang Boromir zur Seite und richtete sich zu seiner ganzen Größe auf.

»Wer kommt da, der es wagt, Balins, des Herrn von Moria, Ruhe zu stören?« rief er mit lauter Stimme.

Heiseres Gelächter war die Antwort, das sich anhörte, als polterten Steine einen Hang hinab, und eine tiefe Stimme überschrie das Getöse mit Befehlen. *Drummm, bummm, drummm,* dröhnten die Trommeln in der Tiefe.

Mit einer raschen Bewegung trat Gandalf vor die schmale Öffnung der Tür und stieß seinen Stab vor. Ein blendendes Licht blitzte auf, das die Kammer und den Gang erhellte. Für einen Moment blickte der Zauberer nach draußen. Pfeile sausten und zischten über den Flur, als er zurücksprang.

»Orks«, sagte er, »sehr viele. Und manche von den großen Knochenbrechern sind auch dabei, schwarze Uruks aus Mordor. Im Augenblick halten sie sich noch im Hintergrund, aber da ist noch jemand anders. Ein großer Höhlentroll, nehme ich an, oder mehr als einer. In dieser Richtung ist keine Hoffnung auf Entkommen.«

»Und überhaupt keine Hoffnung mehr, wenn sie auch vor der anderen Tür stehen«, sagte Boromir.

»Von da ist noch nichts zu hören«, sagte Aragorn, der an der Osttür stand und horchte. »Der Gang auf dieser Seite führt gleich eine Treppe hinunter und offenbar nicht zurück zur Halle. Aber es nützt nichts, blindlings da entlangzuflüchten, wenn uns die Verfolger auf den Fersen sind. Die Tür können wir nicht versperren. Der Schlüssel ist fort, das Schloss ist zerbrochen, und sie geht nach innen auf. Wir müssen etwas tun, um den Feind zunächst einmal aufzuhalten. Wir werden ihnen die Mazarbul-Kammer verleiden!« sagte er ingrimmig und streichelte die Schneiden seines Schwerts Andúril.

Schwere Schritte kamen den Korridor entlang. Boromir warf sich gegen die Tür und wuchtete sie zu; dann verkeilte er sie mit zerbrochenen Schwertklingen und Holzsplittern. Die Gefährten zogen sich auf die andere Seite des Raums zurück. Aber noch war keine Gelegenheit zu fliehen. Ein Stoß von außen machte die Tür erzittern, und dann begann sie sich knirschend langsam nach innen zu schieben, sodass die Keile weggedrückt wurden. Ein riesiger Arm und eine Schulter mit dunkel grünlicher Schuppenhaut drängten sich durch den weiter werdenden Spalt, und unten kam ein großer zehenloser Plattfuß zum Vorschein. Draußen herrschte nun Totenstille.

Boromir sprang vor und hieb mit aller Kraft auf den Arm, aber sein Schwert glitt klirrend ab und fiel ihm aus der zitternden Hand. Die Klinge hatte eine Scharte.

Frodo staunte über sich selbst, als plötzlich eine heiße Wut in ihm aufloderte. »Fürs Auenland!« schrie er, sprang Boromir zur Seite, bückte sich und bohrte Stich in den abscheulichen Fuß. Unter Gebrüll zuckte der Fuß zurück, und fast wäre Frodo seine Waffe aus der Hand gerissen worden. Dampfende schwarze Tropfen fielen von der Klinge zu Boden. Abermals warf sich Boromir gegen die Tür und knallte sie zu.

»Hoch das Auenland!« rief Aragorn. »Des Hobbits Biss geht tief! Du führst eine gute Klinge, Frodo, Drogos Sohn.«

Etwas krachte gegen die Tür, ein ums andere Mal. Man bearbeitete sie mit Rammböcken und Hämmern. Sie barst und fiel nach innen, und plötzlich war die Öffnung ganz weit. Pfeile kamen hereingesaust, prallten aber nur gegen die Nordwand und fielen unschädlich zu Boden. Man hörte einen Hornstoß und Fußgetrappel, und ein Ork nach dem andern kam in die Kammer gestürmt.

Wie viele es waren, konnten die Gefährten nicht zählen. Das Getümmel war heftig, aber die Härte der Gegenwehr raubte den Orks die Kampflust. Zweien schoss Legolas durch die Kehle. Einem, der auf Balins Grab gesprungen war, hieb Gimli die Beine unterm Leib ab. Boromir und Aragorn erschlugen etliche. Als die Verluste der Angreifer sich auf die Zahl dreizehn beliefen, rannten die restlichen schreiend davon. Von den Verteidigern hatte nur Sam einen Kratzer am Schädel abbekommen. Rasches Kopfeinziehen hatte ihn vor Schlimmerem bewahrt, und dann hatte er seinen Ork zur Strecke gebracht: ein tüchtiger Stoß mit der Klinge aus dem Hügelgrab. In seinen braunen Augen glomm auf einmal ein Feuer, vor dem ein Timm Sandigmann, wenn er es hätte sehen können, sehr kleinlaut geworden wäre.

»Jetzt ist es Zeit!« rief Gandalf. »Fort, bevor der Troll wiederkommt!«

Aber als sie eben den Rückzug antreten wollten und Pippin und Merry noch nicht draußen an der Treppe waren, kam ein gewaltiger Orkhäuptling in die Kammer gestürmt, fast so groß wie ein Menschenmann und von Kopf bis Fuß schwarz gepanzert; hinter ihm an der Tür sammelte sich sein Gefolge. Er hatte ein plattes, breites Gesicht von dunkler Hautfarbe, kohlschwarze Augen und eine rote Zunge; in der Hand zückte er einen großen Speer. Mit einem Stoß seines starken Lederschilds lenkte er Boromirs Schwert ab, drängte ihn rückwärts und warf ihn zu Boden. Schnell wie eine Schlange tauchte er unter Aragorns Schwertstreich weg, war plötzlich mitten in der Gruppe und zielte mit dem Speer auf niemand anders als Frodo. Der Stoß traf Frodo in die rechte Seite und warf ihn an die Wand. Mit einem Aufschrei hieb Sam nach dem Schaft, und er zersplitterte. Aber während der Ork noch das Bruchstück fortwarf und seinen Skimitar aus der Scheide riss, ging Andúril auf seinen Helm nieder. Funkenstiebend barst der Helm in Stücke. Mit gespaltenem Schädel sank der Ork zu Boden, und seine Mannen suchten das Weite, als Boromir und Aragorn auf sie losgingen.

Drummm, drummm, machten die Trommeln in der Tiefe. Draußen war wieder die tiefe laute Stimme zu hören.

»Jetzt!« rief Gandalf. »Die letzte Chance! Rennt, was ihr könnt!«

Aragorn hob Frodo auf, der an der Wand lag, und eilte zur Treppe, Merry und Pippin vor sich herschiebend. Die anderen folgten, doch Gimli musste von Legolas weggezerrt werden; ungeachtet der Gefahr stand er noch mit gesenktem Kopf an Balins Grab. Boromir drückte die Osttür zu, die sich knirschend in den Angeln bewegte. Sie hatte auf beiden Seiten starke Eisenringe, konnte aber nicht befestigt werden.

»Mir fehlt nichts«, keuchte Frodo. »Ich kann laufen. Setz mich ab!«

Vor Verblüffung hätte Aragorn ihn beinah fallen gelassen. »Ich dachte, du bist tot!« rief er.

»Noch nicht!« sagte Gandalf. »Aber wundern können wir uns später. Los mit euch, ihr alle, die Treppe runter! Wartet unten ein paar Minuten auf mich, aber wenn ich nicht bald komme, geht allein weiter! Beeilt euch, und nehmt die Wege, die nach rechts abwärts führen!«

»Wir können dich nicht allein die Tür verteidigen lassen«, sagte Aragorn.

»Tu, was ich dir sage!« schnauzte der Zauberer ihn an. »Schwerter nützen hier nichts mehr. Los!«

Der Treppengang hatte kein Licht von einem Schacht und war stockfinster. Sie tasteten sich die lange Treppe hinunter und schauten dann zurück, sahen aber nichts außer dem schwachen Schimmer des Zauberstabs hoch über ihnen. Gandalf schien immer noch an der geschlossenen Tür Wache zu stehen. Frodo atmete mühsam und wurde von Sam gestützt, der die Arme um ihn gelegt hatte. Sie blieben unten stehen und spähten durch die Finsternis die Treppe hinauf. Frodo glaubte, Gandalfs Stimme zu hören, wie er Worte murmelte, die mit einem seufzenden Echo die Treppe heruntergerollt kamen. Was gesagt wurde, konnte er nicht verstehen. Die Wände schienen zu beben. Immer wieder einmal pochten und dröhnten die Trommeln: *drummm, drummm.*

Plötzlich leuchtete oben eine weiße Stichflamme auf. Dann hörte man dumpfes Poltern und einen schweren Aufprall. Die Trommeln kamen in Fahrt: *drummm-bummm, drummm-bummm;* dann setzten sie jäh aus.

Gandalf kam die Treppe heruntergerast und brach mitten unter den Gefährten zusammen.

»So, das hätten wir hinter uns!« sagte er, als er sich wieder aufrappelte. »Ich hab getan, was ich konnte. Aber ich hab einen Gegner gefunden, der mir gewachsen war, und wäre beinah ausgelöscht worden. Steht nicht herum! Geht weiter! Ihr werdet eine Weile ohne Licht auskommen müssen; ich bin ziemlich angeschlagen. Wo bist du, Gimli? Komm, geh mit mir voraus! Ihr alle bleibt dichtauf!«

Sie stolperten ihm nach, und jeder hätte gern gewusst, was passiert war. *Drummm, drummm*, dröhnten wieder die Trommelschläge, zwar nun gedämpft und aus größerem Abstand, aber sie kamen ihnen nach. Sonst war von Verfolgern nichts zu hören, weder Fußgetrappel noch Stimmen. Gandalf bog nirgends ab, weder rechts noch links, denn der Gang führte anscheinend in die gewünschte Richtung. Ab und zu ging es über eine Treppe von fünfzig oder mehr Stufen in ein tieferes Stockwerk hinab. Im Augenblick waren die Treppen die größte Gefahr für sie, denn im Dunkeln bemerkte man sie erst, wenn die Füße ins Leere traten. Gandalf tastete mit seinem Stab den Boden ab wie ein Blinder.

Nach einer Stunde hatten sie etwas über eine Meile zurückgelegt und waren viele Treppen hinabgestiegen. Noch immer war nichts von einer Verfolgung zu hören. Fast wagten sie zu hoffen, dass sie entkommen könnten. Am Fuß der siebenten Treppe blieb Gandalf stehen.

»Es wird heiß«, keuchte er. »Wir müssten jetzt endlich auf gleicher Höhe mit dem Tor sein. Ich denke, wir sollten nun bald irgendwo links abbiegen, um nach Osten zu kommen. Ich hoffe, es ist nicht mehr weit. Ich bin sehr müde. Ich muss einen Moment ausruhen, und wenn alles Orkgezücht der Welt hinter uns her wäre!«

Gimli nahm ihn beim Arm und half ihm, sich auf eine Stufe niederzulassen. »Was ist da oben an der Tür denn passiert?« fragte er. »Ist dir der Trommler begegnet?«

»Ich weiß nicht«, sagte Gandalf. »Aber plötzlich stand mir da etwas gegenüber, womit ich's noch nie zu tun hatte. Mir fiel nichts Besseres ein, als einen Sperrbann auf die Tür zu legen. Davon kenne ich etliche, aber so was richtig gut zu machen, braucht seine Zeit, und auch dann kann die Tür noch aufgebrochen werden, wenn einer stark genug ist.

Wie ich da so stehe, hör' ich die Orkstimmen auf der andern Seite und denke, jeden Augenblick brechen sie durch. Was sie gesagt haben, konnte ich nicht verstehen, denn sie haben wohl in ihrer widerlichen Muttersprache geredet. Verstanden hab ich nur *ghâsch,* das heißt ›Feuer‹. Dann ist etwas in die Kammer gekommen – durch die Tür hab ich's gespürt, und die Orks bekamen selber Angst und wurden ganz still. Es hat den Eisenring gepackt, und dann hat es mich bemerkt und meinen Türbann.

Was es war, kann ich mir nicht denken, aber noch nie hab ich mich so gefordert gefühlt. Der Widerbann war übel. Fast hätte er mir das Genick gebrochen. Für einen Moment hatte ich die Tür nicht mehr in der Gewalt, und sie begann sich zu öffnen. Ich musste ein Machtwort sprechen. Das hat den Bogen überspannt. Die Tür ist in Stücke geborsten. Irgendwas wie eine dunkle Wolke hat drinnen alles Licht ausgesperrt, und ich wurde zurückgeschleudert, die Treppe hinunter. Die ganze Wand ist eingestürzt und, glaube ich, auch die Decke der Kammer.

Ich fürchte, Balin ist nun sehr tief begraben, und vielleicht noch etwas anderes mit ihm. Ich kann es nicht sagen. Aber wenigstens ist der Gang hinter uns jetzt vollkommen verschüttet. Ach, ich war noch nie so kaputt, aber es geht schon wieder. Und was ist nun mit dir, Frodo? Ich hatte noch keine Zeit, es zu sagen, aber in meinem ganzen Leben hab ich mich nie mehr gefreut als vorhin, als du wieder den Mund aufmachtest. Ich hatte befürchtet, Aragorn trage einen zwar tapferen, aber toten Hobbit aus dem Getümmel.«

»Was soll mit mir sein?« sagte Frodo. »Ich lebe noch und glaube, alles ist heil. Eine Schramme hab ich und Schmerzen, aber nichts Schlimmes.«

»Na, ich kann nur sagen, ihr Hobbits haltet mehr aus, als ein Mensch sich vorstellen kann«, sagte Aragorn. »Hätt' ich das gewusst, als ich euch im Gasthaus von Bree traf, wär' ich bescheidener aufgetreten. Dieser Speerstoß hätte einen wilden Eber aufgespießt!«

»Mich zum Glück nicht«, sagte Frodo. »Allerdings fühlt es sich da an, als wär ich zwischen Hammer und Amboss geraten.« Er sagte nichts mehr; beim Atmen hatte er Schmerzen.

»Du bist ganz wie Bilbo«, sagte Gandalf. »An dir ist mehr dran, als man sieht, wie ich vor langer Zeit mal gesagt habe.« Frodo hätte gern gewusst, ob die Bemerkung mehr zu bedeuten hatte, als sie besagte.

Sie gingen weiter. Bald sagte Gimli, der im Dunkeln gut sehen konnte, er glaube, vor ihnen sei ein Licht. »Aber kein Tageslicht. Es ist rot. Was kann das sein?«

»*Ghâsch!*« murmelte Gandalf. »Ob sie das damit gemeint haben? Dass die unteren Stockwerke in Flammen stehen? Trotzdem, wir können nur weitergehn.«

Bald wurde der Lichtschein unverkennbar für sie alle. Flackernd und glühend fiel er auf die Wände des Ganges vor ihnen. Ihren Weg konnten sie nun übersehen. Vor ihnen wurde die Straße stark abschüssig, und ein Stück weiter voraus stand ein niedriger Torbogen, aus dem der Glutschein kam. Es wurde sehr heiß.

Als sie zu dem Bogen kamen, trat Gandalf hindurch und bedeutete ihnen zu warten. Gleich dahinter blieb er stehen, und sie sahen, wie sein Gesicht von dem roten Schein erhellt wurde. Schnell trat er wieder zurück.

»Da wird irgendeine neue Teufelei ausgeheckt«, sagte er, »sicherlich zu unserer Begrüßung. Aber jetzt weiß ich, wo wir sind. Wir haben die erste Tiefe erreicht, das Stockwerk unmittelbar unter dem Tor. Dies hier ist die zweite Halle des alten Moria, und das Tor ist nahebei: dort hinter dem Ostende zur Linken, nur eine Viertelmeile von hier. Über die Brücke, eine breite Treppe hinauf, auf einer breiten Straße durch die erste Halle, und wir sind draußen! Aber kommt und seht!«

Vor ihnen lag eine andere höhlenartige Halle. Sie war höher und viel länger als die, in der sie geschlafen hatten. Sie befanden sich in der Nähe des Ostendes; nach Westen zu wurde es dunkel. Durch die Mitte der Halle zog sich eine Doppelreihe hoher Säulen in Form mächtiger Baumstämme, deren Äste mit einem weit verzweigten steinernen Maßwerk die Decke trugen. Die Stämme waren glatt und schwarz, doch an ihren Seiten spiegelte sich dunkel eine rote Glut. Quer durch den Boden, zu Füßen zweier riesiger Säulen, hatte sich ein breiter Spalt aufgetan. Aus ihm stieg der starke rote Lichtschein, und ab und zu züngelten Flammen über den Rand und ringelten sich um die Sockel der Säulen. Dunkle Rauchsträhnen zogen sich durch die heiße Luft.

»Wären wir auf der Hauptstraße von den oberen Hallen herabgekommen, säßen wir jetzt dort in der Falle«, sagte Gandalf. »Hoffen wir, dass das Feuer jetzt zwischen uns und den Verfolgern liegt. Kommt, wir haben keine Zeit zu verlieren!«

Schon als er noch sprach, hörten sie wieder den Trommelschlag, der sie verfolgte: *Drummm, drummm, drummm!* Vom dunklen westlichen Ende der Halle kamen Geschrei und Hornstöße. *Drumm, drumm:* Die Säulen schienen zu beben, und die Brände flackerten.

»Nun los zum Endspurt!« sagte Gandalf. »Wenn draußen die Sonne scheint, könnten wir's schaffen. Mir nach!«

Er wandte sich nach links und rannte über den glatten Boden der Halle. Die Entfernung war größer, als es den Anschein gehabt hatte. Während sie rannten, hörten sie hinter sich den Trommelschlag und das Getrappel vieler Verfolgerfüße. Ein schriller Schrei stieg auf: man hatte sie gesehen. Stahl klirrte und rasselte. Ein Pfeil zischte über Frodos Kopf hinweg.

Boromir lachte. »Das haben sie sich anders vorgestellt«, sagte er. »Das Feuer schneidet ihnen den Weg ab. Wir sind auf der falschen Seite.«

»Schaut nach vorn!« rief Gandalf. »Da ist die Brücke. Sie ist gefährlich schmal.«

Plötzlich sah Frodo einen schwarzen Abgrund vor sich. Am Ende der Halle verschwand der Boden, und eine unabsehbare Tiefe tat sich auf. Das Tor nach draußen war nur über eine zierliche steinerne Brücke ohne Randsteine oder Geländer zu erreichen, die den Abgrund in einem einzigen Bogenschwung von fünfzig Fuß überspannte. Dies war eine alte Verteidigungsanlage der Zwerge gegen jeden Feind, der vielleicht die erste Halle und die äußeren Gänge schon erobert hatte. Über diese Brücke konnte man nur einer hinter dem andern gehen. Am Rand blieb Gandalf stehen, und die anderen schlossen zu ihm auf.

»Geh du voran, Gimli!« sagte er. »Pippin und Merry als nächste. Geradeaus weiter und hinter der Tür die Treppe hinauf!«

Pfeile gingen zwischen ihnen nieder. Einer traf Frodo und prallte ab. Ein anderer durchbohrte Gandalfs Hut und blieb darin stecken wie eine schwarze Feder. Frodo sah sich um. Hinter dem Feuer wimmelte es von schwarzen Gestalten; Hunderte von Orks schienen da zu sein. Sie fuchtelten mit ihren Speeren und Skimitaren, die im Feuerschein blutrot glänzten. *Drummm, drummm,* dröhnten die Trommeln lauter und lauter, *drummm, drummm.*

Legolas drehte sich um und legte einen Pfeil auf die Sehne, obwohl die Schussentfernung für seinen kleinen Bogen ziemlich groß war. Er spannte, aber dann ließ er die Hand sinken, und der Pfeil fiel zu Boden. Er schrie auf vor Entsetzen. Zwei riesige Trolle erschienen auf der Bildfläche; sie schleppten große Steinplatten heran und warfen sie als Laufplanken über das Feuer. Aber was den Elben aus der Fassung brachte, waren nicht die Trolle. In den Reihen der Orks hatte sich eine Gasse geöffnet, und sie strömten beiseite, als ob sie selber Angst hätten.

Irgendetwas kam hinter ihnen heran. Was oder wer es war, konnte man nicht sehen: etwas wie ein großer Schatten, in dessen Mitte sich ein dunklerer Körper abzeichnete, entfernt menschenähnlich, aber größer; Macht und Schrecken schienen in ihm zu toben und vor ihm herzugehen.

Es kam an den Rand des Feuers, und der Lichtschein verdunkelte sich, als hätte eine Wolke ihn bedeckt. Mit einem Satz sprang es über den Spalt hinweg. Die Flammen loderten auf, um es zu begrüßen und zu bekränzen, und schwarzer Rauch strudelte in der Luft. Seine flatternde Mähne fing Feuer und wehte lodernd hinter ihm drein. In der rechten Hand hielt es eine Klinge, die wie eine Stichflamme aussah, in der linken eine Peitsche mit vielen Riemen.

»Ai! ai!« jammerte Legolas. »Ein Balrog! Es kommt ein Balrog!«

Gimli hatte die Augen weit aufgerissen. »Durins Fluch!« rief er, ließ seine Axt fallen und verhüllte sein Gesicht.

»Ein Balrog!« murmelte Gandalf. »Jetzt versteh' ich.« Er wankte und stützte sich schwer auf seinen Stab. »Was für ein Unglück! Und ich bin doch schon müde.«

Flammen sprühend raste die Schattengestalt auf sie zu. Johlend strömten die Orks über die steinernen Laufplanken. Boromir hob sein Horn an die Lippen und blies. Laut hallte es unter dem Höhlendach wider, wie ein herausfordernder Kampfruf aus vielen Kehlen. Für einen Augenblick schraken die Orks zurück, und selbst die Flammengestalt blieb stehen. Dann plötzlich erstarb das Echo wie eine vom Wind ausgeblasene Flamme, und die Feinde drangen wieder vor.

»Über die Brücke!« rief Gandalf, seine Kräfte wieder zusammennehmend. »Flieht! Dies ist kein Feind für einen von euch. Ich muss ihm den Engpass versperren. Flieht!« Aragorn und Boromir flohen nicht. Auf der andern Seite der Brücke blieben sie stehen und machten hinter Gandalf Front gegen den Feind. Die andern rannten nur bis zur Tür am Ende der Halle. Dort drehten sie sich um, außerstande, ihren Führer mit dem Feind allein zu lassen.

Das Balrog kam an die Brücke. Gandalf stand in der Mitte des Bogens, mit der linken Hand auf seinen Stab gestützt, in der rechten Glamdring, das kalt und weiß schimmerte. Ihm gegenüber blieb das Unwesen wieder stehen und breitete die Schatten, von denen es umgeben war, wie zwei große Schwingen aus. Es hob die Peitsche und ließ die Riemen sausen und knallen. Aus den Nüstern schnob es Feuer. Gandalf wich keinen Schritt.

»Du kommst nicht durch«, sagte er. Die Orks blieben stehen, und es wurde totenstill. »Ein Diener des Geheimen Feuers bin ich und walte der Flamme Anors. Du kommst nicht durch. Das dunkle Feuer wird dir nicht helfen, Flamme von Udûn! Geh zurück in den Schatten! Du kommst nicht durch.«

Das Balrog antwortete nicht. Das Feuer in ihm schien zu erlöschen, aber die Schatten wuchsen. Langsam trat es auf die Brücke, und dann plötzlich richtete es sich zu seiner vollen Höhe auf und spreizte die Schwingen von einer Wand zur andern; aber noch immer sah man Gandalf standhalten, eine hell schimmernde kleine Gestalt vor der dunklen Wolke, ganz allein, grau und gebeugt wie ein verhutzelter Baum, vor dem ein Sturm losbricht.

Aus dem Schatten hervor sprang ein flammendes, rotes Schwert.

Glamdring blitzte weiß auf in der Parade.

Ein krachender Aufprall und eine weiße Stichflamme. Das Balrog taumelte zurück, und sein Schwert flog in schmelzenden Bruchstücken davon. Der Zauberer schwankte auf der Brücke, trat einen Schritt zurück und stand wieder still.

»Du kommst nicht durch«, sagte er.

Mit einem Satz war das Balrog mit beiden Füßen auf der Brücke. Seine Peitsche pfiff und zischte durch die Luft.

»Das kann er nicht allein durchstehen!« rief Aragorn und rannte zurück zur Mitte der Brücke. »Elendil!« schrie er. »Ich steh' zur dir, Gandalf!«

»Gondor!« schrie Boromir und rannte ihm nach.

In diesem Augenblick hob Gandalf seinen Stab und hieb ihn mit einem lauten Schrei auf den Boden der Brücke. Der Stab brach entzwei und fiel ihm aus der Hand. Eine blendend weiße Flammenwand sprang auf. Die Brücke knackte. Genau unter den Füßen des Balrogs brach sie, und der Stein, auf dem es stand, stürzte in die Tiefe, während der Rest bebte, aber stehen blieb wie eine ins Leere herausgestreckte steinerne Zunge.

Mit einem wüsten Schrei stürzte das Balrog vornüber und verschwand mitsamt seinem Schatten. Aber noch im Fallen schwang es die Peitsche, und die Riemen prasselten und wickelten sich dem Zauberer um die Knie und zerrten ihn zum Rand. Er verlor den Halt und fiel, vergebens nach dem Stein greifend, in die Tiefe. »Flieht, ihr Narren!« rief er noch, und weg war er.

Die Feuer erloschen, und es wurde dunkel. Wie angewurzelt vor Entsetzen standen die Gefährten am Rand des Abgrunds und starrten hinunter. Kaum waren Aragorn und Boromir zu den anderen zurückgerannt, als der Rest der Brücke knackte und einstürzte. Aragorn musste schreien, um die anderen wieder zur Besinnung zu bringen.

»Kommt, jetzt führe ich euch!« rief er. »Wir gehorchen seinem letzten Befehl. Mir nach!«

Schleunigst rannten sie die große Treppe hinter der Tür hinauf, Aragorn an der Spitze, Boromir als Letzter. Oben kamen sie in einen breiten, hallenden Flur, und den eilten sie entlang. Frodo hörte Sam neben sich schluchzen, und dann merkte er, dass auch ihm die Tränen herabliefen. *Drummm, drummm, drummm,* rollten hinter ihnen die Trommeln, doch nun langsam und wehmütig. *Drummm.*

Sie rannten weiter. Vor ihnen nahm das Licht zu; große Schächte durchbrachen das Dach. Sie rannten schneller. Sie kamen in eine Halle mit hohen Fenstern nach Osten, durch die helles Tageslicht einfiel. Sie durchquerten sie. Am andern Ende war eine riesige, zerbrochene Tür, und dahinter strahlte ihnen plötzlich das Große Tor entgegen, ein Bogen blendenden Lichts.

Im Schatten hinter den mächtigen Torpfosten, die zu beiden Seiten aufragten, hockte eine Orkwache; doch die Torflügel selbst waren umgestürzt und zertrümmert. Aragorn machte den Hauptmann nieder, der ihm in den Weg trat, und die anderen rissen aus. Die Gefährten rannten an den Orks vorüber, ohne sie zu beachten, zum Tor hinaus und die breiten, uralten und ausgetretenen Stufen hinunter: über die Schwelle von Moria.

Unverhofft standen sie endlich wieder unter freiem Himmel und spürten den Wind auf ihren Gesichtern.

Sie hielten nicht an, bevor sie nicht außer Bogenschußweite von den Mauern waren. Vor ihnen lag das Schattenbachtal. Zwar warfen die Nebelberge ihren Schatten darüber, aber etwas weiter östlich fiel goldenes Licht auf das Land. Es war erst eine Stunde nach Mittag. Die Sonne schien, und die Wolken waren weiß und hoch.

Sie blickten zurück. Dunkel gähnte der Torbogen im Schatten der Berge. Schwach und von tief unter der Erde hörten sie die langsamen Trommelschläge: *Drummm.* Dünne, schwarze Rauchfäden stiegen auf. Nichts sonst war zu sehen; das Tal war ringsum verlassen. *Drummm.* Endlich überkam sie der Schmerz in vollem Maße, und sie weinten lange, manche still und aufrecht, andere hatten sich zu Boden geworfen. *Drummm, drummm.* Die Trommelschläge verhallten.

SECHSTES KAPITEL

LOTHLÓRIEN

»Ich fürchte, hier können wir nicht länger bleiben«, sagte Aragorn. Er blickte zu den Bergen hinauf und hielt sein Schwert empor. »Lebe wohl, Gandalf!« rief er. »Habe ich dir nicht gesagt: *Gehst du durch die Türen von Moria, so nimm dich in Acht?* Ach, dass es ein Wahrspruch sein musste! Welche Hoffnung bleibt uns ohne dich?«

Er wandte sich zu den Gefährten um. »Nun muss es auch ohne Hoffnung gehn«, sagte er. »Wenigstens Rache nehmen können wir vielleicht noch. Gürten wir uns! Genug geweint! Wir haben einen weiten Weg und noch viel zu tun.«

Sie standen auf und schauten umher. Nach Norden lief das Tal in eine schattige Schlucht zwischen zwei großen Gebirgszügen aus, über denen drei weiße Gipfel strahlten: Celebdil, Fanuidhol und Caradhras, die Berge von Moria. Vom oberen Ende der Schlucht kam ein Sturzbach wie ein weißes Band über unzählige kleine Stufen herabgeschäumt, und zu Füßen der Berge hing ein Sprühnebel in der Luft.

»Dort ist der Schattenbachsteig«, sagte Aragorn, zu den Wasserfällen hindeutend. »Den tief eingeschnittenen Weg, der an dem Sturzbach entlangführt, hätten wir herabkommen sollen, wäre uns das Schicksal freundlicher gewesen.«

»Oder das Caradhras weniger grausam«, sagte Gimli. »Da steht es und grinst in die Sonne!« Er drohte dem entferntesten der drei schneebedeckten Gipfel mit der Faust und wandte sich ab.

Der nach Osten vorspringende Gebirgszug brach jäh ab, und dahinter lag eine weite, verschwommen erkennbare Ferne. Nach Süden zog sich das Nebelgebirge dahin, soweit der Blick reichte. Keine Meile weit von ihnen und ein wenig tiefer, denn sie standen noch hoch auf der Westseite des Tals, lag ein See. Er war lang und oval, nach Norden zu aber bohrte er sich wie eine große Speerspitze tief in die Schlucht hinein. Das südliche Ende lag nicht mehr im Schatten der Berge, sondern unter dem sonnigen Himmel; dennoch war sein Wasser dunkel, von einem tiefen Blau wie ein klarer Abendhimmel, von einem Zimmer mit Lampenlicht aus gesehen. Die Oberfläche war glatt und unbewegt. Ringsum lagen Wiesen, die von allen Seiten sanft zum kahlen, flachen Ufer abfielen.

»Dort ist der Spiegelsee, der tiefe Kheled-zâram«, sagte Gimli traurig. »Ich weiß noch, wie er zu mir sagte: ›Mögest du an dem Anblick Freude haben! Aber wir können uns dort nicht aufhalten.‹ Nun werde ich weit herumkommen müssen, ehe ich wieder an etwas Freude habe. Ich bin es, der schleunigst fort muss, und er muss bleiben.«

Die Gefährten gingen die Straße vom Tor hinab. Sie war holprig und schadhaft und schrumpfte bald zu einem Fußpfad, der sich durch Heidekraut und Ginster zwischen den geborstenen Steinen wand. Aber immer noch war zu sehen, dass hier vor langer Zeit einmal eine breite, gepflasterte Straße von den flacheren Gebieten des Zwergenkönigreichs heraufgeführt hatte. An manchen Stellen lagen Steintrümmer am Wege. Auf kleinen grünen Anhöhen wuchsen schlanke Birken oder im Wind seufzende Tannen. Eine Biegung nach Osten brachte sie dicht ans grasige Ufer des Sees, und dort stand eine einzelne Säule, deren Spitze abgebrochen war.

»Durins Stein!« rief Gimli. »Ich kann hier nicht vorübergehn, ohne wenigstens einen Blick auf das Wunder des Tals zu werfen.«

»Aber mach's kurz!« sagte Aragorn. Er blickte zum Tor zurück. »Es wird früh dunkel. Vor Sonnenuntergang werden die Orks wohl nicht herauskommen, aber wenn es Nacht wird, müssen wir weit weg sein. Der Mond ist fast vergangen, und es wird sehr dunkel werden.«

»Komm mit, Frodo!« rief der Zwerg und rannte von der Straße herunter. »Ich möchte nicht, dass du vorübergehst, ohne den Kheled-zâram gesehen zu haben!« Er eilte den langen grünen Hang hinab. Frodo folgte ihm langsamer, trotz Schmerz und Müdigkeit angezogen von dem stillen blauen Wasser. Sam kam hinterdrein.

An der Säule blieb Gimli stehen und blickte an ihr empor. Sie war gesprungen und verwittert, und die blassen Runen auf ihr waren nicht mehr zu lesen. »Dieser Stein bezeichnet die Stelle, wo Durin zum ersten Mal in den See blickte«, sagte der Zwerg. »Lass uns auch einmal hineinblicken, ehe wir weitergehn!«

Sie beugten sich über das dunkle Wasser. Zuerst sahen sie nichts. Dann allmählich sahen sie die Formen der umgebenden Berge in dem tiefen

Blau gespiegelt, mit den Gipfeln wie flammend weißen Federbüschen darüber; zwischen ihnen aber, wo ein Stück vom Himmel zu sehen war, leuchteten wie in der Tiefe versunkene Juwelen die blitzenden Sterne, obwohl die Sonne schien und es heller Tag war. Von sich selbst, wie sie sich über das Wasser beugten, sahen sie kein Spiegelbild.

»O du schöner und wundersamer Kheled-zâram!« sagte Gimli. »Dort liegt Durins Krone, bis er wieder erwacht. Lebe wohl!« Er verneigte sich, wandte sich ab und eilte über den Rasen zurück zur Straße.

»Was hast du denn gesehen?« wollte Pippin von Sam wissen, aber Sam war zu tief in Gedanken, um zu antworten.

Die Straße bog nun nach Süden und führte rasch bergab, aus dem Tal zwischen den Gebirgszügen hinaus. Ein Stück unterhalb des Sees kamen sie zu einem tiefen Brunnen mit kristallklarem Wasser, das über eine Felskante fiel und dann schimmernd und sprudelnd eine tiefe, steinige Rinne hinablief.

»Dies ist die Quelle des Silberlaufs«, sagte Gimli. »Trinkt nicht von dem Wasser, es ist eiskalt!«

»Bald wird daraus ein Fluss mit heftiger Strömung, der Wasser von vielen anderen Bergbächen aufnimmt«, sagte Aragorn. »Unsere Straße führt über viele Meilen an ihm entlang. Denn ich will euch den Weg führen, den Gandalf gewählt hatte, und als Erstes hoffe ich die Wälder um die Mündung des Silberlaufs in den Großen Strom zu erreichen – dort hinten.« Sie blickten in die angezeigte Richtung und sahen den Bach zur Talsohle hinabspringen und dann weiter ins flachere Land hinauslaufen, bis er sich in einem goldenen Dunst verlor.

»Lothlóriens Wälder stehen dort«, sagte Legolas, »der Länder schönstes, von allen, die mein Volk bewohnt. Nichts kommt den Bäumen dort gleich. Denn golden werden ihre Blätter im Herbst, statt zu fallen. Erst wenn der Lenz kommt und das junge Grün aufbricht, fallen sie ab; und alsbald sind die Zweige schwer von gelben Blüten. Golden ist dann der Boden des Waldes und golden sein Dach, und silbern sind die Säulen, denn die Rinde der Stämme ist glatt und grau. So heißt es noch heute in unseren Liedern, wie wir sie im Düsterwald singen. Von Herzen froh wär ich, könnt' ich im Frühling am Saum jenes Waldes verweilen.«

»Ich wäre dort sogar im Winter von Herzen froh«, sagte Aragorn. »Aber bis dahin sind es noch viele Meilen. Beeilen wir uns!«

Eine Zeit lang konnten Frodo und Sam mit den anderen Schritt halten, aber Aragorn legte ein scharfes Tempo vor, und nach einer Weile blieben sie zurück. Seit dem frühen Morgen hatten sie nichts mehr gegessen. Sams Schnittwunde brannte wie Feuer, und ihm schwamm der Kopf. Trotz des Sonnenscheins kam ihm der Wind nach der warmen Dunkelheit von Moria kalt vor, und er bibberte. Frodo fiel jeder Schritt schwerer, und er schnappte nach Luft.

Endlich drehte Legolas sich um und wies Aragorn darauf hin, wie weit sie schon zurückgeblieben waren. Die andern hielten an, und Aragorn, nachdem er Boromir zum Mitkommen aufgefordert hatte, rannte zurück.

»Entschuldige, Frodo!« rief er. »So viel ist heute geschehen, und wir müssen uns so beeilen, dass ich ganz vergessen habe, dass ihr beide verletzt seid. Ihr hättet etwas sagen sollen. Wir haben nichts getan, um euch zu versorgen, wovon uns alle Orks von Moria nicht hätten abhalten dürfen. Kommt nun! Bald sind wir an einem Platz, wo wir eine kurze Rast einlegen können. Da werde ich für euch tun, was ich kann. Komm, Boromir, wir tragen sie!«

Wenig später kamen sie an einen anderen Bach, der von Westen herabfloss und sein sprudelndes Wasser mit dem Silberlauf vereinigte. Zusammen stürzten sie über einen grün bewachsenen Felsen und strömten schäumend in eine Schlucht hinab. Sie war von niedrigen, krummen Kiefern umgeben, und die Seiten waren steil und mit Hirschzunge und Heidelbeersträuchern bewachsen. Auf dem Grund war eine freie, ebene Fläche, wo der Bach über glänzende Kiesel rauschte. Hier rasteten sie. Es war nun fast drei Uhr nachmittags, und sie waren erst wenige Meilen vom Tor entfernt. Schon neigte sich die Sonne nach Westen hin.

Während Gimli und die beiden jüngeren Hobbits mit Reisig und Kiefernholz Feuer machten und die Wasserschläuche füllten, versorgte Aragorn die beiden Verletzten. Sams Kopfwunde war nicht tief, sah aber böse aus, und Aragorn untersuchte sie mit besorgter Miene. Aber einen Moment später schaute er erleichtert auf.

»Glück gehabt, Sam!« sagte er. »Viele haben für ihren ersten erschlagenen Ork schon teurer bezahlen müssen. Dies ist keine vergiftete Wunde, wie sie von Orkklingen nur allzu oft geschlagen wird. Sie dürfte gut verheilen, wenn ich sie erst behandelt habe. Wasche sie gut aus, wenn Gimli das heiße Wasser fertig hat.«

Aus seiner Gürteltasche nahm er einige verdorrte Blätter. »Die sind jetzt trocken und nicht mehr so ganz wirksam, aber es sind immerhin noch ein paar von den Athelas-Blättern, die ich in der Nähe der Wetterspitze gefunden habe. Zerreibe eins ins Wasser und wasche damit die Wunde aus, dann werde ich sie verbinden. Und nun zu dir, Frodo!«

»Mir fehlt doch nichts«, sagte Frodo, dem es widerstrebte, an seine Unterkleidung rühren zu lassen. »Ich brauche nur etwas im Magen und ein bisschen Ruhe.«

»Nein«, sagte Aragorn. »Wir müssen schon mal nachsehn, was zwischen Hammer und Amboss aus dir geworden ist. Ich wundere mich, dass du überhaupt noch am Leben bist.« Behutsam streifte er Frodo die alte Jacke und das abgetragene Hemd vom Leib, und dann schnappte er seinerseits nach Luft. Er lachte. Das silberne Panzerhemd schimmerte ihm entgegen wie Licht auf einem gekräuselten See. Behutsam zog er es Frodo aus und hielt es hoch. Die Edelsteine daran funkelten wie Sterne, und als er die Ringe schüttelte, gab es ein helles Klirren, wie wenn Regen auf einen Teich fällt.

»Seht mal, Freunde!« rief er. »Was für ein hübsches Hobbitfell! Selbst ein kleiner Elbenprinz könnte ihn drum beneiden. Wenn bekannt würde, dass Hobbits solche Pelze tragen, kämen alle Jäger von Mittelerde ins Auenland geritten.«

»Und alle Jäger der Welt würden ihre Pfeile vergebens abschießen«, sagte Gimli und betrachtete den Harnisch voll Bewunderung. »Es ist ein Mithrilhemd. Reines Mithril! Von einem so schönen habe ich nie auch nur gehört, geschweige denn, es gesehen. Ist dies das Hemd, von dem Gandalf gesprochen hat? Dann hat er den Preis noch unterschätzt. Aber es war ein wohl angebrachtes Geschenk.«

»Ich hab mich immer gewundert, was du mit Bilbo für Heimlichkeiten hattest, wenn ihr in seinem kleinen Zimmer wart«, sagte Merry. »Es lebe der alte Hobbit! Ich mag ihn jetzt mehr denn je. Hoffentlich können wir ihm das mal alles erzählen.«

Frodo hatte eine schwarz unterlaufene Quetschung an der rechten Seite und an der Brust. Unter dem Harnisch trug er noch ein Hemd von weichem Leder, und an einer Stelle hatten die Ringe es durchschnitten und waren ins Fleisch gepresst worden. Auch seine linke Seite, mit der er gegen die Wand geschleudert worden war, wies Schrammen und Prellungen auf. Während die anderen das Essen zubereiteten, wusch Aragorn die angegriffenen Stellen mit dem Athelas-Sud aus. Der scharfe Geruch verbreitete sich über die Schlucht, und alle, die sich über das dampfende

Wasser beugten, fühlten sich erfrischt und gestärkt. Bald spürte Frodo, wie der Schmerz nachließ, und er konnte wieder leichter atmen; allerdings blieben die wunden Stellen noch mehrere Tage geschwollen und gegen jede Berührung empfindlich. Aragorn band ihm noch einige Bäusche von weichem Tuch an die Seite.

»Der Harnisch ist wunderbar leicht«, sagte er. »Zieh ihn wieder an, wenn er dich nicht stört! Ich bin heilfroh, dass du ein solches Hemd hast. Leg es auch zum Schlafen nicht ab; es sei denn, dein Schicksal führt dich für eine Weile an einen Ort, wo du in Sicherheit bist; doch das wird ein seltenes Glück sein, solange diese Fahrt dauert.«

Als sie gegessen hatten, löschten sie das Feuer und beseitigten alle seine Spuren. Dann stiegen sie aus der Schlucht und machten sich auf den Weg. Sie waren noch nicht weit gegangen, als die Sonne hinter den Höhen im Westen versank und die großen Schatten die Berghänge hinabkrochen. Dämmerlicht lag um ihre Füße, und aus den Niederungen stiegen Nebel auf. Im Osten verschwammen die fernen Ebenen und Wälder im blassen Abendlicht. Sam und Frodo, die sich erholt und gestärkt fühlten, konnten das flotte Tempo mithalten, und mit nur einer kurzen Pause führte Aragorn sie noch fast drei Stunden weiter.

Es war nun tiefe Nacht. Zwar standen viele Sterne am klaren Himmel, aber die dünne Sichel des abnehmenden Mondes würde erst später aufgehen. Frodo und Gimli gingen als letzte hinter den anderen, mit leisen Schritten und ohne zu reden; sie horchten, ob auf der Straße Geräusche hinter ihnen herkämen. Endlich brach Gimli das Schweigen.

»Kein Laut, bis auf den Wind«, sagte er. »Orks sind nicht in der Nähe, oder meine Ohren müssten aus Holz sein. Man kann hoffen, dass sie sich damit zufrieden geben, uns aus Moria verjagt zu haben. Und vielleicht war das alles, was sie wollten; und mit uns – oder mit dem Ring – haben sie gar nichts weiter im Sinn. Allerdings verfolgen die Orks ihre Feinde oft viele Wegstunden weit in die Ebene hinein, wenn sie einen gefallenen Hauptmann zu rächen haben.«

Frodo gab keine Antwort. Er betrachtete Stich: Die Klinge schimmerte nicht. Und doch, er hatte etwas gehört oder glaubte, etwas gehört zu haben. Sobald die Schatten um sie gefallen waren und die Straße hinter ihnen im Dämmerlicht lag, hatte er wieder das rasche Tapsen von Füßen gehört. Jetzt eben hörte er es wieder. Rasch drehte er sich um. Zwei winzige Lichtpunkte waren hinter ihnen; zumindest glaubte er für einen

Moment, sie gesehen zu haben, aber sofort huschten sie beiseite und waren verschwunden.

»Was ist?« sagte der Zwerg.

»Ich weiß nicht«, antwortete Frodo. »Mir war so, als hätte ich Schritte gehört und etwas leuchten gesehen – wie Augen. Es ist mir schon oft so vorgekommen, seit wir Moria betreten haben.«

Gimli blieb stehen, bückte sich und legte das Ohr an den Boden. »Ich höre nichts als die Nachtgespräche der Pflanzen und Steine«, sagte er. »Komm, beeilen wir uns! Die andern sind schon außer Sicht.«

Ein kühler Nachtwind blies ihnen talaufwärts entgegen. Vor ihnen stieg ein breiter grauer Schatten auf, und unablässig hörten sie ein Rauschen wie von Pappeln im Wind.

»Lothlórien!« rief Legolas. »Wir sind am Saum des Goldenen Waldes. Ach, dass es noch Winter ist!«

Unter dem Nachthimmel ragten die Bäume hoch vor ihnen empor, wölbten sich über die Straße und den Bach hinweg, der nun unter ihren ausgebreiteten Ästen hindurchfloss. Im blassen Sternenschein sahen ihre Stämme grau aus, und ihre bebenden Blätter flimmerten ein wenig wie fahles Gold.

»Lothlórien!« sagte Aragorn. »Mit Freuden höre ich wieder seine Bäume im Wind rauschen. Noch haben wir kaum mehr als fünf Wegstunden zwischen uns und das Tor von Moria gebracht, doch weiter können wir heute nicht gehen. Hoffen wir, dass die Macht der Elben uns heute Nacht vor der Gefahr in unserem Rücken bewahren wird!«

»Wenn in dieser dunkelnden Welt wirklich noch Elben wohnen«, sagte Gimli.

»Lang ist es her, seit einer von meinem Volk wieder dies Land besuchte, von wo wir einst ausgewandert sind«, sagte Legolas, »doch hören wir, dass Lórien noch nicht verlassen ist, denn eine geheime Macht wirkt hier, die alles Übel vom Lande fern hält. Doch selten nur lässt sein Volk sich blicken, und tief im Walde wohnt es vielleicht nun, weitab von der nördlichen Grenze.«

»Tief im Walde wohnt es in der Tat«, sagte Aragorn, seufzend, wie wenn eine Erinnerung ihn bewegte. »Heute nacht müssen wir allein zurechtkommen. Wir gehen noch ein kleines Stück weiter, bis wir mitten unter den Bäumen sind; dann biegen wir zur Seite ab und suchen uns einen Lagerplatz.«

Er wollte vorangehen, doch Boromir blieb unschlüssig stehen und folgte ihm nicht. »Gibt es denn keinen anderen Weg?« sagte er.

»Welchen besseren Weg könntest du dir wünschen?« sagte Aragorn.

»Einen geheuren Weg, und führte er auch durch ein Dickicht von Schwertern«, sagte Boromir. »Auf seltsamen Wegen hat diese Fahrt sich führen lassen, und bisher nur ins Unglück. Gegen meinen Willen sind wir durch die Finsternis von Moria gegangen und haben einen schweren Verlust erlitten. Und nun müssen wir auch noch den Goldenen Wald betreten, sagst du. Aber von diesem gefahrvollen Land haben wir in Gondor gehört, und es heißt, wenige kommen da wieder heraus, die einmal hineingegangen sind; und von diesen wenigen ist noch keiner unversehrt geblieben.«

»Sage nicht *unversehrt,* sondern *unverändert,* dann sagst du vielleicht die Wahrheit«, antwortete Aragorn. »Doch die Wissenschaft liegt darnieder in Gondor, Boromir, wenn sie in der Stadt, in der einst Weise regierten, heute schlecht von Lothlórien reden. Doch glaube, was du willst: Keinen anderen Weg gibt es für uns, es sei denn, du wolltest zurück zum Tor von Moria oder die weglosen Berge übersteigen oder ganz allein den Großen Strom durchschwimmen.«

»Dann geh voran!« sagte Boromir. »Aber gefahrvoll ist es.«

»Gefahrvoll allerdings«, sagte Aragorn, »schön und gefahrvoll, doch Letzteres nur für den Bösen oder für den, der Böses im Schilde führt. Mir nach!«

Sie waren erst wenig mehr als eine Meile in den Wald hineingegangen, als sie wieder zu einem Bach kamen, der rasch von den baumbestandenen Hängen herabfloss, die nach Westen zum Gebirge hin anstiegen. Sie hörten ihn, wie er in den Schatten rechts von ihnen strudelnd eine Stufe herabfiel. Sein dunkles, eiliges Wasser kreuzte ihren Weg und strömte in einem Gewirr kleiner Becken und Lachen zwischen den Wurzeln der Bäume mit dem Silberlauf zusammen.

»Dies ist die Nimrodel!« sagte Legolas. »Viele Lieder dichteten die Waldelben einst über diesen Bach, und wir im Norden singen sie noch immer, des Regenbogens über den Wasserfällen gedenkend und der goldenen Blüten, die auf dem Schaum schwammen. Dunkel ist nun alles, und die Brücke über die Nimrodel abgebrochen. Ich will die Füße in ihr baden, denn es heißt, ihr Wasser heile von der Müdigkeit.« Er stieg das steile Ufer hinab und watete in den Bach.

»Mir nach!« rief er. »Das Wasser ist nicht tief. Lasst uns hindurchwa-
ten! Am andern Ufer können wir rasten. Des Wasserfalls Rauschen wird
uns Schlaf bringen und allen Schmerz vergessen machen.«

Einer nach dem andern stiegen sie hinab und folgten Legolas. Frodo
blieb einen Moment am Rande stehen und ließ sich das Wasser um die
müden Füße laufen. Es war kalt und fühlte sich rein an, und als er weiterging und es ihm bis zu den Knien reichte, war ihm, als würde aller
Schmutz der Reise und alle Müdigkeit von den Beinen abgewaschen.

Als alle am andern Ufer waren, setzten sie sich hin, ruhten aus und aßen
ein wenig; und Legolas erzählte ihnen von Lothlórien, so wie es die Elben
aus dem Düsterwald noch immer ins Herz geschlossen hatten, vom Son-
nen- und Sternenschein auf den Wiesen am Großen Strom, zu der Zeit,
als die Welt noch nicht grau war.

Dann schwieg er eine Weile, und sie hörten der Musik des Wasserfalls zu,
die lieblich aus den Schatten herüberklang. Fast konnte Frodo sich vorstellen, eine Singstimme zu hören, begleitet von den Lauten des Wassers.

»Hört ihr Nimrodels Stimme?« fragte Legolas. »Ich will euch ein Lied
vom Fräulein Nimrodel singen, das denselben Namen trug wie der Bach,
an dem es einst wohnte. Ein schönes Lied ist es in unserer waldländi-
schen Sprache; doch so lautet es in Westron, wie manche heute in Bruchtal singen.« Leise, sodass es beim Rascheln der Blätter über ihnen kaum
zu vernehmen war, begann er:

> *Einst lebte eine Elbenmaid*
> *So wie der Morgen hold;*
> *Ihr Kleid, ihr Schuh war ein Geschmeid*
> *Aus Silberglanz und Gold.*
>
> *Auf ihrer Stirne stand ein Stern,*
> *Im Haare spielte Licht*
> *Wie auf den Hügeln Lóriens fern*
> *Die Sonne heller nicht.*
>
> *Ihr Haar fiel reich, und gliederweiß,*
> *Und schön war sie und frei*
> *Und bog sich wie ein junges Reis*
> *Im Wind so sanft dabei.*

Am Wasserfall von Nimrodel,
  Der klar und kühl versprüht,
Fiel sie mit ein wie Silber hell
  Ins helle Wasserlied.

Heut aber kennt sie keiner mehr
  Noch ihren Aufenthalt;
Sie fand nicht Weg noch Wiederkehr
  Aus Wildnis, Berg und Wald.

Das Elbenschiff im Hafen lag,
  Am Berge sturmgeschützt,
Und harrte ihrer Tag um Tag –
  Die See ging weißbemützt.

Ein Sturm kam auf von Norden her
  Zur Nacht mit Urgewalt
Und trieb das Schiff hinaus aufs Meer
  Ins Dunkel ungestalt.

Der Strand, der Berg verschwamm im Dunst,
  Vertrübt und ungenau,
Die Wogen türmten sich in Brunst
  Und rollten schwer und grau.

Noch schärfte Amroth seinen Blick,
  Noch suchte er die Stell
Das Schiff verfluchend – nicht zurück
  Trug's ihn zu Nimrodel.

Er selber herrschte einst im Wald,
  Ein König von Geblüt,
Als Lóriens Macht noch golden galt
  Und elbisch sang das Lied.

Nun schoss er wie ein schlanker Pfeil
  Ins Wasser tief hinab
Und tauchte möwengleich und heil
  Hervor aus nassem Grab.

Der Wind zerwühlte ihm das Haar,
Weiß flog der Schaum um ihn,
Dann sah man ihn wie einen Schwan
Die Wogen reitend ziehn.

Doch drang kein Wort von Westen her
In unser Elbenland,
Und keiner hörte jemals mehr
Von Amroth, der entschwand.

Legolas hielt inne, und das Lied schien zu Ende zu sein. »Weiter kann ich es nicht«, sagte er. »Dies ist ein Teil nur, denn vieles hab ich vergessen. Es ist ein langes und trauriges Lied; es berichtet vom Leid, das über Lothlórien hereinbrach, das Blütenland Lórien, als die Zwerge im Gebirge das schlafende Übel weckten.«

»Aber die Zwerge schufen das Übel nicht«, sagte Gimli.

»Das sagte ich nicht; dennoch, das Übel kam«, sagte Legolas traurig. »Viele Elben von Nimrodels Sippe verließen dann ihr Land und schieden, und sie selbst verirrte sich im fernen Süden, in den Pässen des Weißen Gebirges, und kam nicht zu dem Schiff, auf dem Amroth, ihr Geliebter, ihrer harrte. Doch im Lenz, wenn der Wind durchs junge Laub streicht, ist am Wasserfall, der ihren Namen trägt, noch ein Echo ihrer Stimme zu hören. Und wenn der Wind von Süden weht, dringt Amroths Stimme vom Meer herauf; denn die Nimrodel fließt in den Silberlauf, den die Elben Celebrant nennen, und der Celebrant in den großen Anduin, und der Anduin in die Bucht von Belfalas, wo die Elben von Lórien sich einschifften. Doch weder Nimrodel noch Amroth kehrten je wieder.

Es heißt, im Geäst eines Baumes nahe beim Wasserfall sei ihr Haus gewesen; denn auf den Bäumen zu wohnen, war der Elben von Lórien Sitte und ist es vielleicht noch heute. Die Galadhrim hießen sie daher, die Baum-Bewohner. Tief in ihrem Walde sind die Bäume sehr hoch. Das Waldvolk wühlte nicht unter der Erde wie die Zwerge, und ehe der Schatten kam, baute es auch keine Burgen aus Stein.«

»Und auch heutzutage könnte man denken, dass es sicherer ist, auf den Bäumen zu wohnen, als auf dem Boden zu sitzen«, sagte Gimli. Er blickte über den Bach zur Straße hin, die ins Schattenbachtal zurückführte, und dann zu dem dunklen Blätterdach über ihnen hinauf.

»Du gibst guten Rat, Gimli«, sagte Aragorn. »Ein Haus können wir so schnell nicht bauen, doch heute Nacht werden wir es halten wie die Galadhrim und auf den Baumwipfeln Zuflucht nehmen, wenn es uns gelingt. Wir haben hier schon länger, als klug ist, in der Nähe der Straße gesessen.«

Die Gefährten gingen nun seitlich vom Weg ab und in den Schatten des dichteren Waldes, fort vom Silberlauf und nach Westen an dem Bergbach entlang. Nicht weit von Nimrodels Wasserfall fanden sie eine Gruppe Bäume, von denen manche ihre Äste über den Bach streckten. Die grauen Stämme waren von mächtigem Umfang, aber wie hoch sie waren, konnte man nur ahnen.

»Ich klettere hinauf«, sagte Legolas. »Unter Bäumen bin ich heimisch, von der Wurzel bis zum Gezweig, doch diese hier sind von einer Art, die mir nur dem Namen nach aus Liedern bekannt ist. *Mellyrn* werden sie genannt; und sie sind es, welche die gelben Blüten tragen; doch habe ich noch nie einen *Mallorn* erstiegen. Nun werde ich erfahren, welcher Art ihre Gestalt und ihr Wuchs sind.«

»Welcher Art sie auch seien«, sagte Pippin, »es müssten schon Wunderbäume sein, um jemandem, der kein Vogel ist, ein Nachtlager zu bieten. Ich kann nun mal nicht auf einer Stange sitzen und schlafen!«

»Dann grabe dir ein Loch in den Boden«, sagte Legolas, »wenn das deiner Art gemäßer ist. Aber du wirst schnell und tief graben müssen, um dich vor den Orks zu verbergen.« Er sprang federleicht in die Höhe und bekam einen Ast zu fassen, der weit über seinem Kopf aus dem Stamm hervorwuchs. Aber während er dort noch einen Augenblick hing, wurde er plötzlich aus dem Schatten des Baumes über ihm angesprochen.

»*Daro!*« sagte die Stimme in befehlendem Ton. Vor Schreck ließ sich Legolas wieder zu Boden fallen. Er drückte sich an den Baumstamm.

»Steht still!« flüsterte er den anderen zu. »Nicht rühren oder reden!«

Über ihren Köpfen hörten sie ein leises Auflachen. Dann wurde eine andere helle Stimme elbischer Zunge laut. Frodo verstand nicht viel, denn die Sprache des Waldvolkes östlich des Gebirges war dem westlichen Elbisch wenig ähnlich. Legolas blickte hoch und antwortete in derselben Sprache.*

»Wer sind die, und was sagen sie?« fragte Merry.

»Es sind Elben«, sagte Sam. »Merkst du's nicht an den Stimmen?«

* Vgl. die Anmerkung in Anhang F: *Von den Elben.*

»Ja, Elben sind es«, sagte Legolas, »und sie sagen, ihr schnauft so laut, dass sie euch im Dunkeln erschießen könnten.« Sam hielt sich schleunigst die Hand vor den Mund. »Aber sie sagen auch, dass ihr euch nicht zu fürchten braucht. Schon seit einer ganzen Weile haben sie uns bemerkt. Über die Nimrodel hinweg hörten sie meine Stimme und begriffen, dass ich einer ihrer Verwandten aus dem Norden bin; darum haben sie uns den Bach ungehindert überschreiten lassen, und nachher haben sie mein Lied gehört. Nun heißen sie mich, mit Frodo hinaufzusteigen; denn sie scheinen über ihn und unsere Fahrt unterrichtet zu sein. Die anderen bitten sie ein wenig zu warten und unter dem Baume zu wachen, bis sie beschlossen haben, was zu tun ist.«

Aus dem Schatten wurde eine Leiter herabgelassen. Sie bestand aus einem silbergrauen, im Dunkeln schimmernden Seil, das sehr dünn aussah, sich aber als stark genug erwies, mehrere von ihnen zu tragen. Legolas glitt behänd hinauf, und Frodo folgte langsamer; dahinter kam Sam, der sich alle Mühe gab, unhörbar zu schnaufen. Die Äste des Mallornbaums wuchsen fast waagerecht aus dem Stamm hervor und bogen sich dann aufwärts; doch dicht unter dem Wipfel teilte sich der Stamm in eine Krone aus mehreren Ästen, und zwischen diese war eine hölzerne Plattform eingesetzt worden: ein *Flett,* wie man das zu jener Zeit nannte, oder, wie es bei den Elben hieß, ein *Talan.* Den Einstieg bildete ein rundes Loch in der Mitte, durch das die Leiter hindurchführte.

Als Frodo endlich oben ankam, saß Legolas schon mit drei anderen Elben zusammen. Sie waren in Schattengrau gekleidet und zwischen den Baumstämmen nur zu sehen, wenn sie sich rasch bewegten. Sie standen auf, und einer von ihnen enthüllte ein Lämpchen, das einen dünnen, silbrigen Schein abgab. Er hielt es hoch und blickte erst Frodo, dann Sam ins Gesicht. Dann verdeckte er das Licht wieder und sprach Begrüßungsworte in seiner elbischen Sprache. Frodo antwortete stockend, so gut er konnte.

»Willkommen!« sagte der Elb dann noch einmal in der Gemeinsprache, die er seinerseits nur stockend sprach. »Selten bedienen wir uns einer anderen als der eigenen Zunge; denn im Herzen des Waldes wohnen wir nun, und abgeneigt sind wir dem Umgang mit fremdem Volk. Selbst unsere Verwandten im Norden sind von uns gesondert. Doch gehen noch manche von uns außer Landes, um Post zu erfahren und unsere Feinde zu beobachten, und diese verstehen in anderer Länder Zungen zu reden.

Deren bin ich einer. Haldir ist mein Name. Meine Brüder Rúmil und Orophin sprechen eure Sprache nur wenig.

Doch uns ward bekannt, dass ihr kämet, denn Elronds Boten waren in Lórien, bevor sie sich auf den Heimweg durchs Schattenbachtal machten. Seit vielen langen Jahren hatten wir nichts mehr von … von Hobbits oder Halblingen gehört, und wir wussten nicht, dass solche in Mittelerde noch wohnen. Übel seht ihr nicht aus! Und da ein Elb von unserer Sippe bei euch ist, sind wir geneigt, euch als Freunde aufzunehmen, obwohl es bei uns nicht Sitte ist, Fremde durchs Land zu geleiten. Doch heute Nacht müsst ihr hier bleiben. Wie viele seid ihr?«

»Acht«, sagte Legolas. »Ich, vier Hobbits, zwei Menschen, deren einer Aragorn ist, ein Elbenfreund aus dem Volk von Westernis.«

»Der Name Aragorn, Arathorns Sohn, ist in Lórien bekannt«, sagte Haldir, »und der Herrin Gunst genießt er. So weit gut! Doch erst sieben hast du genannt.«

»Ein Zwerg ist der achte«, sagte Legolas.

»Ein Zwerg!« sagte Haldir. »Das ist nicht gut. Seit den Dunklen Tagen haben wir mit den Zwergen nicht mehr verkehrt. Nicht erlaubt ist ihnen, unser Land zu betreten. Ihn kann ich nicht einlassen.«

»Aber er ist vom Einsamen Berg, ein Vertrauter Dáins und Elrond wohlgesonnen«, sagte Frodo. »Elrond selbst hat ihn zu einem unserer Gefährten ausersehen, und er hat sich als treu und tapfer erwiesen.«

Die Elben sprachen leise miteinander und befragten Legolas in ihrer Sprache. »Nun gut«, sagte Haldir endlich. »Gegen unsere Neigung wollen wir ihn einlassen, wenn Aragorn und Legolas ihn bewachen und für ihn bürgen; doch mit verbundenen Augen muss er durch Lothlórien gehen.

Doch nun dürfen wir nicht länger beraten. Eure Gefährten können nicht auf dem Boden bleiben. Wir haben an den Flüssen gewacht, seit wir vor vielen Tagen eine große Schar Orks am Rand des Gebirges nordwärts gen Moria ziehn sahen. Wölfe heulen um des Waldes Säume. Kommt ihr wahrhaftig aus Moria, so kann die Gefahr nicht weit hinterdrein sein. Morgen früh müsst ihr weitergehen.

Die vier Hobbits sollen hier heraufsteigen und bei uns bleiben – sie fürchten wir nicht. Im nächsten Baum ist noch ein Talan. Dort müssen die anderen unterkommen. Du, Legolas, bürgst uns für sie. Wenn du uns brauchst, so ruf uns! Und diesen Zwerg lass nicht aus den Augen!«

Legolas stieg sofort die Leiter hinab, um Haldirs Anweisungen weiterzu-
geben, und bald darauf kamen Merry und Pippin zu dem hohen Flett
heraufgeklettert. Sie waren außer Atem und wirkten ziemlich nervös.

»Da!« sagte Merry keuchend, »wir haben außer unseren eigenen auch
noch eure Decken mit hochgeschleppt. Das übrige Gepäck hat Streicher
unter einem Haufen Laub versteckt.«

»Ohne Not trugt ihr solche Lasten herauf«, sagte Haldir. »Kalt ist es
zwar im Winter in der Bäume Wipfeln; doch weht der Wind heute Nacht
von Süden; und Speis und Trank bieten wir euch, die Kälte zu vertreiben,
und haben Felle übrig und auch Mäntel.«

Dieses zweite (und weit bessere) Abendessen ließen sich die Hobbits
gern gefallen. Dann packten sie sich warm ein, nicht nur in die Pelzmän-
tel der Elben, sondern auch noch in ihre eigenen Decken, und versuchten zu schlafen. Aber so müde sie waren, fiel es doch bis auf Sam keinem
von ihnen leicht. Hobbits lieben die Höhen nicht und schlafen nicht gern
im Obergeschoss, wenn es überhaupt Treppen bei ihnen gibt. Das Flett
war kein Schlafzimmer nach ihrem Geschmack. Es hatte keine Wände,
nicht mal ein Geländer, und nur an der einen Seite stand ein leichter
geflochtener Wandschirm, der je nach Windrichtung umgestellt werden
konnte.

Pippin schwätzte noch ein Weilchen. »Ich kann nur hoffen«, sagte er,
»dass ich nicht runterrolle, wenn ich auf diesem Hochbett einschlafen
sollte.«

»Wenn ich erst mal schlafe«, sagte Sam, »dann schlafe ich, ob ich nun
runterrolle oder nicht. Und, versteh mich recht, je weniger du redest,
desto schneller bin ich weg.«

Frodo lag noch eine Weile wach und schaute zu den Sternen auf, die
durch das dünne, raschelnde Blätterdach schimmerten. Sam schnarchte
schon neben ihm, lange bevor ihm selbst die Augen zufielen. Undeutlich
konnte er die grauen Gestalten der zwei Elben sehen, die regungslos, die
Arme um die Knie geschlungen, flüsternd beisammensaßen. Der dritte
war hinabgestiegen, um seinen Wachtposten auf einem der unteren Äste
zu beziehen. Endlich, eingewiegt vom Wind, der die oberen Äste sanft
schaukelte, und von Nimrodels lieblich murmelndem Wasserfall, schlief
er ein, während Legolas' Lied noch in ihm nachklang.

Spät in der Nacht wachte er auf. Die anderen Hobbits schliefen. Die
Elben waren nicht da. Die Mondsichel schimmerte blass durchs Laub-

werk. Der Wind hatte sich gelegt. Nur ein kleines Stück weit entfernt hörte er derbes Gelächter und Schritte von vielen Füßen unten auf dem Boden. Metall klirrte. Langsam verhallten die Geräusche; sie schienen nach Süden in den Wald hinein abzuziehen.

Ein Kopf tauchte plötzlich aus dem Einstiegsloch empor. Erschrocken setzte Frodo sich auf; dann erkannte er die graue Kapuze eines Elben. Er blickte zu den Hobbits.

»Was ist los?« sagte Frodo.

»*Yrch!*« zischelte der Elb und warf die eingerollte Strickleiter auf das Flett.

»Orks!« sagte Frodo. »Was machen die?« Aber der Elb war schon wieder fort.

Nun waren gar keine Geräusche mehr zu hören. Das Rascheln des Laubes war verstummt, und selbst der Wasserfall schien die Stimme gesenkt zu haben. Frodo saß da und bibberte, trotz aller warmen Hüllen. Er war froh, dass sie nicht am Boden erwischt worden waren, glaubte aber nicht, dass die Bäume außer Tarnung auch viel Schutz boten. Orks konnten eine Geruchsspur verfolgen wie Jagdhunde, hieß es, und klettern konnten sie auch. Er zog Stich aus der Scheide; es glühte und flackerte bläulich, aber allmählich verglomm es und wurde wieder matt. Trotzdem wurde Frodo das Gefühl einer unmittelbaren Gefahr nicht los; es wurde sogar stärker. Er kroch zu der Öffnung und spähte hinunter. Er war sich fast sicher, zu hören, wie sich tief unten am Stamm des Baumes etwas leise bewegte.

Elben waren es gewiss nicht; das Waldvolk bewegte sich vollkommen lautlos. Sehr leise hörte er etwas, das wie Schnüffeln klang, dann ein Scharren, wie wenn jemand die Baumrinde abtastete. Mit angehaltenem Atem starrte er in die Dunkelheit hinab.

Irgendwas kletterte nun langsam den Baum herauf, und Atemgeräusche waren zu hören, leise zischend wie durch geschlossene Zähne. Dann, als es höher kam, sah Frodo zwei fahl schimmernde Augen dicht am Baumstamm. Sie hielten still und schauten, ohne zu blinzeln, nach oben. Plötzlich wandten sie sich ab, und ein Schatten huschte um den Stamm und verschwand.

Gleich darauf kam Haldir rasch durchs Geäst heraufgestiegen. »Etwas ist auf diesem Baum gewesen, das ich noch nie gesehen habe«, sagte er. »Es war kein Ork. Sobald ich Hand an den Baumstamm legte, entfloh es. Es schien sehr vorsichtig zu sein und sich baumgewandt zu bewegen; sonst hätt' ich gedacht, es sei einer von euch Hobbits.

Ich habe nicht geschossen, denn es hätte vielleicht geschrien. Auf einen Kampf können wir uns nicht einlassen. Ein großer Haufen Orks ist vorübergezogen. Sie haben die Nimrodel überquert – verflucht seien ihre schmutzigen Füße, die das reine Wasser trüben! – und sind dann auf der alten Straße am Fluss entlang weitergegangen. Eine Fährte schienen sie zu finden, und nah an dem Platz, wo ihr gesessen hattet, beschnüffelten sie eine Weile den Boden. Wir drei konnten es nicht mit ihnen aufnehmen, denn es waren ihrer hundert; darum liefen wir voraus und riefen sie mit verstellten Stimmen, um sie tiefer in den Wald zu locken.

Orophin eilt nun heim zu den Unsrigen, um sie zu warnen. Von diesen Orks wird keiner Lórien wieder verlassen. Und ehe es wieder Nacht wird, werden der Elben viele an der Nordgrenze im Hinterhalt liegen. Ihr aber müsst nach Süden aufbrechen, sobald es hell genug ist.«

Blass dämmerte der Tag im Osten herauf. Als das Licht stärker wurde, sickerte es durchs gelbe Laub des Mallorns, und den Hobbits kam es vor wie Sonnenschein an einem kühlen Sommermorgen. Zwischen den schwankenden Zweigen waren Stückchen blassblauen Himmels zu sehen. Durch eine Lücke im Geäst vor der Südseite des Fletts konnte Frodo das ganze Tal des Silberlaufs überblicken. Wie ein fahlgoldenes Meer lag es vor ihm, gekräuselt von einer sanften Brise.

Der Morgen war noch jung und kalt, als die Gefährten sich auf den Weg machten, nun geführt von Haldir und seinem Bruder Rúmil. »Lebe wohl, du liebliche Nimrodel!« rief Legolas. Frodo schaute zurück und sah zwischen den grauen Baumstämmen das weiß schäumende Wasser schimmern. Nie wieder, so schien ihm, würde er eine so schöne Stimme des fließenden Wassers wie diese hören, die ihre unzähligen Töne zu immer neuen Melodien verband.

Sie gingen zurück zur Straße, die weiter am Westufer des Silberlaufs entlangführte, und folgten ihr ein Stück weit nach Süden. Fußtapfen von Orks waren am Boden. Bald aber bog Haldir seitlich zwischen die Bäume ab und machte in ihrem Schatten am Ufer Halt.

»Drüben am andern Ufer ist einer der Unsrigen«, sagte er, »allerdings werdet ihr ihn nicht sehen können.« Er stieß einen leisen Pfiff aus, der wie ein Vogelruf klang, und aus einem Gehölz von jungen Bäumen trat ein Elb, in Grau gekleidet, aber die Kapuze zurückgeschlagen; wie Gold schimmerte sein Haar in der Morgensonne. Mit geübter Hand warf ihm

Haldir das Ende eines grauen Seils hinüber, und er fing es auf und band es um einen Baum nahe am Ufer.

»Celebrant ist hier schon ein kräftiger Fluss, wie ihr seht«, sagte Haldir, »schnell fließend und tief und sehr kalt. So hoch im Norden setzen wir keinen Fuß hinein, wenn es nicht sein muss. Brücken aber schlagen wir in diesen Tagen der Wachsamkeit nicht. Seht nun, wie wir den Fluss überschreiten! Mir nach!« Er befestigte sein Ende des Seils ebenfalls an einem Baum und lief darauf unbekümmert über den Fluss, hin und wieder zurück, als ginge er auf einer Straße.

»Ich kann diesen Pfad gehen«, sagte Legolas, »doch schwer fiele es den andern. Müssen sie schwimmen?«

»Nein«, sagte Haldir. »Wir haben noch zwei Seile. Die befestigen wir über dem ersten, das eine in Schulter-, das andere in Hüfthöhe, und wenn sie sich an diesen gut festhalten, sollten die Fremden sicher hinübergelangen.«

Als die schwankende Brücke fertig war, gingen die Gefährten einer nach dem andern hinüber, manche ängstlich Fuß vor Fuß setzend, manche zügiger. Von den Hobbits machte es Pippin am besten, denn er war trittsicher und hielt sich, flott ausschreitend, nur mit einer Hand fest, die Augen beharrlich aufs andere Ufer gerichtet und niemals unter sich blickend. Sam schaffte es im Schlurfschritt, die Halteseile fest in den Fäusten und in das helle, strudelnde Wasser hinabstarrend, als wäre es ein Abgrund im Gebirge.

Er atmete tief auf, als er wohlbehalten drüben war. »Man lernt nie aus, hat der Ohm immer gesagt. Aber dabei hat er nur an seinen Garten gedacht, nicht daran, dass man auch noch wie ein Vogel auf einer Stange schlafen oder wie eine Spinne an einem Faden laufen müsste. Nicht mal mein Onkel Andy hat je Seiltanzen gelernt!«

Als die Gefährten alle auf dem Ostufer des Silberlaufs standen, machten die Elben die Seile los und rollten zwei davon zusammen. Das dritte zog Rúmil, der auf dem anderen Ufer geblieben war, zu sich herüber, wand es sich um die Schulter, winkte ihnen noch einmal zu und ging zurück zur Nimrodel, um dort Wache zu halten.

»Nun, Freunde«, sagte Haldir, »habt ihr den Naith von Lórien betreten, oder den Winkel, wie ihr sagen würdet, denn wie eine Speerspitze liegt das Land im Winkel zwischen dem Silberlauf und dem großen Anduin. Keinem Fremden erlauben wir, die Geheimnisse des Naith auszuspähen. Wenigen ist gestattet, auch nur den Fuß ins Land zu setzen.

Wie abgesprochen, werde ich hier nun dem Zwerg Gimli die Augen verbinden. Die anderen können einstweilen ohne Augenbinde gehen, bis wir uns unseren Behausungen in Egladil nähern, unten im Winkel zwischen den Flüssen.«

Gimli war es nicht recht. »Ohne meine Einwilligung wurde dies abgesprochen«, sagte er. »Ich gehe nicht mit verbundenen Augen wie ein blinder Bettler oder wie ein Gefangener. Und ich bin kein Späher. Mein Volk hat nie mit den Dienern des Feindes Geschäfte gemacht. Auch haben wir den Elben nie etwas getan. Verrat darfst du von mir ebenso wenig erwarten wie von Legolas oder jedem anderen meiner Gefährten.«

»Ich zweifle nicht an dir«, sagte Haldir. »Doch so will es unser Gesetz, dessen ich nicht Herr bin und das ich nicht aufheben kann. Viel hab ich schon getan, als ich dich den Fuß über den Celebrant setzen ließ.«

Gimli gab nicht nach. Er stemmte die Beine breit in den Boden und legte die Hand an den Griff seiner Axt. »Ich gehe weiter nur als freier Mann, oder ich kehre um, dahin, wo man mir aufs Wort glaubt, in mein Heimatland, und müsste ich unterwegs in der Wildnis allein zugrunde gehn.«

»Umkehren kannst du nicht«, sagte Haldir scharf. »Nachdem du einmal im Lande bist, musst du dem Herrn und der Herrin vorgeführt werden. Sie werden über dich befinden, dich festhalten oder dir Urlaub gewähren, wie es ihnen beliebt. Die Flüsse kannst du nicht wieder überschreiten, und hinter dir sind nun versteckte Wachposten, an denen du nicht vorüberkommst. Tot wärest du, bevor du sie sähest.«

Gimli löste die Axt vom Gürtel. Haldir und sein Begleiter spannten die Bogen. »Die Seuche über die Zwerge und ihre Halsstarrigkeit!« sagte Legolas.

»Bitte!« sagte Aragorn. »Wenn ich weiterhin diese Fahrt anführen soll, dann tut ihr jetzt, was ich sage! Es ist hart für den Zwerg, so ausgegrenzt zu werden. Wir lassen uns alle die Augen verbinden, auch Legolas. So wird es am besten sein, obwohl wir dann alle nur langsam und stumpfsinnig dahintrotten können.«

Gimli lachte laut auf. »Wie ein Haufen Narren werden wir aussehn! Will Haldir uns alle an einer Leine führen wie acht blinde Bettler hinter nur einem Hund? Aber ich bin es schon zufrieden, wenn Legolas allein mein Los teilt.«

»Ich bin Elb und mit denen hier verwandt!« sagte Legolas, nun seinerseits erbost.

»Da könnten wir rufen: ›die Seuche über die Halsstarrigkeit der Elben!‹« sagte Aragorn. »Also müssen alle Gefährten die gleiche Behandlung erfahren. Komm, Haldir, verbinde uns die Augen!«

»Ich klage auf Schmerzensgeld für jeden Sturz und jeden verstauchten Zeh, wenn ihr uns nicht gut führt«, sagte Gimli, als sie ihm die Augen verbanden.

»Ohne Grund wirst du klagen«, sagte Haldir, »denn ich werde euch gut führen, und die Wege sind eben und gerade.«

»O Torheit dieser Zeit!« rief Legolas. »Alle sind wir desselben Feindes Feinde, und doch muss ich blind durchs Waldland gehen, wo die Sonne durchs goldene Laub scheint!«

»Torheit könnte man's nennen!« sagte Haldir. »In nichts zeigt ja des Dunklen Herrschers Macht sich deutlicher als darin, wie alle einander fremd werden, die ihm noch trotzen. Doch so wenig Treu und Glauben herrscht nun in der Welt jenseits unserer Grenzen, es sei denn in Bruchtal, dass wir nicht mehr wagen, Vertrauen walten zu lassen, wo unser Land bedroht sein könnte. Auf einer Insel leben wir zwischen hundert Fährnissen, und öfter liegen unsere Hände nun an der Bogensehne als an den Saiten der Harfe.

Lange behüteten uns die Flüsse, doch nun sind sie kein sicherer Schutz mehr, denn rings um uns ist der Schatten nach Norden gekrochen. Manche sprechen davon, das Land verlassen zu wollen, doch dazu ist es wohl schon zu spät. Die Berge im Westen werden immer böser; die Lande im Osten sind wüst und voll von des Feindes Kreaturen; und man sagt, nicht einmal südwärts durch Rohan könnten wir gefahrlos ziehen, und die Mündungen des Großen Stroms würden vom Feind überwacht. Erreichten wir auch die Gestade des Meeres, fänden wir dort kein Obdach mehr. Es heißt, noch gebe es der Hochelben Anfurten, aber sie liegen weit im Nordwesten, hinter dem Land der Halblinge. Wo das aber liegen mag, wissen vielleicht der Herr und die Herrin, doch ich weiß es nicht.«

»Du könntest zumindest versuchen, es zu erfahren, da du uns ja gesehen hast«, sagte Merry. »Die Anfurten der Elben liegen westlich von meiner Heimat, dem Auenland, wo die Hobbits wohnen.«

»Ein glückliches Volk sind die Hobbits, so nah am Meeresgestade zu wohnen!« sagte Haldir. »Lang ist es her, seit der Unsrigen einer das Meer erblickt hat, aber noch immer gedenken wir seiner in Liedern. Erzähle mir von diesen Anfurten, während wir gehen!«

»Das kann ich nicht«, sagte Merry. »Ich habe sie nie gesehen. Nie zuvor bin ich aus meinem Land herausgekommen. Und hätte ich gewusst, wie es in der Welt draußen aussieht, hätte ich wohl nicht den Mut gehabt, es zu verlassen.«

»Auch nicht, um das schöne Lothlórien zu sehen?« sagte Haldir. »Freilich ist die Welt voller Fährnisse und finsterer Orte; doch noch immer ist viel Schönes lebendig, und wenn auch die Liebe in allen Landen nun mit Leid vermengt ist, wird sie deshalb vielleicht um so größer.

Manche unter uns singen, der Schatten werde weichen und der Friede einkehren. Doch glaube ich nicht, dass die Welt um uns je wieder so wie einst oder das Licht der Sonne wie vor aller Zeit werden wird. Für die Elben, so fürchte ich, wird es im günstigsten Falle einen Waffenstillstand geben, während dessen sie ungehindert ans Meer ziehen und Mittelerde für immer verlassen können. Ach, Lothlórien den Rücken zu kehren, das ich doch liebe! Was wäre das für ein Leben in einem Land, wo kein Mallorn wächst! Ob aber jenseits des Großen Meeres Mellyrn stehen, hat niemand uns kundgetan.«

Während sie so sprachen, gingen die Gefährten in einer Reihe langsam die Waldwege entlang, angeführt von Haldir und mit dem anderen Elben als Letztem. Sie spürten, dass der Boden unter ihren Füßen eben und weich war, und nach einer Weile schritten sie unbefangener aus, ohne einen Sturz oder Fehltritt befürchten zu müssen. Des Gesichtssinns beraubt, merkte Frodo, wie sein Gehör und die anderen Sinne sich schärften. Er konnte die Bäume riechen und das niedergetretene Gras. Viele verschiedenen Töne aus dem Rascheln des Laubes an den Bäumen, dem Murmeln des Flusses zu seiner Rechten und den dünnen, hellen Stimmen der Vögel am Himmel hörte er heraus. Er spürte die Sonne auf Gesicht und Händen, wenn sie über eine Lichtung gingen.

Gleich, als er den Fuß ans andere Ufer des Silberlaufs setzte, hatte ihn ein seltsames Gefühl überkommen, das sich vertiefte, als er weiter in den Naith hineinging: Es war ihm, als sei er über eine Brücke zwischen den Zeiten in einen Winkel der Ältesten Tage eingetreten und gehe nun durch eine Welt, die nicht mehr bestand. In Bruchtal lebte noch die Erinnerung an die alten Zeiten; in Lórien dauerten die alten Zeiten selbst in der Gegenwart fort. Böses hatte man dort gesehen und gehört, und Leid hatte man erfahren; die Elben fürchteten die Welt draußen und misstrauten ihr; Wölfe heulten um des Waldes Grenzen, doch auf dem Lande Lórien lag kein Schatten.

Den ganzen Tag marschierten sie, bis sie die Abendkühle spürten und den frühen Nachtwind durchs Laub säuseln hörten. Dann ruhten sie und schliefen unbesorgt auf dem Boden; denn ihre Führer gestatteten nicht, dass sie die Augenbinden abnahmen, und ohne zu sehen, konnten sie nicht klettern. Am Morgen ging es weiter, ohne große Eile. Mittags machten sie Halt, und Frodo merkte, dass sie aus dem Wald in den Sonnenschein hinausgekommen waren. Plötzlich hörte er ringsum viele Stimmen.

Ein Heer der Elben war in aller Stille herangekommen. Sie zogen im Eilmarsch zu den Nordgrenzen, um gegen jeden Angriff aus Moria auf der Hut zu sein; und sie brachten Nachrichten, von denen Haldir manche an die Gefährten weitergab. Den landverwüstenden Orks war ein Hinterhalt gelegt worden, in dem fast alle vernichtet wurden; die Überlebenden flohen nach Westen zum Gebirge hin und wurden verfolgt. Auch war eine fremdartige Kreatur gesichtet worden, die gebückt dahinrannte, die Hände nah am Boden, wie ein Tier und doch nicht von tierischer Gestalt. Sie hatte sich nicht einfangen lassen, und erschießen wollte man sie nicht, weil man nicht wusste, ob sie gut oder böse sei. Sie war den Silberlauf abwärts nach Süden verschwunden.

»Außerdem«, sagte Haldir, »überbringt man mir eine Botschaft vom Herrn und der Herrin der Galadhrim. Ihr seid alle als freie Gäste zu behandeln, auch der Zwerg Gimli. Anscheinend weiß die Herrin, wer und was jeder Einzelne von euch ist. Vielleicht ist neue Post aus Bruchtal eingetroffen.«

Als Erstem nahm er Gimli die Augenbinde ab. »Ich bitte dich um Verzeihung«, sagte er mit einer tiefen Verbeugung. »Mögest du uns nun freundlichen Auges ansehen! Schau dich um und sei froh, denn als erster Zwerg seit Durins Tag wirst du die Bäume im Naith von Lórien erblicken!«

Als auch Frodo die Binde abgenommen war, hielt er den Atem an. Sie standen auf einer freien Fläche. Links erhob sich ein großer Hügel, mit kurzem Gras bewachsen, grün wie der Lenz in den Ältesten Tagen. Ganz oben, wie eine Doppelkrone, standen zwei Kreise von Bäumen: die äußeren mit schneeweißer Rinde, zur Zeit unbelaubt, aber herrlich in ihrer wohlgeformten Nacktheit; im inneren Kreis Mallornbäume von hohem Wuchs, noch mit fahlem Gold umkleidet. Zwischen den oberen Ästen eines turmhohen Baumes, der in der Mitte der beiden Kreise stand, schimmerte ein weißes Flett hervor. Zu Füßen der Bäume und überall auf den Hängen des Hügels war das Gras mit kleinen goldgelben, sternförmigen Blumen übersät. Zwischen ihnen, auf schlankeren Stängeln wippend, standen noch andere Blumen, weiß oder vom zartesten Grün: wie ein bunter Dunstschleier lagen sie über der kräftigen Farbe des Grases. Über allem hing der blaue Himmel, und die Nachmittagssonne schien auf den Hügel und warf lange grüne Schatten unter die Bäume.

»Sehet da! Ihr seid am Cerin Amroth«, sagte Haldir. »Dies ist des alten Königreiches Herz, so wie es einst war, und hier ist Amroths Hügel, wo in glücklicheren Tagen sein hohes Haus gezimmert ward. Stets blühen hier die Winterblumen im nie welkenden Grase, die gelbe *Elanor* und die blasse *Niphredil*. Hier bleiben wir ein Weilchen und kommen dann gegen Abend in die Stadt der Galadhrim.«

Die anderen ließen sich ins duftende Gras fallen, aber Frodo blieb noch eine Weile verwundert stehen. Ihm war, als habe er durch eine Fenstertür in eine entschwundene Welt geblickt und sei nun über die Schwelle getreten. Ein Licht lag auf dieser Welt, für das seine Sprache keinen Namen hatte. Alles, was er sah, war wohlgeformt, aber die Formen schienen klar umrissen, als wären sie eben erst, als man ihm die Binde von den Augen nahm, ersonnen und gezeichnet worden, und zugleich uralt, als wären sie schon immer da gewesen. Er sah nur Farben, die er kannte: Gold und Weiß, Blau und Grün, aber sie waren so frisch und eindringlich, als sähe er sie in diesem Augenblick zum ersten Mal und müsste ihnen neue und ihrer würdige Namen verleihen. Hier konnte selbst im Winter niemand dem Sommer oder Frühling nachtrauern. Nichts von all dem, was hier wuchs, war fehlerhaft, krank oder missgebildet. Am Lande Lórien war kein Makel.

Er wandte sich zur Seite und sah, dass Sam neben ihm stand, der mit verwirrter Miene umherblickte und sich die Augen rieb, wie um sich zu vergewissern, dass er wach sei. »Die Sonne scheint, und es ist heller Tag, ganz normal«, sagte er. »Und ich dachte immer, die Elben hätten es nur mit Mond und Sternen! Aber das hier ist ja noch elbischer als alles, wovon ich je gehört habe. Ich komme mir vor, versteh mich recht, als ob ich jemand *in* einem Lied wäre.«

Haldir sah sie an; er schien in der Tat recht zu verstehen, was Sam meinte, sowohl dem Sinn wie den Worten gemäß. Er lächelte. »Du spürst die Macht der Herrin«, sagte er. »Würdet ihr gern mit mir den Cerin Amroth besteigen?«

Sie folgten ihm, als er leichtfüßig die grasigen Hänge hinaufschritt. Frodo, obwohl er hier nun ging und atmete, zwischen lebendigen Blättern und Blumen, die derselbe kühle Wind wiegte, der ihm das Gesicht fächelte, hatte das Gefühl, in einem zeitlosen Land zu sein, das nicht vergehen, sich verändern oder in Vergessenheit fallen könnte. Wäre er fort und wieder in die Welt draußen zurückgekehrt, so bliebe hier doch für immer Frodo, der Reisende aus dem Auenland, und schritte durchs Gras zwischen den Elanor und den Niphredil im schönen Lothlórien.

Sie traten in den Kreis der weißen Bäume. Der Südwind wehte über Cerin Amroth und säuselte in den Zweigen. Frodo blieb stehen. Von fern hörte er große Meere an Strände branden, die längst weggespült waren, und hörte Seevögel schreien, deren Art von der Erde verschwunden war.

Haldir war weitergegangen und stieg nun zu dem hohen Flett hinauf. Frodo, der sich anschickte, ihm zu folgen, legte eine Hand an den Baumstamm neben der Leiter: Nie zuvor war ihm so plötzlich und so deutlich bewusst geworden, wie sich das Gewebe und die Oberfläche einer Baumhaut anfühlten und wie viel Leben sich darunter verbarg. Er spürte etwas von Freude in dem Holz und in der Hand, die es berührte: nicht das Wohlgefallen des Försters oder Zimmermanns, sondern die Lebensfreude des Baumes selbst.

Als er schließlich auf die luftige Plattform hinaustrat, nahm ihn Haldir bei der Hand und führte ihn zum Ausblick nach Süden. »Schau dorthin zuerst!« sagte er.

Immer noch in einiger Entfernung sah Frodo einen Hügel, mit vielen mächtigen Bäumen bestanden; oder war es vielmehr eine Stadt von grünen Türmen? Er konnte's nicht sagen. Von dort, so schien ihm, strahlten die Macht und das Licht aus, die das ganze Land in der Schwebe hielten. Auf einmal sehnte er sich danach, wie ein Vogel zu der grünen Stadt hinfliegen zu können. Dann schaute er nach Osten und sah einen blass schimmernden Streifen, zu dem hin alles Land abfiel, den Anduin, den großen Strom. Er hob den Blick über den Fluss hinweg, und alles Licht erlosch, und er war wieder in der Welt, die er kannte. Jenseits des Stroms schien das Land flach und leer zu sein, gestaltlos und verschwommen, bis es in der Ferne wieder anstieg, wie eine Mauer, dumpf und düster. Die Sonne, die auf Lórien schien, hatte nicht die Kraft, den Schatten auf jener fernen Höhe zu lichten.

»Dort liegt die Festung des südlichen Düsterwalds«, sagte Haldir. »Ein Wald von dunklen Tannen umgibt sie, wo die Bäume miteinander ringen und wo ihre Zweige verfaulen oder verdorren. Inmitten des Waldes steht auf einer felsigen Anhöhe Dol Guldur, wo der Feind, als er sich verborgen hielt, lange seinen Sitz hatte. Wir fürchten, dass die Burg wieder bewohnt und siebenmal so stark gerüstet ist wie zuvor. Oft hängt in letzter Zeit eine schwarze Wolke darüber. Von dieser hohen Aussicht hast du die zwei Mächte vor Augen, die einander entgegenstehen. Stets ringen sie nun miteinander in Gedanken; doch während das Licht ins Herz der Finsternis eindringen kann, ist sein eigenes Geheimnis nicht gelüftet. Noch nicht.« Er wandte sich ab und stieg rasch wieder hinunter, und sie folgten ihm.

Am Fuß des Hügels stand Aragorn, still und stumm wie ein Baum; in der Hand aber hielt er eine kleine goldene Blume, eine Elanor, und seine Augen glänzten. Irgendeine schöne Erinnerung schien ihn gefangen zu halten, und als Frodo ihn ansah, wusste er, dass Aragorn etwas vor Augen stand, das einst an ebendiesem Ort geschehen war. Denn die Spuren der schweren Jahre schienen aus seinem Gesicht verschwunden zu sein, und man konnte ihn sich als einen weiß gekleideten stattlichen jungen Fürsten vorstellen; und er sprach elbische Worte zu einer, die Frodo nicht sehen konnte. *Arwen vanimelda, namarië!* sagte er, und dann, aus seinen Gedanken auftauchend, holte er tief Luft, sah Frodo an und lächelte.

»Hier ist das Herz des Elbentums auf dieser Erde«, sagte er, »und hier bleibt mein Herz für immer, es sei denn, ein Licht schiene noch am Ende der dunklen Straßen, die wir beide gehen müssen, du und ich. Komm mit!« Und Frodo bei der Hand nehmend, verließ er den Cerin Amroth und kehrte zeit seines Lebens nicht mehr dorthin zurück.

SIEBENTES KAPITEL

GALADRIELS SPIEGEL

Die Sonne versank schon hinter den Bergen und die Schatten im Wald wurden dunkler, als sie weitergingen. Ihre Wege führten nun durch dichte Gehölze, in denen die Dämmerung schon fortgeschritten war. Unter den Bäumen wurde es Nacht, und die Elben holten ihre Lämpchen hervor.

Plötzlich kamen sie wieder ins Freie und sahen über sich einen blassen Abendhimmel, an dem erst wenige frühe Sterne standen. Sie gingen über eine große baumlose Fläche, die einen weiten Bogen beschrieb und sich zu beiden Seiten in den Hintergrund fortsetzte. In der Mitte stießen sie auf einen tiefen Graben, der schon in milde Dunkelheit versunken war, aber das Gras an seinem Rand war grün, als glühte es noch in Erinnerung an die untergegangene Sonne. Auf der anderen Seite erhob sich eine hohe grüne Mauer. Sie umfasste einen grünen Hügel, auf dem dicht an dicht die größten Mallornbäume standen, die sie in diesem Land bisher gesehen hatten. Ihre Höhe war schwer zu schätzen, aber in der Dämmerung ragten sie auf wie lebende Türme. Aus ihrem vielstufigen Geäst und dem unermüdlich wedelnden und wehenden Laubwerk schimmerten unzählige Lichter hervor, grüne, goldene und silberne. Haldir wandte sich zu den Gefährten um.

»Willkommen in Caras Galadhon!« sagte er. »Dies ist die Stadt der Galadhrim, wo der Herr Celeborn und die Frau Galadriel wohnen, der Herr und die Herrin von Lórien. Doch können wir hier nicht eintreten, denn nicht an der Nordseite steht das Tor, sondern nach Süden. So müssen wir die halbe Mauer umrunden, was, da die Stadt groß, kein kurzer Weg ist.«

Eine mit weißen Steinen gepflasterte Straße führte am äußeren Rand des Burggrabens entlang. Darauf gingen sie nach Westen, die Stadt immer wie eine grüne Wolke zur Linken; und als die Nacht dunkler wurde, flammten immer mehr Lichter auf, bis der ganze Hügel von Sternen durchglüht zu sein schien. Endlich kamen sie an eine weiße Brücke, überschritten sie und standen vor dem großen Stadttor. Es lag nach Südwesten, und zwar zwischen die beiden Enden der Umfassungsmauer eingelassen, die ein Stück gegeneinander überstanden: ein hohes, festes Tor, und mit vielen Lampen behangen.

Haldir klopfte an und sprach ein paar Worte, und die beiden Flügel öffneten sich geräuschlos; doch Frodo sah nichts von einer Wache. Die Reisenden traten ein, und das Tor schloss sich wieder. Nun befanden sie sich in einer tiefen Gasse zwischen den beiden Enden der Mauer. Rasch gingen sie hindurch, und schon waren sie in der Stadt der Bäume. Niemand war zu sehen, und auf den Wegen waren keine Schritte zu hören; doch von überall her, ringsum und aus den Lüften, kamen Stimmen, und von hoch oben auf dem Hügel rauschte Gesang hernieder wie warmer Regen aufs Laub der Bäume.

Über viele Wege und viele Treppen kamen sie bis auf die Höhe, und inmitten eines weiten Rasens sahen sie einen Springquell schimmern. Silberne Lampen beschienen ihn, die an den Ästen der Bäume hingen, und er fiel in ein silbernes Becken, aus dem ein weißer Bach überfloss. Auf der Südseite des Rasens stand der mächtigste aller Bäume. Sein dicker, glatter Stamm schimmerte wie graue Seide und türmte sich zu beträchtlicher Höhe auf, bevor noch die ersten Äste unter den schattigen Laubwolken ihre Riesenarme ausbreiteten. An ihn gelehnt stand eine große weiße Leiter, und ihr zu Füßen saßen drei Elben. Als die Reisenden näher kamen, sprangen sie auf, und Frodo sah, dass sie von hohem Wuchs waren und graue Kettenhemden trugen; und von den Schultern fielen ihnen lange weiße Mäntel herab.

»Hier wohnen Celeborn und Galadriel«, sagte Haldir. »Es ist ihr Wunsch, dass ihr hinaufsteigt und mit ihnen sprecht.«

Einer der Leiterwächter blies auf einem kleinen Horn einen hellen Ton, der von oben dreimal beantwortet wurde. »Ich steige voran«, sagte Haldir. »Als nächster komme Frodo, und Legolas mit ihm. Die anderen mögen folgen, wie ihnen beliebt. Es ist ein langer Aufstieg für jeden, der solche Treppen nicht gewohnt ist, aber ihr könnt unterwegs ausruhen.«

Bei seinem langsamen Aufstieg kam Frodo an vielen Fletts vorüber; manche auf der einen Seite, manche auf der andern und manche um den Stamm herum, sodass die Leiter durch sie hindurchführte. Hoch über dem Boden kam er auf ein Talan, das so geräumig war wie das Deck eines großen Schiffs. Darauf stand ein Haus, groß genug, dass es für bodenständige Menschen einen kleinen Palast hätte darstellen können. Nach Haldir trat Frodo ein. Er befand sich in einem ovalen Raum, mit dem Mallornstamm in der Mitte, der, nun schon zur Krone hin verjüngt, noch immer eine mächtige Säule bildete.

Den Raum erfüllte ein sanftes Licht; die Wände waren grün und silbern, die Decke golden. Viele Elben saßen hier. Vor dem Baumstamm auf zwei Thronsesseln, mit einem lebenden Zweig als Baldachin darüber, saßen Celeborn und Galadriel Seite an Seite. Sie standen auf, um ihre Gäste zu begrüßen, wie es sich nach elbischer Sitte auch für jene schickte, die als mächtige Könige galten. Sehr groß waren sie beide, Frau Galadriel nicht minder als Herr Celeborn, sehr schön und würdevoll. Gekleidet waren sie ganz in Weiß; das Haar der hohen Frau war wie dunkles Gold, das des Herrn Celeborn lang und silbrig hell. Kein Zeichen ihres Alters war zu erkennen, es sei denn in der Tiefe ihrer Augen, die scharf blickten wie Lanzen im Sternenschein und doch unergründlich waren, Brunnen uralter Erinnerung.

Haldir geleitete Frodo vor sie hin, und Celeborn begrüßte Frodo in der Gemeinsprache. Frau Galadriel sagte kein Wort, sah ihm aber lange in die Augen.

»Nimm nun Platz neben meinem Sessel, Herr Frodo aus dem Auenland!« sagte Celeborn. »Wenn alle da sind, wollen wir miteinander reden.«

Jeden der Gefährten begrüßte er beim Eintreten artig mit Namen. »Willkommen, Aragorn Arathorns Sohn!« sagte er. »Dreißig und acht Jahre sind draußen in der Welt verstrichen, seit wir dich in diesem Lande gesehen, und diese Jahre lasten schwer auf dir. Doch nah ist das Ende, ob zum Guten oder Bösen. Leg nun deine Bürde für eine Weile beiseite!«

»Willkommen, Thranduils Sohn! Allzu selten nur seh' ich meine Verwandten aus dem Norden.«

»Willkommen, Gimli Glóinssohn! Lange fürwahr ist es her, seit wir einen von Durins Volk in Caras Galadhon gesehen. Doch unser altes Gesetz haben wir heute gebrochen. Möge es ein Zeichen sein, obwohl die Welt nun dunkel ist, dass bessere Tage bevorstehen und dass die Freundschaft zwischen unseren Völkern erneuert werde!« Gimli verbeugte sich tief.

Als alle Gäste vor seinem Sessel Platz genommen hatten, blickte Celeborn sie abermals einen nach dem andern an. »Acht sehe ich hier«, sagte er. »Neun sollten sich auf den Weg machen: So lautete die Nachricht. Doch mag der Plan geändert worden sein, ohne dass wir davon wissen. Elrond ist fern, und Finsternis ballt sich zwischen uns, und dies ganze Jahr über sind die Schatten länger geworden.«

»Nein, nicht geändert ward der Plan«, sagte Frau Galadriel, zum ersten Mal das Wort nehmend. Ihre Stimme war klar und klangvoll, doch tiefer als von einer Frau zu erwarten. »Gandalf der Graue brach mit auf zu der Fahrt, aber die Grenzen dieses Landes hat er nicht überschritten. Sagt uns nun, wo er ist, denn sehr verlangt es mich, abermals mit ihm zu sprechen. Aus der Ferne kann ich ihn nicht sehen, es sei denn, er käme in Lothlóriens Gehege: Grauer Nebel umgibt ihn, und seiner Schritte und seiner Gedanken Bahnen sind mir verborgen.«

»Ach!« sagte Aragorn. »Gandalf der Graue ist in den Schatten gesunken. In Moria ist er geblieben und nicht entkommen.«

Bei diesen Worten schrien die Elben im Saal laut auf vor Schmerz und Bestürzung. »Dies ist schlimme Post«, sagte Celeborn, »die schlimmste, die wir hier in den langen Jahren voller Schreckenstaten vernommen haben.« Und zu Haldir sagte er auf Elbisch: »Warum ward mir bisher nichts davon berichtet?«

»Zu Haldir haben wir nichts von dem, was geschehen ist, und von unserem Vorhaben gesagt«, sagte Legolas. »Zu müde waren wir zuerst, und zu dicht auf den Fersen folgte uns die Gefahr, und nachher vergaßen wir eine Zeit lang fast unseren Schmerz: so froh waren wir, auf Lothlóriens schönen Pfaden zu wandeln.«

»Doch unsere Trauer ist tief, und der Verlust nicht wieder gutzumachen«, sagte Frodo. »Gandalf war unser Führer und hat uns durch Moria gebracht. Als wir schon keine Hoffnung mehr sahen davonzukommen, hat er uns gerettet und ist dabei gefallen.«

»Erzählt uns nun alles!« sagte Celeborn.

Da berichtete Aragorn alles, was auf dem Pass am Caradhras und in den nächsten Tagen geschehen war; und er sprach von Balin und seinem Buch, von dem Kampf in der Kammer des Mazarbul, von dem Feuer und der schmalen Brücke und vom Nahen der Schreckgestalt. »Ein Ungeheuer der alten Welt schien es zu sein, wie ich nie zuvor eines gesehen habe«, sagte er. »Es war Schatten und Flamme zugleich, stark und entsetzlich.«

»Ein Balrog des Morgoth war es«, sagte Legolas; »von allen Elbenschrecken das Schrecklichste nächst dem einen, der im Dunklen Turm sitzt.«

»Auch ich sah auf der Brücke, was uns in unseren schwärzesten Träumen verfolgt, ich sah Durins Fluch«, sagte Gimli mit leiser Stimme, und das Grauen sprach ihm aus den Augen.

»Weh!« rief Celeborn. »Seit langem befürchteten wir, dass unterm Caradhras ein Schrecknis schlief. Hätt' ich's gewusst, dass die Zwerge dieses Ungeheuer in Moria wieder aufgestört, verboten hätt' ich dir und allen, die mit dir kamen, die Nordgrenze zu überschreiten. Und wär's möglich, so wollt' ich sagen, dass Gandalf vor lauter Weisheit zuletzt wahnsinnig ward, sonst wär er nicht leichtfertig in das Netz von Moria gegangen.«

»Vorlaut wäre es freilich, dergleichen zu sagen, denn leichtfertig hat Gandalf nie im Leben gehandelt«, sagte Galadriel bedächtig. »Die ihm folgten, kannten nicht seine Gedanken und vermögen seinen Plan nicht vollständig wiederzugeben. Doch was immer zum Führer zu sagen sein mag, die Geführten sind schuldlos. Bereue nicht, dass du den Zwerg willkommen geheißen! Wäre unser Volk vertrieben worden und hätte lange fern von Lothlórien gelebt, wer von den Galadhrim, der weise Celeborn selbst nicht ausgenommen, könnte an der alten Heimat vorübergehen, ohne sie sehen zu wollen, und wäre sie auch unterdessen zu einer Drachenhöhle geworden?

Dunkel ist das Wasser des Kheled-zâram, kalt sind die Quellen des Kibil-nâla, und schön waren die säulenreichen Hallen von Khazad-dûm in den Ältesten Tagen, vor dem Ende der mächtigen Könige unterm Gestein.« Sie sah Gimli an, der düster zu Boden starrte, und sie lächelte. Und der Zwerg, als er die Namen in der alten Sprache seines Volkes hörte, schaute auf und begegnete ihrem Blick; und ihm war, als könne er plötzlich einer Feindin ins Herz sehen und dort Liebe und Einverständnis erkennen. Staunen malte sich in seinem Gesicht, und dann erwiderte er ihr Lächeln.

Schwerfällig stand er auf, verbeugte sich nach Zwergenart und sagte: »Doch schöner ist Lórien, das blüht und gedeiht, und Frau Galadriel glänzt herrlicher als alle Edelsteine, die das Erdreich birgt.«

Still wurde es. Endlich nahm Celeborn wieder das Wort. »Nicht bedacht hab ich, in welcher Not ihr wart«, sagte er. »Möge Gimli meine harten Worte vergessen; sie waren in meines Herzens erstem Aufbrausen gesprochen. Was ich vermag, will ich tun, euch zu helfen, einem jedem nach seinem Wunsch und Bedarf, besonders aber dem einen vom Kleinen Volk, der die Bürde trägt.«

»Dein Auftrag ist uns bekannt«, sagte Galadriel und sah Frodo an. »Aber mehr wollen wir davon hier nicht laut werden lassen. Doch als nicht vergebens mag es sich erweisen, dass ihr in dieses Land kamt, um Hilfe zu suchen, wie es offenbar Gandalfs Absicht war. Denn der Herr der Galadhrim gilt als der Elben von Mittelerde weisester und vermag Geschenke zu machen, wie sie kein König besitzt. Im Westen wohnt er seit dem Morgengrauen der Welt, und über ungezählte Jahre hin habe ich bei ihm gewohnt; denn schon ehe Nargothrond und Gondolin fielen, bin ich über die Berge gegangen, und zusammen haben wir die Weltzeitalter hindurch gegen das langsame Erliegen angekämpft.

Ich war es, die zuerst den Weißen Rat zusammenrief. Und wären meine Pläne nicht fehlgeschlagen, wäre vielleicht alles anders gekommen. Aber auch jetzt ist noch Hoffnung. Ich will keine Ratschläge geben und sagen, tut dies oder tut jenes. Denn nicht durch Taten oder Pläne kann ich euch helfen, oder indem ich euch sage, nehmt diesen Weg oder jenen andern, sondern nur, indem ich weiß, was war und was ist, und zum Teil auch, was sein wird. Doch so viel kann ich euch sagen: Ob eure Fahrt gelingt, steht auf Messers Schneide. Der kleinste Fehltritt kann sie scheitern lassen, zu unser aller Verderben. Doch bleibt Hoffnung, solange alle Gefährten treu sind.«

Und mit diesen Worten fasste Galadriel sie ins Auge und sah sie einen nach dem andern forschend an, ohne ein Wort zu sagen. Niemand bis auf Legolas und Aragorn konnte ihrem Blick lange standhalten. Sam wurde gleich rot und senkte den Kopf.

Dann entließ Frau Galadriel sie aus ihrem Blick und lächelte. »Lasst euch das Herz nicht beschweren!« sagte sie. »Schlafet heute Nacht in Frieden!« Sie seufzten und fühlten sich plötzlich erschöpft wie nach einem langen und peinlichen Verhör, obwohl doch kein Wort gefallen war.

»Geht nun!« sagte Celeborn. »Schwer geplagt seid ihr von Kummer und Entbehrung. Selbst, wenn eure Fahrt uns nicht so innig anginge, solltet ihr in dieser Stadt Zuflucht finden, bis ihr geheilt und gestärkt wäret. Ruhet nun aus, und von dem Weg, der noch vor euch liegt, wollen wir einstweilen nicht sprechen.«

In dieser Nacht schliefen die Gefährten zu ebener Erde, sehr zur Erleichterung der Hobbits. In der Nähe des Brunnens stellten die Elben ein Zelt für sie auf und bereiteten jedem darin ein weiches Lager; dann sprachen sie wohlklingende elbische Gutenachtworte und ließen sie allein. Ein Weilchen sprachen die Reisenden noch über die vorige Nacht in den Baumkronen, über den letzten Tagesmarsch und über den Herrn und die Herrin der Galadhrim; denn weiter zurückzublicken, fehlte ihnen noch der Mut.

»Warum bist du so rot geworden, Sam?« sagte Pippin. »Du hast sehr schnell die Augen niedergeschlagen. Man sollte meinen, du hattest ein schlechtes Gewissen. Hoffentlich wegen nichts Schlimmerem als einem verruchten Plan, mir eine von meinen Decken zu stehlen.«

»An so was hab ich nicht gedacht«, antwortete Sam, der nicht zu Späßen aufgelegt war. »Wenn du's wissen willst, mir war so, als ob ich nichts anhätte, und das passte mir gar nicht. Sie schien irgendwie in mich reinzugucken und mich zu fragen, was ich machen würde, wenn sie mir Gelegenheit gäbe, gleich wieder daheim im Auenland zu sein, in einer schmucken kleinen Höhle mit … mit einem Stück Garten drum herum.«

»Komisch!« sagte Merry. »Fast genauso kam es mir auch vor, nur dass, na ja, mehr will ich lieber nicht sagen«, schloss er verlegen.

Allen war es anscheinend ähnlich ergangen. Jeder hatte das Gefühl gehabt, vor die Wahl gestellt zu werden zwischen einem schattenhaften Schrecken, der vor ihm lag, und etwas, das er sich sehnlichst wünschte: Dies stand ihm klar vor Augen, und um es zu bekommen, musste er sich nur seitwärts in die Büsche schlagen und die Mühen ihrer Fahrt und den Krieg gegen Sauron anderen überlassen.

»Und mir schien auch«, sagte Gimli, »dass meine Entscheidung geheim und nur mir allein bekannt sein würde.«

»Ich fand es unerhört«, sagte Boromir. »Vielleicht wollte sie uns nur auf die Probe stellen und zu ihrem eigenen Nutz und Frommen mal unsere Gedanken lesen; aber fast würde ich sagen, sie hat uns in Versuchung geführt mit dem Angebot von etwas, das zu gewähren angeblich in ihrer Macht steht. Unnötig zu sagen, dass ich es mir nicht mal angehört habe. Die Menschen von Minas Tirith stehen zu ihrem Wort.« Aber was es war, das Galadriel ihm, wie er meinte, angeboten hatte, sagte Boromir nicht.

Frodo wollte für seinen Teil nichts dazu sagen, obwohl Boromir ihm mit Fragen zusetzte. »Dich hat sie lange im Blick gehalten, Ringträger!« sagte er.

»Ja«, sagte Frodo, »aber was mir dabei in den Sinn kam, möchte ich für mich behalten.«

»Na, nimm dich in Acht!« sagte Boromir. »Dieser Elbendame und ihren Absichten trau' ich nicht so ganz.«

»Sprich nicht schlecht von Frau Galadriel!« sagte Aragorn scharf. »Du weißt nicht, was du redest. In ihr und in diesem Land ist nichts Böses, es sei denn, jemand brächte es mit sich hierher. Und der soll sich in Acht nehmen! Doch heute Nacht kann ich zum ersten Mal, seit wir aus Bruchtal fortgingen, unbesorgt schlafen. Hoffentlich schlafe ich tief und vergesse für eine Weile meinen Kummer. Ich bin müde an Leib und Seele.« Er warf sich auf sein Lager und fiel sofort in einen langen Schlaf.

Bald schliefen die anderen auch, und kein Geräusch und kein Traum störte sie. Als sie erwachten, lag der Rasen vor dem Zelt im hellen Tageslicht, und der Strahl des Springquells stieg und fiel glitzernd in der Sonne.

Soviel sie wussten oder sich später erinnern konnten, blieben sie in Lórien nur einige Tage. Während der ganzen Zeit, die sie dort waren, schien die Sonne vom klaren Himmel, abgesehen von einem milden Regen dann und wann, der das ganze Land reinigte und erfrischte. Die Luft war lind und kühl, als wäre schon Vorfrühling, doch fühlten sie sich von der tiefen, nachdenklichen Stille des Winters umgeben. Es schien ihnen, dass sie wenig anderes taten als essen, trinken, ruhen und unter den Bäumen spazieren gehen; und es schien auch, dass ihnen das vollkommen genügte.

Celeborn und Galadriel hatten sie nicht wieder gesehen, und mit den anderen aus dem Elbenvolk sprachen sie wenig; denn die verstanden zumeist kein Westron oder wollten es nicht verstehen. Haldir hatte ihnen Lebewohl gesagt und war an die Nordgrenzen zurückgekehrt, wo nun, nach allem, was die Gefährten an Nachrichten aus Moria mitbrachten, starke Wachmannschaften aufgeboten wurden. Legolas trieb sich die meiste Zeit bei den Galadhrim herum. Nach der ersten Nacht schlief er nicht mehr im Zelt bei den Gefährten und ließ sich nur noch dann und wann zum Essen oder zu einem Gespräch bei ihnen sehen. Oft nahm er Gimli mit, wenn er durchs Land streifte: etwas Neues, das die anderen nicht wenig wunderte.

Wenn die Gefährten nun zusammensaßen oder herumspazierten, sprachen sie von Gandalf; und was jeder über ihn wusste oder von ihm gesehen hatte, wurde ihnen allen wieder gegenwärtig. Während sie sich von ihren Verletzungen und von der körperlichen Müdigkeit erholten, schmerzte der Verlust des Zauberers sie um so bitterer. Oft hörten sie in der Nähe Elbengesang, und weil sie unter den vielen traurigen und zärtlichen Worten, die sie nicht verstanden, seinen Namen herauskannten, wussten sie, dass es Lieder waren, die seinen Tod beklagten.

Mithrandir, Mithrandir, sangen die Elben, *O Wandrer grau!* Denn so hieß der Zauberer bei ihnen. Wenn aber Legolas da war, mochte er den Gefährten die Lieder nicht übersetzen, denn, sagte er, ein Dichter sei er nun mal nicht; auch gehe ihm alles noch zu nahe, als dass er über Gandalf statt nur zu weinen, schon singen könne.

Frodo war es, der den ersten schüchternen Versuch machte, etwas von seinem Schmerz in Worte zu fassen. Er spürte nur selten einen Drang, Lieder oder Reime zu machen; und auch in Bruchtal hatte er nur zugehört und nicht selber gesungen, obwohl er vieles auswendig kannte, das andere gedichtet hatten. Aber als er nun in Lórien am Brunnen saß und die Elben singen hörte, nahmen seine Gedanken die Form eines Liedes an, das er schön fand; aber als er es Sam vorzusagen versuchte, kamen nur ein paar dürre Versfetzen heraus, wie eine Hand voll vergilbter Blätter.

> *Spät abends kam er auf den Bühl,*
> *Früh morgens ging er wieder fort,*
> *Zu welchem fernen Zweck und Ziel,*
> *Davon sagt' er kein Wort.*

> *Von Nord nach Süd, von Ost nach West,*
> *Durch Berge, Wüsten, Sumpf und Wald;*
> *Geheime Tür und Drachennest*
> *Geboten ihm nicht Halt.*

> *Mit allem, was in Lauten spricht,*
> *Ob Elb, ob Mensch, ob Tier, ob Schrat,*
> *Zwerg, Hobbit, Weiser oder Wicht,*
> *Hielt er geheimen Rat.*

> *Tödlich sein Schwert, heilsam die Hand,*
> *Der Rücken krummgebeugt und müd,*
> *Posaunenstimme, Fackelbrand,*
> *Der hell im Dunklen glüht.*

Ein Weiser zwar, doch oft in Wut
So schnell entbrannt wie schnell versöhnt;
Ein alter Mann mit altem Hut,
Auf seinen Stab gelehnt.

In Khazad-dûm am Brückenstein
Zerbrach er seinen Zauberstab,
Wehrte dem Unhold ganz allein
Und folgte ihm ins Grab.

»Nächstens übertriffst du noch Herrn Bilbo!« sagte Sam.

»Nein, so gut bin ich leider nicht«, sagte Frodo. »Aber immerhin ist es das Beste, was ich bis jetzt zustande bringe.«

»Na, wenn du's noch mal versuchst, Herr Frodo, sagst du vielleicht auch etwas über seine Feuerwerke«, sagte Sam. »Etwa so:

Raketen sah man hell verglühn
In tausend Sternen blau und grün
Und gingen unter Donnerschlägen
Hernieder wie ein Blumenregen.

Obwohl ihnen das ja bei weitem noch nicht gerecht wird.«

»Nein, das überlass' ich dir, Sam. Oder vielleicht Bilbo. Aber … ach, reden wir nicht mehr davon. Ich mag gar nicht dran denken, wie ich ihm die Nachricht beibringen soll.«

Eines Abends gingen Frodo und Sam in der Abendkühle spazieren. Beide wurden wieder unruhig. Der Abschied warf seine Schatten voraus, und Frodo wusste irgendwie, dass der Tag sehr nahe war, wo er Lothlórien verlassen müsste.

»Wie denkst du jetzt über die Elben, Sam?« sagte er. »Dasselbe hab ich dich schon mal gefragt – es kommt mir vor, als ob es sehr lange her wäre; aber seither hast du mehr von ihnen gesehen.«

»Das kann man wohl sagen! Und ich meine, es gibt Elben und Elben«, sagte Sam. »Elbisch sind sie zwar alle, aber nicht alle gleich. Diese hier zum Beispiel wandern nicht heimatlos herum und stehen unsereinem sozusagen ein bisschen näher: Sie gehören anscheinend hierher, noch mehr sogar als die Hobbits ins Auenland. Ob sie das Land so gemacht haben oder das Land sie, ist schwer zu sagen, wenn du mich recht verstehst. Es geht hier alles so wunderbar im Stillen. Nichts passiert anscheinend, und anscheinend will auch niemand, dass etwas passiert. Wenn irgendeine Magie im Spiel ist, dann steckt sie irgendwo ganz tief drin, wo ich nicht mit dem Finger drauf zeigen kann, sozusagen.«

»Man kann sie überall sehen und spüren«, sagte Frodo.

»Na, aber man sieht niemanden, der irgendwas zaubert. Keine Feuerwerke, wie sie der arme Gandalf gemacht hat, nichts zum Vorzeigen! Warum wir bloß den Herrn und die hohe Frau in all den Tagen nicht zu sehn kriegen? Ich kann mir vorstellen, *sie* könnte ein paar herrliche Sachen machen, wenn sie wollte. Ich würde so gern mal ein bisschen Elbenzauber sehen, Herr Frodo!«

»Ich nicht«, sagte Frodo. »Ich komme auch so zurecht. Und von Gandalf fehlen mir nicht die Feuerwerke, sondern seine buschigen Brauen, seine Wutanfälle und seine Stimme.«

»Du hast Recht«, sagte Sam. »Und du musst nicht denken, ich will mäkeln. Ich hab mir zwar oft gewünscht, mal ein bisschen Zauberei zu sehn, wie man sie aus alten Märchen kennt, aber von einem besseren Land als diesem hier hab ich noch nie gehört. Verstehst du, das ist hier wie Daheimsein und Ferien zugleich! Ich will hier nicht weg. Trotzdem, allmählich krieg' ich das Gefühl, wenn wir schon noch weiter müssen, dann bringen wir's besser bald hinter uns.

Was man nie anpackt, dauert am längsten, hat der alte Ohm immer gesagt. Und ich glaube nicht, dass die Leute hier viel mehr tun können, um uns zu helfen, ob mit Zauberei oder ohne. Wenn wir dies Land verlassen, wird uns Gandalf noch mehr fehlen, glaub' ich.«

»Das ist leider nur allzu richtig, Sam«, sagte Frodo. »Aber ich hoffe doch, dass wir die hohe Frau noch einmal sehen, bevor wir aufbrechen.«

Er hatte kaum ausgeredet, da kam ihnen Frau Galadriel auch schon entgegen, als hätte sie seine Worte gehört. Groß und schön und ganz in Weiß schritt sie unter den Bäumen einher. Sie sagte nichts, gab ihnen aber einen Wink, ihr zu folgen.

Auf einem Seitenweg führte sie die Hobbits zu den Südhängen des Caras Galadhon, und dort kamen sie durch eine hohe grüne Hecke, die einen Garten umschloss. Keine Bäume standen hier, und sie hatten den freien Himmel über sich. Der Abendstern war aufgegangen und leuchtete weiß über den Wäldern im Westen. Galadriel stieg eine lange Treppe hinab, in eine Schlucht, durch die murmelnd der silbrige Bach rann, der in dem Brunnen auf dem Hügel entsprang. Auf dem Grund der Schlucht stand auf einem niedrigen Sockel, der wie Baumgeäst geformt war, ein breites, flaches silbernes Becken und daneben ein silberner Krug.

Mit Wasser aus dem Bach füllte Galadriel das Becken bis zum Rande; dann hauchte sie auf die Oberfläche. Als das Wasser sich beruhigt hatte, sagte sie: »Dies ist Galadriels Spiegel. Ich habe euch hierher geführt, damit ihr hineinblicken könnt, wenn ihr wollt.«

In der Schlucht regte sich kein Lüftchen, und es war dunkel. Groß und bleich stand die Elbenfürstin neben Frodo. »Was sollen wir darin suchen, und was werden wir sehen?« fragte Frodo voller Scheu.

»Vieles kann ich dem Spiegel zu zeigen befehlen«, antwortete sie, »und manchem kann ich vor Augen führen, was er sehen will. Doch wird auch manches ungebeten im Spiegel erscheinen, und dies ist oft merkwürdiger und nützlicher als die Dinge, die wir zu sehen wünschen. Was du sehen wirst, wenn du dem Spiegel Freiheit lässt, auf seine Weise zu wirken, weiß ich nicht. Denn er zeigt manches, das war, und manches, das ist, und manches, das vielleicht sein wird. Was es aber ist, das der Betrachter sieht, kann auch der Weiseste nicht immer sagen. Willst du hineinsehen?«

Frodo antwortete nicht.

»Und du?« sagte sie zu Sam. »Denn dies ist, glaube ich, was man bei deinem Volk Zauberei nennen würde; allerdings versteh' ich nicht recht, wie ihr das meint, denn mit demselben Wort scheint ihr auch des Feindes Trugwerke zu bezeichnen. Doch dies, wenn du so willst, ist Galadriels Zauberei. Sagtest du nicht, du wolltest Elbenzauber sehen?«

»Stimmt!« sagte Sam, ein wenig schwankend zwischen Furcht und Neugier. »Ich guck' mal rein, hohe Frau, wenn ich darf.«

»Und ich hätte ja auch nichts dagegen, mal zu sehn, was zu Hause los ist«, sagte er leise zu Frodo. »Kommt mir so vor, als ob ich schon ewig lange fort bin. Aber, klar, da werd' ich wohl nur die Sterne sehn oder irgendwas, das ich sowieso nicht versteh'.«

»Na klar!« sagte die hohe Frau leise kichernd. »Aber komm nur! Schau hinein und sieh, was du sehn kannst! Berühre das Wasser nicht!«

Sam stieg auf den Fuß des Sockels und beugte sich über das Becken. Das Wasser sah hart und dunkel aus. Es spiegelte die Sterne wider.

»Da sind nur Sterne, wie ich's mir gedacht hab«, sagte er. Dann schnappte er hörbar nach Luft, denn die Sterne erloschen. Als wäre ein dunkler Schleier weggezogen worden, wurde der Spiegel erst grau, dann hell. Sonne schien, und Äste von Bäumen bogen und schüttelten sich im Wind. Aber ehe Sam sich darüber klar werden konnte, was er da sah, verblasste das Licht; und nun glaubte er Frodo zu erkennen, wie er, bleich im Gesicht und fest schlafend, zu Füßen eines großen, dunklen Felsens lag. Dann war ihm, als sehe er sich selbst einen dunklen Gang entlanggehen und eine endlose Wendeltreppe hinaufsteigen. Er wusste plötzlich, dass er verzweifelt nach etwas suchte, aber nach was, wusste er nicht. Wie in einem Traumgesicht verschob sich das Bild und kehrte zu den Bäumen zurück. Aber diesmal sah er sie nicht aus nächster Nähe und konnte überblicken, was vorging: sie schwankten nicht im Wind, sie fielen um, stürzten krachend zu Boden.

»He!« rief er in heller Empörung. »Da ist doch dieser Timm Sandigmann und haut die Bäume um – das darf er nicht! Die dürfen gar nicht gefällt werden, das ist doch die Reihe hinter der Mühle, die der Straße nach Wasserau Schatten gibt! O, wenn ich den vor die Fäuste kriege, dann wird *er* gefällt!«

Aber nun bemerkte Sam, dass die alte Mühle nicht mehr da war und dass ein großer roter Backsteinklotz an der Stelle aufgebaut wurde, wo sie gestanden hatte. Ein ganzer Haufen Leute schaffte emsig. In der Nähe ragte ein roter Schornstein in die Höhe. Schwarzer Qualm schien den Spiegel zu trüben.

»Im Auenland ist irgendeine Teufelei im Gange«, sagte er. »Elrond wird gewusst haben, warum er Herrn Merry zurückschicken wollte.« Dann plötzlich schrie er laut auf und sprang von dem Sockel. »Ich kann nicht hier bleiben!« sagte er wild entschlossen. »Ich muss sofort nach Hause. Sie haben den Beutelhaldenweg um und um gewühlt, und da geht der arme alte Ohm den Bühl runter, mit seinen Siebensachen auf einem Handkarren. Ich muss nach Hause!«

»Du kannst nicht allein heimkehren«, sagte Galadriel. »Ohne deinen Herrn wolltest du nicht heimkehren, bevor du in den Spiegel blicktest, und wusstest doch, dass im Auenland üble Dinge geschehen könnten. Bedenke auch, dass der Spiegel vieles zeigt und dass nicht alles schon eingetreten ist. Manches tritt nie ein, oder nur dann, wenn der, dem es erscheint, von seinem Weg abweicht, um es zu verhindern. Als Wegweiser zur Tat ist der Spiegel gefährlich.«

Sam setzte sich auf den Boden und legte den Kopf in die Hände. »Ich wollte, ich wäre nie hergekommen, und von der Zauberei will ich nichts mehr sehen«, sagte er und verstummte. Nach einer Weile redete er weiter, mit belegter Stimme, wie wenn er gegen Tränen ankämpfte. »Nein, ich geh' mit Herrn Frodo auf dem langen Weg nach Hause oder überhaupt nicht«, sagte er. »Aber hoffentlich komm' ich irgendwann zurück. Wenn sich das als wahr erweist, was ich gesehn habe, dann kann einer was erleben.«

»Willst du nun in den Spiegel blicken, Frodo?« sagte Frau Galadriel. »Du wolltest keinen Elbenzauber sehen und sagtest, du kämest auch so zurecht.«

»Rätst du mir zu?« fragte Frodo.

»Nein«, sagte sie, »ich rate nicht zu und rate nicht ab. Ich bin keine Ratgeberin. Vielleicht erfährst du etwas, und was du siehst, ob Schönes oder Schlimmes, kann hilfreich sein oder auch nicht. Zu sehen ist gut und gefährlich zugleich. Doch denke ich, Frodo, dass du Mut und Verstand genug hast, um es zu wagen, oder ich hätte dich nicht hierher geführt. Tu, wie dir beliebt!«

»Ich will hineinblicken«, sagte Frodo, stieg auf den Sockel und beugte sich über das dunkle Wasser. Sofort hellte der Spiegel sich auf, und er sah ein Land im Dämmerlicht. Dunkle Berge hoben sich in der Ferne vom blassen Himmel ab. Eine graue Straße zog sich hin und entschwand außer Sicht. Von weit hinten kam eine Gestalt langsam die Straße daher, kaum zu erkennen zuerst, dann im Näherkommen größer und deutlicher. Plötzlich begriff Frodo, dass sie ihn an Gandalf erinnerte. Fast hätte er den Zauberer beim Namen gerufen, da erkannte er, dass die Gestalt nicht in Grau, sondern in Weiß gekleidet war, in ein Weiß, das im Dämmerlicht ein wenig leuchtete, und in der Hand trug sie einen weißen Stab. Sie hielt den Kopf gesenkt, sodass er das Gesicht nicht erkennen konnte; und gleich wandte sie sich zur Seite um eine Biegung der Straße und verschwand aus dem Spiegelbild. Frodo kamen Zweifel: War ihm Gandalf erschienen, so wie er auf einer seiner einsamen Fahrten vor langer Zeit ausgesehen haben mochte, oder war es Saruman gewesen?

Nun wechselte das Bild. Kurz und klein, aber sehr deutlich sah er Bilbo in seinem Zimmer rastlos auf und ab gehen. Auf dem Tisch lagen allerlei Papiere kreuz und quer; Regen prasselte ans Fenster.

Nach einer Pause folgten viele rasch wechselnde Szenen, und Frodo wusste irgendwoher, dass sie in den Zusammenhang der großen Geschichte gehörten, in die er verwickelt war. Der Nebel lichtete sich, und er sah etwas, das er noch nie gesehen hatte und doch gleich erkannte: das

Meer. Dunkelheit zog herauf. Das Meer bäumte sich auf und wütete. Dann sah er gegen die Sonne, die blutrot in Wolkentrümmern versank, die schwarze Silhouette eines hochmastigen Schiffs, das mit zerfetzten Segeln von Westen herantrieb. Dann einen breiten Strom, der durch eine bevölkerte Stadt floss. Dann eine weiße Burg mit sieben Türmen. Dann wieder ein Schiff, eines mit schwarzen Segeln, aber nun war es wieder Morgen, und das Licht glitzerte auf dem gekräuselten Wasser, und eine Fahne mit dem Wahrzeichen eines weißen Baums leuchtete in der Sonne. Ein Dunst wie von Rauch und Schlachtenstaub stieg auf, und wieder versank die Sonne in roter Glut, die bald zu einem grauen Nebel verblasste; und in den Nebel fuhr ein kleines Schiff mit blinkenden Lichtern hinaus. Es verschwand, und Frodo seufzte und wollte schon zurücktreten.

Doch plötzlich wurde der Spiegel ganz und gar dunkel, so dunkel, als hätte sich in der Welt des Gesichtssinns ein Loch aufgetan, und Frodo blickte ins Leere. In dem schwarzen Abgrund erschien ein einzelnes Auge, das wuchs und wuchs, bis es fast den ganzen Spiegel einnahm. So furchtbar sah es aus, dass Frodo wie festgewachsen davor stand, unfähig, zu schreien oder den Blick abzuwenden. Das Auge war mit Flammen umrandet, aber es selbst war glasig und gelb wie ein Katzenauge, wachsam und lauernd, und der schwarze Schlitz der Pupille öffnete sich über einem Abgrund, wie ein Fenster zum Nichts.

Das Auge begann zu schweifen, hierhin und dorthin; und Frodo hatte die grauenvolle Gewissheit, selbst eines der vielen Dinge zu sein, nach denen es spähte. Aber er wusste auch, dass es ihn nicht sehen konnte – noch nicht, nicht, wenn er es nicht wollte. Der Ring an der Kette um seinen Hals wurde schwer, schwer wie ein Mühlstein, und zog seinen Kopf hinab. Der Spiegel schien heiß zu werden, und Dampfkringel stiegen vom Wasser auf. Fast wäre Frodo vornüber gefallen.

»Berühre das Wasser nicht!« sagte Frau Galadriel leise. Das Bild verblasste, und Frodo blickte auf die kühlen Sterne herab, die in dem silbernen Becken blinkten. Am ganzen Leibe zitternd, trat er zurück und sah die hohe Frau an.

»Ich weiß, was du zuletzt gesehen hast«, sagte sie, »denn dies steht auch mir vor dem Sinn. Hab keine Furcht! Doch glaube nicht, dass dieses Land Lothlórien allein durch Gesang in den Bäumen oder die dünnen Pfeile der Elbenbogen erhalten und gegen den Feind verteidigt wird. Ich sage dir, Frodo, dass ich jetzt, während ich mit dir spreche, den Dunklen

Herrscher gewahre und weiß, worauf er sinnt, wenigstens soweit es die Elben angeht. Und immer tastet sein Blick nach mir und will meine Gedanken sehen. Aber noch ist die Tür verschlossen!«

Sie hob die weißen Arme und hielt die Handflächen dem Osten entgegen, zum Zeichen der Abweisung und Verneinung. Earendil, der Abendstern, stand am Himmel, den die Elben über alles liebten. So hell leuchtete er, dass Galadriels Gestalt einen blassen Schatten auf den Boden warf. Ein Strahl fiel auf einen Ring, den sie am Finger trug. Er glänzte wie blankes Gold im silbernen Licht, und ein weißer Stein an dem Ring blitzte auf, als gäbe der Abendstern selbst sich in ihre Hand. Scheu sah Frodo den Ring an, denn auf einmal war ihm, als habe er nun begriffen.

»Ja«, sagte sie, seine Gedanken erratend, »darüber zu sprechen, ist nicht erlaubt, und Elrond durfte es nicht. Doch vor dem Ringträger und einem, der das Auge gesehen hat, kann dies nicht verborgen bleiben. Es ist so: Einer der Drei befindet sich im Lande Lórien an Galadriels Finger. Dies ist Nenya, der Ring des Adamant, und ich bin seine Hüterin.

Er vermutet, dass es so sei, weiß es aber nicht – noch nicht. Begreifst du nun, warum dein Kommen für uns ein Schicksalszeichen ist? Denn schlägt dein Unternehmen fehl, so werden wir vor dem Feind entblößt. Gelingt es aber, so mindert sich unsere Macht, und Lothlórien schwindet und wird von den Wogen der Zeit überspült. Gen Westen müssen wir dann fahren, oder wir schrumpfen zu einem bäurischen Völkchen in Schluchten und Höhlen, das langsam vergessen wird und sich selbst vergisst.«

Frodo neigte den Kopf. »Und was wünschst du dir?« sagte er schließlich.

»Dass komme, was kommen muss«, antwortete sie. »Tiefer als das Meer ist der Elben Liebe zu ihrem Land und ihren Werken, und unsterblich ist ihre Trauer und kann nie ganz gestillt werden. Doch lieber werden sie dies alles dreingeben, als sich Sauron unterwerfen: Denn nun kennen sie ihn. Nicht für Lothlóriens Schicksal bist du verantwortlich, sondern nur für die Erfüllung deiner Aufgabe. Doch hätte es irgendeinen Sinn, so wünschte ich mir, der Ring wäre nie geschmiedet worden oder für immer verschollen geblieben.«

»Klug bist du, Frau Galadriel, schön und furchtlos«, sagte Frodo. »Ich gebe dir den Einen Ring, wenn du mich darum bittest. Mir ist er zu schwer.«

Galadriel lachte plötzlich hell auf. »Klug mag sie sein, die Frau Galadriel«, sagte sie, »doch in deiner Artigkeit hat sie ihren Meister gefunden. Sanft nimmst du Rache dafür, dass ich bei unserer ersten Begegnung dein Herz erforschte. Du beginnst, hellsichtig zu werden. Ich leugne nicht, dass es mich sehr nach dem verlangt hat, was du mir geben willst. Gegrübelt hab ich viele Jahre lang, was ich tun könnte, fiele mir der Große Ring in die Hände, und siehe da, nun ist er zum Greifen nahe! Das Böse, das einst ersonnen ward, wirkt fort auf vielen Wegen, ob Sauron selbst nun steht oder fällt. Wäre es nicht ein schöner Beweis für des Ringes Kraft, wenn ich ihn mit Gewalt oder List meinem Gast abnähme?

Und nun endlich fällt er mir zu! Sogar freiwillig würdest du ihn mir geben! An die Stelle des Dunklen Herrschers willst du eine Königin setzen. Und keine dunkle Königin werde ich sein, sondern schön und schrecklich wie der Morgen und die Nacht. Prächtig wie Meer und Sonne und der Schnee auf den Bergen! Entsetzlich wie Donner und Blitz! Stärker als der Erde Grundfesten! Lieben sollen mich alle und verzweifeln!«

Sie hob die Hand, und von dem Ring, den sie trug, ging ein starkes Licht aus, das nur sie allein erhellte und alles andere im Dunkeln ließ. Über alle Maßen groß stand sie vor Frodo, unerträglich schön, schrecklich und verehrungswürdig. Dann ließ sie die Hand sinken, das Licht erlosch, und schon lachte sie und war wieder die alte, eine schlanke Elbin in einem schlichten weißen Gewand und mit sanfter, traurig klingender Stimme.

»Die Prüfung hab ich bestanden«, sagte sie. »Ich werde schwinden und gen Westen fahren, und ich bleibe Galadriel.«

Eine ganze Weile standen sie noch schweigend beisammen. Endlich sagte Galadriel: »Gehen wir zurück! Morgen müsst ihr aufbrechen, denn nun haben wir gewählt, und die Wogen des Schicksals nehmen ihren Lauf.«

»Noch eines wüsste ich gern, bevor wir gehen«, sagte Frodo, »etwas, wonach ich Gandalf schon seit Bruchtal immer fragen wollte. Wenn ich den Einen Ring tragen darf, warum kann ich dann nicht alle anderen Ringe sehen und die Gedanken ihrer Träger erfahren?«

»Du hast es nie versucht«, sagte sie. »Erst dreimal hast du den Ring auf den Finger gesteckt, seit du weißt, was es mit ihm auf sich hat. Versuch es nicht! Du gingest dabei zugrunde. Hat dir Gandalf nicht gesagt, dass der Ring nur nach den Maßen seines Besitzers Macht verleiht? Ehe du diese Macht gebrauchen könntest, müsstest du weitaus stärker werden und deinen Willen darin üben, andere zu beherrschen. Immerhin hast du als Ringträger, der den Ring auch schon am Finger gehabt und das Verborgene gesehen hat, eine hellere Sicht gewonnen. Deutlicher als mancher, der für weise gilt, hast du meine Gedanken erkannt. Du hast das Auge dessen gesehen, der die Sieben und die Neun besitzt. Und hast du nicht den Ring an meinem Finger gesehen und erkannt? Hast *du* meinen Ring gesehen?« fragte sie, sich wieder an Sam wendend.

»Nein, hohe Frau«, antwortete er. »Um der Wahrheit die Ehre zu geben, ich hab mich gewundert, worüber ihr bloß redet. Ich hab nur einen Stern durch deine Finger scheinen sehn. Aber wenn du mir ein offenes Wort gestattest, dann würd' ich sagen, dass mein Chef schon Recht hatte. Ich wollte, du nähmst diesen Ring. Du würdest schon alles ins Lot bringen. Du würdest nicht zulassen, dass sie den Beutelhaldenweg umgraben und den Ohm vor die Tür setzen. Du würdest gewissen Leuten ihre Gemeinheiten heimzahlen.«

»Ja, das würde ich«, sagte sie. »Damit finge es an. Aber ach, dabei bliebe es nicht! Reden wir nicht mehr davon! Gehn wir!«

ACHTES KAPITEL

ABSCHIED VON LÓRIEN

An diesem Abend wurden die Gefährten abermals in Celeborns luftigen Palast hinaufberufen und vom Herrn und der Herrin aufs liebenswürdigste empfangen. Schließlich kam Celeborn auf ihre Abreise zu sprechen.

»Nun ist es an der Zeit«, sagte er, »dass diejenigen, welche die Fahrt fortzusetzen gedenken, ihr Herz von diesem Lande losreißen müssen. Wer nicht weitergehen will, mag noch eine Weile bleiben. Doch ob er bleibt oder geht, keiner kann des Friedens sicher sein. Denn wir kommen nun an die Schwelle des Schicksals. Wer will, mag hier den Anbruch der Stunde erwarten, zu der es sich entscheidet, ob entweder die Straßen der Welt wieder frei sind oder wir ihn bitten müssen, Lórien in seiner letzten Not beizustehen. Dann mag er sich entweder in seine Heimat oder aber zur langen Ruhe nach dem Tod in der Schlacht begeben.«

Schweigen trat ein. »Alle sind entschlossen weiterzugehen«, sagte Galadriel, nachdem sie ihnen in die Augen gesehen hatte.

»Was mich betrifft«, sagte Boromir, »so führt der Heimweg vorwärts und nicht zurück.«

»Gewiss«, sagte Celeborn, »doch werden auch alle Gefährten mit dir nach Minas Tirith gehen?«

»Welchen Weg wir nehmen wollen, haben wir noch nicht beschlossen«, sagte Aragorn. »Ich weiß nicht, wie Gandalf von Lothlórien aus weiterzugehen gedachte. Ich glaube nicht einmal, dass er selbst einen festen Plan hatte.«

»Vielleicht nicht«, sagte Celeborn, »doch kann niemand, wenn er dieses Land verlässt, den Großen Strom außer Acht lassen. Wie manche von euch wissen, kann er zwischen Lórien und Gondor von Reisenden mit Traglasten nicht anders als mit Booten überquert werden. Und wurden nicht die Brücken von Osgiliath abgebrochen? Sind nicht alle Landeplätze dort in der Hand des Feindes?

Auf welcher Seite wollt ihr euch halten? Der Weg nach Minas Tirith liegt auf dieser Seite, am Westufer entlang; doch der gerade Weg zum Ziel der Fahrt liegt östlich des Stroms, am dunkleren Ufer. Welches Ufer zieht ihr nun vor?«

»Wenn mein Rat Gehör findet, das westliche und den Weg nach Minas Tirith«, antwortete Boromir. »Doch bin ich nicht der Führer auf dieser Fahrt.« Die anderen sagten nichts, und Aragorn schaute besorgt und unschlüssig drein.

»Wie ich sehe, wisst ihr noch nicht, was zu tun ist«, sagte Celeborn. »Nicht ich kann dies für euch entscheiden; doch will ich euch helfen, so gut ich kann. Manche unter euch können mit Booten umgehen: Legolas, dessen Volk den schnell fließenden Waldfluss befährt, Boromir aus Gondor und Aragorn, der Weitgereiste.«

»Und ein Hobbit!« rief Merry. »Nicht alle halten wir Boote für wilde Pferde. Meine Sippe lebt an den Ufern des Brandywein.«

»Gut«, sagte Celeborn, »dann will ich euch mit Booten versehen. Sie müssen klein und leicht sein, wenn ihr zu Wasser weit kommen wollt; es gibt Stellen, wo ihr sie werdet tragen müssen. Ihr werdet zu den Stromschnellen von Sarn Gebir kommen und zuletzt vielleicht an den großen Rauros-Fall, wo der Strom donnernd aus dem Nen Hithoel herabstürzt; und der Gefahren sind noch andere. Die Boote können euch die Reise für eine Weile weniger beschwerlich machen. Doch den Weg zum Ziel können sie euch nicht weisen: Am Ende müsst ihr sie und den Strom verlassen und euch nach Westen wenden – oder nach Osten.«

Aragorn bedankte sich einige Mal. Dass Celeborn ihnen Boote schenkte, beruhigte ihn sichtlich, nicht zuletzt deshalb, weil es nun ein paar Tage lang noch nicht nötig sein würde, sich für einen Weg zu entscheiden. Auch die anderen schauten zuversichtlicher drein. Was für Gefahren auch vor ihnen liegen mochten, es schien jedenfalls besser, ihnen auf dem breit dahinströmenden Anduin entgegenzuschwimmen, als mit krummen Rücken in sie hineinzustapfen. Nur Sam hatte seine Bedenken: Er zumindest fand Boote immer noch so unzuverlässig wie wilde Pferde, wenn nicht schlimmer; und alle bisher überstandenen Gefahren zu Lande hatten an seiner Abneigung gegen das Wasser nichts geändert.

»Alles soll morgen vor dem Mittag am Hafen für euch bereitstehen«, sagte Celeborn. »Am Morgen schicke ich die Unsrigen zu euch, um bei den Zurüstungen zur Fahrt zu helfen. Wir wünschen euch allen eine gute Nacht und sorglosen Schlaf.«

»Gute Nacht, Freunde!« sagte Galadriel. »Schlaft in Frieden! Grübelt heute Nacht nicht mehr über den Weg. Vielleicht liegt der Weg, den jeder von euch gehen wird, schon vor seinen Füßen, ohne dass er ihn sieht. Gute Nacht!«

Die Gefährten kehrten zu ihrem Zelt zurück. Legolas ging mit ihnen, denn es war ihre letzte Nacht in Lothlórien, und Galadriels Worten zum Trotz wollten sie noch miteinander Rat halten.

Lange debattierten sie, was zu tun und wie das Vorhaben mit dem Ring am besten auszuführen sei; doch sie kamen zu keinem Entschluss. Deutlich wurde immerhin, dass die meisten von ihnen lieber zuerst nach Minas Tirith gehen wollten, um wenigstens für eine Weile vor den Schrecknissen des Feindes sicher zu sein. Sie wären auch bereit gewesen, einem Führer über den Strom und bis zu den Grenzen von Mordor zu folgen; aber Frodo sagte kein Wort, und Aragorn war noch immer im Zwiespalt.

Für sein Teil hatte er, solange Gandalf bei ihnen war, vorgehabt, mit Boromir nach Gondor zu gehen und dort sein Schwert in den Dienst der Landesverteidigung zu stellen. Denn er glaubte, dass die Traumbotschaft, die man in Gondor empfangen hatte, ein Aufruf sei, dass Elendils Erbe nun hervortreten müsse, weil die Stunde endlich gekommen sei, wo es gelte, mit Sauron um die Herrschaft zu kämpfen. In Moria aber war auch Gandalfs Aufgabe ihm zugefallen; und er wusste, dass er nun den Ring nicht im Stich lassen durfte, wenn Frodo es am Ende ablehnen sollte, mit Boromir zu gehen. Doch was könnte er oder irgendeiner der Gefährten für Frodo tun, außer blindlings mit ihm in die Dunkelheit hineinzulaufen?

»Ich gehe nach Minas Tirith, wenn es sein muss alleine, denn das ist meine Pflicht«, sagte Boromir, und dann blieb er eine Weile stumm, die Augen fest auf Frodo geheftet, als wollte er die Gedanken des Halblings lesen. Schließlich begann er wieder zu reden, leise, wie im Selbstgespräch. »Wollt ihr nur den Ring vernichten, so nützen Waffen und Kriegstaten wenig, und die Menschen von Minas Tirith können dabei nicht helfen. Wollt ihr aber die Streitkräfte des Feindes vernichten, dann ist es Wahnsinn, ohne Heer in sein Reich zu gehen, und Wahnsinn, etwas wegzuwerfen.« Er hielt inne, als wäre ihm jetzt erst klar geworden, dass er im Begriff war, laut zu denken. »Es wäre Wahnsinn, sein Leben wegzuwerfen, meine ich. Es ist doch ein Unterschied, ob man eine Festung verteidigen oder einfach dem Tod in die Arme laufen will. So jedenfalls sehe ich es.«

Frodo bemerkte etwas Neues und Eigenartiges in Boromirs Blick und sah ihn scharf an. Offenbar waren Boromirs Gedanken zuerst in andere Richtungen gegangen als seine letzten Worte. Wahnsinn, etwas wegzuwerfen – was wegzuwerfen? Den Ring der Macht? Etwas dergleichen hatte er schon bei der Ratsversammlung in Bruchtal gesagt, aber damals hatte er sich Elronds Zurechtweisung gefallen lassen. Frodo sah Aragorn an, aber der schien seinen eigenen Gedanken nachzuhängen und ließ nicht erkennen, ob er auf Boromirs Worte geachtet hatte. Und damit war die Beratung zu Ende. Merry und Pippin schliefen schon, und Sam war am Einnicken. Die Nacht wurde alt.

Am Morgen, als sie anfingen, ihre wenigen Sachen zusammenzupacken, kamen Elben, die ein bisschen Westron sprachen, und brachten ihnen allerlei Geschenke: Wegzehrung und Kleidung für die Reise. Die Wegzehrung bestand hauptsächlich aus einer Art sehr dünner Kekse, aus einem Teig, der außen braun gebacken, innen aber sahnig weiß war. Gimli nahm einen zur Hand und betrachtete ihn missgünstig von allen Seiten.

»Cram«, brummte er, brach eine knusprige Ecke ab und kostete. Seine Miene änderte sich schnell, und den Rest verzehrte er mit sichtlichem Behagen.

»Genug, genug!« riefen die Elben und lachten. »Genug für eines langen Tages Weg hast du gefuttert.«

»Ich dachte, es ist nur eine Art Cram, wie es die Menschen aus Thal für Reisen durch die Wildnis backen«, sagte der Zwerg.

»Ist es auch«, antworteten sie. »Doch wir nennen es *Lembas* oder Reisebrot. Nahrhafter ist es als alles Menschenfutter und übrigens, wie alle Kenner urteilen, auch schmackhafter als Cram.«

»Und ob!« sagte Gimli. »Na, das ist ja noch besser als die Honigkuchen der Beorninger, und das will was heißen, denn die Beorninger sind weit und breit die besten Bäcker, die ich kenne. Allerdings sind sie heutzutage mit ihren Kuchen gegen Reisende nicht mehr so freigebig. Ihr seid schon sehr nette Gastgeber!«

»Trotzdem raten wir euch, das Lembas aufzubewahren«, sagten die Elben. »Esst nur wenig davon auf einmal, und nur in Notlagen. Denn dies ist für den Fall, dass ihr nichts anderes habt. Die Kekse halten sich viele

Tage lang frisch, wenn unangebrochen und in Laub eingewickelt, so wie wir sie euch bringen. Ein einziger genügt, um einen Reisenden, und sei er selbst einer der großen Menschen von Minas Tirith, auf einem schweren Tagesmarsch bei Kräften zu halten.«

Als Nächstes packten die Elben die Kleider aus, die sie für die Gefährten mitbrachten. Für jeden hatten sie einen Kapuzenmantel in der richtigen Größe und aus dem leichten, aber warmen Seidenstoff, den die Galadhrim woben. Es war schwer zu sagen, von welcher Farbe die Mäntel waren: grau im Zwielicht unter den Bäumen, doch anderswo oder in anderem Licht konnten sie grün sein wie schattiges Laub, braun wie ein Brachfeld bei Nacht oder dämmersilbrig wie Wasser im Sternenschein. Jeder Mantel wurde am Hals mit einer Spange in der Form eines silbern gerippten grünen Blatts geschlossen.

»Sind das nun magische Mäntel?« fragte Pippin, als er sie staunend betrachtete.

»Ich weiß nicht, was du damit meinst«, sagte der Anführer der Elben. »Sie sind kleidsam und aus gutem Stoff, denn in Lórien ward er gewoben. Freilich, elbisch sind sie, wenn du das meinst. Blatt und Zweig, Wasser und Stein: All dieser Dinge Farbe haben sie in Lóriens Dämmerlicht, das uns teuer ist; denn der Gedanke an alles, was wir lieben, geht in die Dinge ein, die wir schaffen. Doch Kleider sind es, keine Rüstungen, und Pfeil oder Klinge werden nicht von ihnen abprallen. Dennoch dürften sie euch gute Dienste leisten, leicht und bequem und, wie jeweils nötig, warm oder kühl genug. Und sehr nützlich werdet ihr sie finden, um euch unfreundlichen Blicken zu entziehen, ob ihr nun zwischen Felsen oder Bäumen geht. Hoch steht ihr wahrlich in der Gunst der Herrin! Denn selbst gewoben hat sie den Stoff mit ihren Mägden; und nie zuvor haben wir Fremde in die Tracht unseres Volkes gekleidet.«

Nach dem Frühstück sagten die Gefährten der Wiese am Springbrunnen Lebwohl: einem schönen Platz, von dem sie sich schweren Herzens trennten, denn inzwischen fühlten sie sich wie zu Hause, obwohl sie nicht hätten sagen können, wie viele Tage und Nächte sie hier zugebracht hatten. Als sie eben den letzten Blick auf das weiß in der Sonne sprudelnde Wasser warfen, kam Haldir ihnen über das grüne Gras der Lichtung entgegen. Frodo begrüßte ihn freudig.

»Von den Nordgrenzen komm' ich«, sagte der Elb, »und ward nun geschickt, euch wieder als Führer zu dienen. Das Schattenbachtal ist voller Dunst- und Rauchwolken, und es beben die Berge. Aus den Tiefen der Erde dringen Geräusche herauf. Hätte von euch einer nordwärts heimzukehren gedacht, da käm' er nicht durch. Doch kommt, euer Weg führt nun nach Süden!«

Die grünen Straßen von Caras Galadhon, durch die sie gingen, waren leer, aber aus den Bäumen darüber hörten sie viel Gesang und Stimmengemurmel. Sie selbst schwiegen. Schließlich führte Haldir sie den Südhang des Hügels hinunter, durch das große Tor mit den Lampen und über die weiße Brücke; und so verließen sie die Stadt der Elben. Dann bogen sie von der gepflasterten Straße ab und nahmen einen Weg, der durch dichtes Mellyrngehölz und dann weiter durch welliges, silbern überschattetes Waldland führte, stetig bergab nach Südosten, zum Flussufer hin.

Etwa zehn Meilen waren sie gegangen, und der Mittag war nahe, als sie an eine hohe grüne Mauer kamen. Durch eine Öffnung traten sie plötzlich aus dem Wald heraus. Vor ihnen lag ein langer Streifen Wiese mit sattgrünem Gras, dicht besät mit den in der Sonne golden schimmernden Elanor. Die Wiese lief in eine schmale, leuchtend umrandete Landzunge aus: rechts und im Westen der glitzernde Silberlauf, links und im Osten der Große Strom, breit, tief und dunkel. Auf den gegenüberliegenden Ufern erstreckten sich die Wälder, soweit das Auge reichte, nach Süden, doch die Uferstreifen selbst waren kahl. Kein Mallorn reckte jenseits von Lóriens Grenzen seine goldbelaubten Zweige in die Höhe.

Am Ufer des Silberlaufs, ein Stück weiter vor der Einmündung in den Großen Strom, war ein Landesteg aus weißen Steinen und weißem Holz. Viele Boote und Kähne lagen dort vertäut, manche hell angestrichen, silbern, grün und golden glänzend, die meisten aber weiß oder grau. Drei kleine graue Boote waren für die Reisenden bereitgemacht worden, und darin verstauten die Elben nun ihr Gepäck. Sie fügten noch Seile hinzu, drei Rollen für jedes Boot. Dünn sahen sie aus, waren aber stark, fühlten sich an wie Seide und hatten denselben grauen Farbton wie die Elbenmäntel.

»Was sind denn das für Dinger?« fragte Sam und hob eines auf, das im Gras lag.

»Seile, was sonst?« sagte ein Elb aus den Booten. »Keine Meile ohne Seile! Auf jeder Reise braucht man sie, und zwar lange, starke und leichte. Solche wie diese. Aus so mancher Klemme werden sie dir helfen.«

»Brauchst du *mir* nicht zu sagen!« sagte Sam. »Ich hatte keines mitgenommen und hab' mir schon die ganze Zeit Sorgen gemacht. Aber ich wüsste zu gern, woraus sie gedreht sind, denn von der Seilerei versteh' ich ein bisschen – liegt in der Familie, könnte man sagen.«

»Sie sind aus *Hithlain*«, sagte der Elb, »doch keine Zeit ist jetzt, dich in der Kunst des Seildrehens zu unterrichten. Vieles hätten wir dich lehren können, hätten wir gewusst, dass es dich interessiert. Nun aber, sofern du nicht irgendwann wiederkommst, musst du dich mit unserem fertigen Erzeugnis begnügen. Möge es dir gute Dienste leisten!«

»Kommt nun!« sagte Haldir. »Alles ist bereit. Steigt in die Boote! Aber zuerst mit Vorsicht!«

»Höret unseren Rat!« sagten die anderen Elben. »Diese Boote sind leicht und mit List gebaut und nicht wie anderer Völker Boote. Beladet sie, wie ihr wollt, und sie werden nicht sinken; doch störrisch sind sie gegen die gefühllose Hand. Klugerweise solltet ihr erst hier am Steg das Ein- und Aussteigen üben, ehe ihr euch stromabwärts auf den Weg macht.«

Die Gefährten verteilten sich auf die Boote: Aragorn, Frodo und Sam in einem; Boromir, Merry und Pippin in dem zweiten; Legolas und Gimli, die nun gute Freunde geworden waren, im dritten. In diesem dritten Boot war der größte Teil der Vorräte und des Gepäcks verstaut. Getrieben und gelenkt wurden die Boote mit kurzschäftigen Paddeln mit breitem Blatt. Als alles fertig war, machten sie unter Aragorns Führung eine Probefahrt den Silberlauf aufwärts. Die Strömung war stark, und sie kamen nur langsam voran. Sam saß im Bug, klammerte sich an die Seiten und blickte sehnsüchtig zum Ufer zurück. Das sonnenglitzernde Wasser blendete ihn. Als sie die grüne Landzunge hinter sich hatten, traten die Bäume dicht ans Ufer heran. Hier und da tanzten goldgelbe Blätter auf dem gekräuselten Wasser. Es war sehr hell und windstill, und nichts war zu hören als hoher, ferner Lerchengesang.

Sie fuhren um eine scharfe Biegung des Flusses, und ein riesengroßer, stolzer Schwan kam ihnen flussabwärts entgegengeschwommen. An der weißen Brust unter dem geschwungenen Hals strudelte das Wasser zu beiden Seiten vorüber. Der Schnabel glänzte wie blankes Gold, und die Augen schimmerten kohlschwarz zwischen gelben Flecken; die großen weißen Schwingen waren halb ausgebreitet. Musik schallte über den Fluss, als der Schwan näher kam, und nun erkannten sie erst, dass es ein

Boot war, von geschickten Elbenhänden zum Ebenbild des Vogels geschaffen. Zwei weiß gekleidete Elben steuerten es mit schwarzen Paddeln. In der Mitte saß Celeborn, und hinter ihm stand Galadriel, groß und weiß, einen Kranz goldener Blumen im Haar; und sie hielt eine Harfe in der Hand und sang. Traurig und sanft klang ihre Stimme durch die kühle, klare Luft:

Ich sang von Laub, von goldnem Laub, und schon hat sich's
                                                            gekräuselt;
Ich sang vom Wind, und sieh, er kam, der in den Zweigen säuselt.
Eh noch die Sonn', eh noch der Mond zum ersten Male schien,
Schon wuchs der Baum des goldnen Lichts am Strand von Ilmarin.
Als nur die Sterne Eldamars die ewge Nacht verscheuchten,
Das sah man ihn die Elbenstadt von Tirion beleuchten;
Lang wuchs dort goldnes Laub am Jahreszweig der Zeit,
Doch jetzt klagt hinterm Scheidemeer das Elbenvolk sein Leid:
O Lórien! Der Winter naht, die leeren, toten Tage,
Die Blätter treibt der Fluss davon, wohin er sie auch trage.
O Lórien! Zu lange säum' ich hier im Lande schon
Und flecht mir goldne Elanor in die verblichne Kron.
Doch sänge ich von Schiffen nun, wüsst ich nicht, welches wäre
Zur Fahrt bereit und trüge mich über die weiten Meere.

Aragorn hielt sein Boot an, als das Schwanenboot längsseits herankam. Frau Galadriel beendete ihr Lied und begrüßte sie. »Wir kommen, um euch ein letztes Lebewohl zu sagen und euch mit Segenswünschen aus unserem Land zu entlassen«, sagte sie.

»Obwohl ihr unsere Gäste gewesen seid«, sagte Celeborn, »habt ihr noch nicht mit uns gegessen, und wir bitten euch daher zu einem Abschiedsmahl hier zwischen den fließenden Wassern, die euch von Lórien forttragen werden.«

Langsam fuhr der Schwan weiter zur Anlegestelle, und sie wendeten die Boote und folgten ihm. Dort auf der grünen Wiese am äußersten Zipfel von Egladil wurde das Abschiedsfest gefeiert; doch Frodo aß und trank nur wenig; er hatte Auge und Ohr nur für die Schönheit der hohen Frau und ihre Stimme. Sie kam ihm nun nicht mehr schrecklich oder einschüchternd vor, und auch von geheimen Kräften war nichts an ihr zu bemerken. Er sah sie schon so, wie die Menschen späterer Tage manchmal noch die Elben ansehen: als gegenwärtig und doch entrückt, leibhaftige Erscheinungen dessen, worüber die Ströme der Zeit längst hinweggeflossen sind.

Nachdem sie, im Grase sitzend, gespeist und getrunken hatten, kam Celeborn noch einmal auf ihren Reiseweg zu sprechen. Er hob die Hand und zeigte nach Süden zu den Wäldern unterhalb der Landzunge.

»Kommt ihr weiter flussabwärts«, sagte er, »so hören die Wälder auf, und das Land wird kahl und baumlos. Dort fließt der Strom durch ein felsiges Tal zwischen Hochmooren, bis er schließlich nach vielen Wegstunden die hohe Insel Zinnenfels erreicht, die wir Tol Brandir nennen. Ihre steilen Ufer umfließt er in zwei Armen und stürzt dann, mächtig schäumend und tosend, den Rauros-Fall hinab ins Nindalf oder Fennfeld, wie es in eurer Zunge genannt wird. Es ist ein weites Sumpfland, durch das der Strom träg und auf viele Arme verteilt dahinkriecht. Dort fließt ihm in vielen Mündungen die Entwasser aus Fangorns Wald im Westen zu. Hinter diesem Fluss, auf der rechten Seite des Großen Stroms, liegt Rohan. Auf der linken Seite seht ihr dort die kahlen Hügel der Emyn Muil, wo der Wind von Osten hereinweht, denn von ihnen blickt man über die Totensümpfe und das Niemandsland bis zur Cirith Gorgor und dem schwarzen Tor von Mordor.

Boromir und jeder, der mit ihm nach Minas Tirith gehen will, wird gut daran tun, den Großen Strom vor dem Rauros-Fall zu verlassen und die Entwasser oberhalb der Sümpfe zu überqueren. Doch sollte er diesem Fluss nicht zu weit aufwärts folgen, weil er sonst Gefahr läuft, in Fangorns Wald zu geraten. Das ist ein seltsames Land, über das heute wenig bekannt ist. Doch gewiss bedarf es für Boromir und Aragorn dieser Warnung nicht.«

»Freilich haben wir in Minas Tirith von Fangorn gehört«, sagte Boromir, »doch was mir zu Ohren gekommen ist, scheinen mir zumeist Märchen zu sein, wie sie die alten Weiber den Kindern erzählen. Alles Land nördlich von Rohan liegt für uns heute so fern, dass sich die Phantasie dort frei ergehen kann. In alter Zeit lag Fangorn an den Grenzen unseres Reiches; doch nun ist seit vielen Menschenaltern niemand von uns mehr dort gewesen, um die Legenden zu prüfen, die aus fernen Jahren auf uns gekommen sind.

Ich selbst bin einige Mal in Rohan gewesen, habe es aber nie nach Norden durchquert. Als ich mit der Botschaft nach Bruchtal entsandt wurde, bin ich an den Ausläufern des Weißen Gebirges entlang und durch die Pforte geritten und dann über den Isen und die Grauflut ins Nordland gelangt. Eine lange, beschwerliche Reise, vierhundert Wegstunden, schätzte ich, und sie dauerte mehrere Monate, denn bei Tharbad, an der Furt durch die Grauflut, verlor ich mein Pferd. Nach dieser Reise und nach den Wegen, die ich nun auf unserer Fahrt zurückgelegt habe, sehe ich keinen Grund zu bezweifeln, dass ich einen Weg durch Rohan und, wenn nötig, auch durch Fangorn finden werde.«

»Dann muss ich nichts weiter sagen«, sagte Celeborn. »Doch verachte mir nicht die Überlieferung aus den fernen Jahren; denn oft trifft es sich so, dass der alten Weiber Gedächtnis noch Kenntnis von manchem bewahrt, das einst die Weisen wissenswert fanden.«

Galadriel stand vom Grase auf und ließ sich von einer ihrer Mägde einen Becher reichen. Sie füllte ihn mit weißem Met und gab ihn Celeborn.

»Nun wird es Zeit, den Abschiedsbecher zu leeren«, sagte sie. »Trink, Herr der Galadhrim! Und lass dein Herz nicht trauern, wenn auch dem Mittag die Nacht folgt und der Abend uns naht.«

Dann reichte sie den Becher jedem der Gefährten und entbot ihm den Trank und den Abschiedsgruß. Doch als sie alle getrunken hatten, befahl sie ihnen, sich wieder ins Gras zu setzen, während für sie und Celeborn Sessel aufgestellt wurden. Ihre Mägde umstanden sie schweigend, und eine Weile sah sie ihre Gäste nur an. Dann nahm sie wieder das Wort.

»Wir haben den Abschiedsbecher geleert«, sagte sie, »und zwischen uns fallen die Schatten. In meinem Schiff hab ich Geschenke mitgebracht, die euch der Herr und die Herrin der Galadhrim nun zur Erinnerung an Lothlórien überreichen.« Dann rief sie einen nach dem andern zu sich.

»Hier ist Celeborns und Galadriels Geschenk für den Führer auf eurer Fahrt«, sagte sie und gab Aragorn eine Scheide, passend für sein Schwert. Sie war mit fein gehämmertem Maßwerk von Blättern und Blüten von Silber und Gold überzogen und mit Elbenrunen aus vielen kleinen Edelsteinen besetzt, die den Namen Andúril und die edle Herkunft des Schwertes angaben.

»Möge die Klinge, die aus dieser Scheide gezogen wird, auch in der Niederlage nicht besudelt oder zerbrochen werden«, sagte sie. »Doch gibt es irgend anderes, das du zum Abschied von mir begehrst? Denn dunkel wird es nun zwischen uns werden, und vielleicht sehen wir uns nicht wieder, es sei denn weit von hier und auf einem Weg, von dem niemand zurückkehrt.«

Und Aragorn antwortete: »Hohe Frau, du kennst mein ganzes Begehren, und lange hast du den einzigen Schatz verwahrt, nach dem es mich verlangt. Doch steht es nicht in deiner Macht, ihn mir zu gewähren, wenn du auch wolltest; und nur durch die Dunkelheit kann ich zu ihm gelangen.«

»Dies aber könnte dir das Herz leichter machen«, sagte Galadriel; »denn es ward mir anvertraut, damit ich es dir gebe, wenn du durch unser Land kämest!« Und von ihrem Schoß nahm sie einen großen Edelstein von klarem Grün, eingefasst von einer silbernen Spange in der Form eines Adlers mit ausgebreiteten Schwingen. Als sie den Stein emporhielt, schimmerte er auf, wie wenn die Sonne im Frühling durch junges Laub scheint. »Diesen Stein gab ich meiner Tochter Celebrían, und sie gab ihn ihrer Tochter; und nun gebührt er dir als ein Zeichen der Hoffnung. Nimm in dieser Stunde den Namen an, der dir geweissagt ward: Elessar, der Elbenstein aus dem Hause Elendil!«

Aragorn nahm den Stein und heftete sich die Spange an die Brust, und alle, die zusahen, staunten, denn noch nie war ihnen aufgefallen, wie groß und königlich er vor ihnen stand, als seien die vielen mühseligen Jahre von ihm abgefallen. »Für deine Geschenke«, sagte er, »danke ich dir, o Herrin von Lórien, der Celebrían und Arwen Abendstern entsprosst sind. Was könnte ich zu deinem Ruhm mehr sagen?«

Galadriel neigte den Kopf; dann wandte sie sich an Boromir, und ihm schenkte sie einen goldenen Gürtel. Merry und Pippin bekamen jeder einen schmalen silbernen Gürtel mit blumenförmiger goldener Schnalle. Legolas gab sie einen Bogen, wie ihn die Galadhrim gebrauchten, länger und stärker als die Elbenbogen aus dem Düsterwald und mit der Sehne von Elbenhaar. Zu dem Bogen gehörte ein Köcher mit Pfeilen.

»Und für dich, du kleiner Gärtner und Freund der Bäume«, sagte sie zu Sam, »habe ich nur ein kleines Geschenk.« Sie drückte ihm eine Schachtel von schlichtem grauem Holz in die Hand, ohne Verzierungen, bis auf eine einzige silberne Rune auf dem Deckel. »Hier steht ein G wie Galadriel«, sagte sie, »doch in eurer Sprache könnte es auch für ›Garten‹ stehen. In der Schachtel ist Erde aus meinem Obstgarten, mit allem Segen, den Galadriel noch verleihen kann. Auf deinem Wege wird sie dir nicht helfen und dich vor keiner Gefahr schützen; aber wenn du sie bewahrst und am Ende deine Heimat wiedersiehst, könnte sie es dir lohnen. Solltest du auch alles dort kahl und verwüstet vorfinden, werden doch nur wenige Gärten in Mittelerde blühen wie der deine, wenn du diese Erde darauf verstreust. Dann denk an Galadriel und gewinne in der Ferne noch einmal ein Bild von Lórien, das du nur in unserem Winter gesehn hast. Denn unser Lenz und Sommer sind dahin und werden außer im Gedenken nie wieder auf der Erde zu sehen sein.«

Sam wurde rot bis über die Ohren und brummte etwas Unverständliches. Die Schachtel fest in beiden Händen haltend, machte er eine Verbeugung, so gut er konnte.

»Und welches Geschenk mag nun ein Zwerg sich von den Elben erbitten?« sagte Galadriel, sich zu Gimli hinwendend.

»Keines, hohe Frau«, antwortete Gimli. »Mir genügt es, die Herrin der Galadhrim mit eigenen Augen gesehen und ihre freundlichen Worte gehört zu haben.«

»Hört ihn euch an, ihr Elben!« rief sie ihrem Gefolge zu. »Niemand sage mehr, Zwerge seien raffgierig und ungehobelt! Doch gewiss begehrst du etwas, Gimli Glóinssohn, das ich dir geben könnte? Nenne deinen Wunsch, ich bitte dich! Nicht du als Einziger sollst ohne Gastgeschenk fortgehen.«

»Ich wüsste nichts, Frau Galadriel«, stammelte Gimli und verbeugte sich tief. »Nichts, es sei denn, ich dürfte … dürfte bitten um … nein, ich will es nur nennen: eine Strähne von deinem Haar, das alles Gold der Welt übertrifft, so wie die Sterne die Edelsteine aus dem Bergwerk beschämen. Ich bitte nicht um eine solche Gabe. Aber du befiehlst mir, meinen Wunsch zu nennen.«

Unter den Elben gab es ein verblüfftes Geraune, und Celeborn blickte den Zwerg erstaunt an, aber Galadriel lächelte. »Der Zwerge Hände, so heißt es, seien geschmeidiger als ihre Zungen«, sagte sie, »aber das gilt nicht für Gimli. Denn niemand hat je eine so kühne und doch artige Bitte an mich gerichtet. Und wie könnte ich sie abschlagen, da ich ihm doch befohlen hatte zu sprechen? Aber sag mir, was würdest du tun mit einem solchen Geschenk?«

»Es hüten wie einen Schatz, hohe Frau«, antwortete er, »zum Gedenken der Worte, die du bei unserer ersten Begegnung zu mir sprachst. Und wenn ich die Schmieden meiner Heimat je wiedersehe, soll es in unvergängliches Kristall gefasst werden, als ein Erbgut meines Hauses und als

Unterpfand der Freundschaft zwischen Berg und Wald bis ans Ende aller Tage.«

Da löste Galadriel eine ihrer langen Flechten auf, schnitt drei goldene Haare ab und legte sie Gimli in die Hand. »Diese Worte mögen das Geschenk begleiten«, sagte sie. »Ich weissage nicht, denn alles Weissagen ist nun vergebens: Auf der einen Seite liegt Dunkelheit, auf der andern nur Hoffnung. Doch wenn die Hoffnung nicht trügen sollte, sag' ich dir, Gimli Glóinssohn, dann werden deine Hände im Golde baden, und dennoch wird das Gold keine Macht über dich haben.

Und zu dir nun, Ringträger«, sagte sie zu Frodo, »komme ich zuletzt, obwohl du nicht der Letzte bist, an den ich denke. »Für dich habe ich dies bereitet.« Sie hielt eine kleine kristallene Phiole empor, die bei dieser Bewegung glitzerte und weiße Lichtstrahlen aussandte. »In dieser Phiole eingefangen ist Licht von Earendils Stern, so wie er im Wasser meines Brunnens gespiegelt ward. Heller wird sie strahlen, wenn Nacht um dich ist. Möge sie dir an dunklen Orten leuchten, wenn alle andern Lichter erlöschen. Denk an Galadriel und ihren Spiegel!«

Frodo nahm die Phiole, und für einen Augenblick, als sie zwischen ihnen schimmerte, schien Galadriel wieder groß und schön wie eine Königin vor ihm zu stehen, doch nicht länger schrecklich. Er verbeugte sich, fand aber keine Worte.

Nun stand Galadriel auf, und Celeborn führte sie alle zurück zum Landesteg. Gelb lag der Mittag auf der grünen Landzunge, und das Wasser glitzerte silbern. Alles war bereit. Die Gefährten nahmen ihre Plätze in den Booten ein wie zuvor. »Lebt wohl!« riefen die Elben von Lórien und stießen sie mit langen grauen Stangen in die Strömung hinaus, die sie langsam davontrug. Die Reisenden saßen still, ohne zu reden oder die Paddel zu führen. Auf dem grünen Ufer dicht an der äußersten Spitze der Landzunge stand Frau Galadriel, stumm und ganz allein. Als sie an ihr vorübergetrieben waren, drehten sie sich um und verfolgten mit den Blicken, wie sie langsam davonschwamm. Denn so erschien es ihnen: Lórien glitt rückwärts davon wie ein leuchtendes Schiff mit verzauberten Bäumen als Masten, das zu vergessenen Ufern fuhr, während sie hilflos festsaßen am Rand einer grauen, unbelaubten Welt.

Während sie noch zurückblickten, ging der Silberlauf in die Strömungen des Anduin über, die Boote nahmen die neue Richtung auf und begannen schneller nach Süden zu treiben. Bald war Galadriels weiße

Gestalt klein und fern. Sie glänzte wie ein Fenster auf einem Hügel in der Abendsonne oder wie ein von einem hohen Gipfel herab gesehener Bergsee: ein in den Schoß des Landes gefallener Kristall. Dann schien es Frodo, dass sie zu einem letzten Gruß die Arme hob, und leise, aber durchdringend klar trug der Wind ihnen den Klang ihrer Stimme nach. Sie sang, doch nun in der alten Sprache der Elben jenseits des Meeres, und er verstand die Worte nicht. Schön klang es, aber nicht tröstlich.

Doch wie Elbenworte zu tun pflegen, hafteten sie in seinem Gedächtnis, und viel später erst versuchte er, so gut er konnte, sich über ihren Sinn klar zu werden. Es war die Sprache der alten Elbenlieder, und darin war von Dingen die Rede, von denen man wenig wusste in Mittelerde.

> *Ai! laurië lantar lassi súrinen,*
> *Yéni únótime ve rámar aldaron!*
> *Yéni ve linte yuldar avánier*
> *mi oromardi lisse-miruvóreva*
> *Andúne pella, Vardo tellumar*
> *nu luini yassen tintilar i eleni*
> *ómaryo airetári-lírinen.*

> *Sí man i yulma nin enquantuva?*

> *An sí Tintalle Varda Oiolosseo*
> *ve fanyar máryat Elentári ortane*
> *ar ilye tier unduláve lumbule;*
> *ar sindanóriello caita mornië*
> *i falmalinnar imbe met, ar hísië*
> *untúpa Calaciryo míri oiale.*
> *Sí vanwa ná, Rómello vanwa, Valimar!*

> *Namárië! Nai hiruvalye Valimar.*
> *Nai elye hiruva. Namárië!*

»Ah, wie Gold fallen die Blätter im Winde, Jahre, lang und ungezählt wie die Schwingen der Bäume! Die langen Jahre sind verflossen wie schneller Trunk vom süßen Met in den hohen Hallen jenseits des Westmeers, unter Vardas blauen Gewölben, wo die Sterne erbeben beim Gesang ihrer heiligen, königlichen Stimme. Wer nun wird mir von neuem den Becher füllen? Denn nun hat Varda, die Entfacherin, die Königin der Sterne, auf dem Immerweißen Berg die Hände wie Wolken erhoben, und alle Pfade sind tief im Schatten versunken; und aus einem grauen Land zieht Dunkelheit über die schäumenden Wogen zwischen uns, und Nebel verhüllt die Juwelen des Calacirya für immer. Unerreichbar nun, unerreichbar für jene aus dem Osten ist Valimar! Lebewohl! Vielleicht wirst du Valimar suchen! Vielleicht wirst du es finden! Lebewohl!« Varda ist der Name der Herrin, welche die Elben in diesen Landen ihres Exils Elbereth nennen.

Der Fluss trug sie um eine Biegung, die Ufer auf beiden Seiten stiegen an, und Lóriens Licht erreichte sie nicht mehr. Niemals sah Frodo das schöne Land wieder.

Die Reisenden wandten die Gesichter in die Fahrtrichtung; die Sonne stand vor ihnen, und sie waren halb blind, denn alle hatten sie Tränen in den Augen. Gimli weinte unverhohlen.

»Zum letzten Mal hab ich gesehen, was das Schönste war«, sagte er zu Legolas, seinem Bootsgefährten. »Von nun an will ich nichts mehr schön nennen, außer ihrem Geschenk.« Und er legte die Hand aufs Herz.

»Sag mir, Legolas, warum musste ich auf diese Fahrt gehen? Hätt' ich doch gewusst, welches die höchste Gefahr ist! Elrond hat wahr gesprochen: Wir können nicht voraussehn, was uns unterwegs begegnet. Qualen in der Dunkelheit hab ich am meisten gefürchtet, und davon ließ ich mich nicht abschrecken. Aber ich wäre nicht mitgekommen, hätt' ich die Gefahren gekannt, die vom Licht und vom Glück ausgehen. Nun hat mich dieser Abschied schlimm verwundet, schlimmer noch, als würde ich heute Nacht noch dem Dunklen Herrscher vorgeführt. O weh, Gimli Glóinssohn!«

»Nein!« sagte Legolas. »O weh für uns alle! Und für alle, die in diesen verspäteten Tagen auf Erden wandeln! Denn so ist es der Welt Lauf: finden und verlieren; und so erscheint es allen, deren Boot mit dem Strom schwimmt. Dich aber, Gimli Glóinssohn, schätze ich glücklich, denn du nimmst deinen Verlust freiwillig hin; du hättest auch eine andere Wahl treffen können. Aber deine Gefährten hast du nicht im Stich gelassen, und der Lohn wenigstens ist dir gewiss, dass du die Erinnerung an Lothlórien für immer rein und ungetrübt im Herzen tragen kannst, und nie wird sie verblassen oder schal werden.«

»Mag sein«, sagte Gimli, »und ich danke dir für deine Worte. Wahr sind sie, gewiss, doch jede solche Wahrheit ist kalter Trost. Nicht Erinnerung ist es, wonach das Herz begehrt. Erinnerung ist nur ein Spiegel, und sei er auch so rein wie der Kheled-zâram. So sagt mir's mein Zwergenherz. Vielleicht seht ihr Elben das anders. Für euch, so hab ich gehört, kommt die Erinnerung dem wachen Zustand näher als dem Traum. Nicht so für uns Zwerge.

Doch reden wir nicht mehr davon. Vorsicht, das Boot! Es liegt zu tief im Wasser mit all dem Gepäck, und der große Strom fließt schneller. Ich will meinen Kummer nicht im kalten Wasser ersäufen.« Er nahm ein Paddel zur Hand und steuerte näher zum westlichen Ufer, wie es Aragorn, dessen Boot den andern voranfuhr, schon getan hatte.

So machten sich die Gefährten auf ihren langen Weg, den breiten, schnell fließenden Strom abwärts, immer nach Süden. Kahle Wälder standen an beiden Ufern, und von dem Land dahinter war nichts zu sehen. Der Wind erstarb, und das Wasser strömte lautlos dahin. Kein Vogelruf durchbrach die Stille. Die Sonne überzog sich mit einem Dunstschleier, als der Tag älter wurde, bis sie wie eine weiße Perle am blassen Himmel stand. Dann versank sie im Westen, und früh kam die Dämmerung, gefolgt von einer grauen, sternlosen Nacht. Bis in die stillen Stunden der Dunkelheit fuhren sie weiter, die Boote immer dicht unter den überhängenden Schatten der Wälder am Westufer haltend. Große Bäume wehten wie Gespenster vorüber, streckten aus dem Nebel ihre krummen, durstigen Wurzeln ins Wasser. Es war öd und kalt. Frodo saß still und hörte dem leisen Plätschern und Glucksen des Wassers gegen die Baumwurzeln und das Treibholz am Ufer zu, bis ihm der Kopf auf die Brust sank und er in einen unruhigen Schlaf fiel.

NEUNTES KAPITEL

DER GROSSE STROM

Sam weckte ihn. Er lag warm einge-
packt unter hohen grauborkigen Bäumen in einem stillen Winkel der
Wälder am Westufer des Großen Stroms, des Anduin. Er hatte die Nacht
durchgeschlafen. Zwischen den kahlen Ästen graute schon ein wenig der
Morgen herein. Ganz in der Nähe brachte Gimli ein kleines Feuer in
Gang.

Bevor es vollends Tag war, fuhren sie weiter. Die meisten von ihnen
hatten es nicht eilig, nach Süden zu kommen; es war ihnen nur recht,
dass es mit der Entscheidung, die sie spätestens dann treffen mussten,
wenn sie zum Rauros-Fall und der Insel Zinnenfels kämen, noch einige
Tage Zeit hatte; und so ließen sie sich vom Fluss in dem ihm eigenen
Tempo dahintragen: Die Gefahren, denen sie entgegengingen, egal welchen Weg sie am Ende einschlagen mochten, konnten gut noch etwas
warten. Aragorn ließ sie bequem mit der Strömung treiben, um ihre
Kräfte für spätere Anstrengungen zu schonen. Aber er bestand darauf,
wenigstens jeden Morgen früh aufzubrechen und bis spät abends zu fahren; denn er ahnte wohl, dass die Zeit drängte und dass der Dunkle Herrscher nicht müßig geblieben war, während sie sich von Lórien nicht
trennen konnten.

Dennoch sahen sie an diesem Tag nichts von Feinden, und auch am
Nächsten nicht. Eine dumpfe, graue Stunde ging hin wie die andere,
ohne dass etwas geschah. Am dritten Tag begann das Land an den Ufern
sich allmählich zu verändern: Die Wälder lichteten sich und hörten
schließlich ganz auf. Am Ostufer zur Linken sahen sie lang gezogene,
formlose Hänge, die nach hinten zu immer höher anstiegen. Braun
und verdorrt sahen sie aus, als wäre ein Feuer über sie hinweggegangen
und hätte bis auf das letzte grüne Hälmchen alles verzehrt: eine Einöde,
in der nicht mal ein Baumstumpf oder ein steiler Felsen die Leere für
einen Moment unterbrach. Dies waren die Braunen Lande, die sich
weit und wüst zwischen dem südlichen Düsterwald und dem Bergland
der Emyn Muil erstreckten. Welche Seuchen, Kriege oder Untaten des

Feindes die ganze Gegend so verwüstet hatten, wusste selbst Aragorn nicht.

Auch im Westen, rechts von ihnen, war das Land baumlos, aber es war flach und hatte an vielen Stellen weite Grasflächen. Auf dieser Seite des Stroms kamen sie an Schilfwäldern vorüber, die so hoch standen, dass sie ihnen jede Aussicht nach Westen nahmen, wenn die niedrigen Boote an den raschelnden Säumen entlangglitten. Die dunklen, verdorrten Rispen wippten und schwankten im kalten Windhauch, leise und traurig zischend. Hier und da konnte Frodo durch eine Lücke einen Blick auf welliges Grasland werfen, auf ein paar Hügel weit dahinter und eine Linie am äußersten Horizont, wo die südlichen Ketten des Nebelgebirges verliefen.

Von Tieren war nichts zu bemerken, außer von Vögeln. Deren gab es viele, zumeist kleine, die im Schilf pfiffen und piepsten, aber nur selten zu sehen waren. Wenige Mal hörten die Reisenden Schwanenflügel rauschen und schlagen und einmal sahen sie, als sie aufblickten, eine große Phalanx über den Himmel ziehen.

»Schwäne!« sagte Sam. »Und mächtig groß sind sie!«

»Ja«, sagte Aragorn, »und es sind schwarze Schwäne.«

»Wie weit und leer und trübsinnig das ganze Land hier aussieht!« sagte Frodo. »Ich dachte immer, wenn man nach Süden kommt, wird es wärmer und heiterer, und schließlich lässt man den Winter ganz hinter sich.«

»Aber so weit sind wir noch nicht nach Süden gekommen«, sagte Aragorn. »Es ist noch Winter, und wir sind weitab vom Meer. Hier bleibt es kalt, bis ganz plötzlich der Frühling kommt. Ganz unten an der Bucht von Belfalas, in die der Anduin mündet, ist es vielleicht schon warm und heiter, oder wäre es, wenn der Feind nichts dagegen hätte. Aber hier sind wir, schätze ich, höchstens sechzig Wegstunden südlich vom Südviertel eures Auenlands, obwohl es Hunderte Wegstunden von hier ist. Im Südwesten seht ihr jetzt über die nördlichen Ebenen der Riddermark nach Rohan hinein, das Land der Pferdezüchter. Bald kommen wir zur Mündung des Limklar, der von Fangorn herabfließt. Er ist die Nordgrenze von Rohan, und früher gehörte den Rohirrim das ganze Gebiet zwischen dem Limklar und dem Weißen Gebirge. Es ist ein fruchtbares und freundliches Land; sein Gras ist ohnegleichen. Aber in diesen bösen Tagen wohnen die Leute nicht am Fluss und kommen nicht mehr oft bis an die Ufer geritten. Der Anduin ist zwar breit, aber die Orks können ihre Pfeile hinüberschießen, und in letzter Zeit sollen sie sich sogar übers Wasser gewagt haben, um Herden und Gestüte in Rohan zu überfallen.«

Sam blickte besorgt von Ufer zu Ufer. Vorher waren ihm die Bäume wie Feinde vorgekommen, wie wenn sie Spähern und lauernden Gefahren als Versteck dienten; jetzt wünschte er sich, dass sie noch da wären. Er fand, sie waren allen Blicken allzu preisgegeben, wie sie jetzt in den kleinen offenen Booten durch eine Landschaft schwammen, die keinen Schutz bot, und das auf einem Fluss, der eine Kriegsfront war.

In den nächsten Tagen, als sie stetig weiter südwärts getragen wurden, nahm dieses Gefühl der Unsicherheit bei ihnen allen zu. Einen ganzen Tag lang gebrauchten sie die Paddel, um schneller voranzukommen. Die Ufer glitten vorüber. Bald wurde der Strom breiter und flacher; lange, steinige Strände lagen auf der Ostseite, und mitten im Wasser zeigten sich Kiesbänke, die man vorsichtig umsteuern musste. Die Braunen Lande stiegen zu kahlen Hochebenen an, über die kalte Luft von Osten heranströmte. Auf der anderen Seite gingen die Wiesen nun in eine dürre, hügelige Steppe zwischen Sumpflöchern über, die mit buschigem Riedgras bewachsen waren. Frodo bibberte und dachte wehmütig an die Wiesen und Brunnen von Lothlórien, an seine helle Sonne und die milden Regengüsse. In allen drei Booten wurde wenig gesprochen und noch weniger gelacht. Jeder der Gefährten hing seinen eigenen Gedanken nach.

Legolas rannte im Geiste unter den Sternen einer Sommernacht über eine Lichtung in den Buchenwäldern des Nordens; Gimli betastete einen Goldbarren und fragte sich, ob er würdig sei, zu einem Gehäuse für Galadriels Geschenk verarbeitet zu werden. Merry und Pippin war es im mittleren Boot unbehaglich, denn Boromir murmelte vor sich hin, knabberte manchmal an den Fingernägeln, wie wenn eine innere Unrast oder ein Zweifel an ihm nagten, und griff manchmal auch zum Paddel, um dicht hinter Aragorns Boot zu kommen. Pippin, der mit dem Gesicht nach hinten am Bug saß, konnte dann einen eigenartigen Glanz in seinen Augen erkennen, wenn er nach vorn und zu Frodo hinblickte. Sam hatte sich über Boote inzwischen eine andere Meinung gebildet: Sie waren vielleicht nicht so gefährlich, wie man ihm als Kind weisgemacht hatte, dafür aber noch viel unbequemer, als selbst er es geahnt hatte. Elend und verkrampft saß er da und hatte nichts zu tun, als das vorüberkriechende winterliche Land zu betrachten und das graue

Wasser zu beiden Seiten. Selbst wenn sie die Paddel gebrauchten, vertrauten sie Sam keines an.

Am Abend des vierten Tages, als es dunkel wurde, blickte er zurück über Frodos und Aragorns gebeugte Köpfe und über die nachfolgenden Boote hinaus; er war schläfrig und sehnte sich nach dem Nachtlagerplatz und festem Boden unter den Zehen. Plötzlich sah er etwas, das seinen Blick anzog: zuerst glotzte er nur teilnahmslos hin, dann beugte er sich vor und rieb sich die Augen; doch als er wieder hinblickte, war nichts mehr zu sehen.

In dieser Nacht kampierten sie auf einem Inselchen nah am Westufer. In seine Decken gewickelt lag Sam neben Frodo. »Ich hab einen komischen Traum gehabt, Herr Frodo, etwa eine Stunde, bevor wir Halt gemacht haben«, sagte er. »Oder vielleicht war es auch kein Traum. Jedenfalls komisch.«

»Na, was war es denn?« sagte Frodo, weil er wusste, dass Sam keine Ruhe geben würde, bis er seine Geschichte losgeworden wäre, was für eine es auch sein mochte. »Seit wir aus Lothlórien fort sind, hab ich nichts mehr gesehen und an nichts mehr gedacht, worüber ich lachen könnte.«

»Zum Lachen war es nicht, Herr Frodo. Bloß komisch! Und gar nicht gut, wenn es kein Traum war. Ich erzähl' es dir lieber. Das war so: Ich hab einen Baumstamm mit Augen gesehn.«

»Nichts gegen den Baumstamm«, sagte Frodo. »Davon schwimmen viele im Fluss. Aber die Augen lass lieber weg!«

»Geht nicht!« sagte Sam. »Denn was mich aufgeschreckt hat, das waren ja die Augen. In dem Halbdunkel hab ich also etwas hinter Gimlis Boot herschwimmen sehn, das wie ein Baumstamm aussah; hab aber nicht weiter drauf geachtet. Dann kam es mir so vor, als ob der Stamm uns langsam einholte. Das war schon mal eigenartig, kann man wohl sagen, weil wir ja alle in derselben Strömung trieben. Und dann hab ich die Augen gesehn: zwei blasse Punkte, so ein bisschen schimmernd, auf einem Höcker am vorderen Ende des Stamms. Und obendrein war es kein Baumstamm, denn es hatte Schwimmfüße, fast wie die von einem Schwan, nur kamen sie mir größer vor und tauchten dauernd ein und aus.

Da hab ich mich aufgesetzt und mir die Augen gerieben, um erstmal richtig wach zu werden, und wenn es dann immer noch da wäre, dann wollte ich schreien. Denn dieses Weißichwas kam nun schnell näher und war schon dicht hinter Gimli. Aber ob diese zwei Augenlampen nun bemerkt hatten, dass ich mich bewegte und hinstarrte, oder ob ich nun erst wieder zu mir gekommen war, das weiß ich nicht. Als ich wieder hinsah, war es weg. Aber ich glaube, ich hab so mit einem halben Auge noch etwas Dunkles in den Schatten des Ufers huschen sehn. Aber Augen sah ich nun nicht mehr.

Ich hab mir gesagt, da hast du wieder mal geträumt, Sam Gamdschie; und weiter hab ich dann einstweilen nichts mehr gesagt. Aber seitdem hab ich's mir alles noch mal überlegt, und bin mir gar nicht so sicher. Was sagst du dazu, Chef?«

»Zu einem Baumstamm in der Dämmerung und deinem Blick im Halbschlaf«, sagte Frodo, »dazu würde ich gar nichts sagen, Sam, wenn du der erste wärst, der diese Augen gesehen hat. Aber der bist du nicht. Ich habe sie schon im Norden gesehen, bevor wir nach Lórien kamen. Und ich habe in der Nacht auf dem Flett eine sonderbare Kreatur mit solchen Augen den Baum hochklettern sehn. Haldir hat sie auch gesehen. Und erinnerst du dich an den Bericht der Elben, die der Orkbande nachgegangen sind?«

»Aha!« sagte Sam. »Ja, ich erinnere mich, und da fällt mir noch mehr ein. Ich denke nicht gern dran, aber wenn ich eins zum andern nehme und mich an Herrn Bilbos Geschichten und all so was erinnere, dann mein' ich, ich könnte dieser Kreatur, nur mal so geraten, einen Namen geben. Und zwar einen ganz üblen. Etwa Gollum?«

»Ja, das befürchte ich auch schon seit einiger Zeit«, sagte Frodo. »Ich vermute, er ist in Moria herumgeschlichen und dort auf unsere Fährte gestoßen. Aber ich hatte gehofft, durch unseren Aufenthalt in Lórien hätte er die Spur wieder verloren. Der elende Kerl muss sich in den Wäldern am Silberlauf versteckt und unseren Aufbruch beobachtet haben.«

»So wird's wohl sein«, sagte Sam. »Und wir beide sollten ein bisschen besser aufpassen, sonst wachen wir eines Nachts auf und spüren ein paar eklige Finger um den Hals – wenn wir dann überhaupt noch aufwachen und etwas spüren. Und darauf wollte ich hinaus. Nicht nötig, Streicher oder die andern heute Nacht damit zu behelligen. Ich werde Wache halten. Schlafen kann ich morgen, denn im Boot bin ich sowieso nur Gepäck, könnte man sagen.«

»Könnte man«, sagte Frodo, »aber ich könnte sagen, ›Gepäck mit Augen‹. Gut, halte Wache, aber nur, wenn du mir versprichst, mich für die zweite Hälfte der Nacht zu wecken, wenn nicht schon vorher etwas passiert.«

Mitten in der Nacht tauchte Frodo aus der Tiefe eines dunklen Schlafs auf. Sam schüttelte ihn. »Ist eine Schande, dass ich dich wecken muss«, flüsterte er, »aber du hast's gesagt. Gibt nichts zu berichten, oder nicht viel. Mir war, als hätt' ich vor einer Weile ein leises Plätschern und Schnüffeln gehört; aber so komische Geräusche hört man ja viele, nachts an einem Fluss.«

Er legte sich hin, und Frodo setzte sich auf, in seine Decken gehüllt, und wehrte den Schlaf ab. Minuten vergingen, oder waren es Stunden, und nichts geschah. Gerade wollte er der Versuchung nachgeben, sich wieder hinzulegen, als etwas Dunkles, kaum sichtbar, nah an eines der vertäuten Boote heranschwamm. Etwas Langes, Fahlweißes schoss heraus, eine Hand, die nach dem Dollbord griff; zwei blasse Lampenaugen blickten kalt leuchtend in das Boot, dann hoben sie sich und sahen Frodo an. Sie waren ein paar Schritt entfernt, und Frodo hörte ein leise zischelndes Luftholen. Er stand auf und zog Stich aus der Scheide, starrte in die Augen. Sofort erloschen sie. Wieder ein Zischeln, ein Platschen, und ein dunkles Etwas, das auch ein Stück von einem Baumstamm hätte sein können, schoss stromabwärts in die Nacht hinaus. Aragorn rührte sich im Schlaf, drehte sich herum und setzte sich auf.

»Was ist los?« flüsterte er, kam auf die Beine und trat zu Frodo. »Ich hab im Schlaf gespürt, dass irgendwas war. Warum hast du das Schwert gezogen?«

»Gollum«, sagte Frodo. »Vermute ich wenigstens.«

»Aha!« sagte Aragorn. »Du weißt also Bescheid über unseren kleinen Verfolger? Er ist uns durch ganz Moria hinterhergetappt und dann bis hinunter zur Nimrodel. Seit wir die Boote haben, liegt er auf einem Baumstamm und paddelt mit Händen und Füßen. Ein paar Mal hab ich versucht, ihn nachts zu erwischen, aber er ist schlau wie ein Fuchs und glatt wie ein Aal. Ich hatte gehofft, durch die Flussfahrt könnten wir ihn abschütteln, aber das Wasser scheint sein Element zu sein.

Morgen werden wir versuchen müssen, schneller zu fahren. Leg dich hin, ich übernehme die Wache für den Rest der Nacht. Wenn ich ihn nur zu fassen bekäme, den Halunken! Er könnte uns nützen. Aber wenn ich ihn nicht kriege, müssen wir sehn, dass wir ihn loswerden. Er ist sehr gefährlich. Nicht nur, weil er auf eigene Faust zu jedem Meuchelmord bei

Nacht fähig ist, sondern weil er auch alle Feinde weit und breit auf unsere Fährte bringen kann.«

Die Nacht verging, ohne dass Gollum sich noch einmal bemerkbar machte. Von da an hielten sie alle scharf nach ihm Ausschau, aber solange die Bootsfahrt dauerte, sahen sie nichts mehr von ihm. Wenn er ihnen noch immer folgte, dann mit viel Schläue und Vorsicht. Aragorn ließ sie nun über weite Strecken hin paddeln, und die Ufer zogen rasch vorüber. Vom Land ringsum sahen sie wenig, denn meistens fuhren sie nachts und in der Dämmerung, während sie bei Tage ruhten, immer so gut versteckt, wie es das Gelände erlaubte. So verging die Zeit bis zum siebenten Tag ohne Zwischenfälle.

Der Wind kam noch immer von Osten, und der Himmel war grau bedeckt, doch als der Abend in die Nacht überging, klarte es im Westen auf, und unter den grauen Wolkenufern bildeten sich Teiche von dünnem Licht, gelblich und blassgrün: Und wie aus fernen Wassern schimmerte dort die weiße Hülse des Neumonds hindurch. Sam betrachtete den Himmel und zog die Stirn kraus.

Am nächsten Tag begann sich die Landschaft zu beiden Seiten rasch zu verändern. Die Ufer wurden höher und steiniger. Bald fuhren sie durch felsiges Hügelland, und die steilen Böschungen beiderseits lagen unter dichtem Gestrüpp von Weiß- und Schlehdorn, Brombeeren und anderem Gerank. Dahinter standen niedrige zerbröckelnde Wände und Kamine aus grauem, verwittertem Gestein, dunkel überwachsen mit Efeu; und noch weiter hinten sah man hohe Hügelkuppen mit windgebeugten Kiefern. Sie näherten sich dem grauen Bergland der Emyn Muil am Südende von Wilderland.

Viele Vögel flogen um die Felsen, und den ganzen Tag hatten Vogelschwärme hoch über ihnen gekreist, schwarz vor dem blassen Himmel. Aragorn beobachtete sie misstrauisch, als sie am Tage lagerten; er fragte sich, ob wohl Gollum Unheil gestiftet und dafür gesorgt hatte, dass die Nachricht von ihrer Fahrt nun in der Wildnis die Runde machte. Später, als die Sonne im Untergehen war und die Gefährten sich zur Weiterfahrt bereitmachten, erkannte er einen dunklen Fleck vor dem schwindenden Himmelslicht: ein großer Vogel, sehr hoch und sehr weit von ihnen, bald kreisend und bald langsam südwärts fliegend.

»Was ist das, Legolas?« fragte er und zeigte zum nördlichen Himmel. »Ein Adler, wie mir scheint?«

»Ja«, sagte Legolas, »ein Adler ist es, ein jagender. Was das wohl bedeuten mag? Er ist weitab vom Gebirge.«

»Bevor es nicht ganz dunkel ist, fahren wir nicht los«, sagte Aragorn.

Die achte Nacht ihrer Bootsreise brach an. Die Luft war still; der graue Ostwind hatte sich gelegt. Die schmale Mondsichel war früh in den fahlen Sonnenuntergang eingetaucht, doch über ihnen war der Himmel klar, und obwohl im Süden große Wolkenbänke standen, die noch einen schwachen Lichtschein auffingen, glänzten im Westen hell die Sterne.

»Auf geht's!« sagte Aragorn. »Diese eine Nachtfahrt können wir noch riskieren. Wir kommen jetzt zu Strecken des Flusses, die ich nicht gut kenne. Hier bin ich noch nie zu Wasser unterwegs gewesen, jedenfalls nicht von hier bis zu den Stromschnellen der Sarn Gebir. Aber wenn meine Schätzung stimmt, sind es bis dahin noch viele Meilen. Aber auch vorher kommen schon gefährliche Stellen: Felsen und Kiesbänke mitten im Strom. Wir müssen scharf aufpassen und dürfen nicht schnell drauflos paddeln.«

Sam im vordersten Boot wurde der Ausguck anvertraut. Er legte sich an den Bug und spähte voraus. Es wurde dunkel, aber die Sterne schienen seltsam hell, und ihr Widerschein lag auf der Wasserfläche. Es ging schon auf Mitternacht, und sie hatten sich eine Weile treiben lassen und kaum gepaddelt, als Sam plötzlich laut schrie. Wenige Schritt voraus standen dunkle Formen in der Strömung, und er hörte das Strudeln schnell dahinschießenden Wassers. Eine starke Strömung zog sie nach links, zum östlichen Ufer hin, wo die Durchfahrt frei war. Als sie beiseite getragen wurden, sahen die Reisenden aus nächster Nähe den hellen Schaum, den der Strom gegen die scharfkantigen Felsen warf, die wie eine Reihe Zähne weit aus dem Wasser ragten. Die Boote wurden dicht zusammengedrängt.

»Heda, Aragorn!« brüllte Boromir, als sein Boot gegen das vordere bumste. »Das ist Wahnsinn! Wir können nicht bei Nacht durch die Schnellen fahren! Durch die Sarn Gebir kommt kein Boot, auch bei Tag nicht.«

»Zurück, zurück!« rief Aragorn. »Wenden! Wenden, wenn ihr könnt!« Er stemmte sein Paddel tief ins Wasser, um das Boot zum Halten und zur Kehrtwendung zu bringen.

»Ich hab mich verrechnet«, sagte er zu Frodo. »Ich wusste nicht, dass wir schon so weit sind: Der Anduin fließt schneller, als ich dachte. Wir müssen schon dicht vor den Sarn Gebir sein.«

Mit viel Mühe brachten sie die Boote zum Stehen und wendeten sie; doch gegen die Strömung kamen sie nur langsam voran, und währenddessen wurden sie näher und näher ans östliche Ufer getragen. Düster und drohend ragte es in die Nacht.

»Alle zusammen, paddelt!« brüllte Boromir. »Paddelt, oder wir werden auf die Untiefen getrieben!« Die Worte waren noch nicht heraus, da spürte Frodo auch schon, wie der Kiel unter ihm auf Stein schrammte.

Im gleichen Moment hörten sie Bogensehnen surren. Etliche Pfeile zischten über sie hinweg, und manche gingen zwischen ihnen nieder. Einer traf Frodo zwischen die Schultern; er schrie, taumelte vorwärts und ließ sein Paddel los; aber der Pfeil prallte an seinem verdeckten Kettenhemd ab. Ein anderer durchbohrte Aragorns Kapuze, und ein dritter stak im Dollbord des zweiten Bootes, dicht neben Merrys Hand. Sam glaubte, dunkle Gestalten zu sehen, die auf den langen Kiesbänken unter dem östlichen Ufer hin und her rannten. Sie schienen sehr nah zu sein.

»Yrch!« sagte Legolas, in seine Muttersprache verfallend.

»Orks!« rief Gimli.

»Das hat Gollum angezettelt, möcht' ich wetten!« sagte Sam zu Frodo. »Nettes Plätzchen haben sie sich ausgesucht. Der Fluss scheint uns ihnen genau in die Arme treiben zu wollen.«

Alle beugten sich vor und zogen die Paddel tief durch; sogar Sam nahm eines zur Hand. Jeden Augenblick erwarteten sie, den Biss eines schwarzgefiederten Pfeils zu spüren. Viele Pfeile sausten über ihre Köpfe oder fielen nahebei ins Wasser, doch keiner traf mehr. Es war dunkel, aber nicht zu dunkel für die Nachtaugen der Orks, und im Sternenlicht konnten die Gefährten für die schlauen Feinde nicht allzu schwer zu treffen sein, es sei denn, dass die grauen Mäntel aus Lórien und das graue Holz der Elbenboote die Bogenschützen verwirrten.

Zug für Zug paddelten sie weiter. Im Dunkeln war schwer festzustellen, ob sie überhaupt vorankamen, aber allmählich ließ das Strudeln des Wassers nach, und der Schatten des Ostufers blieb in der Nacht hinter ihnen zurück. Endlich hatten sie, soweit sie es erkennen konnten, wieder die Mitte des Stroms erreicht und etwas Abstand zu den ins Wasser vortretenden Felsen gewonnen. Dann machten sie eine halbe

Wendung und hielten mit aller Kraft aufs westliche Ufer zu. Unter Büschen, die sich übers Wasser neigten, hielten sie an und schöpften Atem.

Legolas legte sein Paddel hin und nahm den Bogen, den er aus Lórien mitgebracht hatte. Dann sprang er ans Ufer und stieg ein paar Schritte die Böschung hinauf. Während er den Bogen spannte und einen Pfeil auflegte, spähte er über den Fluss in die Dunkelheit. Schreie gellten übers Wasser, aber zu sehen war nichts.

Frodo schaute zu dem Elben hinauf, wie er hoch über ihm stand und in der Nacht ein Ziel suchte. Sein Kopf stach dunkel gegen einen Strahlenkranz von spitzigen weißen Sternen in den schwarzen Teichen des Himmels ab. Doch von Süden zogen nun dicke Wolken herauf und schickten dunkle Vorreiter in das Sternenfeld aus. Ein Grauen kam plötzlich über die Gefährten.

»*Elbereth Gilthoniel!*« seufzte Legolas, als er dort hinaufblickte. Und schon kam ein dunkles Gebilde, etwas wie eine Wolke, aber viel schneller fliegend, aus der Schwärze im Süden auf die Boote zugeeilt, alles Licht im Herannahen verdunkelnd. Bald konnte man ein großes geflügeltes Tier erkennen, schwärzer als der Abgrund der Nacht. Raue Stimmen begrüßten es vom andern Ufer. Frodo fühlte sich plötzlich von einer Kälte durchschauert, die ihm ans Herz griff; ein tödlicher Frost, wie die Erinnerung an eine alte Wunde, erwachte in seiner Schulter. Er duckte sich tief ins Boot, als wollte er sich verstecken.

Der große Bogen aus Lórien sang. Schrill pfiff der Pfeil von der Elbenhaarsehne. Frodo blickte hoch. Fast genau über ihm überschlug sich das Flügelwesen. Mit einem krächzenden Schrei stürzte es ab und verschwand in der Dunkelheit auf dem östlichen Ufer. Der Himmel war wieder rein. Von fern drang Getöse von vielen Stimmen herüber, Heulen und Fluchen in der Finsternis. Dann wurde es still. Kein Pfeil und kein Schrei kamen in dieser Nacht mehr von Osten.

Nach einer Weile ließ Aragorn sie stromaufwärts zurückfahren. Sie tasteten sich ein Stück weit am Rande des Wassers entlang, bis sie eine kleine flache Bucht fanden. Unterhalb einer steilen felsigen Böschung standen ein paar niedrige Bäume dicht am Wasser. Hier beschlossen sie den Morgen abzuwarten; bei Nacht weiterfahren zu wollen, war sinnlos. Sie schlugen kein Lager auf und machten kein Feuer, sondern streckten sich, so gut es ging, in den aneinander vertäuten Booten aus.

»Lob und Preis für Galadriels Bogen und für Legolas' Hand und Auge!«
sagte Gimli, an einer Lembas-Waffel kauend. »Ein gewaltiger Schuss war
das, mein Freund, und im Dunkeln!«

»Aber wer weiß, was ich getroffen habe?« sagte Legolas.

»Ich nicht«, sagte Gimli. »Ich bin nur froh, dass dieser Schatten
nicht näher kam. Er gefiel mir gar nicht. Er erinnerte mich allzu sehr
an den in Moria – den Schatten des Balrogs.« Die letzten Worte flüsterte er nur.

»Ein Balrog war es nicht«, sagte Frodo, immer noch bibbernd vor Kälte, die ihm in die Glieder gefahren war. »Es war etwas Kälteres. Ich denke, es war …« Er sprach es nicht aus und verstummte.

»Was denkst du?« fragte Boromir gespannt und beugte sich aus seinem
Boot herüber, als wollte er versuchen, Frodos Gesicht zu erkennen.

»Ich denke … Nein, ich mag nicht davon reden«, antwortete Frodo.
»Was es auch war, sein Abschuss hat unsere Feinde eingeschüchtert.«

»So scheint es«, sagte Aragorn. »Doch wo sie sind und wie viele, und
was sie als Nächstes tun werden, wissen wir nicht. Heute Nacht müssen
wir alle ohne Schlaf auskommen. Aber was der Tag bringen wird, wer
kann es wissen? Haltet die Waffen griffbereit!«

Sam beklopfte sein Schwertheft, als wollte er etwas an den Fingern ab-
zählen, und schaute zum Himmel auf. »Ganz eigenartig«, brummte er.
»Der Mond ist doch hier derselbe wie im Auenland, oder müsste's jedenfalls sein. Aber entweder tanzt er aus der Reihe, oder ich kann nicht rechnen. Du erinnerst dich, Chef, als wir auf dem Flett in dem Baum lagen,
war der Mond im Abnehmen, etwa eine Woche vor Neumond, würd' ich
schätzen. Und gestern Abend waren wir grad eine Woche unterwegs, und
da geht ein Neumond auf, dünn wie eine Fingernagelsichel, als ob gar
keine Zeit vergangen wäre, solange wir bei den Elben waren.

Jedenfalls, an drei Nächte dort kann ich mich genau erinnern, und es
waren wohl auch noch einige mehr, aber ich könnte schwören, dass es
niemals ein ganzer Monat gewesen sein kann. Man sollte meinen, die Zeit
lässt sich dort überhaupt nicht messen.«

»Und vielleicht war das tatsächlich so«, sagte Frodo. »Dort waren wir
vielleicht in einer Zeit, die anderswo längst vergangen ist. Ich glaube, erst
als uns der Silberlauf in den Anduin getragen hat, sind wir in die Zeit
zurückgekehrt, die durchs Land der Sterblichen ins Große Meer fließt.
Und ich kann mich nicht erinnern, in Caras Galadhon irgendeinen Mond

gesehen zu haben, ob zu- oder abnehmend: nur die Sterne bei Nacht und die Sonne bei Tag.«

Legolas rührte sich in seinem Boot. »Nein, die Zeit steht nicht still«, sagte er, »doch Wandel und Wachstum sind nicht in allen Dingen und an allen Orten gleich. Für die Elben ist die Welt in Fluss, in sehr schnellem und sehr langsamem Fluss zugleich. Schnell, weil sie selbst sich kaum wandeln und alles andere vorüberfließt, sehr zu ihrem Leidwesen. Langsam, weil sie die flüchtigen Jahre nicht zählen, wenigstens nicht für ihr eigenes Leben. Die Jahreszeiten, die vergehen und wiederkehren, sind nur ein Gekräusel auf dem langen, langen Fluss. Doch alles unter der Sonne muss am Ende vergehen.«

»Aber in Lórien vergeht es langsamer«, sagte Frodo. »Die Macht der hohen Frau ruht auf dem Land. Voll sind die Stunden, so kurz sie auch scheinen, in Caras Galadhon, wo Galadriel mit dem Elbenring wirkt.«

»Das hätte außerhalb Lóriens nicht gesagt werden dürfen, nicht mal zu mir«, sagte Aragorn. »Sprich nicht mehr davon! Aber so ist es, Sam: In diesem Land bist du aus der Zeitrechnung gekommen. Die Zeit floss an uns so schnell vorüber wie an den Elben. Der alte Mond verging, und der neue nahm zu und nahm ab, während wir dort blieben. Und gestern Abend ist wieder ein neuer Mond aufgegangen. Der Winter ist fast vorüber. Die Zeit fließt weiter, in einen Frühling mit wenig Hoffnung.«

Der Rest der Nacht verging ruhig. Keine Stimmen oder Laute waren übers Wasser zu hören. Zusammengekauert in ihren Booten, spürten die Reisenden, wie das Wetter umschlug. Unter den dicken, feuchten Wolken, die von Süden und vom fernen Meer herangetrieben waren, wurde es warm und windstill. Das Rauschen des Flusses schien lauter zu werden und näher zu rücken. Von den Zweigen der Bäume über ihnen begann es zu tröpfeln.

Als es Tag wurde, schien alles ringsum von mildem Missmut durchtränkt zu sein. Langsam wuchs sich die Dämmerung zu einem blassen Streulicht aus, in dem die Dinge keinen Schatten warfen. Dunst lag über dem Strom, und dichter Nebel verbarg das andere Ufer.

»Nebel kann ich nicht ausstehn«, sagte Sam, »aber dieser kommt uns wohl gelegen. Nun können wir vielleicht verschwinden, ohne dass diese verdammten Wichte uns sehen.«

»Vielleicht«, sagte Aragorn. »Aber es wird schwer sein, den Fußpfad zu finden, wenn sich der Nebel nicht bald lichtet. Und den Pfad müssen wir finden, wenn wir an den Sarn Gebir vorüber und in die Emyn Muil kommen wollen.«

»Ich seh' nicht ein, warum wir die Schnellen passieren und weiter am Fluss bleiben müssen«, sagte Boromir. »Wenn die Emyn Muil schon vor uns liegen, können wir auf diese Nussschalen verzichten und nach Südwesten gehen, bis wir über die Entwasser in mein Land kommen.«

»Das könnten wir, wenn wir nach Minas Tirith wollen«, sagte Aragorn, »doch das ist noch nicht ausgemacht. Und dieser Weg kann gefährlicher sein, als es sich jetzt anhört. Das Tal der Entwasser ist flach und sumpfig, und der Nebel dort ist lebensgefährlich für jeden, der zu Fuß und mit einer Traglast unterwegs ist. Ich möchte mich von den Booten nicht trennen, solange es nicht sein muss. Der Strom ist immerhin ein Weg, auf dem man nicht fehlgehen kann.«

»Aber das Ostufer ist in Feindeshand«, wandte Boromir ein. »Und selbst wenn du das Tor der Argonath passierst und unbehelligt die Zinnenfels-Insel erreichst, was willst du dann tun? Die Fälle hinunterspringen und in den Sümpfen landen?«

»Nein«, sagte Aragorn, »sondern die Boote auf dem alten Weg zum Fuß der Wasserfälle hinuntertragen und dann wieder wassern. Kennst du denn nicht, Boromir, oder vergisst du absichtlich die Nordtreppe und den Hochsitz auf dem Amon Hen, die in den Tagen der großen Könige angelegt wurden? Ich zumindest gedenke, von diesem hohen Platz Ausschau zu halten, ehe ich über meinen weiteren Weg entscheide. Vielleicht sehen wir dort ein Zeichen, das uns leiten kann.«

Boromir sprach noch lange gegen diesen Entschluss, gab aber nach, als deutlich wurde, dass Frodo auf jeden Fall mit Aragorn gehen würde. »Es ist nicht die Art der Menschen von Minas Tirith, ihre Freunde in der Not allein zu lassen«, sagte er, »und ihr werdet mich noch brauchen, wenn ihr je den Zinnenfels erreichen wollt. Bis zu der hohen Insel komme ich mit, aber nicht weiter. Von dort gehe ich heimwärts, zur Not allein, wenn meine Hilfe den Lohn nicht verdient hat, dass mich jemand begleitet.«

Es war nun Tag, und der Nebel hatte sich ein wenig gelichtet. Sie beschlossen, dass Aragorn und Legolas gleich das Ufer absuchen sollten, während die anderen bei den Booten blieben. Aragorn hoffte, einen Pfad zu finden, auf dem sie die Boote und das Gepäck zum ruhigeren Wasser unterhalb der Stromschnellen tragen konnten.

»Die Elbenboote würden vielleicht nicht sinken«, sagte er, »aber das heißt noch nicht, dass wir lebendig durch die Sarn Gebir kämen. Niemandem ist das je gelungen. Die Menschen von Gondor haben in diesem Gebiet keine Straße gebaut, denn selbst in ihren großen Zeiten erstreckte sich ihr Reich den Anduin hinauf nur bis zu den Emyn Muil; aber irgendwo am Westufer gibt es einen Tragweg, den ich zu finden hoffe. Er kann noch nicht verfallen sein, denn früher fuhren oft leichte Boote aus Wilderland nach Osgiliath hinunter, bis vor wenigen Jahren, als die Orks aus Mordor hier zahlreicher wurden.«

»Zu meinen Lebzeiten ist nur selten ein Boot von Norden gekommen, und auf dem Ostufer streifen die Orks herum«, sagte Boromir. »Wenn du hier weitergehst, wächst die Gefahr mit jeder Meile, selbst wenn du den Pfad findest.«

»Gefahr lauert an jedem Weg nach Süden«, antwortete Aragorn. »Wartet hier einen Tag auf uns. Wenn wir in dieser Zeit nicht zurückkommen, wisst ihr, dass uns etwas Schlimmes zugestoßen ist. Dann wählt ihr euch einen neuen Führer und folgt ihm, so gut es geht.«

Schweren Herzens sah Frodo, wie Aragorn und Legolas die steile Böschung hinaufstiegen und im Nebel verschwanden; doch seine Befürchtungen erwiesen sich als grundlos. Erst zwei, drei Stunden waren vergangen, und es war noch kaum Mittag, als die schattenhaften Gestalten der beiden Kundschafter wieder auftauchten.

»Alles steht zum Besten!« sagte Aragorn, die Böschung herabkletternd. »Es gibt einen Pfad, und er führt zu einem guten Anlegeplatz, der noch brauchbar ist. Es ist nicht weit. Die Stromschnellen fangen eine halbe Meile von hier an und sind nur etwas über eine Meile lang. Nicht weit dahinter wird das Wasser wieder ruhig und glatt, wenn auch mit starker Strömung. Das Schwierigste wird sein, die Boote und das Gepäck erst einmal auf den alten Tragweg zu bringen. Wir haben ihn gefunden, aber er führt ein Stück weit ab vom Wasser und verläuft im Schutz einer Felswand, etwas über eine Achtelmeile vom Ufer. Den nördlichen Anlegeplatz haben wir nicht gefunden. Wenn er noch erhalten ist, müssen wir gestern nacht dran vorbeigefahren sein. Wenn wir uns jetzt stromaufwärts quälten, würden wir ihn in dem Nebel vielleicht doch verfehlen. Ich fürchte, wir müssen jetzt vom Fluss weg und zusehen, dass wir irgendwie zu dem Tragweg kommen.«

»Das wäre nicht leicht, selbst wenn wir alle Menschen wären«, sagte Boromir.

»So wie wir nun mal sind, werden wir's versuchen«, sagte Aragorn.

»Ja, das werden wir!« sagte Gimli. »Einen Menschen wollen die Beine auf schwierigen Wegen nicht mehr tragen, während der Zwerg immer noch weitergeht, und wenn er auch eine Last trägt, die zweimal so schwer ist wie er selbst, Herr Boromir.«

Es war tatsächlich schwierig, aber am Ende schafften sie es doch. Alles Gepäck wurde aus den Booten auf die Uferböschung gebracht, wo es eine ebene Stelle gab. Dann wurden die Boote aus dem Wasser gezogen und hinaufgetragen. Sie waren viel leichter als erwartet. Vom Holz welcher Bäume sie im elbischen Land gezimmert worden waren, wusste nicht einmal Legolas; aber es war ein hartes und dabei seltsam leichtes Holz. Über das flache Stück konnten Merry und Pippin ihr Boot bequem allein tragen; aber im Gelände, das dann zu durchqueren war, bedurfte es der Kraft der zwei Menschen. Vom Ufer ging es bergauf über ein Geröllfeld voller grauer Kalksteinblöcke, mit vielen unter Kräutern und Büschen verborgenen Löchern, wo Brombeergestrüpp und tiefe Mulden im Weg waren und hier und da ein Sumpfloch, in dem von den Terrassen weiter landeinwärts herabrieselndes Wasser sich staute.

Eines nach dem andern trugen Boromir und Aragorn die Boote hinauf, während die anderen das Gepäck nachschleppten. Endlich lag alles auf dem Tragweg. Ohne größere Behinderungen als durch etwas wucherndes Dorngestrüpp und viele herabgestürzte Steine gingen sie dann alle zusammen weiter. Nebelschleier hingen immer noch über der bröckeligen Felswand, und zur Linken war der Fluss von Dunst verhüllt: Sie hörten ihn über die scharfen Schwellen und Felszacken der Sarn Gebir brausen und brodeln, aber sehen konnten sie ihn nicht. Zweimal mussten sie den Weg machen, bis alles zum südlichen Anlageplatz geschafft war.

Dort, wo der Tragweg wieder ans Ufer führte, ging es sachte zum flachen Rand eines kleinen Teiches hinab. Dieser schien nicht künstlich ins Ufer hineingegraben, sondern vom Wasser ausgewaschen worden zu sein, das von den Sarn Gebir herab gegen eine niedrige Felsplatte wirbelte, die wie eine Mole ein Stück weit in den Strom hinausragte. Dahinter stieg das Ufer zu einer grauen Klippe hin an, und einen weiteren Fußweg gab es nicht.

Der kurze Nachmittag war schon vergangen, und eine trübe, wolkige Dämmerung zog herauf. Sie setzten sich ans Wasser und hörten dem wirren Getöse der im Nebel verborgenen Stromschnellen zu. Sie waren müd und schläfrig, und ihre Laune war ebenso trüb wie das schwindende Tageslicht.

»So, da wären wir, und hier müssen wir wohl die Nacht zubringen«, sagte Boromir. »Wir brauchen Schlaf, und selbst wenn Aragorn Lust haben sollte, bei Nacht durchs Tor der Argonath zu fahren, würde ich sagen, dazu sind wir alle zu müde – ausgenommen natürlich unser wackerer Zwerg.«

Gimli gab keine Antwort; er war schon im Sitzen eingenickt.

»Wir wollen nun so viel schlafen wie möglich«, sagte Aragorn. »Morgen müssen wir wieder bei Tag fahren. Wenn das Wetter uns keinen Streich spielt und noch mal umschlägt, haben wir gute Aussichten, durchzuschlüpfen, ohne dass uns jemand vom östlichen Ufer aus sieht. Aber heute Nacht müssen reihum immer zwei von uns Wache halten: drei Stunden Schlaf, eine Stunde Wache.«

Nichts Schlimmeres passierte in dieser Nacht als ein kurzer Nieselregen eine Stunde vor Morgengrauen. Sobald es richtig hell war, fuhren sie los. Schon lichtete sich der Nebel. Sie hielten sich so dicht wie möglich ans Westufer und konnten sehen, wie die verschwommenen Umrisse der niedrigen Klippen nach hinten immer höher anstiegen, schattenhafte Wälle mit den Füßen im dahineilenden Strom. Am Vormittag drückten die Wolken tiefer herab, und es begann stark zu regnen. Sie zogen die Felldecken über die Boote, damit sie nicht voll liefen, und ließen sich weitertreiben. Voraus wie ringsum war durch die grauen Regenschleier nicht viel zu sehen.

Aber lange hielt der Regen nicht an. Allmählich wurde der Himmel heller; dann rissen die Wolken plötzlich auf und zogen in zerfransten Fetzen flussaufwärts nach Norden ab. Nebel und Dunst waren verschwunden. Vor den Reisenden öffnete sich eine breite Schlucht zwischen hohen, felsigen Hängen, wo sich auf Vorsprüngen und in Spalten einige verkrümmte Bäume festklammerten. Die Wasserrinne wurde schmaler und die Strömung schneller. Sie sausten dahin, ohne viel Hoffnung, halten oder wenden zu können, was auch immer auf sie zukommen mochte. Über ihnen war ein Streifen blassblauer Himmel, ringsum der überschattete Fluss und vor ihnen, schwarz und sonnenversperrend, die Hügel der Emyn Muil, in denen keine Öffnung zu erkennen war.

Frodo, der vorausspähte, sah aus der Ferne zwei große Felsen näher kommen: Wie große Spitztürme oder Säulen sahen sie aus. Hoch und glatt und drohend ragten sie zu beiden Seiten senkrecht aus dem Wasser. Eine schmale Lücke zwischen ihnen wurde sichtbar, und der Fluss schwemmte die Boote darauf zu.

»Seht dort, die Argonath, die Säulen der Könige!« rief Aragorn. »Gleich werden wir sie passieren. Haltet die Boote in einer Reihe und so weit auseinander wie möglich. Bleibt in der Mitte der Strömung!«

Als Frodo den großen Säulen entgegengetragen wurde, stiegen sie wie Türme vor ihm auf. Riesen schienen sie zu sein, ungeheure graue Recken, stumm und ernst. Dann sah er, dass der Fels bearbeitet und geformt war: Kunst und Macht der alten Zeiten hatten die Figuren geschaffen, und nach ungezählten Jahren, in denen sie der Sonne und dem Regen ausgesetzt waren, bewahrten sie noch immer das Abbild der mächtigen Gestalten, nach denen sie gehauen waren. Auf breiten Sockeln, die tief im Wasser ruhten, standen zwei große Könige aus Stein; und mit blinden Augen und rissiger Stirn blickten sie noch immer finster gen Norden. Beide hatten die linke Hand erhoben, die Handfläche abweisend nach außen gekehrt; in der Rechten trugen sie eine Axt und auf dem Kopf einen schon etwas abgebröckelten Helm mit Krone. Noch immer schienen Macht und Majestät sie zu bekleiden, die stummen Hüter eines längst entschwundenen Königreichs. Furcht und Scheu überkamen Frodo, und er duckte sich, schloss die Augen und wagte nicht hochzublicken, als das Boot sich den Standbildern näherte. Selbst Boromir senkte den Kopf, als die Boote durch die Lücke schossen, schwach und flüchtig wie schwimmende Blätter unter dem alten Schatten der Wachtposten aus Númenor. So fuhren sie in die dunkle Schlucht des Königstors.

Steil stiegen auf beiden Seiten die drohenden Felsen in unabsehbare Höhen auf. Der blasse Himmel war sehr weit weg. Die schwarzen Fluten tosten und brüllten, und Wind pfiff über sie hin. Frodo hatte den Kopf auf die Knie gelegt; vorn hörte er Sam brummen und stöhnen: »Was für eine Fahrt! Was für eine grässliche Fahrt! Wenn ich aus diesem Boot je wieder rauskomme, stecke ich keinen Zeh mehr in eine Pfütze, und in einen Fluss schon gar nicht!«

»Fürchtet euch nicht!« sagte eine unbekannte Stimme hinter ihnen. Frodo drehte sich um und sah Streicher. Aber war das noch Streicher? Der wettergegerbte Waldläufer war nicht wiederzuerkennen. Am Heck saß Aragorn, Arathorns Sohn, stolz und kerzengerade, und steuerte das

Boot mit geschickter Hand; die Kapuze hatte er zurückgeschlagen, sein dunkles Haar wehte im Wind, und seine Augen leuchteten: ein König kehrte aus dem Exil zurück in sein Land.

»Fürchtet euch nicht!« sagte er noch einmal. »Lange hab ich mir gewünscht, Isildurs und Anárions, meiner Vorfahren, Standbilder zu sehen. Nichts zu fürchten hat unter ihrem Schatten Elessar, der Elbenstein, Arathorns Sohn aus dem Hause Valandils, der Isildurs Sohn und Elendils Erbe war.«

Dann erlosch das Leuchten in seinen Augen, und er schien mit sich selbst zu sprechen: »Wenn doch Gandalf nur da wäre! Wie sehn' ich mich nach Minas Anor und den Mauern meiner Stadt! Aber wohin soll ich nun gehn?«

Die Schlucht war lang und dunkel, erfüllt vom Pfeifen des Windes und dem Brausen des Wassers, das an den Felsen widerhallte. Sie machte eine leichte Biegung nach Westen, sodass vor ihnen zuerst alles dunkel war; aber bald sah Frodo voraus einen hohen Lichtspalt, der immer größer wurde. Rasch kam er näher, und gleich darauf schossen die Boote auf eine weite, freie Wasserfläche in hellem Licht hinaus.

Die Sonne, längst von der Mittagshöhe herabgesunken, stand an einem windigen Himmel. Die eingezwängten Wasser breiteten sich in einen langen, ovalen See aus, den blassen Nen Hithoel, umgeben von steilen grauen Hügeln, auf deren Hängen Bäume standen, während die Kuppen kahl und kalt in der Sonne glänzten. Am entfernten südlichen Ende erhoben sich drei Gipfel. Der mittlere stand ein wenig vor den anderen und von ihnen getrennt, eine Insel im Wasser, um die der Strom seine blass schimmernden Arme schlang. Aus dieser Richtung, aber von noch weiter hinten, trug der Wind einen tiefen, anhaltenden Ton herüber, der wie ein ferner, dröhnender Donner klang.

»Seht dort Tol Brandir!« sagte Aragorn und zeigte nach Süden auf den hohen Inselberg. »Links davon der Amon Lhaw, rechts der Amon Hen, der Berg des Ohrs und der Berg des Auges. In den Zeiten der großen Könige befanden sich dort Hochsitze, auf denen Wachen unterhalten wurden. Aber auf Tol Brandir, so heißt es, hat kein Mensch oder Tier je den Fuß gesetzt. Ehe es Nacht wird, werden wir an den Bergen sein. Ich höre schon des Rauros unermüdliche Stimme.«

Die Gefährten ruhten eine Weile aus und ließen sich von der Strömung durch die Mitte des Sees nach Süden treiben. Sie aßen etwas, dann griffen sie zu den Paddeln und beschleunigten die Fahrt. Die Berghänge im

Westen fielen in Schatten, und die Sonne wurde rund und rot. Hier und da stand ein Stern am dunstigen Himmel. Umdunkelt ragten die drei Berggipfel vor ihnen auf. Rauros brüllte immer lauter. Nacht lag schon über den Wassern, als die Reisenden schließlich in den Schatten der Berge eintauchten.

Der zehnte Tag ihrer Reise war vorüber. Wilderland hatten sie hinter sich gelassen. Sie konnten nicht weiter, ohne sich zu entscheiden, ob sie nach Osten oder nach Westen gehen sollten. Die letzte Etappe ihrer Fahrt lag vor ihnen.

ZEHNTES KAPITEL

DIE WEGE TRENNEN SICH

Aragorn fuhr voran durch den rechten Flussarm. Auf dem Westufer, gegenüber der Zinnenfels-Insel oder Tol Brandir, erstreckte sich eine grüne Wiese vom Wasser bis an den Fuß des Amon Hen. Dahinter stiegen sacht die ersten Hänge des Berges an, auf denen Bäume standen; und Wäldchen zogen sich auch nach Westen die Biegung des Seeufers entlang. Ein kleiner Bach sprudelte vom Berg herab und befeuchtete das Gras.

»Hier rasten wir heute Nacht«, sagte Aragorn. »Dies ist die Wiese Parth Galen, einst ein beliebter Aufenthalt an Sommertagen. Hoffentlich hat sich auch heute noch nichts Böses hier eingenistet.«

Sie zogen die Boote aufs grüne Ufer und schlugen daneben ihr Lager auf. Sie teilten die Wachen ein, doch von Feinden war nichts zu hören und zu sehen. Wenn Gollum es fertiggebracht hatte, ihnen zu folgen, blieb er unbemerkt. Dennoch wurde Aragorn im Lauf der Nacht unruhig, wälzte sich im Schlaf herum und wurde mehrere Mal wach. In den letzten Stunden vor Morgen stand er auf und kam zu Frodo, der die Wache hatte.

»Warum schläfst du nicht?« fragte Frodo. »Jetzt ist nicht deine Wache.«

»Ich weiß nicht«, sagte Aragorn, »aber ein Schatten ist in meinen Schlaf gefallen und hat mich bedroht. Sei so gut und zieh dein Schwert!«

»Warum?« sagte Frodo. »Sind Feinde in der Nähe?«

»Sehn wir mal, was Stich dazu sagt«, antwortete Aragorn.

Frodo zog die Elbenklinge aus der Scheide. Zu seinem Schrecken schimmerten die Schneiden ein wenig in der Dunkelheit. »Orks!« sagte er. »Nicht ganz in der Nähe, aber doch zu nah, scheint mir.«

»Das hatte ich befürchtet«, sagte Aragorn. »Aber vielleicht sind sie nicht auf dieser Seite des Flusses. Stich leuchtet nur schwach und zeigt vielleicht nicht mehr an, als dass ein paar Späher auf den Hängen des Amon Lhaw herumschleichen. Von Orks auf dem Amon Hen hab ich noch nie gehört. Aber wer weiß, was in diesen schlimmen Zeiten alles möglich ist, seit Minas Tirith den Anduin nicht mehr sichert. Morgen müssen wir auf der Hut sein.«

Der Tag kam wie Feuer und Rauch. Tief im Osten hingen schwarze Wolkenbänke, als qualmte dort ein riesiger Brand. Die aufgehende Sonne warf von unten schmutzig rote Flammen hinein; doch bald stieg sie über die Wolken an den klaren Himmel. Der Gipfel des Berges auf Tol Brandir lief in eine goldene Zinne aus. Frodo blickte nach Osten auf die hochgetürmte Insel. Ihre Flanken sprangen fast senkrecht aus dem strömenden Wasser auf. Über den hohen Klippen kamen steile Hänge, an denen Bäume hinaufkrochen, ein Wipfel über dem andern, und noch weiter oben graue, unüberwindliche Felswände, gekrönt mit einem großen spitzen Zacken. Viele Vögel kreisten über der Insel, aber von anderen Lebewesen war nichts zu sehen.

Nach dem Frühstück rief Aragorn die Gefährten zusammen. »Der Tag ist gekommen«, sagte er, »wo wir die Entscheidung treffen müssen, die wir so lange aufgeschoben haben. Wie soll die Fahrt weitergehen, nachdem wir uns so weit gemeinsam durchgeschlagen haben? Sollen wir mit Boromir nach Westen gehen und in die Kriege um Gondor ziehen? Oder nach Osten, dem Schrecken und dem Schatten entgegen? Oder sollen wir die Fahrtgemeinschaft auflösen, und jeder geht nach eigenem Ermessen hier- oder dorthin? Was wir auch tun, wir müssen es bald tun. Wir können nicht lange hier bleiben. Der Feind ist auf dem östlichen Ufer, so viel wir wissen; ich befürchte aber, dass die Orks auch schon auf diesem Ufer sein könnten.«

Lange schwiegen sie alle, und keiner rührte sich.

»Nun, Frodo«, sagte Aragorn schließlich. »Ich fürchte, die schwerste Last ist dir auferlegt. Du bist der vom Rat ernannte Ringträger. Welchen Weg du selbst nehmen willst, kannst nur du entscheiden. Dazu kann ich dir keinen Rat geben. Ich bin nicht Gandalf, und obgleich ich versucht habe, seinen Platz auszufüllen, weiß ich doch nicht, welche Absicht oder Hoffnung, wenn überhaupt eine, er für diese Stunde hegte. Am wahrscheinlichsten ist, dass die Entscheidung, auch wenn er jetzt hier wäre, dennoch bei dir läge. Dies ist nun mal dein Schicksal.«

Frodo antwortete nicht gleich. Dann sagte er stockend: »Ich weiß, Eile ist geboten, aber ich kann mich nicht entschließen. Es ist schwer. Lass mir noch eine Stunde Zeit, dann sag' ich, was ich tun will. Lasst mich allein!«

Aragorn sah ihn freundlich mitfühlend an. »Gut, Frodo, Drogos Sohn«, sagte er, »lassen wir dir eine Stunde Zeit, und lassen wir dich allein! Wir bleiben einstweilen hier. Aber geh nicht außer Rufweite!«

Frodo blieb noch einen Augenblick mit gesenktem Kopf sitzen. Sam, der seinen Chef mit besorgter Miene beobachtet hatte, schüttelte den Kopf und brummte: »Ist doch alles sonnenklar! Hat aber keinen Sinn, dass Sam Gamdschie jetzt seinen Senf dazu gibt.«

Dann stand Frodo auf und ging fort. Sam bemerkte, dass Boromir, während die anderen es vermieden, Frodo anzustarren, ihn nicht aus den Augen ließ, bis er hinter den Bäumen am Fuß des Amon Hen verschwunden war.

Obwohl er zuerst ziellos in dem Wäldchen herumlief, merkte Frodo bald, wie ihn die Füße zu den Berghängen hinauftrugen. Er stieß auf einen Pfad, das verwahrloste Überbleibsel einer alten Straße. An steilen Stellen waren Treppen aus behauenen Steinen, aber sie waren nun zerbröckelt, verwittert und von Baumwurzeln gespalten. Eine Weile ging er bergauf, ohne viel auf den Weg zu achten, bis er zu einer grasbewachsenen Lichtung kam. Ebereschen wuchsen an den Rändern, und in der Mitte lag ein breiter, flacher Stein. Nach Osten lag die kleine Bergwiese offen, und die Morgensonne schien herein. Frodo blieb stehen und schaute über den Fluss, der tief unter ihm lag, nach Tol Brandir hinüber. Vögel kreisten in der weiten Kluft zwischen ihm und der unbetretenen Insel. Von fern hörte er den Wasserfall, ein mächtiges Brausen, vermischt mit tiefem, pochendem Dröhnen.

Er setzte sich auf den Stein, stützte das Kinn in die Hände und blickte nach Osten; aber was er sah, kümmerte ihn wenig. Alles, was seit Bilbos Fortgang aus dem Auenland geschehen war, ging ihm durch den Kopf; und er versuchte, sich an alles zu erinnern, was Gandalf gesagt hatte, und sann darüber nach. Die Zeit verstrich, und der Entscheidung war er noch immer nicht näher gekommen.

Plötzlich erwachte er aus seinem Sinnen, mit dem eigenartigen Gefühl, dass jemand hinter ihm stand und dass unfreundliche Blicke auf ihm ruhten. Er sprang auf und fuhr herum, aber zu seiner Überraschung sah er nur Boromir, der ihn freundlich anlächelte.

»Ich war in Sorge um dich, Frodo«, sagte er nähertretend. »Wenn Aragorn Recht hat und Orks in der Nähe sind, dann darf keiner von uns allein herumlaufen, und du am allerwenigsten – so viel hängt von dir ab!

Und auch mir ist das Herz schwer. Darf ich einen Moment hier bleiben und mit dir reden, wenn ich dich schon mal gefunden habe? Es würde mir gut tun. Wo so viele zusammensitzen, wird aus jedem Wort eine endlose Diskussion. Aber im Zwiegespräch könnte vielleicht etwas Gescheites herauskommen.«

»Du bist sehr freundlich«, sagte Frodo, »aber ich glaube nicht, dass ein Gespräch mir helfen kann. Denn was ich tun sollte, weiß ich; ich habe nur Angst, es zu tun, Boromir: Angst!«

Boromir stand vor ihm und schwieg. Unermüdlich brauste der Rauros. Der Wind tuschelte in den Zweigen. Frodo fröstelte.

Plötzlich setzte sich Boromir neben ihn. »Bist du sicher, dass du dich nicht unnötig quälst?« sagte er. »Ich möchte dir helfen. Du brauchst Rat bei deiner schweren Entscheidung. Willst du ihn von mir annehmen?«

»Ich glaube, ich weiß schon, welchen Rat du geben würdest, Boromir«, sagte Frodo. »Und er schiene mir klug, wenn mein Herz mich nicht warnte.«

»Warnte? Warnte wovor?« sagte Boromir scharf.

»Vor dem Aufschub. Vor dem Weg, welcher der leichtere zu sein scheint. Vor der Weigerung, die Last zu tragen, die mir aufgebürdet wurde. Vor ... nun ja, wenn ich es denn sagen muss, vor dem Vertrauen auf die Stärke und Ehrlichkeit der Menschen.«

»Doch diese Stärke hat euch in eurem fernen Ländchen lange beschützt, obwohl ihr nichts davon wusstet.«

»Ich zweifle nicht an der Tapferkeit deines Volkes. Aber die Zeiten ändern sich. Die Mauern von Minas Tirith mögen stark sein, aber sie sind nicht stark genug. Wenn sie nun fallen, was dann?«

»Dann sterben wir den Heldentod in der Schlacht. Aber es ist noch Hoffnung, dass sie nicht fallen.«

»Keine Hoffnung, solange es den Ring gibt«, sagte Frodo.

»Ah, der Ring!« sagte Boromir, und seine Augen leuchteten. »Der Ring! Ist es nicht eine seltsame Laune des Schicksals, dass ein so kleines Ding uns so in Angst und Zweifel versetzt? So ein kleines Ding! Und nur einmal habe ich es für einen Moment in Elronds Haus gesehen. Dürfte ich noch mal einen Blick darauf werfen?«

Frodo blickte auf. Plötzlich wurde ihm kalt ums Herz. In Boromirs Augen bemerkte er einen sonderbaren Glanz, aber sein Gesicht war immer noch gefasst und freundlich. »Er bleibt am besten verborgen«, antwortete er.

»Wie du willst, mir liegt nichts daran«, sagte Boromir. »Aber darf ich nicht mal davon sprechen? Denn du scheinst stets nur an seine Macht in den Händen des Feindes zu denken, an das Böse und nicht an das Gute, das er bewirken könnte. Die Zeiten ändern sich, sagst du. Minas Tirith wird fallen, wenn der Ring erhalten bleibt. Aber warum? Gewiss, wenn der Feind den Ring hätte. Aber warum, wenn wir ihn hätten?«

»Warst du denn nicht auf der Ratsversammlung in Bruchtal?« antwortete Frodo. »Weil wir ihn nicht gebrauchen können. Weil alles, was er bewirkt, zum Bösen ausschlägt.«

Boromir stand auf und lief ärgerlich hin und her. »Das plapperst du nach«, rief er. »Gandalf, Elrond – all die Leute haben dir das eingeredet. Auf sie selbst mag es ja zutreffen. Diese Elben und Halbelben und Zauberer, mit denen ginge es vielleicht übel aus. Ich frage mich oft, ob die wirklich weise und nicht bloß ängstlich sind. Aber jeder nach seiner Art. Menschen mit treuer Seele lassen sich nicht verderben. Wir in Minas Tirith sind lange genug auf die Probe gestellt worden und standhaft geblieben. Wir streben nicht nach der Macht der Hexenfürsten, sondern nur nach der Kraft, uns zu verteidigen, nach der Stärke im Kampf für eine gute Sache. Und siehe da, in unserer Not bringt das Glück den Ring der Macht ans Licht! Er ist ein Geschenk, sag' ich dir, ein Gunstbeweis des Schicksals für Mordors Feinde. Es ist Wahnsinn, ihn nicht zu gebrauchen, die Macht des Feindes nicht gegen ihn selbst zu kehren. Die Unerschrockenen, die Rücksichtslosen allein können den Sieg erringen. Was könnte ein Krieger, ein großer Heerführer, in dieser Stunde nicht alles tun? Was könnte Aragorn nicht tun? Oder, wenn er sich weigert, warum dann nicht Boromir? Der Ring gäbe mir die Befehlsgewalt. Wie würde ich Mordors Heere zu Paaren treiben, und wie würden sich die Menschen alle um meine Fahne scharen!«

Immer erregter schritt Boromir hin und her, und er redete immer lauter. Fast schien er Frodo vergessen zu haben, als er nun von Mauern und Waffen sprach und von der Heerschau seiner Mannen; und er schmiedete Pläne für große Bündnisse und künftige, glorreiche Siege, er warf Mordor nieder und wurde selbst ein mächtiger König, gütig und weise. Plötzlich hörte er davon auf und fuchtelte mit den Armen.

»Und die sagen uns, wir sollen ihn wegwerfen!« rief er. »Wohlgemerkt nicht, ihn *vernichten*. Das ginge noch an, wenn irgendeine vernünftige Hoffnung bestünde, dass es sich machen lässt. Aber sie besteht nicht. Der einzige Plan, den man uns zur Wahl stellt, sieht vor, dass ein Halbling blindlings nach Mordor hineintappt und dem Feind jede Gelegenheit bietet, den Ring wieder an sich zu bringen. Welche Torheit!

Das musst du doch einsehen, mein Freund!« sagte er, sich unvermittelt wieder an Frodo wendend. »Du sagst, du hast Angst, und auch der Mutigste wird dir verzeihen, wenn dem so ist. Aber ist es nicht eigentlich dein Verstand, der sich empört?«

»Nein, ich habe Angst«, sagte Frodo, »einfach Angst! Aber ich bin froh, dass du dich so gründlich ausgesprochen hast. Ich sehe jetzt klarer.«

»Dann kommst du mit nach Minas Tirith?« rief Boromir mit leuchtenden Augen und gespannter Miene.

»Du verstehst mich falsch«, sagte Frodo.

»Aber wenigstens vorläufig kommst du doch mit?« beharrte Boromir. »Meine Stadt ist nun nicht mehr fern, und von dort ist es nach Mordor kaum weiter als von hier. Wir sind lange in der Wildnis gewesen, und du brauchst Nachrichten über die Schritte des Feindes, ehe du selbst etwas unternimmst. Komm mit mir, Frodo«, sagte er, »du musst ausruhen vor deinem Abenteuer, wenn du es schon nicht lassen kannst.« Er legte dem Hobbit die Hand auf die Schulter. Es sollte eine freundliche Geste sein, aber Frodo spürte, wie die Hand zitterte vor unterdrückter Erregung. Er trat rasch beiseite, mit einem besorgten Blick auf diesen Menschen, der fast zweimal so groß und etliche mal so stark war wie er selbst.

»Warum bist du so unfreundlich?« sagte Boromir. »Ich bin ein redlicher Mensch, kein Dieb oder Verräter. Ich brauche deinen Ring: So viel weißt du jetzt; aber ich gebe dir mein Wort, dass ich ihn nicht behalten will. Willst du mich meinen Plan nicht wenigstens erproben lassen? Leih mir den Ring!«

»Nein!« rief Frodo. »Nein, der Rat hat es mir auferlegt, ihn zu tragen.«

»Durch unsere eigene Dummheit wird der Feind uns besiegen«, rief Boromir. »Ich könnte rasen! Dummkopf! Du dickschädeliger Dummkopf! Vorsätzlich dem Tod in die Arme zu laufen und unsere Sache zuschanden zu machen! Wenn irgend Sterbliche auf den Ring einen Anspruch haben, dann die Menschen von Númenor und nicht die Halblinge. Er ist nur durch einen unglücklichen Zufall an dich gekommen. Er hätte mein sein können. Er sollte mein sein. Gib ihn her!«

Frodo antwortete nicht, sondern trat zurück, bis der große flache Stein zwischen ihnen war. »Schon gut, mein Freund!« sagte Boromir nun in sanfterem Ton. »Warum willst du ihn nicht lieber los sein? Warum dich nicht frei machen von deiner Angst und deinen Zweifeln? Wenn du willst, kannst du mir die Schuld geben. Du kannst sagen, ich sei zu stark gewesen und habe ihn dir mit Gewalt abgenommen. Denn ich *bin* zu stark für dich, Halbling«, rief er, und plötzlich setzte er über den Stein hinweg und ging auf Frodo los. Sein offenes und freundliches Gesicht war erschreckend verzerrt; eine Feuersbrunst wütete in seinen Augen.

Frodo wich ihm aus und brachte wieder den Stein zwischen sie beide. Er konnte nur eines tun. Zitternd zog er den Ring an der Kette heraus und streifte ihn rasch auf den Finger, als Boromir eben zum zweiten Mal auf ihn losstürmte. Der Mensch stutzte, schaute sich einen Moment verblüfft um und rannte dann hektisch umher, hier und da zwischen den Felsen und Bäumen herumtastend.

»Du elender Schwindler!« brüllte er. »Wenn ich dich zwischen die Finger kriege! Ich durchschau' dich jetzt! Du willst Sauron den Ring bringen und uns alle verkaufen. Du hast nur auf die Gelegenheit gewartet, uns im Stich zu lassen. Tod und Verdammnis über dich und alle Halblinge!« Dann blieb er mit dem Fuß an einem Stein hängen und schlug lang hin, mit dem Gesicht zu Boden. Für einen Moment blieb er reglos liegen, als hätte der eigene Fluch ihn niedergestreckt. Und auf einmal begann er zu weinen.

Er stand auf, fuhr sich mit der Hand über die Augen und wischte die Tränen ab. »Was hab ich gesagt?« rief er. »Was hab ich bloß getan? Frodo, Frodo! Komm zurück! Der Wahnsinn hat mich geschüttelt, aber das ist vorüber. Komm zurück!«

Er bekam keine Antwort. Frodo hörte seine Rufe nicht mehr. Er war längst auf und davon, rannte blindlings den Pfad zum Berggipfel hinauf. Zitternd vor Schreck und Kummer, sah er noch immer Boromirs Wahnsinnsfratze und seine glühenden Augen vor sich.

Bald war er auf dem Gipfel des Amon Hen. Er blieb stehen und schnappte nach Luft. Wie durch Nebel sah er einen großen, ebenen Kreis, mit mächtigen Steinplatten gepflastert und von einer verfallenen Brustwehr umgeben; und in der Mitte, auf vier gemeißelten Säulen, stand ein Hochsitz, zu dem eine Treppe mit vielen Stufen hinaufführte. Als Frodo auf dem uralten Sitz Platz nahm, war ihm zumute wie einem verirrten Kind, das sich auf den Thron eines Bergkönigs setzt.

Zuerst sah er nicht viel. Er schien in eine Nebelwelt eingetreten zu sein, in der nur die Schatten lebten: Er hatte den Ring aufgesteckt. Dann lichtete sich hier und da der Nebel, und er hatte Gesichte: kleine, deutliche Szenen, als ob sie vor seinen Augen auf einem Tisch lägen, und doch fern. Töne waren nicht zu hören; er sah nur helle, lebende Bilder. Die Welt schien geschrumpft und verstummt zu sein. Er befand sich auf dem Aussichtsturm auf dem Amon Hen, dem Berg des Auges, wie ihn die Menschen von Númenor genannt hatten. Nach Osten blickte er über weite, auf keiner Karte verzeichnete Länder hin, über namenlose Ebenen und unerforschte Wälder. Nach Norden blickte er, und der Große Strom lag wie ein Band unter ihm, und die Nebelberge standen klein und hart in den Himmel wie abgebrochene Zähne. Nach Westen blickte er über das weite Grasland von Rohan; und den Orthanc sah er, Isengards Turm, aufragend wie ein schwarzer Dorn. Nach Süden blickte er, und zu seinen Füßen ballte sich der Große Strom wie eine Woge, bevor sie sich überschlägt, und stürzte über den Raurosfall in einen schäumenden Abgrund; und ein schimmernder Regenbogen tanzte auf der Gischt. Und Ethir Anduin sah er, das gewaltige Delta des Stroms, wo Myriaden von Seevögeln wie weißer Staub durchs Sonnenlicht wirbelten, und dahinter das grünsilberne Meer, von unzähligen Wellenlinien gekräuselt.

Aber wohin er auch blickte, überall sah er Anzeichen des Krieges. Im Nebelgebirge, wie ein Gewimmel von Ameisen, krochen Orks aus Tausenden von Löchern. Unter dem Laubdach des Düsterwalds kämpften die Elben und Menschen mit Untieren auf Leben und Tod. Das Land der Beorninger stand in Flammen, eine Wolke hing über Moria, und an Lóriens Grenzen stieg Rauch auf.

Reiter galoppierten über das Gras von Rohan; von Isengard schwärmten Wölfe aus. Von den Häfen in Harad stachen Kriegsschiffe in See; und aus dem Osten strömten unablässig Menschen heran: Schwertkämpfer, Lanzenträger, berittene Bogenschützen, Häuptlinge auf Streitwagen, schwer beladene Ochsenkarren. Alle Streitkräfte des Dunklen Herrschers waren im Anmarsch. Dann, wieder nach Süden blickend, sah er Minas Tirith. In weiter Ferne schien es zu stehen, eine schöne Stadt mit weißen Mauern und vielen Türmen, stolz und prächtig auf einem hohen Felsen; auf den Mauern blinkte Stahl, und viele Fahnen wehten auf den Zinnen. Hoffnung regte sich in seinem Herzen. Aber gegen Minas Tirith stand eine andere Festung, eine größere und stärkere, im Osten, und dorthin wurde sein widerstrebender Blick nun gezogen, vorüber an den eingestürzten Brücken von Osgiliath und dem grinsenden Tor von Minas Morgul, über die unheimlichen Berge; und er sah Gorgoroth, das Tal der Schrecken im Lande Mordor. Dunkelheit herrschte dort auch unter der

Sonne. Feuer glühten zwischen Rauchschwaden. Der Schicksalsberg stand in Flammen, und dicker Qualm stieg von ihm auf. Dann wurde sein Blick in Bann geschlagen: Mauer über Mauer, Brustwehr über Brustwehr, schwarz und unermesslich stark, ein Berg von Eisen, das Tor von Stahl und der Turm von Adamant, so stand vor ihm Barad-dûr, Saurons Festung. Alle Hoffnung schwand.

Und plötzlich spürte er das Auge. Im Dunklen Turm wachte ein Auge, das niemals schlief. Er wusste, dass es seinen Blick bemerkt hatte. Ein harter, unbändiger Wille stand dahinter. Es sprang ihm entgegen; fast wie ein Finger tastete es nach ihm. Gleich würde es ihn festnageln und genau erkennen, wo er sich befand. Den Amon Lhaw berührte es schon. Nun fixierte es Tol Brandir … Frodo warf sich von dem Sitz zu Boden, duckte sich, zog sich die graue Kapuze über den Kopf.

Er hörte sich selbst aufschreien: *Niemals, niemals!* Oder hatte er etwa geschrien: *Fürwahr, ich komme, ich komme zu dir?* Er konnte's nicht sagen. Dann, wie von einer anderen Macht eingegeben, blitzte ihm ein anderer Gedanke durch den Sinn: *Nimm ihn ab! Nimm ihn ab! Nimm ihn ab, du Narr! Nimm den Ring ab!*

Die beiden Eingebungen prallten in ihm aufeinander. Für einen Moment hielten ihre Kräfte einander die Waage, und er wand sich in Qualen. Plötzlich wusste er wieder, wer er war: Frodo, weder die Stimme noch das Auge, frei, zu wählen, wenigstens noch für den Rest eines Augenblicks. Er nahm den Ring vom Finger. Im hellen Sonnenschein kniete er vor dem Hochsitz. Ein schwarzer Schatten schien wie ein Arm über ihn hinwegzustreichen, verfehlte den Amon Hen, tastete weiter nach Westen und verschwand. Dann war der ganze Himmel rein und blau, und Vögel sangen in allen Bäumen.

Er stand auf. Tiefe Müdigkeit lag auf ihm, aber sein Entschluss stand nun fest, und das Herz war ihm leichter. Er sprach laut zu sich selbst. »Ich werde tun, was ich tun muss«, sagte er. »So viel ist wenigstens klar: Der Ring wirkt Böses sogar unter den Gefährten; daher muss er fort, ehe er noch mehr Unheil stiftet. Ich will allein gehen. Manchen kann ich nicht trauen, und die anderen sind mir zu lieb: der arme Sam, Merry und Pippin. Streicher ebenfalls: Ihn zieht es nach Minas Tirith, und dort wird man einen Mann wie ihn brauchen, nachdem Boromir dem Bösen verfallen ist. Ich gehe allein. Und zwar gleich.«

Rasch ging er den Pfad wieder hinunter und kam zu der Wiese, wo Boromir ihn gefunden hatte. Er blieb stehen und horchte. Aus dem

Wald weiter unten, nahe am Ufer, glaubte er Geschrei und Rufe zu hören.

»Sie werden nach mir suchen«, sagte er sich. »Wie lange ich wohl fort gewesen bin? Stunden, könnte man meinen.« Er zögerte. »Was kann ich tun?« murmelte er. »Ich muss jetzt gehen, oder ich gehe nie. Die Gelegenheit bietet sich nie wieder. Ich verlasse sie nicht gern, und schon gar nicht so ohne jede Erklärung. Aber gewiss werden sie es verstehn. Sam versteht es bestimmt. Und was kann ich sonst tun?«

Langsam holte er den Ring hervor und steckte ihn wieder auf. Er verschwand und eilte den Pfad hinab, leiser als ein Windhauch.

Die anderen warteten lange am Ufer. Eine Zeit lang hatten sie geschwiegen und waren unruhig hin- und hergegangen; doch nun saßen sie in einer Runde und redeten. Ab und zu machten sie einen Versuch, von etwas anderem zu sprechen, von ihrer langen Reise und den vielen Abenteuern; sie fragten Aragorn nach dem Reich von Gondor und seiner alten Geschichte aus, nach den Bauten und Anlagen, deren verfallene Reste in diesem sonderbaren Grenzland der Emyn Muil noch zu sehen waren: den steinernen Königen, den Aussichtstürmen auf den Bergen Lhaw und Hen und der großen Treppe neben dem Raurosfall. Aber immer wieder schweiften ihre Gedanken und Reden zu Frodo und dem Ring zurück. Wozu würde Frodo sich entschließen? Warum zögerte er?

»Er ist unschlüssig, welches Vorgehen das verwegenste ist, glaube ich«, sagte Aragorn. »Und das ist in der Tat schwer zu entscheiden. Nach Osten zu gehn, ist für den Bund jetzt aussichtsloser denn je, seit Gollum uns aufgespürt hat und wir befürchten müssen, dass das Geheimnis unserer Fahrt schon verraten ist. Aber Minas Tirith liegt dem Feuer, in dem die Bürde zu vernichten ist, nicht näher.

Dort könnten wir eine Weile bleiben und uns nach Kräften unserer Haut wehren; doch der Statthalter Denethor mit all seinen Mannen kann nicht zu leisten hoffen, wovon selbst Elrond sagt, dass es seine Macht übersteigt: entweder die Bürde insgeheim zu verwahren oder aber den Feind aufzuhalten, wenn er in voller Stärke anrückt, um sie sich zu holen. Für welchen Weg würde jeder von uns sich an Frodos Stelle entscheiden? Ich, für mein Teil, weiß es nicht. Noch nie hat uns Gandalf so sehr gefehlt.«

»Schmerzlich ist unser Verlust«, sagte Legolas, »doch notgedrungen müssen wir uns nun ohne seinen Beistand entscheiden. Warum sollen nicht wir uns entschließen und Frodo damit helfen? Rufen wir ihn zurück und stimmen wir ab! Ich würde für Minas Tirith stimmen.«

»Auch ich würde dafür stimmen«, sagte Gimli. »Doch freilich wurden wir nur ausgesandt, den Ringträger auf seinem Weg zu begleiten, so weit es jedem von uns beliebt; und niemand steht unter einem Eid oder Befehl, bis zum Schicksalsberg mitzugehen. Mir ist der Abschied von Lothlórien schwer gefallen. Nachdem ich aber so weit gekommen bin, sage ich: Nun, da wir vor der letzten Entscheidung stehen, ist mir klar, dass ich Frodo nicht allein lassen kann. Ich ginge lieber nach Minas Tirith, doch wenn er anders entscheidet, folge ich ihm.«

»Und auch ich gehe mit ihm«, sagte Legolas, »denn treulos wär es, jetzt Lebewohl zu sagen.«

»Es wäre wirklich Verrat, wenn wir alle ihn allein ließen«, sagte Aragorn. »Doch geht er nach Osten, so müssen nicht alle mit ihm gehn, und ich glaube auch nicht, dass alle es sollten. Dies ist ein verzweifeltes Unternehmen, für acht ebenso wie für drei, zwei oder auch nur einen. Wenn ihr mir die Wahl ließet, würde ich drei zu seinen Begleitern ernennen: Sam, dem alles andere unerträglich wäre, Gimli und mich selbst. Boromir will in seine Stadt zurückkehren, wo sein Vater und sein Volk ihn brauchen; und mit ihm sollten die anderen gehen, zumindest Meriadoc und Peregrin, wenn Legolas nicht bereit ist, sich von uns zu trennen.«

»Kommt nicht in Frage!« rief Merry. »Wir können Frodo nicht im Stich lassen! Pippin und ich hatten immer vor, überall hinzugehn, wo Frodo hingeht, und dabei soll es bleiben. Aber uns war nicht klar, was das heißen würde. Daheim im Auenland oder in Bruchtal sah es anders aus. Es wäre verrückt und grausam, Frodo nach Mordor gehen zu lassen. Warum können wir ihn nicht davon abhalten?«

»Wir müssen ihn davon abhalten«, sagte Pippin. »Und eben darüber macht er sich Gedanken, da bin ich mir sicher. Er weiß, dass wir ihn nicht nach Osten gehn lassen wollen. Und er möchte niemanden bitten, mit ihm zu gehn, der arme alte Knabe! Stellt euch nur mal vor: allein loszugehn nach Mordor!« Pippin schüttelte sich. »Aber der liebe alte Esel von einem Hobbit müsste wissen, dass er uns nicht erst zu bitten braucht. Er müsste wissen, dass wir ihn nicht allein lassen, wenn wir ihn denn nicht aufhalten können.«

»Entschuldige mal«, sagte Sam, »ich meine, du verstehst meinen Chef überhaupt nicht. Er ist nicht im Zweifel, welchen Weg er nehmen soll. Natürlich nicht! Wozu soll Minas Tirith denn gut sein? Für ihn, meine ich, Verzeihung, Herr Boromir«, fügte er hinzu und drehte sich um. Nun erst bemerkten sie, dass Boromir, der zuerst schweigend ein wenig außerhalb der Runde gesessen hatte, nicht mehr da war.

»Na, wo ist denn der hin?« rief Sam und schaute besorgt drein. »Der ist schon ein bisschen komisch in letzter Zeit, finde ich. Aber mit dieser Sache hat er ja sowieso nichts zu tun. Vielleicht ist er schon unterwegs nach Hause, wie er's immer gesagt hat – kann man ihm nicht verübeln. Aber Herr Frodo, der weiß, er muss zu den Schicksalsklüften, wenn es irgend geht. Und da hat er *Angst*. Jetzt, wo es so weit ist, hat er einfach Angst. Das ist das Problem. Natürlich, er hat schon so was wie eine Schule durchgemacht, wie wir alle, seit wir von zu Hause fort sind; sonst würde er vor Angst den Kopf verlieren und den Ring einfach in den Fluss schmeißen und dann die Beine in die Hand nehmen. Trotzdem traut er sich noch nicht, loszugehn. Und er macht sich auch keine Sorgen darum, ob wir nun mit ihm gehn wollen oder nicht. Dass wir's wollen, weiß er. Was ihm Sorgen macht, ist etwas anderes. Wenn er sich dazu durchringt, zu gehen, dann wird er allein gehen wollen. Denkt an meine Worte! Wenn er jetzt zurückkommt, dann kriegen wir Probleme. Denn durchringen wird er sich schließlich doch, so wahr er ein Beutlin ist.«

»Ich glaube, in dieser Sache bist du der Weiseste von uns allen, Sam«, sagte Aragorn. »Und was wollen wir tun, wenn sich herausstellt, dass du Recht hast?«

»Ihn aufhalten! Ihn nicht gehen lassen!« rief Pippin.

»Ich weiß nicht«, sagte Aragorn. »Er trägt die Bürde, und was aus ihr wird, liegt bei ihm. Ich glaube nicht, dass es unsere Sache sein kann, ihn auf den einen oder anderen Weg zu stoßen. Und selbst wenn wir es versuchten, würde es uns nicht gelingen. Andere und weit stärkere Mächte sind hier am Werk.«

»Na, ich wollte, Frodo würde sich endlich ›durchringen‹ und zurückkommen, damit wir's hinter uns bringen«, sagte Pippin. »Dies Warten ist grässlich. Die Zeit ist doch sicher schon um?«

»Ja«, sagte Aragorn. »Die Stunde ist längst verstrichen. Der Vormittag geht hin. Wir müssen ihn rufen.«

In diesem Moment tauchte Boromir wieder auf. Er kam aus dem Wäldchen und ging auf sie zu, ohne etwas zu sagen. Er schaute düster und traurig drein. Er blieb stehen und blickte reihum, als ob er die Anwesenden zählte; dann setzte er sich abseits, den Blick zu Boden gerichtet.

»Wo bist du gewesen, Boromir?« fragte Aragorn. »Hast du Frodo gesehen?«

Boromir zögerte eine Sekunde. »Ja und nein«, antwortete er langsam. »Ja, ich habe ihn getroffen, ein Stück weiter oben auf dem Berg, und mit ihm geredet. Ich habe ihm zugesetzt, mitzukommen nach Minas Tirith und nicht nach Osten zu gehn. Ich wurde wütend, und er hat mich verlassen. Er ist verschwunden. So etwas hab ich noch nie erlebt; ich dachte, das gibt es nur in Märchen. Er muss den Ring aufgesteckt haben. Ich konnte ihn nicht mehr finden. Ich dachte, er wäre zu euch zurückgekehrt.«

»Ist das alles, was du uns zu sagen hast?« sagte Aragorn. Er sah Boromir scharf und alles andere als freundlich an.

»Ja«, antwortete er. »Mehr will ich jetzt nicht sagen.«

»Das ist doch übel!« rief Sam und sprang auf. »Ich möchte wissen, was dieser Mensch im Schilde geführt hat. Warum sollte Herr Frodo das Ding aufstecken? Er soll es nicht tun, und wenn er's doch getan hat, muss schon allerhand passiert sein.«

»Aber er würde es doch nicht aufbehalten«, sagte Merry. »Nicht, wenn er der unerwünschten Begegnung erst mal entgangen ist, so wie es Bilbo immer gemacht hat.«

»Aber wo ist er hin? Wo ist er?« rief Pippin. »Er ist nun schon eine Ewigkeit weg.«

»Wann hast du Frodo zuletzt gesehen, Boromir?« fragte Aragorn.

»Vor einer halben Stunde etwa«, antwortete er. »Oder vielleicht ist es auch schon eine Stunde her. Ich bin eine Weile herumgelaufen. Ich weiß es nicht! Ich weiß es nicht!« Er stützte den Kopf in die Hände und saß da wie niedergeschmettert.

»Eine Stunde, seit er verschwunden ist!« brüllte Sam. »Wir müssen ihn sofort suchen. Kommt!«

»Moment, Moment!« schrie Aragorn. »Wir müssen uns verteilen und immer zu zweit ... he, hört doch, wartet!«

Es nützte nichts, sie kümmerten sich gar nicht um ihn. Sam war als erster losgerannt, Merry und Pippin hinterdrein. Sie verschwanden schon zwischen den Bäumen westlich vom Ufer und riefen mit ihren hellen, hohen Hobbitstimmen: *Frodo! Frodo!* Auch Legolas und Gimli rannten los. Der blanke Wahnsinn schien die Gefährten plötzlich befallen zu haben.

»Wir werden uns völlig verstreuen und verlaufen«, stöhnte Aragorn. »Boromir, ich weiß nicht, welche Rolle du bei diesem Unglück gespielt hast, aber hilf mir jetzt! Lauf den beiden jungen Hobbits nach und pass wenigstens auf sie auf, auch wenn ihr Frodo nicht findet! Wenn ihr ihn findet oder irgendeine Spur von ihm, kommt hierher zurück! Ich bin bald wieder da.«

Aragorn rannte Sam hinterher. Auf der kleinen Wiese zwischen den Ebereschen überholte er den bergauf keuchenden Hobbit, der immer wieder *Frodo!* rief.

»Komm mit, Sam!« sagte er. »Keiner von uns darf allein herumlaufen. Irgendwas ist faul, ich spür's. Ich will hinauf zum Gipfel, zum Hochsitz auf dem Amon Hen, und mich dort umschauen. Und da, sieh! Wie mir's geahnt hat, Frodo ist hier hochgegangen. Komm mir nach und halte die Augen offen!«

Sam gab sich alle Mühe, aber mit dem Waldläufer konnte er nicht mithalten, und bald blieb er zurück. Nicht lange, und Aragorn war außer Sicht. Sam blieb stehen, um zu verschnaufen. Dann schlug er sich mit der Hand an die Stirn.

»He, Sam Gamdschie!« sagte er laut. »Was du nicht in den Beinen hast, musst du im Kopf haben! Überleg doch mal! Boromir lügt nicht, das ist nicht seine Art; aber er hat uns nicht alles gesagt. Irgendwas hat den Herrn Frodo mächtig erschreckt. Da hat er sich durchgerungen, ganz plötzlich. Er hat sich endlich entschlossen – zu gehen. Und wohin? Nach Osten. Nicht ohne Sam? Doch, sogar ohne Sam! Das ist hart, grausam hart!«

Tränen kamen ihm, und er wischte sie weg. »Nur ruhig, Gamdschie!« sagte er sich. »Denken tut ja nicht weh. Über den Fluss fliegen kann er nicht, den Wasserfall runterspringen auch nicht. Er hat nichts bei sich. Also muss er zurück zu den Booten. Zurück zu den Booten! Zurück zu den Booten, Sam, und zwar schleunigst!«

Er machte kehrtum und rannte den Pfad wieder zurück. Er stürzte und schlug sich die Knie blutig. Er stand auf und rannte weiter. Er kam zum Rand der Uferwiese von Parth Galen, wo die Boote auf dem Strand lagen. Niemand war da. Ihm war, als hörte er hinter sich aus dem Wald Schreie, achtete aber nicht drauf. Dann stand er einen Moment stocksteif da und staunte: Eines der Boote rutschte ganz von allein die Böschung hinunter. Brüllend rannte Sam über die Wiese. Das Boot glitt ins Wasser.

»Ich komm' schon, Herr Frodo! Komm' schon!« rief Sam und sprang vom Ufer, nach dem abfahrenden Boot greifend. Er verfehlte es um knapp einen Schritt. Mit einem Aufschrei fiel er platschend vornüber ins tiefe, schnell fließende Wasser. Glucksend ging er unter, und der Strom schloss sich über seinem Krauskopf.

Ein Schreckenslaut kam aus dem leeren Boot. Ein Paddel setzte sich in hektische Bewegung, und das Boot drehte bei. Gerade noch rechtzeitig packte Frodo ihn bei den Haaren, als er prustend und strampelnd wieder hochkam. Angst stand in seinen runden braunen Augen.

»Rauf mit dir, Sam, mein Junge!« sagte Frodo. »Nimm meine Hand!«

»Rette mich, Herr Frodo!« keuchte Sam. »Ich bin ersäuft. Ich kann deine Hand nicht sehn.«

»Hier ist sie. Nicht kneifen, mein Junge, ich lass' schon nicht los! Wassertreten und nicht so zappeln, oder du kippst das Boot um! Da, so, halt dich an der Seite fest und lass mich paddeln!«

Mit ein paar Schlägen brachte Frodo das Boot wieder ans Ufer, und Sam krabbelte triefend aufs Trockne. Frodo nahm den Ring ab und stieg aus dem Boot.

»Du bist doch wirklich eine Landplage, Sam!« sagte er.

»O Herr Frodo, das ist hart von dir!« sagte Sam, vor Kälte bibbernd. »Das ist hart von dir, ohne mich losgehn zu wollen. Wenn ich nicht richtig geraten hätte, wo wärst du dann jetzt?«

»Ein schönes Stück weiter.«

»Ein schönes!« sagte Sam. »Du ganz allein, und ohne dass ich dir helfen kann? Das halt' ich nicht aus, das wär mein Tod!«

»Es wär dein sicherer Tod, wenn du mit mir gehst, Sam«, sagte Frodo, »und das hielte nun ich nicht aus.«

»Nicht so sicher, wie wenn du mich zurücklässt«, sagte Sam.

»Aber ich gehe nach Mordor.«

»Ist mir vollkommen klar, Herr Frodo. Natürlich gehst du dahin. Und ich komme mit.«

»Bitte, Sam«, sagte Frodo, »halte mich nicht auf! Die andern können jeden Moment zurückkommen. Wenn sie mich hier noch finden, werden sie Gründe und Erklärungen hören wollen, und ich werde nie wieder den Mut oder die Gelegenheit haben, mich davonzumachen. Also muss ich sofort weg. Es ist die einzige Chance.«

»Klar, so ist es«, antwortete Sam. »Aber du gehst nicht allein. Ich gehe mit, oder keiner von uns geht. Ich schlage gleich Löcher in alle Boote.«

Frodo musste lachen. Plötzlich wurde es ihm warm und froh ums Herz. »Lass eines übrig!« sagte er. »Wir werden es brauchen. Aber du kannst nicht mitkommen ohne deine Sachen, Futter und alles.«

»Warte eine Sekunde, das hol' ich gleich!« rief Sam. »Liegt alles schon bereit; hab mir ja gedacht, dass es heute losgeht.« Er rannte zum Lagerplatz, fischte seinen Rucksack aus dem Stapel, auf den Frodo ihn gelegt hatte, als er alle Sachen seiner Gefährten aus dem Boot nahm, griff sich noch eine Decke und ein paar Proviantpäckchen und rannte zurück.

»Mein schöner Plan ist also futsch!« sagte Frodo. »Dir kann man nicht entkommen. Aber froh bin ich doch, Sam, ich kann dir gar nicht sagen, wie! Steig ein! Es soll wohl so sein, dass wir zusammen gehen. Also gehn wir, und mögen die andern einen sicheren Weg finden! Streicher wird sich um sie kümmern. Ich glaube nicht, dass wir sie wieder sehn.«

»Vielleicht doch, Herr Frodo!« sagte Sam. »Vielleicht doch!«

Also machten Frodo und Sam sich gemeinsam zur letzten Etappe der Fahrt auf. Frodo paddelte vom Ufer weg, und der Fluss trug sie rasch davon, den westlichen Arm hinunter und an den drohenden Klippen von Tol Brandir vorüber. Das Brausen des großen Wasserfalls kam näher. Obwohl Sam, so gut er konnte, mit zupackte, war es eine harte Plackerei, hinter dem Südende der Insel die Strömung zu durchqueren und das Boot ostwärts ans andere Ufer zu bringen.

Unter den südlichen Hängen des Amon Lhaw fanden sie schließlich ein Stück flaches Ufer. Dort zogen sie das Boot hoch auf den Strand und versteckten es, so gut es ging, hinter einem großen Felsblock. Dann schulterten sie die Rucksäcke und gingen los, auf der Suche nach einem Weg über die grauen Hügel der Emyn Muil und hinunter ins Schattenland.

Hier endet der erste Teil der Geschichte des Ringkrieges.

Der zweite Teil heißt: DIE ZWEI TÜRME, denn darin wird von Ereignissen berichtet, bei denen der ORTHANC, Sarumans Turm, und MINAS MORGUL im Mittelpunkt stehen, die Festung, die den geheimen Grenzübergang nach Mordor bewacht. Es wird von den Taten und Abenteuern aller Mitglieder der nunmehr getrennten Fahrtgemeinschaft bis zum Anbruch der großen Finsternis erzählt.

Im dritten Teil, DIE WIEDERKEHR DES KÖNIGS, wird berichtet, wie der letzte Verteidigungskampf gegen den Schatten und das Unternehmen des Ringträgers ausgehen.

Klett-Cotta
Die Originalausgabe erschien unter dem Titel
»The Fellowship of the Ring. Being the First Part
of the Lord of the Rings«
© 1966 George Allen & Unwin Ltd., London
Published by arrangement with HarperCollins Publishers Ltd., London
® © 1990 Frank Richard Williamson
and Christopher Reuel Tolkien, executors of
the Estate of the late John Ronald Reuel Tolkien
Für die deutsche Ausgabe:
© J. G. Cotta'sche Buchhandlung Nachfolger GmbH, gegr. 1659,
Stuttgart 2001
Die Gedichte auf folgenden Seiten wurden von E.-M. von Freymann
übertragen; 7, 56, 76, 105, 126, 141, 163, 165–67, 170,
173, 190, 192, 193, 194, 199, 212–14, 254–56, 273/4, 305–8, 322,
333, 356, 363, 409/10, 439–41.
Fotomechanische Wiedergabe nur mit Genehmigung des Verlags
Printed in Germany
Schutzumschlag: Klett-Cotta-Design unter Verwendung einer Illustration
von John Howe
Gesetzt aus der ClearFace von
Offizin Wissenbach, Höchberg bei Würzburg
Gesamtherstellung: GGP Media, Pößneck
ISBN 3-608-93401-4

Wolfgang Krege:
Handbuch der Weisen von Mittelerde

228 Seiten, mit teilweise vierfarbigen Illustrationen, zweifarbigen Karten, Großformat, gebunden, ISBN 3-608-93215-1

Wovon die Weisen aus Mittelerde Kunde hatten, hier ist es, nach Art und Alphabet der späteren Zeiten enzyklopädisch angeordnet, reich und vielfach farbig illustriert, mit Karten und Schrifttafeln, Kalendern und Sprachtabellen, mit Geschichten und Vorgeschichten. Von A wie Abendrotsee bis Z wie Zwölfmeilenvetter sind alle wichtigen Stichworte verzeichnet. Die ausführlichen Artikel beantworten Fragen, die sich bei der Lektüre des Herrn der Ringe, des Silmarillion, der Verschollenen Geschichten, den Nachrichten aus Mittelerde und des Hobbit ergeben können.

Wayne G. Hammond / Christina Scull:
J. R. R. Tolkien – Der Künstler

207 Seiten, 200 teilweise farbige Abbildungen, Großformat, gebunden, ISBN 3-608-93409-X

Die Autoren, Spezialisten für rare Bücher und Manuskripte, haben mit akribischem Fleiß über Jahre alle erhaltenen Bilder, Zeichnungen und Skizzen gesammelt, ausgewertet und in eine Chronologie gestellt, die neue Erkenntnisse über die Entstehungsgeschichte des Tolkienschen Werkes vermittelt.

J. R. R. Tolkien: Briefe

Herausgegeben von Humphrey Carpenter.
Aus dem Englischen von Wolfgang Krege
601 Seiten, gebunden, ISBN 3-608-95028-1

Tolkien war einer der produktivsten Briefeschreiber unseres Jahrhunderts: Sechs Jahrzehnte lang schrieb er Unmengen von Briefen an seine Verleger, an seine Familie, an Freunde und Bewunderer. Der Band vermittelt das lebhafte Bild eines Mannes, der den literarischen Geschmack mehrerer Generationen von Lesern geprägt hat.

Klett-Cotta